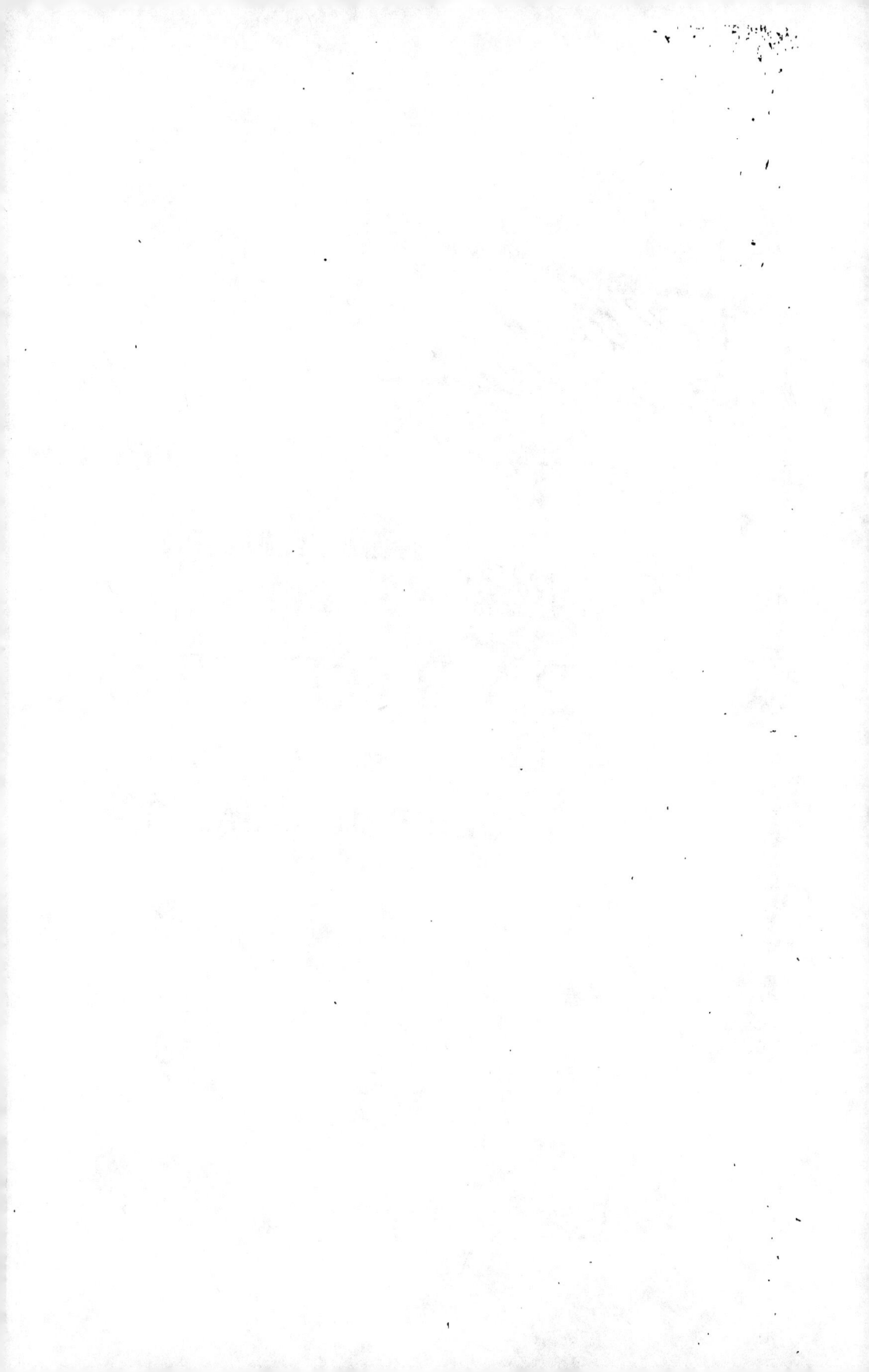

...MULAIRE

DES

PARQUETS

ET DE LA

POLICE JUDICIAIRE

DICTIONNAIRE-FORMULAIRE

DES

PARQUETS

ET DE LA

POLICE JUDICIAIRE

Imp. du Fort-Carré, 19, Chaussée d'Antin, Paris.

DICTIONNAIRE-FORMULAIRE

DES

PARQUETS

ET DE LA

POLICE JUDICIAIRE

PAR

G. LE POITTEVIN

DOCTEUR EN DROIT
PROCUREUR DE LA RÉPUBLIQUE A USSEL.

TOME TROISIÈME

—

M-Z

PARIS

LIBRAIRIE NOUVELLE DE DROIT ET DE JURISPRUDENCE

ARTHUR ROUSSEAU, ÉDITEUR

14, RUE SOUFFLOT ET RUE TOULLIER, 13.

—

1886

MACHINES A VAPEUR

Le décret du 30 avril 1880, relatif aux générateurs à vapeur, autres que ceux qui sont placés à bord des bateaux, a réglé les formalités qui doivent être observées pour la constatation des accidents causés par ces appareils.

Aux termes de l'article 38 de ce décret, en cas d'accident ayant occasionné la mort ou des blessures, le chef de l'établissement doit prévenir immédiatement l'autorité chargée de la police locale et l'ingénieur des mines chargé de la surveillance. L'ingénieur se rend sur les lieux, *dans le plus bref délai*, pour visiter les appareils, en constater l'état et rechercher les causes de l'accident. Il rédige sur le tout :

1° Un rapport qu'il adresse au procureur de la République et dont une expédition est transmise à l'ingénieur en chef, qui fait parvenir son avis à ce magistrat ;

2° Un rapport qui est adressé, par l'intermédiaire et avec l'avis de l'ingénieur en chef, au préfet.

En cas d'accident, n'ayant occasionné ni mort ni blessures, l'ingénieur des mines seul est prévenu ; il rédige un rapport qu'il envoie, par l'intermédiaire et avec l'avis de l'ingénieur en chef, au préfet.

En cas d'explosion, *les constructions ne doivent point être réparées* et *les fragments de l'appareil rompu ne doivent point être déplacés ou dénaturés* avant la constatation de l'état des lieux par l'ingénieur.

La chancellerie a rappelé aux Parquets les prescriptions de ce décret par les circulaires du 21 juin 1881 et du 17 septembre 1883 (*Bull. off*. n° 22, p. 36 et n° 31, p. 128). Il est arrivé que des magistrats instructeurs, prévenus d'un accident, ont requis, à titre d'expert, un ingénieur des ponts et chaussées, avec qui ils se sont transportés sur les lieux et ont dérangé les pièces de l'appareil rompu, avant l'arrivée de l'ingénieur des mines ; cette manière de procéder a pour effet de mettre ce dernier dans l'impossibilité d'exécuter son mandat : c'est à lui seul ou à son représentant qu'il appartient de procéder aux constatations nécessaires ainsi qu'à la visite des appareils.

Les procureurs de la République ne doivent donc recourir

à une expertise que dans des cas exceptionnels et ils sont tenus d'attendre, pour y faire procéder, que l'ingénieur des mines ait fait les constatations prescrites par l'article 38. — En cas d'omission des ingénieurs, ils doivent leur réclamer leur rapport en temps opportun, de manière à ne pas retarder la marche des procédures.

Rappelons qu'aux termes de l'article 39, le ministre des travaux publics peut confier la surveillance des appareils à vapeur aux ingénieurs ordinaires et aux conducteurs des ponts et chaussées sous les ordres de l'ingénieur en chef des mines de la circonscription.

MAGISTRATS

Division

§ 1. — NOMINATION

I. **Conditions requises.** — Les articles 64 et 65 de la loi du 20 avril 1810 déterminent les conditions que doivent réunir les candidats de la magistrature.

Pour être nommé à l'une des fonctions de la magistrature dans les Cours d'appel et dans les tribunaux de première instance, il faut :

1° Être Français ;

2° Avoir la jouissance des droits civils, civiques et politiques ;

3° Être de bonne vie et mœurs ;

4° Être licencié en droit ;

5° Avoir prêté le serment d'avocat et avoir fait en cette qualité deux ans de stage au moins. — Par suite, un juge de paix, bien que licencié en droit, ne peut être nommé juge, s'il n'a pas deux ans de stage (Décis. chanc., 22 mars 1880 ; *Bull. off.* n° 18, p. 87).

Par exception, les avoués même non licenciés en droit peuvent être nommés magistrats après dix années d'exercice (art. 27 de la loi du 22 ventôse an XII) ;

6° Avoir l'âge fixé par la loi.

L'âge exigé est : vingt-deux ans pour les substituts de première instance ; — vingt-cinq ans, pour les juges titulaires ou suppléants, pour les procureurs de la République, pour les substituts du procureur général et les avocats généraux ; — vingt-sept ans pour les conseillers ; — trente ans, pour les présidents, vice-présidents et procureurs généraux.

Il ne peut être accordé de dispenses d'âge, sous quelque prétexte que ce soit (Circ. chanc., 16 août 1848 ; Gillet, n° 3280).

Aucune justification spéciale de capacité n'est exigée des candidats à une justice de paix ; les seules conditions exigées sont : la qualité de Français, la jouissance des droits civils, civiques et politiques, et l'âge de trente ans.

II. **Incompatibilités.** — Les fonctions de l'ordre judiciaire sont incompatibles avec celles de l'ordre administratif, avec les fonctions d'officier public ou ministériel, d'avocat, etc..., avec la profession de commerçant, de médecin, etc... (Voir : **Juge de paix**).

III. **Parenté et alliance.** — Les parents et alliés, jusqu'au degré d'oncle et neveu inclusivement, ne peuvent être simultanément membres d'un même tribunal ou d'une même Cour, soit comme juges, soit comme officiers du ministère public, ou même comme greffiers (art. 63 de la loi du 20 avr. 1810).

L'alliance au degré prohibé ne cesse pas d'exister parce que l'époux duquel résulte l'alliance est décédé sans enfant, et les magistrats qui, à un moment donné, ont été alliés à un degré prohibé, ne peuvent être simultanément membres de la même Cour ou du même tribunal, sans obtenir de dispenses (Cass., 7 nov. 1840 ; P 40-II-677 ; — Note de la chancellerie, *Bull. off.*, n° 22, p. 39).

En cas d'alliance survenue depuis la nomination, celui qui l'a contractée ne peut continuer ses fonctions sans obtenir de dispenses (art. 63 de la loi du 20 avr. 1810). Ces expressions « *ne peut continuer ses fonctions* » doivent s'entendre de l'*exercice* même des fonctions ; elles n'impliquent pas nécessairement que celui qui a contracté l'alliance a perdu, *ipso facto*, du jour de son mariage, son titre et sa qualité de magistrat ; le conseil d'administration du ministère de la justice a émis l'avis que le magistrat tenu, à raison de son alliance avec le président du tribunal, de discontinuer son service, n'a pas cessé d'appartenir à la magistrature au titre qu'un décret antérieur à son mariage lui avait octroyé (18 janv. 1882 ; *Bull. off.*, n° 25, p. 5).

Le chef de l'État peut accorder des dispenses, mais seulement pour les tribunaux, composés de huit juges au moins (art. 63 de la loi du 20 avr. 1810). — Lorsqu'il en est accordé, deux magistrats, parents ou alliés peuvent siéger dans une même chambre, soit tous les deux comme juges, soit l'un comme juge et l'autre comme membre du ministère public. Dans le cas où deux parents siègent comme juges, dans une même chambre, leurs voix ne comptent que pour une, s'ils sont du même avis (Circ. chanc., 15 mai 1807 ; Gillet, nº 585).

Les dispenses de parenté sont accordées ordinairement par le décret même de nomination ; il en est de même des dispenses d'alliance, lorsque l'alliance est antérieure à la nomination. Lorsqu'elle se produit après, le magistrat doit demander des dispenses, et, à cet effet, il adresse une requête au président de la République, par la voie hiérarchique.

Cette requête peut être faite dans la forme suivante :

A   , *le*   *188*   .

Monsieur le président de la République,

Le soussigné *(nom, prénoms, fonctions et résidence)* a l'honneur de vous exposer que, par son mariage avec Mlle . . . , sœur de M. . . . . . , *(fonctions)* au même tribunal, il est devenu l'allié de ce magistrat à un degré tel, qu'il ne peut plus exercer à ce siège, simultanément avec lui, les fonctions que vous avez daigné lui confier.

Il vous supplie, en conséquence, de vouloir bien lui accorder les dispenses nécessaires, conformément à l'article 63 de la loi du 20 avril 1810.

Il est, avec le plus profond respect,
Monsieur le président de la République,
Votre très humble, très dévoué et très obéissant serviteur.

Aux termes de l'article 10 de la loi du 30 août 1883, un magistrat titulaire ou suppléant ne peut, à peine de nullité, être appelé à composer la Cour ou le tribunal, s'il est parent ou allié jusqu'au troisième degré inclusivement de l'un des avocats ou avoués, représentant l'une des parties intéressées au procès. — Cette disposition ne s'applique qu'aux magistrats du siège et ne doit pas être étendue aux officiers du ministère public. C'est ainsi que la chancellerie a décidé qu'un procureur de la République peut, sans entraîner la nullité édictée par l'article 10, donner des conclusions dans une affaire où l'avocat d'une des parties en cause est son frère utérin (Décis. chanc., 11 juil. 1884 ; *Bull. off.*, nº 35, p. 168).

IV. **Présentations.** — Lorsqu'une vacance se produit dans

les Cours ou tribunaux par suite de décès, de démission ou de mutation, les chefs de la Cour doivent immédiatement en donner avis au garde des sceaux et envoyer leurs présentations le plus tôt possible, au plus tard dans un délai de dix jours. — Lorsque la vacance se produit par l'application du décret du 1er mars 1852, les présentations doivent parvenir à la chancellerie avant que le magistrat à remplacer soit atteint par la limite d'âge (Circ. chanc., 4 nov. 1859 ; Gillet, no 4027 ; — 5 mars 1879 ; *Bull. off.*, no 13, p. 15).

Il doit être fait, outre un rapport général sur l'ensemble du mouvement, une note spéciale pour chaque candidat présenté, et on donne à chacune, ce titre précis : 1er *candidat*, 2e *candidat*, etc..., *présenté pour la place de....* Il existe en effet à la chancellerie, des dossiers de *vacance*, dans lesquels sont classés les rapports embrassant l'ensemble d'un mouvement dans un même ressort et les considérations d'ordre général qui le déterminent, et des dossiers *individuels*, consacrés à chaque magistrat. Il importe que, la nomination faite, chacune des notices puisse être retirée du dossier de la vacance, pour constituer le dossier individuel. (Circ. chanc., 15 mai 1850 ; Gillet, no 3413 ; — 22 févr. 1853 ; Gillet, no 3612).

Dans la note qui concerne chaque candidat, les chefs de la Cour doivent s'expliquer sur les conditions d'aptitude et notamment sur celle de l'âge que la loi exige en termes impératifs ; il y a lieu par suite de préciser la date de la naissance ; il faut également mentionner d'une façon spéciale ce qui est relatif au stage, à la résidence, aux empêchements pour cause de parenté, aux incompatibilités de fonctions, etc. (Circ. chanc., 16 août 1848 ; Gillet, no 3280).

Les tableaux de présentation ont été supprimés par la circulaire du 15 mai 1850, qui recommande d'adopter pour les notes de présentations les mêmes formules que pour les notices individuelles dont nous parlerons plus loin (*infra*, XII *Rec. off.*, t. II, p. 136, note 2).

A chaque *note*, il faut joindre l'acte de naissance sur papier libre du candidat, s'il n'appartient pas encore à la magistrature (Circ. chanc., 11 janv. 1868 ; Gillet, no 4249).

Les présentations aux places de juges de paix et de suppléants de la justice de paix sont faites par le président du tribunal de première instance et par le procureur de la République. — Il y a lieu de suivre, pour ces présentations, les règles que nous venons de rappeler : dans un rapport, on expose l'ensemble du mouvement, les motifs pour lesquels les candidats sont présentés dans tel ou tel ordre ; une notice est ensuite établie pour chaque candidat, avec la mention 1er *candidat*, 2e *candidat*, etc... ; enfin, à chaque notice, on joint un extrait de naissance du candidat, sur papier libre, et un extrait de son casier judiciaire, s'il n'appartient pas encore à la magistrature. — Rappelons qu'il faut toujours indiquer si les candidats sont parents ou alliés du greffier et à quel degré (Décis. chanc., 16 fév. 1815 ; Gillet, n° 981).

Les notices sont établies en triple exemplaire. Un exemplaire est destiné au Parquet général, l'autre au premier président et le troisième est transmis à la chancellerie. — Pendant longtemps, les dossiers de présentation étaient transmis directement à la chancellerie, mais depuis 1820, les procureurs de la République doivent les adresser au procureur général et les présidents au premier président (Circ. chanc., 15 juil. 1820 ; Gillet, n° 1433).

Si le président et le procureur de la République s'accordent pour présenter les mêmes candidats et dans le même ordre, ils ne sont pas tenus de faire des rapports et des notices séparées ; mais chacune de ces pièces doit être revêtue de leurs deux signatures.

Autant que possible, il convient de présenter trois candidats pour chaque poste vacant, afin que le garde des sceaux puisse faire un choix (Décis. chanc., 31 janv. 1824 ; Gillet, n° 1793).

Les présentations, adressées au garde des sceaux, doivent être tenues entièrement secrètes (Circ. chanc., 13 juil. 1861 ; Gillet, n° 4107).

V. **Nomination**. — Les premiers présidents et les procureurs généraux sont nommés par le président de la République, en conseil des ministres, sur la présentation du garde des sceaux.

Tous les autres magistrats, quel que soit leur rang, sont nommés par décret rendu sur le rapport du garde des sceaux.

Ces décrets sont insérés au *Journal officiel*. Une expédition en est envoyée par la chancellerie au procureur général du ressort. Ce magistrat doit en accuser réception courrier par courrier (Circ. chanc., 16 vendémiaire an VII ; Gillet, n° 245).

S'il s'agit d'un membre d'une Cour ou d'un tribunal, le procureur général l'avise de sa nomination et l'invite à venir prêter serment devant la Cour à une date déterminée ; s'il s'agit d'un juge de paix ou d'un suppléant de justice de paix, il transmet cette expédition au procureur de la République dans l'arrondissement duquel le magistrat est nommé.

Ces ampliations ne sont pas soumises au timbre ; elles doivent rester déposées au greffe de la Cour ou du tribunal qui a reçu la prestation de serment.

§ 2. — PRESTATION DE SERMENT — INSTALLATION

VI. Prestation de serment. — Le magistrat n'obtient que par le serment puissance et juridiction : aussi, avant d'entrer en fonctions, les magistrats de tout ordre sont tenus de prêter serment (Décret du 24 messidor an XII). Lorsqu'un magistrat est nommé aux mêmes fonctions dans un autre siège, il doit prêter un nouveau serment (Circ. chanc., 27 octobre 1829 ; Gillet, n° 2264) ; il n'y a d'exception que pour les juges qui sont nommés juges d'instruction au même siège (Voir : **Instruction**, III).

Les premiers présidents et les procureurs généraux prêtaient serment, avant la Restauration, entre les mains de l'Archichancelier ; sous la monarchie et sous le second Empire, leur serment était reçu en principe par les Cours d'appel, mais souvent ils étaient admis au serment devant le chef de l'État. — Actuellement ils prêtent toujours serment devant la Cour.

Les autres magistrats des Cours d'appel prêtent serment devant la Cour dont ils font partie, en audience solennelle, toutes chambres réunies (art. 26 § 1 du décr. du 30 mars 1808). Pendant les vacances judiciaires, le serment est prêté devant la chambre des vacations (Déc. chanc., 2 oct. 1868 ; *Bull. off.*, n° 7, p. 125 ; art. 2 du décret du 11 sept. 1870).

Les membres des tribunaux de première instance prêtent serment devant la Cour du ressort auquel appartient le tribunal où ils sont nommés. — Ce serment est prêté devant la chambre où siège le premier président, et, pendant les vacances, à la chambre des vacations (art. 26 § 2 du décr. du 30 mars 1808).

Les juges de paix et les suppléants de justice de paix prêtent serment devant le tribunal de première instance (art. 2 du décr. du 24 messidor, an XII ; — art. 65 du décr. du 30 mars 1808 ; — Voir : **Juges de paix,** IV).

Le magistrat de première instance est invité par les chefs de la Cour à venir prêter serment à une date indiquée. — La veille, il doit faire visite au premier président, au procureur général et aux membres de la chambre qui recevra son serment. Au jour fixé, il se rend à la Cour ; il doit être revêtu de son costume officiel ; il est reçu dans la chambre du conseil, puis dès que l'audience est ouverte, un huissier l'introduit dans la salle d'audience, sur l'ordre du premier président. — Le procureur général ou le magistrat qui le remplace, requiert qu'il soit donné lecture du décret, qu'il plaise à la Cour admettre le récipiendaire à la prestation de serment et le renvoyer à se faire installer dans ses fonctions. Le greffier donne alors lecture du décret, puis le premier président lit la formule du serment ainsi conçue : « Vous jurez de bien et fidèlement remplir vos fonctions, de garder religieusement le secret des délibérations et de vous conduire en tout, comme un digne et loyal magistrat » ; le récipiendaire debout, la main droite, nue et levée, répond : « je le jure ». La Cour donne acte du serment prêté et renvoie le magistrat à se faire installer dans ses fonctions.

Pour les membres des Cours d'appel, l'installation a lieu aussitôt après la prestation de serment ; aussi, ces deux cérémonies n'en formant pour ainsi dire qu'une, nous les examinerons en même temps (Voir : VIII).

Lorsque la prestation de serment est requise par le procureur général ou par le procureur de la République, la Cour ou le tribunal n'a pas le droit de l'ajourner sous prétexte qu'elle est prématurée et qu'elle occasionne une interruption de traitement pour les précédents titulaires (Décis. chanc., 13 sept. 1879 ; *Bull. off.*, n° 16, p. 226). Mais nous pensons que la Cour devrait surseoir à recevoir le serment, si le récipiendaire ne réunissait pas toutes les conditions exigées par la loi ; si, par exemple, le magistrat nommé n'avait pas l'âge requis, s'il n'avait pas fait intégralement son

stage, ou s'il avait perdu, depuis sa nomination, la jouissance des droits civiques, civils et politiques. Ce sursis aurait
pour résultat d'attirer l'attention du chef de l'État et de
faire rapporter la nomination, s'il y avait lieu. Mais, si le
président de la République maintenait son décret et invitait
le procureur général à requérir de nouveau l'admission au
serment, la Cour ne pourrait persister dans son refus sans
commettre un excès de pouvoir : ce nouveau refus constituerait une censure du décret, une sorte d'empiétement sur les
pouvoirs du président de la République.

Le greffier délivre, sans frais, une expédition sur papier
libre du procès-verbal de prestation de serment qui est envoyée au Parquet du tribunal auquel appartient le nouveau
magistrat ; cette pièce sert à l'installation et est ensuite
classée parmi les minutes du greffe du tribunal.

VII. **Serment écrit**. — Les magistrats peuvent être autorisés à prêter serment par écrit, lorsque des causes graves,
telles qu'une maladie, les empêchent de se transporter à l'audience (Décis. chanc., 6 janv. 1875 et 20 juil. 1876 ; *Rec.
off*., t. 1, p. 384, note 1). Dans ce cas, la Cour ou le tribunal
ordonne, sur les réquisitoins du ministère public, qu'il soit
donné lecture à l'audience de cet écrit ; elle donne acte de
cette lecture, puis ordonne que cet écrit sera déposé parmi
les minutes du greffe.

VIII. **Installation des membres de la Cour.** —
Nous avons déjà dit que l'installation des membres des Cours
d'appel a lieu en même temps que leur prestation de serment.

La Cour tout entière se réunit, en robe rouge, dans la
salle des audiences solennelles ; le récipiendaire attend dans
la chambre du conseil. — Le premier président déclare l'audience solennelle ouverte, puis une députation désignée par
le premier président, pour les membres de la Cour, et, par le
procureur général, pour les membres du Parquet, va, précédée
des huissiers, chercher le nouveau magistrat et le conduit
au siège qui lui est préparé dans l'enceinte du barreau.

Cette députation comprend :

	Dans les Cours composées de deux chambres.	Dans les Cours composées d'une chambre.
Pour le premier président et pour le procureur général......	Un président de chambre, un avocat général, deux conseillers et un substitut.	Deux conseillers et un substitut.
Pour un président de chambre, un avocat général ou un conseiller..............	Deux conseillers et un substitut.	Deux conseillers et un substitut.
Pour un substitut.....	Un conseiller et un substitut.	Deux conseillers.

Dès que les membres de la députation ont repris leur place, le premier président donne la parole au procureur général qui requiert l'admission à la prestation de serment. Le serment est prêté dans la forme que nous avons indiquée plus haut (*supra*, VI).

Après que le serment a été prêté, le premier président invite le magistrat à prendre place sur le siège et le déclare installé dans ses fonctions.

Quand il y a lieu d'installer un premier président ou un procureur général, il est d'usage d'inviter à cette solennité les compagnies judiciaires et les principaux fonctionnaires de la localité. De plus, des discours auxquels répond le récipiendaire, sont prononcés par le procureur général et le doyen des présidents de chambre s'il s'agit d'un premier président, et par le doyen des avocats généraux et le premier président, s'il s'agit d'un procureur général.

Le greffier dresse du tout un procès-verbal qui est transcrit sur les registres de greffe.

IX. **Installation des autres magistrats.** — Les magistrats de première instance se retirent, pour se faire installer, devant le tribunal dont ils font partie.

L'installation a lieu en audience solennelle ; la date en est fixée par le président du tribunal, qui se concerte à cet effet avec le procureur de la République.

Une députation, composée d'un certain nombre de magistrats et dont la composition varie suivant le nombre des membres du tribunal, va chercher le récipiendaire dans la chambre du conseil et le conduit à la place réservée dans l'enceinte du barreau. Le procureur de la République requiert qu'il soit donné lecture du procès-verbal de prestation de serment, que le nouveau magistrat soit déclaré installé dans ses fonctions, qu'il lui soit donné acte de ses réquisitions et que du tout il soit dressé procès-verbal. — Le greffier, sur l'ordre du président, donne lecture du procès-verbal de prestation de serment, puis le président déclare le magistrat installé et l'invite à prendre place sur son siège.

Le greffier rédige un procès-verbal qui est signé par lui et par le président, et en remet deux expéditions sur papier libre au procureur de la République. Ce magistrat les transmet au Parquet général ; l'une y est classée ; l'autre est envoyée immédiatement à la chancellerie. — Il est d'usage de remettre au magistrat une troisième expédition de ce procès-verbal, délivrée sur papier libre et sans frais.

Aucune loi n'a réglé d'une façon obligatoire la forme des installations ; aussi les magistrats, nouvellement nommés, peuvent, s'ils ont préalablement prêté serment, participer à la composition du tribunal, lors de la cérémonie de leur installation ; le tribunal est régulièrement composé du moment que les magistrats, soit nouveaux, soit anciens, même avec l'adjonction d'un avocat ou d'un avoué, se trouvent en nombre suffisant pour la validité d'une décision judiciaire (Décis. chanc., 6 mars, 15 et 18 oct. 1883 ; *Bull. off.*, n° 29, p. 27 ; n° 32, p. 167). Un tribunal pourrait donc procéder à l'installation d'un juge, bien qu'il ne fût composé que d'un membre du ministère public, du président et d'un juge ou même d'un avocat ou d'un avoué ; il est complété par le magistrat nouveau qui concourt ainsi à sa propre installation.

Dans les tribunaux de première instance, l'installation des magistrats ne doit être précédée ou suivie d'aucun discours ; la chancellerie interdit formellement toute allocution, comme contraire à l'article 34 du décret du 6 juillet 1810 (Circ. chanc., 30 oct. 1849; Gillet, n° 3378 ; — Décis. chanc., 31 déc. 1856, 22 avr. 1869 et 19 mai 1880 ; *Bull. off.*, n° 7, p. 126 et n° 18, p. 114 ; — Circ. chanc., 13 déc. 1880 ; *Bull. off.*, n° 20, p. 280).

Nous avons indiqué (Voir : **Juge de paix**, IV) comment il y a lieu de procéder pour l'installation des juges de paix.

§ 3. DOSSIERS DES MAGISTRATS

X. Dossiers individuels de la chancellerie. — « Rien n'est plus indispensable à un ministre de la justice que de connaitre à fond les titres, les services, les aptitudes diverses de tous les magistrats dont il est le chef, et ce qui importe le plus aux bons magistrats dans leurs rapports avec la chancellerie, c'est d'être exactement connus. Que leurs actes honorables soient scrupuleusement notés ; que l'on tienne un compte rigoureux de ce qu'ils ont fait de bien. Que leurs fautes, s'ils ont le malheur d'en commettre, soient enregistrées sans exagération ; que l'on constate pour les uns l'éclat du talent ; pour d'autres, les longs travaux et la science profonde ; pour ceux-ci, la vivacité de l'intelligence; pour ceux-là la sûreté du jugement ; pour de plus modestes, la droiture de la conscience, la pureté des mœurs, l'ascendant conciliateur et tous seront satisfaits. Ils sauront qu'ils sont jugés en pleine connaissance de cause, que leurs écarts seront contenus avec indulgence, que la vérité prévaudra, et qu'à défaut d'un avancement qui n'est pas toujours possible, ils obtiendront au moins de l'estime. » (Circ. chanc., 15 mai 1850; *Rec. off.*, t. II, p. 132.)

Pour atteindre ce but, il a été établi, depuis 1850, au ministère de la justice, des dossiers individuels pour tous les magistrats : chaque dossier contient tous les renseignements qui parviennent à la chancellerie, les rapports des chefs de la Cour, les plaintes, les recommandations, etc......, et enfin les *Notices individuelles* (*infra*, XII) que demande le garde des sceaux, au moment de la nomination de chaque magistrat et à certaines époques.

Pour faciliter cette classification, la chancellerie recommande de la manière la plus pressante aux chefs des Cours, de réserver avec grand soin, pour des rapports séparés, tout ce qui est relatif aux personnes et de consacrer une *feuille distincte* à chaque magistrat dont ils ont à entretenir le garde des sceaux : « Si, par exemple, il m'est rendu compte d'une affaire criminelle, dit M. le garde des sceaux dans sa circulaire du 15 mai 1850 (*Rec. off.*, t. II, p. 138), et que vous ayez à signaler le juge d'instruction qui a su découvrir le coupable, le président d'assises qui a bien conduit les débats, l'avocat général dont le talent a été remarqué, séparez ce qui touche aux hommes de ce qui tient à l'affaire, et rédigez pour le juge, pour le président, pour l'avocat général, des notes sur trois feuilles séparées. »

XI. **Dossiers du Parquet général et des Parquets de première instance.** — Dans chaque Parquet de Cour d'appel, doit exister une organisation analogue à celle de la chancellerie. Par sa circulaire du 15 mai 1850 (*Rec. off.*, t. II, p. 139), le garde des sceaux a invité les procureurs généraux à former des archives du personnel et à composer un dossier individuel pour chaque magistrat. Ces dossiers doivent comprendre, entre autres documents, la minute des notices et des rapports transmis à la chancellerie.

Les procureurs généraux doivent laisser au Parquet, quand ils le quittent, les notes et documents qu'ils ont pu recueillir durant leur exercice, afin que leurs successeurs trouvent dans les archives des indications exactes et complètes sur les personnes et les choses du ressort. (Circ. chanc., 22 fév. 1861 ; Gillet, n° 4088 ; — 31 déc. 1883 ; *Bull. off.*, n° 32, p. 189.)

Lorsqu'un magistrat passe d'un ressort dans un autre, il importe d'une part que ses nouveaux chefs soient exactement renseignés sur son passé, et, d'autre part, le dossier n'a plus d'intérêt pour les chefs du ressort qu'il a quitté ; aussi le garde des sceaux a décidé que « dorénavant le magistrat sera suivi de son dossier, qui restera au Parquet général autant de temps que le magistrat restera lui-même dans le ressort, et qui s'augmentera de tous les documents qui pourront l'intéresser pendant ce temps (Circ. chanc., 31 déc. 1883 ; *Bull. off.*, n° 32, p. 189).

Aucune instruction n'oblige les procureurs de la République à tenir à leur Parquet des dossiers individuels des juges de paix, mais il est évident qu'ils doivent le faire, s'ils veulent bien connaître le personnel de leur arrondissement et fournir, en toute connaissance de cause, les renseignements qui leur sont demandés fréquemment par le procureur général.

XII. **Notices individuelles.** — Le principal élément du dossier individuel est la *Notice* que le premier président et le procureur général envoient sur chaque magistrat.

Les formules de ces notices sont envoyées par la chancellerie ; nous en donnons ci-dessous un spécimen.

La première page fait connaître la position du magistrat ; la seconde contient un état de services détaillé ; la troisième fait connaître : « le signalement intellectuel et moral du magistrat, sa conduite, son caractère, son instruction, sa capacité, enfin ces conditions d'aptitude, que l'homme tient tout à la fois du travail et de la nature, mais qui varient souvent avec les années. — Pour vous expliquer, sur tous ces points, dit le garde des sceaux dans sa circulaire aux procureurs généraux du 15 mai 1850 (*Rec. off.*, t. II, p. 136), un mot vous suffira, mais ce mot, vous ne devez l'écrire qu'après les investigations les plus scrupuleuses, après les plus mûres réflexions ». — La quatrième page est consacrée d'abord aux faits particuliers, par lesquels le magistrat s'est fait remarquer depuis l'envoi de la dernière notice ; la dernière partie de cette page, intitulée *Observations générales* contient un tableau d'ensemble, destiné à combler les lacunes que ce cadre uniforme pour tous les magistrats peut laisser subsister.

On a réuni dans les deux premières pages de la formule, les questions auxquelles tous les magistrats ont à répondre eux-mêmes ; on y a réservé un espace libre où ils peuvent consigner leurs observations, leurs demandes et l'indication des faits particuliers qui les intéressent. Aussi, le procureur général doit couper en deux les exemplaires destinés à lui servir de minute et envoyer à chaque magistrat la première demi-feuille qu'il remplit, signe et lui retourne. — Les procureurs généraux remplissent complètement les notices qu'ils adressent à la chancellerie, mais les premiers présidents qui n'ont point d'auxiliaires, ne sont tenus, pour ce motif, que de remplir les deux dernières pages qui doivent être, dans toutes les notices, l'œuvre exclusive des chefs de la Cour (Circ. chanc., 15 mai 1850, note 1, *Rec. off.*, t. II. p. 137).

COUR D'APPEL

d
_____

DÉPARTEMENT

d
_____

TRIBUNAL

d
_____

CANTON

d

MINISTÈRE DE LA JUSTICE
_____

NOTICE INDIVIDUELLE

188 ,

Nom et fonction du Magistrat.
Ses prénoms.
Date de sa naissance.
Lieu et département où il est né.
Son état ou profession avant d'être magistrat.
Lieu où il exerçait cette profession.
État ou profession de son père.
Date de son diplôme de licencié,
    de docteur.
Date de son admission au stage.
Date de son inscription au tableau.
Date de son installation dans son premier
    emploi rétribué.
Date de son premier emploi judiciaire.
Date de sa nomination aux fonctions qu'il
    occupe actuellement.
Interruption (Leur cause.
    de   } Leur durée,   an   mois jours
  service ((du   au

Dire s'il parle ou écrit quelque langue étran-
    gère ou quelque idiome utile.
Titres scientifiques.
Titres littéraires.
Fonctions extrajudiciaires.
Décorations françaises ou étrangères.

Est-il marié, veuf ou célibataire ?
Date de son mariage actuel.
Nom et profession de son beau-père.
Nombre de ses enfants vivants.

Dire s'il existe des liens de parenté ou d'al-
    liance entre lui et d'autres magistrats du
    ressort, ou avec des officiers publics ?

Demande-t-il quelque avancement ?
Dire s'il irait partout où il pourrait être envoyé
    en France ?
Dans le cas de la négative, quels sont les res-
    sorts où il désire être placé ?
S'il irait en Algérie ou dans les colonies.

MAGISTRATS

OBSERVATIONS PERSONNELLES
QUE LE MAGISTRAT CROIRAIT UTILE DE PRÉSENTER
A SES CHEFS.

RENSEIGNEMENTS CONFIDENTIELS.

Caractère.
Conduite privée..
Conduite publique.
Impartialité.
Travail.
Exactitude, zèle.
Activité.
Fermeté.
Santé.,

Rapports avec. . .
{ ses chefs.
{ les autorités.
{ le public.

Habitudes sociales.

Nom de son épouse. Renseignements généraux
sur elle et sa famille.

Position sociale et
de fortune.
{ personnelle.
{ résultant de son mariage.

Capacité.
Sagacité.
Jugement.
Style.
Élocution.

Instruction . . . .
{ en droit civil.
{ en droit criminel.

Instruction acces-
soire.
{ littéraire.
{ scientifique.

Dire s'il concilie bien les plaideurs ?
S'il est propre au service de l'audience civile ?
S'il est propre au service de l'audience correction-
nelle ou de police ?
S'il convient au service de la cour d'assises ?
S'il est bon administrateur ?
S'il entend bien la police judiciaire ?

S'il convient spé-
cialement . . . .
{ à la magistrature assise ?
{ au parquet ?
{ à l'instruction ?

S'il préside bien les assises ?
S'il se livre à des occupations étrangères à ses fonctions ?
S'il jouit de l'estime publique ?
S'il a encouru des peines disciplinaires ?
Si les liens de parenté apportent quelque obstacle au service ?
S'il a droit à quelque avancement ?

MAGISTRATS

OBSERVATIONS ET APPRÉCIATIONS DU CHEF DE LA COUR.

Signature du chef de la Cour.

§ 4. — DISCIPLINE — POURSUITES

XIII. Distinction entre les magistrats du Parquet et les autres magistrats. — Les règles que nous allons exposer, relativement à la discipline des magistrats, s'appliquent exclusivement aux magistrats du siège et aux juges de paix. — Les magistrats du ministère public dont la conduite est répréhensible sont rappelés à leur devoir par le procureur général ou par le garde des sceaux qui peut, s'il le juge nécessaire, provoquer leur révocation ; mais aucune des peines disciplinaires, édictées par la loi du 20 avril 1810, ne leur est applicable (Voir : **Ministère public**).

XIV. Règles générales. — Le magistrat qui commet une légère infraction aux règles de la discipline, est réprimandé par le premier président ou par le président du tribunal. — Il peut l'être également par le garde des sceaux qui a le droit de le mander à la chancellerie et le fait poursuivre disciplinairement s'il y a lieu.

Aux termes des dispositions combinées du sénatus-consulte du 16 thermidor an X, de la loi du 20 avril 1810 et des articles 4 et 5 du décret du 1er mars 1852, les peines disciplinaires pouvaient être prononcées tout à la fois par les tribunaux de première instance, les Cours d'appel et la Cour de cassation ; mais les pouvoirs de ces diverses juridictions étaient assez mal définis.

La loi du 30 août 1883 a, par son article 14, modifié complètement ce système : actuellement le conseil supérieur de la magistrature exerce à l'égard des magistrats tous les pouvoirs qui avaient été jusque-là dévolus à la Cour de cassation, aux Cours d'appel et aux tribunaux.

XV. Avertissement. — L'*avertissement* est la plus légère des mesures disciplinaires, ce n'est même pas une peine à proprement parler ; « c'est, comme le dit le garde des sceaux dans la circulaire du 12 décembre 1821 (*Rec. off.*, t. I, p. 120), une mesure préventive de toute peine, un acte secret et paternel du magistrat supérieur envers un officier de justice qui suit une fausse direction ».

Aux termes de l'article 49 de la loi du 20 avril 1810, les présidents des Cours d'appel et des tribunaux de première instance doivent *avertir* d'office ou sur la réquisition du ministère public, tout juge qui compromet la dignité de son caractère.

Cet avertissement doit être individuel et aucune trace ne doit en rester sur les registres de la Cour ou du tribunal. C'est ainsi que la Cour de cassation a décidé par arrêt du 5 mai 1835 (P. Chr.) qu'est illégal et nul l'arrêté par lequel un premier président a admonesté plusieurs juges d'un tribunal et enjoint au président de ce siège d'en donner connaissance aux magistrats admonestés et d'en faire opérer la transcription sur le registre des délibérations.

Ce droit d'avertissement n'a pas été supprimé par la loi du 30 août 1883 : c'est ce qui résulte du texte de l'article 14 et de l'article 19 qui n'abroge que les articles 51 à 56 de la loi du 20 avril 1810 et du rapport de M. Tenaille-Saligny au Sénat : « Les présidents des Cours d'appel et des tribunaux conserveront, sans doute, le droit qui leur est conféré par l'article 49 de la loi du 20 avril 1810, et aux termes duquel ils peuvent avertir, d'office ou sur la réquisition du ministère public, tout magistrat qui compromettrait la dignité de son caractère ; mais les peines disciplinaires proprement dites ne pourront plus être appliquées que par le conseil supérieur. »

La circulaire du 12 décembre 1821, après avoir précisé le caractère de cette mesure, a très nettement déterminé les cas où elle doit être appliquée et démontré qu'on n'est pas forcé de recourir à ce préliminaire, quand l'infraction présente une certaine gravité : « La conduite d'un magistrat, d'ailleurs recommandable par une régularité constante, aura offert un écart, léger en lui-même, mais blâmable toutefois ; tel autre magistrat, par une suite d'habitudes et de manières inconvenantes, par des irrégularités successives qui, sans choquer les mœurs locales, ne seraient pas moins incompatibles avec le caractère et la dignité de son état, se sera confondu avec le vulgaire, se sera exposé à perdre la considération publique. L'*avertissement simple* doit être donné dans ces deux cas ; cette provocation à de mûres réflexions ne doit pas être ménagée ; il est du devoir des chefs de ne point tolérer les faits qui peuvent l'autoriser.

« Les faits qui ont provoqué l'avertissement se renouvellent-ils ? Les habitudes blâmées ne se réforment-elles point ?

alors il y a lieu à l'application des peines de discipline que l'avertissement aura précédées.

« Il n'est pas douteux que l'avertissement préalable à la peine ne peut s'appliquer qu'aux fautes légères, qu'aux fautes successives qui tiennent aux habitudes et aux passions ; cet avertissement suppose une amélioration possible ; aussi l'article 50 dit-il que, si l'avertissement reste sans effet, le juge sera soumis, par forme de discipline, à l'une des peines établies.

« Mais si un officier de justice venait tout à coup à se rendre coupable d'une faute grave, qui n'eût point d'antécédents connus auxquels elle pût se rattacher et qui aient autorisé l'avertissement, il est évident qu'une faute de cette nature ne doit pas moins être réprimée, et que, dans une telle circonstance, l'avertissement serait une mesure insuffisante et même dérisoire. En effet, et s'il n'en était pas ainsi, il faudrait, ou qu'une faute grave demeurât sans punition pour n'avoir point été précédée d'un avertissement que rien n'aurait motivé ou que le supérieur pourrait avoir négligé de donner, ou qu'elle ne fût punie que d'un simple avertissement, lorsque par sa nature et son caractère, elle pourrait mériter la censure, la suspension, peut-être même une autre peine ; ou qu'enfin, pour procurer éventuellement l'application d'une peine de discipline nécessaire, l'avertissement fût donné dans cette prévoyance et sous le plus léger prétexte ; il est aisé de sentir combien un tel système est à la fois peu raisonnable et destructif de toute discipline. »

XVI. Pouvoir disciplinaire du garde des sceaux. — Le garde des sceaux est investi d'un droit général de surveillance sur les magistrats (art. 17 § 1 de la loi du 30 août 1883). Il peut leur adresser des réprimandes ; la réprimande est notifiée au magistrat qui en est l'objet par le premier président, pour les présidents de chambre, conseillers, présidents, juges et juges suppléants (art. 17 § 2).

Il peut mander tout magistrat afin de recevoir ses explications sur les faits qui lui sont imputés (art. 17 § 3).

Enfin, lui seul peut saisir le conseil supérieur de la magistrature, d'une poursuite disciplinaire (art. 16).

XVII. Conseil supérieur de la magistrature. — La Cour de cassation constitue le Conseil supérieur de la magistrature. Elle ne peut statuer en cette qualité, que toutes chambres réunies. Le procureur général près la Cour de cassation représente le gouvernement devant ce conseil (art. 13 de la loi du 30 août 1883).

L'article 14 charge ce conseil d'exercer le pouvoir disciplinaire. Ce n'est pas là sa seule attribution ; il a également pour mission d'assister le garde des sceaux dans l'administration et la direction du pouvoir judiciaire ; aucun magistrat du siège ne peut être déplacé ou mis d'office à la retraite, que sur son avis conforme (art. 15, § 1 et 2 ; V. *infra*, XXXVIII).

XVIII. **Poursuites disciplinaires.** — Le Conseil supérieur ne peut être saisi, comme nous l'avons déjà vu (*supra*, XVI), que par le garde des sceaux. Il ne doit statuer qu'après que le magistrat a été entendu ou dûment appelé (art. 16 de la loi du 30 août 1883) ; il peut toutefois, lorsqu'il y a lieu, donner une commission rogatoire au lieu d'ordonner la comparution personnelle (Sénat, séance du 31 juil. 1883 ; *J. Off.*, 1er août ; *Déb. parlem.*, p. 1162).

XIX. **Peines que peut prononcer le conseil supérieur.** — Il résulte de l'article 14 de la loi du 30 août 1883 que le Conseil supérieur peut prononcer les peines édictées par l'article 50 de la loi du 20 avril 1810 et par l'article 4 du décret du 1er mars 1852. Ces peines sont :

1o La *censure simple.* — Elle se manifeste seulement par la décision qui la prononce et ne comporte aucune autre peine personnelle.

2o La *censure avec réprimande.* — Elle entraîne de droit, la privation de traitement pendant un mois ; le magistrat peut être obligé de comparaître en personne devant le conseil, pour entendre la réprimande qui lui est adressée.

3o La *suspension provisoire.* — Cette peine peut être prononcée contre les juges de paix, aussi bien que contre les magistrats du siège ; la suspension entraîne privation du traitement. S'il s'agit d'un juge de première instance, il doit être remplacé, si les besoins du service l'exigent, par un juge suppléant qui a droit au traitement (Voir : **Juges suppléants**) ;

4o La *déchéance.*

XX. **Faits pouvant motiver des mesures disciplinaires.** — La loi nouvelle n'a en rien modifié les règles de la discipline et les peines à infliger ; elle se borne à déclarer que toute délibération politique est interdite aux corps judiciaires, ainsi que toute manifestation ou démonstration d'hostilité au principe ou à la forme du gouvernement de la République (art. 14 §§ 2 et 3). Ce ne sont pas d'ailleurs des cas disciplinaires nouveaux ; la Cour de cassation avait toujours décidé que le respect du gouvernement est une obligation pour tout magistrat, et que le manquement à ce devoir rend son auteur passible de peines disciplinaires.

Ceci posé, nous mentionnerons rapidement quelques faits qui ont été regardés par la jurisprudence comme des manquements aux devoirs professionnels ; ces décisions ont conservé toute leur force sous la législation actuelle :

1° Publication dans un journal d'une adhésion à des doctrines subversives de l'ordre existant (Cass., 30 mai 1832 ; P. chr. ; — Censure avec réprimande) ;

2° Affiliation à des sociétés considérées comme hostiles au gouvernement et aux institutions (Limoges, 19 avr. 1833 ; P. chr. ; — Censure avec réprimande) ;

3° Adresse de félicitation à la duchesse de Berry pour avoir porté la guerre civile en France dans le dessein de conquérir le trône en faveur de son fils (Cass., 14 janv. 1833 ; P. chr. ; — six mois de suspension) ;

4° Voyage en pays étranger pour aller auprès d'un prétendant au trône (comte de Chambord) autour duquel ont lieu des manifestations hostiles au gouvernement (Cass , 12 janvier 1844 ; P. 44-II-176 ; — Censure avec réprimande) ;

5° Fait par un magistrat de déclarer publiquement que la proposition d'un toast au chef de l'État est une formalité dérisoire, antipathique à la majorité des citoyens (Cass., 2 déc. 1847 ; P. 47 II-645 ; — cinq ans de suspension) ;

6° Fait d'assister, même confondu dans la foule à une messe célébrée en souvenir de la famille d'un souverain déchu et de se rendre, à la suite, chez un libraire pour y signer une adresse collective à un prince de cette famille, alors même que cette adresse ne fait qu'énoncer des sentiments de respect et de reconnaissance (Cass., 12 mai 1879 ; P. 80-705 ; — Censure simple) ;

7° Publication dans un journal d'une lettre dans laquelle le magistrat se pose en adversaire et en ennemi déclaré du gouvernement et de ses institutions (Cass., 1ᵉʳ mars 1880 ; P. 80-712 ; — déchéance) ;

8° Fait par un juge d'adresser à son président une lettre dans laquelle il lui impute d'avoir manqué à la délicatesse et à la loyauté et lui propose de constituer entre eux un jury d'honneur devant la décision duquel le magistrat blâmé devra s'incliner en quittant le tribunal (Cons. supér. de la mag. 12 mai 1884 ; P. 84-1-941 ; — Censure avec réprimande);

9° Fait de refuser de donner à la justice des renseignements sur les auteurs de faits punissables par lui dénoncés Cass., 30 nov. 1820; P. chr.) ;

10° Publication par un magistrat de rapports qu'il a adressés au garde des sceaux, à qui seul il appartenait de décider s'ils pouvaient être rendus publics (Cass., 30 nov. 1820 ; P. chr.).

XXI. Privilège de juridiction. — Les magistrats jouissent d'un privilège de juridiction à raison des crimes et délits qu'ils commettent soit dans l'exercice, soit hors de l'exercice de leurs fonctions. Le décret du 19 septembre 1870 qui abroge l'article 75 de la constitution de l'an VIII, n'a abrogé ni directement ni indirectement les articles 479 à 503 du Code d'instruction criminelle, qui sont toujours en vigueur (Cass., 4 sept. 1871 ; P. 72-71 ; — Cass., 9 et 10 févr. 1872 ; P. 72-71).

Le magistrat à qui est imputé un crime ou un délit, commis avant sa nomination, doit-il bénéficier du privilège de juridiction ? Oui. Comme le fait fort justement remarquer M. Mangin (*Instr. écrite.*, t. II, p. 393), la compétence exceptionnelle n'a été établie en ce cas que pour protéger le caractère de l'individu qui est l'objet des poursuites, l'indépendance ou la considération du corps auquel il appartient, il est évident que la qualité acquise depuis le délit doit déterminer la compétence, car alors c'est surtout l'instant des poursuites que la loi a en vue. Ce principe a été consacré par plusieurs arrêts de la Cour de cassation (21 oct. 1825; Mangin, t. II, p. 390 ; — 15 nov. 1833 ; P. chr. ; — 10 avr. 1878 ; P. 80-375).

Si le magistrat a perdu sa qualité au moment de la poursuite et si le délit avait été commis pendant qu'il exerçait encore ses fonctions, il a droit également dans ce cas aux garanties spéciales édictées par la loi. Il est, en effet, de principe que, pour apprécier la prévention, soit sous le rapport de la compétence, soit sous celui de la pénalité, il faut se reporter au moment où le fait délictueux a été commis (Cass., 14 janv. 1832 ; P. chr. ; — Orléans, 19 déc. 1842 ; P. 43-1-21).

Le Code d'instruction criminelle n'édicte de règles de compétence spéciales qu'en matière de crimes ou de délits ; il faut en conclure qu'il n'a fait aucune exception en ce qui concerne les contraventions de simple police, à raison desquelles les magistrats doivent être poursuivis, comme les autres citoyens, devant le tribunal de simple police (Cass., 26 septembre 1851 ; P. 52-II-607).

Le privilège de juridiction s'étend aux juges suppléants (Cass., 20 mai 1826 ; P. chr.) et aux suppléants de justice de paix (Cass., 4 juin 1830 ; P. ch. ; — 14 janv. 1832 ; P. chr.; — 2 mars 1844 ; P. 44-II-23). Mais les greffiers et à plus forte raison les commis greffiers ne peuvent en bénéficier (Cass., 4 juil. 1846 ; P. 46-II-250).

Enfin les juges consulaires ne jouissent de ce privilège que pour les crimes et délits commis dans l'exercice de leurs fonctions.

Lorsque le magistrat a des complices, simples particuliers, on doit suivre à l'égard de tous les inculpés, tant pour l'instruction que pour le jugement, les formes tracées par les articles 479 et suivants (Cass., 13 janv. 1843 ; S.-V. 43-I-357 ; — Cass., 28 juil. 1882 ; P. 84-I-993).

XXII. Délits. — Lorsqu'un délit est imputé à un magistrat de première instance ou à un juge de paix, le procureur général, près la Cour d'appel, le fait citer devant cette Cour qui prononce sans qu'il puisse y avoir appel (art. 479 et 483 du Code d'instr. crim.; — art. 10 de la loi du 20 avril 1810). C'est la chambre civile, présidée par le premier président, qui doit connaître de l'affaire (art. 4. du décr. du 6 juil. 1810). L'instruction se fait oralement à l'audience ; il ne peut être procédé à aucune information préalable (Cass., 6 oct. 1837 ; P. 38-I-237).

S'il s'agit d'un membre d'une Cour d'appel, le procureur général doit envoyer de suite au garde des sceaux une copie des dénonciations ou des plaintes, et le garde des sceaux la transmet à la Cour de cassation qui renvoie l'affaire, s'il y a lieu, devant une Cour d'appel autre que celle à laquelle appartient le magistrat inculpé (art. 481 et 482 du C. d'inst. crim.; — art. 10 de la loi du 20 avril 1810 ; — Cass., 21 janvier 1841 ; P. 42-II-19). On décide généralement que l'on doit procéder à une information, sans attendre la décision de la Cour de cassation (art. 481, C. d'instr. crim. ; — Cass., 26 avr. 1821 ; P. Chr.); cette information ne peut toutefois avoir pour objet que l'audition des témoins et la constatation des faits ; aucun mandat ne doit être décerné. — Nous ne saurions admettre ce système ; pourquoi une instruction pourrait-elle être dirigée contre un membre d'une Cour, quand, dans le même cas, elle ne saurait être suivie contre un juge de paix ou de première instance? Cette anomalie est au moins étrange. Elle a existé ; mais la loi du 20 avril 1810 l'a fait disparaitre, en rendant l'article 479 applicable aux membres des Cours d'appel.

Le procureur général a seul le droit d'exercer l'action publique, au cas de délit imputé à un magistrat ; la partie civile n'est pas alors recevable à porter plainte au juge d'instruction et ne peut directement saisir la Cour (Cass., 19 fév. 1872; P. 72-75; — 24 déc. 1874; P. 75-78 ; — 12 mai 1881 ; P. 83-I-421). Il résulte de ce principe que si la chambre des mises en accusation est appelée, par application de l'article 484, à apprécier les résultats d'une instruction suivie contre un magistrat, elle doit renvoyer le procureur général à se pourvoir relativement aux faits reconnus simples délits, et ne peut, de ce chef, renvoyer le prévenu devant la première chambre (Cass., 12 août 1853; P. 54-46; — 14 juin 1873; P. 73 1021).

XXIII. **Crimes.** — Lorsqu'il s'agit d'un crime, il faut distinguer suivant qu'il a été ou non commis dans l'exercice des fonctions.

1° *Crime commis en dehors de l'exercice des fonctions.* — Le magistrat qui reçoit la plainte ou qui a connaissance du crime doit en donner immédiatement avis au procureur général. Le procureur général désigne aussitôt le magistrat qui exercera les fonctions de procureur de la République et le premier président désigne celui qui exercera les fonctions de juge d'instruction (art. 480, C. d'instr. crim.).

Leur choix peut porter sur les membres d'un tribunal quelconque du ressort. Par suite, les magistrats ainsi délégués peuvent être pris dans un tribunal autre que ceux du lieu du crime ou de la résidence de l'inculpé (Carnot, t. III, p. 365, n° 4; — Legraverend, t. I, p. 501). mais tous les deux doivent appartenir au même tribunal; sans cela il leur serait impossible de diriger de concert l'instruction, chacun dans la limite de ses attributions (Legraverend, t. I, p. 502; — Ortolan et Ledeau, t. II, p. 212).

Le procureur général est-il tenu de désigner un membre du Parquet? Ce qui fait naître cette question, c'est que l'article 480 dit qu'il désignera « *le magistrat* qui exercera les fonctions d'officier de police judiciaire... » Ce terme général semble indiquer que son choix peut porter sur un magistrat du siège aussi bien que sur un membre du Parquet; aussi nous pensons avec M. Legraverend (t. I, p. 502) qu'il doit en être ainsi, qu'on ne saurait créer une distinction, alors que la loi n'en a fait aucune. Mais nous devons ajouter que ce système est repoussé par certains auteurs (Ortolan, t. II, p. 212; — Massabiau, t. I, n° 2096). Nous n'insisterons pas sur cette question qui n'a guère d'intérêt pratique.

Nous voyons donc que les magistrats chargés de l'information sont désignés par les chefs de la Cour; que doit faire dès lors le chef du Parquet saisi de la plainte? Doit-il se borner à aviser le procureur général? Non, il fait procéder à une instruction préliminaire, afin de faire constater le fait et de recueillir tous les indices utiles. A cet effet, il fait lui-même toutes les constatations, entend les témoins, prend les renseignements nécessaires, ou saisit dans ce but le juge d'instruction. Mais, hors le cas de flagrant délit, aucun mandat ne doit être décerné; il faut se borner à faire surveiller l'inculpé pour qu'il puisse être arrêté, s'il est nécessaire, dès que les magistrats instructeurs seront désignés. S'il était à craindre que l'inculpé prît la fuite, il faudrait aviser le procureur général et, sur la réquisition de ce magistrat, le premier président décernerait un mandat d'arrêt; ce qui éviterait toute perte de temps.

L'instruction est faite par les magistrats délégués dans les formes ordinaires; dès qu'elle est complète, le magistrat instructeur la communique au magistrat chargé des fonctions de ministère public. Celui-ci fait son réquisitoire définitif, puis une ordonnance est rendue. Si elle porte renvoi devant la chambre des mises en accusation, les pièces sont transmises au procureur général, suivant les règles et dans les

mes accoutumées. — L'affaire est ensuite renvoyée, s'il y
lieu, à la Cour d'assises compétente.

Lorsque le magistrat inculpé est membre d'une Cour
appel, les mêmes règles sont suivies, mais le dossier de
information est adressé au garde des sceaux qui le transmet
la Cour de cassation. Cette Cour renvoie, pour prononcer la
se en accusation, si elle estime qu'il y ait lieu à poursuites,
vant une Cour d'appel autre que celle où siège ce magis-
at (art. 481 et 482). — La Cour d'assises compétente pour
ger au fond est celle du lieu où siège la Cour d'appel dont
inculpé fait partie (art. 18 de la loi du 20 avr. 1810).

2° *Crimes commis dans l'exercice des fonctions.* — S'il s'agit
in membre d'un tribunal de première instance ou d'un
ge de paix, les fonctions de juge d'instruction sont remplies
r le premier président et celles de ministère public par le
ocureur général ou par des magistrats qu'ils désignent
spectivement et spécialement à cet effet (art. 484). Comme
fait remarquer Legraverend (t. I, p. 516), il y a une différence
table entre la délégation prescrite par l'article 480 et celle
i peut être donnée par application de l'article 484. Dans le
emier cas, les magistrats délégués sont réellement chargés
l'instruction, ils font en leur nom personnel tous les actes
la procédure, d'eux seuls émanent, comme nous l'avons
, le réquisitoire et l'ordonnance définitifs. Dans l'hypothèse
l'article 484 au contraire, les magistrats délégués agissent
nom des chefs de la Cour qui seuls ont qualité pour régler
s procédures.

Jusqu'à cette délégation et dans le cas où il existe un corps
délit, il peut être constaté par tout officier de police judi-
aire (art. 484).

Pour le surplus de la procédure, on suit les règles et les
rmes ordinaires.

Si le crime a été commis par un tribunal tout entier ou par
n membre d'une Cour d'appel, il est dénoncé au garde des
eaux qui donne, s'il y a lieu, au procureur général de la
our de cassation l'ordre de le poursuivre (art. 485 et 486).
a procédure devant la Cour de cassation est réglée par les
ticles 487 à 500 du Code d'instruction criminelle. — La mise
n accusation est prononcée par la section de la Cour de cassa-
on à laquelle est fait le renvoi ; le même arrêt désigne la Cour

d'assises qui connaîtra de l'affaire (art. 496 et 500). Elle ne peut être choisie que parmi celles qui se tiennent au chef-lieu d'une Cour d'appel (art. 18 de la loi du 20 avr. 1810).

§ 5. — DROITS ET DEVOIRS

XXIV. Inamovibilité. — Aucun magistrat du siège ne peut être déplacé que sur l'avis conforme du Conseil supérieur de la magistrature. Ce déplacement ne doit entraîner pour le magistrat qui en est l'objet aucun changement de fonctions, aucune diminution de classe ni de traitement (art. 15 § 1 de la loi du 30 août 1883). — La Cour de Paris et le tribunal de la Seine échappent à l'application de ce droit de déplacement, puisqu'il n'existe aucune autre Cour et aucun autre tribunal de même classe.

Ce principe de l'inamovibilité ne comporte que deux exceptions :

1° Le magistrat qui a commis des fautes graves peut encourir la déchéance (*supra*, XIX et XX) ;

2° Les magistrats que des infirmités graves et permanentes mettent hors d'état d'exercer leurs fonctions peuvent être mis d'office à la retraite, sur avis conforme du Conseil supérieur (*infra*, XXXII).

Les juges de paix et les membres des Parquets de première instance et d'appel sont essentiellement amovibles (Voir : **Juges de paix,** VII ; — **Ministère public**).

XXV. Traitement. — Les traitements des magistrats sont fixés ainsi qu'il suit, par les articles 3 et 7 de la loi du 30 août 1883.

COURS D'APPEL

FONCTIONS DES MAGISTRATS	Paris.	Autres Cours.
Premier président............................	25.000	18.000
Président de chambre........................	13.750	10.000
Conseiller....................................	11.000	7.000
Procureur général...........................	25.000	18.000
Avocat général..............................	13.200	8.000
Substitut du procureur général.............	11.000	6.000
Greffier en chef.............................	8.000	4.200
Commis greffier.............................	5 000	3.500

TRIBUNAUX DE PREMIÈRE INSTANCE

FONCTIONS DES MAGISTRATS	Paris.	1e classe	2e classe	3e classe
Président...........................	20.000	10.000	7.000	5.000
Vice-président.....................	10.000	7.000	5.500	4.000
Juge d'instruction.................	10.000	6.500	5.000	3.500
Juge	8.000	6.000	4.000	3.000
Procureur de la République.........	20.000	10.000	7.000	5.000
Substitut..........................	8.000	5.000	3.500	2.800
Greffier	6.000	2.400	1.500	1.200
Commis greffier....................	4.000	3.000	2.500	2.000

Le traitement est payé chaque mois sur des états mensuels, émargés par chacun des membres du tribunal ou de la Cour. En cas d'absence, le président signe pour les juges et pour les greffiers, et le procureur de la République pour les substituts. Les états sont émargés par le vice-président et, à son défaut, par le plus ancien juge, pour le président empêché et par le plus ancien substitut et, s'il n'y a pas de substituts, par le magistrat qui fait l'intérim, pour le procureur de la République. — Il faut toujours mentionner dans la colonne d'observations le motif qui a empêché le magistrat de signer lui-même.

Les états de traitement des membres des Cours d'appel sont dressés par le greffier de la Cour ; ceux des membres des tribunaux de première instance, des juges de paix, des greffiers de paix, de simple police et de commerce sont dressés par le greffier du tribunal de première instance.

Tous ces états sont faits en triple expédition.

Il est établi des états distincts :

1º Pour les membres du tribunal, y compris le greffier en chef et les commis greffiers ;

2º Pour les juges de paix et leurs greffiers ;

3º Pour les greffiers des tribunaux de simple police ;

4º Pour les greffiers des tribunaux de commerce.

Les états de traitement de la Cour sont signés par le premier président et par le procureur général ; ceux du tribunal par le président et par le procureur de la République. — Les autres sont signés seulement par le procureur de la République ; ils ne sont pas émargés par les parties prenantes (art. 164 et 165 du règlement du 28 déc. 1838).

A la fin de chaque mois, le procureur général, pour le traitement de la Cour, et le procureur de la République, pour les autres traitements, transmettent les états au préfet.

XXVI. **Droit à l'avancement.** — *L'avancement* est la récompense des services des magistrats. Aucun texte ne détermine les conditions dans lesquelles il doit s'opérer, et les pouvoirs de la chancellerie sont absolus à cet égard. L'avancement naturel consiste à passer d'un grade inférieur au grade immédiatement supérieur ou à passer avec le même grade d'un tribunal d'une classe inférieure dans un tribunal d'une classe plus élevée. Mais rien ne s'oppose, nous le répétons, et on en voit quelquefois des exemples, à ce qu'un magistrat franchisse d'un seul coup plusieurs degrés de la hiérarchie : un procureur de la République de troisième classe peut très bien être nommé avocat général.

Il est interdit aux magistrats de se rendre à la chancellerie pour y solliciter de l'avancement. « Il est bon que l'on sache, disait M. le garde des sceaux Abbatucci, que je refuserai tout congé et toute audience aux magistrats qui déserteraient ainsi leurs devoirs et leurs fonctions, dans le but unique d'accroître par leur présence et leurs sollicitations, les chances de succès pour leur ambition. Ce serait à mes yeux, de leur part, une marque de défiance dans l'impartialité ou la vigilance du ministre. Qu'ils s'adressent à leurs chefs ; que ceux-ci adressent au ministère leurs demandes écrites ; les uns et les autres sont assurés du soin religieux avec lequel ces demandes seront lues et appréciées, et alors, mais alors seulement, les magistrats garderont leur dignité et le ministre l'estime qu'il a pour eux » (Circ. chanc., 8 mars 1852 ; *Rec. off.*, t. II, p. 189). Plusieurs circulaires avaient déjà édicté les mêmes prescriptions (Circ. chanc., 24 nov. 1822 ; Gillet, n° 1670 ; — 7 janv. 1841 ; Gillet, n° 2834 ; — 8 mars 1843 ; Gillet, n° 2959) elles ont été plusieurs fois rappelées par la chancellerie (Circ. chanc., 1er août 1859 ; Gillet, n° 4008 ; — 7 janv. 1880 ; *Bull. off.*, n° 17, p. 65).

XXVII. **Costume.** — Nous avons indiqué (V° **Juges**, III) quel est le costume des magistrats de première instance.

Le président porte à la toque un double galon d'argent,

c'est la seule différence qu'il y ait entre son costume et celui des juges.

Le vice-président n'a droit qu'à un seul galon.

Le procureur de la République porte le même costume que le président ; les substituts ont le costume des juges. — L'arrêté de nivôse an XI, et le décret du 6 janvier 1811, ne font, il est vrai, aucune différence entre le costume du chef du Parquet et celui des juges, mais l'usage a prévalu d'assimiler les procureurs de la République aux présidents pour les insignes et le costume. « Cet usage général a été fondé en raison et trop bien établi pour qu'il n'ait pas lui-même la force d'un règlement qu'on doit respecter et qui doit prévaloir sur celui de l'an XI. Ainsi, rien ne s'oppose à ce que le procureur du roi porte à sa toque deux galons comme le président du tribunal » (Lettre du garde des sceaux au procureur du roi, à Versailles, 1er juil. 1828).

Le président et le procureur de la République de Paris portent le même costume que les conseillers. (Déc. du 7 juillet 1811.)

Les magistrats des Cours d'appel doivent porter aux audiences ordinaires la toge de laine noire, à grandes manches, avec simare de soie noire, la ceinture de soie noire à franges pareilles, la toque de soie noire ; la cravate de batiste blanche plissée. — Aux grandes audiences et aux cérémonies publiques, ils portent la toge de laine rouge, avec simare de soie noire, la ceinture de soie noire et la toque de velours noir bordée au bas d'un galon de soie liseré d'or (art. 2, de l'arrêté du 2 nivôse an XI). L'usage s'est introduit de porter à toutes les audiences la toque de velours.

Le premier président et le procureur général ont un double galon à la toque ; le revers de leur robe est doublé d'hermine (art. 2 de l'arrêté du 2 nivôse an XI ; — Décret du 29 messidor an XII). — L'ordonnance des 25 décembre 1822, 1er janvier 1823, porte que le revers de la robe rouge des présidents de chambre sera également doublé d'hermine.

Les Cours d'appel doivent assister en robe rouge aux cérémonies funèbres du chef de l'État et porter la robe noire à toutes les autres cérémonies de ce genre, sans exception. On porte d'ailleurs la ceinture, et on met toujours des crêpes aux toques dans ces solennités. Quant aux tribunaux

de première instance, ils doivent paraître à toutes les cérémonies funèbres avec la robe et la ceinture noires et des
crêpes autour des toques (Circ. chanc., 31 juil. 1821 ; *Rec.
off.*, t. I, p. 114).

Les magistrats doivent toujours être en costume à l'audience, dans les cérémonies publiques et dans les visites
qui sont faites par la compagnie tout entière ou par une
députation ; il en est ainsi notamment, lorsqu'une Cour ou
un tribunal envoie une députation visiter un ministre (Décis.
chanc., 12 juin 1883 ; *Bull. off.*, n° 30, p. 55).

Le décret du 22 mai 1852 a déterminé le costume de ville
des magistrats ; mais peu de magistrats ont porté ce costume, et aujourd'hui le décret de 1852 est tombé complètement en désuétude. Il est regrettable qu'il en soit ainsi ; il
est en effet beaucoup de cérémonies publiques où les divers
corps de l'État portent le costume qui leur a été attribué et
où cependant les magistrats ne peuvent venir en robe. Il est
à désirer que la chancellerie remette ce décret en vigueur et
invite tous les magistrats à se conformer à ses prescriptions.

XXVIII. **Honneurs et préséances.** — Nous avons fait
connaître (V° : **Honneurs et préséances**, § 1) les honneurs
auxquels ont droit les compagnies judiciaires, nous avons
également donné le tableau des préséances et indiqué le
rang qu'ont entre eux les membres des Cours et tribunaux
(*Id.*, XI et XII).

XXIX. **Rang d'ancienneté.** — Les magistrats, appartenant à la même compagnie, prennent rang entre eux
d'après l'ancienneté. — C'est la nomination et non la prestation de serment qui donne le rang d'ancienneté ; et lorsque
deux ou plusieurs magistrats sont nommés dans la même
compagnie par le même décret, le rang de chacun d'eux est
déterminé par l'ordre des nominations. — La question est
tranchée en ce sens par le texte de l'article 8 du décret du
30 mars 1808, visé par l'article 36 du décret du 6 juillet 1810
et ainsi conçu : « Chaque juge sera, lors de sa nomination,
placé le dernier dans la liste de rang » (Déc. chanc., 28 août
1877 ; *Bull. off.*, n°7, p. 99 ; — 31 juil. 1884 ; *Bull. off.*,
n° 35, p. 169).

Le vice-président d'un tribunal, maintenu sur sa demande

comme simple juge au siège, par suite de la suppression de
la vice-présidence, conserve le droit de préséance attaché à
sa qualité de vice-président (Décis. chanc., 13 oct. 1883; *Bull.
off.*, n° 32, p. 167).

XXX. **Résidence.** — Les membres des Cours, des tribunaux
et des Parquets sont tenus de résider dans la ville où siège
la Cour ou le tribunal auquel ils appartiennent. Néanmoins,
les juges suppléants peuvent résider hors la ville ; il suffit
qu'ils habitent le canton (art. 100 du décr. de 30 mars 1808;
— art. 29 du décret du 18 août 1810). Les juges de paix et
leurs suppléants doivent fixer leur résidence dans le canton,
mais ils ne sont pas obligés d'habiter le chef-lieu (art. 8 de la
loi du 28 floréal an X).

L'obligation de résider doit s'entendre d'une résidence
réelle permanente et telle que les magistrats soient prêts à
remplir leurs devoirs chaque fois que le besoin du service le
réclame (Circ. chanc., 8 mars 1843, § 1er ; Gillet, n° 2959 ; —
16 août 1859; Gillet, n° 4014).

Le défaut de résidence est considéré comme absence irrégulière (art. 100 du décret du 30 mars 1808; — Circ. chanc.,
8 mars 1843, § 1er). Nous verrons plus loin (XXXIV) quelles
sont les conséquences des absences irrégulières.

XXXI. **Honorariat.** — Les magistrats admis à la retraite,
peuvent recevoir le titre de *magistrats honoraires*, lorsqu'ils
ont bien mérité dans l'exercice de leurs fonctions (art. 3 du
décr. du 2 oct. 1807 et 77 du décret du 6 juil. 1810). Ce titre
ne peut être conféré que par une décision du président de la
République (art. 77 du décr. du 6 juil. 1810).

Lorsqu'un magistrat donne sa démission ou est atteint
par la limite d'âge, les chefs de la Cour doivent toujours
s'expliquer de la manière la plus précise sur la question de
l'honorariat (Circ. chanc., 23 avr. 1855 ; Gillet, n° 3732 ; —
27 mars 1880 ; *Bull. off.*, n° 18, p. 87).

Le titre d'honoraire ne peut être attaché qu'à une fonction
inamovible ; il en résulte qu'on ne peut conférer le titre de
procureur général, de procureur de la République ou de
substitut honoraire. Les membres des Parquets sont nommés
premier président, président, conseiller ou juge honoraire.

Les juges de paix ne peuvent être nommés magistrats
honoraires à cause de la révocabilité de leurs fonctions.

(Déc. chanc., 31 mai 1849 ; Gillet, n° 3345 ; — *Rec. off.*, t. I, p. 98, note 1). Les juges suppléants, quoique inamovibles, ne peuvent obtenir le titre de juges honoraires (Déc. chanc., 29 mars 1829 ; Gillet, n° 1896 ; — *Rec. off.*, t. I, page 98, note 1). Cependant, un juge de paix de Dijon, mis à la retraite, qui avait été primitivement juge suppléant au tribunal de cette ville, a été, en 1874, nommé juge honoraire à ce tribunal (Gillet, t. I, p. 356, note 4).

La circulaire de la chancellerie du 5 avril 1820 (*Rec. off.*, t. I, p. 98) porte qu'il y a deux sortes de magistrats honoraires : les uns conservent leur titre, leur rang, mais ils n'exercent aucune fonction ; les autres ont droit d'assister, avec voix délibérative, aux assemblées des chambres et aux audiences solennelles. Cette seconde catégorie de magistrats honoraires ne peut comprendre que les présidents et conseillers des Cours d'appel ; les membres des tribunaux de première instance ne jouissent pas de ce privilège. — Nous n'insisterons pas sur cette distinction entre les deux catégories de magistrats honoraires ; la chancellerie indique dans une note, insérée au *Recueil officiel* (t. I, p. 99) qu'elle paraît tombée en désuétude depuis le décret du 1er mars 1852.

Les seules prérogatives du magistrat honoraire sont donc aujourd'hui le droit de conserver son titre, de porter le costume de ses anciennes fonctions et d'assister aux cérémonies publiques avec la compagnie dont il fait partie. Il prend rang et séance après le dernier titulaire de son ordre (Déc. chanc., 15 juil. 1851 ; Gillet, n° 3503).

Lorsqu'un magistrat honoraire vient à mourir, copie de l'acte de décès doit être immédiatement transmise à la chancellerie par l'intermédiaire du procureur général (Circ. chanc., 25 sept. 1843 ; Gillet, n° 2993).

XXXII. **Portraits des magistrats décédés.** — Les portraits des magistrats des Cours d'appel, morts dans l'exercice de leurs fonctions, après s'être illustrés par un profond savoir, par une pratique constante des vertus de leur état et par des actes notables de courage et de dévouement, peuvent être placés dans l'une des salles d'audience de la Cour, en vertu d'un décret du président de la République, sur la proposition du garde des sceaux, le conseil d'État entendu. Ce décret ne

peut être rendu que trois ans après la mort du magistrat
(art. 78 du décr. du 6 juil. 1810).

§ 6. — ABSENCES — CONGÉS — VACANCES

XXXIII. Absences irrégulières. — Un magistrat ne peut
s'absenter qu'en vertu d'un congé régulier ou pendant les
vacations, s'il a le droit d'avoir des vacances.

Le magistrat qui s'absente sans congé est privé de son
congé pendant un temps double de la durée de son absence
irrégulière (art. 17 § 1 du décret du 9 nov. 1853). Si cette durée excède six mois, il peut être considéré comme démissionnaire. Il peut l'être aussi, quand, après un mois d'absence, le
procureur général l'a requis de retourner à son poste et que
la réquisition est demeurée un mois infructueuse (art. 48 de
la loi du 20 avr. 1810 ; — Circ. chanc., 8 mars 1843 ; *Rec. off.*,
t. II, p. 47).

Les magistrats ne peuvent quitter leur poste sans congé,
même pour se rendre auprès d'un parent gravement malade
(Déc. chanc., 5 nov. 1877 ; *Bull. off.*, n° 8, p. 136).

XXXIV. Congés. — 1° *Absence de trois jours sans congé.* —
Les premiers présidents, les procureurs généraux, les avocats généraux, les présidents et conseillers et les substituts
du procureur général peuvent s'absenter trois jours sans
congé (art. 24, 25 et 26 du décr. du 6 juil. 1810). Mais cette
absence de trois jours n'est tolérée que lorsqu'elle n'empêche
pas le magistrat de vaquer à ses devoirs (Circ. chanc.,
8 mars 1843 ; *Rec. off.*, t. II, p. 48).

L'article 31 du décret du 18 août 1810 porte également que
les présidents des tribunaux de première instance et les procureurs de la République peuvent s'absenter trois jours au
plus sans congé. Mais ils ne peuvent profiter de cette faculté
que quand un service quelconque ne les retient pas à leur
résidence. Si par exemple l'absence d'un président coïncide
avec un jour d'audience, il doit, comme un simple juge,
obtenir un congé (Déc. chanc., 5 mai 1877 ; *Bull. off.*, n° 6,
p. 55 ; — 16 mai 1877 ; *Bull. off.*, n° 6, p. 59 ; — 19 juil. 1878 ;
Bull. off., n° 11, p. 68 ; — 1er févr. 1879 ; *Bull. off.*, n° 13,
p. 11 ; — 24 avr. 1879 ; *Bull. off.*, n° 14, p. 79 ; — 24 avr. 1880 ;

Bull. off., n° 18, p. 112 ; — 12 juin 1884, *Bull. off.*, n° 34, p. 103).

2° *Durée des congés.* — *Autorités qui les accordent.* — Les premiers présidents et les procureurs généraux ne peuvent s'absenter plus de trois jours, sans un congé accordé par le garde des sceaux. Quand leur absence doit se prolonger au-delà de quinze jours, le garde des sceaux doit soumettre la demande de congé au président de la République (art. 24 du décr. du 6 juil. 1810 ; — Cir. chanc., 8 mars 1843, *précitée*).

Les conseillers et les présidents des tribunaux de première instance, peuvent obtenir du premier président des congés de vingt-neuf jours. Les procureurs généraux ont le droit d'accorder des congés de même durée aux membres des Parquets généraux et aux procureurs de la République. (art. 31 du décr. du 18 août 1810 ; — Cir. chanc., 8 mars 1843, *précitée*).

Les vice-présidents, juges et substituts de première instance ne peuvent s'absenter pour un temps moindre de huit jours, sans avoir obtenu un congé qui est accordé : savoir aux vice-présidents et juges par le président du tribunal; aux substituts par le procureur de la République. S'il s'agit d'une absence de plus de huit jours et de moins d'un mois, ils doivent demander un congé, les premiers au premier président, les seconds au procureur général (art. 31 du décr. du 18 août 1810 ; — Circ. chanc., 8 mars 1843, *précitée*).

Les premiers présidents et les présidents des tribunaux ne peuvent accorder de congés aux juges d'instruction qu'après avoir pris l'avis, les premiers présidents, des procureurs généraux, et les présidents, des procureurs de la République. Il en est fait mention dans le congé (art. 3 de l'ord. du 6 nov. 1822 ; — Circ. chanc., 8 mars 1843, *précitée*).

Les congés d'un mois et au-dessus sont toujours accordés par le garde des sceaux (Circ. chanc., 8 mars 1843, *précitée*).

Les congés d'un mois au plus sont accordés aux juges de paix par les procureurs de la République ; si le congé excède un mois, il est accordé par le garde des sceaux (art. 9 de la loi du 28 floréal an X).

Les congés peuvent être accordés, en une ou plusieurs fois. Ainsi un procureur de la République pourra accorder trois jours, puis trois jours, puis enfin deux jours à son substitut ; mais les différents congés additionnés ne peuvent dépasser la durée maximum qu'il peut accorder. Si, par exemple, le premier congé est de cinq jours, il ne peut plus qu'en donner un de trois jours, il excéderait ses pouvoirs en accordant la seconde fois quatre ou cinq jours (Circ. chanc., 8 mars 1843 ; *précitée* ; — Déc. chanc., 11 juin 1878 ; *Bull. off.*, n° 10, p. 54 ; — et 11 oct. 1878 ; *Bull. off.*, n° 12, p. 113).

Les congés successifs émanent quelquefois de deux autorités différentes. Dans ce cas, le second congé est nul, s'il est accordé par une autorité inférieure à celle qui a délivré le premier ; si le second congé est délivré par l'autorité supérieure, il est valable. Les chefs de Cour ne doivent jamais accorder un second congé qui, joint au premier, excède la durée de vingt-neuf jours. Ainsi, si le président du tribunal ou le procureur de la République a accordé un premier congé de huit jours, le premier président ou le procureur général ne pourra plus accorder que vingt-et-un jours (Cir. chanc., 8 mars 1843 ; *précitée*). — De même si un premier congé a été accordé par le garde des sceaux, les chefs de Cour ne peuvent ni le prolonger, ni en accorder ultérieurement un autre, même pour cause de maladie (Déc. chanc., 26 août 1880 ; *Bull. off.*, n° 19, p. 217 ; — 16 mars 1882 ; *Bull. off.*, n° 25, p. 12).

3° *Conditions dans lesquelles les congés sont accordés.* — Aux termes du paragraphe 9 de l'article 16 du décret du 9 novembre 1853, les magistrats qui ne doivent pas jouir des vacances légales, peuvent obtenir, en une ou plusieurs fois, *dans l'année*, un congé d'un mois sans retenue de traitement. — Pour les congés de moins de trois mois, la retenue est de la moitié au moins et des deux tiers au plus du traitement. Après trois mois de congés, consécutifs ou non, dans la même année, l'intégralité du traitement est retenue.

Par *année*, il faut entendre l'*année judiciaire*, c'est-à-dire l'intervalle compris entre le 16 octobre et le 15 octobre de l'année suivante. (Décis. chanc., 20 nov. 1878 ; *Bull. off.*, n° 12, p. 123 ; — 23 sept. 1879 ; *Bull. off.*, n° 16, p. 227).

Que ce congé d'un mois ait été obtenu pour maladie ou pour affaires personnelles, tout congé ultérieur doit donner lieu à une retenue. Aussi, en aucun cas, le magistrat qui a obtenu un congé, même de moins de trente jours, pour maladie, n'est fondé à prétendre qu'il conserve son droit à un mois de congé sans retenue pour affaires personnelles (Décis.

chanc., 7 nov. 1877 ; *Bull. off.*, n° 8, p. 137 ; — 9 sept. 1878 ; *Bull. off.*, n° 11, p. 80).

Exceptionnellement les absences faites pour accomplir un service public, par exemple pour assister à une réunion du conseil général, sont affranchies de toute retenue (Décis. chanc., 23 mai 1878 ; *Bull. off.*, n° 10, p. 46) ; mais la retenue est obligatoire, si elle n'est basée que sur la nécessité d'effectuer un déménagement, et si le magistrat a épuisé son droit à un congé (Décis. chanc., 23 mai 1878, *précitée;* — 13 mars 1883 ; *Bull. off.*, n° 29, p. 30).

Nous verrons qu'en cas de maladie le congé sans retenue peut être porté à trois mois, mais les congés accordés à raison de la maladie ou de la mort d'un parent ne peuvent être affranchis de la retenue (Décis. chanc., 23 mai 1878 ; *Bull. off.*, n° 10, p. 46 ; — 12 juin 1884 ; *Bull. off.*, n° 34, p. 103).

Remarquons d'ailleurs que la retenue de traitement à laquelle les congés peuvent donner lieu n'a, à aucun point de vue, le caractère d'une mesure disciplinaire (Décis. chanc., 23 mai 1878 ; *Bull. off.*, n° 10, p. 46 ; — 12 juin 1884 ; *Bull. off.*, n° 34, p. 103).

Les congés doivent être accordés pour tout le temps que les magistrats restent absents de leur résidence ; la durée ne doit pas en être limitée aux seuls jours d'audience (Décis. chanc., 16 mai 1878 ; *Bull. off.*, n° 10, p. 45 ; — 16 juin 1884 ; *Bull. off.*, n° 34, p. 103).

Avant d'accorder un congé, on doit examiner si le service sera suffisamment assuré pendant l'absence du magistrat. C'est ainsi qu'il convient d'exiger des juges de paix la remise d'un certificat, établissant que leur premier suppléant consent à les remplacer.

4° *Cas de maladie.* — En cas d'*absence* pour cause de maladie, dûment constatée, le magistrat peut être autorisé à conserver l'intégralité de son traitement pendant un temps qui ne saurait excéder trois mois. Pendant les trois mois suivants, il peut obtenir un congé avec la retenue de la moitié au moins et des deux tiers au plus du traitement. — Si la maladie provient de l'une des causes énoncées dans l'article 11 §§ 1 et 2 de la loi du 9 juin 1853, c'est-à-dire si elle résulte d'un acte de dévouement, d'une lutte ou combat soutenu dans l'exercice des fonctions, d'un accident,

urvenu notoirement dans l'exercice des fonctions, le magis-
rat peut conserver l'intégralité de son traitement jusqu'à son
établissement ou jusqu'à sa mise à la retraite (art. 16 du
écr. du 9 nov. 1853).

Remarquons qu'un congé n'est nécessaire au magistrat
malade qu'autant qu'il quitte sa résidence. Lorsqu'un magis-
rat manque une ou plusieurs audiences par suite d'indispo-
ition, et qu'il est présent à son poste, il n'a pas besoin
'obtenir un congé ni même de faire certifier son état par le
nédecin. Il suffit, en pareil cas, d'indiquer sur la feuille de
ointes que le magistrat est « malade au lieu même de sa
ésidence », et la sincérité de cette déclaration doit être attes-
ée par les chefs de la compagnie (Décis. chanc., 20 janv. 1879;
ull. off., n° 13, p. 7 ; — 24 avr. 1879 ; *Bull. off.*, n° 14, p. 79).

Lorsqu'un chef de Parquet ne peut continuer son service
our cause d'indisposition ou de maladie, il doit en aviser
nmédiatement le procureur général et lui faire connaître les
nesures qu'il a prises pour assurer le service.

Si un magistrat est malade hors de sa résidence et sollicite un
ongé, voici dans quelle forme la maladie doit être constatée :
.e médecin qui a donné ses soins au malade délivre un cer-
ificat, puis le président du tribunal s'il s'agit d'un juge ou
'un greffier, ou le procureur de la République s'il s'agit d'un
ubstitut ou d'un juge de paix, atteste sous sa responsabilité
a sincérité du certificat. Le premier président ou le procu-
eur général, suivant le cas, le transmet à la chancellerie
vec son avis. Pour les membres de la Cour, les présidents
les tribunaux et les procureurs de la République, il suffit
ue le premier président ou le procureur général affirme la
incérité du certificat (Circ. chanc., 28 déc. 1853 ; *Rec. off.*,
. II, p. 254).

5° *Demandes de congés.* — Les demandes de congés ne doi-
ent pas être adressées directement par le magistrat soit aux
hefs de la Cour, soit à la chancellerie ; elles sont transmises
ar la voie hiérarchique (Circ. chanc., 8 mars 1843, *précitée*).
Notamment les magistrats, momentanément à Paris, ne doi-
ent jamais écrire directement à la chancellerie pour de-
nander une prorogation du congé en vertu duquel ils se sont
bsentés de leur siège (Circ. chanc., 4 juil. 1848 ; Gillet,
1° 3268).

6° *Registre et état des congés.* — *Avis des congés accordés.*
— Un registre destiné à inscrire tous les congés, quelles
que soient leur durée et l'autorité de laquelle ils émanent,
est tenu au greffe. Chaque fois qu'un congé est délivré,
le magistrat qui l'accorde doit faire parvenir au greffier les
indications nécessaires pour opérer cette inscription (Circ.
chanc., 8 mars 1843, *précitée*).

On doit joindre chaque mois aux relevés des pointes un
état des congés qui ont été inscrits sur ce registre pendant
le mois écoulé (Circ. chanc., 10 juil. 1855 ; Gillet, n° 3759). Cet
état est du même format que le relevé des pointes (Circ.
chanc., 15 déc. 1855 ; Gillet, n° 3791) ; il est établi conformément au modèle ci-après.

L'envoi de cet état ne dispense pas les chefs de service de
donner avis au garde des sceaux dans les trois jours de tout
congé qu'ils délivrent, ainsi que le prescrit l'article 1er de
l'ordonnance du 6 novembre 1822 (Circ. chanc., 10 juil. 1855 ;
Gillet, n° 3759).

Le procureur de la République, qui accorde un congé à un
juge de paix, doit en aviser en même temps le procureur
général ; il convient de mentionner dans cette lettre qu'avis
du congé accordé a été donné à la chancellerie.

7° *Révocation et nullité des congés.* — Le garde des
sceaux peut révoquer les congés accordés sans cause valable
ou nuisible au bien du service (art. 5 de l'ordon. |du 6 no-
vembre 1822).

Tout congé à l'égard duquel les formalités prescrites n'ont
pas été observées est nul de plein droit (art. 4 de la même ord.).
Dans le cas de nullité d'un congé, le garde des sceaux décide,
selon les circonstances, quels doivent être pour les magistrats les résultats de cette nullité (Circ. chanc., 8 mars 1843 ;
précitée).

TRIBUNAL

TABLEAU

Des congés accordés à MM. les magistrats
de l'arrondissement

ANNÉE 188 .

Mois d

44

NOMS DES MAGISTRATS qui ont obtenu le congé.	QUALITÉS.	DATE du congé.	DURÉE du congé.	ÉPOQUE à laquelle le congé doit commencer.	ÉPOQUE à laquelle le congé doit finir.	CAUSE pour laquelle le congé a été accordé.	MAGISTRATS qui ont accordé le congé.	OBSERVATIONS.

MAGISTRATS

Vu, le   1885.   Certifié par le greffier, soussigné,

par le président,   *par le procureur de la République,*   *Au greffe, le*   1885.

XXXV. Sortie du territoire français. — Aux termes des articles 28 du décret du 6 juillet 1810 et 33 du décret du 18 août 1810, les magistrats qui veulent sortir du territoire français, doivent obtenir une autorisation spéciale du garde des sceaux (Décis. chanc., 13 mai 1878 ; *Bull. off.*, n° 10, p. 45 ; — 1er fév. 1879 ; *Bull. off.* n° 13, p. 11).

XXXVI. Vacances. — Les vacances judiciaires commencent chaque année le 15 août et se terminent le 15 octobre (Décr. du 4 juil. 1885). Nous avons indiqué au mot **Vacations,** comment le service judiciaire est assuré pendant les vacances et quels magistrats ont droit aux vacances.

Il n'y a de vacances légales ni à Pâques ni à la Pentecôte ; mais par respect pour un usage immémorial et universel, la chancellerie tolère que les tribunaux suspendent leurs travaux pendant quinze jours, soit à l'une, soit à l'autre de ces époques, mais à la condition qu'aucune partie du service judiciaire ne reste en souffrance, et spécialement qu'il y aura audience en cas d'affaires urgentes (Décis. chanc., 6 juin 1878 ; *Bull. off.*, n° 10, p. 47). La Cour de Dijon a seule l'usage de prendre ses vacances huit jours avant et huit jours après la Pentecôte.

Le jour de l'an étant consacré à l'observation des convenances de tout temps accoutumées et officielles, les travaux judiciaires doivent être suspendus ce jour-là, mais la chancellerie interdit aux tribunaux de s'attribuer d'autres vacances, dites de Noël, du carnaval et de la Pentecôte (à moins que les vacances ne soient prises à la Pentecôte au lieu de Pâques). Rien n'autorise à ces époques, hors des jours légalement fixés, une interruption du service. Le procédé même des audiences de remplacement ne saurait justifier la continuation de ces pratiques, le service ne devant pas plus être altéré dans la régularité de sa marche que dans son ensemble (Circ. du proc. gén. de Bordeaux du 17 déc. 1856).

En dehors des vacances, il n'y a de jours de repos pour les Cours et les tribunaux que les dimanches et les jours des fêtes légales qui sont le 14 juillet, Noël, l'Ascension, l'Assomption et la Toussaint.

Il n'y a pas de vacances pour les juges de paix.

XXXVII. Remplacement des magistrats absents ou empêchés. — Si un ou plusieurs magistrats sont absents ou ne peuvent siéger dans une affaire, comment le tribunal est-il complété? Nous l'avons indiqué au mot **Jugements et Arrêts**, I.

Nous verrons (V° **Ministère public**) qu'un substitut ou un juge suppléant peut, si les besoins du service l'exigent, être délégué par le procureur général pour remplir dans le ressort de la Cour, près d'un autre tribunal que celui de sa résidence, les fonctions de ministère public.

§ 7. — RETRAITE — PENSIONS — DÉCÈS

XXXVIII. **Retraite forcée.** — Les magistrats inamovibles sont mis de plein droit à la retraite : les membres de la Cour de cassation à soixante-quinze ans, les membres des autres Cours et tribunaux à soixante-dix ans (Décr. du 1er mars 1852). Cette règle ne s'applique évidemment ni aux magistrats du ministère public ni aux juges de paix.

Les magistrats, mis à la retraite en raison de leur âge, continuent leurs fonctions jusqu'à la prestation de serment de leur successeur (art. 3 du décr. du 1er mars 1852).

De plus, les magistrats, que des infirmités graves et permanentes mettent hors d'état d'exercer leurs fonctions, peuvent être mis d'office à la retraite sur avis conforme du Conseil supérieur. Cet avis est donné dans les formes et conditions prescrites par la loi du 16 juin 1824 (art. 15 de la loi du 30 août 1883).

Lorsqu'un premier président ou un procureur général croit devoir provoquer une admission à la retraite, soit avant l'accomplissement de la condition d'âge (art. 5 § 5 de la loi du 9 juin 1853), soit pour cause d'infirmités (art. 11 § 2), il doit, avant de saisir la chancellerie, procéder à une instruction à l'effet d'établir l'état physique ou moral du magistrat. Cette instruction doit être accompagnée d'un rapport spécial dans lequel se trouve formulée son opinion, tant sur les causes de sa détermination que sur les certificats délivrés, soit par les médecins qui ont donné leurs soins, soit par le médecin qu'il a désigné pour examiner le magistrat. Il faut réserver pour un rapport subséquent les propositions auxquelles peut donner lieu le remplacement du magistrat (Circ. chanc., 23 déc. 1853 ; Gillet, n° 3653).

Le médecin délégué doit préalablement prêter serment. Son serment est reçu, soit par le premier président ou le président du tribunal, soit par le procureur général ou le procureur de la République, suivant qu'il s'agit des membres de la magistrature assise ou des officiers du Parquet (Circ. chanc., 28 déc. 1853; Gillet, n° 3654). Le certificat est établi sur papier libre et les frais de visite sont payés sur les frais de justice criminelle, si l'initiative de la demande de mise à la retraite émane des chefs de la Cour ou de la chancellerie; mais ce certificat ne doit figurer que dans le dossier destiné à l'instruction de l'affaire. Si le magistrat est admis à faire valoir ses droits à la retraite, il devra, à l'appui de sa demande de pension, joindre de nouveaux certificats sur papier timbré.

XXXIX. **Retraite volontaire.** — Après soixante ans d'âge et trente ans de services effectifs, les magistrats peuvent être mis à la retraite (art. 5 § 1 de la loi du 9 juin 1853). Ils peuvent provoquer eux-mêmes leur mise à la retraite quand ils sont atteints d'infirmités graves (XXXVIII).

XL. **Pensions de retraite.** — Les magistrats admis à la retraite ont droit à une pension annuelle et viagère, pourvu qu'ils remplissent les conditions suivantes :

1° Qu'ils aient au moins soixante ans d'âge. Cependant le magistrat qui a accompli trente ans de service, est dispensé de la condition d'âge, si le ministre reconnaît qu'il est hors d'état de continuer ses fonctions (art. 5 §§ 1 et 5 de la loi du 9 juin 1853).

2° Qu'ils aient trente ans de services réels, interrompus ou non, mais avec cette réserve que la durée des interruptions ne compte pas (art. 23 de la loi du 9 juin 1853). On compte, comme service effectif, non seulement les fonctions judiciaires, mais encore le temps d'activité dans des fonctions salariées, civiles ou militaires, ressortissant au gouvernement (art. 6 de l'ord. du 23 sept. 1814). Dans ce calcul, une fraction d'année ne peut jamais compter pour une année entière.

3° Que les fonctions remplies aient été salariées ; les services ne sont comptés pour donner droit à la pension de retraite qu'à dater du jour où a commencé à courir le premier traitement d'activité (art. 23 de la loi du 9 juin 1853). Les services comme juge suppléant ne peuvent jamais entrer en ligne de compte.

Les magistrats, que des infirmités graves, résultant de l'exercice de leurs fonctions, mettent dans l'impossibilité de les continuer ou dont l'emploi a été supprimé, peuvent obtenir une pension, s'ils comptent cinquante ans d'âge et vingt ans de service salariés (art. 11 § 2 de la loi du 9 juin 1853). Exceptionnellement la pension peut être obtenue, quels que soient l'âge et la durée des services : 1° Lorsqu'un magistrat a été mis hors d'état de continuer son service, soit par suite d'un acte de dévouement dans un intérêt public ou en exposant ses jours pour sauver la vie d'un de ses concitoyens, soit par suite de lutte ou combat soutenu dans l'exercice de ses fonctions ; — 2° Lorsqu'un accident grave, résultant notoirement de l'exercice de ses fonctions, le met dans l'impossibilité de les continuer (art. 11 § 1 de la loi du 9 juin 1853).

Dans les cas énumérés dans la première partie du paragraphe 1er de l'article 11 (actes de dévouement, etc.), la pension est de la moitié du dernier traitement, sans pouvoir excéder 5,000 francs (art. 12 § 1). Dans le cas prévu dans la seconde partie de ce même paragraphe (accident grave), la pension est liquidée à raison d'un soixantième du dernier traitement pour chaque année de service civil ; elle ne peut être inférieure au sixième du traitement (art. 12 § 2). Enfin, dans les cas prévus par le paragraphe 2 de l'article 11 (infirmités graves), la pension est liquidée à raison d'un soixantième du traitement moyen pour chaque année de service civil (art. 12 § 3).

Dans tous les autres cas, la pension est réglée pour chaque année de services à un soixantième du traitement moyen dont l'ayant droit a joui pendant les six dernières années d'exercice (art. 6 § 1 et 7 § 1). Les services militaires ne sont comptés que pour parfaire les trente ans exigés par l'article 5, mais ils ne se confondent pas pour la liquidation avec les services civils ; il doit être fait deux liquidations, l'une pour les services militaires, l'autre pour les services civils (art. 8 de la loi du 9 juin 1853).

Le maximum de la pension est fixé aux deux tiers du traitement moyen, sans pouvoir excéder 6,000 francs (article 7 § 3. — Tableau n° 3, 2ᵉ section, annexé à la loi du 9 juin 1853).

Le magistrat qui demande une pension de retraite doit produire :

1° Son acte de naissance ;

2° Une déclaration d'élection de domicile au lieu où il veut toucher sa pension ;

3° Un extrait des registres des Cours ou des tribunaux auxquels il a appartenu, énonçant ses nom et prénoms, sa qualité, la date et le lieu de sa naissance, la date de son entrée dans l'emploi avec traitement, la série de ses grades et services, l'époque et les motifs de leur cessation et le montant du traitement dont il a joui pendant chacune des six dernières années de son activité ;

4° S'il y a des services militaires, un certificat directement émané des ministères de la guerre ou de la marine ;

5° Une pétition adressée au ministre ;

6° Un inventaire des pièces (art. 31 du décr. du 9 nov. 1853).

Si l'admission à la retraite a eu lieu, sans condition d'âge, par application de l'article 5 § 5, il faut joindre :

1° Un rapport des supérieurs hiérarchiques ;

2° Des certificats des médecins qui ont donné des soins ;

3° Un certificat, délivré par le médecin délégué par l'administration de la justice ;

4° L'acte de prestation de serment de ce médecin (Voir XXXVIII ; — art. 30 du décr. du 9 nov. 1853).

Si la demande est basée sur un des cas, prévus par le paragraphe 1er de l'article 11 de la loi, il faut y joindre les pièces justificatives. — L'événement, donnant ouverture au droit à la pension, doit être constaté par un procès-verbal en due forme, dressé sur les lieux et au moment où il est survenu. A défaut de procès-verbal, cette constatation peut s'établir par un acte de notoriété rédigé sur la déclaration des témoins de l'événement ou des personnes qui ont été à même d'en connaitre et d'en apprécier les conséquences. Cet acte doit être corroboré par les attestations conformes de l'autorité municipale et des supérieurs immédiats du fonctionnaire. — Les pièces exigées sont donc :

1° Procès-verbal ou acte de notoriété ;

2° Attestation des supérieurs hiérarchiques :

3° Attestation du maire (art. 35 § 1 du décr. du 9 nov. 1853).

Enfin, dans le cas d'infirmités, prévu par le paragraphe 2 de l'article 11 de la loi, ces infirmités sont constatées, comme au cas de l'article 5 § 5. Les certificats des médecins sont corroborés par l'attestation de l'autorité municipale et celle des supérieurs immédiats du fonctionnaire (art. 35 § 2).

Toutes les pièces doivent être établies sur timbre et légalisées ; elles sont envoyées à la chancellerie par l'intermédiaire du procureur général (Circ. chanc., 23 déc. 1858 ; Gillet, n° 3653).

Les frais de visite des médecins et de délivrance des certificats restent à la charge du magistrat intéressé.

XLI. **Secours aux veuves et aux orphelins.** — La veuve d'un magistrat qui a obtenu une pension de retraite ou qui a accompli un service de trente années, a droit à une pension de retraite, pourvu que le mariage ait été contracté six ans avant la cessation des fonctions. — La pension est du tiers de celle du mari (art. 13 de la loi du 9 juin 1853).

La veuve a également droit à une pension, lorsque son mari a perdu la vie dans un des cas prévus par le paragraphe 1er (1° et 2°) de l'article 11 de la loi ; la pension est fixée aux deux tiers de celle qu'aurait obtenue le mari, dans les cas prévus par le premier numéro de ce paragraphe, et au tiers dans le cas prévu par le second numéro (art. 14).

Le droit à pension n'existe pas pour la veuve dans le cas de séparation de corps prononcée sur la demande du mari (art. 13 § 3).

Les orphelins ont droit à un secours dans les mêmes cas, lorsque la mère est décédée, inhabile à recueillir la pension ou déchue de ses droits. Ce secours est égal à la pension qu'aurait eue la mère ; il est partagé entre les mineurs par égale portion, et est payé jusqu'à ce que le plus jeune des enfants ait atteint l'âge de vingt-un ans accomplis (art. 16).

Les pièces à fournir par une veuve sont, outre celles que le mari aurait dû produire :

1° Son acte de naissance ;

2° L'acte de décès du mari ;

3° L'acte de célébration du mariage ;

4° Un certificat de non-séparation de corps ; ou, s'il y a eu séparation de corps, un certificat attestant que la séparation a été prononcée sur sa demande.

Les orphelins doivent produire, outre les pièces exigées de leur père :

1° Leur acte de naissance ;

2° L'acte de décès de leur père ;

3° L'acte de célébration du mariage de leur père ;

4° Un extrait de l'acte, portant nomination de leur tuteur ;

5° L'acte de décès de leur mère, ou l'expédition du jugement de séparation de corps, ou l'acte de célébration du second mariage de leur mère (art. 32 du décr. du 9 novembre 1853).

XLII. **Avis des décès.** — Dès qu'un magistrat vient à mourir, le procureur de la République doit en aviser sur le champ le procureur général, puis il lui adresse le plus tôt possible une expédition de l'acte de décès destinée à la chancellerie (Circ. chanc., 6 fructidor an XII ; Gillet, n° 478 ; — Circ. chanc., 6 fructidor an XIV ; Gillet, n° 515).

MAIRES

Voir : **État civil. — Mariages. — Officiers de police judiciaire.**

MAISONS D'ARRÊT ET DE JUSTICE

Voir : **Écrou. — Emprisonnement. — Gardien chef.**

MAISONS DE JEUX

Voir : **Jeux.**

MANDATS DE JUSTICE

Division

§ 1. — DES MANDATS EN GÉNÉRAL

I. Différentes espèces de mandats. — Les *mandats de justice* sont des ordonnances rendues par le magistrat compétent, pour faire comparaître devant lui l'auteur présumé d'un crime ou d'un délit ou pour le constituer en état de détention, après qu'il a été interrogé.

De cette définition, il résulte qu'on peut diviser les mandats en deux catégories suivant leur objet : la première comprend les mandats de *comparution* et d'*amener*, la seconde, les mandats de *dépôt* et d'*arrêt*.

II. Par qui les mandats peuvent-ils être décernés? En principe, les mandats, quels qu'ils soient, ne peuvent être décernés que par les juges d'instruction. — Mais cette règle comporte plusieurs exceptions :

1º Dans le cas de flagrant délit, le procureur de la République et ses auxiliaires ont le droit de décerner des mandats d'*amener* (art. 40, C. d'inst. crim.; — Vº **Flagrant délit,** VIII);

2º Le procureur de la République a le droit de placer sous mandat de *dépôt*, tout individu qui commet un délit, puni d'une peine d'emprisonnement, et qui est surpris en flagrant délit (art. 1er de la loi du 20 mai 1863), et l'individu, conduit devant lui en vertu d'un mandat d'amener dans le cas prévu par l'article 100 § 1, du Code d'instruction criminelle (*infra*, XII) ;

3º Les préfets des départements et le préfet de police à Paris peuvent décerner des mandats d'*amener* (art. 10, C. d'inst. crim.) ;

4º Lorsqu'un prévenu, placé par le juge d'instruction sous mandat de dépôt ou d'arrêt, a été mis en liberté provisoire et qu'il ne se présente pas à l'audience du tribunal de police correctionnelle pour laquelle il a été cité, le tribunal peut décerner un mandat d'*arrêt* ou de *dépôt* (art. 125 du C. d'int. crim.; — Vº **Liberté provisoire,** X);

5º Lorsqu'une Cour ou un tribunal trouve dans l'examen d'un procès, même civil, des indices sur un faux et sur la personne qui l'a commis, le magistrat du ministère public et le président peuvent décerner mandat d'*amener* (art. 462 du C. d'inst. crim.);

6° Si le tribunal correctionnel se déclare incompétent, parce que l'affaire dont il est saisi est punie de peines afflictives et infamantes et non de peines correctionnelles, il peut décerner de suite un mandat de *dépôt* ou d'*arrêt* (art. 193 du C. d'inst. crim.). Le même droit appartient à la Cour, lorsqu'elle annule un jugement parce que le fait constitue un crime (art. 214, C. d'inst. crim.).

III. **Formes communes à tous les mandats.** — La forme des mandats est réglée par les articles 95 et 96 du Code d'instruction criminelle. Tout mandat doit énoncer :

1° Le nom et la qualité du magistrat qui l'a décerné ;

2° La date. — Le Code d'instruction criminelle ne l'exige pas en termes formels, mais sans cette mention l'article 100 du Code d'instruction criminelle serait inapplicable ;

3° La désignation du prévenu : « Le prévenu, porte le paragraphe 2 de l'article 95, y sera nommé ou désigné le plus clairement qu'il sera possible. » — Il faut donc mentionner : 1° Les nom, prénoms, surnoms, âge, profession et domicile des inculpés ; 2° Leur signalement aussi complet que possible, notamment en ce qui concerne les signes particuliers et les tatouages ; 3° L'indication des endroits où ils peuvent se trouver et les noms et adresses des personnes avec lesquelles ils ont des relations et toutes les circonstances des faits qui peuvent servir à mettre la police sur les traces des individus recherchés (Circ. chanc., 8 févr. 1850 ; Gillet, n° 3400) ;

4° La signature et le sceau du magistrat qui l'a décerné.

Enfin tous les mandats, sauf celui de comparution, doivent être revêtus de la formule exécutoire ; c'est ce qui résulte des articles 99 et 108 du Code d'instruction criminelle.

L'article 96, après avoir dit que les formalités indiquées pour les autres mandats, seront également observées dans les mandats d'arrêts, ajoute : « Ce mandat contiendra *de plus* l'énonciation du fait pour lequel il est décerné et la citation de la loi qui déclare que ce fait est un crime ou délit. » Il est étrange que la loi n'ait pas exigé que ces mentions soient également insérées dans les autres mandats ; il est en effet contraire aux principes de notre droit criminel qu'un individu soit arrêté et détenu sans qu'on lui ait préalablement fait connaître le motif de son arrestation et le texte de loi que l'on invoque contre lui. Mais le texte de l'article 96 est formel et il est absolument certain que l'énonciation du fait et l'indication de la loi ne sont exigées que dans les mandats d'arrêt. En pratique, on doit les insérer également dans tous les autres mandats, la chancellerie recommande de ne jamais les omettre quand il s'agit de mandats de dépôt ou d'amener décernés contre des militaires ou des marins (Circ. chanc., 21 avr. 1870 ; Gillet, n° 4289).

IV. **Les mandats sont individuels.** — Les mandats ne doivent jamais être collectifs ; il faut décerner autant de mandats qu'il y a d'inculpés. L'huissier est tenu, aux termes de l'article 97 du Code d'instruction criminelle d'exhiber le mandat dont il est porteur à l'individu que ce mandat concerne ; s'il était collectif, le premier individu arrêté connaitrait les recherches faites contre ses complices et il pourrait en résulter de graves inconvénients. De plus, si les divers inculpés ont pris des directions différentes, il faudrait faire établir des duplicata, ce qui pourrait entraîner des retards.

C'est pour ce motif que l'instruction générale du 30 septembre 1826 (§ LVII) porte qu'on doit faire et passer en taxe un original pour chacun des individus auxquels les mandats sont notifiés.

V. **Rédaction des mandats. — Greffiers.** — L'article 112 du Code d'instruction criminelle porte que l'inobservation des formalités prescrites pour les mandats est punie d'une amende de 50 francs contre le greffier. On doit en conclure que c'est lui qui est chargé de rédiger les mandats, sous la direction du juge d'instruction, de les faire signer par ce magistrat et d'y apposer le sceau.

VI. **Nullité des mandats.** — L'inobservation des règles prescrites entraine-t-elle la nullité des mandats ? La Cour de cassation a jugé que les formalités, édictées par les articles 95 et 96, sont substantielles et que leur omission en entraine la nullité, bien que cette nullité ne soit pas prononcée par la loi (5 sept. 1817 ; S. 17-I-329). Ce système est trop absolu : on devrait donc annuler un mandat parce que le sceau du cabinet d'instruction n'y a pas été apposé ! Une nullité n'existe qu'autant qu'une disposition formelle l'édicte et les rédacteurs du Code ont précisément repoussé le système des nullités comme présentant de trop grands inconvénients : une légère distraction aurait pu obliger à relâcher un criminel.

Le système de la Cour de cassation ne peut d'ailleurs se concilier avec l'article 112 qui, prévoyant l'inobservation des formalités prescrites pour les mandats, se borne à édicter une amende contre le greffier et à déclarer qu'il pourra y avoir lieu à des injonctions au juge d'instruction et au procureur de la République et même à la prise à partie.

Il y aurait cependant nullité si le mandat émanait d'un magistrat incompétent; on comprend en effet que, dans ce cas, le mandat ne saurait avoir la moindre valeur.

VII. **Règles générales sur l'exécution des mandats.** — Il appartient au procureur de la République de faire exécuter les mandats décernés par le juge d'instruction (art. 28 et 112 du Code d'inst. crim.) Les mandats doivent donc lui être remis afin qu'il prenne les mesures propres à en assurer l'effet; bien que cette règle, comme tant d'autres, ne soit que trop souvent méconnue dans la pratique, ce n'est qu'au cas de flagrant délit que le juge d'instruction peut faire exécuter lui-même les actes qu'il ordonne. (Faustin-Hélie, *Inst. crim.*, t. IV, p. 646; — Mangin, t. I, p. 257; — Massabiau, t. II, p. 106).

Le procureur de la République remet, pour exécution, les mandats aux huissiers ou à la gendarmerie (art. 97 C. inst. crim.) Si le prévenu s'est réfugié dans un autre arrondissement, il envoie le mandat au Parquet compétent qui en assure l'exécution. Si on ignore le lieu où il se cache, on peut donner par télégramme avis du mandat d'arrêt aux brigades de gendarmerie de l'arrondissement et aux Parquets des villes où il est probable qu'on pourra le retrouver, puis on fait imprimer le mandat que l'on envoie partout où il est utile. Notons, d'ailleurs, qu'il ne faut recourir à ces moyens d'exécution que lorsqu'il s'agit d'affaires d'une certaine gravité et que, dans tous les cas, l'usage de circulaires télégraphiques générales est absolument interdit (V° **Franchise postale et télégraphique**, XXI).

L'exécution des mandats de comparution est confiée aux huissiers; la gendarmerie est au contraire généralement chargée de l'exécution des mandats d'amener, de dépôt et d'arrêt. L'exécution de ces mandats nécessiterait, en effet, le plus souvent l'assistance de la force publique; dès lors, en en confiant directement l'exécution à la gendarmerie, on évite des frais inutiles. Nous avons indiqué (V° **Capture**) à quelles indemnités ont droit pour ce service les huissiers et les agents de la force publique.

Les mandats sont exécutoires dans toute l'étendue du territoire français, tant qu'ils n'ont pas été anéantis par un autre acte de l'autorité judiciaire (art. 98 du C. d'inst. crim.).

Les agents, chargés d'exécuter un mandat, ont le droit de pénétrer dans le domicile des inculpés et même dans celui d'autres citoyens chez lesquels ils paraissent s'être réfugiés, même malgré eux et sans avoir besoin de l'assistance du juge de paix ou d'un officier municipal; il leur suffit d'exhiber le mandat aux personnes dans le domicile desquelles ils pénètrent. Ces perquisitions ne peuvent toutefois être faites que le jour, sauf dans les cas exceptionnels que nous avons indiqués au mot **Visites domiciliaires.**

§ 2. — MANDATS DE COMPARUTION

VIII. Nature de ce mandat. — Cas dans lesquels il est décerné. — Le mandat de comparution n'est en réalité qu'une assignation à comparaitre devant le juge d'instruction. Il y a lieu d'y recourir : 1° Lorsqu'il s'agit d'un délit que la loi ne punit que d'une simple amende ; 2° Lorsque le délit peut entraîner une peine d'emprisonnement, mais que le prévenu est domicilié. S'il y a présomption de crime, on ne doit en user que dans des cas exceptionnels. (V° X).

Le mandat de comparution indique les jour et heure auxquels le prévenu doit se rendre au cabinet d'instruction. Si le prévenu ne se présente pas, le juge d'instruction le constate par un procès-verbal signé de lui et de son greffier, et décerne un mandat d'amener (art. 91 § 2, du C. d'inst. crim).

IX. Exécution. — L'exécution du mandat de comparution est toujours confiée à un huissier ; s'il y avait urgence, on pourrait en faire opérer la notification par la gendarmerie. Il convient de suivre à cet égard les règles que nous avons exposées pour les citations (V° **Citations,** III).

L'huissier se borne à faire la signification et le prévenu se présente libre et sans être accompagné devant le magistrat instructeur. Ce mandat ne peut donner lieu à aucune mesure coercitive contre le prévenu qui refuse d'y obéir.

§ 3. — MANDAT D'AMENER

X. Nature. — Cas dans lesquels il est décerné. — Le mandat d'amener est une ordonnance par laquelle le magistrat prescrit à tous les huissiers et agents de la force publique, d'amener devant lui un inculpé. — Ce mandat doit être décerné :

1° Lorsqu'il y a présomption de crime ;

2° Lorsqu'il s'agit d'un délit pouvant entraîner une peine d'emprisonnement et que l'inculpé n'est pas domicilié ;

3° Lorsque le délit a un caractère de gravité qui fait craindre que l'inculpé, bien que domicilié, ne prenne la fuite ;

4° Lorsque l'inculpé n'a pas obéi au mandat de comparution.

Remarquons qu'en principe, le juge d'instruction a toujours le droit d'option entre le mandat de comparution et le mandat d'amener. Il y avait autrefois exception au cas de présomption de crime, mais la loi du 14 juillet 1865 a fait disparaitre cette distinction ; l'article 91 § 1 du Code d'instruction criminelle, modifié par cette loi, est aujourd'hui ainsi conçu : « En matière criminelle ou correctionnelle, le juge d'instruction pourra ne décerner qu'un mandat de comparution. »

Il ne faut décerner, comme nous l'avons déjà vu, qu'un mandat de comparution si le fait n'est passible que d'une peine pécuniaire ; mais si l'inculpé ne se présente pas, il faudra appliquer la règle générale de l'article 9 § 2, et décerner un mandat d'amener. Dans ce cas, l'inculpé sera toujours remis en liberté aussitôt après avoir été interrogé.

XI. Personnes contre lesquelles il n'en peut être décerné. — Le juge d'instruction ne peut, hors le cas de flagrant délit, décerner de mandat d'amener contre les juges de paix et les membres des tribunaux de première instance, qu'ils soient inculpés d'un crime ou d'un délit (art. 479 et 480 du C. d'inst. crim.).

Ils ne peuvent également en décerner, contre : 1° Les autres membres de l'ordre judiciaire ;

2° Les grands officiers de la Légion d'honneur ;

3° Les généraux commandant une division ou un département ;

4° Les archevèques et évèques ;

5° Les présidents de consistoire ;

6° Les membres de la Cour des comptes ;

7° Les préfets,

lorsque ces fonctionnaires sont prévenus de délits de police
correctionnelle (art. 10 de la loi du 20 avr. 1810).

Enfin, nous rappellerons que l'action publique est soumise
à des règles spéciales à l'égard du président de la République, des ministres et des membres du Sénat et de la
Chambre des députés (V° **Action publique**, IX).

XII. **Exécution.** — Le mandat d'amener peut être notifié
à l'inculpé, soit par un huissier, soit par les agents de la
force publique : il est d'usage en province d'en charger
exclusivement la gendarmerie. Au moment même de la notification, l'inculpé est placé sous la garde de l'agent, chargé
de l'exécution, et il est tenu de le suivre. S'il obéit, l'agent se
borne à l'accompagner, mais s'il refuse ou tente de s'évader,
il doit être contraint. Dans ce cas, le porteur du mandat
emploie, s'il est nécessaire, la force publique du lieu le plus
voisin qui est tenue de marcher sur la réquisition contenue
dans le mandat (art. 99, C. d'inst. crim.).

Le mandat d'amener est, comme les autres mandats,
exécutoire sur tout le territoire français. Néanmoins, l'inculpé n'est pas tenu de se rendre au mandat d'amener
décerné contre lui, lorsque les trois conditions suivantes
sont réunies :

1° Que l'arrestation ait eu lieu après plus de deux jours depuis la date du mandat ;

2° Hors de l'arrondissement de l'officier qui l'a délivré ;

3° A une distance de plus de cinq myriamètres du domicile de cet officier (art. 100, C. d'inst. crim.).

Dans ce cas, l'inculpé est conduit devant le procureur de la
République du lieu où il est trouvé qui décerne un mandat
de dépôt en vertu duquel il est retenu à la maison d'arrêt.
Dans les vingt-quatre heures, ce magistrat en donne avis à
l'officier qui a décerné le mandat d'amener et lui transmet
en même temps les procès-verbaux, s'il en a été dressé. —

Le mandat d'amener est presque toujours décerné par un juge d'instruction, c'est à lui, par suite, que cet avis et les pièces seront adressés ; mais si, par extraordinaire, le mandat émanait d'un autre officier, ce dernier devrait remettre le tout au juge d'instruction du lieu du délit dans les vingt-quatre heures de la réception. Ce magistrat transmet alors à son collègue du lieu de l'arrestation toutes les pièces, notes et renseignements, relatifs au délit, afin de faire subir un interrogatoire à l'inculpé. Toutes les pièces lui sont ensuite renvoyées avec l'interrogatoire (art. 100 à 103).

Le juge, saisi de l'affaire, peut laisser le prévenu dans la maison d'arrêt du lieu de l'arrestation où il continuera à être détenu en vertu du mandat de dépôt décerné par le procureur de la République. Il peut aussi, s'il croit cette mesure utile, le faire transférer dans la maison d'arrêt du lieu où se fait l'instruction. A cet effet, il décerne un mandat d'arrêt qui ordonne cette translation (art. 104).

Même dans le cas où les trois conditions de l'article 100 sont remplies, le mandat doit être pleinement exécuté, si le prévenu est trouvé porteur d'effets, de papiers ou d'instruments qui font présumer qu'il est auteur ou complice du crime ou délit en raison duquel il est recherché (art. 100 § 2).

Si le prévenu contre lequel il a été décerné un mandat d'amener ne peut être retrouvé, ce mandat est exhibé au maire ou à l'adjoint ou au commissaire de police de la dernière résidence du prévenu qui met son visa sur l'original de l'acte de notification (art. 105).

XIII. **Lieu où l'inculpé doit être déposé.** — Le prévenu, conduit devant le juge d'instruction doit être interrogé, au plus tard, dans les vingt-quatre heures de son arrivée (art. 93 C. d'inst. crim). Le Code d'instruction criminelle veut que l'interrogatoire soit fait le plus tôt possible, mais il a prévu le cas où le juge d'instruction a quelque empêchement, et il lui a accordé à cet effet un délai qui ne doit jamais être dépassé et dont il ne faut d'ailleurs user que pour un motif sérieux.

Mais que devient le prévenu pendant ce délai ? La loi ne s'explique pas à ce sujet ; aussi des controverses très vives se sont élevées sur ce point. Nous n'entrerons pas dans l'examen de cette question qui présente surtout un intérêt

héorique ; en pratique, il est admis que le prévenu est déposé jusqu'à ce qu'il puisse être interrogé ; dans un local
affecté à cet usage, qui, presque partout, est une chambre de
la maison d'arrêt. Il y est reçu en vertu d'un billet d'écrou,
délivré soit par le procureur de la République, soit par le juge
d'instruction. Ce système, qui est suivi dans tous les tribunaux, est enseigné par Legraverend (*Lég. Crim.*, t. I, p. 327),
Mangin (*Instr. écr.*, t. I, p. 262), et Duvergier (t. II, p. 373).

XIV. **Interrogatoire.** — Lorsqu'un individu comparaît
en vertu d'un mandat d'amener, et qu'après l'interrogatoire
il subsiste des charges sérieuses contre lui, il convient de le
placer sous la main de la justice, et, à cet effet, le juge d'instruction décerne soit un mandat de dépôt, soit un mandat
d'arrêt.

Si, par extraordinaire, le juge d'instruction pensait devoir
remettre le prévenu en liberté, il devrait en informer le procureur de la République. Si ce magistrat ne partageait pas
cette manière de voir, il prendrait des réquisitions écrites et
le juge d'instruction rendrait une ordonnance constatant
son refus.

Le procureur de la République a le droit de faire opposition à cette ordonnance et de la déférer à la chambre des mises en accusation (Cass., 1er août 1822).

Mais que devient le prévenu pendant ce temps ? Doit-il
être retenu à la maison d'arrêt jusqu'à ce que la Cour ait statué ?
Nous ne le pensons pas, car on ne pourrait l'écrouer en vertu
du mandat d'amener, et le procureur de la République n'a
pas qualité pour décerner en pareil cas un mandat de dépôt ; il
est regrettable que le Code n'ait pas prévu cette situation.

§ 4. — MANDATS DE DÉPOT ET D'ARRÊT

XV. **Nature.** — Les mandats de dépôt et d'arrêt sont des
ordonnances par lesquelles le magistrat ordonne à tout
agent de la force publique de saisir l'inculpé et de le conduire
à la maison d'arrêt et au gardien chef de l'y recevoir et de
l'écrouer.

XVI. **Différence entre ces deux mandats.** — Le Code
d'instruction criminelle a mal défini le mandat de dépôt : il
semble que dans l'esprit du législateur, ce mandat n'était

qu'un mandat provisoire, destiné au cas « où on ne pourrait mettre le prévenu en arrestation ou en liberté avec une entière connaissance de cause » (Treilhard).

Mais l'usage l'a fait dévier de sa destination première; aujourd'hui il est à peu près identique au mandat d'arrêt et, tout au moins, au point de vue de la détention du prévenu, il produit exactement les mêmes effets.

Les seules différences que l'on peut relever entre ces deux mandats sont les suivantes :

1° Le mandat d'arrêt doit être précédé des conclusions du procureur de la République (art. 94) ; il doit contenir l'énonciation du fait et la citation des articles de loi visés (art. 96); le mandat de dépôt est affranchi de ces conditions.

2° Un droit de capture est accordé aux agents de la force publique pour l'exécution des mandats d'arrêt ; il ne leur est rien alloué, lorsqu'il s'agit d'un mandat de dépôt. (Voir : **Capture.**)

3° La date du mandat d'arrêt sert à fixer le rang de privilège du Trésor pour le recouvrement des frais de poursuite, à l'égard des hypothèques légales qui n'ont été inscrites que postérieurement à cette date. — S'il n'a été délivré qu'un mandat de dépôt, le privilège du Trésor ne prend rang que du jour du jugement de condamnation (art. 4 de la loi du 4 sept. 1807).

XVII. Cas dans lesquels ces mandats doivent être décernés. — Les mandats de dépôt ou d'arrêt ne peuvent être décernés qu'après que les prévenus ont été interrogés, à moins toutefois qu'ils ne soient en fuite (art. 94 du Code d'inst. crim.). — Il convient donc de décerner un mandat de dépôt ou d'arrêt :

1° Contre tout individu qui a été l'objet d'un mandat d'amener et contre lequel subsistent, après l'interrogatoire, des charges sérieuses ;

2° Toutes les fois que le mandat d'amener n'a pu être ramené à exécution.

C'est une faute grave de renvoyer purement et simplement un prévenu en fuite devant le tribunal correctionnel, sans préalablement décerner un mandat d'arrêt ou de dépôt. Voici en effet ce qui se produit : un jugement par défaut intervient et prononce une peine d'emprisonnement ; si ce condamné vient à être arrêté, il fait aussitôt opposition au jugement et doit être aussitôt remis en liberté, jusqu'à ce qu'il intervienne un jugement contradictoire et définitif. Il utilise évidemment ces délais pour se mettre à l'abri des recherches de la justice. D'une part, en effet, on ne peut l'écrouer en vertu d'un mandat d'amener, et, d'autre part, le tribunal correctionnel ne peut, sur l'opposition formée par le prévenu, décerner contre lui un mandat de dépôt (Limoges, 29 déc. 1871 ; P. 71-827).

La circulaire de la chancellerie du 16 août 1842 (Gillet, nº 2932) recommande aux magistrats de ne décerner le mandat d'arrêt que lorsqu'il paraît indispensable, afin d'éviter le payement des frais de capture. — La chancellerie s'est peut-être trop préoccupée d'une dépense relativement minime et elle n'a pas songé aux inconvénients qu'il peut y avoir à refuser aux gendarmes une indemnité à laquelle les fatigues qu'ils ont supportées, le zèle et l'activité qu'ils ont déployés, leur donnent largement droit.

Nous pensons donc que le mandat de dépôt ne doit être décerné que dans le cas où le prévenu est déjà sous la main de la justice ; quand le prévenu est en fuite, il faut toujours recourir au mandat d'arrêt.

A notre avis, il convient même de ne pas décerner préalablement un mandat d'amener, mais de lancer immédiatement un mandat d'arrêt contre tout individu en fuite, prévenu d'un fait grave, à l'égard duquel il existe des charges sérieuses. Nous voyons des avantages sérieux à procéder ainsi :

1º Les agents, chargés de l'exécution, savent qu'ils recevront une indemnité qui les rémunérera de la peine qu'ils prendront ;

2º La date du privilège du Trésor est fixée ;

3º Si l'arrestation a lieu à plus de cinq myriamètres du domicile du magistrat chargé de l'instruction, et au bout de plus de deux jours, le prévenu peut être immédiatement transféré, sans qu'il soit nécessaire de recourir à la procédure des articles 100 et suivants, qui peut faire perdre un temps précieux.

XVII. **Exécution.** — Les mandats de dépôt et d'arrêt peuvent être exécutés par les huissiers ou par les agents de la force publique. Il est d'usage d'en confier exclusivement l'exécution à la gendarmerie.

L'officier chargé de l'exécution doit se faire accompagner d'une force suffisante pour que le prévenu ne puisse se soustraire à la loi. Cette force est prise dans le lieu le plus à portée de celui où le mandat d'arrêt ou de dépôt doit s'exécuter, et elle est tenue de marcher sur la réquisition directement faite au commandant et contenue dans le mandat (art. 108). Le prévenu saisi est conduit sans délai dans la maison d'arrêt indiquée par le mandat (art. 110 ;— V° : **Translation**). L'officier chargé de l'exécution du mandat remet le prévenu au gardien de la maison d'arrêt qui lui en donne décharge (Voir : **Ecrou**). Il porte ensuite au greffe du tribunal les pièces relatives à l'arrestation et en prend une reconnaissance (art. 111). L'article 111 exige également que cette décharge et cette reconnaissance soient présentées dans les vingt-quatre heures au juge d'instruction qui y appose son visa ; mais cette formalité n'est suivie en pratique dans aucun arrondissement ; elle est d'ailleurs sans utilité.

Si le prévenu ne peut être saisi, les formalités varient suivant qu'il s'agit d'un mandat d'arrêt ou d'un mandat de dépôt.

Le mandat d'arrêt est notifié à sa dernière habitation et il est dressé procès-verbal de perquisition. Ce procès-verbal est dressé en présence des deux plus proches voisins du prévenu que le porteur du mandat peut trouver : ils le signent ou s'ils ne savent ou ne veulent signer, il en est fait mention, ainsi que de l'interpellation qui en est faite. — Le porteur du mandat fait ensuite viser son procès-verbal par le juge de paix ou son suppléant ; à son défaut, par le maire, l'adjoint, ou le commissaire de police du lieu et lui en laisse copie. — Le mandat d'arrêt est ensuite remis au greffe du tribunal, en pratique par l'intermédiaire du Parquet (art. 109).

Le Code d'instruction criminelle ne parle pas des règles à suivre lorsqu'il s'agit d'un mandat de dépôt, mais l'article 75 du décret du 18 juin 1811 porte que « les huissiers ne dresseront « un procès-verbal de perquisition qu'en vertu d'un mandat « d'arrêt, ordonnance de prise de corps, arrêt ou jugement de « condamnation à peine afflictive ou infamante ou à l'empri- « sonnement. » Il en résulte que le porteur d'un mandat de dépôt doit, pour constater qu'il n'a pu le mettre à exécution, suivre les règles tracées pour le mandat d'amener. Cette interprétation est celle de la chancellerie, car le garde des sceaux a décidé le 27 novembre 1811 (de Dalmas, p. 218) qu'en général il ne doit pas être dressé de procès-verbal de perquisition à la suite de l'exploit de notification du mandat de dépôt ; que cependant si la perquisition est ultérieurement requise par le ministère public en vertu de ce mandat, l'huissier auquel cette réquisition est faite doit y obtempérer et qu'il faut, dans ce cas, comme dans celui où il s'agit de l'exécution d'un mandat d'arrêt, lui allouer la taxe déterminée par l'article 71 n° 7 du décret du 18 juin 1811.

XVIII. **Conclusions du ministère public.** — Nous avons déjà dit qu'aux termes de l'article 94 du Code d'instruction criminelle, le mandat d'arrêt doit *nécessairement* être précédé des conclusions du ministère public.

Le juge d'instruction peut décerner ce mandat, encore bien que le ministère public ait pris des réquisitions contraires ; c'est ce qui résulte du texte même de l'article 94. Mais il peut être fait opposition.

Si malgré les réquisitions formelles du Parquet, le juge d'instruction se refuse à décerner un mandat d'arrêt, il doit formuler son refus dans une ordonnance, à laquelle le procureur de la République peut faire opposition (*supra*, XIV).

XIX. **Mainlevée.** — L'effet des mandats de dépôt et d'arrêt cesse :

1° Par la mainlevée, prononcée par la chambre des mises en accusation, sur l'opposition formée soit par le ministère public, soit par le prévenu ;

2° Par la mise en liberté provisoire (Voir : **Liberté provisoire**);

3° Par suite de la délivrance d'un mandat plus rigoureux ; ainsi le mandat de dépôt est anéanti par le mandat d'arrêt décerné postérieurement, et ce dernier par l'ordonnance de prise de corps ;

4° Lorsqu'il est rendu une ordonnance de non-lieu;

5° Dès qu'il est intervenu un jugement ou arrêt. Le jugement ou l'arrêt produit son effet dès qu'il est prononcé, s'il prononce l'acquittement ; mais son effet ne se substitue à celui du mandat que lorsqu'il est devenu définitif, s'il s'agit d'un jugement de condamnation.

MANUFACTURES

Voir : **Enfants.**

MARIAGE

Division

§ 1. — PRÉLIMINAIRES

I. Textes. — Bibliographie. — Le titre V du livre 1er du Code civil (art. 144 à 226) détermine les qualités et conditions requises pour pouvoir contracter mariage, les formalités relatives à la célébration, les causes de nullité, les droits et devoirs respectifs des époux, etc... Le chapitre III, titre II, livre Ier du Code civil (Art. 63 à 76) règle la forme des actes de publications et de mariage.

L'article 54 de la loi du 18 germinal an X et l'article 1er de l'arrêté du 1er prairial an X interdisent aux ministres des cultes de procéder au mariage religieux avant qu'il soit justifié du mariage civil. La sanction est écrite dans les articles 199 et 200 du Code pénal. — Le décret du 9 décembre 1810 assujettit au timbre le certificat délivré par l'officier de l'état civil.

L'avis du Conseil d'État du 4 thermidor an XIII indique comment il doit être suppléé au défaut de production des actes de décès des ascendants ; celui du 30 mars 1808 est relatif à la rectification des erreurs dans les actes produits par les futurs époux.

La loi du 10 juillet 1850 exige qu'il soit fait mention du contrat de mariage dans l'acte de l'état civil.

La loi du 10 décembre 1850 a pour but de faciliter le mariage des indigents.

Les décrets des 16 juin 1808, 3 août 1808 et 20 août 1808, l'avis du Conseil d'État du 21 décembre 1808, l'ordonnance du 27 décembre 1831 et le décret du 1er mars 1854 règlent les conditions spéciales auxquelles sont assujettis les militaires.

Les décrets du 24 mars 1852 et du 24 mars 1866 sont relatifs : le premier aux mariages en Océanie, et le second aux mariages des condamnés aux colonies.

Consulter : Demolombe, t. III et IV ; — Aubry et Rau, t. V ; — Laurent, t. II et III ; — Allemand, *Traité du mariage et de ses effets ;* 1853, 2 vol. in-8 ; — Vazeille, *Traité du mariage ;* 1825, 2 vol. in-8 ; — Massabiau, t. I, p. 425 et suiv. ; — Mersier, *Traité des actes de l'état civil*, p. 157 et suiv. ; —Dutruc,

Vº **Mariage.**

II. Le mariage est un contrat civil. — Le Code ne considère le mariage que comme un contrat purement civil ; la loi sur le mariage est, par suite, absolument indépendante des conditions et des solennités prescrites par l'Église catholique et par les autres religions.

III. Mariage religieux. — Chacun peut faire bénir son union par les ministres de sa religion ; mais, dans un intérêt d'ordre public, les ministres du culte ne peuvent donner la bénédiction nuptiale qu'à ceux qui justifient en bonne et due forme avoir contracté mariage devant l'officier de l'état civil (art. 54 de la loi du 18 germinal an X ; — art. 1er de l'arrêté du 1er prairial an X).

Cette justification est faite à l'aide d'un certificat qui est assujetti au timbre de 60 centimes (art. 2 du décr. du 9 déc. 1810). La chancellerie, par une circulaire du 26 juillet 1848, recommande aux magistrats des Parquets de veiller à ce que les officiers de l'état civil se conforment avec la plus grande exactitude à cette disposition. Mais, malgré ces instructions, la plupart des maires continuent à délivrer ces certificats sur papier libre, ce qui cause un grave préjudice au Trésor.

Tout ministre d'un culte qui procède aux cérémonies religieuses d'un mariage, sans qu'il lui ait été justifié d'un acte de mariage préalablement reçu par les officiers de l'état civil, est, pour la première fois, puni d'une amende de 16 à 100 francs (art. 199 du C. pén.). En cas de nouvelles contraventions, la peine est, pour la première récidive, un emprisonnement de deux à cinq ans ; et pour la seconde récidive, la détention (art. 200 du C. pén.). Ces articles sont-ils applicables, si, l'acte du mariage civil ayant été préalablement dressé, le ministre du culte a négligé d'en faire produire la justification ? Nous ne le pensons pas ; c'est, en effet, ce que Berlier a déclaré au Conseil d'État dans la séance du 29 août 1809 : « L'article ne reçoit donc son application qu'à la bénédiction nuptiale, conférée à des personnes non préalablement liées par le contrat civil et que la cérémonie religieuse aurait induites en erreur sur leur état, si elles eussent regardé le ministre du culte comme capable de le leur conférer » (Locré, t. XXX, p. 188).

IV. Lieu où peut être célébré le mariage. — Aux

termes de l'article 165 du Code civil, le mariage est célébré devant l'officier civil du domicile de l'une des deux parties. L'article 74 porte que le domicile pour le mariage s'établit par six mois d'habitation continue dans la même commune.

Comment doit-on interpréter cet article 74.

Certains auteurs enseignent qu'on ne peut se marier que dans une commune où l'un des futurs a résidé six mois d'une manière continue ; suivant eux, le domicile au point de vue du mariage est régi par l'article 74 exclusivement ; les règles ordinaires du domicile ne sont pas applicables (Delvincourt, t. I, p. 65, note 1 ; — Marcadé, t. II, art. 74, n° 1 ; — Laurent, t. II, p. 529).

Selon M. Demante (*Cours analyt.*, t. I, n° 228 *bis*), on peut se marier soit dans la commune où l'on a une résidence de six mois, soit dans la commune où l'on a son domicile ordinaire, mais pourvu qu'à une époque quelconque il y ait eu une habitation continue dans ce domicile.

Mais nous pensons que le mariage peut être célébré soit au lieu de la résidence continue de six mois, soit au lieu du domicile ordinaire, sans exiger d'autres conditions que celles qui résultent du droit commun (Valette, *Expl. somm. du liv.* Ier *du Code Nap.*, p. 91 ; — Demolombe, t. III, p. 307).

Si, en effet, on interprète l'article 74 d'une façon restrictive, l'article 167 du Code civil devient incompréhensible ; de plus, il arriverait fréquemment, que pendant un certain temps, la célébration du mariage serait impossible.

La solution que nous indiquons, doit être suivie dans la pratique, car elle a reçu aujourd'hui une sorte de consécration législative.

En 1871, plusieurs membres de l'Assemblée nationale, croyant voir dans l'article 74 du Code civil un obstacle à ce que les Alsaciens-Lorrains qui avaient opté pour la nationalité française, puissent se marier avant six mois de résidence dans leur nouveau domicile, avaient déposé un projet de loi ainsi conçu : « Pour les Alsaciens et les Lorrains qui ont choisi la nationalité française ou qui sont encore dans le délai d'option, le domicile, quant au mariage, s'établira par un mois de résidence continue dans la même commune française ». Mais la commission de l'Assemblée à laquelle le projet avait été renvoyé, a reconnu que l'article 74 ne créait nullement l'obstacle

au mariage dont les auteurs du projet s'étaient préoccupés.
Cette interprétation a été consignée dans un rapport écrit,
présenté par M. Courbet-Poulard au nom de la commission,
dont la conclusion est : « 1º Qu'il n'y a pas lieu de donner
suite au projet de loi, puisque, de par les lois en vigueur et
moyennant la jurisprudence acquise, les auteurs du projet
ont ce qu'ils demandent, et même, le cas échéant, plus qu'ils
ne demandent ; 2º Qu'il serait superflu, en conséquence,
d'édicter une loi nouvelle dont rien ne justifierait la nécessité. » A la séance du 11 décembre 1871, M. Courbet-Poulard
a annoncé, qu'en présence de ce rapport, les auteurs du projet de loi l'avaient retiré d'un commun accord avec la commission et le gouvernement. En portant cette interprétation
à la connaissance des Parquets, la chancellerie a déclaré
qu'elle lui paraissait de tous points juridique (Circ. chanc.,
21 déc. 1871 ; Rec. off., t. III, p. 182).

§ 2. — CONDITIONS EXIGÉES DES FUTURS ÉPOUX

V. Consentement des futurs. — Le mariage, étant un
contrat, ne peut exister qu'autant que chacun des futurs époux
donne son consentement ; encore faut-il que ce consentement soit suffisamment libre et éclairé : « Il n'y a pas de mariage lorsqu'il n'y a pas de consentement » (art. 146 du C. civ.).

Le consentement doit être exprimé, au moment même de la
célébration, devant l'officier de l'état civil (art. 75 du C. civ.).

De ce principe que le consentement doit être libre et éclairé,
il résulte que l'individu en état de démence ne peut se marier,
faut-il aller jusqu'à dire, comme on l'a soutenu, que l'interdit
pour cause de démence ne peut se marier, tant que dure
l'interdiction ? Nous ne le pensons pas, et, à notre avis, il
pourra valablement contracter mariage dans les intervalles
lucides (Sic : Caen, 12 nov. 1844 ; P. 45-I-515 ; — Demolombe,
t. III, p. 182 ; — Aubry et Rau. t. V, p. 82 ; — Laurent, t. II,
p. 365). L'article 502 du Code civil n'est pas en effet applicable au mariage et l'article 146 exige seulement que les
parties soient, *au moment du mariage*, capables de donner
leur consentement. Quant aux personnes pourvues d'un
conseil judiciaire, elles peuvent valablement se marier sans
l'assistance de ce conseil ; cette solution est consacrée par
une jurisprudence constante.

L'interdiction légale, prononcée par l'article 29 du Code pénal, est-elle un empêchement au mariage ? La plupart des auteurs sont d'avis que l'individu qui est sous le coup d'une condamnation, emportant l'interdiction des droits civils, est, tant que dure sa peine, incapable de se marier (*Sic* : Aubry et Rau, t. V, p. 92 ; — Vazeille, t. I, n° 87 ; — Marcadé, I, p. 460). Mais nous préférons l'opinion contraire qu'enseignent MM. Demolombe (t. III, p. 198) et Mersier (p. 197). L'article 29 du Code pénal a voulu priver le condamné de l'administration de ses biens ; il l'a frappé de certaines incapacités, parce que son passé le rend indigne d'exercer des droits tels que ceux de puissance paternelle, de tutelle, etc...; mais rien n'indique qu'il ait voulu le priver du droit de se marier, d'autant plus que ce droit est, avant tout, un droit naturel. Cette solution nous paraît devoir être suivie dans la pratique, car elle a obtenu une véritable consécration législative : l'article 12 de la loi du 30 mai 1854, l'article 4 du décret du 27 mars 1852 et les articles 1 et 2 du décret du 24 mars 1866 ont pour objet de faciliter le mariage des condamnés, placés en état d'interdiction légale qui subissent leur peine aux colonies. — M. Mersier (p. 197) cite le cas d'un nommé B..., condamné le 14 juin 1858 par la Cour d'assises de la Seine à cinq ans de travaux forcés pour faux, qui se maria à Paris au mois de novembre 1858. Il fut conduit par les agents à la mairie des Batignolles, sur l'ordre du préfet de police, et là, le mariage a été célébré. — Dans tous les cas, la dégradation civique ne constitue pas empêchement au mariage. Les effets de cette peine sont limités à la privation des droits énumérés dans l'article 34 du Code pénal (Décis. chanc., 16 août 1878 ; *Bull. off.*, n° 11, p. 84).

VI. **Age.** — L'homme avant dix-huit ans révolus, la femme avant quinze ans révolus, ne peuvent contracter mariage ; néanmoins, le président de la République peut accorder des dispenses pour des motifs graves (art. 144 et 145 du C. civ.). Nous avons indiqué (v° **Dispenses d'âge, de parenté et d'alliance**) comment s'obtiennent ces dispenses ; nous ajouterons ici que les consuls généraux des pays situés au delà de l'océan Atlantique peuvent accorder des dispenses d'âge (art. 18 de l'ord. du 23 octobre 1833).

VII. **Absence d'un premier lien**. — L'article 147 porte

qu'on ne peut contracter un second mariage avant la dissolution du premier (Voir : **Bigamie**). A l'égard de la femme,
l'empêchement produit par un premier mariage subsiste encore dix mois après sa dissolution (art. 228 du C. civ.).

VIII. **Défaut de parenté et d'alliance.** — En ligne directe, le mariage est prohibé entre tous les ascendants et
descendants légitimes ou naturels et les alliés dans la même
ligne ; en ligne collatérale, le mariage est prohibé entre le
frère et la sœur légitimes ou naturels et les alliés au même
degré (art. 161 et 162 du C. civ.).

L'alliance et les incapacités qui en résultent, ne cessent pas
par le décès, même sans postérité, du conjoint qui produisait
l'alliance (Cass., 24 févr, 1825 ; P. Chr. ; — 16 juin 1834 ; S-V.
34-1-729). Ainsi un veuf ne peut épouser la fille naturelle de
sa défunte femme (Paris, 18 mars 1850 ; S.-V. 50-2-583).

Enfin le mariage est prohibé entre l'oncle et la nièce, la
tante et le neveu (art. 163). Cette prohibition s'étend au
grand-oncle et à la petite-nièce (Déc. imp., prise en Cons.
d'État, le 7 mai 1808 ; — Décis. chanc., 25 juill. 1876 ; *Bull.
off.*, n° 3, p. 129 ; — Caen, 16 août 1876 et Cass., 28 nov. 1877;
P. 78-865).

Le président de la République peut, pour des causes graves, lever les prohibitions portées par l'article 162 aux mariages entre beaux-frères et belles-sœurs et par l'article 163 aux
mariages entre l'oncle et la nièce, la tante et le neveu
(art. 164 ; — Voir: **Dispenses d'âge, de parenté et d'alliance**).

§ 3. — CONSENTEMENT DES PARENTS

SECTION PREMIÈRE. — *Enfants légitimes.*

IX. **Cas où les parents sont vivants.** — Le fils qui n'a
pas atteint l'âge de vingt-cinq ans accomplis, la fille qui n'a
pas atteint l'âge de vingt et un ans accomplis, ne peuvent
contracter mariage sans le consentement de leurs père et
mère (art. 148 du C. civ.).

Les ascendants, présents au mariage, donnent leur consentement en présence de l'officier de l'état civil qui le constate dans l'acte. S'ils n'assistent pas au mariage, ils doivent
le donner par acte authentique. Le consentement doit être

spécial et indiquer non seulement la personne à laquelle il est accordé, mais aussi celle en vue de laquelle il est demandé (Circ. chanc., 29 oct. 1852 ; Gillet, n° 3596 ; — Demolombe, t. III, p. 79). M. Demolombe pense même qu'il pourrait y avoir nullité du mariage, si le futur époux n'était pas désigné dans l'acte de consentement : le consentement de l'ascendant est exigé à peine de nullité ; or, l'ascendant, qui n'a donné qu'un consentement en blanc, n'a pas en réalité consenti, donc l'article 182 du Code civil serait applicable.

S'il y a dissentiment entre le père et la mère, le consentement du père suffit (art. 148). Si le futur ne rapporte que le consentement de son père, il faudra prouver que la mère a été consultée. Elle manifestera son dissentiment dans la forme où elle aurait donné son consentement : elle le déclarera à l'officier de l'état civil, si elle est présente au mariage, et par acte authentique, si elle n'y assiste pas. Si elle refuse de constater son dissentiment, il faut recourir à un acte d'huissier ; on pourrait aussi faire faire une sommation par un notaire, comme s'il s'agissait d'un acte respectueux. M. Laurent (t. II, p. 421) pense que les notaires ne seraient pas compétents en pareil cas ; mais, dans le silence du Code, nous ne saurions admettre son système : il faut qu'il soit prouvé que la mère a été mise en demeure de manifester sa volonté ; peu importe le procédé employé, pourvu qu'il présente des garanties sérieuses, puisque la loi n'a fixé aucune règle à cet égard.

X. Cas où l'un des parents est décédé ou dans l'impossibilité de manifester sa volonté. — Si l'un des parents est décédé, le consentement de l'autre suffit (art. 149).

La preuve du décès résultera de la production de l'acte de décès. Mais il peut arriver que cet acte ne puisse être retrouvé, comment devra-t-on procéder ?

Il faut distinguer. — Si l'un des parents est mort et si l'on est dans l'impossibilité de produire l'acte de décès ou la preuve de l'absence, faute de connaître le dernier domicile, il peut être procédé à la célébration du mariage des majeurs sur leur déclaration à serment que le lieu du décès et celui du dernier domicile de cet ascendant leur est inconnu. Cette déclaration est certifiée en outre par le serment des quatre témoins du mariage qui affirment que, quoiqu'ils connaissent les futurs époux, ils ignorent le lieu du décès de leurs ascendants et leur dernier domicile. L'officier de l'état civil doit faire mention dans l'acte de ces déclarations (Avis du Conseil d'État du 4 thermidor an XIII, § 2).

Si les parties ne sont pas majeures ou si le lieu du décès est connu, il faut recourir au tribunal civil qui rendra, à la requête soit des parties, soit du ministère public, suivant le cas, un jugement destiné à tenir lieu d'acte de décès (Voir : **État Civil**, XLVIII à LVII).

En aucun cas, le paragraphe 1er de l'avis du Conseil d'État du 4 thermidor an XIII, ne sera applicable ; il ne suffira jamais que la mère vienne affirmer le décès du père ; ce paragraphe ne prévoit en effet que l'hypothèse où les père et mère sont l'un et l'autre décédés.

Si l'un des parents est disparu, s'il est en état de démence, etc., en un mot, s'il est dans l'impossibilité de manifester sa volonté, le consentement de l'autre suffit également (art. 149). La preuve de l'impossibilité se fera, si l'un des parents est en état de démence, en produisant le jugement d'interdiction ou un certificat du directeur de l'asile d'aliénés ou, à défaut, un acte de notoriété dressé par le juge de paix. — Si l'un des parents est disparu, on produit le jugement de déclaration ou de présomption d'absence et, si ces jugements ne sont pas rendus et si les futurs sont majeurs, on procède ainsi que nous venons de l'exposer, conformément au paragraphe 2 de l'avis du Conseil d'État du 4 thermidor an XIII.

L'individu qui se trouve en état d'interdiction légale, résultant de condamnations à mort, aux travaux forcés, à la détention ou à la réclusion (art. 29, C. p.), est déchu du droit de consentir au mariage de ses enfants ; ceux-ci peuvent en conséquence contracter mariage en justifiant du seul consentement de leur mère (Décis. chanc. du 26 déc. 1863 et du 24 mai 1878 ; *Bull. off.*, n° 10, p. 46). Quant au condamné aux travaux forcés qui a subi sa peine, mais qui est assujetti à la résidence perpétuelle à la Guyane ou à la Nouvelle-Calédonie, il n'est plus frappé d'interdiction légale, aussi le consentement doit lui être demandé ; la dégradation civique qui survit à l'exécution de la peine, n'entraîne aucune incapacité à cet égard (Décis. chanc. 10 fév. 1876 ; *Bull. off.*, n° 1, p. 24) —

La preuve de l'interdiction légale se fera à l'aide d'un extrait de casier judiciaire.

XI. Cas où le père et la mère sont décédés ou dans l'impossibilité de manifester leur volonté. — Si le père et la mère sont morts ou s'ils sont dans l'impossibilité de manifester leur volonté, les aïeuls et aïeules les remplacent. S'il y a dissentiment entre l'aïeul et l'aïeule de la même ligne, il suffit du consentement de l'aïeul (Voir : IX). — S'il y a dissentiment entre les deux lignes, ce partage emporte consentement (art. 150). Il en est ainsi alors même que l'ascendant qui refuse son consentement est d'un degré plus proche que celui qui l'accorde ; qu'il est par exemple aïeul tandis que l'autre est bisaïeul (Demolombe, t. III, p. 75 ; — Aubry et Rau, t. V, p. 73 ; — Laurent, t. II, n° 316).

La preuve du décès peut se faire par la représentation des actes de l'état civil ; mais l'avis du Conseil d'État du 4 thermidor an XIII, porte qu'il n'est pas nécessaire de produire ces actes, lorsque les aïeuls ou aïeules attestent ce décès ; dans ce cas, il doit être fait mention de leurs attestations dans l'acte de mariage. — Les bisaïeuls attesteraient de la même façon le décès des aïeuls.

On prouve l'impossibilité où se trouvent les père et mère de manifester leur volonté, ainsi que nous l'avons indiqué plus haut (*supra*, X).

XII. Cas où il ne reste aucun ascendant. — S'il n'y a ni père ni mère, ni aïeuls ni aïeules, où s'ils se trouvent dans l'impossibilité de manifester leur volonté, les fils ou filles mineurs de vingt et un ans ne peuvent se marier sans le consentement du conseil de famille (art. 160). Cette délibération n'a pas besoin d'être homologuée, elle ne peut non plus être attaquée devant les tribunaux ; l'article 883 du Code de procédure n'est pas applicable. C'est ce qu'a décidé la Cour de Liège dans un arrêt du 10 avril 1848 (*Pasicrisie belge ; 48. 178*), revenant ainsi sur la jurisprudence qu'elle avait adoptée dans un arrêt du 30 avril 1811 (P. Chr.). (*Sic :* Demolombe, t. III, p. 117 ; — Aubry et Rau, t. V, p. 74 ; — Laurent, t. II, n° 344).

L'enfant légitime, âgé de plus de vingt et un ans, qui n'a plus d'ascendants, peut se marier à son gré, sans demander l'avis du conseil de famille.

Comment prouve-t-on en ce cas le décès des ascendants ? A l'aide des actes de l'état civil, et si ces actes ne peuvent être produits, il suffira, pour les mineurs, de faire attester le décès par les membres du conseil de famille. L'avis du Conseil d'État du 4 messidor an XIII ne prévoit pas directement cette hypothèse, mais aucun doute ne peut exister sur ses intentions. Il est dit, en effet, dans les motifs que « rien n'est à « craindre relativement au mariage des mineurs, puisqu'en « face de l'article 160 du Code Napoléon, toutes les fois « qu'il n'y a ni père ni mère, ni aïeuls, ni aïeules, ou qu'ils « se trouvent dans l'impossibilité de manifester leur volonté, « les fils ou filles mineurs de vingt et un ans ne peuvent « contracter mariage sans le consentement du conseil de « famille.... »

Si les futurs sont majeurs, on procèdera ainsi que nous l'avons précédemment indiqué (*supra*, X).

SECTION II. — *Enfants naturels.*

XIII. Enfant naturel reconnu. — L'enfant naturel reconnu est soumis exactement aux mêmes obligations que l'enfant légitime envers ses père et mère, mais envers eux seulement, car la reconnaissance ne produit aucun effet à l'égard des autres ascendants.

Si les parents qui l'ont reconnu, sont décédés ou sont dans l'impossibilité de manifester leur volonté, on suivra les règles établies, pour le cas où il n'y a pas eu de reconnaissance (*infra*, XIV).

XIV. Enfant naturel non reconnu. — L'enfant naturel qui n'a point été reconnu et celui qui, après l'avoir été, a perdu ses père et mère, ne peut, avant l'âge de vingt et un ans révolus, se marier qu'après avoir obtenu le consentement d'un tuteur *ad hoc* (art. 159).

Le Code ne dit pas par qui est nommé ce tuteur : on décide généralement que la nomination doit être faite par le conseil de famille (Locré, *Législ. civ.*, t. IV, p. 330 ; — Demolombe t. III, p. 122 ; — Aubry et Rau, t. V, p. 80). Mais certains auteurs pensent que c'est au tribunal qu'il appartient de le nommer (Ducaurroy, Bonnier et Roustain, *Princ. de l'enreg.*, sur l'art. 159 ; — Laurent, t. II, n° 342).

Par exception, l'enfant naturel mineur, élevé dans un hospice, n'a besoin que du consentement de la commission administrative de l'hospice. C'est ce qui résulte des articles 1, 3 et 4 de la loi du 15 pluviôse an VIII.

§ 4. CONSEIL A DEMANDER AUX PARENTS

XV. Actes respectueux. — Les enfants, ayant atteint la majorité fixée par l'article 148 (25 ans pour les hommes, 21 ans, pour les filles), peuvent se marier sans le consentement de leurs parents ; mais ils sont tenus de demander, par un acte respectueux et formel, le conseil de leur père et de leur mère, ou celui de leurs aïeuls et aïeules, lorsque leur père et leur mère sont décédés ou dans l'impossibilité de manifester leur volonté (art. 151).

Jusqu'à l'âge de trente ans pour les fils et de vingt-cinq ans pour les filles, l'acte respectueux, sur lequel il n'y a pas de consentement au mariage, est renouvelé deux autres fois, de mois en mois ; un mois après le troisième acte, il peut être passé outre à la célébration du mariage. — Lorsque les futurs ont dépassé cet âge, il peut être, à défaut de consentement sur un acte respectueux, procédé au mariage un mois après (art. 152 et 153).

XVI. Formes des actes. — Notification. — L'acte respectueux est notifié par deux notaires ou par un notaire et deux témoins ; cette notification est constatée par un procès-verbal dans lequel il est fait mention de la réponse de l'ascendant (art. 154).

Cet acte doit être notifié à tout ascendant qui aurait été appelé à donner son consentement au mariage si l'enfant eût été mineur.

Si l'ascendant auquel eût dû être fait l'acte respectueux, est absent, il suffit de représenter le jugement de déclaration ou de présomption d'absence, et, à défaut, un acte de notoriété (Voir : **Acte de notoriété**). On peut même ne pas recourir à l'acte de notoriété et procéder conformément à l'avis du Conseil d'État du 4 thermidor an XIII (Voir : X).

XVII. Exception en faveur des futurs résidant en Océanie ou subissant une peine aux colonies. — Les personnes résidant aux îles de la Société et dans les autres établissements français de l'Océanie, dont la famille est domiciliée en France, ne sont pas tenues de notifier des actes respectueux. Le consentement de la famille est dans ce cas remplacé par celui du Conseil du gouvernement de la colonie (Décr. du 24 mars 1852).

Les condamnés qui subissent leur peine dans un établissement pénitentiaire des colonies sont également dispensés de cette notification (art. 1ᵉʳ du décr. du 24 mars 1866).

§ 5. — AUTORISATION DE L'AUTORITÉ MILITAIRE OU MARITIME

XVIII. **Militaires.** — Les militaires en activité de service ne peuvent se marier sans la permission de l'autorité militaire (Décr. du 16 juin 1808). L'article 44 de la loi du 27 juillet 1872 permet toutefois aux hommes appartenant à la disponibilité de l'armée active ou à la réserve, de se marier sans autorisation ; cette faculté s'étend aux militaires envoyés en congé, en attendant l'époque de leur passage dans la réserve (Circ. min. de la guerre, 29 nov. 1877 ; *Bull. off.*, n° 20, p. 286).

La durée du service compte pour les jeunes soldats des classes à partir du 1ᵉʳ juillet de l'année dans laquelle ils ont concouru au tirage au sort. Jusqu'à cette époque, ils demeurent libres de contracter mariage sans avoir à justifier d'aucune autorisation ; mais, à compter du 1ᵉʳ juillet, les officiers de l'état civil ne doivent pas procéder au mariage des jeunes gens appelés, sans que ces derniers aient, au préalable, présenté une autorisation spéciale du général commandant le corps d'armée dans lequel ils sont domiciliés (Circ. min. int., 3 déc. 1883).

Lorsque les jeunes gens sont incorporés, ils sont tenus de justifier de la permission du conseil d'administration du corps (art. 2 du décr. du 16 juin 1808).

Les officiers de tout grade doivent obtenir l'autorisation par écrit du ministre de la guerre (art. 1ᵉʳ du décr. du 16 juin 1808). Cette disposition s'étend aux officiers de gendarmerie (art. 537 du décr. du 1ᵉʳ mars 1854), aux fonctionnaires de l'intendance militaire, aux officiers de santé militaires et aux officiers du train des équipages (art. 1ᵉʳ du décr. du 28 août 1808) ; elle s'étend encore aux vétérinaires militaires (art. 35 du décr. du 12 juin 1852), aux officiers d'administration (Circ.

min. de la guerre des 23 juin et 3 août 1855), aux gardes d'artillerie et aux adjoints du génie (Circ., min. int. 3 mars 1879 ; *Bull. off.*, n° 20, p. 287). Enfin, il y a lieu de l'appliquer aux officiers réformés, jouissant d'un traitement de réforme (Avis du Cons. d'État du 21 décembre 1808).

Les sous-officiers de gendarmerie et les gendarmes ne peuvent se marier sans en avoir obtenu la permission du conseil d'administration de la compagnie, approuvée par le chef de la légion (art. 539 du décr. du 1er mars 1854).

Les sous-officiers et soldats de la garde républicaine doivent justifier d'une autorisation du préfet de police, accordée sur l'avis du conseil d'administration de leur corps (art. 1 et 2 de l'ord. du 27 déc. 1831).

XIX. **Conscrits ajournés.** — Les prescriptions relatives au mariage des jeunes soldats, sont-elles applicables aux jeunes gens ajournés à un nouvel examen du conseil de révision ? Les ajournés ne sont mis en route qu'avec les jeunes gens formant le contingent de l'année au cours de laquelle ils sont eux-mêmes reconnus bons au service par le conseil ; aussi le ministre de la guerre a pensé que les uns et les autres doivent être traités d'une façon uniforme. Il a, en conséquence, décidé que les ajournés pourraient contracter mariage sans permission spéciale de l'autorité militaire jusqu'au 1er juillet de l'année dans laquelle le conseil de revision les aura définitivement inscrits sur la première partie de la liste du recrutement (Lettre du min. de la guerre au général en chef comm. le 12e corps d'armée, du 12 février 1884 ; — Lettre du gén. en chef comm. le 12e corps d'armée au proc. de la Rép. d'Ussel, du 13 février 1884).

XX. **Marins.** — Les mêmes règles sont applicables aux officiers, sous-officiers, soldats de marine et marins.

Les officiers et aspirants de marine, les officiers d'artillerie de marine, du génie maritime et de l'infanterie de marine, les administrateurs de la marine, en un mot tout officier militaire ou civil du département de la marine, nommé par le ministre, ne peut se marier sans avoir obtenu sa permission écrite (art. 1er du décr. du 3 août 1808).

Les sous-officiers, soldats et marins doivent demander l'autorisation du conseil d'administration de leur corps (art. 3 du même décret).

Les marins, liés au service de la flotte en vertu des lois sur le recrutement ou par suite d'engagement, sont seuls astreints à ces règlements qui ne s'appliquent pas aux marins de l'inscription maritime.

XXI. Justifications à fournir par les jeunes gens de vingt à vingt-cinq ans. — Tout jeune homme de vingt à vingt-cinq ans qui veut se marier doit justifier d'une autorisation spéciale accordée par l'autorité militaire ou maritime ou établir qu'il n'est plus astreint au service militaire.

Il produira à cet effet à l'officier de l'état civil un congé de libération ou son livret militaire, ou enfin un certificat du préfet, du sous-préfet ou du maire attestant qu'il est placé dans la disponibilité ou dans la réserve de l'armée active.

§ 6. — CAS PARTICULIER

XXII. Mariage des prêtres et des religieux. — Un prêtre peut-il se marier? C'est là une question sur laquelle les auteurs et la jurisprudence sont loin d'être d'accord. Nous n'avons pas à l'examiner ici. La circulaire de la chancellerie du 27 janvier 1831 (Gillet, n° 2341) prescrivait aux officiers de l'état civil de refuser de célébrer le mariage d'anciens prêtres et d'attendre à cet égard la décision des tribunaux. Cette circulaire n'a pas été reproduite dans le *Recueil officiel*; on doit la considérer comme abrogée. Nous l'admettons d'autant plus volontiers qu'en l'absence de toute prohibition formelle, écrite dans la loi, il nous paraît impossible d'empêcher un prêtre de se marier, et si le système contraire s'appuie sur des considérations de l'ordre le plus élevé, nous n'en pensons pas moins que ses arguments ne sauraient prévaloir contre le silence du Code.

En ce qui concerne les religieuses, M. Demolombe fait une distinction entre celles dont l'institution a pour but de desservir les hospices et celles qui se vouent à la vie contemplative ou à l'éducation des enfants. Les premières peuvent faire des vœux pour cinq ans et un exemplaire de leur engagement est remis à la municipalité (art. 8 du décr. du 18 fév. 1809); le législateur n'a pas reconnu les vœux des autres religieuses, car la loi du 24 mai 1825 est muette à cet égard. L'éminent professeur en conclut que les unes ne peuvent se marier pendant la durée de leur engagement et que le mariage des autres est toujours permis (t. III, p. 215 ; *Sic :* Aubry et Rau, t. V., p. 98).

Quant aux religieux qui n'ont pas été ordonnés prêtres, il ne peut y avoir aucune difficulté : le maire doit incontestablement procéder à leur mariage, puisque, aux termes des lois des 13 et 19 février 1790 et du 18 août 1792, les ordres religieux d'hommes ne sont pas reconnus en France.

XXIII. **Mariage des sourds-muets.** — Le sourd-muet peut se marier lorsqu'il est capable de manifester son consentement au mariage, encore bien qu'il ne sache ni lire ni écrire (Paris, 3 août 1855 ; P. 57-1089). C'est ce qu'a décidé la chancellerie dans une lettre du 17 juin 1822 : l'officier de l'état civil peut procéder au mariage d'un sourd-muet pourvu que celui-ci soit en état de donner son consentement en connaissance de cause. S'il sait écrire, il doit le donner par écrit. S'il ne sait pas écrire, mais qu'il ait été élevé dans une institution fondée pour les sourds-muets, le futur se fera assister de son professeur ou instituteur qui lui expliquera les questions et transmettra les réponses à l'officier de l'état civil. S'il ne connaît pas les signes qu'on enseigne dans ces institutions, ses parents ou autres personnes familiarisées avec lui deviendront ses interprètes naturels. Ce sera d'ailleurs toujours au maire à s'assurer par lui-même de la volonté et du degré d'intelligence du sourd-muet (Gillet, n° 1622).

§ 7. — PUBLICATIONS

XXIV. **Formes des publications.** — Avant la célébration du mariage, l'officier de l'état civil fait deux publications à huit jours d'intervalle, un jour de dimanche, devant la porte de la mairie. Ces publications énoncent les prénoms, noms, profession et domicile des futurs, leur qualité de majeurs ou de mineurs et les prénoms, noms, profession et domicile de leurs père et mère (art. 63 du C. civ.).

Il n'est pas nécessaire de fournir à l'officier de l'état civil, pour les publications, les pièces dont la production est nécessaire pour la célébration ; ces publications doivent être faites conformément aux notes remises par les parties (Avis du Conseil d'État du 30 mars 1808). Ces notes sont exemptes de toute formalité, et lors même que les publications doivent être faites dans plusieurs communes, celles qui sont transmises par le maire sont dispensées du timbre (Décis. chanc., 19 mai 1821 ; Gillet, n° 1514).

Un maire ne peut se refuser aux publications du mariage d'un déserteur de l'armée française ; le décret du 16 juin 1808 ne prescrit pas aux officiers de l'état civil de se faire remettre, avant la publication des bans, le consentement de l'autorité militaire au mariage d'un homme lié au service, mais dispose seulement que ces officiers ne doivent pas procéder au mariage tant que ce certificat ne leur a pas été présenté (Décis. chanc., 6 et 16 octobre 1879 ; *Bull. Off.*, n° 16, p. 232).

Les parties qui font à l'officier de l'état civil de fausses déclarations, relativement aux énonciations que doit contenir l'acte de publication, doivent être poursuivies par application de l'article 147 du Code pénal (Cass., 28 mai 1857 ; P. 57-1059).

XXV. **Registres.** — Il est nécessaire de dresser un acte distinct pour chacune des deux publications, prescrites par la loi. Cet acte contient toutes les énonciations nécessaires pour les publications ; il mentionne en outre les jours, lieux et heures où elles ont été faites (art. 63).

Cet acte est inscrit sur un registre, coté et paraphé comme les autres registres de l'état civil. Ce registre n'est pas tenu en double exemplaire ; il est déposé à la fin de chaque année au greffe du tribunal civil (art. 63).

XXVI. **Lieux où les publications doivent être faites.** — L'article 166 porte que : « Les deux publications ordonnées par l'article 63 seront faites à la municipalité du lieu où chacune des parties contractantes aura son domicile. » — L'article 167 ajoute : « Néanmoins, si le domicile actuel n'est établi que par six mois de résidence, les publications seront faites, en outre, à la municipalité du dernier domicile. »

L'article 166 vise le domicile réel, le domicile de l'article 102 du Code civil, tandis que l'article 167 a en vue le domicile spécial de l'article 74. Par suite, si ces deux domiciles sont distincts, les publications doivent être faites dans ces deux endroits ; s'ils se confondent, il n'y a pas lieu de faire de doubles publications. Prenons un exemple : une personne domiciliée à Paris quitte cette ville, pour aller passer l'hiver à Nice ; si elle y réside depuis plus de six mois, les publications devront se faire à Paris et à Nice. Si elle avait quitté définitivement Paris pour s'établir à Nice, elle ne serait tenue de faire de publications qu'à Nice. — Mais on décide en général que, même dans ce dernier cas, les publications sont nécessaires à Paris et à Nice, s'il y a moins de six mois que cette personne réside dans son nouveau domicile. Telle est l'opinion exprimée par la chancellerie dans la circulaire du 21 décembre 1871 (*Rec. off.*, t. 183) : « Toute personne qui aura acquis en France un domicile proprement dit par l'un des moyens énoncés aux articles 103, 104, 105 et 107 du Code civil, peut y contracter mariage, sans avoir besoin d'attendre un délai de six mois depuis l'acquisition de ce domicile. Seulement, jusqu'à l'expiration de cette période, elle sera tenue de justifier des publications faites à son domicile actuel et aussi à son domicile antérieur. » La même solution est indiquée dans une circulaire de la chancellerie du 4 mars 1831 (Gillet, nº 2346).

Si les parties contractantes sont, relativement au mariage, sous la puissance d'autrui, les publications sont encore faites à la municipalité du domicile de ceux sous la puissance desquels elles se trouvent (art. 168). Le Français, qui est sous la puissance d'ascendants domiciliés à l'étranger, doit faire à l'étranger les publications prescrites (Circ. chanc., 4 mars 1831 ; Gillet, nº 2346). Les publications sont faites suivant les formes usitées dans le pays.

Les futurs époux qui subissent la peine des travaux forcés dans un établissement pénitentiaire des colonies sont dispensés de publications en France (art. 2 du décr. du 24 mars 1866). Le décret du 24 mars 1852 crée une autre exception en faveur des Français résidant aux Iles de la Société et dans les autres établissements français d'Océanie : les publications faites avec l'autorisation du conseil du gouvernement de la colonie et affichées devant la porte du bureau de l'état civil, sont, dans tous les cas, suffisantes pour la régularité du mariage.

XXVII. Délai dans lequel doit être fait le mariage. — Le mariage ne peut être célébré avant le troisième jour depuis et non compris celui de la seconde publication (art. 64). Si la première publication a lieu le dimanche 19 juillet, la seconde sera faite le dimanche 26 et le mariage ne pourra avoir lieu au plus tôt que le mercredi 29, mais à quelque heure que ce soit de la journée.

Si le mariage n'a pas été célébré dans l'année à compter

de l'expiration du délai des publications, il ne peut plus être célébré qu'après que de nouvelles publications ont été faites (art. 65). Ainsi, si nous reprenons l'exemple précédent, la seconde publication ayant eu lieu le 26 juillet 1885, il doit être procédé au mariage dans l'année à compter du 29 juillet 1885, c'est-à-dire le 28 juillet 1886 au plus tard.

XXVIII. **Dispenses.** — Le président de la République et les officiers qu'il prépose à cet effet peuvent dispenser, pour des causes graves, de la seconde publication (art. 169).

C'est aux procureurs de la République que le chef de l'État a confié la mission d'accorder ces dispenses en son nom. — Ils ne peuvent, d'ailleurs, les accorder que pour des causes graves, et ils doivent en rendre compte immédiatement au garde des sceaux (art. 3 de l'arrêté du 20 prairial an XI). Il y a lieu de faire droit à la demande des futurs dans les cas suivants : 1° Lorsqu'il s'agit d'un mariage *in extremis* ; 2° Lorsque l'état de grossesse avancé de la future peut faire craindre que l'accouchement n'ait lieu avant le mariage ; 3° Lorsque l'un des futurs est dans la nécessité de partir immédiatement et pour longtemps, c'est un marin qui va s'embarquer, un soldat qui doit rejoindre son régiment, etc... Le procureur de la République doit, avant de prendre une décision, contrôler très exactement les motifs invoqués.

Dans tous les cas, il n'appartient pas aux tribunaux de contrôler les motifs pour lesquels le ministère public a cru devoir accorder des dispenses (Aix, 18 août 1870 ; P. 72-351).

Lorsque les futurs ne sont pas majeurs au point de vue du mariage, le procureur de la République doit, avant d'accorder des dispenses, s'assurer que les parents donnent leur consentement à l'union projetée. Il n'est pas nécessaire évidemment, si les parents ne peuvent venir au Parquet, qu'un acte notarié soit produit ; une simple note, une lettre des parents ou du maire suffira. Il est bon aussi que ce magistrat se fasse remettre les actes de naissance des futurs, afin d'éviter toute erreur dans l'orthographe des noms.

L'original de la dispense est rédigé sur papier libre et n'est pas soumis à l'enregistrement. On peut l'établir conformément à la formule suivante :

TRIBUNAL

DE PREMIÈRE INSTANCE

d

———

PARQUET

du

Procureur de la République

———

DISPENSES

des secondes publications.

———

RÉPUBLIQUE FRANÇAISE

———

AU NOM DU PRÉSIDENT DE LA RÉPUBLIQUE

Nous, procureur de République, près le tribunal civil de

Vu les articles 63 et 169 du Code civil,

Vu les articles 3 et 4 de l'arrêté du 20 prairial an XI,

Dispensons des secondes publications le sieur (nom, prénoms, âge, profession, domicile) et la demoiselle (nom, prénoms, âge, profession, domicile) ; disons qu'ils pourront valablement contracter mariage dès le troisième jour après les premières et uniques publications.

Fait au Parquet, à   , le   188 .

LE PROCUREUR DE LA RÉPUBLIQUE,

Cette dispense est déposée au secrétariat de la mairie de la commune où le mariage doit être célébré. Le secrétaire en délivre une expédition dans laquelle il est fait mention du dépôt et qui demeure annexée à l'acte de célébration du mariage (art. 4 de l'arrêté du 20 prairial an XI). Cette expédition doit être sur timbre.

Au cas de dispenses, le mariage ne peut être célébré que le troisième jour après celui de l'unique publication, c'est-à-dire le mercredi au plus tôt.

Nous avons déjà dit qu'il faut aviser immédiatement la chancellerie de l'octroi des dispenses et indiquer dans les rapports les causes qui l'ont motivé. On doit envoyer en même temps au procureur général une copie de ce rapport.

§ 8. — OPPOSITIONS

XXIX. Personnes qui peuvent faire opposition. — Le droit d'opposition appartient :

1° A la personne engagée par mariage avec l'un des futurs (art. 172) ;

2° Aux ascendants : « Le père et, à défaut du père, la mère, et à défaut du père et de la mère, les aïeuls et aïeules, peuvent former opposition au mariage de leurs enfants et descendants, encore que ceux-ci aient vingt-cinq ans accomplis » (art. 173) ;

3° Aux frères et sœurs, oncles ou tantes, cousins ou cousines germaines (art. 174) ;

4° Au tuteur et au curateur (art. 175).

Remarquons que pour que les collatéraux, indiqués dans l'article 174, puissent former opposition, il faut : 1° Qu'ils soient majeurs; 2° Qu'ils agissent à défaut d'aucun ascendant; 3° Que leur opposition soit fondée, soit sur le défaut de consentement du conseil de famille requis par l'article 160, soit sur l'état de démence du futur époux dont ils sont les parents. — Le tuteur ou le curateur ne pourra également fonder sont opposition que sur l'un de ces deux motifs, et son opposition ne sera recevable qu'autant qu'il aura été préalablement autorisé par le conseil de famille.

XXX. Le procureur de la République peut-il faire opposition ? — C'est là une question controversée, mais il faut reconnaître qu'elle est complètement dénuée d'intérêt pratique. Il est évident, en effet, que l'opposition du procureur de la République ne peut être fondée que sur un empêchement légal, soit dirimant, soit prohibitif; or, ce magistrat est investi d'un droit général de surveillance sur la tenue de l'état civil dans son arrondissement; il doit donc donner avis à l'officier de l'état civil des causes qui doivent empêcher la célébration du mariage. L'officier de l'état civil, qui procèderait au mariage malgré cet avis, ne serait pas, il est vrai, passible des peines édictées par l'article 68 pour n'avoir pas tenu compte d'une opposition, mais il serait poursuivi pour avoir célébré un mariage, nonobstant les empêchements légaux dont il avait personnellement connaissance (art. 156, 157, 192 et 193 du C. civ ; — 193 et 194 du C. pén.).

XXXI. Formes de l'opposition. — Tout acte d'opposition doit énoncer la qualité qui donne à l'opposant le droit de la former : il contient élection de domicile dans le lieu où le mariage doit être célébré; il mentionne également les motifs de l'opposition, à moins qu'il ne soit fait à la requête d'un ascendant : le tout à peine de nullité et de l'interdiction de l'huissier qui aurait signé cet acte (art. 176). Mais l'huissier n'est évidemment garant ni de la qualité qui lui a été déclarée par les oppositions, ni de la réalité des motifs invoqués.

L'acte d'opposition est signé sur l'original et sur la copie par les opposants ou par leurs fondés de procuration spéciale et authentique (art. 66). Le défaut de signature de l'opposant est une cause de nullité absolue (Liège, 24 octobre 1812 ; P. Chr. — Demolombe, t. III, p. 257). Nous pensons que si l'opposant ne sait signer, il ne suffit pas que mention en soit faite dans l'acte ; il faut dans ce cas qu'il donne procuration à un tiers de remplir pour lui cette formalité, c'est ce qui nous paraît résulter du texte de l'article 66.

« Les actes d'opposition, est-il dit dans l'article 66, sont signifiés avec la copie de la procuration, à la personne ou au domicile des parties et à l'officier de l'état civil. » Mais à quel officier de l'état civil ? car les officiers de différentes communes sont compétents pour le célébrer. Le meilleur système est de faire cette signification aux officiers de toutes ces communes.

XXXII. **Devoirs de l'officier de l'état civil.** — L'officier de l'état civil à qui est notifié un acte d'opposition, doit apposer son visa sur l'original (art. 66). Il fait ensuite une mention sommaire de cette opposition sur le registre des publications : « *Opposition au mariage projeté entre* (noms, prénoms, profession et domicile des parties) *et dont les publications ont été inscrites sur le présent registre les.........* 188...*et.........*188, *a été signifiée à la requête des époux* (noms, prénoms, profession et domicile), *père et mère de l'un des futurs par acte de........., huissier à ....en date du.........* 188 .*Fait à........, le...* ......188 . — Signature ».

Lorsque l'opposition a été régulièrement notifiée, l'officier de l'état civil ne peut célébrer le mariage avant qu'on lui en ait remis la mainlevée (art. 68). Il fait mention, en marge de l'inscription de l'opposition, du jugement ou de l'acte de mainlevée dont l'expédition lui est remise : *Mainlevée de l'opposition ci-contre a été prononcée par jugement du tribunal civil de . . . . en date du. . . . . (ou a été consentie, suivant acte reçu par M. . . . ., notaire à . . . ., le. . . . . 188) Fait à. . . ., le...... 188 . — Signature. »*

Si l'opposition était nulle en la forme, si elle était faite par une personne sans qualité, ou enfin si elle était fondée sur un motif que n'admet pas la loi, l'officier de l'état civil devrait-il surseoir au mariage ? Il faut distinguer : il devra passer outre si l'opposition, faite par une personne n'ayant pas qualité, ne repose sur aucun obstacle légal au mariage ; dans tous les autres cas, il devra surseoir. D'une part, ce n'est pas lui qui est juge de la question de nullité de l'acte ; d'autre part, si l'opposition, quoique faite par une personne n'ayant pas qualité, révèle un empêchement soit prohibitif, soit dirimant, il encourrait, s'il célébrait le mariage, les peines édictées par les articles 156, 157 du Code civil, 194 et 340 du Code pénal, puisqu'il aurait dès lors une connaissance personnelle de ces empêchements.

§ 9. — PIÈCES A PRODUIRE POUR LA CÉLÉBRATION DU MARIAGE

XXXIII. **Liste des pièces.** — Les parties doivent produire les pièces suivantes :

1° Acte de naissance de chacun des futurs époux (art. 70). La chancellerie avait d'abord décidé que lorsque les futurs sont nés dans la commune où se célèbre le mariage et que leurs actes de naissance existent dans les registres de cette commune, on peut les dispenser d'en produire un extrait en forme : il suffit que l'officier de l'état civil en prenne connaissance sur le registre même, et qu'il ait soin de le constater dans l'acte de mariage (Décis. chanc., 10 août 1818 ; Gillet, n° 1275 ; — 20 août 1839 ; Gillet, n° 2755) ; mais elle a décidé depuis que l'officier de l'état civil ne peut, dans aucun cas, dispenser les futurs de cette production (Décis. chanc., 13 mars 1851 ; Gillet, n° 2847) ;

2° Acte de décès des ascendants dont le consentement est nécessaire (Voir : *supra*, X à XIV) ;

3° Acte authentique du consentement des parents (art. 73 ; voir *supra*, IX à XIV) ;

4° Expédition authentique des dispenses d'âge, de parenté ou d'alliance, s'il en a été accordé (arrêté du 20 prairial an XI) ;

5° Acte du décès du premier conjoint, si l'un des futurs est veuf (Avis du Conseil d'État du 17 germinal an XIII) ;

6° Autorisation de l'autorité militaire ou maritime, si le futur appartient à l'armée (Décr. du 19 juin 1808) ;

7° Certificats de publications et de non-opposition, délivrés par les maires des différentes communes où les publications ont été faites (art. 69) ;

8° Expédition des dispenses de secondes publications, s'il en a été accordé (arr. du 20 prairial an XI) ;

9° Mainlevée des oppositions, s'il en a été formé (art. 68) ;

10° Certificat délivré par le notaire qui a reçu le contrat de mariage (Loi du 10 juillet 1850).

XXXIV. Cas où les futurs ne peuvent produire leur acte de naissance. — Celui des futurs époux qui est dans l'impossibilité de se procurer son acte de naissance, peut y suppléer en rapportant un acte de notoriété (Voir : **Acte de notoriété**).

XXXV. Cas où des irrégularités existent dans les actes produits. — Il n'y a pas lieu de provoquer un jugement rectificatif :

1° Dans le cas où le nom de l'un des futurs n'est pas orthographié dans son acte de naissance comme celui de son père ;

2° Dans le cas où l'on a omis dans cet acte quelqu'un des prénoms de ses parents ;

3° Dans le cas où l'orthographe du nom des pères, mères, ou aïeuls a été légèrement modifiée dans leur acte de décès ;

4° Dans le cas où un prénom a été omis dans ce même acte (Avis du Cons. d'État, 30 mars 1808).

L'officier de l'état civil doit se borner à faire attester l'identité par les ascendants, assistant au mariage ; s'ils n'y assistent pas, il atteste l'identité dans l'acte authentique de consentement. — En cas de décès de tous les ascendants, l'identité est valablement attestée, pour les mineurs, par le conseil de famille ou par le tuteur *ad hoc* et, pour les majeurs, par les quatre témoins, dans les deux premiers cas, et par les parties et les quatre témoins, dans les deux derniers (Avis du Cons. d'État. 30 mars 1808).

L'énumération contenue dans cet avis du Conseil d'État n'est pas limitative ; on devra donc appliquer les règles qu'il trace non seulement dans les quatre hypothèses que nous avons rappelées, mais toutes les fois qu'il s'agit d'irrégularités peu importantes qui ne sont pas de nature à jeter un doute sérieux sur l'identité des personnes désignées dans ces actes.

Il est dit, en effet, dans les motifs que « s'il est important de ne procéder à la rectification des registres de l'état civil que par l'autorité de la justice et en vertu de jugements rendus à cet effet, il n'est pas moins convenable de ne pas jeter les citoyens dans les frais d'une rectification sur les registres, *lorsqu'elle n'est pas absolument nécessaire* ».

XXXVI. **Cas où les futurs sont indigents.** — Les pièces nécessaires au mariage des indigents sont réclamées et réunies par les soins de l'officier de l'état civil de la commune dans laquelle les parties ont déclaré vouloir se marier. — Les expéditions de ces pièces peuvent, sur la demande du maire, être réclamées et transmises par les procureurs de la République. Ces magistrats peuvent, d'ailleurs, agir d'office et procéder à tous actes d'instruction préalable à la célébration du mariage (art. 1 et 2 de la loi du 1er décembre 1850 ; — Circ. chanc., 29 mars 1851 ; Gillet, n° 3474).

Les jugements de rectification ou d'inscription des actes de l'état civil, l'homologation des actes de notoriété et généralement tous actes judiciaires ou procédures nécessaires au mariage des indigents sont poursuivis d'office par le ministère public (art. 3 de la loi ; — Voir : **État civil**, XLV).

Les extraits des registres de l'état civil, les actes de notoriété, de consentement, de publications, les délibérations de conseil de famille, les certificats de libération du service militaire, les dispenses d'âge, de parenté ou d'alliance, les actes de reconnaissance des enfants naturels, les actes de procédure, les jugements et arrêts dont la production est nécessaire, sont visés pour timbre et enregistrés gratis, lorsqu'il y a lieu à enregistrement. Il n'est perçu aucun droit de greffe ni aucun droit de sceau au profit du Trésor sur les minutes et originaux, ainsi que sur les copies ou expéditions qui en seraient passibles (art. 4 § 1).

Les publications et le certificat constatant la célébration du mariage civil sont mêmes dispensés du visa pour timbre (art. 4 § 2).

La taxe des expéditions des actes de l'état civil requises pour le mariage des indigents, est réduite, quels que soient les détenteurs de ces pièces, à 0 fr. 30, lorsqu'il n'y a pas lieu à légalisation, à 0 fr. 50, quand cette formalité doit être accomplie. — Le droit de recherche alloué aux greffiers et les droits de légalisation perçus au ministère des affaires étrangères sont supprimés en ce qui concerne ces mariages (art. 5).

Comment les parties qui veulent bénéficier de ces dispositions, doivent-elles justifier de leur indigence ? Elles doivent produire un certificat d'indigence, délivré par le commissaire de police ou par le maire dans les communes où il n'existe pas de commissaire de police, sur le vu d'un extrait du rôle des contributions, constatant qu'elles payent moins de 10 fr. Le certificat d'indigence est visé et approuvé par le juge de paix du canton. Il est fait mention, dans le visa, de l'extrait du rôle ou du certificat négatif du percepteur (art. 8). Ce certificat doit être délivré en plusieurs originaux, lorsqu'il doit être produit à divers bureaux d'enregistrement. Un exemplaire en est remis au bureau où des actes, extraits ou expéditions doivent être visés pour timbre et enregistrés gratis (art. 9 § 1).

Les réquisitions du procureur de la République tiennent toutefois lieu de l'original de ces certificats, pourvu qu'elles mentionnent le dépôt de cette pièce au Parquet (art. 8 § 2).

Les pièces délivrées en exécution de cette loi, doivent indiquer qu'elles sont destinées à servir à la célébration d'un mariage entre indigents; elles ne peuvent servir à autres fins, sous peine de 25 francs d'amende, outre le payement des droits, contre ceux qui en ont fait usage ou qui les ont indûment délivrées ou reçues (art. 7).

Si un certificat d'indigence est délivré par des autorités étrangères, il est indispensable qu'il soit revêtu du visa diplomatique (Décis. chanc., 9 août 1878 ; *Bull. off.*, n° 11, p. 83).

§ 10. — CÉLÉBRATION DU MARIAGE

XXXVII. **Fixation du jour et de l'heure.** — Le mariage peut être célébré même un dimanche ou un jour férié. — Il n'y aurait pas nullité si la célébration avait lieu la nuit (Paris, 13 août 1851 ; P. 52-II-143), mais il est évident qu'un mariage célébré dans ces conditions ne satisfait pas au vœu de la loi, car il n'y a pas une publicité suffisante. — L'usage s'est, il est vrai, introduit dans certaines localités de se marier la nuit, mais il y a là un véritable abus contre lequel les officiers de l'état civil doivent réagir (Circ. int., 10 déc. 1832).

C'est aux parties qu'il appartient de fixer le jour du mariage (art. 75) ; mais le choix de l'heure doit être laissé à l'officier de l'état civil.

XXXVIII. **Lieu de la célébration.** — Le mariage doit avoir lieu *publiquement* dans la maison commune (art. 75 et 165).

Ce ne peut être qu'à défaut de maison commune ou bien lorsque l'un des époux est dans un état de maladie tel qu'il lui est impossible de se transporter à la mairie, que l'officier de l'état civil peut célébrer le mariage, soit au domicile des époux, soit dans tout autre lieu destiné à cet usage. Et encore, dans ce cas, l'acte doit faire mention que les portes sont restées ouvertes et indiquer les causes qui ont motivé cette dérogation aux prescriptions de la loi. (Circ. chanc., 15 oct. 1852 ; Gillet, n° 3593). Si l'état de santé de l'un des futurs a nécessité la célébration à domicile, il faut que la maladie ou l'infirmité ait été constatée par un certificat de médecin (Décis. chanc., 3 juil. 1881 ; Gillet, n° 725 ; — 21 juillet 1818 ; Gillet, n° 1270). Dans une lettre du 28 janvier 1822 (Gillet, n° 1576), la chancellerie exige même que l'officier de l'état civil transcrive le certificat dans l'acte de célébration et l'annexe ensuite aux pièces à l'appui du mariage.

XXXIX. **Officier de l'état civil qui doit y procéder.** — Le mariage doit être célébré par le maire de la commune ou par l'adjoint délégué (Voir : **État civil**, I *bis*).

XL. **Célébration. — Témoins.** — Au jour et à l'heure fixés, les parties se présentent à la mairie avec les parents dont le consentement est nécessaire (à moins que le consentement n'ait été donné par acte authentique) et quatre témoins.

L'officier de l'état civil fait lecture aux parties des pièces relatives à leur état et aux formalités du mariage et du chapitre 6 du titre du *Mariage*.

Il interpelle les futurs époux, ainsi que les personnes qui autorisent le mariage, si elles sont présentes, d'avoir à déclarer s'il a été fait un contrat de mariage, et, dans le cas de l'affirmative, la date de ce contrat, ainsi que le nom et le lieu de la résidence du notaire qui l'a reçu.

Il reçoit ensuite des parties, l'une après l'autre, la déclaration qu'elles veulent se prendre pour mari et pour femme.

Il prononce alors au nom de la loi qu'elles sont unies par le mariage et il en dresse acte sur-le-champ (art. 75).

Les témoins sont, comme nous venons de le voir, au nombre de quatre ; ils doivent remplir les conditions exigées par l'article 37 (Voir : **État civil**, IX).

XLI. Acte de mariage. — Pièces annexées. — Nous avons indiqué déjà quelles énonciations contient l'acte de mariage (**État civil**, XIX). Nous ajouterons que cet acte doit être mmédiatement signé par l'officier de l'état civil, par les futurs, les parents présents et les témoins ; et le maire doit s'opposer à ce que les autres personnes présentes y apposent également leur signature.

Les pièces produites doivent être cotées et paraphées par l'officier de l'état civil qui les annexe au double du registre déposé au greffe (art. 44).

§ 11. — NULLITÉS DE MARIAGE

XLII. Nullités relatives. — Il y a deux causes de nullité relative :

1° Le vice du consentement de l'une ou de l'autre des parties contractantes (art. 180 et 181) ;

2° Le défaut de consentement des personnes sous la puissance desquelles les parties se trouvaient relativement au mariage (art. 182 et 183).

Nous ne pouvons examiner ici dans quels cas les nullités existent, par qui l'action peut être exercée et comment ces nullités peuvent se couvrir ; l'étude de ces questions ne rentre pas évidemment dans le cadre de cet ouvrage.

XLIII. Nullités absolues. — Les causes de nullité absolue sont au nombre de cinq ; ce sont :

1° L'impuberté ;

2° L'existence d'une première union ;

3° La parenté ou l'alliance au degré prohibé ;

4° Le défaut de publicité de la célébration ;

5° L'incompétence de l'officier de l'état civil (art. 144, 147, 161, 162, 163, 184 et 191 du C. civ.).

XLIV. Action du procureur de la République. — Le

ministère public n'a d'action qu'au cas de nullité absolue ; de plus, il ne peut former son action que du vivant des deux époux.

Ce droit d'action, le ministère public le tire des articles 190 et 191 du Code civil, ainsi conçus : Art. 190. « Le procureur de la République, dans tous les cas auxquels s'applique l'article 184, et sous les modifications portées en l'article 185, *peut et doit* demander la nullité du mariage, du vivant des deux époux et les faire condamner à se séparer. » — Art. 191. « Tout mariage qui n'a point été contracté publiquement et qui n'a point été célébré devant l'officier public compétent, *peut* être attaqué par les époux eux-mêmes, par les père et mère..... ainsi que par le ministère public. »

De cette différence de rédaction des articles 190 et 191, faut-il conclure que le ministère public est *tenu* d'agir toutes les fois qu'il a connaissance d'une nullité fondée sur l'article 184, qu'aucune liberté d'appréciation ne lui est accordée en ce cas, et qu'au contraire il sera libre de demander ou non la nullité du mariage, basée sur l'article 191 ? Oui, d'après plusieurs auteurs (Vazeille, t. I, n° 249 ; — Ortolan et Ledeau, t. I, p. 168 ; — Demante, t. I, n° 272).

Mais ce système est repoussé avec raison par beaucoup d'auteurs (De Molènes, t. II., p. 193 ; — Massabiau, t. I, p. 446 ; — Demolombe, t. III, p. 516 ; — Aubry et Rau, t. V, p. 61 ; — Laurent, t. II, n° 496 ; — Debacq, p. 308).

N'y a-t-il pas un danger sérieux à obliger le procureur de la République à proposer la nullité dans tous les cas ? N'arrivera-t-il pas en effet fréquemment que le remède sera pire que le mal ? Est-ce possible que le législateur refuse ainsi toute liberté d'appréciation au ministère public ? — Si les partisans du premier système, invoquent l'opinion du tribun Boutteville, on peut leur opposer l'autorité de Portalis : « Gardons-« nous, disait-il, de donner à cette censure, confiée au minis-« tère public dans l'intérêt des mœurs et de la société, une « étendue qui la rendrait oppressive et la ferait dégénérer en « inquisition. Le ministère public ne doit se montrer que quand « le vice est notoire, quand il est subsistant ou quand une lon-« gue possession n'a pas mis les époux à l'abri des recherches « directes du magistrat. Il y a souvent plus de scandale dans

« les poursuites indiscrètes d'un délit obscur, ancien et ignoré
« que dans le délit lui-même » (Locré, *Lég. civ.*, t. IV, p. 515).

Mais, dira-t-on, comment expliquer cette expression *peut*
et *doit*, si l'on décide qu'il n'y a pas pour le ministère public
une obligation absolue d'agir? Une explication très ingénieuse
a été donnée par MM. Aubry et Rau : d'une part, le procureur
de la République *peut* demander la nullité du mariage ; mais
il *doit* d'autre part, s'il veut user de cette *faculté*, l'exercer
du vivant des deux époux. — De cette façon, ces deux mots
peut et *doit* se comprennent parfaitement et ont l'un et l'autre
un effet, tandis que, si l'on adopte le premier système, l'un
d'eux n'en produit aucun: si, en effet, le ministère public *doit*
agir, c'est qu'il *peut* agir : ce mot *peut* serait donc inutile.

Nous déciderons donc que, dans tous les cas, le ministère
public a un droit absolu d'appréciation et qu'il ne devra
intenter d'actions en nullité qu'avec la plus grande prudence.
Il y aura toujours intérêt à prendre au préalable l'avis du
procureur général.

**XLV. Règles spéciales à chacune des causes de
nullité.** — 1° *Impuberté*. — Le mariage contracté par des
époux qui n'avaient point l'âge requis, ne peut plus être
attaqué : 1° Lorsqu'il s'est écoulé six mois depuis que cet
époux a atteint l'âge exigé par la loi ; 2° Lorsque la femme qui
n'avait point cet âge, a conçu avant l'échéance de six mois
(art. 185).

Si au cours de l'instance en nullité une grossesse venait à
se produire, encore bien qu'elle fût survenue après que
l'action a été intentée, elle rendrait non recevable la demande
du ministère public (Demolombe, t. III, p. 531 ; — Aubry et
Rau, t. V, p. 63).

2° *Bigamie*. — Le crime de bigamie n'est pas successif
(Voir : **Bigamie**, V); mais quand la prescription est acquise et
ne permet plus d'exercer de poursuites, l'action civile peut
subsister encore. La prescription criminelle court toujours
en effet du jour de la célébration du second mariage, tandis
que la prescription civile ne court que du jour où le dol a été
découvert. « Mais, dit M. de Molènes, le ministère public
« intentera-t-il cette action si le premier époux est mort ou ne
« veut lui-même ni agir, ni se plaindre ? Ne prendra-t-il en
« aucune considération les effets du temps ? Se montrera-t-il

« aveuglément rigoureux quand sa rigueur n'est pas provo-
« quée? — Je crois qu'en général pour toute cette matière le
« ministère public a le droit de peser d'un côté l'intérêt de la
« morale et de l'ordre public qui veulent la répression de ce
« qui est mal ; mais aussi, de l'autre côté, l'intérêt des enfants
« s'il en existe, et, enfin, cet autre intérêt de morale qui con-
« siste à jeter un voile sur certaines fautes, plutôt qu'à leur
« donner de l'éclat, quand les coupables ont racheté leurs torts
« par une honnête conduite. » Remarquons de plus que lorsque le conjoint, au préjudice duquel une seconde union a été
contractée, est décédé, le procureur de la République n'a plus
qualité pour réclamer la nullité du second mariage pour cause
de bigamie (Demolombe, t. III, p. 516 ; — Aubry et Rau, t. V,
p. 60 ; — Debacq, p. 323). M. Laurent (t. II, n° 496) n'admet
pas ce système qui ne lui paraît reposer sur aucun texte de
loi, mais le savant professeur nous semble oublier que ce
n'est là que l'application du principe posé dans l'article 190.

L'action du procureur de la République est-elle recevable
si l'époux au préjudice duquel a été contracté le second
mariage est en état d'absence ? Le doute vient du texte de
l'article 139 ainsi conçu : « L'époux absent dont le conjoint a
contracté une nouvelle union sera *seul* recevable à attaquer
ce mariage par lui-même ou par son fondé de pouvoir, muni
de la preuve de son existence. » Ce texte est défectueux, mais
les travaux préparatoires ne peuvent laisser d'incertitude à
cet égard : le ministère public peut agir, dès que l'existence
du ci-devant absent est établie, car on retombe dans le droit
commun ; il est bien certain, en effet, qu'on est en présence
d'un cas de bigamie (Ortolan et Ledeau, t. I, p. 151 ; —
Debacq, p. 324 ; — Massabiau, t. I, p. 447).

3° *Inceste.* — L'inceste subsiste et par suite la nullité du
mariage peut être demandée, si des dispenses sont accordées
après la célébration; c'est ce qui résulte tant du texte formel
de l'article 184 que des travaux préparatoires. La section de
législation avait demandé qu'il fût interdit de proposer la
nullité du mariage, si les époux se trouvaient dans une situation à pouvoir obtenir des dispenses ; cet amendement fut
rejeté, parce qu'il importait de ne laisser aucun espoir à des
tentatives faites pour éluder l'examen de l'autorité chargée
d'accorder les dispenses et parvenir à faire confirmer des

mariages qu'elle n'aurait point permis (Demolombe, t. III, p. 542 ; — Laurent, t. II, n° 474 ; — Debacq, p. 327). — Mais de ce que le droit existe, il ne s'en suit pas que le ministère public doive aveuglément en user ; avant d'intenter son action, il en pèsera les conséquences et verra si de longues années de cohabition passées sans qu'aucun scandale public se soit produit, ne commandent pas le silence et l'oubli.

L'action du ministère public est recevable, pour cause d'inceste, si le mariage a été contracté à l'étranger (Cass., 8 nov. 1824 ; P. Chr.).

4° *Défaut de publicité.* — L'article 196 porte que, lorsqu'il y a possession d'état et que l'acte de célébration du mariage devant l'officier de l'état civil est représenté, les époux ne sont plus recevables à demander la nullité de cet acte. La plupart des auteurs estiment que cette fin de non-recevoir s'applique aux nullités qui peuvent affecter la célébration elle-même, notamment le défaut de publicité (Demolombe, t. III, p. 535 ; — Aubry et Rau, t. V, p. 117. — *Sic* : Aix, 14 mai 1857 ; P. 57-1069).

Mais cette fin de non-recevoir n'est pas opposable aux autres personnes qui peuvent demander la nullité du mariage, notamment au ministère public (Demolombe, t. III, p. 535 ; — Lyon, 4 avril 1867 ; P. 67-1014).

5° *Incompétence de l'officier de l'état civil.* — Voir : **État civil**, I *bis*.

XLVI. **Le procureur de la République peut-il agir en validité d'un mariage.** — Nous venons de voir que le procureur de la République a le droit de provoquer la nullité d'un mariage, mais doit-on décider qu'il a, en sens inverse, le droit de soutenir qu'un mariage doit être maintenu ? Si, par exemple, un mariage a été annulé malgré ses conclusions, peut-il interjeter appel du jugement qui prononce la nullité ?

La doctrine et la jurisprudence sont divisées sur cette grave question. Le droit d'agir en validité du mariage a été reconnu au ministère public par les arrêts des Cours de Bruxelles du 1er août 1808 (P. Chr.); de Pau du 28 janvier 1809 (P. Chr.), de Paris du 13 août 1851 (P. 52-II-143) et par plusieurs auteurs (Merlin, *Rép.* : v° *Mariage*, sect. 6 §3, n° 3 ; — Marcadé, *sur l'art.* 190 ; — Vazeille, t. I, n° 255) ; mais il

lui a été refusé par la Cour de cassation dans les arrêts du
1er août 1820, du 5 mars 1821 et du 5 juillet 1824, et par la
plupart des auteurs (Ortolan et Ledeau, t. 1er, p. 164; —
Demolombe, t. III, p. 521; — Laurent, t. II, p. 628; —
Debacq, p. 329).

Le procureur de la République peut faire déclarer nul un
mariage irrégulier; il a, en vertu du même principe et même
a fortiori, le droit de faire maintenir un acte régulier : il
peut donc agir en vertu des articles 184 et 190. — Cet
argument ne nous paraît pas sérieux; car, comme le fait
remarquer M. Demolombe, le droit de demander la nullité
d'un mariage n'emporte point réciproquement le droit d'en
demander la validité; ainsi, il est bien certain que les parties
privées auxquelles la loi accorde l'action de nullité, ne peuvent
en général se constituer demanderesses pour soutenir, d'une
manière directe et principale, la validité d'un mariage. — Si
les articles 184 et 190 ne peuvent être invoqués, il faut dès
lors chercher le droit d'action du ministère public dans le
droit général que peut lui conférer la loi d'agir directement
dans les cas où l'ordre public est intéressé; mais nous avons
vu qu'à notre avis du moins, le ministère public n'a d'action
directe que dans les cas spécialement déterminés par la loi
(Voir : **Action directe**). Il faut donc en conclure qu'en l'absence
de tout texte qui l'autorise, l'action du ministère public n'est
pas recevable.

Des instructions en sens contraire avaient été adressées en
1809, par la chancellerie au procureur général de Pau : « Il
« est des circonstances où le procureur impérial peut poursui-
« vre d'office la nullité d'un mariage, lors même que les parties
« contractantes consentiraient à l'exécuter; et il doit également
« protéger celui qui a été fait conformément à la loi et ne pas
« permettre qu'on puisse le dissoudre par d'autres voies que
« celles que la loi a autorisées. Dans ces fonctions comme dans
« toutes les autres, le procureur impérial est subordonné au
« procureur général, lequel peut appeler d'un jugement de
« première instance qui, adoptant les conclusions du procureur
« impérial, aurait déclaré nul, sur la demande d'un époux, non
« contredit par l'autre, un mariage évidemment valable. »

Nous sommes les premiers à regretter de ne pouvoir suivre
ce système, car, s'il n'a pas pour lui le texte de la loi, il faut

reconnaître qu'il peut du moins invoquer en sa faveur les plus sérieuses considérations morales et sociales : « Je n'hésite « pas à ajouter, disait M. le procureur général de Royer, que « cet intérêt de la société est plus gravement en cause lorsqu'il « s'agit d'annuler un mariage régulier que lorsqu'il s'agit « d'attaquer un mariage qui porte en lui-même des germes de « nullité, car un mariage nul est une chose rare, c'est l'excep- « tion, ce n'est pas un mariage ; mais un mariage régulière- « ment contracté, c'est l'histoire de tout le monde, c'est le « mariage normal. Et lorsque, par des déplacements de compé- « tence et des surprises, on arrive à faire dire à la justice ce « qu'elle ne devait pas dire, à lui faire annuler ce qu'elle ne « devait pas annuler, il y a là un intérêt blessé, un intérêt plus « grave, plus sérieux, plus constant, plus général, qui touche « à plus de monde. » — Mais on ne saurait trop le répéter : ce n'est pas aux tribunaux qu'il appartient de compléter les lacunes de notre Code ; si la loi est défectueuse, il faut la refaire ; mais, sous aucun prétexte, les magistrats ne doivent empiéter sur les attributions du législateur.

XLVII. **Procédure**. — Le procureur de la République est astreint, en cette matière, comme dans toutes les actions civiles où il agit par voie d'action directe, aux règles ordi- naires de la procédure.

C'est ainsi qu'il doit observer, à peine de nullité, les délais fixés pour l'appel par le Code de procédure civile (Ortolan et Ledeau, t. I, p. 183).

§ 12. — PÉNALITÉS.

XLVIII. **Contraventions fiscales**. — L'officier de l'état civil, qui énonce dans un acte de mariage un acte de recon- naissance non enregistré, est passible d'une amende de 50 francs, outre le payement du droit (art. 41 § 1 de la loi du 22 frimaire an VII).

(Voir aussi : *supra*, XXXVI ; — **Notaires**.)

XLIX. **Célébration d'un mariage par un officier incompétent. — Défaut de publicité**. — Si le mariage est célébré par un officier incompétent, ou s'il n'y a pas une publicité suffisante, encore bien que cette contravention ne soit pas suffisante pour faire prononcer la nullité du mariage, le procureur de la République peut faire prononcer contre l'officier de l'état civil une amende qui ne peut excéder 300 francs et contre les parties contractantes ou ceux sous la puissance desquels elles ont agi, une amende proportionnée à leur fortune (art. 192 et 193 du C. civ.)

Ainsi le fait par l'officier de l'état civil d'avoir, sans nécessité absolue, célébré un mariage au domicile de l'un des époux, constitue une infraction aux prescriptions relatives à la publicité qui tombe sous l'application des articles 192 et 193 (trib. de Langres, 5 févr. 1868 ; P. 68-730) ; il en est de même si l'officier de l'état civil célèbre, sans nécessité, un mariage dans sa propre demeure (Gand, 14 déc. 1880 ; P. 81-II-35).

Les poursuites doivent être exercées devant le tribunal correctionnel.

L. Célébration d'un mariage sans le consentement des parents. — Lorsque l'officier de l'état civil omet de mentionner le consentement des parents dans un acte de mariage, concernant des personnes mineures au point de vue du mariage, il doit être poursuivi par application de l'article 156 du Code civil et puni d'une amende de 1 franc à 300 francs et d'un emprisonnement de six mois au moins (art. 156 et 192 du C. civ.).

Si l'officier de l'état civil ne s'est pas assuré du consentement, ce n'est plus l'article 156 du Code civil, mais bien l'article 193 du Code pénal qui devient applicable. La peine est une amende de 16 à 300 francs et un emprisonnement de six mois à un an.

Dans le cas prévu par l'article 156 du Code civil, il ne peut être accordé de circonstances atténuantes, puisque l'article 463 n'est applicable qu'aux délits prévus par le Code pénal. Il est regrettable qu'il en soit ainsi, car la peine prononcée par application de cet article ne peut être inférieure à six mois de prison et 1 franc d'amende, quelque favorables que soient les circonstances de la cause. Dans le cas de l'article 193, bien que le fait soit plus grave, le tribunal peut réduire la prison à vingt-quatre heures; il peut même la supprimer complètement et ne prononcer qu'une amende.

La Cour de Bastia a pensé cependant que « les termes de « l'article 463 se rapportant aux cas prévus par le Code pénal

« ne doivent pas être pris dans un sens tellement restrictif
« que le bénéfice de ses dispositions ne puisse s'étendre aux
« pénalités déterminées par des lois antérieures lorsqu'elles
« ont été en partie modifiées ou rappelées par le même
« Code » et elle a admis par suite que la peine des articles
156 et 157 peut être modérée par application de l'article 463
(Bastia, 1er oct. 1844 ; P. 45-I-248). Mais nous ne saurions admettre ce système qui n'a aucun fondement juridique.

**LI. Célébration d'un mariage sans publications
préalables**. — Lorsqu'il n'y a pas eu d'actes respectueux,
dans les cas où ils sont prescrits, l'officier de l'état civil qui
a célébré le mariage, est condamné à une amende de 1 franc
à 300 francs et à un emprisonnement qui ne peut être
moindre d'un mois (art. 157 du C. civ.). — Si l'officier de
l'état civil avait seulement omis d'en faire mention dans l'acte,
aucune peine ne serait encourue.

Comme au cas de l'article 156, nous pensons que l'article
463 n'est pas applicable.

LII. Célébration malgré une opposition. — L'officier
de l'état civil qui célèbre un mariage avant qu'on lui ait remis mainlevée d'une opposition régulière, est puni de
300 francs d'amende et est passible de dommages-intérêts
(art. 68 du C. civ.).

L'article 463 du Code pénal n'est pas applicable. — Cette
infraction est de la compétence des tribunaux correctionnels.

**LIII. Célébration du mariage d'une veuve avant
l'expiration des dix mois de viduité**. — L'officier de
l'état civil qui procède à la célébration du mariage d'une
veuve, avant le temps prescrit par l'article 228 du Code civil
est puni d'une amende de 16 à 300 francs (art. 194 du C. p.).
— L'article 463 est applicable.

**LIV. Célébration d'un mariage avant la dissolution
du premier**. — Voir : **Bigamie**.

**LV. Célébration d'un mariage sans l'autorisation
de l'autorité militaire**. — Tout officier de l'état civil qui
sciemment a célébré le mariage d'un militaire en activité de
service, sans s'être fait remettre la permission de l'autorité
militaire ou qui néglige de la joindre à l'acte de célébration
du mariage, est destitué de ses fonctions (art. 3 du décr. du
16 juin 1808).

§ 13. — PREUVE DE LA CÉLÉBRATION DU MARIAGE.

LVI. Principe. — Aux termes de l'article 194 du Code civil : « Nul ne peut réclamer le titre d'époux et les effets « civils du mariage, s'il ne représente un acte de célébration « inscrit sur le registre de l'état civil ; sauf les cas prévus par « l'article 46 du titre des *actes de l'état civil*. » — L'article 46 porte que, lorsqu'il n'a pas existé de registres ou qu'ils sont perdus, la preuve en est reçue tant par titres que par témoins.

L'article 194 est formel ; il en résulte qu'en dehors des cas de non-existence ou de perte des registres, le mariage ne peut être prouvé que par l'acte de célébration ; la preuve par témoins ne saurait être admise, même en présence d'un commencement de preuve par écrit (Toullier, t. I, n° 353 ; — Aubry et Rau t. V, p. 15). — De même la possession d'état ne suffirait pas, car l'article 195 le déclare formellement (Demolombe, t. III, p. 591).

LVII. Exception en faveur des enfants. — S'il existe des enfants issus d'un mariage dont l'acte de célébration ne peut être représenté, la légitimité des enfants ne peut être contestée sous le seul prétexte de ce défaut de représentation, si les trois conditions suivantes se trouvent réunies ;

1° Les père et mère sont l'un et l'autre décédés ;

2° Ils ont eu la possession d'état d'époux légitimes ;

3° Les enfants ont la possession d'état d'enfants légitimes (art. 197).

LVIII. Cas où les registres ont été perdus ou détruits. — Il y a lieu de suivre les règles que nous avons déjà tracées pour les actes de l'état civil en général (Voir : **État civil**, XLV à LVII).

LIX. Cas où l'acte a été omis. — Si un acte de mariage a été omis sur les registres, les parties et le ministère public ne peuvent être admis à le prouver et à poursuivre le rétablissement de l'acte ; c'est ce qui résulte des articles 194 et 195 du Code civil.

Nous verrons que l'article 198 du Code civil fait bien résulter la preuve de la célébration du mariage de la procédure dirigée contre l'officier de l'état civil en raison d'un crime, délit ou contravention, commis à l'occasion de la célébration du mariage ou de la rédaction de l'acte ; mais le fait d'omettre un acte sur le registre ne tombe pas sous l'application de la loi, aussi cet article 198 n'est pas applicable (Voir : *infra*, LX ; — *Sic* : Demolombe, t. III, p. 609 ; — Aubry et Rau, t. V, p. 26).

LX. Cas où la preuve de l'existence de l'acte résulte d'une procédure criminelle ou correctionnelle. — « Lorsque la preuve d'une célébration légale du mariage se « trouve acquise par le résultat d'une procédure criminelle, « l'inscription du jugement sur les registres de l'état civil as- « sure au mariage, à compter du jour de sa célébration, tous « les effets civils, tant à l'égard des époux qu'à l'égard des en- « fants issus de ce mariage » (art. 198).

La preuve de la célébration du mariage peut donc résulter d'une procédure *criminelle* ; mais que doit-on entendre par cette expression « procédure criminelle » ? Tous les auteurs sont d'accord pour reconnaître qu'elle doit être prise dans l'accep- tion la plus large, et que l'article 198 a en vue non seule- ment les procédures criminelles proprement dites, mais en- core les procédures correctionnelles (Demolombe, t. III, p. 610 ; — Aubry et Rau, t. V, p. 22 ; — Laurent, t. III, n° 16 ; — Debacq, p. 341). Peu importe, d'ailleurs, que le fait punis- sable ait été commis par un tiers ou par l'officier de l'état civil.

Aussi lorsqu'on imputera soit à l'officier de l'état-civil, soit à un tiers la falsification ou la suppression d'un acte de ma- riage ou même lorsqu'on reprochera à l'officier de l'état civil d'avoir dressé l'acte sur une feuille volante, le jugement ou l'arrêt de condamnation servira à constater l'existence du mariage et tiendra lieu de l'acte de célébration.

Mais le jugement ou l'arrêt ne produira-t-il cet effet qu'au- tant que les intéressés se seront portés partie civile ? La véri- table solution nous paraît avoir été donnée par M. Valette (*Explic. somm. du L. I du Code Napoléon*, p. 114) ; selon lui, le jugement crée au profit des parties, des intéressés en gé- néral et du ministère public lui-même, le droit de faire ins- crire la condamnation sur les registres de l'état-civil, sans préjudice de débats qui peuvent s'élever entre qui de droit, sur la réalité du mariage. — Le même système est enseigné par M. Demolombe (t. III, p. 622).

Si donc les intéressés se sont portés partie civile, aucune

difficulté ne peut se produire ; si le ministère public agit seul, il devra demander à la Cour ou au tribunal saisi, d'ordonner l'inscription de l'arrêt ou du jugement sur les registres de l'état civil, et de dire que cette inscription tiendra lieu pour les intéressés d'acte de mariage et en produira tous les effets.— Il signifiera l'arrêt ou le jugement aux futurs et, s'il n'est fait aucune opposition, il enverra l'expédition à l'officier de l'état civil et au greffier compétents pour la transcrire sur les registres de l'année courante.

LXI. Cas où l'officier de l'état civil est décédé avant la poursuite. — Si l'officier de l'état civil est décédé lors de la découverte de la fraude, l'action est dirigée au civil contre ses héritiers par le procureur de la République, en présence des parties intéressées et sur leur dénonciation (art. 200).

Lorsque les intéressés ont adressé une dénonciation au procureur de la République, ce magistrat est tenu d'agir (Demolombe, t. III, p. 615 ; — Aubry et Rau, t. V, n° 22 ; — Debacq, p. 345 ; — Ortolan et Ledeau. t. I, p. 107 ; — Massabiau, t. I. p. 449).

Cette procédure s'applique, non seulement au cas où le délit a été commis par l'officier de l'état civil, mais encore quand il est imputable à un tiers. Il résulte, en effet, des travaux préparatoires, qu'à l'origine l'article 198 ne s'appliquait qu'au cas où l'acte avait été inscrit sur une feuille volante ; ce délit ne pouvait être commis que par l'officier de l'état civil. On a augmenté la portée de l'article 198, on a étendu ses dispositions à la falsification et à la suppression des actes ; mais on n'a pas songé à modifier en conséquence le texte de l'article 200.

Nous pensons enfin que bien que, cette procédure, d'après les termes de l'article 200, ne semble devoir être suivie qu'au cas où l'auteur du crime ou du délit est décédé, on doit cependant y recourir toutes les fois que l'action publique est éteinte ou ne peut être exercée. — La situation est identique dans tous ces cas, la solution doit par suite être la même. — Un maire a inscrit un acte sur une feuille volante ; il vit encore, mais il est tombé en démence. On ne peut le poursuivre en police correctionnelle, mais l'article 200 sera applicable, sinon on arriverait à ce résultat inadmissible, c'est que dans ce cas les époux ne pourraient jamais faire la preuve de leur mariage, tandis qu'ils l'auraient faite si le délit n'avait été découvert que plus tard, après le décès du maire. Une cause purement accidentelle, indépendante de la volonté des parties, ne peut avoir de pareils effets (*Sic* : Debacq, p. 343).

§ 14. — MARIAGE DES ÉTRANGERS EN FRANCE

LXII. **Capacité des futurs**. — Tout ce qui est relatif à la *capacité*, c'est-à-dire les questions d'âge, d'autorisation des parents, etc..., se règle d'après la loi étrangère.

Une circulaire de la chancellerie du 4 mars 1831 exigeait de l'étranger non naturalisé la justification, par un certificat des autorités du pays d'origine, de son aptitude à contracter mariage avec la personne qu'il se proposait d'épouser. Mais plusieurs Cours ont décidé que les officiers de l'état civil ne pouvaient exiger l'accomplissement de cette formalité ; aussi cette circulaire a été abrogée par celle du 16 février 1855 (Gillet, n° 3720).

La circulaire de 1855 recommande, lorsqu'il s'agit du mariage soit de deux étrangers, notamment de ceux qui sont originaires de la Suisse, de Bade, de la Bavière, du Wurtemberg et de la Hesse, soit d'un de ces étrangers avec une Française, de rappeler aux futurs époux les dangers auxquels ils s'exposent en négligeant de se pourvoir de l'autorisation préalable des autorités dont ils dépendent : les mariages de ces étrangers sont en effet frappés d'une nullité absolue dans leur pays, s'ils ont été contractés en France sans l'autorisation de leur gouvernement.

Il est évident que l'officier de l'état civil ne peut connaître toutes les législations étrangères pour apprécier la capacité des parties ; aussi, dans le doute, il devra exiger que les parties remplissent les conditions prescrites par la loi française, à moins qu'il ne lui soit justifié de dispositions contraires de la loi étrangère (Décis. chanc., 10 avr. 1876 ; *Bull. off.*, n° 2, p. 71). C'est ainsi qu'il exigera le consentement des parents, à moins que les parties n'établissent que la loi de leur pays les en affranchit.

LXIII. **Formes du mariage**. — Le mariage des étrangers est célébré en France dans les formes prescrites par le Code civil. — Il est célébré à la mairie, publiquement, par l'officier de l'état civil, en présence de quatre témoins et est précédé des publications exigées par la loi.

C'est ainsi qu'il ne peut être procédé, en France, au mariage de deux étrangers par un ministre du culte de même nationalité ; il faut que le mariage religieux soit précédé du mariage civil, comme s'il s'agissait de Français (Décis. chanc., 24 avril et 27 août 1879 ; *Bull. off.*, n° 15, p. 146).

LXIV. **Dispenses de parenté et d'alliance.** — Les officiers de l'état civil doivent se refuser à procéder au mariage d'étrangers, oncle et nièce, beau-frère et belle-sœur, qui n'ont pas obtenu de dispenses préalables du gouvernement français (Décis. chanc., 18 juil. et 26 juil. 1877 ; *Bull. off.*, n° 7, p. 92).

L'empêchement résultant de la parenté a été établi dans l'intérêt de la morale publique; par suite, il existe vis-à-vis des étrangers par application du principe qui veut que les lois de police obligent tous ceux qui se trouvent sur le territoire français.

LXV. **Pièces produites.** — Le gouvernement français n'a pas qualité pour servir d'intermédiaire entre les étrangers résidant en France et l'administration du pays auquel ils appartiennent. C'est seulement dans des cas exceptionnels où l'intérêt d'un Français se trouverait engagé que le ministère des affaires étrangères peut intervenir officieusement pour presser la délivrance d'un acte à l'étranger et faciliter le règlement des difficultés qui en retarderaient la production. — En règle générale, c'est aux parties elles-mêmes qu'il convient de laisser le soin de se pourvoir directement auprès des autorités compétentes. — Les intéressés doivent donc s'adresser soit à la légation de leur pays à Paris, soit au consul de leur pays le plus rapproché de leur résidence (Dépêche du min. des aff. étr. du 9 juin 1881 ; *Bull. off.*, n° 22, p. 34).

Les pièces produites sont soumises aux formalités suivantes :

1° Elles doivent être *légalisées*. — Les expéditions des actes passés en pays étranger ne peuvent être admises par les autorités françaises et faire foi devant elles qu'autant qu'elles ont été légalisées par les agents diplomatiques ou consulaires français en résidence dans le pays d'où ces actes émanent (art. 23, L. I, t. 9 de l'ord. de 1681 ; — art. 32 de l'ord. du 24

mai 1728 ; — art. 6 et 7 de l'ord. du 25 oct. 1833). S'il n'y a
pas d'agent diplomatique ou consulaire français dans le pays
étranger, les légalisations sont faites à Paris par les chargés
d'affaires de ce pays. — Dans les deux cas, ces légalisations
sont visées à Paris au ministère des affaires étrangères (art. 9
de l'ord. du 25 oct. 1833). — (En ce qui concerne l'Italie, voir :
infra, LXVII) ;

2° Elles doivent être *traduites*. — La traduction est faite par
un interprète connu ou professeur de langue étrangère et
produite sur papier timbré. — Pour éviter à un indigent des
frais de voyage, de recherches et de séjour dans le chef-lieu
de l'arrondissement, l'officier de l'état civil peut envoyer la
pièce au procureur de la République qui la lui retournera tra-
duite, sauf à la partie intéressée à payer les frais (Décis. chanc.,
13 juil. 1811 ; Gillet, n° 727) ;

3° Elles doivent être visées pour timbre par application de
l'article 13 de la loi du 13 brumaire an VII : « Tout acte fait
« ou passé en pays étranger... sera soumis au timbre avant
« qu'il puisse en être fait aucun usage en France, soit dans un
« acte public, soit dans une déclaration quelconque, soit devant
« une autorité judiciaire ou administrative. »

LXVI. **Interprète.** — Si l'étranger ne comprend pas le
français, il doit être désigné un interprète qui prête entre les
mains du maire le serment de remplir en honneur et conscience la mission qui lui est ainsi confiée. Il en est fait mention dans l'acte de mariage.

LXVII. **Étrangers indigents.** — Lorsqu'il s'agit d'un
mariage entre Français et étranger, la loi du 10 décembre 1850
est applicable (art. 9 de cette loi) ; mais elle ne peut être invoquée au cas où les deux conjoints sont étrangers (Décis.
chanc., 18 juil. 1877 ; *Bull. off.*, n° 7, p. 91 ; — 9 juin 1881,
Bull. off., n° 22, p. 34).

LXVIII. **Instructions spéciales pour les Italiens.** — Le
Code italien n'admet pas la formalité des actes respectueux.
Il a seulement réservé aux ascendants le droit de former opposition au mariage, lorsque le fils majeur de vingt-cinq ans et la
fille majeure de vignt et un ans ne sont plus tenus de justifier du
consentement de leurs auteurs. Aussi, pour garantir les droits
des ascendants, il a été décidé qu'on obligerait en France les
Italiens à se conformer à l'article 100 de leur Code. Cet article

prescrit aux sujets italiens, qui veulent se marier à l'étranger, de faire procéder dans le lieu de leur dernier domicile en Italie aux publications prescrites par les articles 70 et 71 du même Code. Cette obligation subsiste quel que soit l'âge des époux et quel que soit le temps depuis lequel ils résident à l'étranger. — En conséquence, les officiers de l'état civil doivent, avant de procéder au mariage, exiger un certificat en due forme, constatant que cette obligation a été remplie (Circ. chanc., 26 janv. 1876; *Bull. off.*, n° 1, p. 21; — Circ. chanc., 10 mars 1883; *Bull. off.*, n° 29, p. 27.)

L'obligation de se conformer à ces instructions subsiste alors même qu'il est justifié que les ascendants, résidant en France, ont connaissance du projet de mariage et y donnent leur consentement (Décis. chanc., 1er mars 1877; *Bull. off.*, n° 5, p. 16). Ces publications n'ont pas, en effet, pour seul objet de permettre aux ascendants d'user du droit d'opposition que la loi leur confère; elles permettent encore de s'assurer que les futurs se trouvent, à tous les points de vue, dans les conditions exigées pour contracter valablement mariage. Enfin, le défaut d'accomplissement de cette formalité, entraînerait la nullité du mariage en Italie, si les parties y revenaient un jour.

Les certificats constatant les publications ne doivent pas être directement réclamés aux officiers de l'état civil d'Italie. Les consuls italiens résidant en France ont reçu des instructions pour faciliter à leurs nationaux la délivrance de ces pièces, et c'est entre leurs mains que les demandes doivent être déposées par les intéressés eux-mêmes (Circ. chanc., 26 janv. 1876; *précitée*; — Décis. chanc., 10 avr. 1876; *Bull. off.*, n° 2, p. 71; — Décis. chanc., 26 sept. 1878; *Bull. off.*, n° 11, p. 90).

Mais il est inutile d'exiger en France des sujets italiens, majeurs quant au mariage, la preuve du consentement ou du décès de leurs ascendants, puisque le Code italien ne leur impose pas cette justification (Circ. chanc., 10 mars 1883, *Bull. off.*, n° 29, p. 27).

Rappelons qu'aux termes de l'article 8 de la convention du 26 juillet 1862, conclue entre la France et l'Italie, les consuls d'Italie en France ont qualité pour traduire et légaliser toute espèce de documents émanés des autorités ou fonctionnaires de leur pays, et ces traductions ont en France la même force que si elles avaient été faites par des interprètes jurés.

LXIX. **Instructions spéciales pour les Suisses.** — La loi fédérale suisse du 24 décembre 1874 dispose que les Suisses des deux sexes, âgés de vingt ans révolus, peuvent valablement contracter mariage sans le consentement de leurs ascendants ou tuteurs. En conséquence, les officiers de l'état civil français peuvent procéder au mariage des Suisses sans exiger le consentement préalable des parents du futur époux ou leurs actes de décès, à la condition que le futur époux produise un acte de naissance qui justifie de son âge et un document établissant sa nationalité. Ce document est le plus souvent un certificat délivré par la légation de Suisse à Paris ou par le consul suisse le plus rapproché, légalisé par le ministère des affaires étrangères et attestant la nationalité de l'intéressé. — Les Suisses n'ont, pour contracter mariage, aucune justification à fournir au point de vue des lois militaires (Circ. chanc., 2 août 1884 ; *Bull. off.*, n° 35, p. 169).

§ 15. — MARIAGE DES FRANÇAIS A L'ÉTRANGER

LXX. **Formes du mariage.** — Les Français peuvent se marier à l'étranger suivant les formes usitées dans le pays; mais il faut :

1° Que le Français ne contrevienne pas au chapitre Ier du titre du mariage qui détermine les qualités et conditions requises pour contracter mariage ;

2° Que les publications aient été faites en France ;

3° Que l'acte de mariage ait été transcrit sur les registres de l'état civil dans les trois mois après leur retour en France.

Le mariage peut également être célébré, conformément aux lois françaises, par les agents diplomatiques ou par les consuls français (art. 48 du C. civ.). Mais il faut, dans ce cas, que les futurs appartiennent l'un et l'autre à la nationalité française (Lettre du g. des sc. au min. des aff. étr. du 16 sept. 1878 ; *Bull. off.*, n° 11, p. 89). Un arrêt de la Cour de cassation du 10 août 1819 (P. chr.) décide que le mariage contracté entre un Français et une étrangère devant un agent diplomatique, est nul comme ayant été reçu par un officier public incompétent.

LXXI. Publications. — Les publications doivent être faites en France dans les communes où elles auraient eu lieu si le mariage avait été célébré en France. — Quelle est la conséquence de l'omission de cette formalité? Le mariage, d'après l'opinion généralement admise, n'est pas nul de plein droit; cette omission n'entraîne la nullité que lorsqu'elle a été faite à dessein, dans le but d'éluder les dispositions de la loi française (Cass., 28 mars 1854; P. 54-II-73; — 19 févr. 1866; P. 66-435; — 8 mars 1875; P. 75-397).

LXXII. Certificats exigés dans certains pays. — En Angleterre et en Suisse, les étrangers qui veulent contracter mariage sont tenus de produire une déclaration des autorités de leur pays constatant que le mariage sera reconnu avec toutes ses suites légales. Les Français qui veulent se marier en Angleterre doivent demander aux consuls de France en Angleterre un certificat dont la formule a été réglée par la circulaire du ministère des affaires étrangères du 23 décembre 1884. — Le certificat exigé en Suisse est délivré par l'ambassade de France à Berne.

LXXIII. Transcription de l'acte de mariage. — Lorsque le mariage a été célébré à l'étranger, suivant les formes du pays, les époux doivent le faire transcrire, dans les trois mois après leur retour, sur le registre des mariages de leur domicile (art. 171). Si les parties laissent écouler ce délai de trois mois, la transcription ne pourra être opérée qu'en vertu d'un jugement (Décis. chanc., 5 germinal an XII; Gillet, n° 463; — Demolombe, t. III, p. 359).

Si l'acte est en langue étrangère, on doit y joindre une traduction faite par un traducteur juré; l'acte original et la traduction sont paraphés par l'officier de l'état civil et les parties, puis sont annexés au registre des mariages (art. 44).

La traduction doit être faite sur timbre; l'original est visé pour timbre par application de l'article 13 de la loi du 13 brumaire an VII.

Le défaut de transcription n'entraîne pas la nullité du mariage (Cass., 15 juin 1829 et 12 févr. 1833; P. chr.).

Si le mariage a été célébré devant un agent diplomatique et consulaire, les parties n'ont pas à s'occuper de cette transcription qui est opérée par les soins du ministère des affaires étrangères (Voir : **État civil, LXVI**).

LXXIV. **Futurs indigents.** — Les pièces nécessaires pour le mariage des Français indigents, célébré en pays étranger, sont admises au visa pour timbre et à l'enregistrement gratis (Déc. min. des fin., 3 sept. 1861).

MARQUES DE FABRIQUE
Division.

I. Dépôt au greffe des marques de fabrique.
II. Examen par le greffier.
III. Inscriptions à faire par le greffier.
IV. Registre des modèles.
V. Registre des procès-verbaux.

VI. Envoi du second exemplaire.
VII. Répertoire.
VIII. Droits de greffe.
IX. Communication au public.
X. Légalisation de l'expédition du procès-verbal destinée à l'étranger.

I. **Dépôt au greffe des marques de fabrique.** — Les fabricants, commerçants ou agriculteurs qui veulent déposer leurs marques au greffe du tribunal de commerce ou, à défaut de tribunal de commerce, au greffe du tribunal civil, peuvent s'y présenter eux-mêmes ou se faire représenter par un fondé de pouvoirs spécial. Dans ce dernier cas, la procuration peut-être donnée sous seing privé, mais elle doit être enregistrée et laissée au greffier pour être annexée au procès-verbal mentionné ci-après (art. 2 du décr. du 26 juil. 1858).

Le déposant doit fournir, en double exemplaire, sur papier libre, le modèle de la marque qu'il a adoptée. Ce modèle consiste en un dessin, une gravure ou une empreinte, exécutés de manière à représenter la marque avec netteté et à ne pas s'altérer trop aisément. Le papier sur lequel le modèle est tracé doit présenter la forme d'un carré de dix-huit centimètres de côté et la marque doit être tracée au milieu du papier. Dans le modèle annexé au décret du 26 juillet 1858, un espace de huit centimètres de hauteur sur dix centimètres de largeur est réservé à la marque. On ne pourrait admettre un dessin excédant sensiblement cette limite et ne laissant pas les espaces nécessaires pour les mentions à insérer en vertu du décret (art. 3 du décr; Instr, arrêtée le 6 sept. 1858 entre le garde des sceaux et le ministre de l'agriculture, du commerce et des travaux publics ; *Rec. off.* t. II, p. 409) — Lorsque le modèle, au lieu d'être tracé sur le papier, y est seulement appliqué, il faut 1° Qu'il y adhère dans toute son étenque ; 2° Qu'il ne forme pas, par exemple, avec de la cire à cacheter, une saillie qui empêcherait la fermeture complète du registre et en gènerait l'usage (Instr. arrêtée le 24 février 1859 entre le garde des sceaux et le ministre de l'agriculture, du commerce et des travaux publics ; *Rec. off.*, t. II, p. 458).

Si la marque est en creux ou en relief sur les produits, si elle a dû être réduite pour ne pas excéder les dimensions prescrites ou si elle présente quelque autre particularité, le déposant doit l'indiquer sur les deux exemplaires, soit par une ou plusieurs figures de détail, soit au moyen d'une légende explicative. — Ces indications doivent occuper la gauche du papier où est figurée la marque ; la droite est réservée aux mentions qui seront ajoutées par le greffier (Instr. du 6 sept. 1858).

II. **Examen par le greffier**. — Le greffier vérifie les deux exemplaires. S'ils ne sont pas dressés sur papier de dimension ou conformément aux prescriptions ci-dessus, ils sont rendus au déposant pour être rectifiés ou remplacés. —

Dans le cas où les deux modèles de la marque ne seraient pas exactement semblables l'un à l'autre, le greffier devrait également refuser de les admettre (Instr. du 20 septembre 1858 ; — Instr. arrêtée le 11 sept. 1862 entre le garde des sceaux et le ministre de l'agriculture, du commerce et des travaux publics ; *Rec. off.*, t. II, p. 531).

Lorsqu'un déposant se croit fondé à réclamer contre un refus semblable, c'est devant le tribunal dont relève le greffier qu'il doit se pourvoir (Instr. du 11 sept. 1862).

Le greffier doit également examiner si les modèles qui lui sont présentés sont contraires aux lois ou aux bonnes mœurs ; mais, le cas échéant, il doit se borner à faire au déposant telles observations qu'il juge convenable. Si le déposant insiste, il reçoit les modèles et les signale immédiatement au procureur de la République (Instr. du 11 sept. 1862).

Le greffier ne doit enfin accepter aucun dépôt de marque portant indication de la Légion d'honneur. Si le déposant insiste, le greffier opère comme dans le cas précédent et le procureur de la République en informe sans retard le grand chancelier (Circ. chanc. 23 juin 1879 ; *Bull. off.* n° 14, p. 94).

III. **Inscriptions à faire par le greffier**. — Le déposant désigne au greffier celui des deux exemplaires qui doit rester au greffe et sur lequel doit être écrit le mot *primata* et celui qui est destiné à être déposé au Conservatoire des Arts-et-Métiers et sur lequel on écrit le mot *duplicata* (Instr. du 20 sept. 1858).

C'est en tête des exemplaires que doivent être écrits ces mots *primata* et *duplicata*. Le greffier doit appliquer sur l'un et l'autre exemplaire, le timbre du tribunal. Lorsque le modèle, au-lieu d'être tracé sur le papier, y est seulement collé, on appose le timbre, de manière qu'une partie de l'empreinte porte sur le modèle et l'autre sur le papier, mais en évitant avec soin de couvrir une partie de la marque (Instr. du 30 mai 1859).

Le greffier inscrit ensuite à la droite de chaque modèle les mentions prescrites par l'article 5 du décret de 1858 ; il y énonce que : « *la marque a été déposée le.... du mois de..... 188 à.., heure du ...., au greffe du tribunal de commerce (ou civil) de ......, par le sieur (nom et prénom), profession de ..... demeurant à ....., et est destinée à être employée pour* (désignation des produits). »

Le déposant ou son fondé de pouvoirs, ainsi que le greffier doivent l'un et l'autre apposer leur signature au-dessous des mentions portées à droite et au-dessous de celles qui ont pu être portées à gauche. — Si le déposant ne sait signer, il doit se faire représenter par un fondé de pouvoirs qui signe à sa place (Instr. du 20 sept. 1858 et du 30 mai 1859).

IV. **Registre des modèles.** — Le greffier colle le premier exemplaire sur une des feuilles d'un registre qu'il tient à cet effet. Les modèles y sont placés à la suite les uns des autres, d'après l'ordre des présentations. — Ce registre est fourni par le greffier ; il doit être en papier libre, du format de vingt-quatre centimètres de largeur sur quarante centimètres de hauteur. — Le papier de chaque modèle ayant dix-huit centimètres de côté, il doit en tenir deux sur le recto ou le verso de chaque feuillet et il doit rester une marge de trois centimètres à gauche et à droite et de deux centimètres en haut et en bas. — Le registre est coté et parafé par le président du tribunal (art. 4 du décr. du 26 juil. 1858 ; — Instr. du 20 sept. 1858).

V. **Registre des procès-verbaux.** — Le greffier dresse sur un registre en papier timbré, coté et parafé, le procès-

verbal du dépôt, dans l'ordre des présentations. Il indique :
1° Le jour et l'heure du dépôt ; — 2° Le nom du propriétaire
de la marque, et, le cas échéant, le nom de son fondé de pouvoirs ; — 3° La profession du propriétaire, son domicile et le
genre d'industrie pour lequel il a l'intention de se servir de
la marque. — Le greffier inscrit en outre un numéro d'ordre
sur chaque procès-verbal et le reproduit sur chacun des deux
exemplaires du modèle, à droite (art. 5 du décr. ; — Instr.
de 1858).

Le greffier et le déposant signent le procès-verbal (art. 5
du décr. ; — Instr. de 1858).

Une expédition du procès-verbal est délivrée au déposant
(art. 5 du décr.).

VI. **Envoi du second exemplaire.** — Le second
exemplaire de chaque modèle est transmis par le greffier,
dans les cinq jours de la date du procès-verbal, au ministre
du commerce. Cet exemplaire est destiné au Conservatoire
des Arts-et-Métiers (art. 4 du décr. du 26 juil. 1858).

VII. **Répertoire.** — Au commencement de chaque année,
le greffier dresse sur papier libre un répertoire des marques
dont il a reçu le dépôt pendant le cours de l'année précédente
(art. 8 du décr. du 26 juil. 1858). Le modèle de ce répertoire
a été donné le 30 mai 1859 par le ministère de l'agriculture et
du commerce ; il est reproduit dans le *Recueil officiel du
ministère de la justice* (t. II, p. 461).

VIII. **Droits de greffe.** — Il est alloué au greffier un droit
fixe de 1 franc pour le procès-verbal de dépôt et l'expédition;
il a droit en outre au remboursement des droits de timbre et
d'enregistrement. Le remboursement du timbre du procès-
verbal est fixé à 35 centimes par l'article 6 du décret de 1858;
mais ce chiffre doit être aujourd'hui porté à 60 centimes, en
raison de l'augmentation du prix de timbre. Le prix d'une
seconde expédition est de 1 franc, plus le prix du timbre
(art. 6).

IX. **Communication au public.** — Les modèles déposés
au greffe, les procès-verbaux et le répertoire doivent être
communiqués à toute personne, *sans frais* (art. 9 du décr.).

Mais les greffiers ne doivent délivrer aucune copie des modèles confiés à leur garde ; ni même laisser prendre des copies
sans déplacement (Instr. du 30 mai 1859).

X. Légalisation de l'expédition du procès-verbal destinée à l'étranger. — Lorsque l'expédition du procès-verbal est destinée à être produite en pays étranger, elle doit passer entre les mains de différentes autorités qui contrôlent successivement l'authenticité des signatures. A partir du moment où cette pièce est transmise à la chancellerie, aucune difficulté ne peut se produire ; mais il se présente auparavant une question qui est celle de savoir par qui doit être légalisée la signature des présidents des tribunaux de commerce.

Dans les arrondissements où la justice commerciale est rendue par les tribunaux civils, il suffit que le certificat soit signé par le président ; sa signature est légalisée directement par la chancellerie. — Dans les arrondissements où il existe un tribunal de commerce, la signature du président de ce tribunal est légalisée par le premier président.

Le premier président peut déléguer les présidents des tribunaux civils et, en cas d'empêchement, les plus anciens juges pour exercer concurremment avec lui cette partie de ses attributions. Pour pouvoir procéder en parfaite connaissance de cause à ces légalisations, il faut réunir aux greffes de la Cour et des tribunaux dont le président a été délégué, le type des signatures de tous les présidents et juges consulaires qui peuvent être appelés à affirmer l'authenticité des certificats de dépôt (Circ. chanc., 31 mai 1877 ; *Bull. off.*, n° 6, p. 65).

MATÉRIAUX

L'article 479 § 12 punit d'une amende de 11 à 15 francs, ceux qui, sans y être autorisés, enlèvent :

1° Dans les chemins publics, les gazons, terres ou pierres ;

2° Dans les lieux appartenant aux communes, les terres ou matériaux, à moins qu'il n'existe un usage général qui l'autorise.

Cette seconde disposition du paragraphe 12 ne s'applique qu'à l'enlèvement des terres et des matériaux ; elle n'est pas applicable aux enlèvements de gazons effectués sur des terrains communaux qui ne sont pas des chemins (Cass., 25 juil. 1856).

Si l'enlèvement a lieu dans les bois et forêts, l'article 144 du Code forestier est applicable.

Voir : **Embarras de la voie publique.**

MATIÈRES DOMANIALES

C'est au préfet qu'il appartient d'exercer les actions domaniales ; aussi c'est en sa personne que l'État doit être assigné (art. 13, titre 3 de la loi du 28 oct. 1790 ; — art. 13 et suiv. de la loi des 15-27 mars 1791 ; — art. 1er et suiv. de la loi du 19 niv. an IV ; — art. 69, § 1 du C. de proc. civ.).

Mais l'État n'est pas obligé de constituer avoué et le ministère public peut être chargé par le préfet de défendre ses intérêts (arrêté du 10 therm. an IV ; — avis du Cons. d'État des 12 mai-1er juin 1807). A cet effet, le préfet est tenu d'adresser au procureur de la République un mémoire contenant les moyens de défense de l'État ; ce magistrat le lit à l'audience et présente tous les moyens qu'il y a lieu de faire valoir ; mais il faut bien remarquer qu'il ne dit rien en son nom et qu'il n'agit qu'en vertu de la délégation du préfet. La Cour de cassation, dans un arrêt du 27 août 1828 (P. Ch.), a précisé le rôle du ministère public dans ces sortes d'affaires en disant qu'il est investi en ce cas des fonctions que dans les causes ordinaires les avoués remplissent pour les particuliers.

Il en résulte que tous les actes de procédure doivent être faits au nom du préfet et que c'est à lui que sont adressées toutes les significations ; on ne doit signifier au procureur de la République que les *actes de palais*, parce que, dans les causes ordinaires, ils sont signifiés à l'avoué.

MATIÈRES D'OR ET D'ARGENT

Voir : **Or et Argent.**

MÉDAILLES

Il est expressément défendu à toutes personnes, quelle que soit la profession qu'elles exercent, de frapper ou faire frapper des médailles, jetons, pièces de plaisir, en or ou en argent ou autres matières quelconques, ailleurs que dans les ateliers de la Monnaie des médailles de Paris, sous une peine d'une amende de 1.000 francs qui est élevée au double en cas de récidive (art. 3 de l'arrêté du 5 germ., an XII ; — art. 2 de l'ord. du 22 juil. 1816).

MÉDECINE ET CHIRURGIE

Division.

I. Bibliographie.

II. Distinction entre les docteurs et les officiers de santé.

III. Conditions exigées des docteurs et des officiers de santé.

IV. Enregistrement des diplômes. — Listes annuelles.

V. Limites territoriales imposées aux officiers de santé.

VI. Grandes opérations interdites aux officiers de santé.

VII. Médecins étrangers.

VIII. Exercice illégal de la médecine.

IX. Taux de l'amende édictée par l'article 35.

X. Récidive.

XI. Prescription.

XII. Cumul des peines.

Voir: **Accouchement.—Médecine légale.**

I. Législation. — Bibliographie. — L'exercice de la médecine est régi par la loi du 19 ventôse an XI ; un nouveau projet de loi avait été élaboré en 1847, mais les événements politiques l'ont empêché d'aboutir.

(Consulter : Ameite, *Code médical*, 3ᵉ édit., 1 vol. in-12 ; — Briand et Chaudé, t. II, p. 493 et suiv).

II. Distinction entre les docteurs et les officiers de santé. — On distingue deux catégories bien distinctes de médecins : les docteurs en médecine et en chirurgie et les officiers de santé.

Les *docteurs* ont le droit d'exercer leur profession dans toute la France, sans être tenus de recourir à qui que ce soit, même dans les cas les plus graves (art. 28).

Les officiers de santé ne peuvent s'établir que dans le département où ils ont été examinés par le jury ; ils ne peuvent pratiquer les grandes opérations chirurgicales que sous la surveillance et l'inspection d'un docteur (art. 29).

III. Conditions exigées des docteurs et des officiers de santé. — Pour acquérir le titre de docteur, il faut faire des études médicales dans une faculté ou dans une école de plein exercice, dans les conditions déterminées par le décret du 28 juin 1878, et passer avec succès les huit examens et la thèse prescrits par ce même décret. — Le docteur en médecine qui veut se faire recevoir docteur en chirurgie doit subir une nouvelle thèse ; ce cas ne se présente que rarement dans la pratique, car le titre de docteur en médecine suffit pour exercer la médecine et la chirurgie (Voir : VII).

Les officiers de santé peuvent faire leurs études et se faire recevoir soit dans une faculté, ou dans une école de plein exercice, soit dans une école préparatoire. Ils doivent avoir vingt et un ans accomplis avant de pouvoir passer leur dernier examen.

IV. **Enregistrement des diplômes.—Listes annuelles.** — Les docteurs et les officiers de santé doivent présenter, dans le délai d'un mois après la fixation de leur domicile, les diplômes qu'ils ont obtenus au greffe du tribunal et à la sous-préfecture de l'arrondissement où ils veulent s'établir (art. 24 de la loi du 19 ventôse an XI ; — Circ. du min. de l'agric. et du com. du 10 févr. 1861 ; *Rec. off.*, t. II, p. 506).

L'article 25 exige que chaque année le procureur de la République dresse la liste des médecins et officiers de santé et en envoie, au mois d'août, une copie au gardedes sceaux. Cette prescription est tombée en désuétude.

Aux termes de l'article 26, les sous-préfets doivent envoyer un extrait de l'enregistrement des diplômes au préfet qui dresse et publie chaque année la liste de tous les médecins et officiers de santé exerçant dans le département. — Un arrêté du 22 mars 1812 a autorisé les préfets à ne faire cette publication que tous les cinq ans ; mais, tous les ans, ils sont tenus de publier un supplément contenant les additions et les changements survenus (Circ. agr. et comm., 10 févr. 1861).

Que décider, si un docteur ou un officier de santé omet de faire enregistrer son diplôme ? Il n'est passible d'aucune peine, car le législateur a omis d'édicter une sanction pénale (Paris, 3 août 1850 ; P. 40-II-546).

V. **Limites territoriales imposées aux officiers de santé.** — Les officiers de santé ne peuvent s'établir que dans le département où ils ont été examinés par le jury (art. 29 de la loi du 19 ventôse an XI). Que doit-on entendre par *s'établir ?* Il résulte de l'esprit de la loi qu'ils ne peuvent ni fixer leur résidence ni même aller visiter des malades auprès desquels ils seraient appelés, hors du département (Cass., 18 nov. 1841 ; P. 42-I-46.)

Les officiers de santé qui veulent changer de département peuvent être dispensés des deux premiers examens, mais ils doivent subir le troisième devant la faculté ou l'école préparatoire de laquelle relève le département où ils désirent s'établir (Décr. des 23-24 août 1873).

L'officier de santé qui exerce dans un département pour lequel il n'a pas été reçu commet une contravention prévue et punie par les articles 35 et 36 de la loi du 19 ventôse an XI.

VI. Grandes opérations interdites aux officiers de santé. — L'article 29 de la loi de ventôse porte que les officiers de santé ne pourront pratiquer les grandes opérations chirurgicales que sous la surveillance et l'inspection d'un docteur. Que doit-on entendre par *grandes opérations* ? La loi ne le dit pas ; mais on considère comme grandes opérations chirurgicales, l'ablation d'un membre, la résection des extrémités osseuses dans les grandes articulations, les opérations pratiquées sur des organes essentiels de la vie, la lithoternie, la lithotritie, l'opération du sarcocèle, celle de la hernie étranglée, l'opération de la cataracte, l'opération césarienne, l'embryotomie (Orfila, *Méd. légale* ; p. 46). Il faut y ajouter l'application du forceps (Briand et Chaudé, t. I, p. 67).

On admet que s'il y a urgence reconnue, si l'officier de santé se trouve en présence d'un cas de force majeure, il peut alors pratiquer les grandes opérations (Cass., 2 mai 1878).

Quelle est la sanction des prescriptions de l'article 29 ? Aux termes de cet article, l'officier de santé est passible de dommages-intérêts, si un accident se produit à la suite d'une opération indûment pratiquée ; mais peut-il être en outre poursuivi par application des articles 319 et 320 du Code pénal pour homicide ou pour blessures par imprudence ? Incontestablement, car ces articles embrassent dans la généralité de leurs termes toute blessure, tout homicide résultant de la maladresse, de l'imprudence ou de l'inobservation des règlements. Les annales judiciaires nous offrent de nombreux exemples de poursuites : le 11 août 1852, le tribunal de la Seine condamne l'officier de santé L...., à un mois de prison par application de l'article 319, pour des fautes commises dans un accouchement très difficile ; le 24 avril 1860, la Cour de Paris confirme un jugement du tribunal de la Seine, condamnant un autre officier de santé à un an de prison et 50 fr. d'amende, également pour fautes commises dans un accouchement, etc., etc.

VII. **Médecins étrangers.** — Les docteurs reçus dans les facultés étrangères, peuvent être autorisés par un décret, à exercer en France (art. 4 de la loi de ventôse) ; ils peuvent aussi obtenir en France le grade de docteur ; à cet effet, ils obtiennent du ministre la dispense des inscriptions et passent ensuite devant une faculté française les examens de doctorat et la thèse.

VIII. **Exercice illégal de la médecine.** — Tout individu qui exerce la médecine sans être pourvu d'un diplôme, est poursuivi et condamné envers les hospices à une amende pécuniaire dont l'article 35 ne fixe pas le taux. Il ne peut être admis aucune autre excuse que celle tirée de la force majeure (Cass., 23 avr. 1858 ; P. 58 — 1205).

Aux termes de l'article 36, l'amende peut être portée à 1.000 francs pour ceux qui prennent le titre et exercent la profession de docteurs ; à 500 francs pour ceux qui se qualifient d'officiers de santé et qui voient des malades en cette qualité ; à 100 francs pour les femmes qui pratiquent illicitement l'art des accouchements.

L'article 463 du Code pénal n'est évidemment pas applicable.

IX. **Taux de l'amende édictée par l'article 35.** — L'article 35 punit l'exercice illégal de la médecine sans usurpation de titre ; il prononce pour ce fait une amende, mais il n'en détermine pas le *quantum*. Elle doit, par suite, être renfermée dans les limites de l'amende de police, fixée par l'article 466 du Code pénal, c'est-à-dire de 1 à 15 francs (Paris, 18 sept. 1851 ; P. 53-I-122 ; — Cass., 9 et 21 juil. 1853 ; P. 54-I-497).

Toutefois, bien qu'une peine de simple police soit seulement encourue, c'est le tribunal de police correctionnelle qui est compétent pour statuer (art. 36 de la loi du 19 ventôse an XI). La Cour de cassation, dans un arrêt du 5 novembre 1831 (P. Chr.), avait d'abord décidé le contraire, mais elle est revenue sur cette jurisprudence par un arrêt du 28 août 1832 (P. Chr.), rendu toutes chambres réunies. Ce système a été depuis constamment suivi par la Cour suprême et par les Cours d'appel (Cass., 9 et 21 juil. 1853 ; P. 54-I-497 ; — Cass., 19 mars 1857 ; P. 57-772). Le tribunal correctionnel ne peut statuer en dernier ressort, le jugement est toujours susceptible d'appel (Aix, 10 mars 1873 ; P. 74-1269).

X. Récidive. — Lorsqu'il y a usurpation de titre, l'amende est double en cas de récidive et les délinquants peuvent en outre être condamnés à un emprisonnement de 6 mois au maximum (art. 36 § 3).

Mais, s'il n'y a pas eu usurpation de titre, quelle peine doit être prononcée en cas de récidive ?

La question est très vivement controversée et a donné lieu à quatre systèmes.

1er *système.* — Les articles 35 et 36 de la loi du 19 ventôse an XI, sont corrélatifs l'un à l'autre. L'article 36, commence par ces mots *ce délit* ; les deux articles punissent donc le même délit, celui d'exercice illégal de la médecine, seulement il y a circonstance aggravante, lorsque cet exercice illégal a lieu en prenant le titre de docteur ou d'officier de santé. Par suite, la disposition du dernier alinéa qui prévoit la récidive et prononce une peine plus forte avec une latitude facultative pour le juge, s'applique à tous les cas prévus, c'est-à-dire à tous les délits simples ou accompagnés de circonstances aggravantes (Douai, 26 sept. 1834 ; P. Chr. ; — Nancy, 19 juin 1850 et 28 mai 1851 ; P. 53-I-120 ; — Orléans, 5 nov. 1855 ; P. 55-II-571 ; — Lyon, 26 janv. 1859 ; P. 59-400).

2e *système.* — L'amende doit être doublée conformément à la disposition finale de l'article 36, mais la peine d'emprisonnement doit être réservée pour le cas d'usurpation de titre (Morin, *Rép. de dr. crim.* Vo *Art de guérir*, no 18 ; — Orléans, 21 juil. 1853 ; P. 54-I-498).

3e *système.* — L'article 36 § 3 n'est pas applicable au cas prévu par l'article 35 ; dès lors, en cas de récidive, le fait tombe sous l'application des principes, concernant la récidive en matière de simple police et est passible d'une amende dont le maximum est de 15 frans et d'un emprisonnement de un à cinq jours, conformément à l'article 482 du Code pénal (Cass., 9 nov. 1843 ; P. 44-II-256 ; — Cas., 21 juil. 1853 ; P. 54-I-497 ; Cass., 18 août 1860 , P. 61-370).

4e *système.* — D'après le dernier système qui nous paraît seul conforme aux véritables principes, il ne peut être prononcé qu'une condamnation à l'amende dont le maximum sera de 15 francs ; l'article 482 n'est pas applicable ici (Rennes, 9 déc. 1846 ; P. 47-I-589). En matière pénale, les dispositions sont toujours restrictives et ne peuvent s'étendre par

analogie, alors même que, comme dans l'espèce la loi laisse
à désirer dans son application. D'ailleurs, la disposition de
l'article 482 n'est point générale, elle ne s'applique qu'à
quelques contraventions spécialement désignées dans l'article 479 et dès lors, on ne saurait l'étendre à l'exercice illégal
de la médecine.

Dans tous les cas, il n'y a récidive en matière d'exercice
illégal de la médecine sans usurpation de titre, que dans les
conditions de l'article 483 du Code pénal ; il faut qu'il ait été
rendu contre le contrevenant dans les douze mois qui ont
précédé, un premier jugement pour une contravention de
même nature commise dans le ressort du même tribunal
(Cass., 14 mars 1839 ; P. 43-I-353 ; — Bordeaux, 24 juil. 1845;
P. 48-II-170).

XI. — **Prescription.** — Le fait d'exercice illégal avec
usurpation de fonctions, constitue un délit et ne se prescrit
que par trois ans. — S'il n'y a pas eu usurpation, on est en
présence d'une simple contravention et la prescription est
acquise au bout d'un an (Cass., 30 août 1839 ; P. 42-I-51 ; —
Cass., 18 juil. 1840 ; P. 40-II-459).

XII. **Cumul des peines.** — Lorsqu'il n'y a pas usurpation
de titre, le fait ne constitue qu'une contravention, et la règle
du non-cumul des peines n'est pas applicable; il doit être
prononcé une amende distincte pour chaque fait d'exercice
illégal (Cass., 18 août 1860 ; P. 61-370 ; — Cass., 10 nov. 1864;
P. 65-576 ; — Angers, 23 déc. 1872 ; P. 73-602).

MÉDECINE LÉGALE
Division

I. Choix des médecins légistes.
II. Réquisition.
III. Les médecins sont-ils tenus d'obtempérer à cette réquisition ?
IV. Prestation de serment.
V. Expertise. — Dépôt du rapport.
VI. Honoraires dus au médecin.
VII. Médecins des prisons, hospices, etc., etc.
VIII. Fournitures. — Instruments.
IX. Indemnités de voyage et de séjour.
X. Mémoires. — Taxe.
XI. Taxe des médecins venant déposer devant le juge d'instruction ou à l'audience (Voir: **Accidents. - Experts, — Translation).**

I. **Choix des médecins légistes.** — Les opérations de
médecine légale sont en général très délicates, aussi il convient de ne les confier qu'à des hommes instruits, expéri-

mentés et capables de les bien faire. A cet effet, la chancellerie recommande aux chefs de Parquet de choisir des
médecins véritablement dignes dans chaque commune ou
dans chaque canton et d'en envoyer la liste à leurs auxiliaires,
notamment aux juges de paix, en leur recommandant de les
appeler exclusivement pour les opérations qu'ils seraient dans
le cas de requérir avant d'avoir pu en référer au Parquet
(Instr. gén. du 30 sept. 1826, § XVII ; — Circ. chanc., 16 août
1842, § 3 ; Gillet, n° 2932). Nous ajouterons que, dans
les cantons où il ne se trouve pas de médecins suffisamment
capables, le juge de paix doit bien se garder de les appeler ;
il avisera au plus vite le Parquet qui enverra son médecin-
légiste, car les erreurs commises au début d'une information
par un médecin inexpérimenté peuvent avoir des conséquences désastreuses et presque toujours irréparables (Voir : sur
le nombre des experts, les cas où il doit en être nommé,
V° **Experts**, I, II, III).

II. **Réquisition.** — Les médecins-légistes sont généralement requis par le procureur de la République, agissant en
matière de flagrant délit (V. **Flagrant-délit**) ou dirigeant
une enquête officieuse (V. **Enquête officieuse**) ou par le
juge d'instruction.

Les officiers de police judiciaire auxiliaires du procureur
de la République, peuvent également les requérir, comme ce
magistrat et dans les mêmes cas.

Le médecin-légiste est chargé de sa mission par un réquisitoire ou par une ordonnance qui précise la nature des opérations et les points sur lesquels doivent porter les investigations. Cette pièce reste dans le dossier ; on en envoie une copie
au médecin. Les magistrats peuvent même se borner à appeler l'expert par un simple avertissement et, s'ils ne peuvent
assister aux opérations, ils remettent une note contenant les
instructions détaillées. Dans tous les cas, il ne faut jamais
faire citer les experts par un huissier (Inst. gén., 30 sept.
1826 § XVII).

Si une copie du réquisitoire ou de l'ordonnance n'est pas
remise au médecin, il faudra tout au moins lui en envoyer
plus tard un extrait qu'il joindra à son mémoire.

La réquisition peut être établie, conformément à la formule ci-contre.

TRIBUNAL
de
PREMIÈRE INSTANCE
de

———

PARQUET
du
Procureur de la République

———

RÉQUISITOIRE

———

Nous, procureur de la République **près le** tribunal de première instance de

Vu les articles 32 et 43 du Code d'instruction criminelle ;

Attendu que d'un procès-verbal dressé le 188 , par ,

il résulte que le cadavre d'un homme qui paraît avoir été tué d'un coup de feu, a été trouvé au lieu de , commune de ;

Requérons M. X..., docteur en médecine, à , de se transporter immédiatement avec nous en la dite commune de , pour procéder en notre présence et après serment préalable, à l'examen et à l'autopsie dudit cadavre, rechercher les causes de la mort, constater tous indices de crime ou délit, répondre spécialement aux questions suivantes :

1° A quelle époque remonte le décès ?

2° Quelle a été la cause de la mort ?

3° Quels organes essentiels ont été lésés ?

4° La mort a-t-elle été instantanée ?

5° A-t-elle été donnée sur le lieu même où se trouve le cadavre ?

6° Paraît-elle avoir été précédée d'une lutte ?

7° La mort a-t-elle pu être le résultat d'un suicide ?

et du tout, dresser un procès-verbal.

Fait au Parquet, le 188 .

LE PROCUREUR DE LA RÉPUBLIQUE,

M. le docteur X... s'étant présenté à notre Parquet, a déclaré accepter la mission à lui confiée et a prêté entre nos mains le serment de la remplir en son honneur et conscience, et il a signé avec nous.

Au Parquet, le 188 .

L'expert,   *Le procureur de la République,*

**III. Les médecins sont-ils tenus d'obtempérer à cette
réquisition ?** — Aucun doute ne peut s'élever s'il n'y a pas
urgence : hors le cas de flagrant délit, l'homme de l'art est
libre d'accepter ou de refuser la mission qui lui est confiée ;
car il est incontestable qu'on ne peut l'assimiler au témoin
qui refuse de comparaître. Mais la question devient plus délicate, s'il y a flagrant délit ; l'article 475 § 12 du Code pénal
punit en effet d'une amende de 6 à 10 francs « ceux qui, le
pouvant, auront refusé ou négligé de faire les travaux, le
service ou de prêter le secours dont ils auront été requis,
dans les circonstances d'accidents....., ainsi que dans les cas
de... flagrant délit... »

Quoique la question soit vivement discutée, c'est avec raison
à notre avis, que la Cour de cassation a décidé que cet article s'applique aux médecins (Cass., 6 août 1836 ; *Bull. crim.*,
n° 267 ; — 20 févr. 1857 ; P. 57-1259 ; — 17 nov. 1875 ;
P. 76-189).

IV. Prestation de serment. — Les médecins, chargés
d'une expertise, doivent, à peine de nullité, prêter préalablement serment devant l'autorité qui leur a confié cette mission. — Il en est ainsi que l'expertise ait été ordonnée par le
procureur de la République, par le juge d'instruction, par le
tribunal correctionnel ou par la Cour d'assises. C'est ainsi
qu'un arrêt rendu par la chambre des appels correctionnels
d'une Cour d'appel a été annulé, parce qu'ayant ordonné
une expertise, il dispensait les experts du serment et, dans
l'espèce, il ne s'agissait plus que de statuer sur les intérêts
civils des parties (Cass., 26 juin 1863).

Il n'y a d'exception que pour les experts appelés à l'audience d'une Cour d'assises par le président, en vertu de son
pouvoir discrétionnaire et pour ceux commis au cours d'une
enquête officieuse.

V. Expertise. — Dépôt du rapport. — Nous ne pouvons
indiquer ici les règles à suivre dans les expertises ; nous avons
dû nous borner à noter en étudiant certains crimes les points
qui doivent plus spécialement attirer l'attention de l'expert
et les précautions particulières qu'il importe de prendre
(V° **Avortement, Empoisonnement, Infanticide,** etc...).

Le rapport doit être complet, net et précis ; il comprend
trois parties : l'exposé, la discussion et la conclusion.

L'*exposé* est le tableau de toutes les constatations qui ont été faites. S'il s'agit par exemple d'une présomption de meurtre, le médecin décrit d'abord l'endroit où il a trouvé le cadavre, sa position, son état extérieur, les empreintes qu'il a remarquées autour de ce cadavre, etc...; puis il continue en mentionnant tous les détails de l'autopsie à laquelle il a procédé ; la marche qu'il a suivie, les constatations qu'il a faites sur les divers organes, etc... — La *discussion* est l'examen méthodique des constatations présentant un intérêt ; elle prépare et amène la conclusion.

Ce rapport doit être déposé (V° **Experts**, VI).

VI. **Honoraires dus aux médecins.** — Chaque médecin ou chirurgien reçoit (art. 17 du décr. du 18 juin 1811) :

1° Pour chaque visite et rapport, y compris le premier pansement s'il y a lieu :

A Paris.....................................	6 fr.
Dans les villes de 40.000 habitants et au-dessus....	5 fr.
Dans les autres villes et communes..............	3 fr.

2° Pour les ouvertures de cadavres ou autres opérations plus difficiles que la simple visite, et en sus des droits ci-dessus :

A Paris.....................................	9 fr.
Dans les villes de 40.000 habitants et au-dessus.....	7 fr.
Dans les autres villes et communes..............	5 fr.

Il résulte du texte même de l'article 17 que le premier pansement ne peut jamais être compté comme *opération plus difficile*.

Quelles que soient les opérations, il ne peut être accordé de plus fortes taxes que celles qui sont faites par l'article 17 ; on ne peut même augmenter ces allocations, en vertu de l'article 136 du règlement, car les dispositions de cet article ne s'appliquent qu'aux dépenses extraordinaires et non prévues par ce règlement. Cependant il a été décidé que lorsqu'un médecin doit visiter successivement et dans une seule séance un certain nombre d'individus de l'état desquels il est rendu compte dans un seul rapport collectif, par exemple, à la suite d'un accident de chemin de fer, il convient de le rétribuer d'après des bases autres que celles qui sont spéciales aux visites isolées. On considère alors l'importance des opérations qu'il a faites, le temps qu'il y a consacré, et on règle l'indemnité en conséquence (Décis. chanc., 29 juin 1824 ; *Rec. off.*, t. I, p. 223).

Les indemnités des médecins sont les mêmes, qu'ils aient agi le jour ou la nuit, puisque le décret de 1811 ne fait de distinction à cet égard qu'en ce qui concerne les experts. (Décis. chanc., 15 juin 1825 ; de Dalmas, p. 46).

Lorsque les médecins et chirurgiens sont appelés pour procéder à des opérations chimiques, ils doivent être assimilés aux experts, en ce qui concerne l'indemnité qui peut leur être due (Déc. min. du 18 juil. 1823 ; — Instr. gén. du 30 sept. 1826, § XVIII). On ne saurait de même considérer comme ayant procédé à des opérations médico-légales, dans le sens attaché à ce mot par l'article 17 du décret du 18 juin 1811, un médecin qui s'est livré à une série d'études sur l'état mental d'un individu ; ces études, en raison de leur continuité, constituent une véritable expertise et ne peuvent être rémunérées que par vacation (Décis. chanc., 24 avr. et 16 oct. 1869 ; *Rec. off.*, t. I, p. 223).

VII. **Médecins des prisons, hospices, etc.** — Les médecins et chirurgiens des prisons ont un traitement, aussi ils sont obligés non seulement de soigner et de traiter les détenus blessés ou malades, à partir du moment où ils entrent dans la prison et pendant tout le temps qu'ils y restent, mais encore de rendre compte à l'autorité de l'état dans lequel ils se trouvent durant le même intervalle. L'indemnité allouée par le premier paragraphe de l'article 17 ne peut donc leur être accordée ; mais il n'en est pas de même de celle dont parle le deuxième paragraphe de ce même article ; cette indemnité leur est due lorsqu'ils procèdent, même dans la prison, aux opérations plus difficiles que la simple visite ou le premier pansement. Ils ont droit à l'indemnité de visite, prévue par le paragraphe 1er, lorsque la visite est faite hors de la prison (Décis. chanc., 30 mai 1826 ; Instr. gén., 30 sept. 1826, § XVIII).

Il y a lieu par analogie d'appliquer la même règle aux Médecins des hôpitaux (Décis. chanc., 23 juil. 1838 ; *Rec. off.*, t. I, p. 224).

Pour les médecins des asiles publics d'aliénés, on peut les obliger à étudier et à observer, à titre absolument gratuit, l'état mental des prévenus placés dans leur service, mais on doit leur allouer une rétribution à raison des rapports qu'ils sont appelés à fournir pour rendre compte de leurs observations (Décis. chanc., 24 août 1875 ; *Rec. off.*, t. I, p. 224).

Cette rétribution doit être calculée par vacations comme celle des experts ; c'est ce qui résulte des décisions du 24 avril et du 16 octobre 1869, rappelées plus haut (VI).

VIII. **Fournitures. — Instruments.** — Le prix des fournitures nécessaires pour les opérations est remboursé (art. 19 du décr. du 18 juin 1811). Mais les médecins doivent joindre à leur mémoire un état détaillé des objets employés ; cet état doit être certifié, lorsqu'il s'agit de médicaments, par le pharmacien qui les a vendus. A défaut de l'accomplissement de cette formalité, le mémoire est rejeté (Décis. chanc., 4 avril 1826 ; Gillet, n° 2,000 ; — Instr. gén., 30 sept. 1826, § XIX ; — Circ. chanc., 6 févr. 1867 ; *Rec. off.*, t. III, p. 102). Les experts doivent supporter sans recours la perte des instruments qu'ils brisent dans le cours de leurs opérations, quand cet accident doit être attribué à la mauvaise qualité des objets cassés ou à la maladresse de l'opérateur (Déc. chanc., 13 déc. 1828 ; Gillet, n° 2202). Cependant, lorsque les instruments, comme dans les analyses chimiques, doivent être brisés ou rendus impropres au service par suite de l'opération elle-même, il y a lieu de les rembourser à l'expert (Circ. chanc., 6 févr. 1867 ; *Rec. off.*, t. III, p. 103).

IX. **Indemnités de voyage et de séjour.** — Les médecins ont droit à des indemnités de voyage et de séjour dans les mêmes conditions et d'après le même tarif que les autres experts (Voir : **Experts,** VII. — **Voyage (frais de).**

X. **Mémoires. — Taxe.** — Les mémoires sont établis en double exemplaire, conformément au modèle ci-contre.

Toutes les règles générales relatives à la rédaction des mémoires, au timbre, à la prescription, à la vérification et à la taxe que nous avons rappelées au mot **Frais de Justice,** (VI, VII et IX), sont applicables aux mémoires des médecins.

Les honoraires des médecins qui ne sont pas habituellement chargés d'expertises, peuvent être payés à titre de *frais urgents* (Voir : **Frais de Justice** IV).

XI. — **Taxe des médecins venant déposer devant le juge d'instruction ou à l'audience.** — Ils sont traités de la même façon que les autres experts. (Voir : **Experts,** IX).

MÉMOIRE DES HONORAIRES

MOIS

d
M

Dus à M
à
arrondissement d

canton d

pendant le mois de   1885.

NUMÉRO D'ORDRE.	DATES des OPÉRATIONS.	ESPÈCE DES CRIMES ou délits.	AUTORITÉS qui ont requis les visites et opérations.	NATURE DES OPÉRATIONS.	NOMBRE DE				
					Visites.	Opérations plus difficiles que la simple visite.	Myriamètres parcourus.	Jours de séjour.	Médicaments fournis.
1	10 févr. 1885	Infanticide (affaire H. B.)	Juge d'instruction.	Autopsie de l'enfant..		1			
				Rapport écrit à ce sujet...	1				
				Parcouru pour ces opérations 15 kil. pour aller à M... et 15 kil. pour revenir.					
				Fourni pour ces opérations :				3	
				1° 12 litres d'eau de Labarraque à 1 fr. 25 le litre.....................					15
				2° 350 grammes d'acide phénique cristallisable à 40 fr. le kilog............					14
				3° 125 grammes d'éther sulfurique à 28 fr. 80 le kilog.................					3.60
				4° 150 grammes d'acide acétique cristallisable à 30 fr. le kil.............					4.50

RÉCAPITULATION.	NOMBRE.	PRIX.	MONTANT.	ARTICLES du RÈGLEMENT.	TAXE du JUGE.	OBSERVATIONS.
Visites..	1	3 »	3 »	16, 17.	3 »	Joindre à l'appui :
Opérations plus difficiles......................	1	5 »	5 »	16, 17.	5 »	1° Le réquisitoire ou l'ordonnance portant la mention que les opérations ont été faites et le rapport déposé ;
Myriamètres parcourus.........................	3	2 50	7 50	90, 91, 92.	7 50	
Jours de séjour................................	»	»	»	93.	»	
Médicaments fournis suivant la note ci-jointe sous le n°...	»	»	37 10	19.	37 10	2° La facture acquittée du pharmacien.
Totaux.....................	»	»	52 60	»	52 60	

Je soussigné,   certifie véritable le présent Mémoire pour la somme de cinquante-deux francs soixante centimes.
A   le   188 .

MENACES
Division

§ 1. MENACES D'UN CRIME CONTRE LES PERSONNES

I. **Menaces écrites**. — Quiconque menace, par *écrit* anonyme ou signé, d'assassinat, d'empoisonnement ou de tout autre attentat contre les personnes qui serait punissable de la peine de mort, des travaux forcés à perpétuité ou de la déportation, est puni d'un emprisonnement de deux à cinq ans et d'une amende de 150 à 1000 francs, si la menace a été faite avec ordre de déposer une somme d'argent, dans un lieu indiqué, ou de remplir toute autre condition. Le coupable peut, en outre, être privé des droits mentionnés dans l'article 42 du Code pénal et placé sur la surveillance de la haute police (Aujourd'hui interdiction de résidence pendant un délai de cinq à dix ans, à compter de l'expiration de la peine, art. 305 du C. pén.).

Si la menace n'a été accompagnée d'aucun ordre ou condition, la peine est d'un emprisonnement d'un à trois ans et d'une amende de 100 à 600 francs. La surveillance de la haute police (Interdiction de résidence) peut également être prononcée (art. 306).

Si la menace porte sur des voies de fait ou violences non prévues par l'article 305, la peine est un emprisonnement de dix jours à trois mois et une amende de 16 francs à 100 francs, ou l'une de ces deux peines. Mais ce fait n'est punissable que si la menace même écrite, a été faite avec ordre ou sous condition (art. 308). Cet article s'applique à celui qui menace une personne de la rouer de coups, de la souffleter, etc., si elle ne se soumet pas à telle ou telle exigence (Rapport de la comm. au Corps législatif).

II. **Menaces verbales**. — Si la menace est verbale, elle n'est punissable qu'autant qu'elle a été faite avec ordre ou sous condition (art. 307 ; — Cass., 22 août 1872 ; P. 72-1162).

Mais on doit assimiler à l'ordre de faire la défense de faire (Limoges 9 janv. 1851 ; P. 52-I-181).

Peu importe que l'ordre donné soit juste ou injuste (Cass., 18 sept. 1851 ; P. 52-II-550 ; — Toulouse, 29 juil. 1871 ; P. 71-643).

Il n'est pas nécessaire que les menaces aient été faites directement, le délit existe alors qu'elles ont été simplement proférées devant des tiers et qu'elles sont parvenues ensuite à la connaissance de la personne contre laquelle elles étaient dirigées (Orléans 3 mai 1852 ; P. 52-I-640).

Enfin peu importe que l'auteur de la menace ait eu ou non l'intention de la mettre à exécution (Bordeaux, 8 août 1867 ; P. 67-985).

Si la menace porte sur un des faits prévus par l'article 305, la peine est un emprisonnement de six mois à deux ans et une amende de 25 à 300 francs ; la surveillance de la haute police (interdiction de résidence) peut être prononcée (art. 307) ; si la menace porte sur toute autre voie de fait ou violence, la peine est un emprisonnement de six jours à un mois et une amende de 16 à 100 francs ou l'une de ces deux peines seulement (art. 308).

On doit considérer comme menaces verbales de mort tombant sous l'application de l'article 305 :

1° Le fait de dire à un officier de police judiciaire : « Viens donc, grand plat, je te ferai sauter la boussole ; j'ai le coup gauche pour toi et le coup droit pour moi » (Rouen 29 février 1844 ; P. 45-I-106).— Ces paroles, porte cet arrêt, contiennent évidemment des menaces de mort si la personne, à laquelle elles s'adressent, enfreint l'ordre ou la condition qui lui sont intimés de ne pas avancer ;

2° Le fait par un individu de diriger contre une personne le canon d'une arme à feu, *même non chargée*, avec injonction de le laisser accomplir certains actes (Toulouse, 29 juillet 1871 ; P. 71-643).

III. — Qualifications.

D'avoir à..., le..., menacé d'assassinat, par écrit anonyme (ou signé), le sieur X..., avec ordre de (indiquer ici la nature de l'ordre ou de la condition).

Délit prévu et puni par l'article 305 du Code pénal.

D'avoir à..., le..., menacé, par écrit anonyme (ou signé), le sieur X..., de le souffleter s'il ne faisait pas telle chose déterminée.

Délit prévu et puni par l'article 308 du Code pénal.

D'avoir à .., le..., verbalement menacé de mort le sieur X..., s'il n'obéissait pas à tel ordre.

Délit prévu et puni par l'article 307 du Code pénal.

§ 2 — AUTRES MENACES

IV. Menace d'un crime contre les propriétés. — La menace d'incendier une habitation est punie comme la menace de mort et d'après les distinctions établies par les articles 305, 306 et 307 que nous venons d'étudier (art. 436 du C. pén.).

V. Menace d'un crime contre la sûreté des chemins de fer. — La menace écrite de commettre un des crimes prévus par l'article 16 de la loi du 15 juillet 1845, est punie d'un emprisonnement de trois à cinq ans, dans le cas où elle a été faite avec ordre de déposer une somme d'argent dans un lieu indiqué ou de remplir toute autre condition. — Si la menace n'a été accompagnée d'aucun ordre ou condition la peine est d'un emprisonnement de trois mois à deux ans et d'une amende de 100 à 500 francs. — Si la menace est verbale, elle n'est punie qu'autant qu'elle a été faite avec ordre ou condition ; la peine est un emprisonnement de quinze jours à six mois et une amende de 25 à 300 francs. — Dans tous les cas, la surveillance de la haute police (interdiction de résidence) peut être prononcée (art. 18 de la loi du 15 juil. 1845).

VI. Menace pour extorquer la remise de fonds ou une signature. — Voir : **Chantage.**

VII. Menace pour provoquer à un crime. Voir : **Complicité.**

MENDICITÉ
Division

I. Lieux où il existe un dépôt. — Dans les lieux où il existe un établissement public organisé afin d'obvier à la mendicité, toute personne qui est trouvée mendiant est punie d'un emprisonnement de trois à six mois et est, après l'expiration de sa peine, conduite au dépôt de mendicité (art. 274, C. pén.). Les expressions, employées par cet article : « Toute personne qui *aura été trouvée mendiant...* », peuvent au premier abord faire croire que ce fait n'est punissable qu'autant qu'il y a flagrant délit. Mais il n'y a là qu'un vice de rédaction, et la Cour de cassation a décidé que la preuve de la mendicité reste sous l'empire du droit commun et peut être faite de toute manière (Limoges, 11 juil. 1861 ; *Journ. du min. pub.*, t. IV, p. 279 ; — Cass., 30 juil. 1875 ; P. 77-563).

II. Lieux où il n'existe pas de dépôt. — Dans les lieux où il n'existe pas de dépôt, les mendiants ne sont punissables qu'autant que deux conditions sont réunies. Il faut :

1º Que l'habitude de la mendicité soit établie ;

2º Que ces individus soient valides.

La peine est un emprisonnement d'un mois à trois mois ; elle est de six mois à deux ans, si ces mendiants ont été arrêtés hors du canton de leur résidence (art. 275 du C. pén.).

III. Circonstances aggravantes. — Les mendiants même invalides qui usent de menaces ; — qui entrent sans permission du propriétaire ou des personnes de sa maison, soit dans une habitation, soit dans un enclos en dépendant ; — qui feignent des plaies ou des infirmités ; — qui mendient en réunion, à moins que ce ne soient le mari et la femme, le père ou la mère et leurs jeunes enfants, l'aveugle et son conducteur, sont punis d'un emprisonnement de six mois à deux ans (art. 276 du C. pén.). Peu importe, dans les cas prévus par cet article, qu'il existe ou non, un dépôt de mendicité.

Les articles 277 et suivants prévoient certaines autres circonstances aggravantes, mais comme elles s'appliquent également aux vagabonds, nous les avons examinées au mot : **Vagabondage.**

IV. Qualifications.

D'avoir à..., le..., été trouvé mendiant, alors que dans le département de .... il existe un établissement public organisé afin d'obvier à la mendicité.

Délit prévu et puni par les articles 274 et 282 du Code pénal.

D'avoir à..., le..., été trouvé mendiant, le susnommé, étant valide et se livrant habituellement à la mendicité.

Délit prévu et puni par les articles 275 § 1 et 282 du Code pénal.

D'avoir à..., le..., été trouvé mendiant hors du canton de sa résidence, le susnommé étant valide et se livrant habituellement à la mendicité.

Délit prévu et puni par les articles 275 § 1 et 282 du Code pénal.

D'avoir à..., le..., mendié avec menaces (ou en feignant des plaies, ou en réunion).

Délit prévu et puni par les articles 276 et 282 du Code pénal.

D'avoir à..., le..., mendié, avec cette circonstance que le susnommé est entré dans l'habitation (ou dans un enclos dépendant de l'habitation) du sieur X..., sans sa permission ou celle des personnes de la maison.

Délit prévu et puni par les articles 276 et 282 du Code pénal.

V. Surveillance de la haute police. — On a prétendu que l'article 282 du Code pénal ne s'appliquait qu'aux mendiants condamnés par application des articles 277 et suivants, mais la jurisprudence a décidé que tout condamné pour mendicité peut être renvoyé à l'expiration de sa peine sous la surveillance de la haute police, encore bien qu'aucune circonstance n'ait aggravé le délit (Cass., 22 janv. 1838; P. 38-1-96; — 25 mars 1843; D. 43-4-406; — 21 septembre 1850; S. V. 50-1-414). Bien que la surveillance de la haute police soit abolie, cette solution conserve son intérêt, car il pourra, par application de l'article 19 de la loi du 27 mai 1885, être interdit à tout individu condamné pour mendicité de paraître dans certains lieux déterminés par le gouvernement.

VI. Renvoi dans un dépôt de mendicité. — Nous avons vu qu'à l'expiration de leur peine, les mendiants sont conduits dans un dépôt de mendicité, dans les départements où il en existe; mais c'est là une mesure purement administrative dont les tribunaux n'ont pas à s'occuper. C'est ainsi que la Cour de cassation a décidé qu'un tribunal correctionnel ne peut ordonner, qu'à l'expiration de la peine, le condamné sera dispensé de l'envoi dans un dépôt et sera remis à des personnes qui le réclament (Cass., 1er juin 1833; P. chr.); par suite, le tribunal ne pourrait davantage ordonner l'envoi au dépôt (Paris, 7 déc. 1861 et 3 nov. 1866 ; *Journ. du min. pub.*, t. X, p. 31).

Les greffiers ne doivent pas délivrer d'extraits de jugement pour opérer la translation d'un condamné au dépôt (Déc. chanc., 2 avr. 1864 ; Gillet, n° 4173).

VII. **Surveillance des dépôts.** — Les dépôts de mendicité, sous le rapport de l'administration, de la police intérieure, de la sûreté et de la salubrité, sont considérés comme succursales des hôpitaux généraux du département et, comme tels, placés immédiatement sous la surveillance des préfets (art. 12 de l'instr. du min. de l'int. du 27 oct. 1808 ; *Circ., instr., etc. du min. de l'int.*, t. II, p. 117).

Le préfet est secondé, dans l'exercice de cette surveillance, par un conseil composé de cinq membres nommés par le ministre de l'intérieur (art. 13 et 14 de la même instruction).

Les procureurs de la République, dans l'arrondissement desquels se trouvent des dépôts, n'ont aucune surveillance à exercer ; ils ne sont pas tenus de les visiter. Les règles prescrites pour les prisons ne sont pas applicables aux dépôts de mendicité.

MENUES DÉPENSES DES TRIBUNAUX

Voir : **Tribunaux.**

MERCURIALES

La *mercuriale* est un discours que le procureur général adresse à toutes les chambres de la Cour, réunies dans la chambre du conseil, sur la manière dont la justice a été rendue dans le ressort, dans l'année écoulée. — Ce magistrat prend ensuite telles réquisitions qu'il juge convenable et la Cour délibère. Il adresse au garde des sceaux une copie de son discours et des arrêts intervenus (art. 8 de la loi du 20 avr. 1810).

Aux termes de cet article, cette réunion de la Cour doit avoir lieu le premier mercredi d'après la rentrée, et la mercuriale porte sur l'année judiciaire. Mais peu à peu l'usage s'est introduit de la faire porter sur l'année civile, afin de pouvoir se servir des documents réunis pour établir la *statistique* et d'éviter ainsi un double travail. La chancellerie le

tolère et elle consent à ce que la mercuriale ne soit soumise
à la Cour qu'au mois de mars. Ce délai ne saurait toutefois
être dépassé et les discours doivent parvenir au plus tard à
la chancellerie dans la première quinzaine d'avril (Circ. chanc.,
30 avr. 1872 ; *Rec. off.*, t. III, p. 206).

MEURTRE

Division.

I. Meurtre. — Coups ayant occasionné la mort.

II. Cas où le meurtre est puni de mort.

III. Assassinat.

I. Meurtre. — Coups ayant occasionné la mort. —
Aux termes de l'article 295 du Code pénal, l'homicide commis
volontairement est qualifié meurtre ; l'article 304 le punit des
travaux forcés à perpétuité. Pour que le meurtre existe, il
faut que la mort ait été donnée ; il y a tentative, s'il a été
exercé des violences de nature à donner la mort, mais sans
qu'elle s'en soit suivie.

Si les coups portés ou les blessures faites volontairement,
mais sans intention de donner la mort, l'ont pourtant occasionnée, il n'y a plus meurtre, c'est l'article 309 § 4, qui est applicable (Voir : **Coups et blessures**, V et XI).

II. Cas où le meurtre est puni de mort. — Le meurtre est puni de mort : 1° Lorsqu'il précède, accompagne ou
suit un autre crime ; 2° Lorsqu'il a eu pour objet, soit de
préparer, faciliter ou exécuter un délit, soit de favoriser la
fuite ou d'assurer l'impunité des auteurs ou complices de ce
délit (art. 304 du C. pén.)

III. Assassinat. — L'assassinat est un meurtre commis
avec la circonstance aggravante de préméditation ou de guet-
apens ; il est puni de mort (art. 296 et 302 du C. pén.) La préméditation consiste dans le dessein formé avant l'action,
d'attenter à la personne d'un individu déterminé, ou même
de celui qui sera trouvé ou rencontré, quand même ce dessein serait dépendant de quelque circonstance ou de quelque
condition. — Le guet-apens consiste à attendre, plus ou
moins longtemps, dans un ou divers lieux, un individu, soit
pour lui donner la mort, soit pour exercer sur lui des actes
de violence : le guet-apens n'est en réalité qu'un genre spé-

cial de préméditation. La Cour de cassation a annulé plusieurs arrêts de Cours d'assises, fondés sur des déclarations du jury, portant qu'il y avait guet-apens et répondant négativement sur la question de préméditation : « Le guet-apens, dit la Cour suprême, ne peut exister sans préméditation, il la suppose essentiellement ; conséquemment une pareille déclaration contient une contradiction qui en détruit les parties substantielles et lui ôte tout sens et tout résultat .» (Cass., 4 juin 1812 ; P. chr. ; — 15 sept. 1842 ; P. 42-II-613 ; — 15 sept. 1853 ; *Bull. crim.*, n° 460.) Il faut donc suivre le conseil que donne M. Blanche (t. IV, p. 555) et, pour éviter des contradictions dans les réponses du jury, ne lui soumettre que la question générale de préméditation, lorsqu'il y a à la fois préméditation et guet-apens.

IV. Qualifications.

1° Meurtre.

D'avoir à ...., le............., commis un homicide volontaire sur la personne du sieur X...

Crime prévu et puni par les articles 295 et 304 du Code pénal.

2° Meurtre ayant accompagné un autre crime ou délit.

D'avoir à ...., le.............,

1° (Qualification du crime) ;

2° *Commis un homicide volontaire sur la personne du sieur X..., ledit homicide ayant précédé (accompagné ou suivi) le (indication du crime) sus-énoncé.*

Crimes prévus et punis par les articles   , 295 et 304 du Code pénal.

D'avoir à ...., le.............

1° (Qualification du délit) ;

2° *Commis un homicide volontaire sur la personne du sieur X..., ledit homicide ayant eu pour objet de préparer (ou de faciliter ou d'exécuter) le (indication du délit) sus-énoncé (ou d'assurer l'impunité de l'auteur, etc.).*

Crime et délit connexes, prévus et punis par les articles   , 295 et 304 du Code pénal.

3° Assassinat.

D'avoir, à   , le   , commis un homicide volontaire sur la personne du sieur X..., avec cette circonstance que ledit homicide a eu lieu avec préméditation ou avec guet-apens.

Crime prévu et puni par les articles 295, 296, 297, 298 et 302 du Code pénal.

MILITAIRES ET MARINS

Division

Voir : **Absence**, V. — **Casier
judiciaire**, XIX et XXVII. —
Emprisonnement, VII. —
État civil, XXX, LVIII et LIX.
— **Mariage**, XVIII à XXI. —
Témoins.

I. Dispenses du droit et de la formalité du timbre.
— Ne sont point soumis au timbre :

1° Les engagements, enrôlements, congés, certificats,
passeports, quittances pour prêts et fournitures ; les billets
d'étape, de subsistance et de logement ; les autres pièces ou
écritures concernant les cas de guerre, tant pour le service
de terre que pour le service de mer (art. 16 § 1 de la loi du
13 brum. an VII);

2° Les actes de notoriété et les procès-verbaux rédigés par
les juges de paix pour constater la disparition des militaires
et la privation de moyens d'existence de leurs veuves et
orphelins (Décis. min. fin., 26 janv. 1821 ; Instr. 1124);

3° Les certificats de vie délivrés par les notaires aux titulaires de pensions militaires définitives ou solde de retraite
(Ord. du 20 juin 1818);

4° Les certificats de vie délivrés aux veuves de militaires
ou de marins pour toucher, en cette qualité, les pensions
dont elles jouissent sur le trésor (Décis. min. fin., 17 juil. et
28 août 1822);

5° Toutes les pièces (expédition d'actes de l'état civil,
extraits du casier judiciaire, etc...) produites pour contracter
un engagement.

II. Crimes et délits commis par des militaires. —
Les militaires et assimilés et les marins sont jugés par les
conseils de guerre en raison de tous les crimes et délits qu'ils
commettent, lorsqu'ils sont présents au corps. — Mais, si le
crime ou le délit est commis tout à la fois par des militaires
et par des civils, les tribunaux ordinaires sont compétents à
l'égard de tous les prévenus (art. 76 du C. milit.).

Lorsque les militaires sont en congé, ils ne sont justiciables des conseils de guerre que pour des faits prévus par le

titre II, L. IV du Code mil., c'est-à-dire pour des crimes et délits militaires. — Les tribunaux ordinaires sont compétents s'il s'agit d'un crime ou délit de droit commun. (Art. 57 du Code mil.)

Enfin, les militaires en état de désertion sont justiciables des tribunaux ordinaires, en raison des crimes et délits qu'ils commettent, encore bien que leur nom n'ait pas encore été rayé des contrôles du régiment et que le délit ait été commis dans le lieu même où ils étaient en garnison (Avis du cons. d'État du 7 fructidor an XII ; — Cass., 10 avr. 1829 ; P. chr.).

Ne sont pas soumises à la juridiction des conseils de guerre, les infractions commises par les militaires aux lois sur la pêche, la chasse, les douanes, les contributions indirectes, les octrois, les forêts et la grande voirie (art. 273 Code mil.).

III. **Avis des poursuites.** — Il est nécessaire que les administrations de la guerre et de la marine aient connaissance des poursuites qui sont dirigées devant les tribunaux ordinaires contre des militaires et marins en activité de service. La discipline demande, en effet, que les chefs des corps soient prévenus de l'arrestation ou de l'ordre d'arrestation des hommes qui leur sont subordonnés, ainsi que des motifs qui peuvent avoir déterminé cette mesure. Cette communication tend d'ailleurs à faciliter l'exécution des mandements de justice en appelant, à cette exécution, le concours de l'autorité militaire.

Si la poursuite est dirigée contre des militaires en activité de service, le procureur de la République doit en donner directement avis aux chefs des corps auxquels ces militaires appartiennent ; si elle est dirigée contre des marins, il en informe sur-le-champ le garde des sceaux qui transmet ces renseignements au ministre de la marine.

Cette communication doit avoir lieu dans le cas même où les militaires se trouveraient en congé au moment des poursuites (Circ. chanc., 6 déc. 1840, § 2 ; Gillet, n° 2829).

Après qu'une condamnation était intervenue, le procureur de la République devait adresser au garde des sceaux un extrait de l'arrêt ou du jugement (Circ. 6 déc. 1840, § 13, 1° et 4°), mais ces extraits sont aujourd'hui remplacés par les duplicata de Bulletin n° 1 (Voir : **Casier judiciaire** XIX et XX).

MINEURS
Division

§ 1. — MINEURS DE SEIZE ANS.

I. **Poursuites contre des mineurs de seize ans.** — La chancellerie recommande de ne diriger que dans des circonstances graves des poursuites contre des enfants âgés de moins de seize ans, contre lesquels la question de discernement ne paraît pas devoir être résolue affirmativement et surtout de s'abstenir à l'égard des enfants qui ne sont point encore arrivés à l'âge de sept ou huit ans, et auxquels, sauf des cas absolument exceptionnels, la responsabilité légale de leurs actes ne peut être imputée (Circ. chanc., 26 mai 1855 ; Gillet, n° 3746). La circulaire du 11 mars 1876 (*Bull. off.*, n° 1, p. 46), en rappelant ces prescriptions, fait remarquer que beaucoup de familles pauvres considèrent les établissements d'éducation correctionnelle comme des institutions de bienfaisance, aussi laissent-elles les enfants se livrer au vagabondage ou à la mendicité sans appréhender des poursuites qui ont pour conséquence d'alléger leurs charges. Au lieu de demander que les enfants leur soient rendus, les parents arguent, bien des fois, soit de leur indigence, soit de la conduite des délinquants et déterminent les tribunaux à prononcer l'envoi dans une maison de correction. Il y a lieu de réagir contre cette tendance, non seulement dans l'intérêt du budget de l'État, mais surtout au point de vue de la moralité publique.

Parmi les faits graves qui peuvent motiver des poursuites contre des mineurs de seize ans, ayant agi sans discernement, il faut classer le jet de pierres ou de matériaux soit sur la voie ferrée, soit sur les trains. Si les enfants, reconnus auteurs irresponsables sont absous, ils peuvent du moins être condamnés aux frais et les parents dont la responsabilité pécuniaire est ainsi engagée, sont amenés à exercer sur leurs enfants une surveillance attentive (Let. du g. des sc. au proc. gén. de Dijon, 2 juin 1866 ; *Bull. off.*, n° 2, p. 86).

II. **Influence de l'âge au point de vue de la compétence**. — Nous remarquerons tout d'abord que pour que le bénéfice des dispositions spéciales édictées par les articles 66 à 69 du Code pénal puisse être invoqué, il suffit que les seize ans ne soient pas révolus à l'époque où le crime ou le délit a été commis (Cass., 17 sept. 1818 ; P. chr.).

Les individus âgés de moins de seize ans qui n'ont pas de complice au-dessus de cet âge et qui sont prévenus de crimes autres que ceux auxquels la loi attache la peine de mort, celle des travaux forcés à perpétuité, celle de la déportation ou celle de la détention, sont jugés par les tribunaux correctionnels (art. 68). Le juge d'instruction doit donc, dans les cas où l'article 68 est applicable, renvoyer directement le prévenu devant le tribunal de police correctionnelle, sans que la chambre des mises en accusation soit appelée à statuer.

III. **Excuse tirée de l'âge**. — Si le crime ou le délit est établi, une question se pose : le prévenu, âgé de moins de seize ans, a-t-il agi avec discernement ?

Cette question, est résolue en matière criminelle, par le jury ; en matière correctionnelle, par le tribunal. — Aussi, toutes les fois qu'un accusé de moins de seize ans, comparait devant une Cour d'assises, le jury doit être interrogé sur ce point. Deux questions distinctes doivent être soumises au jury.

1° X... était-il âgé de moins de seize ans au moment du crime ci-dessus spécifié ?

2° X... a-t-il agi avec discernement ?

S'il y a plusieurs chefs d'accusation, la question de discernement doit être reproduite pour chacun d'eux, car des solutions différentes sur cette question peuvent être motivées par des circonstances qu'il appartient au jury d'apprécier souverainement (Cass., 9 févr. 1854 ; *Bull. crim.* n° 30).

Le garde des sceaux, par sa circulaire du 30 octobre 1878

(*Bull. off.*, n° 16, p. 221), recommande aux magistrats de Parquet de requérir une déclaration de non-discernement, dès que le doute peut exister sur la pleine intelligence de l'infraction.

IV. **Cas où le prévenu a agi sans discernement.** — Lorsque la Cour ou le tribunal a admis que le prévenu a agi sans discernement, il est acquitté, dit l'article 66 ; mais c'est là une erreur de droit : il est absous et non acquitté (Voir : **Acquittement. — Absolution.**).

Mais que devient le prévenu ainsi absous ?

Les juges peuvent le remettre à ses parents, et si ceux-ci ne présentent pas de garanties suffisantes ou ne veulent pas le recevoir, ils l'envoient dans une maison de correction pendant un temps fixé par le jugement, mais qui ne peut excéder l'époque où il aura accompli sa vingtième année (art. 66). La chancellerie fait remarquer que des doutes résultent quelquefois du peu de clarté des formules employées par les tribunaux correctionnels, lorsqu'ils fixent la durée de la détention. Il est à désirer, pour prévenir ces difficultés, que les tribunaux emploient, dans leurs jugements, des expressions très claires et très précises, comme celles-ci : *jusqu'à......* *ans révolus.* (Décis. chanc., 23 oct. 1876 ; *Bull. off.*, n° 4, p. 225.)

Le mineur non émancipé qui a été condamné à être enfermé dans une maison de correction, continue à avoir son domicile chez son tuteur (Décis. chanc., 14 oct. 1878 ; *Bull. off.*, n° 12, p. 115).

V. **Cas où il a agi avec discernement.** — Lorsqu'il est décidé que le mineur a agi avec discernement, les peines sont abaissées, conformément aux règles établies par l'article 69 du Code pénal qui se combine avec l'article 463, si des circonstances atténuantes ont été accordées.

Pour déterminer, quelle peine doit être prononcée et en fixer la durée, il faut commencer par rechercher quelle peine serait encourue par un majeur. Ainsi, il s'agit d'un vol, commis avec les cinq circonstances aggravantes énumérées dans l'article 381 : la peine applicable est celle des travaux forcés à perpétuité. Des circonstances atténuantes ont été accordées, la Cour prononcerait contre un majeur, au plus, vingt ans de travaux forcés et, au moins, cinq ans de réclu-

sion ; elle condamnera dès lors le mineur à un emprisonnement de dix ans au plus et de vingt mois au moins.

VI. **Les articles 66 et suivants sont-ils applicables
aux lois spéciales ?** — La jurisprudence a varié sur ce
point ; mais aujourd'hui il est certain que les articles 66 et
suivants s'appliquent aux matières prévues par des lois spéciales aussi bien qu'à celles qui sont régies par le Code
pénal.

VII. **Ces articles sont-ils applicables aux contraventions de simple police ?** — La Cour suprême a décidé
que l'article 66 qui veut que l'inculpé, âgé de moins de seize
ans, soit acquitté lorsqu'il a agi sans discernement, pose une
règle générale qui s'applique aux contraventions, aussi bien
qu'aux délits et aux crimes (Cass., 7 janv. 1876 ; P. 76-192).
Mais si ce principe est vrai, il faudrait en conclure que la seconde
partie de cet article est également applicable et que le juge de
paix peut renvoyer, dans une maison de correction, jusqu'à
sa vingtième année, l'inculpé ainsi absous. Cette conséquence
est logique, et nous pensons qu'en droit elle est indiscutable ;
mais il est certain qu'en pratique on ne saurait l'admettre, et
la Cour de cassation, si le cas se présentait, n'hésiterait vrai-
semblablement pas à la répudier.

§ 2. — MINEURS DE VINGT-ET-UN ANS.

VIII. **Affaires concernant des mineurs.** — Le ministère
public est partie jointe et agit par voie de réquisition, dans
les affaires qui intéressent les mineurs (art. 83, C. pr. civ.).

Les causes des mineurs sont toujours communicables, qu'il
s'agisse de leurs propriétés ou de leurs intérêts pécuniaires
ou que la contestation porte sur leur état ou l'administration
de leur personne ; il en est ainsi même quand ils sont encore
sous l'autorité de leurs pères et mères encore vivants (Pigeau,
t. I, p. 224).

Dans le cas d'une transaction concernant un mineur, le
ministère public est chargé de désigner les trois jurisconsultes
qui doivent être appelés pour donner leur avis sur l'opportunité et les clauses de la transaction (art. 467 du C. civ.).

IX. **Aliénation de valeurs mobilières.** — Les rédacteurs du Code civil se sont préoccupés surtout de sauvegarder

la fortune immobilière des incapables et ont entouré de formalités protectrices l'aliénation des immeubles appartenant aux mineurs (art. 457 et suiv. du C. civ.). Ils n'ont édicté aucune mesure de protection spéciale, relativement aux aliénations de meubles ou valeurs mobilières. Aussi, dès le 24 mai 1806, une loi a obligé le tuteur à obtenir l'autorisation du conseil de famille pour les aliénations d'inscriptions de rentes sur l'État supérieures à 50 francs. Le décret du 25 septembre 1813 a étendu ces dispositions aux actions de la Banque de France.

Enfin la loi du 27 février 1880 a abrogé ces dispositions et a décidé, par son article 1er, qu'aucune aliénation de valeurs mobilières, quel qu'en soit le chiffre, appartenant à des mineurs en tutelle ou à des interdits, ne peut avoir lieu sans une autorisation du conseil de famille. Cette autorisation est suffisante, si la valeur des meubles incorporels à aliéner est inférieure à 1.500 francs en capital. Si l'aliénation porte sur une somme supérieure, la délibération doit en outre être soumise à l'homologation du tribunal (art. 2).

Mais lorsqu'il s'agit d'une valeur de bourse, il est parfois impossible de savoir, le jour où intervient la délibération du conseil de famille, si, au moment de l'aliénation, cette valeur représentera un capital supérieur ou inférieur à 1,500 francs. Le garde des sceaux a décidé, d'accord avec le ministre des finances, que l'homologation du tribunal n'est pas nécessaire si les titres à aliéner, d'une valeur inférieure à 1,500 francs le jour de la délibération, ont acquis une valeur supérieure à ce chiffre le jour ou il s'agit de réaliser l'aliénation. — De même, dans le cas où la valeur des titres à aliéner viendrait à diminuer après la délibération, l'homologation, jugée nécessaire au moment de cette délibération, n'en devrait pas moins être obtenue (Circ. chanc., 20 mai 1880 ; *Bull. off.*, nº 18, p. 115).

Dans le cas où un titre de rente d'une valeur supérieure à 1,500 francs est indivis sans attribution de parts entre plusieurs titulaires dont quelques-uns sont sous tutelle, la délibération du conseil de famille ne peut déclarer que la part revenant à l'incapable représente un capital inférieur à 1.500 francs, car une pareille déclaration équivaudrait à un partage. Les transferts demandés sans justification du partage lui-même doivent être refusés (Circ. chanc., 20 mai 1880 ; *Bull. off.*, n° 18, p. 115).

La loi de 1880 a été faite pour limiter les pouvoirs des tuteurs, en sorte qu'elle n'est applicable en principe que là où il y a tutelle. Le père administrateur légal peut donc aliéner les valeurs, même les rentes, appartenant à ses enfants (*même circ.*).

X. Remploi en rentes sur l'État. — Les sommes dont le remploi en immeubles est prescrit, peuvent être employées en rentes sur l'État (art. 46 de la loi du 2 juil. 1862. — Circ. chanc., 1er août 1862 ; *Rec. off.*, t. II, p. 529).

MINISTÈRE PUBLIC
Division

§ I. — ORGANISATION DU MINISTÈRE PUBLIC.

I. Lois. — Décrets. — Circulaires. — Bibliographie. — L'organisation et les attributions du ministère public sont réglées par les articles 22 à 47 et 271 à 290 du Code d'instruction criminelle, par les articles 79 à 89 du décret du 30 mars 1808, par les articles 6, 43, 45 à 47, 48, 55, 60 et 61 de la loi du 20 avril 1810, par les articles 42 à 53 du décret du 6 juillet 1810 et enfin par les articles 16 à 23 du décret du 18 août 1810.

La seule instruction générale de la chancellerie sur les devoirs et les attributions du ministère public est celle du 1er octobre 1790 (*Rec. off.*, t. I, p. 1). Comme le fait remarquer la chancellerie, dans une note, les changements survenus dans notre organisation judiciaire ont enlevé à ce document une partie de son utilité pratique ; mais cette circulaire n'en est pas moins intéressante à consulter.

Consulter : Massabiau, *Manuel du ministère public* ; — De Molènes, *Traité pratique des fonctions de procureur du roi* ; — Ortolan et Ledeau, *Le ministère public en France* ; — Debacq, *De l'action du ministère public en matière civile* ; — Delpon, *Essai sur l'histoire de l'action publique et du ministère public*. Paris, 1830 ; 2 vol. in-8 ; — Schenck, *Traité sur le ministère public*. Paris, 1813, 2 vol. in-8.

II. Organisation. — Nomination. — Il existe auprès de chaque tribunal des officiers du ministère public chargés de représenter la société dans toutes les causes qui intéressent l'ordre public.

A la tête de chaque ressort, se trouve un procureur général qui a la plénitude de l'action publique, il en dirige l'exercice et a la surveillance de tous les officiers de police judiciaire du ressort. Il est assisté dans sa mission par des avocats généraux qui portent la parole aux audiences de la Cour et par des substituts du procureur général, plus spécialement chargés des travaux d'administration (Voir : **Avocat général. — Procureur général. — Substitut du procureur général**).

Près de chaque tribunal, est établi un procureur de la République qui, dans certains sièges, a un ou plusieurs substituts. — Ce magistrat n'est, en réalité, qu'un substitut du procureur général, sous la direction duquel il est placé. (Voir : **Procureur de la République. — Substitut du procureur de la République.**)

Enfin, le procureur général nomme, près des tribunaux de simple police, un magistrat chargé de remplir les fonctions de ministère public (Voir : **Simple police**).

III. Indivisibilité. — « *Le ministère public est indivisible* », c'est là un vieil adage emprunté à notre ancienne législation et qui, aujourd'hui encore, a conservé sa vigueur, pourvu qu'on le restreigne dans de justes limites. Comme le fait remarquer Mangin (t. I, p. 146), cette maxime ne signifie pas que tous les procureurs généraux, que tous les procureurs de la République peuvent indifféremment faire des actes de poursuite dans une affaire criminelle. Elle ne s'applique qu'aux actes faits par un procureur général et ses substituts, par un procureur de la République et ses substituts : ce qui est fait par l'un est censé fait par l'autre.

C'est par application de ce principe que lorsqu'un membre du ministère public conclut ou requiert à l'audience, ceux qui prennent rang après lui sont debout à ses côtés, comme s'ils concluaient (Ortolan et Ledeau, t. I, p. 25 ; — Massabiau, t. I, p. 3).

C'est également en vertu de ce principe que le siège du ministère public peut, dans une même affaire être occupé par deux magistrats différents, tant en matière civile qu'en matière criminelle (Cass., 10 mai 1875 ; P. 75-710 ; — 29 janvier 1879 ; P. 79-393).

IV. **Indépendance.** — Le ministère public est absolument indépendant des tribunaux auxquels il est attaché. Ce principe était déjà admis dans l'ancien droit. « Les officiers du « Parquet », disait d'Aguesseau, « ne dépendent point des com- « pagnies auprès desquelles ils remplissent les devoirs de « l'office public et elles ne peuvent faire aucun règlement « sur la manière dont ils sont obligés de s'en acquitter. » Il est encore actuellement en vigueur. C'est ainsi qu'un tribunal excède ses pouvoirs :

1° En adressant publiquement à un membre du Parquet l'invitation de ne pas oublier le respect dû à la chose jugée (Cass., 7 août 1818 ; P. chr.);

2° En se livrant à une critique du discours d'un magistrat du Parquet, dans les motifs de son jugement, sous prétexte de justifier les circonstances atténuantes qu'il admet en faveur d'un journaliste, prévenu d'outrages envers ce magistrat (Cass., 5 déc. 1879 ; P. 80-187);

3° En enjoignant au ministère public de mettre en cause comme prévenu un individu qu'il n'a pas cru devoir poursuivre ou qu'il a seulement cité comme civilement responsable (Cass., 14 déc. 1867 ; P. 68-672).

Par application de ce principe, le président ne peut à l'audience ni refuser la parole au ministère public ni la lui retirer (Douai, 19 janv. 1858; *J. du min. p.*, t. I, p. 78; — Voir : **Témoins**).

V. **Discipline**. — Les peines disciplinaires qui peuvent être prononcées contre les magistrats ne sont pas applicables aux officiers du ministère public.

Si un membre du Parquet commet une faute légère, il est réprimandé par le procureur général ; si le fait a une certaine gravité, il en est rendu compte au garde des sceaux qui, suivant les circonstances, fait faire au magistrat par le procureur général les injonctions qu'il juge nécessaires ou le mande près de lui (art. 60 de la loi du 20 avr. 1810). Si le garde des sceaux croit nécessaire d'infliger une peine plus sévère, il fait envoyer le magistrat dans une autre résidence ou même provoque sa révocation.

Les Cours et tribunaux ne peuvent infliger un blâme ou une réprimande aux officiers du ministère public ; ils ne peuvent que rendre compte au procureur général, au premier président ou au garde des sceaux des reproches qu'ils croient avoir à leur adresser (art. 61 de la loi du 20 avr. 1810).

VI. Costume.—Traitement. — Les officiers du ministère public portent le même costume que les autres magistrats (Voir: **Magistrats**, XXVII). — Pour tous les actes extérieurs de leurs fonctions, tels que descentes de justice, transports, sommations, etc., ils doivent porter une ceinture de soie rouge cramoisi à glands d'argent (art. 3 du décr. du 18 juin 1858).

Les traitements sont fixés par la loi du 30 août 1883 (Voir : **Magistrats**, XXV).

VII. Prérogatives. — Les principaux privilèges dont jouissent les officiers du ministère public sont les suivants :

1° Ils ne peuvent être requis pour aucun service public (art. 5 de la loi du 27 vent. an VIII) ;

2° Ils sont dispensés de la tutelle, lorsqu'ils exercent leurs fonctions dans un département autre que celui où la tutelle s'établit (art. 427, du C. civ.) ;

3° Les délits, commis envers eux dans l'exercice ou à l'occasion de l'exercice de leurs fonctions, sont punis de peines plus sévères (art. 222, 228 et suiv., C. pén).

Nous avons indiqué (Voir: **Honneurs et préséances,** et **Magistrats,** XXIX) tout ce qui a trait aux honneurs et préséances et au rang des magistrats entre eux.

Les magistrats du ministère public parlent à l'audience debout, mais couverts, même en lisant des pièces, et restent assis pendant le prononcé de l'arrêt ou du jugement.

VIII. Incompatibilités. — Les incompatibilités que nous

avons indiquées pour les magistrats (**Magistrats**, II) sont applicables aux officiers du ministère public.

Les fonctions du ministère public sont incompatibles avec celles de juge ; ainsi, un magistrat qui a remplacé le procureur de la République dans une période quelconque de la procédure, ne peut siéger comme juge dans l'affaire. Aussi, un magistrat qui a requis, comme officier du ministère public, la mise en accusation de l'accusé, ne peut concourir au jugement du prévenu en police correctionnelle (Cass., 23 mars 1860; (*J. du min. p.*, t. III, p. 282), ni en qualité d'assesseur, à l'arrêt de la Cour d'assises (Cass., 3 mars 1859 ; *J. du min. p.*, t. II, p. 153).

Mais le juge qui a siégé comme ministère public à une audience où aucun débat ne s'est engagé au fond, où il ne s'agissait, par exemple, que de prononcer une jonction de causes, peut, à une audience ultérieure, concourir comme juge au jugement du fond (Cass., 12 mars 1867 ; P. 67-528).

Le juge d'instruction peut remplir à l'audience dans l'affaire même qu'il a instruite, les fonctions de ministère public (Rennes, 7 août 1878; P. 79-474).

IX. **Récusation**. — En matière civile, le ministère public peut être récusé, lorsqu'il agit comme partie jointe ; il ne peut l'être s'il est partie principale (art. 381, C. pr. civ.) — Le Code d'instruction criminelle ne s'explique pas à cet égard; aussi la doctrine et la jurisprudence ont décidé qu'on devait appliquer en matière criminelle le principe posé par le Code de procédure (Cass., 18 août 1860 ; P. 61-841 ; — 2 mai 1867 ; *J. du min. p.* t. XI, p. 17).

Le ministère public n'étant pas récusable lorsqu'il est partie principale, il en résulte qu'il n'y a pas lieu d'accueillir les conclusions d'un accusé tendant à ce que le procureur de la République, cité comme témoin, ne puisse porter la parole dans l'affaire, lorsqu'il est établi que la citation n'est qu'un moyen détourné de récusation (Cass.,1er août 1872 ; P. 72-751).

X. **Responsabilité.** — Les officiers du ministère public ne sont pas responsables des simples erreurs et négligences qu'ils commettent dans l'exercice de leurs fonctions; en dehors des cas de prise à partie, aucune action en dommages-intérêts ne peut être dirigée contre eux (Voir : **Prise à partie**).

§ 2 — ATTRIBUTIONS.

XI. Affaires civiles. — Communication au ministère public.— Conclusions. — En matière civile, le ministère public est tantôt partie jointe et tantôt partie principale (Voir : **Action directe.**)

Dans toutes les affaires, il peut demander la communication des pièces; mais cette communication n'est indispensable que dans certaines affaires déterminées par l'article 83 du Code de procédure civile.

Ce sont :

1° Les affaires qui concernent l'ordre public, l'État, le domaine, les communes, les établissements publics, les dons et legs au profit des pauvres;

2° Celles qui concernent l'état des personnes et les tutelles;

3° Les déclinatoires sur incompétence;

4° Les règlements de juges, les récusations et renvois pour parenté et alliance;

5° Les prises à partie;

6° Les causes des femmes non autorisées par leurs maris ou même autorisées, lorsqu'il s'agit de leur dot et qu'elles sont mariées sous le régime dotal; les causes des mineurs et généralement toutes celles où l'une des parties est défendue par un curateur;

7° Les causes concernant ou intéressant les personnes présumées absentes.

Les avoués sont tenus de faire les communications avant l'audience où l'affaire doit être appelée, et dans les causes contradictoires, trois jours avant celui indiqué pour la plaidoirie. — Cette communication est faite au Parquet dans la demi-heure qui précède ou qui suit l'audience. — Si la communication n'a pas été faite dans le temps voulu, elle n'entre pas en taxe (art. 83 du décr. du 30 mars 1808). Cette règle, il faut le reconnaître, n'est pas suivie, en pratique, dans toute sa rigueur.

Le ministère public, s'il n'est pas prêt pour l'audience fixée, peut demander le renvoi ; mais il ne peut lui être accordé qu'un seul délai (art. 84 du décr. du 30 mars 1808).

Dès qu'un dossier est remis au Parquet, le procureur de la République le vise et porte la date de la communication, **pour** établir qu'elle a été faite ou non conformément à la loi.

Il ne suffit pas qu'il ajoute la mention « *Vu, n'empêche* » ou « *Vu, Conclusions conformes* », il doit donner à l'audience des conclusions verbales.

L'omission de la communication ne donne pas ouverture à cassation, c'est un moyen de requête civile (art. 480 § 8 du C. de pr. civ.). — Le ministère public n'a pas le droit de former pour ce motif tierce opposition au jugement ou à l'arrêt.

XII. **Affaires criminelles et correctionnelles.** — Le ministère public est chargé de faire constater les crimes et délits, de donner à cet effet tous les ordres nécessaires aux officiers de police judiciaire et de les surveiller dans l'accomplissement de leur mission. Il saisit, s'il y a lieu, le juge d'instruction, adresse à ce magistrat toutes réquisitions utiles et poursuit ensuite les coupables devant les tribunaux compétents (**Action publique**, III et IV ; — **Citation directe** — **Flagrant délit** — **Instruction.**)

XIII. **Surveillance des officiers ministériels.** — Le ministère public est spécialement chargé de surveiller tous les officiers ministériels (art. 45 de la loi du 20 avr. 1810). Il dirige contre eux des poursuites disciplinaires, lorsqu'ils commettent quelques manquements à leurs devoirs professionnels (Voir : **Officiers ministériels. — Avoués. — Greffiers. — Huissiers. — Notaires.**)

XIV. **Service intérieur du Parquet.** — Enfin, les magistrats des Parquets ont à entretenir une correspondance avec un très grand nombre de fonctionnaires. Ils sont chargés d'instruire certaines affaires administratives (**Cessions d'office. — Dispenses de parenté et d'alliance. — Noms. — Réhabilitation,** etc... etc...) ; ils doivent envoyer des rapports soit au Parquet général soit à la chancellerie, fournir des états périodiques (Voir : **Envois périodiques**), vérifier le greffe, et en particulier le casier judiciaire, surveiller la marche de l'assistance judiciaire, visiter la prison, les asiles d'aliénés, etc... etc... (**Aliénés. — Assistance judiciaire. — Greffe,** etc...)

XV. **Assemblées générales des Cours et tribunaux.** — Dans les affaires contentieuses ou criminelles, les officiers du ministère public sont parties soit jointe, soit principale : aussi ils seraient en quelque sorte juge et partie, s'ils prenaient part à la délibération ; ils ne peuvent donc y assister. Cette interdiction est d'ailleurs écrite dans les articles 116 du Code de procédure civile, 369 du Code d'instruction criminelle et 88 du décret du 30 mars 1808. — Mais dans tous les autres cas, c'est-à-dire quand les délibérations portent sur des sujets non contentieux, ils ont le droit d'y assister, car ils font partie intégrante des Cours et tribunaux auxquels ils sont attachés. C'est ce qu'a décidé la Cour de cassation dans ses arrêts du 14 juin 1837 (P. 37-II-259) et du 18 août 1842 (P. 42-II-251).

« Dans les cas de délibération sur le service intérieur ou sur
« des matières d'ordre et d'administration publique, il n'y a
« pas de partie dont les droits soient en litige et sur lesquels
« il faille prononcer ; de partie qui ait pour adversaire le
« ministère public requérant ou concluant contre elle, et qui
« soit intéressée à son éloignement de la délibération des
« juges ; la seule partie dans les délibérations dont il s'agit,
« c'est la chose publique : elle n'a rien à craindre d'un con-
« cours simultané de tous les magistrats, elle ne peut qu'y
« gagner. Ici, l'opération confiée aux tribunaux n'est pas
« divisée en deux fractions distinctes : les débats entre parties
« intéressées et la délibération entre juges ; l'opération, la
« délibération est une, les magistrats sont tous réunis ; ils y
« participent tous ensemble, le ministère public comme les
« juges, chacun dans l'ordre distinct des fonctions. » (Requis. de M. le procureur général Dupin.)

La chancellerie a envoyé aux Parquets des instructions en ce sens (Circ., 11 oct. 1822 ; *Rec. off.*, t. I, p. 139) : « Dans
« le cas où la décision à rendre par les chambres réunies sur
« le réquisitoire du procureur général a, dans la forme et au
« fond, le caractère d'un jugement, par exemple, s'il s'agit de
« peines de discipline à infliger à un magistrat, à un officier
« ministériel, ou de l'exécution de l'article 2 de la loi du 20
« avril 1810, le procureur général ne doit pas assister à la
« délibération.

« Il ne le doit pas, parce que les réquisitions qu'il a prises
« le constituent partie dans la cause et qu'il ne se peut, ni
« d'après les principes de la justice, ni d'après les seules
« règles de la convenance, que les juges, dont le vote doit
« rester secret, opinent en présence des parties ou de l'une
« d'elles.

« Mais si le réquisitoire ne traite que des choses qui
regardent l'ordre ou le service intérieur ou de tout autre
objet qui ne touche à aucun intérêt privé ; si, par exemple,
il s'agit de dispositions relatives à la tenue et à la police des
audiences, au service des avoués ou des huissiers, à des
dépenses intérieures, etc., etc., alors la décision de la
Cour a, dans la forme et au fond, le caractère d'un règlement, d'un arrêté : c'est un acte administratif, et, dans ce
cas, le procureur général peut assister à la délibération ».

Nous voyons dans quel cas le ministère public a le droit
d'assister aux délibérations ; mais peut-il en outre y prendre
une part active et participer au vote ? Une circulaire de la
chancellerie porte que « le ministère public est indivisible,
« qu'il n'a qu'une voix et ne peut avoir qu'une seule opinion.
« Admettre les officiers du Parquet à concourir aux délibéra-
« tions par leurs votes, ce serait ouvrir le champ aux avis
« opposés et à la discordance qui en résulterait. Ainsi, par
« exemple, le vote du procureur général pourrait être com-
« battu et repoussé par ses substituts, qui voteraient dans un
« sens contraire. Vous sentez tout ce qu'une pareille lutte
« pourrait entraîner de fâcheux ; le moyen de la prévenir est
« de se renfermer dans le principe qui ne permet pas que le
« ministère public ait voix délibérative dans les assemblées
« des chambres (Circ. chanc., 3 avr. 1822) ». Cette règle est
trop absolue. Nous remarquerons tout d'abord qu'aux termes
de l'ordonnance du 18 avril 1841, lorsque le gouvernement
consulte sur un projet de loi les Cours et tribunaux, les
membres du Parquet opinent avec les juges. — De plus, la
chancellerie a décidé que, lorsque la décision à prendre par
la Cour ou par le tribunal est relative à un objet qui n'a
aucun caractère légal ou judiciaire, non seulement les officiers du ministère public peuvent voter, mais ils doivent
être admis à voter individuellement, comme membres de la
compagnie, car ils ont le même intérêt que les conseillers ou
les juges à cette décision (Let. du g. des sc. au proc. gén.
de Toulouse 30 août 1838, au sujet des votes émis par les
membres du Parquet, dans une délibération relative à la
procession de la Fête-Dieu ; *Rec. off.*, t. I, p. 125).

L'ordonnance de 1841 et la chancellerie, dans cette dernière décision, ont fait une saine application des véritables

principes. Il y a lieu en effet de faire une distinction, suivant que la délibération comporte ou non des réquisitions de la part du ministère public. Si les officiers du Parquet ont dû faire usage de leur droit de réquisition, il est évident qu'ils ne peuvent concourir au vote : mais si l'objet de la délibération est tel qu'il ne puisse y avoir lieu à réquisition, ils peuvent voter, car il n'y a dès lors qu'une manière de prendre part à la délibération, c'est de participer au scrutin. C'est en ce sens qu'est fixée la jurisprudence de la Cour de cassation (Cass., 29 juil. 1851; P. 51-II-667 ; — 27 mars 1854 ; P. 55-1-236). (Voir : **Assistance judiciaire.**)

MONUMENTS

La destruction, la mutilation ou la dégradation des monuments, statues ou autres objets destinés à l'utilité ou à la décoration publique et élevés par l'autorité publique ou avec son autorisation, constitue un délit puni d'un emprisonnement d'un mois à deux ans et d'une amende de 100 à 500 francs (art. 257, C. pén.).

Il faut distinguer les cas prévus par cet article d'avec ceux que vise l'article 437 du Code pénal. L'article 257 protège non seulement les monuments, destinés à l'embellissement des villes, mais aussi ceux qui ont un but d'utilité publique, qui n'ont pas la haute importance des édifices et constructions dont l'article 437 empêche la destruction.

Ainsi la destruction d'une cloche d'église (Cass., 1er avril 1826 ; D. 26-1-345), d'un urinoir, placé sur la voie publique (Cass., 5 août 1858 ; *Bull. crim.*, n° 223), d'un reverbère, etc., tombe sous l'application de l'article 257, tandis que l'article 437 est applicable à la destruction des édifices, ponts, chaussées, etc. — Remarquons de plus que s'il n'y a que dégradation, ce sera toujours l'article 257 qui sera applicable ; la dégradation d'un pont, par exemple, sera punie des peines portées dans cet article, car l'article 437 ne prévoit que la destruction et le renversement.

MUNITIONS DE GUERRE

Tout individu qui, sans y être légalement autorisé, fabrique, débite ou distribue de la poudre, ou est détenteur d'une

quantité quelconque de poudre de guerre ou de plus de
2 kil. de toute autre poudre, est puni d'un emprisonnement
d'un mois à deux ans (art 2. de la loi du 24 mai 1834). Est
puni d'un emprisonnement d'un mois à deux ans et d'une
amende de 16 à 1,000 francs, tout individu qui, sans y
être légalement autorisé, fabrique, confectionne, débite ou
distribue des cartouches ou autres munitions de guerre.
Cette disposition n'est pas applicable aux armuriers (art. 3.
même loi). (Voir : **Armes**.)

N

NAISSANCE

Voir : **État civil.**

NATIONALITÉ

Nous verrons (Voir : **Officiers**) que les instances, ayant pour
objet de faire prononcer contre un officier la perte de la qualité de Français, sont intentées et suivies par les procureurs
de la République. Peut-on étendre la règle ainsi établie par
l'ordonnance du 30 avril 1837 et dire que le ministère public
a le droit de faire déclarer d'office déchu de sa nationalité
tout Français qui se fait naturaliser à l'étranger ou s'y établit
sans esprit de retour? La Cour de Colmar l'a décidé par un
arrêt du 19 mai 1868 ; P. 68-974 (1). Cette Cour s'appuie pour
déclarer recevable l'action du ministère public sur ce que les
dispositions combinées de l'avis du Conseil d'Etat du 11 brumaire an XI, les lois du 24 août 1790, du 19 avril 1810, etc...
autorisent *exceptionnellement* le ministère public à agir
d'office dans cette matière qui intéresse au plus haut degré
l'ordre public. — Mais si l'on se reporte aux textes visés, on

(1) Cet arrêt porte, dans le *Recueil* de Dalloz (68-2-225), la date du
19 mai 1867.

voit qu'ils ne font pas la moindre allusion à l'espèce qui nous occupe. Or, nous avons vu déjà (Voir : **Action directe**) que la Cour de cassation n'accorde l'action directe au procureur de la République que dans les matières limitativement déterminées par la loi. — L'argumentation de l'arrêt de la Cour de Colmar n'a donc aucune valeur. — Mais doit-on cependant repousser la solution qu'il consacre ?

La disposition exceptionnelle de l'ordonnance de 1837 ne peut évidemment être étendue par analogie ; car elle se réfère non au Code civil, mais à la loi du 19 mai 1834 sur l'état des officiers.

A notre avis, le ministère public a cependant le droit d'agir d'office pour faire déclarer un citoyen déchu de sa qualité de Français ; mais ce n'est ni dans les textes invoqués par la Cour de Colmar ni dans l'ordonnance de 1837 que nous trouvons la source de ce droit. — Tout individu qui devient citoyen d'un autre pays, perd sa qualité de Français : cette perte que la loi lui inflige ainsi est une véritable peine. C'est ce qui résulte tant des travaux préparatoires du Code que de la discussion de la loi du 19 mai 1834. — Cette peine n'est pas prononcée par les tribunaux correctionnels ; mais notre législation contient de nombreux exemples de cette exception aux règles de la répression. Ce sont les tribunaux civils qui prononcent les peines édictées par la loi pour certaines contraventions commises par les officiers de l'état civil, par les officiers ministériels, etc... C'est aussi devant les tribunaux civils que doivent être poursuivis les maires qui n'ont pas tenu les registres prescrits par l'article 10 de la loi du 23 décembre 1874. — Dans tous ces cas, l'initiative des poursuites appartient au ministère public ; dès qu'il s'agit de l'application d'une peine et qu'une loi spéciale n'a pas soumis à certaines restrictions l'exercice de l'action publique, le procureur de la République a le droit incontestable d'agir d'office, peu importe que l'affaire soit de la compétence de la juridiction civile ou de la juridiction correctionnelle. — Nous devons donc en conclure que le ministère public a le droit de faire déclarer d'office par le tribunal qu'un citoyen a perdu sa qualité de Français ; par suite, il peut interjeter appel du jugement qui à tort lui a reconnu cette qualité.

NATURALISATION

L'étranger qui veut être *naturalisé* doit adresser au garde des sceaux, par l'intermédiaire du préfet, une demande sur papier timbré ; il y joint son acte de naissance, l'accusé de réception de la demande d'autorisation d'établir son domicile en France et l'ampliation du décret d'autorisation.

Il faut : 1° Que l'étranger ait vingt-et-un ans accomplis ; 2° Qu'il ait été autorisé par décret à établir son domicile en France ; — 3° Qu'il ait résidé en France depuis trois ans, à partir du jour où la demande d'autorisation a été enregistrée au ministère de la justice. Ce délai de trois ans peut être réduit à une seule année en faveur des étrangers qui ont rendu à la France des services importants, qui ont introduit en France soit une industrie, soit des inventions utiles, qui y ont apporté des talents distingués, qui y ont fondé de grands établissements ou créé de grandes exploitations agricoles (art. 1 et 2 de la loi du 29 juin 1867).

Les droits de sceau sont de 173 fr. 20 pour l'admission à domicile et de la même somme pour la naturalisation. Des remises peuvent être accordées.

Il est statué sur la demande en naturalisation, après enquête sur la moralité de l'étranger, par un décret du président de la République, rendu sur le rapport du garde des sceaux, le conseil d'État entendu (art. 1er de la même loi).

L'admission d'un étranger dans l'armée française, même en vertu de l'article 2 du décret du 16 avril 1856 sur la légion étrangère, ne confère pas la qualité de Français (Nancy, 16 juin 1877 ; P. 78-102).

NOM (Changement et addition de)

Division.

I. **Changement de prénoms.** — L'article 2 de la loi du 11 germinal an XI est ainsi conçu : « Toute personne qui « porte *actuellement* comme prénom, soit le nom d'une

« famille existante, soit un nom quelconque qui ne se trouve
« pas compris dans la désignation de l'article précédent,
« pourra en demander le changement, en se conformant aux
« dispositions de ce même article ». — Le changement est
ordonné par un jugement du tribunal, rendu sur simple
requête présentée par l'intéressé (art. 3).

Il résulte du texte même de cet article 2 qu'il ne s'applique qu'aux actes dressés antérieurement au 11 germinal an XI. C'est d'ailleurs ce qu'a déclaré au Corps législatif
le tribun Challan : « ... On n'a rien à redouter des suites des
« dispositions des articles 2 et 3 du projet qui, d'ailleurs, *ne*
« *sont que transitoires* ».

II. Changement de nom. — Distinctions. — La demande,
formée par une personne qui désire reprendre un nom auquel
elle croit avoir droit, est de la compétence des tribunaux
civils (Rennes, 15 févr. 1826 ; P. chr.).

Il en est de même des rectifications de noms.

Mais si l'on veut changer de nom ou ajouter un autre nom
à son nom patronymique, l'autorisation doit être demandée
au chef de l'État (L. du 11 germ. an XI, art. 5). — Nous ne
nous occuperons ici que de cette dernière hypothèse.

III. Procédure. — La procédure à suivre en matière de changements et d'additions de nom est réglée par la loi du 11 germinal an XI, les décisions du garde des sceaux des 26 octobre 1815 et du 10 avril 1818 et l'arrêté du 25 juin 1828 (1).

---

(1) Ces documents n'ont été publiés que dans le *Moniteur universel*, aussi
nous croyons devoir les reproduire ici.

Décision du garde des sceaux. — Les demandes de changement de nom ou d'addition à celui que l'on porte déjà se multiplient depuis
quelque temps. L'on a pris jusqu'à présent des précautions pour empêcher
qu'on ne blessât l'intérêt des personnes qui portent quelquefois le nom dont
on propose le changement ou l'addition à un autre. Pour prévenir encore
mieux les erreurs, Mgr le garde des sceaux a décidé qu'il ne s'occuperait des
demandes de cette espèce, que trois mois après qu'on lui aurait justifié que
l'insertion en a été faite dans le journal destiné dans chaque département aux
annonces judiciaires. *Moniteur universel*, n° 299. (Jeudi 26 oct. 1815).

Décision du garde des sceaux. — Les demandes en addition
ou changement de nom, excitant souvent des réclamations de la part des
personnes qui se croient en droit de les contester, S. Exc. Mgr le garde des
sceaux a décidé qu'avant d'y faire droit, elles seraient insérées dans la partie
officielle du *Moniteur*.

Toute personne qui sollicite un changement ou une addition de nom, doit insérer sa demande : 1° Dans le journal du département destiné aux annonces judiciaires (Décis. chanc., 26 oct. 1815) ; 2° dans le *Journal officiel* (Décis. chanc., 10 avr. 1818).

Cette insertion est indépendante de celle qui doit être faite dans les affiches judiciaires du département où réside et où est né chaque pétitionnaire.

Ce n'est qu'après qu'il se sera écoulé un délai de trois mois, depuis l'une et l'autre insertion que S. Exc. s'occupera de l'examen de ces décisions (*Moniteur universel*, n° 100, vendredi, 10 avr. 1818).

ARRÊTÉ DU 25 JUIN 1828.

Nous, pair de France, garde des sceaux, ministre secrétaire d'État au département de la justice,

Vu : 1° La loi du 1er avril 1803 (11 germ. an XI) ; 2° Les décisions rendues par nos prédécesseurs, publiées en forme d'avis officiel au *Moniteur* des 26 octobre 1815 et 10 avril 1818 ;

Considérant que les demandes en changement, substitution ou addition de nom sont extrêmement multipliées ; que la plupart ne sont appuyées d'autre motif que le vœu exprimé par le réclamant, et n'ont pas été d'ailleurs précédées de l'accomplissement des formalités prescrites pour qu'elles reçoivent la publicité désirable ; que les motifs allégués à l'appui d'autres demandes n'ont aucune gravité, et dès lors ne sont pas de nature à provoquer l'exercice de la prérogative royale en cette matière ; voulant pourvoir légalement à la prompte expédition des demandes de ce genre qui paraîtraient devoir être accueillies,

Nous avons arrêté et arrêtons :

Art. 1er. — Les demandes à fin de changement, substitution ou addition de nom seront, après examen, sur la proposition du directeur des affaires civiles, et de l'avis du secrétaire général de notre département classées sans autre suite : 1° Si elles n'ont pas été précédées des publications requises . — 2° Si elles n'énoncent aucun motif grave et légitime ; — 3° Ou enfin si elles ne sont point accompagnées des pièces nécessaires pour justifier l'intérêt du réclamant, et il en sera donné purement et simplement avis aux parties.

Art. 2. — Celles de ces demandes qui auront été précédées des publications prescrites, qui seront accompagnées des pièces nécessaires et qui énonceront des motifs graves, plausibles et de nature à être pris en considération, nous seront présentées par le directeur des affaires civiles, avec un rapport à l'appui, accompagné de l'avis du secrétaire général ; elles seront par nous renvoyées, avec les pièces jointes, à l'examen du Conseil d'État, comité du contentieux, sections réunies, pour avoir son avis.

Art. 3. — L'avis du Conseil d'État nous sera présenté, et il sera préparé un projet d'ordonnance tendant à proposer au roi, suivant les circonstances, d'accueillir ou de rejeter la demande.

Art. 4. — Il sera donné avis aux réclamants des oppositions qui seraient parvenues dans les bureaux de notre département à leurs demandes, durant les trois mois postérieurs à la publication qu'ils en auront faite par la voie des journaux ; dans cet état de choses, il sera sursis à toute instruction et à toute

Le garde des sceaux n'examine la demande qu'après qu'il s'est écoulé trois mois depuis l'une et l'autre insertion (mèmes décis.).

Le réclamant dépose ensuite au Parquet son dossier qui doit comprendre :

1° Une demande motivée, faite sur papier timbré ;

2° L'acte de naissance ;

3° Les numéros des journaux où ont été faites les insertions. — Ces journaux doivent être légalisés (Lettre du garde des sceaux au procureur de la République de Guéret du 15 mai 1883);

4° Les pièces nécessaires pour justifier l'intérêt de la demande (Arrêté du 25 juin 1828, art. 1);

5° Un inventaire.

Le procureur de la République s'assure de la régularité des pièces, et joint au dossier un rapport où il donne son avis motivé. Il transmet le tout à la chancellerie par l'intermédiaire du procureur général, sans qu'il soit nécessaire d'attendre que le délai de trois mois, à compter de l'insertion, soit expiré.

IV. **Examen à la chancellerie.** — Les demandes sont examinées à la division des affaires civiles. Celles qui n'ont pas été précédées des publications requises, qui n'énoncent aucun motif grave et légitime ou qui ne sont pas accompagnées des pièces justificatives sont classées sans suite (art. 1er de l'arrêté du 25 juin 1828). Les autres demandes sont présentées au garde des sceaux par le chef de division des affaires civiles avec un rapport à l'appui, accompagné de l'avis du secrétaire général. Elles sont ensuite renvoyées par ses ordres à la section du contentieux du Conseil d'État (art. 2). Sur l'avis du Conseil d'État, il est préparé par la chancellerie un projet de décret, tendant, suivant les circonstances, à accueillir ou à rejeter le demande (art. 3).

S'il est fait des oppositions dans les trois mois qui suivent la publication de la demande, il en est donné avis aux réclamants, dès qu'elles parviennent à la chancellerie. Dans ce

décision jusqu'à ce que les parties intéressées se soient entendues pour faire cesser l'opposition ou qu'il ait été statué sur cette opposition en justice réglée ; le tout sans préjudice du droit d'opposition réservé par l'article 62 de la loi du 1er avril 1883 (11 germ. an XI).

cas, il est sursis à toute instruction et à toute décision, jusqu'à ce qu'une mainlevée amiable ou judiciaire ait été obtenue (art. 4).

Le changement ou l'addition de nom est autorisé par un arrêté du président de la République qui ne peut recevoir son exécution qu'un an après son insertion au *Bulletin des Lois* (art. 6 de la loi du 11 germ., an XI). Pendant cette année, toute personne y ayant droit, peut demander la révocation de l'arrêté et cette révocation est prononcée par le gouvernement, s'il juge l'opposition fondée (art. 7 de la même loi). L'arrêté de concession peut aussi être l'objet, de la part des tiers, d'un recours devant le Conseil d'État (Cons. d'État, 18 nov. 1818 ; 12 mai 1819 ; 2 juin 1819).

S'il n'y a pas eu d'opposition ou si celles qui ont été faites, n'ont point été admises, l'arrêté a son plein et entier effet à l'expiration de l'année (art. 8 de la loi du 11 germ., an XI).

Tout décret qui intervient sur une demande de changement ou d'addition de nom, donne ouverture à des droits s'élevant à 650 francs 25 centimes pour chaque impétrant.

V. **Jurisprudence.** — Il a été décidé :

1° Qu'un particulier ne peut être autorisé à ajouter à son nom patronymique le nom d'une commune, lorsque le maire s'y oppose en vertu d'une délibération du conseil municipal (Cons. d'État, 27 déc. 1820) ;

2° Que celui qui est en possession d'un nom est recevable à s'opposer à ce que le même nom soit conféré à une autre famille, bien que cette famille soit alliée de la sienne (Cons. d'État, 12 août 1818 ; — 12 déc. 1818);

3° Qu'on ne peut ajouter au nom d'un enfant naturel un nom qui n'appartient à aucun des membre de sa famille et qu'il n'a intérêt à prendre que pour tromper sur son origine (Décis. chanc., 15 mai 1850 ; — Massabiau, t. I, p. 374) ;

4° Qu'on peut être autorisé à changer de nom, quand celui que l'on porte retrace des images, soit grossières, soit immorales : c'est ainsi qu'un sieur Cocu a été autorisé à substituer à son nom celui de Chambrié (Cons. d'État, 3-26 septembre 1836).

NOTAIRES

Division.

§ 1er. — LÉGISLATION. — NOMINATION. — CONDITIONS EXIGÉES

I. **Législation. — Fonctions des notaires.** — Le notariat est actuellement régi par la loi du 25 ventôse an XI, complétée par l'ordonnance du 4 janvier 1843 qui a organisé les chambres de discipline, par la loi du 21 juin 1843 sur la forme des actes notariés et les notaires *en second*, et par la loi du 5 août 1881 sur la taxe et la prescription des frais des actes notariés.

Les notaires sont des fonctionnaires publics établis pour recevoir tous les actes et contrats auxquels les parties doivent ou veulent faire donner le caractère d'authenticité, attaché aux actes de l'autorité publique, et pour en assurer la date, en conserver le dépôt, en délivrer des grosses et expéditions (art. 1er de la loi du 25 vent. an XI).

II. **Conditions exigées pour la nomination.** — Le candidat aux fonctions de notaire doit être présenté par le titu-

laire d'un office qui consent à lui céder sa charge, sauf
dans certains cas particuliers que nous avons examinés aux
mots : **Officiers ministériels** et **Cessions d'office**, II, XXI,
XXII.

Il doit en outre :

1° Être âgé de vingt-cinq ans accomplis (art. 35 de la loi du
25 vent. an XI). — Aucune disposition légale n'autorise le
gouvernement à accorder des dispenses d'âge; (Décis. chanc.,
9 janv. 1837 ; Gillet, n° 2652; — 29 juil. 1843 ; Gillet n° 2982;
— 31 août 1843 ; — 27 juil. 1852; Gillet n° 3578) ;

2° Avoir satisfait à la loi sur le recrutement de l'armée
(art. 35 de la loi du 25 vent., an XI ; — art. 72 de la loi du
27 juil. 1872) ;

3° Avoir la jouissance de ses droits civiques, civils et politiques (art. 35 de la loi du 25 vent. an XI) ;

4° Avoir fait le stage prescrit (Voir : III) ;

5° Avoir obtenu de la chambre de discipline un certificat de
capacité et de moralité.

III. Stage réglementaire. — En principe, la durée du
stage est de six années entières, et non interrompues, dont
une des deux dernières, au moins, a été passée en qualité de
premier clerc chez un notaire d'une classe égale ou supérieure à celle de l'étude à laquelle aspire le candidat (art. 36
de la loi du 25 vent. an XI).

La loi veut que ces six années ne soient pas interrompues :
Que faut-il entendre par là? La loi n'admet pas dans le calcul du stage, le temps passé dans une étude de notaire par
un candidat qui a interrompu ensuite ses études pour
rester dans l'oisiveté ou se livrer à des travaux étrangers au
notariat. Ainsi, un clerc entre dans une étude, il y travaille
pendant deux ans, puis va prendre pendant un an la direction
d'une maison de commerce ou de banque : ces deux premières années ne pourront lui être comptées comme stage ; les
six années dont il doit justifier courront du jour où il aura
renoncé au commerce et se sera fait de nouveau inscrire
comme clerc de notaire.

Mais le stage n'est pas censé interrompu :

1° Si une maladie grave a forcé le candidat à quitter pendant un certain temps l'étude où il travaille (Décis., chanc.,
14 nov. 1837 et 9 juil. 1847) ;

2° Si le candidat a dû aller passer un certain temps sous les drapeaux (Déc. chanc., 19 déc. 1845);

3° S'il n'a cessé de travailler comme clerc que pour remplir des fonctions qui ont certains rapports avec le notariat et qui ont pu par suite lui faire acquérir certaines connaissances utiles. C'est ainsi qu'il a été décidé qu'il n'y a pas interruption dans la durée du stage par l'exercice des fonctions de greffier de justice de paix (Déc. chanc., 8 sept. 1830 ; Gillet, n° 2309).

Le temps pendant lequel le stage est suspendu pour cause de maladie ou de service militaire ne peut être compté dans la supputation totale du stage (Déc. chanc., 9 juil. 1847). Il en est de même pour la durée des fonctions publiques ; la chancellerie a par suite décidé qu'un candidat ne peut compter le temps de stage fait dans une étude de notaire, concurremment avec l'exercice d'une fonction publique (Déc. chanc., 25 juil. 1834 ; Gillet, n° 2541).

IV. **Cas où le stage est augmenté.** — Le temps du stage est augmenté d'un tiers, si le candidat a travaillé dans une étude d'une classe inférieure d'un degré à celle dont il demande à être investi (art. 40 de la loi du 25 vent. an XI). Cette augmentation porte sur la durée totale du stage et sur la durée de la première cléricature.

Ainsi lorsqu'un clerc de troisième classe demande à être nommé notaire de deuxième classe, ou qu'un clerc de deuxième classe aspire à une étude de première classe, il doit justifier d'un stage de huit années et avoir rempli les fonctions de premier clerc pendant seize mois.

V. **Cas où le stage est diminué.** — La durée du stage est réduite à quatre années, lorsqu'il en a été employé trois dans une étude d'une classe supérieure à la place qui devra être remplie, et lorsque, pendant la quatrième, l'aspirant a travaillé en qualité de premier clerc, chez un notaire d'une classe supérieure ou égale à celle de l'office pour lequel il se présente (art. 37 de la loi du 25 vent. an XI).

Le stage est également de quatre ans, pour le candidat qui a travaillé pendant quatre ans sans interruption, chez un notaire de première ou de seconde classe et qui a été, pendant deux ans au moins, avocat ou avoué près d'un tribunal civil, pourvu que pendant l'une des deux dernières années,

de son stage, il ait travaillé en qualité de premier clerc. —
Le candidat ne peut être admis dans ces conditions que
dans une étude de même classe que celle où il a fait son
stage (art. 39). — Le candidat ne doit pas se borner à produire un certificat constatant qu'il a été inscrit au tableau de
l'ordre des avocats, il doit prouver qu'il a réellement exercé
la profession d'avocat (Déc. chanc., 19 janv. 1836 ; — 15 fév.
1845 ; Gillet, n° 3076 ; — 3 avr. 1847 ; D. 48-3-15). — Comme
le fait remarquer la chancellerie, « ni par sa lettre ni par
« son esprit, l'article 39 n'autorise l'admission aux fonctions
« de notaire, lorsque les quatre années de cléricature et les
« deux années de profession d'avocat se sont accomplies
« simultanément ; il faut toujours, dans le cas prévu par cet
« article, qu'en somme on retrouve les six années d'études
« exigées par l'article 36 » (Déc. chanc., 25 sept. 1843).

Enfin le stage est réduit à trois ans, pour le candidat à une
étude de troisième classe : 1° S'il a travaillé, pendant trois
années, chez un notaire de première ou de deuxième classe ;
2° S'il a exercé, comme avocat ou comme avoué, pendant deux
ans, auprès d'une Cour ou d'un tribunal, et qu'en outre il
ait travaillé, pendant un an, chez un notaire (art. 41).

VI. **Dispenses de stage.** — L'article 42 porte que « le
« gouvernement pourra dispenser de la justification du temps
« d'études les individus qui auront exercé des fonctions
« administratives ou judiciaires ». Cette disposition, dans
l'esprit du législateur, n'était que transitoire ; nous en trouvons une preuve indiscutable dans les travaux préparatoires :

« Cette section présente dans l'article 42 une disposition
« transitoire bien essentielle ; c'est celle qui prononce que le
« gouvernement pourra dispenser de la justification du
« temps d'études les individus qui ont exercé des fonctions
« administratives ou judiciaires. — Cette disposition est
« *essentiellement transitoire et le gouvernement désire voir*
« *arriver promptement le moment où il en proposera l'abro-*
« *gation* ; mais il faudrait ignorer qu'il s'est fait une révolu-
« tion en France pour contester la nécessité de cette mesure. »
(Exposé des motifs de la loi par le conseiller d'État Réal). —
« Il ne faut pas craindre que le gouvernement abuse de la
« faculté que lui donne le projet de dispenser du temps

« d'études les individus qui ont exercé des fonctions judi-
« ciaires ou administratives. Il a déjà annoncé dans ses
« motifs que cette mesure était *essentiellement transitoire...* »
(Rapport du tribun Favard. — Séance du 21 vent. an XI).

Malheureusement cette mesure *essentiellement provisoire*
n'a pas été abrogée et est encore actuellement en vigueur ;
la prudence et la sagesse que montre toujours le gouvernement dans les nominations, sont certainement une très
sérieuse garantie et empêchent des abus de se produire ;
mais on ne peut cependant se dissimuler qu'il y a là une porte
toujours ouverte à l'arbitraire. Aussi, nous ne faisons que
reproduire les vœux de tous les magistrats, de toutes les
chambres des notaires, en demandant au législateur de tenir
les promesses que faisait le gouvernement en l'an XI et de
prononcer au plus tôt l'abrogation de l'article 46.

Les dispenses de stage ne peuvent être accordées qu'en
raison des fonctions *administratives* ou *judiciaires*. Ainsi, la
qualité d'ancien élève de l'École polytechnique, d'ancien officier d'état-major, de licencié ou de docteur en droit ne permet pas au gouvernement d'en accorder (Décis. chanc.,
19 déc. 1845 ; Gillet, n°3126). — Il est de plus évident, comme
le fait remarquer M. Greffier (p. 25) que « quelques mois pas-
« sés dans une administration publique ne sauraient donner
« au candidat le droit d'invoquer le bénéfice de l'article 42.
« — Cependant il arrive souvent qu'un candidat ne pouvant
« justifier d'un stage complet ou régulier, obtient, quelques
« semaines avant de solliciter l'agrément du gouvernement,
« d'être nommé maire ou adjoint d'une commune rurale,
« membre d'une commission administrative des hospices ou
« d'un bureau de bienfaisance de sa localité et demande une
« dérogation à la loi du stage... Évidemment la disposition
« transitoire de la loi de l'an XI ne peut protéger de sembla-
« bles subterfuges. » Nous avons vu cependant la nomination
d'un candidat à qui il manquait quinze mois de stage et qui ne
pouvait s'appuyer, pour demander des dispenses, que sur ce
qu'il avait été, pendant un an, administrateur de l'hospice.
Mais cette décision a été évidemment motivée par des considérations spéciales, et ne doit pas être suivie dans la
pratique.

La chancellerie décide qu'il peut être accordé des dispenses :

1° Aux greffiers de justice de paix (Décis. chanc., 31 janv. 1836 ; Gillet, n° 2611) ;

2° Aux huissiers. — Remise intégrale du stage a été accordée, dans l'arrondissement d'Ussel, à l'huissier M..., qui a été nommé notaire par décret du 7 juillet 1883 ;

3° Aux juges suppléants et aux suppléants de justice de paix ;

4° Aux directeurs, inspecteurs et receveurs des domaines et aux conservateurs des hypothèques (Décis. chanc., 14 juil. 1840 ; Gillet, n° 2808) ;

5° Aux maires et adjoints (Décis. chanc., 24 août 1846 ; Gillet, n° 3164).

Il ne peut en être accordé :

1° A un commis greffier assermenté de justice de paix (Décis. chanc., 27 août 1844 ; Gillet n° 3055) ;

2° Aux surnuméraires de l'enregistrement, car ils ne remplissent pas une fonction publique (Décis. chanc., 13 juin 1835 ; Gillet, n° 2570) ;

3° Aux conseillers municipaux (Décis. chanc., 19 mai 1836 ; Gillet, n° 2626) ;

4° Aux chefs ou sous-chefs de bureau des préfectures (Décis. chanc., 10 sept. 1847 ; D. 48-3-14).

VII. **Notaires en exercice passant dans une étude d'un rang plus élevé.** — Le notaire déjà reçu et exerçant depuis un an dans une classe inférieure est dispensé de toute justification de stage pour être admis dans une classe immédiatement supérieure (art. 38 de la loi du 25 vent. an XI). Mais cette exemption n'existe qu'au profit du notaire qui passe dans une classe immédiatement supérieure : un notaire de troisième classe qui veut être nommé dans une étude de première classe, doit faire les justifications ordinaires et sa demande est repoussée, si le stage primitif est insuffisant, encore bien qu'il ait un long exercice (treize ans) comme notaire de troisième classe (Décis. chanc., 28 sept. 1845 ; D. 46-3-48).

VIII. **Comment le stage est effectué. — Clercs. — Justification du stage.** — Aucun aspirant au notariat n'est admis à l'inscription au stage, s'il n'est âgé de dix-sept ans accomplis (art. 34 de l'ord. du 4 janv. 1843).

Tout clerc qui aspire aux fonctions de notaire se pourvoit d'un certificat délivré par le notaire chez lequel il travaille, constatant le grade qu'il occupe dans l'étude ; et le remet au secrétaire de la chambre, dans les trois mois de la délivrance, avec son acte de naissance (art. 31 et 32). L'inscription est faite sur le vu de ces pièces qui restent déposées aux archives de la chambre (art. 33).

Il est tenu, à cet effet, par le secrétaire de la chambre un registre coté et paraphé par le président ; les inscriptions sont signées par le secrétaire et par l'aspirant (art. 33).

Les inscriptions pour les grades inférieurs à celui de quatrième clerc ne sont admises que sur l'autorisation de la chambre qui peut la refuser, lorsque le nombre de clercs demandé est évidemment hors de proportion avec l'importance de l'étude. — Le même grade ne peut être conféré concurremment à deux ou plusieurs clercs dans la même étude (art. 35).

Le candidat justifie de son stage en produisant des certificats délivrés par les notaires chez lesquels il a travaillé et des extraits du registre de stage. — Ces certificats et extraits sont sur timbre ; les signatures du notaire et du secrétaire de la chambre doivent être légalisées.

Les certificats doivent mentionner les dates d'entrée et de sortie des études dans lesquelles le stage a eu lieu (Décis. chanc., 28 janv. 1851 ; Gillet n° 3465)

IX. Nomination — Cautionnement — Serment. — Les notaires sont nommés par décret du président de la République, sur la présentation du garde des sceaux. — Le décret fixe la résidence. — Une ampliation est adressée, par l'intermédiaire du procureur général, au procureur de la République dans l'arrondissement duquel est établie l'étude. Ce magistrat donne avis à l'impétrant de sa nomination, puis l'invite à verser son cautionnement dont le chiffre est indiqué en marge du décret et à venir ensuite prêter serment devant le tribunal. — Les règles que nous avons retracées pour les avoués (Voir: **Avoués,** V), sont applicables aux notaires.

Le notaire dont l'étude est transférée dans une autre localité du canton, sans changer de classe, n'est pas tenu de prêter un nouveau serment ; mais il n'en est plus de même si une étude d'une commune rurale est transférée dans un chef-lieu d'arrondissement. Le notaire acquiert en effet, *ipso facto*, une extension de compétence équivalant, pour les nouveaux cantons dans lesquels il pourra exercer, à l'avenir, à une véritable création d'office. — Le tribunal de Riberac a été récemment appelé à statuer sur cette question : Mᵉ Desbordes, notaire à Allemans, avait été autorisé à transférer son office au chef-lieu d'arrondissement ; le Parquet a soutenu que par le seul effet du décret, ce notaire avait l'investiture complète de ses fonctions pour tout l'arrondissement, qu'un nouveau serment serait inutile et pour ce motif a refusé de requérir la prestation de serment. Il s'est même opposé à l'admission de la requête présentée par Mᵉ Desbordes. Le tribunal, par un jugement fortement motivé, a décidé que le serment était nécessaire et, faisant droit à la requête, a admis ce notaire à prêter serment, en dehors de toute réquisition du ministère public (22 juin 1881 ; P. 82-718).

§ 2. — ORGANISATION

X. Nombre — Classes. — Dans les villes de cent mille habitants et au-dessus, il ne peut y avoir plus d'un notaire par six mille habitants. Dans les autres villes, bourgs ou villages, il doit y avoir deux notaires au moins et cinq au plus par chaque arrondissement de justice de paix (art. 31 de la loi du 25 vent. an XI).

Le président de la République peut, sur le rapport du garde des sceaux, augmenter ou diminuer, suivant les besoins du service, le nombre des notaires d'un canton (Voir : **Officiers ministériels**) ; mais sans pouvoir dépasser les limites fixées par l'article 31 : ainsi, dans un canton qui ne compte que deux notaires, aucune étude ne peut être supprimée.

Les notaires sont divisés en trois classes : — 1° Les notaires des villes où réside une Cour d'appel ; — 2° Ceux des villes où il y a un tribunal de première instance ; — 3° Ceux des autres villes et communes.

XI. Compétence territoriale. — Les notaires de première classe ont le droit d'instrumenter dans tout le ressort de la Cour ; ceux de seconde dans tout l'arrondissement, enfin, ceux de troisième dans le canton (art. 5 de la loi du 25 vent. an XI).

Il est défendu à tout notaire d'instrumenter hors de son ressort, à peine d'être suspendu de ses fonctions pendant trois mois, d'être destitué en cas de récidive et de tous dommages-intérêts (art. 6). Si le notaire contrevenant était de bonne foi ; si par exemple il s'était mépris sur l'étendue de son ressort, par suite d'une erreur commune, il devrait être acquitté (Dal. Alph., V° *Notaire*, n° 89) ; mais s'il y a lieu à condamnation, le tribunal est obligé de prononcer les peines édictées par l'article 6 qui ne peuvent être atténuées.

La contravention prévue par l'article 6 existe :

1° Lorsqu'un notaire entend les parties et reçoit leurs conventions, comme notaire, hors de son ressort, bien qu'il n'en signe et parachève l'acte qu'à sa résidence. (Toulouse, 31 déc. 1844 ; D. 45-2-66) ;

2° Lorsqu'un notaire procède, en dehors de son ressort, à la réception d'enchères en faisant signer aux acquéreurs un pouvoir en blanc, contenant les conditions de la vente, afin de la réaliser dans son étude (Paris 30 janv. 1872 ; P. 72-228).

XII. **Résidence.** — Chaque notaire doit résider dans le lieu qui lui est fixé par le gouvernement. En cas de contravention, il est considéré comme démissionnaire : en conséquence le garde des sceaux, après avoir pris l'avis du tribunal, peut proposer au gouvernement son remplacement (art. 4 de la loi du 25 vent, an XI). L'avis du tribunal est demandé par voie consultative et non par voie contentieuse ; aussi le ministère public, chargé par le garde des sceaux, de demander cet avis, doit se borner à donner communication de la lettre qui lui a été adressée ; il ne doit prendre aucune réquisition (Cass., 24 juin 1829 ; P. chr.).

Il n'appartient qu'au garde des sceaux de statuer sur les faits d'abandon ou changement de résidence ; mais c'est aux tribunaux, chargés de réprimer les manquements des officiers publics à leurs devoirs professionnels, à statuer sur les faits qui sans impliquer l'abandon ou le changement de la résidence notariale, constituent un exercice abusif et compromettant du droit d'instrumenter hors de la résidence (Caen, 6 déc. 1858 ; P. 59-563 ; — Cass., 22 août 1860 ; P. 61-142).

Il convient en effet de rappeler que les notaires n'ont le droit de se transporter, dans leur ressort, hors de la résidence que lorsqu'ils en sont requis et qu'ils n'y ouvrent pas une étude (Caen, 4 juin 1857 ; P. 58-61). Ainsi commet une infraction à la résidence qui le rend passible de peines disciplinaires :

1° Le notaire qui se transporte périodiquement et sans réquisition préalable dans une commune autre que celle de sa résidence légale, pour y attendre la clientèle dans un endroit déterminé et y passer des actes de son ministère (Caen, 6 déc. 1858, *précité*; — Cass., 22 août 1860, *précité*; — Cass., 1er avr. 1868 ; P. 68-505 ; — Bordeaux, 13 mai 1872 ; P. 72-945);

2° Le notaire qui, dans son canton, habite avec sa famille une localité autre que celle de la situation de l'office et qui n'a conservé au lieu de cette situation qu'une simple chambre d'auberge où il tient ses minutes et où il se rend seulement deux fois par semaine (Grenoble, 24 févr. 1875 ; P. 75-1122).

La résidence des notaires est irrévocablement fixée par le décret de nomination : aussi un notaire ne peut être déplacé sans son consentement. Si c'est le notaire qui sollicite un changement de résidence, il doit adresser une demande au garde des sceaux, par l'intermédiaire du Parquet. — Le procureur de la République consulte la chambre de discipline et s'entoure de tous les renseignements utiles et transmet à la chancellerie par l'intermédiaire du Parquet général, le dossier avec un rapport sur la suite que paraît comporter cette demande.

Le dossier doit comprendre, outre les pièces justificatives qu'il peut y avoir lieu de joindre :

1° La demande du candidat ;
2° Le plan du canton ;
3° Le tableau des notaires du canton, indiquant le nombre d'actes et le produit moyen de chaque étude ;
4° L'avis de la chambre de discipline ;
5° Le rapport du procureur de la République ;
6° L'inventaire.

Si deux notaires d'un même canton demandent à permuter; il y a lieu de suivre la même procédure ; si un traité est intervenu, il faut en joindre une expédition aux pièces. — Si les deux notaires résident dans des cantons différents, c'est en

réalité une double cession et il y a lieu de suivre les règles
ordinaires des cessions d'office. (Voir : *supra*, IX).

Le notaire est tenu, à peine de 20 francs d'amende, d'indiquer dans les actes qu'il reçoit, le lieu de sa résidence (art. 12 de la loi du 25 vent. an XI ; — art. 10 de la loi du 16 juin 1824).

§ 3. — ATTRIBUTIONS. — INCOMPATIBILITÉS

XIII. Principales attributions. — La principale attribution des notaires est de rédiger et de constater les conventions auxquelles les parties doivent ou veulent faire donner l'authenticité (art. 1 de la loi du 25 vent. an XI).

Les notaires sont commis dans les partages judiciaires pour procéder aux comptes que les copartageants ont à se rendre, à la formation de la masse générale et à la composition des lots (art. 828, 831 et 842 du C. civ. ; — 976 du C. de pr. civ.). Ils peuvent être chargés par les tribunaux de procéder aux ventes judiciaires (art. 459, 806, 827 du C. civ. ; — art. 747, 904, 955, 970. 988 et 1001 du C. de pr. civ.).

Ils sont chargés exclusivement de signifier les actes respectueux (art. 154, C. civ. ; — Voir : **Mariage**, XVI.). Ils font les protêts (art. 173 C. comm.) et les offres réelles (art. 1258 C. civ.), en concurrence avec les huissiers.

Les notaires peuvent procéder à la vente des meubles, à celle des fruits et récoltes pendants par racine, et à celle des coupes de bois taillis ; ils sont chargés, à l'exclusion des greffiers et des huissiers, de la vente des coupes de bois futaies.

XIV. Réception et rédaction des actes notariés. — Les actes notariés sont reçus par deux notaires ou par un notaire assisté de deux témoins (art. 9 de la loi du 25 vent. an XI) ; exceptionnellement, les testaments ne peuvent être reçus que par deux notaires assistés de deux témoins ou par un notaire assisté de quatre témoins (art. 971 du C. civ.)

La présence réelle du second notaire ou des témoins est exigée, à peine de nullité, pour les donations entre vifs, les donations entre époux pendant le mariage, les révocations de donations ou de testament, les reconnaissances d'enfants naturels, et les procurations pour consentir ces divers actes. Leur présence n'est toutefois requise qu'au moment de la lecture des actes par le notaire et de la signature par les parties (art. 2 de la loi du 21 juin 1843). Remarquons que cette loi n'a rien innové en ce qui touche les testaments qui restent soumis aux règles écrites dans le Code civil.

Tout acte doit énoncer le nom et le lieu de la résidence du notaire, sous peine d'une amende de 20 francs (art. 12 de la loi du 25 vent. an XI; — art. 10 de la loi du 16 juin 1824). Il doit également énoncer les noms des témoins instrumentaires, leur demeure, le lieu, l'année et le jour où l'acte est passé : si l'une quelconque de ces formalités est omise, l'acte ne vaut que comme écrit sous seing privé (art. 12 et 68 de la loi du 25 vent. an XI).

Les actes notariés sont écrits en un seul et même contexte, lisiblement, sans abréviations, blancs, lacunes ni intervalles; ils contiennent les noms, prénoms, qualités et demeures des parties ; ils énoncent en toutes lettres, les sommes et dates ; les procurations des contractants, sont annexées à la minute qui fait mention que lecture de l'acte a été faite aux parties : le tout à peine de 20 francs d'amende contre le notaire contrevenant (art. 12 de la loi du 25 vent. an XI; — art. 10 de la loi 16 juin 1824).

Les actes sont signés par les parties, les témoins et les notaires, qui doivent en faire mention à la fin de l'acte; quant aux parties qui ne savent ou ne peuvent signer, le notaire doit faire mention, à la fin de l'acte, de leur déclaration à cet égard. — Le défaut de signatures entraîne la nullité de l'acte (art. 14 et 68 de la loi du 25 vent. an XI).

Les renvois et apostilles ne peuvent être écrits qu'en marge, à moins que la longueur du renvoi n'exige qu'il soit transporté à la fin de l'acte. Ils sont signés ou parafés par les notaires et les autres signataires; de plus s'ils sont écrits en fin d'acte, ils doivent être expressément approuvés par les parties. Le tout, à peine de nullité du renvoi (art. 15 de la loi du 25 vent. an XI).

Il ne doit y avoir ni surcharge, ni interligne, ni addition, dans le corps de l'acte; les mots surchargés, interlignés ou ajoutés sont nuls. Les mots qui doivent être rayés, le sont de manière que le nombre puisse en être constaté en marge ou à la fin de l'acte et approuvés de la même manière que les renvois, écrits en marge. Une amende de 10 francs est prononcée contre le notaire pour chaque contravention ; s'il y a fraude, il peut être destitué (art. 16 de la loi du 25 vent. an XI ; — art. 10 de la loi du 16 juin 1824). Les notaires doivent faire approuver par les parties au moment même de la signature de l'acte, les barres tirées pour remplir les blancs laissés dans l'acte (Décis. chanc. 30 août 1825 ; Gillet, n° 1929).

Enfin est passible d'une amende de 20 francs pour chaque contravention (art. 10 de la loi du 16 juin 1824) tout notaire qui :

1° Énonce des poids et mesures ou tout autre élément de numération, sans se conformer au système légal de poids et mesures et de la numération décimale (art. 17 de la loi du 25 vent. an XI ; — art. 1 et 5 de la loi du 4 juil. 1837);

2° Attribue aux parties des noms et qualifications, supprimés par des lois ou par des arrêtés du gouvernement (art. 17);

3° Insère des clauses et expressions féodales (art. 17).

Enfin une amende de 25 francs était encourue par le notaire qui omettait de faire mention de la patente dans un acte où se trouve partie un individu qui y est sujet (art. 29 de la loi du 25 avr. 1844). Mais cette disposition a été abrogée par l'article 22 de la loi du 18 mai 1850.

(Voir aussi : **Acte authentique**).

XV. **Minutes.** — Les notaires doivent *garder minute* de tous les actes qu'ils reçoivent : il n'y a d'exception que pour certains actes : tels que certificats de vie, procurations, quittances de fermage, etc... qui peuvent être délivrés en brevet (art. 20 de la loi du 25 vent. an XI).

Lorsqu'un acte a été reçu par deux notaires, appelés par les parties : dans quelle étude doit être déposée la minute ? C'est évidemment dans l'étude du notaire choisi par celle des parties qui avait le droit de choisir le notaire en premier. Mais quelle est la partie qui a ainsi un droit de préférence ? On admet en général que c'est celle qui doit supporter les frais de l'acte.

Il a été décidé pendant longtemps qu'en matière d'inventaire, la minute devait appartenir au plus ancien (art. 17 des statuts des notaires de Paris du 13 mai 1681 ; — Bordeaux, 15 avr. 1835 ; P. chr.). — La Cour de Paris avait même décidé qu'il doit en être ainsi, encore bien que l'autre notaire ait toujours été le notaire de la famille (Paris, 13 juin 1832 : **P. chr.**) Mais cette même Cour a décidé depuis que la garde de la minute doit rester non au notaire le plus ancien, mais à celui qui exerce dans l'arrondissement du domicile du défunt et de la résidence de la majorité des parties intéressées (Paris, 17 janv. 1845 ; P. 45-I-103 ; — 19 mars 1850 ; P. 50-I-236 ; — 11 déc. 1860 ; P. 61-160 ; — 21 mai 1879 ; P. 80-1105). La jurisprudence est donc aujourd'hui fixée en ce sens qu'il faut examiner, non l'ancienneté des notaires, mais l'intérêt des parties ; ce n'est qu'au cas où l'intérêt des parties est sans influence sur le choix qu'il faut confier au plus ancien la garde de la minute.

Nous avons examiné plus loin (§ 6) à qui doivent être confiées les minutes d'un notaire décédé ou dont l'étude a été supprimée.

Les notaires ne peuvent se dessaisir d'aucune minute, si ce n'est dans les cas prévus par la loi, en vertu d'une décision judiciaire (art. 22 de la loi du 25 vent. an XI). Ces cas sont ceux de poursuite en faux principal, de faux incident et de vérifications d'écritures.

Nous avons indiqué (Voir : **Établissements publics**, III) quelles règles sont tenus de suivre les notaires qui doivent soumettre à l'approbation du préfet les actes notariés intéressant les communes et les établissements publics.

Avant de se dessaisir d'une minute, le notaire en dresse et signe une copie figurée qui, après avoir été certifiée par le président et le procureur de la République, est substituée à la minute dont elle tient lieu jusqu'à sa réintégration (art. 22 de la loi du 25 vent. an XI).

Le notaire doit communiquer sans déplacement, la minute aux parties contractantes ou à leurs héritiers ; mais il peut prendre telles mesures qu'il juge convenables pour assurer la conservation de la minute, C'est ainsi que la Cour de Pau a jugé que, lorsque la communication oculaire d'un acte est demandée à un notaire, il peut déclarer ne vouloir représenter l'acte que devant le président du tribunal (12 fév. 1833 ; P. chr.).

XVI. **Expéditions.** — L'article 23 de la loi du 25 ventôse an XI défend aux notaires de délivrer expédition ni donner connaissance des actes à d'autres qu'aux personnes intéressées en nom direct, héritiers ou ayants droit, sous peine de dommages-intérêts et d'une amende de 20 francs (Loi du 13 juin 1824) ; en cas de récidive, ils sont suspendus de leurs fonctions pendant trois mois. Mais il peut arriver que des tiers aient besoin de la copie d'un acte ; aussi les articles 846 à 850 du Code de procédure civile ont réglé la procédure à suivre pour l'obtenir : il faut former une demande de compulsoire par requête d'avoué à avoué ; elle est portée à l'audience sur un simple acte et est jugée sommairement sans aucune procédure.

Il faut distinguer deux sortes d'expéditions : les expéditions ordinaires et les *grosses*. La grosse est une copie de l'acte, revêtue de la formule exécutoire.

Le droit de délivrer des grosses n'appartient qu'au notaire détenteur de la minute (art. 21 de la loi du 25 vent. an XI).

Cependant il y a exception lorsqu'un notaire est décédé ; le notaire, chargé de l'administration de l'étude, peut délivrer des grosses pendant la vacance de l'office.

Un notaire peut refuser la délivrance d'une grosse, si les frais et déboursés de la minute et ceux de la grosse réclamée ne lui sont pas payés (art. 851 du C. de pr. civ.).

L'article 26 de la loi du 25 ventôse an XI porte qu'il ne peut être délivré qu'une seule grosse, à moins qu'une ordonnance du président n'autorise la délivrance d'une seconde grosse. Pour assurer l'exécution de cette prescription, il doit être fait mention sur la minute de la délivrance d'une première grosse faite à chacune des parties intéressées.

L'ordonnance qui autorise la délivrance d'une seconde grosse, doit être rendue par le président du tribunal de l'arrondissement dans lequel réside le notaire dépositaire de la minute. — Elle doit demeurer jointe à la minute (art. 26 de la loi du 25 vent, an XI).

Le notaire qui délivre une seconde grosse, sans y être autorisé par ordonnance du président du tribunal, encourt la destitution (art. 26 de la loi du 25 vent. an XI).

XVII. **Ministère forcé**. — Les notaires sont tenus de prêter leur ministère lorsqu'ils en sont requis (art. 3 de la loi du 25 vent. an XI).

Il est cependant des cas exceptionnels où un notaire peut et même doit le refuser. Il en est ainsi :

1° S'il y a un empêchement matériel, l'état de santé, par

exemple, ou si l'on vient chercher le notaire pour un cas peu urgent, à une heure indue ;

2° Si les parties sont incapables ou si l'acte est illicite ;

3° Si les parties lui sont inconnues et si leur individualité n'est pas attestée par des témoins (art. 11 de la loi de vent.);

4° Si les parties n'ont pas consigné le montant des droits d'enregistrement et des honoraires (Arg. de l'art. 851 du C. de pr. civ.);

5° S'il est partie ou intéressé ou s'il est parent au degré prohibé de l'une des parties (art. 8 de la loi de vent.) L'acte ne vaudrait que comme écrit sous signature privée (art. 68).

XVIII. **Fonctions incompatibles**. — Au terme de l'article 7 de la loi du 25 ventôse an XI, les fonctions de notaires sont incompatibles avec celles de magistrat, d'officier du ministère public, — de juge et de greffier de paix, — d'avoué, — d'huissier, — de commissaire-priseur, — de receveur des contributions directes et indirectes, — de commissaire de police.

Elles sont également incompatibles avec celles de sous-préfet (Arr. du gouv. du 3 brum. an XII), de conseiller de préfecture (Av. du cons. d'État du 10 vent. an XII), receveur de l'enregistrement (Arr. du gouv. du 21 germ. an V), de conservateur des hypothèques (L. 21 vent. an VII), d'avocat (Voir : **Avocats**, XXVI), de commerçant, d'agent d'affaires, etc...

Mais elles n'ont rien d'incompatible avec celles de député, de conseiller général ou d'arrondissement ou municipal, de maire ou d'adjoint, etc., et en général avec toutes les fonctions surtout honorifiques. Il n'y a pas non plus incompatibilité avec celles de juge suppléant ou de suppléant du juge de paix.

§ 4. — Devoirs et obligations imposés aux notaires

XIX. **Sceau.–Panonceaux**. — Tout notaire doit avoir un cachet ou sceau, portant ses nom, qualité et résidence. Ce cachet est fait conformément au modèle donné par le gouvernement ; il doit être apposé sur toute expédition (art. 27 de la loi du 25 vent. an XI). Le décret du 25 septembre 1870 en a déterminé le modèle.

La circulaire de la chancellerie du 29 prairial an XIII

(Gillet, n° 506) a autorisé les notaires à faire usage de *panon-ceaux*. — Ce sont des écussons aux armes de la République placés à l'entrée de l'étude.

XX. Dépôt de la signature. — Aux termes de l'article 49 de la loi du 25 ventôse an XI, avant d'entrer en fonctions, les notaires doivent déposer au greffe de chaque tribunal de première instance de leur département et au secrétariat de la municipalité de leur résidence leurs signatures et paraphes. Les notaires à la résidence des Cours d'appel font en outre ce dépôt aux greffes des autres tribunaux de première instance de leur ressort.

La chancellerie ne tient pas absolument à ce que le dépôt spécial prescrit aux notaires des Cours d'appel soit effectué avant l'entrée en fonctions, mais il faut veiller à ce qu'il se fasse dans le plus court délai possible et surtout à ce qu'un notaire n'instrumente pas dans le ressort d'un tribunal où ses signatures et paraphes n'auraient pas encore été déposés (Circ. chanc., 6 nov. 1821 ; Gillet, n° 1557).

Pour éviter aux notaires nouvellement reçus des déplacements dispendieux, la transmission de leurs signatures et paraphes peut être faite par la chambre de discipline, après que la fidélité de ces signatures et paraphes aura été attestée par le président et le secrétaire de la chambre et que celles de ces derniers ont été légalisées par le président du tribunal. Les actes qui sont reçus aux greffes pour constater ces dépôts de pièces, sont exempts de la formalité de l'enregistrement, mais soumis à la perception des droits de greffe et les chambres doivent pourvoir à l'acquittement de ces droits (Circ. chanc., 6 nov. 1821 ; Gillet, n° 1557).

La loi du 2 mai 1861 a attribué aux juges de paix ne siégeant pas au chef-lieu du ressort d'un tribunal de première instance, le pouvoir de légaliser les signatures des notaires de leurs cantons respectifs et elle a prescrit en conséquence le dépôt des signatures des notaires au greffe de la justice de paix où la légalisation peut être donnée. — Les signatures et paraphes doivent être sur une feuille de papier timbré de 0 fr. 60, comme pour les dépôts effectués aux greffes des tribunaux de première instance. Chaque feuille, contenant les signature et paraphe d'un notaire, doit être déposée au greffe de la justice de paix et donne lieu à un acte de dépôt séparé qui est exempt de tous droits d'enregistrement et de greffe. Ces actes de dépôt sont portés sur un registre spécial, sur papier non timbré, coté par le juge de paix. — Le greffier ne peut réclamer d'autre rétribution que celle de 25 centimes par chaque légalisation (Circ. chanc., 9 sept. 1861 ; Gillet, n° 4109).

XXI. **Enregistrement et timbre.** — Nous n'avons pas à étudier ici les obligations imposées au notaire au point de vue du timbre et de l'enregistrement de leurs actes. Nous nous bornerons seulement à rappeler que tous les actes, relatifs au mariage des indigents, sont dispensés de timbre et d'enregistrement (Loi du 10 déc. 1850).

La loi n'impose pas aux notaires l'obligation de faire transcrire les actes, soumis à cette formalité.

XXII. **Répertoire. — Registre des protêts.** — La loi du 22 frimaire an VII a imposé à tous les officiers ministériels, l'obligation de tenir des répertoires ; l'article 29 de la loi du 25 ventôse an XI y a spécialement astreint les notaires : « Les notaires tiendront répertoire de tous les actes qu'ils recevront ».

Ces répertoires sont établis sur timbre ; ils sont visés, cotés et paraphés par le président ; ils contiennent la date, la nature et l'espèce de l'acte, les noms des parties et la relation de l'enregistrement (art. 30 de la loi du 25 vent. an XI). Les notaires doivent indiquer dans une colonne particulière et sous peine de poursuites disciplinaires, le montant des droits d'enregistrement de chaque acte (Circ. chanc., 15 déc. 1841). Pour établir la régularité et l'uniformité dans leur tenue, la chancellerie a décidé que les feuilles seraient imprimées. — Les frais d'impression doivent être laissés à la charge de chaque notaire ou aux chambres de discipline qui, à l'exemple de celle de Paris, peuvent faire imprimer les feuilles et les distribuer comme elles l'entendent (Circ. chanc., 28 mars 1810 ; Gillet, n° 682). L'impression des colonnes des répertoires peut porter sur le timbre sans contravention (Déc. min., fin., 26 mai 1820).

Les notaires doivent porter sur leur répertoire *tous les actes* qu'ils reçoivent (art. 29 de la loi du 25 vent. an XI). Les testaments des personnes vivantes y sont compris comme les autres, et leur insertion dans le répertoire doit contenir non seulement la date, mais encore le nom des parties (Circ. chanc., 6 vend. an XIII ; Gillet n° 481).

Les notaires doivent faire viser tous les trois mois leur répertoire par le receveur de l'enregistrement (art. 51 de la loi du 22 frim. an VII).

Ils sont tenus de déposer annuellement au greffe un double sur timbre de leurs répertoires, conformément à la loi du 6 octobre 1791 et à celle du 16 floréal an IV (Circ. chanc., 8 brum. an XII ; Gillet n° 447).

Le greffier doit dresser acte de ce dépôt (Circ. chanc., 27 juin 1808 ; Gillet n° 630). Ces actes sont inscrits sur le registre des dépôts ; il ne faut pas tenir à cet effet un registre particulier. L'article 2 du décret du 12 juillet 1808 veut en effet que tous les actes de dépôt soient mis à la suite les uns des autres sur les registres destinés en général à les recevoir ; la tenue d'un registre spécial aurait pour effet de donner des moyens de favoriser, par des antidates, les notaires en retard pour effectuer le dépôt (Circ. chanc., 18 mai 1819 ; Gillet n° 1333).

Les lois de 1791 et de l'an IV prescrivent aux notaires d'effectuer ce dépôt dans les deux premiers mois de chaque année, sous peine d'une amende de 100 francs (réduite à 20 francs par la loi du 16 juin 1824) par chaque mois de retard. — Cette amende est prononcée par le tribunal civil sur la poursuite du ministère public.

Le procureur de la République peut constater lui-même cette contravention : il lui suffit de se faire représenter le 1er mars de chaque année le registre des actes de dépôt tenu au greffe et de faire le relevé des notaires retardataires. — La contravention est également constatée par les fonctionnaires de l'enregistrement qui dressent un procès-verbal qu'ils adressent au Parquet.

Le procureur de la République cite le notaire contrevenant devant le tribunal civil ; en tête de l'assignation il fait signifier, suivant le cas, soit un certificat du greffe constatant le retard, soit le procès-verbal du fonctionnaire de l'enregistrement.

Le retard d'un seul jour suffit pour autoriser les poursuites (Circ. chanc., 17 sept. 1809 ; Gillet n° 672).

Tout notaire en exercice doit déposer le double du répertoire des actes de l'année entière, encore bien que, pendant une partie de l'année, les actes aient été reçus par son prédécesseur (Rolland, de Villargues, v° *Répertoire* n° 86 ; — Massabiau, t. III, p. 402). — Le notaire qui, dans le cours d'une année, n'a aucun acte à inscrire sur son répertoire, n'est pas tenu de déposer au greffe un certificat négatif (Déc. chanc., 14 juil. 1812 ; Gillet n° 808).

Les notaires doivent en outre tenir un *Registre des protêts* ; ce qui ne les dispense pas de l'inscription des protêts sur le répertoire (Déc. min. fin., 9 mars 1809). Les notaires qui ne sont pas dans l'usage de faire des protêts ne sont pas assujettis à tenir ce registre, ils ont la faculté de ne l'ouvrir qu'au moment où ils ont à rédiger un acte de cette nature (Déc. chanc., 1er juin 1829 ; Gillet, n° 2238).

XXIII. Communication des répertoires au Parquet. — Le procureur de la République a-t-il le droit d'exiger la communication des répertoires ? Incontestablement, à notre avis. — La même question se pose pour le registre, que doivent tenir les avoués par l'application de l'article 151 du tarif civil ; la solution est la même dans les deux cas et pour des motifs identiques (Voir : **Avoués**, XVI) ; le procureur de la République a un droit de surveillance sur les notaires, la vérification de leur répertoire est un des moyens les plus utiles de l'exercer. — Le tribunal de Montmorillon a même décidé qu'il peut, quand il le juge nécessaire, exiger la communication des minutes (13 août 1845 ; D. 46-3-185).

XXIV. Association. — Un office est une délégation de la puissance publique qui de sa nature ne peut être mise en commun ; le caractère de la fonction de notaire, le secret professionnel et l'indépendance qu'elle exige, sont incompatibles avec l'association. Aussi la société formée pour l'exploitation d'un office de notaire est radicalement nulle (Lyon, 29 juin 1849 ; P. 50-1-296 ; — Cass., 15 janv. 1855 ; P. 55-II-99).

C'est en vertu de ce principe que la chancellerie a rejeté la demande d'un candidat, parce que dans le traité il était stipulé un partage des bénéfices de l'étude entre le cédant et un prédécesseur du cédant d'une part, et le candidat d'autre part (Déc. chanc., 4 fév. 1837 ; Gillet, n° 2656).

XXV. Prohibitions diverses. — Les notaires ne peuvent recevoir d'actes dans lesquels leurs parents ou alliés en ligne directe à tous les degrés et en ligne collatérale, jusqu'au degré d'oncle et de neveu inclusivement, seraient parties, ou qui contiendraient quelque disposition en leur faveur (art. 8 de la loi du 25 vent. an XI ; — Voir *supra*, XVII).

Il est interdit aux notaires par l'article 12 de l'ordonnance du 4 janvier 1843 :

1° De se livrer à aucune spéculation de bourse ou opération de commerce, banque, escompte et courtage ;

2° De s'immiscer dans l'administration d'aucune société, entreprise, compagnie de finances, de commerce. — C'est ainsi qu'il est interdit à un notaire, sous peine de poursuites disciplinaires, de se faire agent d'une compagnie d'assurances contre l'incendie (Décis. chanc., 9 juil. 1847 ; Gillet, n° 3211);

3° De faire des spéculations relatives à l'acquisition et à la revente des immeubles, à la cession des créances, droits successifs, actions industrielles et autres droits incorporels ;

4° De s'intéresser dans aucune affaire pour laquelle ils prêtent leur ministère ;

5° De placer en leur nom personnel des fonds qu'ils auraient reçus, même à la condition d'en servir l'intérêt ;

6° De se constituer garants ou cautions, à quelque titre que ce soit, des prêts qui auraient été faits par leur intermédiaire ou qu'ils auraient été chargés de constater par acte public ou privé ;

7° De se servir de prête-nom en aucune circonstance, même pour des actes autres que ceux désignés ci-dessus.

Il est encore interdit aux notaires :

1° De procéder à des ventes de domaines en détail pendant lesquelles les spéculateurs font distribuer dans la salle de vente des boissons aux enchérisseurs (Circ. chanc., 17 mai 1821 ; Gillet, n° 1513);

2° De recevoir les enchères de personnes qui seraient en état d'ivresse (même circ.) ;

3° De procéder aux ventes par adjudication publique, dans les auberges cafés ou cabarets.

Le ministre de l'intérieur, par une circulaire du 2 décembre 1854, a chargé les préfets de recommander aux maires des communes rurales de mettre les salles de mairie ou d'école à la disposition des officiers publics chargés de procéder à des adjudications, sous la condition d'une redevance débattue à l'amiable entre les conseils municipaux et les chambres des notaires (Circ. chanc., 13 nov. 1855 ; Gillet, n° 3787).

La circulaire de la chancellerie du 2 octobre 1874 (Gillet, n° 4444) invite les notaires à s'abstenir de coter et parapher les titres au porteur qu'ils inventorient dans les successions ; la Cour de cassation a en effet décidé que la disposition du paragraphe 6 de l'article 943 du Code de procédure civile, portant que les papiers à inventorier seront cotés et paraphés, n'est pas applicable aux titres au porteur « dont ces formalités entra- « veraient nécessairement la négociation et, par suite, pour- « raient déprécier la valeur. » (Cass., 15 avr. 1861 ; P. 61-1123). Ces prescriptions ont été renouvelées par la circulaire du 31 août 1877 (*Bull. off.*, n° 7, p. 102).

§ 5. — HONORAIRES

XXVI. **Diverses sortes d'honoraires auxquels les notaires ont droit**. — Les notaires ont droit :

1° A des *honoraires proprement dits* pour la passation des actes ;

2° A des *vacations*, allouées pour le temps que le notaire a employé à la confection d'un procès-verbal, d'un inventaire par exemple ; — le tarif en est fixé par l'article 168 du décret du 16 février 1807 ;

3° A des *indemnités de déplacement*, déterminées par l'article 170 du décret du 16 février 1807 ;

4° Enfin à des *droits d'expédition*, fixés par l'article 174 du décret du 16 février 1807.

XXVII. **Honoraires proprement dits**. — Aux termes de l'article 51 de la loi du 25 ventôse an XI : « Les honoraires et « vacations des notaires seront réglés à l'amiable entre eux « et les parties, sinon par le tribunal civil de la résidence du « notaire, sur l'avis de la chambre et sur simple mémoire, « sans frais. » — Mais, d'un autre côté, l'article 173 du décret du 16 février 1807 porte que : « Tous les autres actes du ministère « des notaires (c'est-à-dire tous ceux qui ne sont pas exception- « nellement réglés par les tarifs), notamment les partages et « ventes volontaires qui auront lieu par devant eux, seront « taxés par le président du tribunal de première instance de « leur arrondissement, suivant leur nature et les difficultés

« que leur rédaction aura présentées, et sur les renseigne-
« ments qui lui seront fournis par les notaires et les parties.»
— On a dit que ce décret de 1807, n'étant que l'œuvre du
pouvoir exécutif, ne pouvait déroger à la loi ; mais ce système
a été repoussé avec raison, car le pouvoir législatif était seul
compétent pour repousser ce décret comme inconstitutionnel
et il n'a pas usé de son droit, et la jurisprudence en a conclu
que le décret de 1807 a abrogé l'article 51 de la loi du 25 ventôse an XI (Cass., 18 févr. 1838 ; D. 38-1-110 ;— Cass., 24juil.
1849 ; D. 49-1-318 ; — Cass., 14 mars 1853 ; P. 53-II-72 ; —
Cass., 29 juil. 1862 ; P. 63-30 ; — Paris, 18 mai 1874 ; P.74-858).

Le président n'est pas obligé de prendre l'avis de la chambre
(Orléans, 7 janv. 1852 ; P. 52-1-84 ; — Cass., 29 juil. 1862 ; P.
63-30). — L'article 173 du décret n'impose pas au président l'o-
bligation d'entendre le notaire et les parties, il ne fait que lui
donner une faculté (Cass., 19 juin 1865 ; P. 65-747).

Ce magistrat ne statue pas souverainement en dernier
ressort ; le notaire et les parties peuvent faire opposition à la
taxe ; il est statué sur cette opposition, par le tribunal, en
audience publique. (Cass., 15 mars 1847 ; P. 47-1-676).' —
L'avis préalable de la chambre n'est pas non plus nécessaire
en ce cas. (Cass., 19 juin 1865 ; P. 65-747).

Lorsque la taxe a été faite par le président, le notaire peut
requérir un exécutoire qui lui est délivré, sur ordonnance du
président, par le greffier du tribunal. Cet exécutoire est susceptible d'opposition de la part de la partie (art. 3 §1 de la
loi du 5 août 1881).

Cet exécutoire constitue un titre susceptible d'exécution
parée, mais permet-il de prendre une inscription hypothé-
caire sur les biens du débiteur ? Nous le pensons, car le législateur paraît avoir voulu l'assimiler à un jugement par défaut
(*Sic* : Amiaud. *Explic. de la loi du* 5 *août* 1881 ; p. 43).

La loi ne dit pas dans quel délai l'opposition à la taxe doit
être formée ; il faut décider par suite que le délai est le
même que pour l'opposition aux jugements par défaut. —
Cette opposition est jugée en audience publique, comme
en matière sommaire. Le jugement est susceptible d'appel
dans les délais et formes ordinaires (art. 3 §§ 2 et 3 de la loi
du 5 août 1881).

Rappelons qu'un règlement amiable des honoraires, fait à

l'avance, ne lie pas les parties qui ont toujours le droit de demander la taxe. (Cass., 1er déc. 1841 ; P. 42-1-390 ; — Cass., 14 mars 1853 ; P. 53-II-72 ; — Cass., 22 août 1854 ; P. 54-II-321 ; — Cass., 4 avr. 1859 ; P. 59-606 ; — Nimes, 4 juin 1879 ; P. 79-1023).

XXVII *bis*. **Prescription.** — L'action des notaires en payement des sommes dues pour les actes de leur ministère se prescrit par cinq ans, à compter de la date des actes (art. 1 § 1 de la loi du 5 août 1881). Il résulte des travaux préparatoires et notamment du rapport au Sénat de M. Ninard (*Journ. off.*, 2 juil. 1881), que cette prescription s'étend aux déboursés aussi bien qu'aux honoraires.

Pour les actes dont l'exécution est subordonnée au décès, tels que les testaments et donations entre époux pendant le mariage, les cinq ans ne datent que du jour du décès de l'auteur de la disposition (art. 1 § 2).

La prescription ne cesse de courir que lorsqu'il y a eu compte arrêté, reconnaissance, obligation ou citation en justice non périmée (art. 1 § 1) ; elle court même contre les héritiers mineurs ou interdits du notaire décédé, sauf leur recours contre leurs tuteurs (art. 2278 du C. civ. ; art. 1, § 1 de la loi du 5 août 1881).

Le notaire peut déférer le serment à la partie qui oppose la prescription (art. 2275 du C. civ.; — art. 1 § 1 de la loi du 5 août 1881).

Nous voyons que la loi de 1881 a pour but tout d'abord de protéger le client contre les réclamations tardives du notaire; mais elle a voulu aussi renfermer dans de justes limites le droit exorbitant accordé au client de recourir à la taxe, même après qu'un règlement est intervenu : les demandes en taxe et les actions en restitution des honoraires dus aux notaires pour les actes de leur ministère se prescrivent par deux ans du jour du payement ou du règlement par compte arrêté, reconnaissance ou obligation (art. 2).

XXVIII. **Tarifs établis par les chambres de discipline.** — Des règlements peuvent être faits, pour la fixation des honoraires par les chambres de discipline ou par les notaires réunis en assemblée générale, et la Cour de cassation (26 janv. 1841 ; P. 41-I-553) a décidé qu'un tribunal qui prend d'office une délibération pour déclarer illégal un semblable tarif commet un excès de pouvoir. Mais ces tarifs ne peuvent être homologués ni par la Cour ni par le tribunal ; ce serait en effet faire un règlement, comme ceux des anciens parlements, ce qui est absolument contraire aux principes de notre législation (Nimes, 30 août 1811 ; P. chr.).

Ces tarifs ne peuvent avoir d'autre valeur que celle d'un simple renseignement et ne portent par suite aucune atteinte au pouvoir d'appréciation du magistrat taxateur (Pau, 25 fév. 1867 ; P. 68-806 ; — Trib. de Grenoble, 15 juin 1871 ; P. 71-568 ; — Rolland de Villargues. *Répert.*, v° *Tarif*, n° 3 ; — Clerc. *Traité du notariat*, t. I, p. 212 ; — *Encyclopédie du notariat*, v° *honoraires*).

§ 6. — TRANSMISSION DES MINUTES ET RÉPERTOIRES.

XXIX. Dépôt provisoire. — L'article 61 de la loi du 25 ventôse an XI porte qu' « immédiatement après le décès d'un « notaire ou autre possesseur de minutes, les minutes et ré- « pertoires doivent être mis sous les scellés par le juge de « paix de la résidence, jusqu'à ce qu'un autre notaire en ait « été provisoirement chargé par le président du tribunal de « première instance de la résidence ». — La même règle doit-elle être suivie en cas de suspension ? Oui ; car le notaire suspendu doit cesser l'exercice de ses fonctions et, par suite, il perd le droit de garder ses minutes, puisque le dépôt et la conservation des minutes sont des parties essentielles de ses attributions. (Limoges, 24 nov. 1851 ; P. 53-II-331 ; — Cass., 22 mai 1854 ; P. 54-II-450). Il en est de même à plus forte raison en cas de destitution (Rouen, 18 août 1874 ; P. 76-219).

XXX. Par qui est provoqué ce dépôt. — Le dépôt est ordonné par le président du tribunal, mais à qui appartient-il de provoquer l'ordonnance ? En cas de décès, aux héritiers. C'est ce qui résulte implicitement des articles 54, 55 et 56 de la loi, et en cas de destitution, aux créanciers (Rouen, 18 août 1874 ; P. 76-219). Dans tous les cas, le ministère public a qualité pour requérir la désignation d'un notaire dépositaire ; cette mission ressort évidemment de la nature même de ses fonctions ; de plus ; il est chargé de faire apposer les scellés sur les papiers et minutes de tout notaire décédé et d'en réclamer la levée (art. 911 § 3 et 930 du C. de pr. civ. ; — *Sic* : Massabiau, t. III, p. 403).

Le réquisitoire du procureur de la République peut être fait conformément au modèle ci-dessous.

<table>
<tr><td>

TRIBUNAL

de

PREMIÈRE INSTANCE

de

———

PARQUET

du

Procureur de la République

———

</td><td>

RÉQUISITOIRE
———

Nous, procureur de la République près le tribunal de première instance de

Vu l'article 61 de la loi du 25 ventôse an XI;

Attendu que Mᵉ R..., notaire à P..., canton de S..., est décédé le   18   ;

Attendu que les héritiers de ce notaire n'ont pas encore fait les diligences nécessaires pour faire ordonner le dépôt provisoire de ses minutes chez un notaire ;

Attendu qu'il est urgent de pourvoir à la délivrance des grosses, expéditions et extraits des minutes demandés par les parties intéressées et aussi de pourvoir à la passation de tous les actes concernant la clientèle ;

Attendu, quant à ces actes, qu'il importe, tant dans l'intérêt des héritiers que dans celui des clients, que les minutes en restent dans ladite étude ;

Requérons qu'il plaise à M. le président du tribunal désigner Mᵉ D..., notaire à St-S..., canton de S..., pour être chargé provisoirement du dépôt des minutes et répertoires de feu Mᵉ R.... pour en délivrer expédition en tant que besoin et pour recevoir les actes de l'étude ; dire que les actes que recevra Mᵉ D..., notaire commis, seront portés sur le répertoire de Mᵉ R... et resteront dans les minutes de son étude et que Mᵉ D... sera valablement déchargé desdits actes par la remise qu'il sera tenu d'en faire, en présence des héritiers et aussi sans récolement, au successeur, dès qu'il aura prêté serment, et sur la décharge en bonne forme qui lui en sera donnée par ce dernier.

Au Parquet, à   *, le*   188 .

LE PROCUREUR DE LA RÉPUBLIQUE,

</td></tr>
</table>

XXXI. Ordonnance du président. — L'ordonnance du président qui désigne le dépositaire provisoire, constitue un acte de juridiction propre au président et elle doit être attaquée, non devant le tribunal par voie d'opposition, mais devant la Cour par voie d'appel (Grenoble, 6 juin 1853 ; *Dict. du Notariat*, v° *Minute*, n° 398 ; — Bourges, 8 mars 1871 ; P. 71-276).

Le président est-il tenu de désigner un notaire du même canton ? Non ; les articles 54 et 56 de la loi de ventôse veulent que les minutes d'un notaire restent dans la commune ou dans le canton où était fixée sa résidence ; mais ces articles prévoient l'hypothèse d'un dépôt définitif et non celle d'un dépôt provisoire. L'article 61 qui règle le dépôt provisoire n'a pas reproduit ces dispositions et n'impose aucune limite au choix du président. Il y a même souvent intérêt pour les héritiers à ce que l'on choisisse un notaire d'un autre canton : ou évitera ainsi le détournement de la clientèle. Ce système a été consacré par la jurisprudence (Orléans, 21 janv. 1854 ; P. 54-1-19 ; — Rouen, 18 août 1874 ; P. 76-219). Remarquons toutefois qu'il est indispensable que le notaire commis ait le droit d'instrumenter dans le canton : un notaire de troisième classe ne peut donc être chargé d'administrer une étude d'un autre canton.

Au cas de décès, le choix du notaire qui doit devenir provisoirement dépositaire des minutes et répertoires appartient aux héritiers (Colmar, 14 juin 1811 ; P. chr. ; — Grenoble, 26 août 1867 ; P. 69-84 ; — Bourges, 8 mars 1871 ; P. 71-276). Le président ne pourrait dès lors sans motifs sérieux faire porter sa désignation sur un autre notaire, et les héritiers auraient le droit d'interjeter appel de cette décision.

Le président peut, par son ordonnance, charger le notaire auquel est confié la garde des minutes, de recevoir les actes de l'étude. Mais ce notaire doit inscrire les actes, ainsi reçus par suite de ce mandat judiciaire, sur le répertoire de l'étude qu'il administre et les minutes en sont restituées à cette étude après la nomination du successeur (Rouen, 18 août 1874 ; P. 76-219 ; — Rolland de Villargues, *Rép. du Notariat*, v° *Minutes*, n° 164 ; — Clerc, *Traité du notariat*, t. I, p. 235).

La commission du notaire n'implique pas le transport des minutes dans son étude ; cependant au cas de suspension ou de destitution, lorsque les faits sont de nature à jeter sur les actes du titulaire de l'office une défiance qui nécessite à son égard des précautions minutieuses, il peut être nécessaire de recourir à cette mesure (Rouen, 18 août 1874, *précité*).

XXXII. **Dépôt définitif.** — Les minutes et répertoires d'un notaire remplacé peuvent être remis par lui ou ses héritiers à l'un des notaires, résidant dans la même commune ou à l'un des notaires résidant dans le canton, si le remplacé était le seul notaire établi dans cette commune (art. 54 de la loi du 25 vent. an XI). Si la remise des minutes et répertoires du notaire remplacé n'a pas été effectuée, conformément à l'article 54, dans le mois, à compter du jour de la prestation de serment du successeur, la remise en sera faite à celui-ci (art. 55).

Lorsque l'office est supprimé, le titulaire ou ses héritiers sont tenus de remettre les minutes et répertoires, dans le délai de deux mois du jour de la suppression, à l'un des notaires de la commune et à l'un des notaires du canton, si le titulaire était le seul notaire établi dans cette commune (art. 56).

Le procureur de la République est chargé de veiller à ce que les remises des minutes et répertoires soient effectuées ; dans le cas de suppression de la place, si le titulaire ou ses héritiers n'ont pas fait choix dans le délai de deux mois du notaire à qui la remise doit être faite, le procureur de la République indique celui qui en demeurera dépositaire. — De plus, au cas de suppression comme au cas de cession, le titulaire ou ses héritiers en retard sont condamnés à 20 francs d'amende par chaque mois de retard, à compter du jour de la sommation qui leur est faite par le Parquet d'effectuer la remise (art. 57 de la loi du 25 vent. an XI ; — art. 10 de la loi du 16 juin 1824).

Il est dressé un état sommaire des minutes remises ; un double est déposé à la chambre de discipline ; le notaire qui les reçoit s'en charge au pied de l'État (art. 58 de la loi du 25 vent. an XI ; — art. 2 § 6 de l'ord. des 4-12 janv. 1843). — La loi de ventôse ne contient aucune règle spéciale pour la rédaction de cet état sommaire, les parties ont dès lors la faculté d'adopter le mode qui leur paraît le plus convenable, pourvu que l'acte de dépôt contienne des indications suffi-

santes pour assurer la conservation des minutes (Déc. chanc.,
30 mai 1838 ; Gillet, n° 2706).

Un notaire admis à transférer son étude dans un autre
canton ne peut y transporter ses minutes ; il doit les laisser
à un notaire de la commune, et, à défaut d'autre notaire dans
cette commune, à un notaire du canton qu'il quitte (Décis.
chanc., 15 mai 1845). Mais nous pensons que si l'étude est
transférée dans une autre commune du même canton, le
transfèrement des minutes peut être effectué ; c'est ce qui nous
paraît résulter de l'esprit général de la loi de ventôse an XI
(*Sic :* Clerc. *Traité du notariat*, t. I, p. 248 ; — Rolland de
Villargues, v° *Minutes*, n° 187 ; — *Contra :* Dalloz, v° *Notaire*,
n° 575).

§ 7. — HONORARIAT.

XXXIII. Conditions pour l'obtenir. — Le titre de *notaire
honoraire* peut être conféré par le président de la République
sur le rapport du garde des sceaux (art. 29 de l'ord. du
4 janv. 1843).

Pour obtenir ce titre, il est nécessaire que deux conditions
soient remplies (*même article*);

1° Il faut que le notaire ait exercé ses fonctions pendant
vingt années consécutives. Cette règle est absolue et il ne
peut y être fait de dérogations (Décis. chanc., 9 juil. 1847 ;
Gillet, n° 3210);

2° Il faut que la chambre ait proposé la collation de ce
titre. — La proposition doit émaner de l'initiative spontanée
de la chambre ; elle ne peut être l'objet d'une demande de la
part de l'ancien notaire (Décis. chanc., 7 juin 1864 ; Gillet,
n° 4180).

XXXIV. Formation et envoi du dossier. — Nous avons
indiqué quelles pièces devaient être produites par les avoués
qui sollicitent l'honorariat, comment le dossier est formé et
transmis à la chancellerie ; les règles sont exactement les
mêmes pour les notaires. Nous renverrons donc à ce que
nous avons dit précédemment (Voir : **Avoués,** VIII).

XXXV. Effets de l'honorariat. — Les notaires honoraires
ont le droit d'assister aux assemblées générales ; ils ont voix
consultative (art. 30 de l'ord. du 4 janv. 1843).

Les notaires honoraires sont soumis à la juridiction disciplinaire de la chambre des notaires et à celle des tribunaux (Décis. 24 juin 1846 ; Gillet n° 3155) ; mais la révocation de leur titre ne peut être prononcée que par le président de la République. Il y a lieu d'appliquer aux notaires tout ce que nous avons dit au sujet des poursuites disciplinaires, dirigées contre les avoués honoraires (Voir : **Avoués,** VIII).

§ 8. — ASSEMBLÉES GÉNÉRALES ET CHAMBRE DES NOTAIRES

SECTION PREMIÈRE. — *Composition de la chambre. — Organisation.*

XXXVI. **Composition de la chambre.** — Il y a près de chaque tribunal de première instance et dans la ville où il siège, une chambre des notaires, chargée du maintien de la discipline parmi les notaires de l'arrondissement (art. 1er de l'ord. du 4 janv. 1843).

La chambre des notaires de Paris est composée de dix-neuf membres ; les chambres établies dans les arrondissements où le nombre des notaires est au-dessus de cinquante, sont composées de neuf membres ; celles de tous les autres arrondissements, de sept (art. 4). Le gouvernement peut toutefois, suivant les localités, réduire ou augmenter le nombre ainsi fixé des membres qui doivent composer les chambres. Dans ce cas, il détermine le nombre des membres dont la présence est nécessaire à la validité des délibérations (art. 9).

Les membres de la chambre choisissent entre eux cinq officiers : un président, un syndic, un rapporteur, un secrétaire et un trésorier (art. 6). Le nombre des syndics peut être porté à trois pour Paris et à deux pour les chambres des arrondissements, comprenant plus de cinquante membres (art. 7).

XXXVII. **Renouvellement.** — Les chambres de discipline sont renouvelées tous les ans par tiers, pour les nombres qui comportent cette division, et, pour les autres, par portion approchant le plus du tiers, en faisant alterner chaque année les portions inférieures et supérieures au tiers, de telle sorte qu'aucun membre ne puisse rester en fonctions plus de trois années consécutives (art. 26 de l'ord. du 4 janv. 1843). Par exception, un membre sortant peut être rééligible, en

cas de réduction du nombre des membres de la chambre au-
dessous du chiffre réglementaire, si le décret, prescrivant
cette mesure, le permet (art. 9).

Lorsque le nombre des notaires d'un arrondissement, qui
était supérieur à cinquante, devient inférieur à ce chiffre,
voici comment il y a lieu d'opérer pour le renouvellement de
la chambre : à la première élection, il n'y a lieu de remplacer
qu'un des trois membres sortants ; aux élections des deux
années suivantes, les deux autres tiers de la chambre doivent se renouveler successivement d'après les règles ordinaires et comme s'il n'y avait pas eu de réduction. Enfin, la
quatrième année, les membres, formant ces deux mêmes
tiers, doivent tirer au sort celui d'entre eux qui devra céder
une place pour compléter la série entamée par suite de la réduction du nombre des notaires (Décis. chanc., 19 févr. 1837;
Encycl. du notariat, v° *Chambre de discip.*, n° 22). Cette décision est antérieure à l'ordonnance de 1843, mais elle n'en a
pas moins conservé toute sa force, car l'ordonnance de 1843
n'a fait que reproduire les dispositions de l'article 3 de l'arrêté
du 2 nivôse an XII, sur cette matière.

XXXVIII. **Éligibles**. — Les membres de la chambre sont
choisis parmi les notaires de l'arrondissement (art. 4 de
l'ord. du 4 janv. 1843). L'article 4 n'a en vue que les notaires
en exercice, aussi les notaires honoraires et les notaires
frappés de suspension ne peuvent en faire partie. Remarquons que si la suspension n'est prononcée qu'après la nomination, le notaire suspendu continue à faire partie de la
chambre, mais il ne peut siéger jusqu'à ce que sa peine soit
expirée.

Il est inutile de dire qu'un notaire à qui l'entrée de la
chambre a été interdite, ne peut être élu.

Le choix de l'assemblée générale qui procède à l'élection,
n'est pas absolument libre; il est soumis à trois restrictions :

1° Les membres sortants ne peuvent être réélus, sauf dans
le cas prévu par l'article 9 (*supra*, XXXVII) et dans celui où il
n'y a qu'un seul notaire dans la ville où siège le tribunal
(*infra*, 3°). — Mais que décider à l'égard du notaire élu membre d'une chambre de discipline, en remplacement d'un collègue qui cesse d'en faire partie avant l'expiration de trois

ans ? Il continue le mandat confié à ce dernier pour le temps qui restait à courir et ainsi ne peut, quoique élu pour moins de trois ans, être immédiatement rééligible. Sa réélection immédiate présenterait en effet l'inconvénient de troubler le fonctionnement régulier du renouvellement triennal (Arrêté du garde des sceaux du 1er déc. 1876 ; *Bull. off.*, n° 4, p. 236);

2° La moitié au moins des membres de la chambre doit être choisie parmi les plus anciens en exercice, formant les deux tiers de tous les notaires de l'arrondissement (art. 25 de l'ord. du 4 janv. 1843). Le rang d'ancienneté est réglé par l'époque de la réception, c'est-à-dire de la prestation de serment (Note de la chancellerie ; *Rec. off.*, t. II, p. 41, note 5). Le notaire qui a changé de résidence et en même temps de canton et de classe, perd le droit d'ancienneté que lui donnait sa nomination primitive (Décis. chanc., 12 mai 1841 ; Gillet, n° 2857);

3° Deux membres au moins doivent être choisis parmi les notaires résidant au chef-lieu judiciaire, dans les Cours d'appel, et un, dans les autres arrondissements (art. 25).— Lorsqu'il n'y a qu'*un* seul notaire dans la ville où siège le tribunal, il devient impossible de concilier cette règle avec cette autre qui veut que les membres de la chambre ne restent que trois ans en fonctions : l'une des deux doit évidemment céder ; mais à laquelle faut-il donner la préférence ? Le conseil d'État a décidé le 29 janvier 1857 (P. chr.) que, dans ce cas, le notaire du chef-lieu devait nécessairement faire partie de la chambre et était indéfiniment rééligible.

XXXIX. **Élection des membres de la chambre.** — La nomination a lieu à la majorité absolue des voix, au scrutin secret et par bulletin de liste, contenant un nombre de noms qui ne peut excéder celui des membres à nommer (art. 25 de l'ord. du 4 janv. 1843). Si plusieurs scrutins n'ont donné aucun résultat, il faut continuer jusqu'à ce qu'une majorité absolue soit acquise (Décis. chanc., 7 août 1883 ; *Bull. off.*, n° 31, p. 124). La présence du tiers des notaires, non compris les membres de la chambre, est nécessaire pour la validité de l'élection (art. 24 de l'ord. de 1843).

Le notaire, élu membre de la chambre, ne peut refuser les fonctions qui lui ont été déférées qu'autant que son refus a été agréé par l'assemblée générale (art. 25).— S'il persistait, bien que l'assemblée eût repoussé son excuse, il devrait être poursuivi disciplinairement.

La nomination des membres de la chambre a lieu dans la première quinzaine du mois de mai de chaque année (art. 28).

XL. **Élection des dignitaires.** — Les membres de la chambre choisissent entre eux les dignitaires (art. 6 de l'ord. de 1843). Ces nominations se renouvellent chaque année (art. 28).

Cette élection a lieu, à la majorité absolue des voix, au scrutin secret et par bulletin de liste, contenant le nom des candidats, avec l'indication de la fonction spéciale pour laquelle chacun d'eux est désigné (art. 25 et 27). La règle est donc la même que pour l'élection des membres de la chambre ; il faut cependant noter une différence : à égalité de voix entre deux candidats le plus ancien d'âge est élu (art. 27). Pour que l'élection soit valable, il faut que le nombre des votants soit au moins de douze pour Paris, de sept pour les chambres composées de neuf membres et de cinq pour les autres chambres (art. 5).

Les dignitaires sortants peuvent être réélus, tant qu'ils font partie de la chambre (art. 27).

Le président ou le syndic et le secrétaire des chambres établies dans un chef-lieu de Cour d'appel sont nécessairement choisis parmi les notaires résidant au chef-lieu. Dans les autres chambres, l'un seulement de ces officiers est nécessairement pris parmi les notaires du chef-lieu (art. 8). — Nous verrons que lorsque le secrétaire ne réside pas au chef-lieu, le président ou le syndic a la garde des archives, tient le registre du stage et délivre les expéditions des délibérations.

Enfin le président doit toujours être choisi parmi les notaires qui figurent sur la liste des plus anciens du ressort (art. 27). En cas d'inexécution de cette condition, l'élection doit être renouvelée, sans qu'il soit besoin pour cela de prononcer administrativement la nullité de la première opération (Déc. chanc., 15 oct. 1845).

Les membres élus officiers ne peuvent refuser (art. 27). Mais il est évident qu'on doit décider qu'il y aurait exception pour eux, comme pour les notaires élus membres de la chambre, s'ils invoquaient une excuse légitime ; ce serait la chambre qui, dans ce cas, serait compétente pour statuer.

L'élection des officiers est faite, au plus tard, le 15 mai et la chambre est constituée aussitôt après cette élection (art. 28).

XLI. Transmission des procès-verbaux des élections au procureur général et au garde des sceaux. — Dans la première quinzaine de mai, le procureur de la République doit envoyer, avec ses observations, les procès-verbaux des élections de la chambre des notaires et des dignitaires (Arrêté du 2 niv. an XII ; — Circ. chanc., 8 mai 1825 ; Gillet nº 1913). Ces procès-verbaux doivent être établis sur papier libre et envoyés en double expédition.

Le procureur général classe au Parquet une expédition et transmet l'autre au garde des sceaux. Il y joint le tableau exact de la composition de la chambre et un rapport détaillé contenant ses observations (Circ. chanc., 7 juil. 1840 ; Gillet nº 2806).

SECTION DEUXIÈME. — *Attributions des dignitaires.*

XLII. Président. — Le président a voix prépondérante en cas de partage d'opinions ; il convoque la chambre quand il le juge à propos ou sur la réquisition motivée de deux autres membres ; il en dirige les délibérations et en a la police (art. 6 de l'ord. du 4 janv. 1843).

Il convoque les assemblées générales (art. 6 et 22).

Il signe les procès-verbaux et la correspondance. — Il représente la compagnie dans ses rapports avec les autorités judiciaires et administratives.

XLIII. Syndic. — Le syndic est partie poursuivante contre les notaires inculpés. Il est entendu préalablement à toutes les délibérations de la chambre qui est tenue de statuer sur ses réquisitions (art. 6 de l'ord. du 4 janv. 1843) ; mais cette disposition n'est suivie dans la pratique que pour les délibérations disciplinaires. Dans ce dernier cas, la délibération doit, à peine de nullité, mentionner que le syndic a été entendu.

Il a, comme le président, le droit de convoquer la chambre ; il poursuit l'exécution de ses délibérations et agit pour elle dans tous les cas et conformément à ce qu'elle a délibéré (art. 6). C'est ainsi que le syndic a seul qualité pour représenter la compagnie devant les tribunaux pour le maintien des droits et intérêts communs (Paris, 25 août 1834 ; P. chr.).

Lorsque le syndic est partie poursuivante, il ne peut prendre part à la délibération (art. 10).

Nous avons vu que le nombre des syndics peut être de deux et même de trois ; dans les chambres où il y a plusieurs syndics, ils agissent collectivement.

XLIV. **Rapporteur**. — Le rapporteur recueille les renseignements sur les faits imputés aux notaires et en fait rapport à la chambre (art. 6 de l'ord. de 1843).

La présence d'un rapporteur est indispensable ; aussi une délibération est nulle, si la chambre a procédé sans avoir dans son sein un rapporteur (Cass., 26 août 1862 ; P. 62-1060 ; — 3 juin 1863 ; P. 64-145 ; — 4 juil. 1864 ; P. 64-1125).

XLV. **Secrétaire**. Le secrétaire rédige les délibérations de la chambre, est gardien des archives, tient le registre d'inscription des aspirants au notariat, et délivre toutes les expéditions, à moins qu'il ne réside pas dans la ville où siège le tribunal de première instance ; dans ce cas, ces diverses attributions incombent au président ou au syndic (art. 8 et 33).

Le secrétaire doit tenir en outre un registre destiné à constater la remise des extraits de contrats de mariage de commerçants et de jugements prononçant des séparations de corps ou de biens (Circ. chanc., 15 mai 1813).

XLVI. **Trésorier**. — Le trésorier fait les dépenses et recettes autorisées par la chambre. A la fin de chaque trimestre, la chambre assemblée arrête son compte et lui en donne décharge (art. 6 de l'ord. de 1843).

XLVII. **Cumul des fonctions**. — Les fonctions, attribuées à chacun des dignitaires de la chambre, peuvent être cumulées, lorsque le nombre des membres qui la composent, est au-dessous de sept, dans le cas déterminé par l'article 9 de l'ordonnance de 1843 ; néanmoins les fonctions de président, de syndic et de rapporteur sont toujours exercées par trois personnes différentes (art. 11).

Quel que soit le nombre des membres, composant la chambre, les mêmes fonctions peuvent aussi être cumulées mo-

mentanément, en cas d'absence ou d'empêchement de quelqu'un des dignitaires de la chambre, lesquels pour ce cas se
suppléent entre eux ou peuvent même être suppléés par un
autre membre de la chambre. Les suppléants sont nommés
par le président, ou s'il est absent, par la majorité des membres présents en nombre suffisant pour délibérer (art. 11).

SECTION TROISIÈME. — *Attributions de la chambre.*

XLVIII. **Attributions générales**. — Les attributions de
la chambre sont :

1° De prononcer ou provoquer, suivant les cas, l'application de toutes les dispositions de discipline ;

2° De prévenir ou concilier tous différends entre les notaires, et notamment ceux qui pourraient s'élever soit sur des
communications, remises, dépôts ou détentions de pièces,
fonds et autres objets quelconques, soit sur des questions relatives à la réception et garde des minutes, à la préférence
ou concurrence dans les inventaires, partages, ventes ou adjudications et autres actes ; et, en cas de non conciliation,
d'émettre son opinion par simple avis ;

3° De prévenir ou concilier également toutes plaintes et
réclamations de la part de tiers contre des notaires à raison
de leurs fonctions ; donner simplement son avis sur les dommages et intérêts qui pourraient être dus et réprimer par
voie de censure et autre disposition de discipline toute infraction qui en serait l'objet, sans préjudice de l'action devant les tribunaux s'il y a lieu ;

4° De donner son avis sur les difficultés concernant le règlement des honoraires et vacations des notaires, ainsi que sur
tous différends soumis à cet égard au tribunal civil ;

5° De délivrer ou refuser tous certificats de bonnes mœurs
et capacité à elle demandés par les aspirants aux fonctions de
notaires, prendre à ce sujet toutes délibérations, donner tous
avis motivés, les adresser ou communiquer à qui de droit ;

6° De recevoir en dépôt les états des minutes dépendant
des études de notaires supprimées ;

7° De représenter tous les notaires de l'arrondissement
collectivement, sous le rapport de leurs droits et intérêts communs.

XLIX. **Délivrance des certificats de moralité et capa-**

cité. — Avant de délivrer le certificat de moralité et de capacité, la chambre doit prendre des renseignements complets
sur les antécédents du candidat, sa délicatesse profession-
nelle et sa probité. Elle doit également lui faire subir un examen préalable. Remarquons cependant que la loi n'exige pas
formellement un examen; aussi une chambre peut en dispenser le candidat, si elle juge cette mesure superflue : « Les
« moyens d'appréciation de la qualité de l'aspirant sont lais-
« sés par la loi à la conscience des chambres de discipline qui
« sont moralement responsables envers la société du choix
« du gouvernement qu'elles sont appelées à éclairer; les
« chambres de discipline sont autorisées à accorder ou à re-
« fuser le certificat sur la seule vérification des pièces produites,
« si ces pièces établissent d'une manière suffisante à leurs yeux
« la capacité ou l'incapacité de l'aspirant. Aucune loi ne leur
« impose de faire subir un examen au candidat, lorsqu'elles
« sont convaincues que le résultat de cet examen, quel qu'il
« puisse être ne saurait assurer la preuve d'une capacité pra-
« tique et d'une expérience nécessaire pour accomplir digne-
« ment les fonctions de notaire. » (Décis. chanc., 29 mai 1837.)

Le procureur de la République n'a pas le droit d'assister à
l'examen; la chambre exerce, en effet, sous sa responsabilité,
une juridiction qui lui est propre, et il y aurait confusion de
pouvoirs, si le ministère public s'immisçait dans un acte dont
il ne doit connaître qu'après qu'il est accompli (*Sic* : Pradines.
Admiss. au notar., n° 684 ;— *Encycl. du not.*, v° *ch. de discip.*,
n° 304).

La chancellerie a fait remarquer à diverses reprises que les
chambres des notaires n'ont à donner qu'un *avis motivé* :
« Il n'entre point dans les attributions de la chambre de dis-
« cipline de prononcer sur la légalité des justifications imposées
« à tout aspirant aux fonctions du notariat; elle doit se bor-
« ner à examiner si celui qui se présente devant elle, offre
« par sa moralité et sa capacité des garanties suffisantes
« pour remplir les fonctions auxquelles il aspire, sauf à émet-
« tre son avis sur la légalité et la sincérité des certificats qui
« lui sont soumis et dont il appartient au gouvernement d'ap-
« précier le mérite (Décis. chanc., 23 oct. 1827) .» — Une
chambre ne peut se refuser à donner cet avis, encore bien
que le candidat n'ait pas accompli le stage prescrit, car des

dispenses de stage peuvent être accordées (Circ. chanc., 6 vendém. an XIII ; Gillet n° 481) ; si elle persistait dans son refus, malgré les avertissements du procureur de la République, des poursuites disciplinaires devraient être dirigées contre ses membres (Décis. chanc., 15 juil. 1829 ; Gillet, n° 2247). Quant au candidat qui, par suite de ce refus, ne peut obtenir le certificat exigé, il doit, dans ce cas spécial, être examiné par le tribunal qui le fait comparaître dans la chambre du conseil, s'assure par lui-même de sa capacité et prend sur sa moralité les renseignements nécessaires (Décis. chanc., 16 août 1833 ; Gillet, n° 2485).

Si la chambre est d'avis d'accorder le certificat, une expédition de sa délibération est transmise au procureur de la République. Si ce magistrat consent à la délivrance du certificat, il porte la mention « *Vu et approuvé, — Parquet de..., le... 188.* » ; il signe et retourne cette pièce au secrétaire de la chambre qui délivre le certificat, sans qu'il soit nécessaire que la chambre prenne une nouvelle délibération (Décis. chanc., 8 mai 1837 ; Gillet, n° 2663). — S'il s'oppose à la délivrance, il mentionne ses observations au pied de l'expédition et renvoie le tout à la chambre. Celle-ci délibère à nouveau et persiste dans son opinion ou en change, suivant ce qu'elle juge convenable. Sa détermination ultérieure est de nouveau adressée au ministère public qui, à son tour, la fait parvenir au garde des sceaux, par la voie hiérarchique, avec toutes les pièces justificatives et ses propres observations (Circ. chanc., 22 vent. an XII ; Gillet, n° 462). Dans ce cas, il convient de joindre les mémoires, pièces originales, lettres particulières et en général toutes les pièces justificatives sur lesquelles s'appuient la chambre et le ministère public.

Si la chambre est d'avis de refuser le certificat, elle adresse une expédition de sa délibération au procureur de la République. Ce magistrat doit la transmettre à la chancellerie avec les autres pièces du dossier de cession d'office et son rapport, car, malgré le refus de la chambre, le gouvernement à incontestablement le droit d'accueillir la demande du candidat et de lui conférer le titre de notaire qu'il sollicite.

Remarquons qu'un certificat de capacité et de moralité n'a de valeur que dans l'arrondissement auquel appartient la chambre qui l'a délivré.

L. Registre des délibérations. — Toute décision ou délibération est inscrite sur un registre coté et paraphé par le président de la chambre (art. 3 de l'ord. de 1843). Il n'y a aucune exception à cette règle; le défaut d'inscription pourrait donner lieu à des poursuites disciplinaires.

Ce registre doit être sur papier timbré (Circ. chanc., 18 vent. an XIII; Gillet, n° 496).

Il doit être communiqué au procureur de la République à sa première réquisition (art. 3 de l'ord. de 1843), et ce magistrat a même le droit d'exiger la communication des documents qui ont servi de base aux délibérations (Décis. chanc., 11 avr. 1846; Gillet, n° 3145).

LI. Expéditions délivrées au ministère public. — Nous avons vu *supra*, (XLIX) qu'une expédition de toute délibération, tendant à l'octroi ou au refus du certificat de moralité et de capacité, doit être adressée au procureur de la République. Ce magistrat peut exiger de plus la remise d'une expédition de toute délibération qu'il désire connaitre (Cass., 25 aout 1829; P. chr.).

Lorsque la communication du registre ou la remise d'une expédition est refusée, la demande du ministère public doit être dirigée contre le secrétaire, si lui seul la refuse, et contre tous les membres de la chambre, si une délibération a été prise dans ce but ; elle est portée devant le tribunal civil, en audience publique. A la suite d'une poursuite disciplinaire, dirigée contre un notaire de Rethel, le procureur du roi avait demandé communication du rapport écrit, la chambre prit une délibération expresse portant que cette pièce ne serait pas communiquée. Ce magistrat assigna alors tous les membres de la chambre devant le tribunal civil pour faire réformer cette délibération et ordonner la communication réclamée. Le tribunal de Rethel fit droit aux réquisitions du ministère public par un jugement du 1er mars 1838, confirmé par arrêt de la Cour de Metz du 28 juin 1838 (P. 38-II-234).

En principe, toutes les expéditions des délibérations doivent être faites sur timbre (Circ. chanc., 18 vent. an XIII ; Gillet, n° 496 ; — Déc. chanc., 11 sept. 1841; Gillet, n° 2877); mais celles qui sont délivrées aux procureurs de la République en sont exemptées, lorsqu'il y est fait mention de cette destination (art. 16 de la loi du 13 brum. an VII).

SECTION 4e. — *Assemblées générales.*

LII. Assemblées générales de droit. — Aux termes de l'article 22 de l'ordonnance du 4 janvier 1843, il doit y avoir chaque année deux assemblées générales des notaires dans chaque arrondissement.

La première assemblée générale annuelle a lieu dans la première quinzaine du mois de mai et est consacrée à la nomination des membres de la chambre (art. 28). Aucune époque n'est fixée pour la seconde assemblée: aussi elle peut être faite à la date qu'il plaît à la compagnie de choisir ; dans cette seconde réunion, on s'occupe de la reddition des comptes du trésorier et de toutes les questions qui intéressent la compagnie.

Dans beaucoup d'arrondissements, il n'y a qu'une seule réunion, malgré les prescriptions de l'ordonnance de 1843 ; cet usage est toléré, bien qu'il soit contraire au texte de la loi.

LIII. Assemblées générales extraordinaires. — En dehors de ces deux réunions, des assemblées générales peuvent avoir lieu toutes les fois que la chambre le juge convenable (art. 22 § 2 de l'ord. de 1843). Remarquons qu'il résulte du texte même de cet article qu'il n'appartient qu'à la chambre d'apprécier l'opportunité de cette mesure ; dès lors, le président n'aurait pas qualité pour décider qu'il y a lieu de convoquer une assemblée générale. — L'article 6 porte que le président de la chambre convoque la chambre extraordinairement, quand il le juge convenable ou sur la réquisition motivée de deux autres membres ; mais cet article n'a trait qu'à la forme de la convocation et à la date de la réunion.

LIV. Convocation. — Lieu de réunion. — Obligation d'y assister. — Présidence. — Les convocations sont faites par simples lettres signées du président ou du syndic (art. 6); en pratique, c'est le secrétaire qui signe ces lettres. Il n'y a pas d'inconvénient à suivre cet usage, si l'on a soin d'indiquer que la convocation est faite sur la réquisition du président.

Le procureur de la République n'a jamais le droit de faire les convocations. Si, par exemple, le président néglige de convoquer l'assemblée générale ordinaire pendant la première quinzaine de mai, le Parquet doit l'inviter à réparer cette omission ; s'il ne le fait pas, il dirige contre lui des poursuites disciplinaires et charge le syndic de faire la convocation.

Des convocations doivent être adressées non seulement à tous les notaires de l'arrondissement, en exercice, mais encore aux notaires honoraires ; nous avons vu en effet (*supra*, XXXV) qu'ils ont voix consultative aux assemblées générales.

Les assemblées générales se tiennent au lieu où la chambre a l'habitude de se réunir. Dans certaines villes, la compagnie possède ou loue un immeuble destiné à cet usage ; dans d'autres, les réunions ont lieu au palais de justice.

Pour que l'assemblée puisse délibérer valablement, il faut, aux termes de l'article 24 de l'ordonnance de 1843, la présence du tiers des notaires de l'arrondissement, non compris les membres de la chambre. — Une instruction de la chancellerie de décembre 1829, rapportée dans Dalloz (v° *Notaires*, n° 639) porte que cet article doit être interprété de la façon suivante : la présence du tiers des notaires du ressort ne suffit pas pour la formation de l'assemblée générale ; il faut en outre que les membres de la chambre de discipline se trouvent présents, soit en totalité, soit au moins en nombre égal à celui qui est exigé pour la validité des délibérations de la chambre.

Tous les notaires doivent à moins d'empêchement grave, assister à l'assemblée ; ceux qui ne s'y présentent pas et dont les excuses n'ont pas été agréées, sont passibles de peines disciplinaires (Circ. chanc., 12 janv. 1843 ; Gillet, n° 2951).

A qui appartient la présidence ? Comment est composé le bureau ? L'ordonnance de 1843 ne le dit pas ; par suite, l'assemblée peut donner la présidence à qui elle veut et former à son gré le bureau.

A Paris, le bureau des assemblées générales se compose du président de la chambre, des trois syndics et du secrétaire ; en cas d'absence du président, il est suppléé par un des membres du bureau, d'après le rang de chacun d'eux. Le bureau pour l'élection des membres de la chambre est composé, outre le président et le secrétaire de la chambre, des trois plus anciens et des trois plus nouveaux notaires, présents à l'assemblée ; tous six remplissent les fonctions de scrutateurs (Régl. des notaires de Paris du 26 oct. 1846, approuvé par le garde des sceaux, le 4 nov. 1846).

LV. Attributions et bourse commune. — Procès-verbaux. — L'assemblée générale a le droit de faire des règlements, mais ils ne sont exécutoires qu'après qu'ils ont été approuvés par le garde des sceaux (art. 23 de l'ord. de 1843 ; — Cass., 27 août 1851 ; P. 52-2-380 ; 5 juil. 1875 ; P. 75-1035 ; — 23 juil. 1878 ; P. 79-422). Par suite deux expéditions sur papier libre de tout règlement doivent être remises au procureur de la République qui les adresse, avec un rapport, au procureur général. Ce magistrat en transmet une au garde des sceaux avec ses observations.

Nous avons déjà dit que des tarifs pouvaient être arrêtés par l'assemblée générale, mais ils ne valent que comme simples renseignements : ils ne peuvent être ni homologués par les tribunaux ni approuvés par la chancellerie (*supra* XXVIII).

Rappelons aussi qu'il est de principe que les assemblées ne peuvent établir de peines disciplinaires en dehors de celles qui sont fixées par la loi.

C'est également l'assemblée générale qui établit la bourse commune et propose la répartition entre les notaires de l'arrondissement. Cette délibération est soumise à l'approbation du garde des sceaux ; puis, quand l'approbation a été accordée, le rôle est rendu exécutoire par le premier président sur l'avis du procureur général (art. 39). — Cette bourse commune est destinée à couvrir les dépenses de la chambre.

Il doit être dressé un procès-verbal destiné à constater les opérations de l'assemblée ; le ministère public a le droit de s'en faire remettre une expédition (*supra*, LI).

Les assemblées générales peuvent voter des fonds pour la dépense des repas de la compagnie (Décis. chanc., 20 déc. 1860 ; Gillet, n° 4079).

§ 9. — DISCIPLINE

SECTION PREMIÈRE. — *Action disciplinaire. — Compétence.*

LVI. — Contre qui l'action disciplinaire peut être exercée. — L'action disciplinaire peut être exercée :

1° Contre tous les notaires en exercice ;

2° Contre les notaires démissionnaires dont la démission n'est pas encore acceptée (Cass., 7 avr. 1851 ; D. 51-I-90) ; mais l'action disciplinaire ne peut plus être exercée après la nomination du successeur (Trib. de Wassy, 23 nov. 1828; D., *Rép.*, v° *Notaire*, p. 742 ; — Cass. 28 avr. 1885; P. 85-I-746) ;

3° Contre les notaires honoraires ;

4° Contre les clercs de notaires ; la chambre peut prononcer contre eux le rappel à l'ordre, la censure et la suppression du stage pendant un temps qui ne saurait excéder un an (art. 37 de l'ord. de 1843).

LVII. **Faits donnant lieu à des poursuites disciplinaires.** — Nous avons indiqué déjà un certain nombre de faits qui donnent lieu à des poursuites :

1° Des amendes sont encourues par les notaires qui n'observent pas les prescriptions de la loi pour la rédaction des actes (*supra*, XIV) ;

2° La destitution peut être prononcée contre le notaire qui fait *frauduleusement* dans un acte des surcharges, additions ou interlignes (*supra*, XIV) ;

3° Une amende est prononcée pour tout retard dans le dépôt du répertoire (*supra*, XXII);

4° La suspension et, en cas de récidive, la destitution sont encourues par le notaire qui instrumente hors de son ressort (*supra*, XI) ;

5° Des poursuites peuvent être dirigées contre le notaire qui s'absente trop fréquemment et l'abandon de sa résidence le fait considérer comme démissionnaire (*supra*, XII) ;

6° Une amende et, en cas de récidive, la suspension est prononcée contre le notaire qui délivre expédition d'un acte ou le communique à d'autres qu'aux parties ou à leurs héritiers ou ayants droit (*supra*, XVI) ;

7° Tout notaire qui délivre une seconde grosse, sans autorisation du président du tribunal, est destitué (*supra*, XVI).

Nous avons énuméré (*supra*, XXV) les diverses prohibitions, édictées par les articles 12 et 13 de l'ordonnance du 4 janvier 1843) ; toute contravention à ces articles peut donner lieu à des poursuites disciplinaires. — L'énumération qu'ils contiennent n'est et ne pouvait être qu'énonciative : « il a seulement « paru nécessaire de signaler aux magistrats, ainsi qu'aux « justiciables et aux notaires eux-mêmes certains actes aux-

« quels ces fonctionnaires ne sauraient se livrer, sans s'expo-
« ser à compromettre leur position et les intérêts de leurs
clients. » (Circ. chanc., 12 janv. 1843 ; Gillet, n° 2951). Ce système est consacré par une jurisprudence constante.

Il est impossible d'énumérer les innombrables cas dans
lesquels il peut y avoir lieu à poursuites disciplinaires ; le
cadre dans lequel nous devons nous renfermer ne nous permet même pas d'examiner complètement la jurisprudence en
cette matière. Nous nous bornerons à citer certaines espèces
qui nous paraissent plus particulièrement intéressantes.

A. — *Faits étrangers à l'exercice des fonctions.*

Il y a lieu à poursuites disciplinaires :

1° Contre le notaire qui a commis un acte contraire à la
probité ou à la délicatesse, même hors de l'exercice de ses
fonctions (Amiens, 30 mars 1821 ; P. chr.) ;

2° Contre le notaire coupable d'un délit qui blesse les
mœurs, bien qu'il ne porte pas atteinte à sa probité (Bordeaux, 6 juin 1833 ; *Dal. Alph.*, v° *Notaire*, p. 766);

3° Contre le notaire qui exerce des voies de fait envers un
particulier (Trib. de Thionville, 8 mai 1844 : D. 45-3-16) ;

4° Contre le notaire qui tolère que sa femme tienne un
café, non seulement dans la localité où il exerce ses fonctions, mais dans la maison même où se trouve son étude
(Trib. de Mende, 8 oct. 1845 ; D. 47-3-111) ;

5° Contre le notaire qui injurie un client après lui avoir
refusé les pièces justificatives de son compte (Cass., 29 juil.
1862 ; P. 63-198).

B. — *Faits relatifs à l'exercice des fonctions.*

Il y a lieu à poursuites disciplinaires :

1° Contre un notaire qui s'est adjugé à lui-même, sous le
nom d'une personne interposée, des coupes de bois qu'il
avait vendues aux enchères en sa qualité d'officier public
(Cass., 30 déc. 1811 ; P. chr.) ;

2° Contre un notaire qui reçoit le contrat de mariage d'une
fille de seize ans qui a fui le toit paternel et n'est assistée
d'aucun parent, quelle que soit d'ailleurs la droiture des intentions de ce notaire (Bordeaux, 8 nov. 1853 ; P. 53-11-504);

3° Contre un notaire qui a sciemment prêté son concours à
des actes combinés dans le but de faire fraude aux droits
d'enregistrement, par exemple en dissimulant dans un acte

de vente une partie du prix et en écrivant la contre-lettre
destinée à servir d'obligation pour le surplus (Trib. de Ver-
viers, 27 oct. 1852 ; *Bull. d'enreg.*, art. 239 ; — Trib. de Ro-
croi, 18 août 1853 ; *Bull. d'enreg.*, art. 239 ; — Bordeaux, 14
mars 1859 ; P. 61-999) ;

4° Contre un notaire qui rapporte un acte dans son intérêt
personnel (Rennes, 1er févr. 1848 ; P. 49-I-547);

5° Contre le notaire qui, sachant qu'un autre notaire est
chargé d'une vente mobilière pour le compte d'un client, fait
des démarches auprès de ce dernier pour supplanter son
confrère (Cass., 23 juil. 1878 ; P. 79-422);

6° Contre un notaire qui adresse au public, sous la forme
d'affiches, un avis contenant offre de son ministère dans des
conditions de généralité qui donnent à cette publication le
caractère d'un acte ayant pour but d'attirer à soi la clientèle
au détriment des autres notaires (Cass., 7 nov. 1881 ; P. 81-
I-1159).

LVIII. **Par qui le pouvoir disciplinaire est exercé.**
— L'action disciplinaire est partagée entre les tribunaux et
les chambres des notaires.

LIX. **Pouvoirs du ministère public et du garde des
sceaux.** — Nous avons vu déjà que le procureur de la République a le droit :

1° D'exiger la communication des répertoires et des minutes des notaires (*supra*, XXIII);

2° D'exiger la communication du registre des délibérations (*supra*, L);

3° De se faire délivrer des expéditions de toutes les délibérations (*supra*, XLIX et LI);

Le ministère public n'a pas le droit d'inviter un notaire,
coupable de négligences dans l'exercice de ses fonctions, à
donner sa démission dans un certain délai, sous peine, en
cas de refus, d'être poursuivi disciplinairement (Décis.chanc.,
25 juil. 1829 ;— Massabiau, t. III, p. 422). Mais si le notaire venait offrir sa démission pour éviter des poursuites, le procureur de la République devrait en informer le garde des sceaux
et lui donner sur ce point son avis motivé : il peut en effet arriver que dans l'intérêt général, il y ait lieu d'accueillir une pareille demande. — Le Parquet ne peut non plus inviter un
notaire à se montrer plus exact et plus circonspect à l'avenir.

Mais l'action disciplinaire lui appartient; il peut saisir la chambre ou diriger des poursuites devant le tribunal. — Il a incontestablement le droit de faire une enquète préalable ; mais pourrait-il, si cette mesure semblait nécessaire, opérer une perquisition dans une étude de notaire pour constater une infraction disciplinaire? Le tribunal de Draguignan a décidé que « le ministère public qui croit avoir des sujets légi-
« times de plainte contre un notaire, pouvant donner lieu à
« la mise en mouvement de l'action disciplinaire, doit avoir
« la possibilité de faire, même au domicile du notaire, dans
« l'étude et dans les papiers de celui-ci, les recherches né-
« cessaires pour établir les faits qui font la base de la pour-
« suite » (13 juil. 1868 ; P. 69-495). La Cour de cassation, saisie de cette affaire, a tourné la difficulté et, dans son arrêt du 9 mars 1869, elle a évité de se prononcer sur cette grave question. C'est là en effet un point extrèmement délicat. M. Dutruc combat le système du tribunal de Draguignan. Il invoque les articles 32, 35, 47, 87 et suivants du Code d'instruction criminelle : le procureur de la République ne peut, hors le cas de flagrant délit, procéder à une perquisition et opérer une saisie ; ce droit n'appartient qu'au juge d'instruction (*Mém. du min. publ.*, v° *Notaire*, n°s 24 et 25). Cette objection ne nous parait pas sérieuse; car il est de principe que l'action disciplinaire n'est soumise à aucune des règles de la procédure criminelle : « C'est, disait M. le procureur général
« Dupin, une action plus large, plus délicate qui repose sur
« une infinité de nuances que le législateur n'a pu définir,
« pour lesquelles il n'a pu que s'en rapporter à l'appréciation
« du juge... » — Mais une objection beaucoup plus grave est tirée du principe même de l'inviolabilité du domicile : le domicile de tout citoyen est inviolable, on ne peut y pénétrer que dans des cas déterminés et en se conformant aux prescriptions de la loi. Comment dès lors pourrait-on faire une exception pour les notaires, quand aucun texte ne le permet? Il s'agit donc en réalité non d'une question de forme et de procédure, mais bien d'un des principes fondamentaux de notre législation. — Nous déciderons par suite qu'une pareille perquisition serait illégale à moins que le notaire n'y consentit.

Le procureur de la République devra donc, s'il se trouve

en présence d'un fait grave et s'il craint qu'on ne fasse disparaître les pièces à conviction, saisir le juge d'instruction et procéder comme s'il s'agissait d'une information criminelle ; dans le cas contraire, il invitera le notaire à lui remettre les pièces nécessaires (registres, lettres, etc...). La Cour de cassation a décidé que le procureur de la République peut conserver, malgré les réclamations du notaire, les pièces ainsi remises volontairement et s'en servir, comme de pièces à conviction, à l'appui des poursuites disciplinaires qu'il dirige contre lui (Cass., 9 mars 1869 ; P. 69-497). La question de validité de saisie est en effet une simple question de procédure et il n'y a pas lieu par suite de s'en préoccuper.

Le garde des sceaux n'a pas, à l'égard des notaires, des pouvoirs aussi étendus qu'en ce qui concerne les officiers ministériels : il n'a pas notamment le droit de reviser les décisions disciplinaires des chambres des notaires et des tribunaux civils. — Ses principales attributions consistent à exercer une surveillance générale, à envoyer des instructions aux chambres des notaires, à reviser les règlements qu'elles prennent (*supra*, LV) et qui ne sont exécutoires qu'après qu'il les a approuvés ; enfin il pourvoit d'office au remplacement des notaires qui ont abandonné leur résidence (*supra*, XII).

SECTION DEUXIÈME. — ACTION DISCIPLINAIRE DEVANT LA CHAMBRE

LX. Peines que peut prononcer la chambre. — Les peines disciplinaires que peut prononcer la chambre, sont fixées par l'article 14 de l'ordonnance du 4 janvier 1843.

Ce sont :

1° Le rappel à l'ordre ;

2° La censure simple ;

3° La censure avec réprimande par le président au notaire inculpé, en personne, dans la chambre assemblée ;

4° La privation de voix délibérative dans l'assemblée générale ;

5° L'interdiction de l'entrée de la chambre pendant un espace de temps qui ne peut excéder trois ans pour la première fois, et qui peut s'étendre à six ans en cas de récidive.

L'article 14 est limitatif ; les chambres de discipline ne peuvent prononcer d'autres peines que celles qu'il édicte(Cass., 20 fév. 1883 ; P. 83-I-643 ; — Cass., 2 mars 1885 ; P. 85-I-738).

LXI. Par qui la chambre est saisie. — Le syndic remplit auprès de la chambre les fonctions de ministère public : il est partie poursuivante contre les notaires inculpés (art. 6 de l'ord. de 1843); il est tenu de dénoncer à la chambre les faits relatifs à la discipline, soit d'office, soit sur l'invitation du procureur de la République, soit sur la provocation des parties intéressées ou d'un membre de la chambre (art. 17).

LXII. Procédure. — Le notaire inculpé est cité à comparaître devant la chambre dans un délai qui ne peut être au-dessous de cinq jours, à la diligence du syndic, par une simple lettre indicative des faits, signée de lui, et envoyée par le secrétaire qui en tient note. Si le notaire ne comparaît pas sur la lettre du syndic, il est cité une seconde fois, dans le même délai à la même diligence, par ministère d'huissier (art. 17 de l'ord. de 1843). La citation, aussi bien que la lettre, doit, à peine de nullité, indiquer les faits qui font l'objet de la poursuite ; mais la nullité ne pourrait plus être invoquée si le notaire inculpé, ayant comparu, avait accepté le débat sur le fait non relevé dans la citation (Cass., 18 mai 1870; P. 70-614 ; — 17 août 1880 ; P. 82-I-1034 ; 24 janv. 1880; P. 81-I-1065 ; — 16 janv. 1884, P. 84-I-783). La chambre n'est pas valablement saisie par une lettre d'avis du président qui appelle un notaire à venir s'expliquer sur la plainte d'un confrère (Cass., 4 juil. 1864 ; P. 64-1125).

Le rapporteur a dû, avant la date de la comparution, prendre communication des pièces et s'entourer des renseignements nécessaires ; il fait son rapport devant la chambre (art. 6 de l'ord. de 1843). Ce rapport est prescrit à peine de nullité (Cass., 26 août 1862 ; P. 62-1060 ; — Cass., 4 juil. 1864 ; P. 64-1125). La décision serait même nulle si le rapport avait été fait en l'absence du syndic ou de l'inculpé (Cass., 6 janv. 1869 ; P. 69-121 ; — 28 mai 1878 ; P. 79-248).

Si la chambre ne se trouve pas suffisamment éclairée, elle peut ordonner un supplément d'instruction, soit sur les conclusions du syndic, soit même d'office. Il n'est même pas nécessaire que le syndic soit préalablement entendu, si cette mesure ne donne lieu à aucune contestation, car ses conclusions ne sont exigées que dans les questions contentieuses (Cass., 18 mai 1870 ; P. 70-614). Il n'est pas nécessaire que ce supplément d'information soit fait par le rapporteur, du moment que celui-ci a été entendu ; la chambre peut donc valablement charger son président d'y procéder, (Cass., 18 mai 1870 ; P. 70-614).

La Cour de cassation décide que la chambre peut entendre des témoins et que, pour cette audition comme pour les enquêtes auxquelles elle croit devoir procéder, il n'est pas nécessaire de suivre les formes tracées soit par le Code d'instruction criminelle, soit par le Code de procédure civile ; il suffit que les droits de la défense ne soient pas méconnus (Cass., 17 juil. 1878 ; P. 80-166). Ainsi il suffit que le notaire inculpé ait été mis à même de connaître les noms des témoins et de discuter leurs dispositions ; si, ayant été cité, il s'est abstenu de comparaître et n'a pu par sa faute discuter les témoignages, il n'est pas recevable à critiquer la régularité de l'enquête (même arrêt). — Remarquons toutefois que les chambres de discipline ne sont pas investies d'attributions judiciaires complètes ; elles ne peuvent dès lors obliger les témoins à comparaître et à déposer sous la foi du serment ; la comparution des témoins appelés par la chambre est entièrement volontaire et leur déposition ne peut par suite être soumise à la formalité du serment (Déc. chanc., 20 nov. 1837 ; *Rec. off.*, t. III, p. 39).

La chambre doit entendre les explications du notaire inculpé et des plaignants ;

Les plaignants et l'inculpé peuvent se faire représenter par un notaire (art. 20 de l'ord. de 1843). Ce texte est-il limitatif ? Les plaignants et les inculpés peuvent-ils prendre, pour soutenir leurs intérêts, des défenseurs autres que des notaires ? A Paris, il est d'usage que le plaignant se fasse assister par qui bon lui semble, et la Cour de cassation, dans un arrêt du 11 avril 1881 (P. 81-735), a décidé que les chambres peuvent autoriser les plaignants à se faire assister par d'autres que par des notaires.

LXIII. **Composition de la chambre. — Décisions.** — Nous avons déjà vu que pour qu'une délibération soit valable, il faut la présence de sept membres dans les chambres composées de neuf membres et de cinq dans les autres chambres. — Dans ce nombre n'est pas compris le syndic, puisqu'il ne peut, à peine de nullité, prendre part à la délibération (Cass., 29 avr. 1879 ; P. 79-890).

Lorsque le nombre des membres présentés est insuffisant, la chambre doit se compléter en s'adjoignant un ou plusieurs notaires dont les noms sont tirés au sort parmi les notaires de l'arrondissement (Cass., 14 janv. 1867; P. 67-379; — 7 juil. 1874; P. 75-38).

Ne peuvent prendre part à la délibération, les notaires, parents ou alliés du plaignant ou de l'inculpé, en ligne directe à tout degré et en ligne collatérale jusqu'au degré d'oncle ou neveu inclusivement (art. 19 de l'ord. de 1843).

Enfin il faut, à peine de nullité, que tous les membres qui participent à la décision aient assisté à toutes les séances, spécialement à celle où l'inculpé a fourni ses explications (Cass., 21 févr. 1865; P. 65-382).

Les délibérations sont signées par le président et le secrétaire et doivent contenir les noms des membres présents (art. 20 de l'ord. de 1843); le même article exige qu'elles soient motivées : par suite est nulle la décision qui prononce une peine disciplinaire en se bornant à dire « que le notaire « inculpé est intervenu dans une affaire dont il devait s'abs- « tenir comme notaire et à raison de ses rapports avec le « plaignant, son confrère, et qu'en agissant ainsi, il a manqué « à un devoir essentiel de sa profession ». (Cass., 25 janv. 1870; P. 70-364).

Les décisions sont rendues à huis clos et non en séance publique; elles sont notifiées dans la même forme que les citations (art. 20 de l'ord. de 1843).

LXIV. Cas où la destitution ou la suspension sont encourues. — Si l'inculpation paraît de nature à motiver la suspension ou la destitution, la chambre s'adjoint, par la voie du sort, d'autres notaires de l'arrondissement, savoir : celle de Paris, dix notaires, et les autres chambres un nombre inférieur de deux à celui de leurs membres. La chambre ainsi composée émet par forme de simple avis et à la majorité absolue des voix, son opinion sur la suspension et sa durée, ou sur la destitution. — Les voix sont recueillies, en ce cas, au scrutin secret, par *oui* ou par *non*; mais l'avis ne peut être formé qu'autant que les deux tiers au moins de tous les membres appelés à l'assemblée sont présents (art. 15 de l'ord. de 1843).

Quand la chambre, ainsi composée, est d'avis de provoquer la suspension ou la destitution, une expédition du procès-verbal de sa délibération est déposée au greffe du tribunal et une autre est remise au procureur de la République (art. 16).

Le ministère public soumet cette délibération à l'homologation du tribunal.

LXV. **Recours contre ces décisions.** — Les chambres de discipline statuent en dernier ressort : aucune disposition législative n'attribue aux cours et tribunaux le droit de connaître de leurs décisions (Cass., 10 mars 1846 ; P. 46-1-526 ; — Trib. de Nancy, 8 juin 1869 ; P. 69-1294).

Le seul recours ouvert est le pourvoi en cassation, mais il ne peut être exercé que par le notaire condamné, le syndic de la chambre et le procureur général près la Cour de cassation. Pour les deux premiers, le droit de se pourvoir résulte de leur qualité de parties en cause ; quant au procureur général près la Cour de cassation, il tire son droit des articles 80 et 88 de la loi du 27 ventôse an VIII.

Le procureur de la République et même le procureur général près la Cour d'appel ne peuvent donc former un pourvoi contre la décision d'une chambre (Cass., 5 août 1884 ; P. 85-1-378). La chancellerie a décidé (30 oct. 1844 ; Gillet, n° 3058) que si la répression est insuffisante, il faut non se pourvoir contre la décision de la chambre, mais diriger de nouvelles poursuites devant le tribunal. Nous ne saurions accepter ce système qui est en opposition complète avec tous les principes de notre droit.

SECTION TROISIÈME. — ACTION DISCIPLINAIRE DEVANT LES TRIBUNAUX.

LXVI. **Peines que peuvent prononcer les tribunaux.** — Aux termes de l'article 53 de la loi du 25 ventôse an XI, toutes suspensions, destitutions, condamnations à l'amende et à des dommages-intérêts sont prononcées contre les notaires, par les tribunaux civils, à la poursuite des parties intéressées ou d'office à la requête et diligence du procureur de la République.

Lorsque le tribunal prononce la peine de la suspension, il doit en déterminer la durée. Par suite, un tribunal ne peut ordonner qu'un notaire sera suspendu jusqu'à l'installation de son successeur (Montpellier, 25 févr. 1833 ; P. chr.).

L'article 53 est limitatif ; les tribunaux ne peuvent prononcer d'autres peines que celles qu'il établit.

Remarquons enfin que les tribunaux peuvent prononcer la

suspension ou la destitution comme ils le jugent convenable suivant la gravité des infractions. En est-il de même des amendes ? La Cour de cassation se prononce pour l'affirmative dans un arrêt du 22 août 1860 (P. 61-143). Mais nous ne saurions admettre ce système : les condamnations pécuniaires ne sont pas de véritables peines disciplinaires ; les amendes que vise l'article 53 sont celles qui sont prononcées par les articles précédents et dont ces textes fixent le taux. Nous pouvons invoquer en ce sens un arrêt de la Cour de Paris du 29 juin 1852 (P. 53-1-368) qui décide que le notaire qui a fait procéder par son clerc, dans une auberge, à une adjudication publique d'immeubles ne peut être condamné à une amende par mesure disciplinaire.

Un arrêt de la Cour de cassation du 11 janvier 1841 (P. 41-I-170) décide qu'on ne peut, sous prétexte de circonstances atténuantes, prononcer une amende au lieu de la suspension pour infraction à la résidence ; mais nous n'invoquerons pas cet arrêt à l'appui de notre système, car la loi du 25 ventôse prononce pour ce fait la peine de la suspension et ne permet pas d'atténuer cette peine.

LXVII. **Les tribunaux peuvent-ils prononcer les peines inférieures ?** — La jurisprudence a reconnu que, lorsque les faits incriminés ne sont pas assez graves pour motiver la peine de la suspension, les tribunaux peuvent n'infliger que l'une des peines, édictées par l'article 14 de l'ordonnance de 1843 (Cass., 8 avr. 1845 ; P. 45-1-455 ; — Cass., 20 nov. 1848 ; P. 49-1-545 ; — Trib. de Péronne, 4 juin 1862 ; P. 63-80 ; — Amiens, 10 juil. 1862 ; P. 63-81 ; — Nîmes, 24 juin 1878 ; P. 78-984).

Il ne s'ensuit pas que le ministère public doive saisir dans tous les cas les tribunaux civils. C'est en principe les chambres de discipline qui sont chargées d'appliquer les peines légères, celles qui constituent moins une condamnation qu'un avertissement confraternel, aussi c'est devant elles qu'il faudra porter toutes les poursuites en raison de fautes légères. — Si au contraire il s'agit de fautes graves ou s'il y a lieu de craindre, de la part de la chambre, une indulgence qui dégénère en faiblesse, il ne faut pas hésiter à saisir le tribunal qui, si les circonstances lui paraissent atténuantes, pourra n'infliger qu'une des peines de l'article 14.

LXVIII. Procédure. — Le ministère public peut poursuivre d'office un notaire et le tribunal peut statuer, sans prendre l'avis préalable de la chambre (Cass., 2 août 1848 ; P. 48-II-549).

La loi ne détermine pas les formes de la procédure : il y a lieu, d'après un premier système, de suivre les règles ordinaires de la procédure civile ; un second système enseigne au contraire qu'il faut se conformer au Code d'instruction criminelle. Mais un troisième système a prévalu dans la jurisprudence, et il est admis aujourd'hui que les poursuites disciplinaires ne sont soumises à aucune règle spéciale de procédure, il suffit que les droits de la défense soient respectés (Cass., 23 janv. 1855 ; P. 55-I-388 ; — 6 août 1867 ; P. 68-32 ; — 20 juil. 1869 ; P. 70-21). C'est ainsi qu'aucune règle n'est imposée aux tribunaux pour l'audition des témoins, notamment en ce qui concerne la notification de leurs noms au notaire inculpé. — Toutefois, les délais pour la citation, les formes et délais d'opposition et d'appel sont ceux fixés par le Code de procédure civile, puisque la poursuite a lieu devant la juridiction civile.

Il convient dès lors d'appeler le notaire devant le tribunal par une citation qui contient l'énonciation des faits qui font l'objet de la poursuite. — Cette indication est nécessaire pour permettre au notaire de préparer sa défense. — Il faut de plus préciser dans cette citation la peine que l'on entend requérir (Décis. chanc., 11 nov. 1858 ; Gillet, n° 3974).

Cette citation est donnée à comparaître devant la chambre civile ou siège le président et pendant les vacances devant la chambre des vacations. — Le tribunal correctionnel ne peut être valablement saisi (Cass., 22 févr. et 6 mai 1844; P. 44-II-18.

Quel délai faut-il observer ? Pour éviter toute difficulté, il faut se conformer aux délais du Code de procédure civile ; on citera donc à huitaine franche, avec augmentation pour les distances, s'il y a lieu.

Le notaire doit comparaître en personne car son interrogatoire est indispensable ; s'il ne comparait pas, la condamnation est prononcée par défaut encore bien qu'il ait constitué avoué (Trib. de Tarascon, 6 sept. 1879 ; P. 80-111).

Lorsqu'il y a lieu à enquête, il n'est pas nécessaire qu'un jugement préalable autorise l'audition des témoins ; le ministère public peut citer d'office les témoins qu'il juge utile de faire entendre, comme en matière correctionnelle. Par mesure de prudence, il serait bon d'en notifier la liste au notaire inculpé, surtout s'il s'agit d'une affaire grave et délicate.

L'audition des témoins, l'interrogatoire et les débats ont lieu à l'audience et publiquement à moins que, pour des motifs exceptionnels, le huis clos n'ait été prononcé (Décis. chanc., 22 déc. 1835 ; Gillet, n° 2605).

LXIX. **Jugement. — Exécution.** — Le tribunal doit toujours rendre son jugement en audience publique, même lorsque les débats ont eu lieu à huis clos. C'est ainsi que la décision prise en chambre du conseil et prononçant la destitution d'un notaire n'est susceptible d'aucun effet (Décis. chanc., 16 déc. 1834).

Nous verrons que ces jugements sont susceptibles d'appel, mais ils sont toujours exécutoires par provision, excepté quant aux condamnations pécuniaires (art. 53 de la loi du 25 vent. an XI).

Une expédition de tous les jugements disciplinaires doit être transmise au garde des sceaux, même s'ils sont frappés d'appel (Décis. chanc., 10 janv. 1845 ; Gillet n° 3073).

LXX. **Voies de recours.** — Si le jugement est rendu par défaut, il est susceptible d'opposition ; il y a lieu de se conformer aux règles ordinaires de l'opposition en matière civile.

La voie de l'appel et, après que celle-ci a été épuisée, celle du pourvoi en cassation sont ouvertes tant au ministère public qu'au notaire condamné.

L'appel est interjeté suivant les formes et dans les délais fixés par le Code de procédure civile (Douai 15 juin 1835 ; P. chr ; — Paris, 21 mars 1879 ; P. 80-306). Le procureur de la République ne doit donc pas faire une déclaration au greffe, il est tenu de faire notifier un acte d'appel, ainsi que nous l'avons indiqué (v° : **Appel**, IV).

L'appel est porté, non devant les chambres réunies, mais devant la chambre civile de la Cour (Cass., 10 mai 1864 ; D. 64-1-284). Il n'est pas nécessaire qu'un rapport soit fait à l'audience de la Cour, conformément à l'article 209 du Code d'instruction criminelle (Cass., 23 janv. 1855 ; P. 55-I-389 ; — 10 mai 1864 ; D. 64-1-284).

NOTES D'AUDIENCE

Aux termes de l'article 189 du Code d'instruction criminelle le greffier doit tenir note des déclarations des témoins et des réponses du prévenu. Les notes du greffier sont visées par le président, dans les trois jours de la prononciation du jugement.

Les notes sommaires doivent rester jointes à la procédure et, en cas d'appel, elles sont transmises en minute (art. 59 du décr. du 18 juin 1811). Cependant les greffiers qui ont l'ha-tude de porter ces notes sur un registre particulier, peuvent, s'ils le jugent utile pour l'ordre de leur greffe, continuer de suivre cet usage ; mais, dans aucun cas et sous aucun pré-texte, ils ne peuvent faire passer en taxe les expéditions ou copies de ce registre qu'ils sont obligés de délivrer (Metz, 17 août 1820 ; — Décis. chanc., 3 févr. 1824 ; de Dalmas, p. 158).

Dans un certain nombre de tribunaux, les notes ne sont visées par le président que lorsqu'un appel est interjeté ; dans les autres cas, une note plus ou moins informe est placée dans le dossier et n'est revêtue d'aucune signature. Cette ma-nière de procéder est contraire au texte et à l'esprit de la loi.

NOTICES HEBDOMADAIRES

Le procureur général a pour mission de diriger l'action publique dans son ressort ; il importe donc qu'il soit exacte-ment tenu au courant de la suite donnée aux affaires et de la marche des procédures criminelles et correctionnelles dans tout les arrondissements du ressort.

A cet effet, les procureurs de la République lui envoient chaque lundi une *Notice hebdomadaire* de tous les crimes, délits, suicides et accidents divers survenus pendant la semaine écoulée (art. 249 du C. d'inst. crim.).

Cette notice est la copie littérale du registre du Parquet.

Le modèle en est fixé par le Parquet général ; il varie donc suivant chaque ressort. — Dans certains ressorts, la notice du Parquet comprend les affaires mises à l'instruction et présente le relevé de tous les actes d'information ; dans d'autres, le procureur de la République et le juge d'instruc-tion font chacun une notice distincte.

En général, la notice est divisée en deux parties. — **La** première comprend les *affaires anciennes*, c'est-à-dire toutes les affaires qui figuraient sur les précédentes notices et qui n'avaient pas encore reçu de solution ; la seconde est celle des *affaires nouvelles ;* on y inscrit toutes les affaires de la semaine.

Quelles affaires faut-il y porter ? Dans certains ressorts, on ne porte sur le registre et sur la notice que les affaires criminelles, correctionnelles, les suicides et les accidents ; dans d'autres, on y inscrit également les affaires disciplinaires et de simple police ; dans le ressort de Rouen, la notice doit même comprendre les affaires poursuivies à la requête des parties civiles et des administrations publiques.

Nous ne pouvons nous étendre plus longuement sur la rédaction de ces notices ; il suffit de suivre les instructions spéciales du ressort auquel on appartient.

NOTICES INDIVIDUELLES

Division

I. But des Notices. — Par une circulaire du 14 mai 1873 (Gillet n° 4397), M. le garde des sceaux Dufaure a décidé qu'à l'avenir, il serait établi des notices individuelles destinées à accompagner les condamnés dans les lieux de détention.— Ces notices sont destinées à éclairer l'administration pénitentiaire sur le passé des détenus ; elles font connaître quels individus sont plus particulièrement pervers et doivent être l'objet d'une surveillance spéciale, quels autres au contraire sont dignes d'intérêt et pourront, grâce à certains soins, à certaines précautions, être ramenés au bien. — Elles lui fournissent aussi des renseignements précieux au point de vue des propositions de grâces qu'elle est appelée à faire.

II. Formule des Notices — Les notices individuelles sont établies sur des formules fournies par le ministère de l'intérieur (Circ. chanc., 25 juin 1873 ; *Rec. off.*, t. III, p. 255.

Nous en donnons ci-contre un spécimen.

NOTICE INDIVIDUELLE

(Nom et prénoms)

Né à   le   domicilié à

condamné par   le

à   pour

CONDAMNATIONS ANTÉRIEURES...

(Leur nombre seulement. Indication de la peine la plus grave encourue et du lieu où a été subie la dernière peine corporelle, ainsi que de la date de la libération.)

ÉTAT CIVIL

Le condamné est-il enfant légitime, naturel ou trouvé ?............................

Est-il célibataire, veuf ou marié ?..........

Nom du conjoint.........................

Nombre d'enfants (légitimes ou naturels)...

PROFESSION

Quelle est sa profession ?..................

Travaillait-il pour son compte ou pour autrui ?..............................

Exerçait-il réellement sa profession ?......

Vivait-il dans l'oisiveté ?..................

Était-il apte au travail ?..................

Appartenait-il à la population urbaine ou rurale ?..............................

(Plus ou moins de 2,000 habitants).

MOYENS D'EXISTENCE

Quels sont ses moyens d'existence ?........

Contribuait-il à l'entretien de sa famille ?...

Sa famille peut-elle se passer de son aide ?.

DEGRÉ D'INSTRUCTION ET RELIGION

Quel est son degré d'instruction ?..........

Quelle est sa religion ?...................

CONDUITE ET MORALITÉ

Comment était-il noté dans sa commune ?..

Était-il adonné à l'ivrognerie ?............

Se livrait-il au libertinage et à la débauche ?

Vivait-il en concubinage ?................

AUTRES PARTICULARITÉS pouvant permettre d'apprécier la moralité du condamné et le degré d'indulgence dont il peut être l'objet.

EXPOSÉ SOMMAIRE DES FAITS QUI ONT MOTIVÉ LA CONDAMNATION A SUBIR (Voir le nota).

Fait au Parquet de   , le   188 .

Nota. — Il importe, dans cet exposé, de signaler spécialement les circonstances qui attestent le degré d'audace ou de perversité du condamné et de faire connaître son attitude soit pendant l'instruction, soit à l'audience.

Il importe aussi de faire connaître, quand la surveillance sera encourue, les lieux où il devra être interdit au condamné de paraître.

Comme on le voit, cette notice comprend deux parties :

La première embrasse tout ce qui se rattache aux antécédents, à l'état civil, à la profession, aux moyens d'existence, à l'instruction, à la conduite et à la moralité. — Il suffit de répondre nettement aux questions posées ; aucune difficulté ne peut exister.

La seconde est un résumé des faits. — Cet exposé sommaire doit très succinctement résumer l'affaire, en mettant en relief ce qui constitue l'importance de l'infraction et ce qui aggrave ou atténue la culpabilité. A ce dernier titre, il est nécessaire d'énoncer si le condamné, avant ou depuis les poursuites, a réparé le préjudice par lui causé ; si pendant l'instruction ou pendant les débats, il a fait des aveux et manifesté des regrets, ou si, au contraire, par une attitude audacieuse et des réponses violentes et mensongères, il s'est signalé comme un malfaiteur endurci et indigne d'intérêt (Circ. chanc., 14 mai 1873 ; Gillet n° 4397.

III. **Renseignements nécessaires pour les établir.** — Pour remplir ces notices, il faut demander les renseignements nécessaires dès le début de la procédure ; il est d'ailleurs indispensable, au point de vue de l'instruction de l'affaire, que les antécédents et la moralité du prévenu soient connus le plus tôt possible. A cet effet, on envoie une feuille de renseignements au juge de paix ou au brigadier de gendarmerie du canton où le prévenu est domicilié ou au maire de sa commune ; cette feuille est retournée ou Parquet après avoir été remplie.

Nous donnons ci-contre une formule très complète, employée par le Parquet d'Autun :

Parquet du Tribunal

d

Affaire n°

_____

RENSEIGNEMENTS CONFIDENTIELS

demandés sur le compte de

inculpé de

1° Quels sont ses nom et prénoms d'après son acte de naissance ou sa déclaration ?

2° Quelle est la date de sa naissance également d'après l'acte de naissance ou sa déclaration ?

3° Quel est le lieu de sa naissance ?

4° Est-il marié, veuf ou célibataire ? le lieu et la date de son mariage, les nom et prénoms de son conjoint ?

5° A-t-il des enfants, et en quel nombre ?

6° Quels sont les noms et prénoms de ses père et mère ?

7° Quels sont les moyens d'existence et la moralité de sa famille ?

Quelques-uns de ses membres ont-ils été condamnés ou poursuivis ?

8° Quelle est sa profession ?

L'exerce-t-il réellement ?

L'exerce-t-il pour son compte ?

9° A-t-il d'autres ressources ?

10° Quel est son domicile ?

11° Quelle est sa résidence actuelle ?

12° Quelle est sa conduite ordinaire ?

13° Quel est son caractère ?

14° Est-il adonné à l'ivrognerie ?

15° Se livre-t-il à la débauche ?

16° Vit-il en concubinage ?

17° A-t-il été condamné ou seulement poursuivi en justice ?

18° Quel a été le résultat des poursuites ?

19° Peut-on supposer qu'il a été excité au délit par ses parents ?

20° Est-il militaire ? Appartient-il à la réserve ?

Dans ce cas, indiquer la classe, le numéro du tirage, le canton et le département du tirage au sort ?

21° Appartient-il à l'armée territoriale ?

Dans ce cas indiquer la subdivision dans laquelle il a été inscrit sur les registres de l'armée territoriale ?

22° Est-il porteur d'une décoration ou d'une médaille française ou étrangère ? Laquelle ?

23° Quel est son degré d'instruction ?

24° Quelle est sa religion ?

25° Quels autres renseignements aurait-on à fournir sur l'inculpé ?

Monsieur le

est prié de répondre d'une manière claire, précise et détaillée aux questions indiquées ci-dessus.

Au Parquet, à

Le   188

LE PROCUREUR DE LA RÉPUBLIQUE

Le

Certifie l'exactitude des réponses ci-dessus.

A   le   188

IV. Cas où il en doit être établi. — Envoi. — Il doit être établi une notice pour tout individu, condamné à un emprisonnement de quatre mois au moins (Circ. chanc., 6 janv. 1874 ; Gillet n° 4417).

La notice est remise au gardien-chef en même temps que l'extrait, délivré pour assurer l'exécution de la peine, afin qu'elle arrive en temps utile au lieu de détention. — Le procureur de la République est tenu de faire mention de cette remise sur l'extrait ; il date et signe cette mention (Déc. chanc., 30 oct. 1876 ; *Bull. off.*, n° 4, p. 226).

V. Demandes d'imprimés. — Les imprimés sont distribués aux Parquets par les directeurs des circonscriptions pénitentiaires ; c'est à ces fonctionnaires que les demandes doivent être adressées (Circ. chanc., 16 janv. 1880 ; *Bull. off.*, n° 17, p. 66.).

NOURRICES
Division

I. Autorisation préalable pour ouvrir un bureau de nourrices.

II. Obligations imposées aux directeurs de bureaux.

III. Sanction pénale.

(Voir : **Enfants**, IV, IX, X).

I. Autorisation préalable pour ouvrir un bureau de nourrices. — Nul ne peut ouvrir ni diriger un bureau de nourrices ni exercer la profession d'intermédiaire pour le placement des enfants en nourrice, en sevrage ou en garde, et le louage des nourrices sans en avoir obtenu l'autorisation préalable (art. 11 de la loi du 23 déc. 1874).

Cette autorisation est demandée au préfet du département du domicile, et dans le département de la Seine, au préfet de police. — La demande doit faire connaitre les départements dans lesquels le pétitionnaire se propose de prendre ou de placer les enfants.

Le préfet communique la demande aux préfets des autres départements intéressés et s'assure de la moralité du demandeur. Il fait examiner par les médecins inspecteurs, ou, à leur défaut, par des médecins commis à cet effet, les locaux affectés aux nourrices et aux enfants, s'il s'agit d'un bureau de placement ; ou les voitures affectées au transport des nourrices et de leurs nourrissons, s'il s'agit de meneurs ou de meneuses.

L'arrêté d'autorisation détermine les conditions particulières auxquelles le permissionnaire est astreint dans l'intérêt de la salubrité, des mœurs et de l'ordre public.

Ces conditions doivent être affichées dans l'intérieur des bureaux, ainsi que les prescriptions légales et réglementaires imposées aux directeurs de bureaux et aux meneurs ou meneuses, et les peines édictées par l'article 6 de la loi contre ceux qui refuseraient de recevoir la visite des personnes autorisées par la loi.

L'autorisation peut toujours être retirée.

Si l'industrie est exercée dans plusieurs départements, il est donné avis de l'arrêté d'autorisation, ou de l'arrêté de retrait, aux préfets de tous les départements intéressés (art. 35 du décret).

II. Obligations imposées aux directeurs de bureaux — Les directeurs de bureaux et les logeurs de nourrices sont tenus d'avoir un registre sur lequel ils inscrivent les noms et prénoms, le lieu et la date de naissance, la profession et le domicile de la nourrice, le nom et la profession de son mari. — Ce registre doit être coté et paraphé par le maire de la commune, et à Paris et à Lyon, par le commissaire de police du quartier (art. 37 du décr. du 27 févr. 1877).

Les directeurs des bureaux de nourrices et leurs agents doivent, avant de procurer un nourrisson à une nourrice, s'assurer qu'elle est munie du certificat du maire de sa commune, du certificat médical et du carnet, prescrits par l'article 27 du décret du 27 février 1877. — Il est défendu aux meneurs et meneuses de reconduire des nourrices dans leurs communes avec des nourrissons, sans qu'elles soient munies de ces pièces.

III. Sanction pénale. — Toute personne qui ouvre ou dirige un bureau de nourrices ou qui exerce la profession d'intermédiaire pour le placement des enfants en nourrice sans avoir obtenu l'autorisation préalable ou qui néglige de se conformer aux conditions de l'autorisation ou aux prescriptions des règlements, est punie d'une amende de 16 à 100 francs. — En cas de récidive, la peine d'emprisonnement prévue par l'article 480 du Code pénal (un à cinq jours), peut être prononcée (art. 11 § 2 de la loi.)

Quel est le tribunal compétent ? Le doute peut venir de ce que le paragraphe 2 de l'article 11 se réfère pour l'application de la peine, en cas de récidive, à l'article 480, qui n'a trait qu'aux contraventions de simple police. Cependant, nous pensons que ces infractions sont de la compétence des tribunaux de police correctionnelle, car le chiffre de l'amende, édicté par l'article 11, excède le taux de la compétence des tribunaux de simple police.

En cas de récidive, peut-on, outre l'emprisonnement de un à cinq jours, prononcer une amende de 16 à 100 francs ? Nous ne le pensons pas ; dans sa dernière partie, notre texte porte qu' « en cas de récidive, la peine d'emprisonnement « prévue par l'article 480 du Code pénal *peut être pro-* « *noncée* » ; il ne dit pas « peut *en outre* être prononcée ». Le tribunal a donc le choix entre les deux peines, mais il ne peut les prononcer simultanément.

Si, par suite de la contravention ou d'une négligence de la part d'une nourrice ou d'une gardeuse, la santé ou la vie d'un ou plusieurs enfants a été compromise, la loi se montre plus sévère. S'il n'en est résulté qu'un dommage pour la santé d'un ou plusieurs enfants, la peine d'emprisonnement de un à cinq jours *peut* être prononcée (art. 11 § 4). — Il résulte de ce texte que l'emprisonnement ne doit pas toujours être prononcé ; le tribunal pourra n'infliger qu'une amende de 16 à 100 francs. — Si le décès de l'enfant s'en est suivi, la peine est un emprisonnement de trois mois à deux ans, et une amende de 50 à 600 francs (art. 11 § 5 de la loi ; — art. 319 du Code pénal.)

Dans ces deux cas, nous pensons que la récidive ne peut avoir d'influence sur la peine ; notre article est muet sur ce point, et les articles 482 et 483 du Code pénal, que l'article 33 rend applicables à tous les cas prévus par la loi de 1874, n'ont trait qu'à la récidive en matière de simple police, et n'autorisent d'ailleurs le juge qu'à prononcer au maximum cinq jours d'emprisonnement.

Les mêmes peines sont applicables à toute sage femme et à tout autre intermédiaire qui entreprend, sans autorisation, de placer des enfants en nourrice, en sevrage ou en garde.

L'article 463 du Code Pénal est applicable (art. 13 § 2 de la loi du 23 déc. 1874.)

O

OCTROI

Division

I. Contraventions. — Poursuites. — La répression des contraventions aux droits d'octroi intéresse avant tout la commune ou le fermier de l'octroi ; aussi l'action en poursuite appartient : 1° à la commune et au régisseur de l'octroi ou au directeur des contributions indirectes si l'octroi est en régie intérieure ou si les droits sont perçus par l'administration des contributions indirectes en vertu d'abonnement ; 2° à la commune ou au fermier, si l'octroi est en régie simple ou en ferme ordinaire.

Le ministère public ne peut agir d'office en pareille matière (Cass., 25 août 1827 ; P. chr. ; — Cass., 12 août 1853 ; P. 54-II-140 ; — Douai, 14 août 1860 ; *Journ. du minist. publ.*, t. IV, p. 96).

Toutefois lorsque les faits constituent non une simple contravention en matière d'octroi, mais un délit contre l'ordre public, le ministère public a le droit de poursuivre d'office (Cass., 13 nov. 1833 ; P. chr. ; — Orléans, 8 févr. 1834 ; P. chr. ; — Besançon, 16 mai 1878 ; P. 79-103). Il en est ainsi notamment lorsque le contrevenant s'oppose, même sans violence, à l'exercice des employés de l'octroi ; par exemple, lorsqu'un boucher refuse aux préposés l'entrée de son étal pour reconnaître et marquer les viandes abattues qui y sont déposées.

II. Foi due aux procès-verbaux des préposés. — Les procès-verbaux des préposés de l'octroi font foi jusqu'à inscription de faux (art. 8 de la loi du 27 frim. an VIII). Il en est ainsi non seulement pour les faits matériels, mais aussi pour les déclarations des parties qui y sont constatées (Toulouse, 27 août

1859 ; P. 60-857). Quant aux opinions et appréciations person-nelles, émises par les agents dans leurs procès-verbaux, elles sont susceptibles d'être discutées et combattues par tous les modes de preuves (Cass., 24 avr. 1880 ; P. 80-1197).

III. **Exercice de la contrainte par corps**. — Aux termes de l'article 225 de la loi du 28 avril 1816, tout individu con-damné pour fait de contrebande en tabac, doit être détenu jusqu'à ce qu'il ait acquitté le montant des condamnations prononcées contre lui ; cependant le temps de la détention ne peut excéder six mois, sauf le cas de récidive où le terme peut être d'un an. — L'article 9 de la loi du 29 mars 1832 et l'article 9 de la loi du 24 mai 1834 ont rendu cet article appli-cable à l'introduction ou à la tentative d'introduction d'objets soumis aux droits d'octroi, à l'aide d'ustensiles préparés ou de moyens disposés pour la fraude.

Ces dispositions sont-elles toujours en vigueur ? Le doute vient de ce que d'abord l'article 46 de la loi du 17 avril 1832, puis l'article 18 de la loi de 1867 ont prononcé l'abrogation de toutes les lois antérieures, concernant la contrainte par corps. — Mais la loi du 12 février 1835 a, par son article 5, déterminé d'une manière précise quoique indirecte la portée de cette abrogation, puisqu'elle porte que les dispositions des articles 222 à 225 de la loi du 28 avril 1816 sont applicables en matière de tabacs, « sans qu'il soit dérogé aux dispositions contenues « dans la loi du 17 avril 1832, *concernant la durée* de la con-« trainte par corps. » De plus, c'est la loi du 24 mai 1834, c'est-à-dire une loi postérieure à celle de 1832, sur la contrainte par corps qui a rendu l'article 9 de la loi du 29 mars 1832, applicable à toutes les communes ayant un octroi. — Il est donc certain que la loi du 17 avril 1832 n'a pas abrogé l'article 225 ; elle l'a seulement modifié en ce sens que c'est à celle-ci qu'il faut se reporter pour déterminer la durée de la contrainte. C'est évidemment une modification de même nature qu'a introduite la loi de 1867.

En résumé l'article 225 de la loi de 1816 est en vigueur, mais la durée de la contrainte est réglée aujourd'hui par l'article 9 de la loi du 22 juillet 1867 (Bordeaux, 21 mai 1840 ; — Pau, 29 mars 1849 ; — Lettre du garde des sceaux au procu-reur général de Lyon, du 26 juin 1877 ; *Bull.off.*, n° 6, p. 176).

Il en résulte que les articles 222 à 225 de la loi de 1816

doivent être appliqués, en matière d'octroi, d'après les principes qui sont formulés dans la circulaire du 20 mars 1866
(Voir : **Contributions indirectes,** V).

OFFENSES

Division

I. Offenses au président de la République.

II. Offenses aux chefs d'État étrangers.

I. **Offenses au président de la République.** — L'offense
au président de la République est punie d'un emprisonnement
de trois mois à un an et d'une amende de 100 à 3,000 francs
ou de l'une de ces deux peines seulement (art. 26 de la loi du
29 juil. 1881).

Pour tomber sous l'application de la loi, l'offense doit
réunir les conditions exigées par l'article 29 paragraphe 2 de
la loi (rapport complémentaire de M. Lisbonne à la Chambre);
il faut de plus qu'elle ait été commise par l'un des moyens
énoncés dans les articles 23 et 28 (art. 26).

On ne peut être admis à prouver la vérité des faits constitutifs de l'offense (rapport de M. Lisbonne à la Chambre),
excepté s'il s'agit d'un crime de haute trahison (art. 6 de
la loi du 25 févr. 1875) ou d'un crime qui serait jugé par le
Sénat constitué en Cour de justice (art. 9 de la loi du 24 fév.
1875.

Le ministère public peut agir d'office en cette matière
(art. 47) ; la poursuite doit être exercée devant la Cour d'assises (art. 45).

II. **Offenses envers les chefs d'État étrangers.** —
L'offense commise publiquement envers les chefs d'État étrangers est punie d'un emprisonnement de trois mois à un an et
d'une amende de 100 à 3,000 francs ou de l'une de ces deux
peines seulement (art. 36 de la loi du 29 juil. 1881).

L'article 36 exige seulement que l'offense ait été publique ;
il ne se réfère pas comme l'article 26 aux articles 23 et 28 de
la loi.

On peut se demander si des sifflets, des gestes irrespec-
tueux, etc., constituent ce délit? Nous ne le pensons pas: « Le

« législateur en parlant d'offense n'a prévu que les outrages se
« traduisant par discours, cris ou menaces ou par des écrits.
« C'est en vertu de cette interprétation fort rationnelle qu'au-
« cune poursuite n'a eu lieu contre les auteurs des manifesta-
« tions irrévérencieuses qui ont signalé à Paris le passage du
« roi d'Espagne. » (Fabreguettes, t. II, n° 1642).

La preuve ne peut être admise.

La poursuite a lieu soit à la requête des chefs d'État étrangers, soit d'office sur leur demande adressée au ministère des
affaires étrangères et par celui-ci au ministère de la justice
(art. 47 § 5). Ce délit est de la compétence de la Cour d'assises (art. 45).

OFFICES

Voir : **Officiers publics et ministériels. — Cessions
d'offices. — Suppressions d'offices.**

OFFICIERS

Les officiers des armées de terre et de mer peuvent perdre
leur grade, si un jugement déclare qu'ils ont perdu leur qualité de Français (Loi du 19 mai 1834).

Les instances qui ont pour objet de faire prononcer contre
des officiers la perte de la qualité de Français, sont intentées
et suivies par les procureurs de la République. A cet effet, le
ministre de la guerre adresse les pièces nécessaires à son
collègue de la justice qui ordonne les poursuites (Ord. du
30 août 1837).

Il résulte du texte même de l'ordonnance que l'action du
ministère public n'est recevable qu'autant qu'il est justifié
d'un ordre du garde des sceaux.

OFFICIERS DE L'ÉTAT CIVIL

Voir : **État civil.**

OFFICIERS DE POLICE JUDICIAIRE

Division

I. Police judiciaire.

II. Personnes chargées de l'exercer.

III. Attributions des officiers de police judiciaire.

IV. Officiers auxiliaires du procureur de la République.

V. Surveillance du procureur général.

I. **Police judiciaire**. — La police judiciaire a pour objet de rechercher et de constater les crimes, délits et contraventions. Elle est ainsi nommée par opposition à la police administrative dont la mission consiste à prévenir les mauvaises actions. La distinction entre ces deux polices a été très nettement exposée par l'orateur du gouvernement au cours de la discussion du 1er livre du Code d'instruction criminelle.

« Tant qu'un projet reste enseveli dans le cœur de celui
« qui le forme, tant qu'aucun acte extérieur, aucun écrit,
« aucune parole ne l'a manifesté au dehors, il n'est encore
« qu'une pensée et personne n'a le droit d'en demander
« compte. Il est cependant vrai que des hommes, exercés de
« longue main à surveiller les méchants et à pénétrer leurs
« intentions les plus secrètes, préviennent souvent bien des
« crimes par une prévoyance utile et par des mesures salu-
« taires : voilà l'un des premiers objets de la *police admi-*
« *nistrative*, police en quelque manière invisible, mais d'au-
« tant plus parfaite qu'elle est ignorée et dont nous jouissons
« sans songer combien elle coûte de soins et de peine. — Un
« autre résultat d'une bonne police administrative est que
« l'homme se trouve enveloppé au premier pas qu'il fait
« pour consommer son crime : c'est alors l'instant où la
« *police judiciaire* peut et doit se montrer : il n'y a pas un
« moment à perdre, le moindre retard ferait disparaître le
« coupable et les traces du crime ; il faut donc que les agents
« de la police judiciaire soient répandus sur toute la surface
« de la France et que leur activité ne se ralentisse jamais. »

II. **Personnes chargées d'exercer la police judi-
ciaire**. — La police judiciaire est exercée (art. 9 du C. d'instr. crim.) :

1° Par les procureurs de la République et leurs substituts ;

2° Par les juges d'instruction ;

3° Par les juges de paix ;

4° Par les maires et adjoints ;

5° Par les commissaires de police ;

6° Par les officiers de gendarmerie ;

7° Par les gardes forestiers ;

8° Par les gardes champêtres.

Les sous-officiers et brigadiers de gendarmerie, les gendarmes, les officiers de paix, les sergents de ville et les agents de police ne sont pas officiers de police judiciaire (Voir : **Agents de police. — Gendarmerie).**

III. **Attributions générales des officiers de police judiciaire.** — Leurs attributions consistent :

1° A recevoir les rapports, dénonciations et plaintes (art. 11, 16 et 48 du C. d'instr. crim.) ;

2° A consigner, dans les procès-verbaux qu'ils rédigent à cet effet, la nature et les circonstances des contraventions, le temps et lieu où elles ont été commises, les preuves ou indices à la charge de ceux qui en sont présumés coupables (art. 11 et 16 du C. d'instr. crim.) ;

3° A transmettre immédiatement les dénonciations et les procès-verbaux au ministère public compétent (art. 15, 20, 21, 53 et 54 du C. d'instr. crim.) ;

4° A dresser les procès-verbaux, entendre les témoins, faire toutes perquisitions utiles et s'assurer de la personne du prévenu, mais seulement au cas de flagrant délit (art. 49 et 50). Ces dernières attributions n'appartiennent d'ailleurs qu'aux officiers qui ont la qualité d'auxiliaires du procureur de la République.

Telles sont les règles écrites dans le Code d'instruction criminelle ; elles sont, comme on le voit, peu précises et très incomplètes. — Il semble en résulter qu'en ce qui concerne les crimes et délits, les officiers de police judiciaire n'ont qu'à recevoir les plaintes qui leur sont adressées ; ils ne pourraient constater les faits et procéder à une enquête, que lorsque le délit est flagrant. Si ces textes étaient pris à la lettre, la répression ne pourrait s'exercer utilement ; s'il fallait attendre, pour que les officiers de police judiciaire puissent agir, qu'une dénonciation leur fût envoyée, la plupart des crimes et délits resteraient ignorés ou ne seraient connus que trop tard pour qu'on puisse utilement procéder à une information. Il faut donc interpréter ces textes de la façon la plus large et dire que les officiers de police judiciaire sont investis de tous les droits que paraît leur donner l'article 8 du Code d'instruction criminelle qui porte que la police judiciaire a pour objet : de *rechercher* les crimes, délits et contraventions, en *rassembler les preuves* et en *livrer les auteurs aux tribunaux* chargés de les punir.

Remarquons que les gardes champêtres et les gardes forestiers n'ont pas des attributions aussi étendues que les autres officiers de police judiciaire. Nous avons précisé déjà la nature de leurs fonctions (v^{is} **Gardes champêtres**, III. — **Forêts**, X à XIII).

IV. **Officiers auxiliaires du procureur de la République**. — Les juges de paix, les officiers de gendarmerie, les maires, les adjoints et les commissaires de police sont en outre *auxiliaires du procureur de la République*. Cette qualité leur confère des attributions spéciales que nous avons étudiées au mot **Flagrant délit**.

V. **Surveillance du procureur général**. — Tous les officiers de police judiciaire sont soumis à la surveillance du procureur général (art. 279 du C. d'instr. crim.). En cas de négligence, ce magistrat les avertit ; cet avertissement est consigné par lui sur un registre tenu à cet effet. — En cas de récidive, il les dénonce à la Cour. Sur l'autorisation de la Cour, il les fait citer devant la chambre du conseil. La Cour leur enjoint d'être plus exacts à l'avenir et les condamne aux frais tant de la citation que de l'expédition et de la signification de l'arrêt (art. 280 et 281.)

Il y a récidive, lorsque le fonctionnaire est repris, pour quelque affaire que ce soit, avant l'expiration d'une année à compter du jour de l'avertissement consigné sur le registre (art. 282).

Est-ce devant les chambres assemblées ou devant la chambre d'accusation que l'officier de police judiciaire doit être cité ? La Cour de cassation a décidé que c'est la chambre d'accusation qui est compétente (Cass., 12 févr. 1813 ; P.-chr.) ; nous n'insisterons pas sur cette question qui offre peu d'intérêt pratique. Les articles 279 et suivants sont rarement appliqués, les procureurs généraux préfèrent en effet, avec raison, provoquer le déplacement ou la révocation des officiers de police judiciaire qui, malgré leurs avertissements et ceux de leurs substituts, remplissent mal la mission qui leur a été confiée.

OFFICIERS DE SANTÉ

Voir : **Médecine et chirurgie.**

OFFICIERS PUBLICS ET MINISTÉRIELS

Division

§ I. — Organisation.

I. **Définition.** — La loi ne nous dit pas ce qu'il faut entendre par *officiers publics et ministériels.* La meilleure définition et la plus simple, est celle que donne Boncenne (*Introd.,* p. 583) : « Un officier ministériel est celui qui est nommé par « le gouvernement, pour prêter son ministère aux magistrats « et aux parties. Tels sont les avoués, les greffiers, les notai- « res, les commissaires-priseurs et les huissiers. » — Consulter : Perriquet, *Traité théorique et pratique de la propriété et de la transmission des officiers ministériels,* Paris, 1874.— Morin, *Discipline des Cours et tribunaux,* Paris, 1868 ; 2 vol. in-8.

II. **Organisation. — Attributions.** — Nous avons examiné pour chaque catégorie d'officiers ministériels les conditions requises pour la nomination, les devoirs qui leur incombent, leurs attributions, les règles de discipline, etc. (Voir : **Avoués. — Commissaires-priseurs. — Greffiers. — Huissiers. — Notaires.**)

§ 2. — PROPRIÉTÉ ET TRANSMISSION DES OFFICES.

III. Nature du droit des officiers ministériels sur leurs offices. — Les officiers ministériels ont-ils un droit sur leurs offices ? On l'a contesté ; c'est ainsi que le garde des sceaux disait dans sa circulaire du 21 février 1817: « Quelques officiers ministériels ont pensé que l'article 91 de cette loi (28 avr. 1816) avait entièrement changé cet ordre de choses, en leur laissant la libre disposition de leur état......... Il vous appartient, monsieur le procureur du roi, de prévenir dans votre ressort les abus qui pourraient résulter d'une fausse interprétation de la loi du 28 avril 1816. Vous êtes sans doute bien convaincu qu'elle n'a pas fait revivre la vénalité des offices, qui n'est pas en harmonie avec nos institutions ; vous ne devez voir, dans les dispositions de l'article 91, qu'une *condescendance*, qu'une *probabilité de préférence*, accordée aux officiers ministériels. » Mais ce système a été repoussé et la question ne se discute plus aujourd'hui.

Le droit des officiers ministériels est donc incontestable ; mais il reste à en déterminer la nature et l'étendue.

Ce droit est certainement un *droit de propriété*, mais un droit de propriété *sui generis*.

Quels sont en effet les éléments dont se compose le droit de propriété ? Il comprend le droit d'user, celui de jouir et celui de disposer de la chose à son gré (*Jus utendi, fruendi et abutendi*). Nous retrouverons bien ces trois éléments, en matière d'offices ministériels ; mais chacun d'eux est soumis à certaines restrictions. L'officier ministériel use de son office, mais en se conformant aux règlements de sa profession ; il en est le maître exclusif, mais nous verrons qu'il peut en être privé soit temporairement (suspension) soit définitivement (destitution) par mesure disciplinaire. — Il perçoit les produits de l'office, mais des tarifs déterminent le chiffre de ses honoraires. — Enfin il peut en disposer soit en l'abandonnant purement et simplement, soit en le donnant par disposition entre vifs ou testamentaire, soit en le cédant, mais la donation, le testament et la vente ne produiront d'effet qu'autant que le successeur sera agréé par le gouvernement.

IV. Modes d'acquisition. — 1° *Cession.* — Le mode le plus ordinaire d'acquisition est la *cession* qui n'est autre chose qu'une vente. — Il nous est inutile de rapporter les nombreuses décisions de la chancellerie et les arrêts qui reconnaissent aux officiers ministériels le droit de céder leurs offices, d'autant plus qu'il a été consacré par l'article 34 de la loi du 25 juin 1841, qui frappe d'un droit de deux pour cent « tout traité ayant pour objet la transmission, à titre onéreux ou gratuit..., d'un office ».

La chancellerie se refuse à considérer un traité de cession comme une véritable vente ; c'est ainsi qu'elle prohibe l'emploi des mots *vente* ou *vendre*. Elle oblige les parties à rectifier le traité qui porte que l'on « *vend l'office de...* » et à remplacer ces expressions par « *cède l'office de...* » (Voir : **Cessions d'office**, XI-1°-*d*).

Pour que la cession soit valable, il faut :

1° Qu'un traité ait été rédigé soit sous seings privés, soit par acte authentique (Voir : **Cessions d'office**, X);

2° Que le cédant ait qualité pour traiter : ainsi, si le titulaire est décédé et s'il laisse des héritiers mineurs, il faut que le traité soit approuvé par une délibération du conseil de famille, homologuée par le tribunal (Voir : **Cessions d'office**, XIX et XX);

3° Que le cessionnaire jouisse de la capacité du droit commun pour traiter et remplisse en outre les conditions d'âge et d'aptitude exigées par les lois spéciales ;

4° Que le traité de cession ne renferme aucune clause prohibée (Voir : **Cessions d'office**, XI) ;

5° Que le prix de cession soit accepté par la chancellerie (Voir : **Cessions d'office**, XXVI).

Enfin il faut que le candidat soit agréé par le gouvernement.

2° *Donation*. — Un office peut être donné, mais la chancellerie n'admet pas que la cession soit faite par un acte de donation ou par un contrat de mariage, l'immutabilité de ces contrats ne permet pas en effet au gouvernement de faire subir au traité les modifications qui paraissent nécessaires (Déc. chanc., 10 août 1841; Gillet, n° 2874 ; — 26 juil. 1851; Gillet, n° 3505.) La cession à titre gratuit doit donc être faite par un simple traité, dans lequel est faite l'estimation de la valeur de l'office, afin de permettre la perception des droits d'enregistrement (Déc. chanc., 22 nov. 1828 ; 8 juil. 1835).

Mais s'il a été fait un acte de donation, si la donation a eu lieu par contrat de mariage, le donataire aura-t-il un droit réel sur l'office ainsi donné? La jurisprudence a résolu cette question par la négative et elle a décidé que la propriété de la valeur d'un office est inséparable de celle du titre qui non-obstant toute cession reste sur la tête du cédant, tant qu'une présentation, suivie de nomination, ne l'a pas fait passer sur la tête du cessionnaire (Cass., 11 nov. 1857; P. 58-305; — Aix, 31 mars 1859; P. 60-749).

3° *Succession*. — Les héritiers ont droit au prix de l'office. Ils peuvent même présenter un candidat; ce droit qui est refusé aux créanciers, leur a été formellement reconnu par un arrêt de la Cour de cassation du 23 mai 1854 (P. 54-II-454) et n'est plus aujourd'hui contesté.

Si les héritiers ne peuvent se mettre d'accord sur la présentation, il suffit que le candidat soit présenté par la majorité des héritiers (Déc. chanc., 23 mai 1846; Gillet, n° 3151).

4° *Testament*. — Un office peut être donné par testament. S'il y a legs universel, le légataire exercera lui-même le droit de présentation, puisque la jurisprudence admet à l'exercice de ce droit tous les représentants du défunt; si au contraire, il s'agit d'un legs particulier, la présentation doit être faite par les héritiers. — Nous pensons, comme M. Perriquet (p. 401) que si l'héritier ne fait pas la présentation, le léga-taire devra l'assigner devant le tribunal, qui pourra pronon-cer contre l'héritier une condamnation à dommages-intérêts et même le condamner à fournir la présentation; au besoin, le jugement en tiendra lieu.

V. **Création d'offices nouveaux.** — Le président de la République a le droit de créer des études nouvelles. Il ne semble pas douteux que les nouveaux titulaires doivent être astreints à payer une indemnité aux officiers ministériels en exercice; mais c'est là une question entièrement laissée à l'appréciation du gouvernement qui peut ou non imposer cette condition par le décret de nomination.

VI. **Entrée en jouissance.** — Le cessionnaire ne devient officier ministériel qu'après qu'il a prêté serment; l'office reste la propriété du cédant jusqu'à ce que cette formalité ait été remplie; ainsi, lorsque le cessionnaire vient à mourir après sa nomination et avant la prestation de serment, le droit de céder l'office appartient non à ses héritiers, mais au précédent titulaire de l'office.

La loi du 25 ventôse an XI a accordé aux notaires un délai de deux mois pour prêter serment ; cette règle a été étendue par analogie aux autres officiers ministériels. Mais il est admis que, si les circonstances l'exigent, un plus long délai peut être accordé, même aux notaires (Déc. chanc., 29 mai 1837 ; Gillet, n° 2666).

VII. **Modes d'extinction.** — Les modes d'extinction, c'est-à-dire les faits juridiques qui ont pour effet de priver le titulaire soit du droit de présentation, soit de la valeur de son office, sont au nombre de trois. Ce sont : la démission pure et simple, la suppression et la destitution.

1° *Démission pure et simple.* — La démission pure et simple peut être volontaire ou forcée.

Elle est volontaire, lorsqu'un officier ministériel ne peut trouver un successeur et désire cesser ses fonctions. Elle est forcée lorsque le garde des sceaux ordonne au titulaire d'un office de se démettre, sous peine, en cas de refus de sa part, d'être destitué.

La démission est adressée au garde des sceaux soit directement soit par l'intermédiaire du Parquet ; dès qu'elle a été acceptée, elle ne peut être rétractée sans l'assentiment de la chancellerie (Déc. chanc., 9 janv. 1837 ; Gillet, n° 2651).

La démission a pour résultat de priver l'officier ministériel du droit de présentation, mais il conserve le droit à l'indemnité qui pourra être imposée aux titulaires des autres offices ou au cessionnaire, si, par extraordinaire, il n'intervenait pas un décret de suppression.

2° *Suppression.* — Aux termes de l'article 91 de la loi du 28 avril 1816, la faculté accordée aux officiers ministériels de présenter des successeurs ne déroge point au droit du gouvernement de réduire le nombre des offices. — La suppression ne peut toutefois être effectuée qu'à la suite de la mort, de la démission ou de la destitution des titulaires, les officiers ministériels étant institués à vie (Greffier, p. 63 ; — Perriquet, p. 537).

En ce qui concerne les notaires, il ne peut être fait de suppressions dans un canton qu'autant que le nombre des études ne devient pas inférieur au minimum fixé par la loi (Voir : **Notaires**, X.).

Le décret de suppression fixe l'indemnité qui doit être payée au titulaire de l'office supprimé et détermine le montant de la somme à payer par les titulaires des autres offices.

— Ce décret est rendu dans l'exercice des pouvoirs conférés au gouvernement par les lois du 25 ventôse et du 28 avril 1816 et implicitement reconnus par la loi du 25 juin 1841 ; c'est un acte de pure administration, non susceptible de recours par la voie contentieuse (Cons. d'État, 13 juin 1873).

— Voir : **Suppressions d'offices**).

3° *Destitution.* — Nous avons indiqué, pour chaque catégorie d'officiers publics et ministériels, comment et dans quels cas la destitution est prononcée. Nous n'avons à examiner ici que les effets de cette peine.

L'officier ministériel destitué est-il privé de tous ses droits sur son office ? ne perd-il que le droit de présentation ? La question a été discutée : plusieurs Cours d'appel avaient soutenu que là se bornaient les effets de la destitution ; mais la Cour suprême a repoussé ce système et aujourd'hui la jurisprudence est fixée en ce sens que la destitution opère au préjudice du titulaire destitué l'anéantissement de la valeur vénale de l'office (Cass., 7 juil. 1847 ; P. 47-II-22 ; — Cass., 13 fév. 1849 ; P. 49-I-330 ; — Cass., 26 mars et 23 avr. 1849 ; P. 49-II-634 ; — Cass., 23 mars 1853 ; P. 53-I-423 ; — Cass., 10 août 1853 ; P. 54-II-140 ; — Orléans, 7 juil. 1876 ; P. 76-1015 ; — Cass., 30 mai 1877 ; P. 77-1104). Une conséquence de ce principe, c'est qu'un notaire destitué ne peut disposer de ses minutes et que, s'il refuse de les remettre à son successeur, il peut être condamné à des dommages-intérêts (Angers, 11 févr. 1841 ; D. 41-2-83).

Par mesure de faveur, le gouvernement impose au successeur de tout officier ministériel destitué l'obligation de payer une indemnité qui est versée à la caisse des dépôts et consignations au profit *de qui de droit* (Décis. chanc., 16 févr. 1835 ; Gillet, n° 2561 ; — 3 août 1837 ; Gillet, n° 2675). — La jurisprudence a décidé que l'indemnité n'appartient pas au titulaire destitué, elle est répartie entre les créanciers ; toutefois, lorsque ceux-ci ont été entièrement désintéressés, l'excédent, s'il y en a, est remis à lui ou à ses héritiers.

Le décret de destitution, rendu par le président de la République, est un acte purement administratif qui n'est susceptible d'aucun recours (Cons. d'État, 20 déc. 1833 ; — 26 juil. 1837 ; — 10 déc. 1846 ; 9 avr. 1849).

VIII. **Droits des créanciers. — Privilège du vendeur.** — Tant qu'un officier ministériel est en fonctions, ses créanciers ne peuvent ni faire saisir son office ni l'obliger à le céder ; mais s'il cède cet office, ils opèreront une saisie entre les mains du cessionnaire ; ils pourront le faire d'autant plus facilement que la chancellerie exige que le premier payement n'ait lieu qu'après la prestation de serment.

Si le titulaire est décédé et si les héritiers négligent d'exercer le droit de présentation, quels seront les droits des créanciers ? Ils ne peuvent présenter eux-mêmes un successeur : il faut en effet distinguer entre le titre qui ne peut se vendre, puisque le gouvernement le confère, et la clientèle qui, créée par le titulaire et résultant de son travail, peut faire l'objet d'une cession pécuniaire. De là il résulte que les créanciers peuvent bien faire valoir leurs droits sur le prix, lorsqu'il est réalisé, mais qu'ils n'ont pas d'action sur la charge et ne peuvent se faire subroger dans l'exercice du droit de présentation qui, étant de sa nature exceptionnel, doit toujours être rigoureusement restreint au cas spécial pour lequel il a été expressément consacré par la loi (Décis. chanc. 13 oct. 1843 ; Gillet, n° 2999 ; — Cass., 23 mai 1854 ; P. 54-II-454 ; — Cons. d'État, 30 juin 1876 ; P. chr.).

Le cédant conserve un privilège sur l'office, jusqu'à ce qu'il ait reçu le montant du prix de cession ; c'est aujourd'hui un principe absolument certain. Mais si le cessionnaire, après avoir revendu son office, en a transporté le prix à un tiers de bonne foi, le privilège ne peut plus s'exercer, pourvu toutefois que ce tiers ait rempli, avant toute opposition, les formalités nécessaires pour assurer la validité du transport (Cass., 1er mars 1859 ; P. 59-947 ; — Cass., 20 juin et 18 juil. 1860 ; P. 60-1054). Il en est ainsi encore bien que le transport et sa signification aient été effectués avant la prestation de serment du second cessionnaire (Cass., 21 juin 1864 ; P. 64-1002). Pour assurer la conservation de son privilège, il est donc prudent de la part du cédant non payé de former opposition entre les mains de l'acquéreur ; cette opposition, de même que le transport du prix, peut être faite avant la prestation de serment.

En cas de faillite du cessionnaire, le privilège du vendeur ne peut s'exercer, l'article 550 du Code de commerce est applicable (Cass., 18 déc. 1867 ; P. 68-621).

Nous avons vu (*supra*, VII) que le titulaire destitué n'a plus aucun droit sur son office, le cédant n'a pas par suite de privilège sur l'indemnité que le gouvernement oblige le nouveau titulaire à payer (Cass., 30 mai 1877 ; P. 77-1104).

Si l'office est supprimé, le privilège subsiste sur l'indemnité mise à la charge de la corporation (Cass., 24 janv. 1859 ; P. 59-727).

§ 3. — DISCIPLINE

IX. Nature et étendue de l'action disciplinaire. — Chaque corporation d'officiers ministériels a une chambre de discipline. La répression de toute faute contre la discipline appartient à ces chambres et aux tribunaux civils.

Les peines varient entre la réprimande et la destitution.

La suspension ne peut être prononcée que par les tribunaux ; la destitution est prononcée par les tribunaux, contre les notaires et par le président de la République, sur la proposition du garde des sceaux, contre les autres officiers ministériels.

En matière disciplinaire, les tribunaux statuent en audience publique, s'il s'agit d'un notaire, et en chambre du conseil, s'il s'agit d'un autre officier ministériel. — Les décisions des chambres et des tribunaux ne sont exécutoires, sauf celles qui concernent les notaires, qu'après avoir été approuvées par la chancellerie.

Dans les articles consacrés aux diverses catégories d'officiers ministériels, nous avons étudié les règles de discipline qui leur sont applicables.

X. Suspension et destitution. — Nous avons vu (*supra*, VII) quels sont les effets de la destitution ; examinons rapidement ceux que produit la suspension.

La *suspension* a pour résultat de priver un officier ministériel de la gestion de son office pendant un temps déterminé : un tribunal ne pourrait par suite décider qu'un officier ministériel sera suspendu jusqu'à ce qu'il ait cédé son étude.

Un officier ministériel suspendu peut céder son office : il conserve non seulement ses droits sur la valeur de l'office, mais encore le droit de présentation (Déc. chanc. 11 sept. 1837 ; Gillet, n° 2679 ; — 2 mai 1839 ; — 5 avr. 1844 ; Pal. Rép., v° *Office*, n° 189). Mais il ne peut en rien profiter des produits de l'étude pendant la durée de sa peine ; c'est ainsi que, lorsqu'un huissier est frappé de la peine de la suspension, la chambre peut déléguer un ou plusieurs membres de la corporation pour exploiter l'étude de l'huissier suspendu.

Dans ce cas, les produits de l'office appartiennent aux membres délégués et ils peuvent en disposer en faveur d'une œuvre de bienfaisance, mais il leur est interdit d'en faire profiter l'huissier frappé de la suspension (Décis. chanc., 10 juin 1846 ; Pal. Rép. v° *Office*, n° 199).

Nous avons indiqué (Voir : **Notaires**) les règles à suivre pour assurer la conservation des minutes et la délivrance des expéditions, au cas où un notaire est suspendu.

XI. **Dossiers. — Registre nominatif et registre des plaintes. — États.** — Il doit exister dans chaque Parquet un dossier spécial pour chaque officier ministériel (Circ. chanc., 16 mai 1852 ; Gillet, n° 3557). On ouvre ce dossier au moment de la cession d'office, et on y classe une copie de l'état des produits, du traité de cession et de l'inventaire du dossier de la chancellerie, puis tous les renseignements recueillis, les minutes de correspondance, les instructions de la chancellerie et du Parquet général relatives à cette affaire, etc., — Quand la nomination intervient, on indique par une note la date du décret de nomination et celle de la prestation de serment. — Enfin on y classe, pendant toute la durée de l'exercice, les plaintes, les dossiers de poursuites, etc., en un mot tous les documents favorables ou défavorables qui parviennent au Parquet.

Les mêmes règles doivent être suivies au Parquet général.

Lorsqu'une charge change de possesseur, le dossier du titulaire cédant passe aux archives du Parquet pour y être consulté au besoin. — On le remplace dans la liasse des dossiers des titulaires en exercice par celui de son successeur.

Dans certains ressorts, notamment dans celui de Rouen, il est tenu dans chaque Parquet un registre nominatif et un registre des plaintes. — Voici les instructions qui sont données à cet égard par la circulaire du Parquet général de Rouen du 29 septembre 1855.

« Le registre nominatif fera connaître la date de la nomi-
« nation de tous les possesseurs d'office dans l'arrondisse-
« ment, leurs nom et prénoms, leur titre et leur résidence,
« le prix d'acquisition de la charge, la date et la cause de
« la cessation de fonctions, les plaintes portées contre eux et
« le nom de leur prédécesseur.

« Chaque classe des fonctionnaires dont il s'agit : greffiers,
« notaires, avoués, huissiers et commissaires-priseurs,
« formera, sur ce registre, une liste distincte ayant une
« série particulière de numéros d'ordre.

« Les noms que chaque liste comprendra y seront inscrits
« par rang de date de la nomination et on laissera, à la suite
« du dernier nom, un espace en blanc suffisant pour les ins-
« criptions ultérieures.

« Les plaintes n'y seront mentionnées que par le rappel
« des numéros d'ordre qu'elles porteront sur le registre spé-
« cialement destiné à les constater.

REGISTRE NOMINATIF DES OFFICIERS MINISTÉRIELS

N° d'ordre.	Date de la nomination.	Nom et prénoms du titulaire.	Nom du prédécesseur.	Titre de l'office.	Résidence légale.	Prix de cession.	Cessation de fonctions.		Renvois au registre des plaintes.
							Date.	Causes.	

« Le registre des plaintes énoncera la date de chaque
« plainte et son objet ; les nom, titre et résidence du fonc-
« tionnaire dénoncé, les noms et professions des plaignants,

« les recherches faites pour vérifier les faits ; votre décision
« avec l'énoncé des motifs, la mesure définitivement prise et
« la solution disciplinaire intervenue, enfin le numéro d'ins-
« cription des plaintes antérieures.

« Toute plainte sera enregistrée, quelles que soient la
« nature des faits, la suite qu'ils auront reçue et la conclu-
« sion de l'affaire.

« On inscrira chaque plainte à sa date, indépendamment
« de la qualité de l'officier public ou ministériel qu'elle
« concerne.

« Pour que chaque colonne puisse contenir les mentions
« nécessaires, on réservera quatre lignes libres après celle
« où sera tracé le numéro d'ordre ».

REGISTRE DES PLAINTES

N° d'ordre.	Date et objet de la plainte.	Nom, titre et résidence de l'officier dénoncé.	Nom, profession et domicile du plaignant.	Recherches faites pour vérifier la plainte.	Décision du procureur de la République avec l'énoncé des motifs	Mesure définitive.	Rappel des plaintes antérieures.

Dans certains ressorts, il est envoyé mensuellement ou
trimestriellement au Parquet général un état des plaintes
qui n'est que la copie textuelle du registre pour le mois ou le trimestre précédent. — Il est inutile d'ajouter que toute plainte
qui figure sur cet état doit y être maintenue jusqu'à ce qu'une
décision définitive termine l'affaire.

Dans d'autres ressorts, les Parquets de première instance
n'envoient à la Cour qu'un état des poursuites disciplinaires ;
cet état est semestriel dans le ressort de Limoges.

OPPOSITION
Division

I. Opposition aux jugements et arrêts par défaut. — Délai. — Le délai varie suivant que le jugement a été signifié à personne ou à domicile. Si la signification a été faite à personne, l'opposition doit être notifiée dans les cinq jours de la signification, outre un jour par cinq myriamètres (art. 187 § 1 du C. d'instr. crim.). Si la signification n'a pas été faite à personne ou s'il ne résulte pas d'actes d'exécution du jugement que le prévenu en a eu connaissance, l'opposition est recevable jusqu'à l'expiration des délais de la prescription de la peine (art. 187 § 3).

Nous ferons, au sujet du délai prescrit par le paragraphe 1er de l'article 187, une double remarque :

1° Le délai de cinq jours doit être calculé, conformément à l'article 203 relatif au délai d'appel ; il faut donc que l'opposition soit formée au plus tard dans le délai fixé qui ne peut être augmenté, lors même que le jour de son échéance serait un jour férié (Cass., 28 août 1834 ; P. chr. ; — 16 janv. 1836 ; *Bull. crim.* n° 16) ;

2° Ce délai ne court qu'à partir de la signification du jugement, alors même que le condamné s'est volontairement constitué prisonnier pour exécuter le jugement et a laissé passer cinq jours depuis lors, sans se pourvoir (Cass., 11 févr. 1870 ; P. 71-462).

Quant au droit qu'accorde au condamné le paragraphe 3, il ne s'étend pas au cas d'un jugement qui, ne portant pas de condamnation, se borne à statuer sur une question de compétence ; un tel jugement devient définitif à défaut d'opposition dans le délai fixé par le paragraphe 1er (Cass., 25 janv. 1867 ; P. 67-781).

II. Formes. — L'opposition doit être signifiée au ministère public et à la partie civile, s'il y a une partie civile en cause (art. 187 § 2). La déclaration d'opposition faite au greffe ne tient pas lieu de cette signification (Trib. de Muret, 10 août 1872 ; P. 72-954).

III. **Effets**. — L'opposition emporte de droit citation à la première audience (art. 188). L'audience que vise cet article est la première après le délai de trois jours qui, aux termes de l'article 184, doit être observé entre toute citation et le jugement (Cass., 11 janv. 1862 ; P. 62-556 ; — Caen, 6 oct. 1877 ; P. 78-986).

L'opposition est non avenue, si l'opposant ne comparait pas à cette première audience et le jugement, rendu sur l'opposition, ne peut plus être attaqué que par la voie de l'appel (art. 188).

Si l'opposant comparaît, la condamnation par défaut est comme non avenue (art. 187 § 1) et la cause est reprise en son entier.

Même au cas où il est acquitté, le prévenu peut être condamné aux frais de l'expédition, de la signification du jugement par défaut et de l'opposition (art. 187 § 2).

IV. **Opposition aux ordonnances du juge d'instruction.** — Voir : **Ordonnances du juge d'instruction.**

OR ET ARGENT
Division.

I. Garantie des matières d'or et d'argent. — La loi du 19 brumaire an VI a réglé la surveillance du titre et la perception du droit de garantie des matières d'or et d'argent.

Tous les ouvrages d'orfévrerie et d'argenterie fabriqués en France doivent être conformes aux titres prescrits par la loi (art. 1er). La garantie du titre des ouvrages et matières d'or et d'argent est assurée par des poinçons qui sont appliqués sur chaque pièce après essai préalable de la matière (art. 7) : il y a notamment le poinçon du fabricant et celui du titre et du bureau de garantie.

Tout ouvrage d'or et d'argent achevé et non marqué, trouvé chez un marchand ou fabricant est saisi et donne lieu à des poursuites (art. 107). La peine est l'amende édictée par l'article 80.

Il y a lieu de saisir et de confisquer tous les ouvrages d'or et d'argent sur lesquels les marques des poinçons sont entées, soudées ou contre-tirées en quelque matière que ce soit ; le détenteur qui connait le vice de la chose est condamné à six années de fers (art. 108). Cette peine a été remplacée par celle des travaux forcés.

Les ouvrages, marqués de faux poinçons, sont confisqués et ceux qui les gardent ou les exposent sont condamnés à l'amende, fixée par l'article 109 de la loi de l'an VI. — Ceux qui ont contrefait ou falsifié les poinçons servant à marquer les matières d'or et d'argent ou qui ont fait usage de ces poinçons, connaissant leur fausseté, sont punis de la peine des travaux forcés (art. 140 du C. pén.). L'article 141 du Code pénal punit de la réclusion toute personne qui, s'étant indûment procuré les vrais poinçons, en fait une application ou usage préjudiciable aux droits ou intérêts de l'État.

II. **Obligations imposées aux orfèvres.** — Les fabricants et marchands d'or et d'argent, ouvré et non ouvré, doivent avoir un registre coté et paraphé par le maire sur lequel ils inscrivent la nature, le nombre, le poids et le titre des ouvrages d'or et d'argent qu'ils achètent ou vendent, avec les noms et demeures de ceux qui les ont vendus (art. 74 de la loi du 19 brumaire, an VI).

Ils ne peuvent acheter que de personnes connues ou ayant des répondants connus (art. 75).

Ils sont tenus de représenter leurs registres à l'autorité publique toutes les fois qu'ils en sont requis (art. 76).

Ils doivent mettre, dans le lieu le plus apparent de leur magasin ou boutique, un tableau énonçant les articles de la loi du 19 brumaire, relatifs aux titres et à la vente des ouvrages d'or et d'argent (art. 78).

Ils sont tenus de remettre aux acheteurs des bordereaux énonciatifs de l'espèce, du titre et du poids des ouvrages qu'ils leur auront vendus ; ces bordereaux sont établis conformément à l'article 79.

Toute contravention est poursuivie devant le tribunal correctionnel et punie des peines édictées par l'article 80.

III. **Constatation et poursuite des contraventions.** — Aux termes de l'article 101 de la loi du 19 brumaire, les fraudes et contraventions à cette loi sont constatées par un rece-

veur et un contrôleur d'un bureau de garantie, accompagnés
d'un officier de police judiciaire. Les procès-verbaux font foi
jusqu'à inscription de faux (Cass., 3 mai 1855 ; P. 57-187). —
Depuis la loi du 5 ventôse an XII, les employés des contributions indirectes ont également qualité pour rechercher les
contraventions et les constater par procès-verbaux (Cass.,
17 vent. an XIII ; P. chr.).

Le procès-verbal de la saisie et de ses causes est dressé
séance tenante ; il doit contenir les dires de toutes les parties
et est signé d'elles. Il est remis dans le délai de dix jours au
procureur de la République qui doit exercer les poursuites,
également dans le délai de dix jours (art. 102 de la loi du
19 brumaire an VI). Ces délais ne sont pas toutefois prescrits à
peine de nullité (Cass., 29 mai 1813 ; P. chr.). — Depuis le
décret du 1er germinal an XIII, le droit de pousuivre ces
contraventions appartient également à l'administration des
contributions indirectes.

Le ministère public ne peut poursuivre que sur la remise
à lui faite des procès-verbaux émanés des employés des bureaux de garantie ou des contributions indirectes (Cass.,
28 avr. 1855 ; P. 55. II. 483 ; — Nancy, 18 janv. 1864 ; P. 64-554 ;
— Douai, 14 juil. 1873 ; P. 73-1245). Ainsi un procès-verbal,
dressé par un commissaire de police, ne peut servir de base
aux poursuites. — Cette règle s'applique à toutes les contraventions, sans exception, à la loi du 19 brumaire an VI.

IV. **Tromperie sur le titre.** — Quiconque trompe l'acheteur sur le titre des matières d'or et d'argent est puni d'un
emprisonnement de trois mois au moins, d'un an au plus, et
d'une amende qui ne peut excéder le quart des restitutions
et dommages-intérêts, ni être au-dessous de 50 francs.

— Les objets du délit ou leur valeur, s'ils appartiennent
encore au vendeur, sont confisqués. — Le tribunal peut
ordonner l'insertion et l'affichage du jugement, aux frais du
condamné (art. 423 du C. pén.).

Il faut remarquer que cet article ne s'applique guère qu'au
cas où l'on a introduit un corps étranger, de la gomme
laque, par exemple, dans un bijou creux après le poinçonnage. — Si l'on a soudé la marque d'un poinçon ou apposé
l'empreinte d'un poinçon faux, ce n'est plus l'article 423 qui
est applicable (Voir : *supra*, I).

ORDONNANCES DU JUGE D'INSTRUCTION

Division

I. Nature de ces ordonnances.— Cas où elles doivent intervenir. — « Le juge d'instruction, dit M. Mangin,
« exerce une juridiction exceptionnelle ; le ministère public,
« la partie civile, le prévenu procèdent devant lui ; il statue
« sur leurs demandes, il y défère ou s'y refuse ; il ordonne
« d'office tout ce qu'il croit nécessaire à l'instruction des
« affaires qui lui sont dévolues..... Les décisions de ce juge
« se manifestent par des actes, et ces actes s'appellent *ordon-*
« *nances.*» (*Instr. écrite*, t. I, p. 28).

Ainsi, l'ordonnance est un acte par lequel le magistrat instructeur prescrit une mesure quelconque d'information (ordonnance pour commettre des experts, pour faire appeler des témoins ou cédule, etc...) ou statue sur les conclusions du ministère public, la requête de la partie civile ou du prévenu (mise en liberté provisoire, incidents divers, règlement de la procédure, etc...)

Remarquons que si une mesure est requise par le ministère public, et si le magistrat instructeur ne croit pas devoir suivre ces réquisitions, il doit constater son refus par une ordonnance.

II. Recours dont elles sont susceptibles. — Les ordonnances du juge d'instruction ne sont point souveraines ; elles peuvent être frappées d'un recours que l'on qualifie *appel* ou *opposition*, et qui est porté devant la chambre des mises en accusation.

Le prévenu détenu garde prison jusqu'à ce qu'il ait été statué sur l'opposition, et, dans tous les cas, jusqu'à l'expiration du délai d'opposition, à moins qu'il ne s'agisse d'une ordonnance qui prononce sa mise en liberté (art. 135 §§ 7 et 10 du C. d'inst. crim.).

Le procureur général et le procureur de la République peuvent former opposition dans tous les cas aux ordonnances du juge d'instruction (art. 135 §§ 1 et 8 du C. d'inst. crim.).

Ils peuvent user de ce droit à quelque phase de la procédure et dans quelque cas que ces ordonnances aient été rendues (Cass., 16 janv. 1862 ; P. 63-33). C'est ainsi qu'il peut être fait opposition : 1° aux mandats décernés (Cass., 29 avr. 1826 ; P. chr.) ; 2° aux ordonnances portant taxe de frais de justice (Paris, 5 janv. 1836 ; *J. du dr. crim.*, t. VIII, p. 16) ; 3° à l'ordonnance par laquelle le juge d'instruction déclare n'y avoir lieu à prononcer l'amende portée par l'article 80 du Code d'instruction criminelle contre un témoin qui refuse de déposer (Cass., 16 janv. 1862 ; *précité*).

La partie civile peut former opposition aux ordonnances statuant sur la mise en liberté provisoire du prévenu ou renvoyant l'affaire en simple police, aux ordonnances de nonlieu, aux ordonnances qui statuent sur une exception d'incompétence, et à celles qui font grief à ses intérêts civils (art. 135, § 1). — Le droit d'opposition n'appartient pas au simple plaignant (Douai, 16 avr. 1874 ; P. 76-347).

Le prévenu ne peut former opposition qu'en cas de refus de mise en liberté provisoire ou d'incompétence (art. 135 § 2 du C. d'inst. crim.). L'opposition pour cause d'incompétence n'est recevable qu'autant que l'exception a été soulevée devant le juge d'instruction (Cass., 6 févr. 1830 ; P, chr.; — Cass., 3 juil. 1862 ; P. 63-688).

III. **Délai et formes de l'opposition.** — L'opposition doit être formée dans un délai de vingt-quatre heures qui court :

1° Contre le procureur de la République à compter du jour de l'ordonnance. — L'opposition peut être valablement faite pendant toute la journée qui suit celle où l'ordonnance a été rendue ; mais si le lendemain est un jour férié, le délai n'est pas augmenté (Cass., 31 déc. 1858 ; P. 59-941) ;

2° Contre la partie civile et contre le prévenu non détenu, à compter de la signification qui leur est faite de l'ordonnance au domicile par eux élu dans le lieu où siège le tribunal ;

3° Contre le prévenu détenu, à compter de la communication qui lui est donnée de l'ordonnance par le greffier.

La signification ou la communication doit être faite dans les vingt-quatre heures de la date de l'ordonnance (art. 135 §§ 3 et 4).

Le procureur général doit faire opposition dans les dix jours qui suivent l'ordonnance (art. 135 § 9); mais il ne peut plus user de son droit, encore bien qu'il soit dans les délais, si le tribunal correctionnel, saisi en vertu de cette ordonnance, a statué sur le délit (Cass., 20 sept. 1860 ; P. 61-511).

L'opposition du procureur de la République est formée par une déclaration faite au greffe, signée par lui et par le greffier. — Ce magistrat s'en fait immédiatement délivrer une expédition qu'il transmet d'urgence au procureur général avec toutes les pièces de la procédure. — Un inventaire doit être joint au dossier. Avis de l'opposition est donné au prévenu détenu par le greffier ou par le gardien-chef, qui le mentionne au pied de l'expédition de l'acte d'opposition.

Le procureur général notifie son opposition par huissier au prévenu, c'est ce qui résulte du paragraphe 9 de l'article 135.

Nous pensons que le prévenu et la partie civile peuvent faire opposition soit par une déclaration au greffe, soit par un exploit d'huissier, car l'article 135 ne règle pas la forme qu'il y a lieu de suivre. — Dans tous les cas, il n'est pas nécessaire que l'opposition de la partie civile soit signifiée au prévenu (Paris, 29 mars 1859 ; P. 59-536).

IV. Ordonnances de *soit communiqué*. — Dès qu'une procédure paraît complète au juge d'instruction, ce magistrat fait une ordonnance de *soit communiqué*, qu'il date, et qu'il remet au Parquet avec le dossier.

Le procureur de la République ne peut retenir le dossier plus de trois jours; il l'examine et le renvoie au cabinet d'instruction avec ses réquisitions (art. 127 du C. d'inst. crim.). — Ce délai de trois jours n'est pas prescrit à peine de nullité ; mais il convient de ne le prolonger que dans des cas exceptionnels, par exemple lorsque la procédure est volumineuse et offre de sérieuses difficultés.

V. Ordonnances définitives. — Si l'instruction présente des lacunes, le procureur de la République requiert un supplément d'information ; si le fait n'est pas établi, ne tombe pas sous l'application de la loi ou si l'auteur est resté inconnu, il requiert une ordonnance de non-lieu ; si le fait constitue une contravention ou un délit, il requiert le renvoi devant le tribunal de simple police ou le tribunal correctionnel ; enfin, s'il y a présomption de crime, il demande le renvoi des pièces au procureur général, conformément à l'article 133.

Le juge d'instruction rend aussitôt son ordonnance qu'il inscrit à la suite du réquisitoire du procureur de la République (art. 134 § 2). Elle doit contenir :

1° Les nom, prénoms, âge, lieu de naissance, profession et domicile du prévenu ;

2° L'exposé sommaire des faits. — La loi veut que cet exposé soit *sommaire*, c'est-à-dire qu'il s'abstienne de tout développement, de toute discussion des charges et ne contienne du fait que ce qui doit en déterminer la qualification légale (Circ. chanc., 23 juil. 1856 ; Gillet, n° 3837) ;

3° La qualification légale du fait ;

4° La déclaration qu'il existe ou qu'il n'existe pas de charges suffisantes (art. 134 § 2).

Il faut ajouter, bien que le Code ne le dise pas, que l'ordonnance doit contenir l'indication des articles de loi applicables.

Enfin l'ordonnance est datée et signée.

Il faut que les prévenus aient connaissance des ordonnances de transmission des pièces au procureur général pour saisir la chambre des mises en accusation : une pièce constatant cette communication doit être jointe à toute procédure d'assises. Si le prévenu est détenu, la communication est donnée par le greffier du tribunal (Déc. chanc., 27 déc. 1876 ; *Bull. off.*, n° 4, p. 252). Si le prévenu est libre, on lui en donne avis par l'intermédiaire du maire de sa commune ; dans certains ressorts, on fait signifier l'ordonnance par huissier.

VI. **Formules de réquisitoires définitifs**. — Le réquisitoire définitif peut porter sur tous les faits révélés par l'instruction, quand même ils ne seraient pas relevés dans le réquisitoire introductif.

Si certains faits sont établis et si la preuve des autres n'est pas faite, on requiert non-lieu à l'égard de ces derniers et on demande en même temps, en raison des autres, le renvoi du prévenu devant la juridiction compétente.

Si l'instruction révèle contre un même prévenu des délits et des contraventions, on requiert le renvoi devant le tribunal correctionnel et devant le tribunal de simple police pour les faits qui sont de la compétence de chacune de ces juridictions. — Il en est de même si certains faits constituent des délits et d'autres des crimes.

Voici les formules généralement employées pour les réquisitoires définitifs :

TRIBUNAL

DE PREMIÈRE INSTANCE

d

———

PARQUET

du

Procureur de la République

———

RÉQUISITOIRE A FIN D'ORDONNANCE
DE NON-LIEU

———

Le procureur de la République près le tribunal de première instance séant à...., soussigné ;

Vu les pièces de la procédure instruite contre tous auteurs ou complices d'un délit de *soustraction frauduleuse d'une somme de .... francs, commis, le...., à....,* *au préjudice du sieur C....;*

Attendu que l'information n'a pu amener la découverte des auteurs de ce délit; — qu'il n'existe actuellement aucun indice qui puisse mettre sur leurs traces ;

Vu l'article 128 du Code d'instruction criminelle ;

Requiert qu'il plaise à M. le juge d'instruction déclarer qu'il n'y a lieu à suivre, quant à présent, et ordonner le dépôt de la procédure au greffe du tribunal.

Au Parquet de ...... le...... 188 .

LE PROCUREUR DE LA RÉPUBLIQUE

TRIBUNAL

DE PREMIÈRE INSTANCE

d

———

PARQUET

du

Procureur de la République

———

RÉQUISITOIRE A FIN D'ORDONNANCE
DE NON-LIEU

———

Le procureur de la République près le tribunal de première instance séant à

Vu la procédure instruite contre le nommé *C.... Auguste,* né à *D....,* le.... 188 , *cultivateur à R...., commune de V....;*

Inculpé de *vol* ;

Attendu qu'il n'en résulte pas prévention suffisante contre le susnommé d'avoir à...., le.... 188 , *frauduleusement soustrait divers objets mobiliers au préjudice du sieur L....;*

Vu l'article 128 du Code d'instruction criminelle ;

Requiert qu'il plaise à M. le juge d'instruction déclarer qu'il n'y a pas lieu à suivre et ordonner le dépôt de la procédure au greffe du tribunal.

Fait au Parquet à   *, le*   **188** .

LE PROCUREUR DE LA RÉPUBLIQUE,

TRIBUNAL

DE PREMIÈRE INSTANCE

d

PARQUET

du

Procureur de la République

RÉQUISITOIRE A FIN D'ORDONNANCE
DE RENVOI
EN POLICE CORRECTIONNELLE

Le procureur de la République près le tribunal de première instance séant à....., soussigné ;

Vu les pièces de l'instruction suivie contre le nommé *D....., Charles-Philippe, né à R..., le.....* **188** *, terrassier, sans domicile fixe,* inculpé de *coups et blessures volontaires ;*

Attendu que de l'information, il en est résulté des charges suffisantes contre le susnommé d'avoir à *B...., le....* **188** *, volontairement porté des coups et fait des blessures au sieur R..., avec cette circonstance que les coups portés et les blessures faites ont amené une incapacité de travail de plus de vingt jours ;*

Attendu que ce fait constitue le délit prévu et puni par les articles 309 *et* 311 du Code pénal, et peut donner lieu contre l'inculpé à l'application des peines correctionnelles ;

Requiert qu'il plaise à M. le juge d'instruction déclarer suffisamment établie contre le susnommé la prévention des faits ci-dessus spécifiés et en conséquence dire qu'il sera traduit devant le tribunal de police correctionnelle d.... pour y être jugé conformément à la loi.

Fait au Parquet à   *, le*   **188** .

LE PROCUREUR DE LA RÉPUBLIQUE,

TRIBUNAL

DE PREMIÈRE INSTANCE

d

PARQUET

du

Procureur de la République

RÉQUISITOIRE A FIN DE TRANSMISSION

DES PIÈCES AU PROCUREUR GÉNÉRAL
POUR SAISIR LA CHAMBRE D'ACCUSATION

Le procureur de la République près le tribunal de première instance séant à...., soussigné ;

Vu les pièces de la procédure criminelle suivie contre la nommée *M...., Augustine-Marie, âgée de ans, née à...., le.... 188 , domestique, demeurant à C...., commune de R....* inculpée d'infanticide ;

Attendu que de l'information il est résulté contre elle des charges suffisantes d'avoir à...., le..... *volontairement donné la mort à son enfant nouveau-né ;*

Attendu que ce fait constitue le crime prévu et réprimé par les articles 300 et 302 du Code pénal et est de nature à être puni de peines afflictives et infamantes ;

Vu l'article 133 du Code d'instruction criminelle ;

Requiert qu'il plaise à M. le juge d'instruction déclarer suffisamment établie contre la susnommée la prévention du fait ci-dessus spécifié ; ordonner que les pièces d'information, les procès-verbaux constatant le corps du délit et un état des pièces servant à conviction seront par nous transmis, sans délai, à M. le procureur général près la Cour d'appel, pour être, par lui, requis ce qu'il appartiendra.

Au Parquet, à   le   188 .

LE PROCUREUR DE LA RÉPUBLIQUE,

ORDRES
Division

I. Juge aux ordres.	IV. Appel des ordres.
II. Registre des ordres. — Vérification.	V. Convocations envoyées par le greffier.
III. État trimestriel.	

I. **Juge aux ordres**. — L'article 749 du Code de procédure permet de charger spécialement un juge de la mission de présider à l'accomplissement des formalités de la procédure d'ordre : cette mesure a pour but de concentrer la responsabilité sur un seul magistrat et d'assurer à cette branche du service l'unité de direction et l'uniformité de principes dont elle a besoin, — La nomination d'un juge spécial n'est pas une mesure obligatoire et générale ; elle est au contraire facultative et ne doit avoir lieu qu'en raison d'exigences de service sérieuses et constatées (Circ. chanc., 2 mai 1859 ; Gillet, n° 3993).

Le procureur général doit, chaque année, après s'être concerté avec le premier président, faire connaître au garde des sceaux les tribunaux du ressort dans lesquels le nombre des ordres peut rendre nécessaire la désignation d'un juge aux ordres ; il envoie en même temps ses présentations (Circ. chanc., 22 juin 1858 ; Gillet, n° 3950 ; — Décis. chanc., 18 oct. 1867 ; Gillet, n° 4243).

La mission du juge spécial est temporaire. Il est nommé par décret du président de la République pour un an au moins ou trois ans au plus ; il peut après l'expiration d'une première période être chargé de nouveau des mêmes fonctions ou remplacé par un autre magistrat. — Ces fonctions ne dispensent pas le juge à qui elles sont confiées, du service de l'audience (Circ. chanc., 2 mai 1859). — Le juge aux ordres peut être choisi parmi les juges suppléants (Circ. chanc., 22 juin 1858 et 2 mai 1859).

Dans les tribunaux où le nombre des ordres ne justifie pas la nomination d'un juge spécial, il convient que toutes les procédures d'ordre soient, autant que possible, confiées par le président au même magistrat (Circ. chanc., 2 mai 1859).

II. **Registre des ordres. — Vérification.** — Pour faciliter la surveillance du Parquet et des juges-commissaires, la chancellerie a exigé qu'il soit tenu au greffe un registre spécial dont le modèle a été donné par la circulaire du 2 mai 1859.

Le procureur de la République, en vérifiant chaque mois les minutes du greffe, se fait représenter ce registre et lui consacre une mention spéciale dans son procès-verbal de vérification (Circ. chanc., 2 mai 1859 ; v° **Greffes**, XXV).

III. **État trimestriel.** — Dans les dix premiers jours de chaque trimestre, le procureur de la République doit transmettre au procureur général un extrait du registre des ordres, certifié par le greffier, contenant tous les ordres pendants et constatant la situation de chacun d'eux (Circ. chanc., 2 mai 1859).

IV. **Appel des ordres.** — A la première audience civile des mois de janvier, avril, juillet et octobre, le président du tribunal doit faire publiquement l'appel de tous les ordres non terminés (Circ. chanc., 2 mai 1859).

V. **Convocations envoyées par les greffiers.** — Aux termes de l'article 751 du Code de procédure civile, le greffier du tribunal doit convoquer les créanciers inscrits à la réunion dont le jour et l'heure ont été fixés par le juge commissaire. — L'état des inscriptions sert de base pour ce travail.

Ces convocations sont faites par lettres, sur papier non timbré (Circ. chanc., 20 juil. 1859 ; Gillet, n° 4004). Elles sont établies, conformément au modèle donné par la circulaire du 2 mai 1859, puis expédiées par la poste sous bande simple, scellée du sceau du tribunal, avec affranchissement (Décis. des min. des fin. et de la justice du 27 avr. et du 22 mai 1858 ; — Circ. chanc., 2 mai 1859).

Le greffier remet les lettres au guichet du bureau de poste pour les faire *charger*. Cette remise est accompagnée d'un bulletin sur papier libre énonçant le numéro de l'ordre, le nom du saisi ou du vendeur, le nombre de lettres et la suscription de chacune d'elles. — Toutes ces mentions sont inscrites sur le bulletin par le greffier, afin que le receveur des postes n'ait plus à y porter que la date du dépôt des lettres, leur nombre et le montant de l'affranchissement perçu. Le préposé signe le bulletin ainsi rempli et le remet au greffier (Circ. chanc., 2 mai 1859).

Chaque créancier est convoqué non seulement à son domicile élu, mais encore à son domicile réel, pourvu qu'il soit fixé en France. — Les lettres adressées au domicile élu doivent porter sur la suscription, à la suite du nom du créancier, ces mots : *ou en cas d'absence à M*..... (nom et qualité de la personne chez laquelle élection de domicile a été faite (même circ.). — Lorsque les percepteurs ont requis des inscriptions sur les immeubles des condamnés, ils font élection de domicile dans l'arrondissement du bureau des hypothèques ; les lettres de convocation doivent être adressées au receveur particulier de l'arrondissement et non au directeur de la comptabilité publique (Circ. chanc., 2 janv. 1875 ; Gillet, n° 4456). Lorsqu'une inscription a été prise à la requête du directeur général des domaines, la lettre doit être adressée au directeur du département où l'ordre amiable est poursuivi (Circ. chanc., 20 juil. 1859 ; Gillet, n° 4004).

Si, parmi les lettres de convocation déposées à la poste, il s'en trouve pour de grandes villes, sur la suscription desquelles la rue et le numéro de la maison du destinataire ne sont pas indiqués et auxquelles par ce motif, conformément aux dispositions des articles 289 et 316 de l'instruction générale, il ne peut être donné cours, le préposé les rend au greffier et fait mention sur le bulletin collectif de son refus de les expédier (art. 317 § 3 de l'instr. gén. sur les postes ; — Circ. chanc., 29 mai 1876 ; *Bull. off.* n° 2, p. 84).

Les lettres qui ne parviennent pas au destinataire sont renvoyées au greffier, au lieu d'être remises au bureau des rebuts (Circ. chanc., 2 mai 1859).

Par analogie des dispositions de l'ordonnance du 9 octobre 1825 et du décret du 24 mai 1854, il peut être alloué au greffier pour la préparation des lettres de convocation, une rétribution de 20 centimes par lettre. — Les frais sont avancés par le poursuivant au greffier (Circ. chanc., 2 mai 1859).

OUTRAGE

Division

I. Définition. — Qu'est-ce que l'outrage ? Quelle différence

y a-t-il entre l'outrage, l'injure et la diffamation? Dans son
rapport à la Chambre des députés sur la loi du 29 juillet 1881,
M. Lisbonne a répondu à ces questions : « L'injure ne renfer-
« me, de sa nature, l'imputation d'aucun fait précis ; il n'y a
« dans ce cas, rien à prouver que l'injure elle-même. L'ou-
« trage a, avec l'injure, la plus grande analogie, il est seule-
« ment plus grave, il implique une sorte de violence dans l'acte
« ou dans l'expression. La vérité du fait auquel il ferait allusion,
« ne fait pas disparaître entièrement le délit, que la vérité du
« fait, en matière de diffamation doit, dans notre système,
« absolument effacer. » — D'après cette définition l'outrage
ne renferme pas nécessairement, comme la diffamation, l'imputation d'un vice déterminé ; mais il ne se distingue guère
de l'injure, car il nous semble bien difficile de trouver le
point ou en raison de sa violence et sa gravité l'injure devient
un outrage ; la nuance est impossible à saisir dans la pratique.

Quant à nous, nous pensons qu'on doit définir l'outrage
envers les magistrats et fonctionnaires : toute diffamation,
toute injure, toute menace, en un mot toute parole ou tout
geste de nature à inculper l'honneur ou la délicatesse du
fonctionnaire, à jeter le ridicule sur sa personne ou même,
comme l'a décidé la Cour de cassation, à diminuer le respect
des citoyens pour son autorité morale et le caractère dont il
est revêtu.

**II. Répression. — Conciliation des articles 222 à 225
du Code pénal avec les articles 30, 31 et 33 § 1, de la
loi du 29 juillet 1881**. — L'outrage envers les magistrats,
officiers publics et ministériels, agents de la force publique, etc., etc., est puni par les articles 222 à 225 du Code
pénal. Ces articles n'ont pas été abrogés par la loi du 29 juillet 1881 ; c'est ce qui résulte tant des travaux préparatoires
de cette loi que de la circulaire de la chancellerie du 9 novembre 1881 (*Bull. off.*, n° 24, p. 150).

Mais ces articles subsistent-ils dans toutes leurs dispositions? Comment peut-on les concilier avec les articles 30, 31
et 33 § 1 de la loi nouvelle qui prévoient la diffamation et
l'injure publiques dirigées coutre les fonctionnaires ou agents
de l'autorité à raison de leurs fonctions?

La loi du 29 juillet 1881 ne punit pas les outrages, même

publics, adressés aux fonctionnaires ou agents *dans l'exercice* de leurs fonctions; par suite il est évident que les articles 222 à 225 du Code pénal sont applicables en ce cas et que le ministère public a dès lors qualité pour exercer des poursuites devant le tribunal de police correctionnelle. C'est ce qu'a décidé la Cour de cassation dans son arrêt du 25 novembre 1882 (P. 83-I-316) : « Attendu que les articles précités de la
« loi du 29 juillet 1881, de même que les articles 19 de la loi
« du 17 mai 1819 et 6 de la loi du 25 mars 1822, aujourd'hui
« abrogés, punissent tout outrage fait publiquement à un
« fonctionnaire ou à un dépositaire de l'autorité publique, *à*
« *raison* de sa fonction ou de sa qualité; mais qu'il n'ont, en
« aucune façon, pas plus que les lois antérieures de 1819 et
« de 1822, abrogé les dispositions des articles 222 et 224 du
« Code pénal, applicables aux outrages adressés, publique-
« ment ou non, à des magistrats, à des fonctionnaires ou à
« des agents dépositaires de l'autorité publique *dans l'exercice* de leurs *fonctions.* »

Mais le Code pénal est-il encore applicable, lorsque les outrages ont été adressés *à l'occasion de l'exercice des fonctions?* La question est délicate. M. Lisbonne, rapporteur de la loi de 1881, disait dans la séance du 14 février 1881 : « Nous
« adoptons, comme juridiction de *règle générale, la Cour*
« *d'assises*, nous bornant à spécialiser les exceptions; le jury
« devient donc, en quelque sorte, juge d'attribution en
« matière de délits commis par la presse ou *par la parole.* »
(*Journ. off.* du 15 févr. 1881, p. 236). Dans la même séance, le rapporteur répondant à M. Madier de Montjau, disait : « Nous
« renvoyons devant le jury *tous les délits, à l'exception de*
« *ceux que mentionne le paragraphe 2 de l'article* 45. Ces excep-
« tions sont rationnelles; elles ne sont pas à proprement parler
« des exceptions au principe posé; elles en seraient plutôt
« la conséquence... Dans toute l'énumération qui a passé
« tout à l'heure sous vos yeux, il n'est fait qu'*une seule déro-*
« *gation véritable au principe* que nous avons posé, c'est celle
« qui concerne le délit d'outrage envers les souverains étran-
« gers (1); car ce n'est pas une dérogation que d'attribuer au

_____

(1) Sur un amendement de M. Floquet, il a été décidé que le délit d'outrages envers les souverains étrangers serait, comme les autres délits de presse, déféré au jury.

« tribunal correctionnel le délit de diffamation et d'injures
« envers les simples particuliers... » (*Loc. cit.*, p. 272).

Il faut rapprocher ces déclarations du rapporteur des
paroles que prononçait M. Gatineau à une séance précédente:
« la loi sur la liberté de la presse comprend *tous les délits de*
« *la parole, tous les délits de langage,* il ne faut pas s'en rap-
« porter à l'étiquette de la loi. »

Enfin il y a lieu de tenir compte de la législation antérieure; la jurisprudence décidait sous l'empire des lois du 17 mai
1819 et du 25 mars 1822 que c'étaient ces lois spéciales et non
les articles 222 à 225 qui étaient applicables au cas où l'outrage est adressé publiquement à l'occasion de l'exercice des
fonctions. Or, la loi nouvelle n'a fait que reproduire les
articles 19 de la loi du 17 mai 1819 et 6 de celle du 25 mars
1822, et rien n'indique qu'elle ait voulu réagir contre la jurisprudence alors en vigueur; elle n'a innové que sur un point:
en modifiant la compétence.

Nous pensons pour ces motifs qu'au cas où l'outrage est
public et adressé à l'occasion de l'exercice des fonctions, le
délit tombe sous l'application de la loi de 1881 et est de la
compétence de la Cour d'assises. Ce système présente, il est
vrai, les plus grands inconvénients dans la pratique et entrave l'action du Parquet; c'est ce que disait dans un remar-
quable rapport, M. le conseiller Saint-Luc-Courborieu : « Si
« cette interprétation de la loi de 1881 est exacte, la répres-
« sion sera bien difficile, soit parce que, dans les départe-
« ments, les Cours d'assises ne sont pas permanentes, soit
« parce que le peu de gravité relative de ces délits d'outrages
« par paroles ne permet pas de demander au jury la répres-
« sion de ces infractions qu'on pourrait plus utilement, dans
« la plupart des cas, déférer au tribunal de simple police. »
Que la loi laisse à désirer à ce point de vue, c'est incontestable, mais appartient-il aux tribunaux de refaire la loi,
quand elle leur parait mauvaise? Les juges ne doivent, sous
quelque prétexte que ce soit, s'ériger en législateurs; qu'ils
appliquent la loi telle qu'elle est, sinon ils tombent fatalement dans l'arbitraire.

Quoi qu'il en soit, nous devons constater que le système
que nous soutenons, n'a pas été admis par la Cour suprême.
Une jurisprudence constante décide que les articles 222 à 225

sont applicables dans tous les cas, qu'il y ait eu ou non publicité, que l'outrage ait été adressé dans l'exercice ou à l'occasion de l'exercice des fonctions (Cass., 15 mars 1883; P. 83-I-1063; — Bordeaux, 31 mars 1883; P. 84-I-209; — Cass., 12 juil. 1883; P. 84-I-193). — Cass., 23 août 1883; P. 84-I-577; — Cass., 16 nov. 1883; P. 85-I-433).

D'après la jurisprudence actuellement en vigueur, la loi du 29 juillet 1881 n'est applicable et la Cour d'assises ne doit être saisie qu'autant qu'il s'agit de diffamations ou de critiques injurieuses, adressées par la voie de la presse ou dans des réunions publiques : « Les circonstances du fait, dit M. le « conseiller Saint-Luc-Courborieu, indiqueront à la sagacité « du juge s'il est en présence du délit d'outrage qualifié « et puni par l'article 224, c'est-à-dire de l'injure verbale « proférée dans l'exercice ou à l'occasion de l'exercice des « fonctions, ce qui désignera la juridiction correctionnelle, « ou si, au contraire, le fait poursuivi a les caractères d'une « censure, d'une critique publique, plus ou moins vive et « injurieuse, d'actes de fonctionnaires ou agents, ce qui ren- « trerait dans le domaine du jury qui est le juge des appré- « ciations morales et des délits d'opinion. » (P. 83-I-1067).

III. **Éléments du délit.** — Nous avons vu (*supra*, 1) ce que l'on doit entendre par outrage, nous n'avons plus qu'à re- chercher dans quelles conditions l'outrage doit se produire, pour tomber sous l'application de la loi.

Il n'est pas nécessaire qu'il y ait publicité, lorsque l'outrage a lieu par paroles, gestes ou menaces. C'est ce qui résulte d'une jurisprudence constante.

Il faut au contraire que l'outrage par paroles ait été adressé directement à la personne, ou ait été proféré avec l'intention qu'il lui fût rapporté : « Jamais, disait au Corps législatif « M. de Parieu, jamais, il n'y a eu dissidence sérieuse entre « la commission et les autres membres de cette assemblée « sur cette circonstance, qu'il fallait l'intention de faire arri- « ver l'outrage au magistrat, pour qu'il y eût délit commis. « Il est évident que dans le conseil d'État nous l'avons com- « pris ainsi. » (Séance du 17 avr. 1863 : *Monit.* du 18 avr.). C'est en ce sens que s'est prononcée la Cour de cassation qui exige que les paroles outrageantes aient été prononcées tout au moins en présence de personnes placées vis-à-vis du magis-

trat dans un état de relations tel que le prévenu, en les prononçant, ait entendu les faire arriver par cet intermédiaire jusqu'au
magistrat outragé (Cass., 15 déc. 1865 ; P. 66-1208 ; — Cass.,
17 mars 1866 ; P. 66-1209 ; — Nancy, 19 mai et 21 juin 1875 ;
P. 75-826 ; — Cass., 27 mai 1876 ; P. 76-1103.) — Si l'outrage
a été fait par écrit non rendu public, il faut, s'il n'a pas été
envoyé directement à lui-même, que le magistrat ou l'officier
public en ait réellement eu connaissance et que l'auteur de
l'écrit comptât qu'il lui serait communiqué (Cass., 14 févr.
1874; P. 74-575 : — Cass., 29 janv. 1880 ; P. 80-642).

L'outrage est reçu *dans l'exercice* des fonctions quand il
a été adressé au moment où le magistrat ou le fonctionnaire
accomplissait un acte de sa charge. — Sont considérés comme
étant dans l'exercice de leurs fonctions : le maire qui préside
le conseil municipal (Cass., 17 mai 1845 ; P. 45-II-431), qui
siège dans le conseil de fabrique (Cass., 28 août 1823 ;
P. chr.); — le maire ou l'adjoint qui assiste à l'ouverture
des portes d'une maison dans laquelle il s'agit de procéder à
une saisie immobilière (Cass., 1er avr. 1813 ; P. chr.), qui
remplit les fonctions de ministère public près le tribunal de
simple police (Cass., 28 déc. 1807; P. chr.); — l'instituteur
qui surveille la sortie ou la récréation de ses élèves (Bordeaux, 25 août 1880 ; P. 81-I-319) ; — le magistrat qui se
trouve, en vertu d'une ordonnance préalable, sur les lieux
contentieux avec son greffier (Cass., 17 therm. an X ; *Bull.
crim.*, no 224), etc. — Mais on ne doit pas considérer,
comme étant dans l'exercice de ses fonctions, l'avoué qui
représente une partie dans un ordre amiable, car il intervient,
non en qualité d'officier ministériel, mais comme simple mandataire d'une partie (Cass., 28 mars 1879 ; P. 79-552).

L'outrage est reçu *à l'occasion de l'exercice* de la fonction,
lorsqu'il est déterminé par la fonction elle-même ou par l'un
des actes accomplis par le magistrat ou le fonctionnaire.
(Blanche, t. IV, p. 134.)

Il n'est pas nécessaire pour que le délit existe que le
fonctionnaire soit revêtu de ses insignes (Cass., 9 niv. an XI;
5 sept. 1812 et 26 mars 1813 ; P. chr.), mais il faut évidemment que le prévenu connaisse la qualité de celui qu'il
injuriait (mêmes arrêts).

L'irrégularité de l'acte auquel procède le magistrat

ou le fonctionnaire ne fait pas disparaître le délit, à moins qu'il ne s'agisse d'une illégalité flagrante qui constituerait une violation manifeste et indiscutable du Droit (Cass., 20 févr. 1830 ; P. chr. ; — Cass., 29 mars 1855 ; P. chr.; — Cass., 22 août 1867 ; P. 68-316 ; — Paris 20 janv. 1881 ; P. 82-I-92). C'est ainsi qu'il y a outrage envers un officier ministériel dans l'exercice de ses fonctions, lorsqu'un huissier est outragé, un dimanche pendant qu'il procède au récollement de meubles et effets saisis, alors qu'il ne s'est pas muni de la permission du juge, conformément à l'article 1037 du Code de procédure civile. — Au contraire, le délit, prévu par l'article 224, n'existe pas si l'agent de la force publique outragé avait pénétré dans une maison, hors le cas de flagrant délit, sans mandat de justice et malgré le propriétaire, sous prétexte d'y constater un délit (Cass., 25 mars 1852 ; *Bull. crim.*, n° 108).

L'outrage ne peut être excusé parce qu'il y aurait eu provocation de la part du fonctionnaire qui aurait adressé des propos injurieux (Rouen, 11 janv. 1844 ; P. 44-II-122 ; — Cass., 19 août 1842 ; P. 42-II-737). Mais il est évident qu'il y aura là une cause d'atténuation en faveur du prévenu et que le fonctionnaire pourra être frappé de mesures disciplinaires ou être l'objet de poursuites.

IV. **Espèces.** — Il y a *outrage* dans le fait de dire :

1° A un maire, à propos de l'une de ses affirmations : « Vous « en avez menti » (Cass., 20 juil. 1866 ; *Bull. crim.* n° 187); ou à un commissaire de police : « Vous en avez menti, vous êtes « un gredin » (Cass., 4 juil. 1833 ; *Bull. crim.* n° 250); ou, à l'audience, au ministère public : « Vous en avez menti ! c'est « faux ! vous êtes un faux » (Cass., 8 déc. 1849 ; P. 51-I-570);

2° A un maire ou à un commissaire de police « Je vous « em..... » (Cass., 6 sept. 1850 et Cass., *toutes chambres réunies*, 17 mars 1851 ; P. 53-II-617 ; — Cass., 8 mars 1851 ; P. 53-II-626);

3° A l'audience à ses co-prévenus « qu'ils sont condamnés « d'avance et qu'il leur est inutile de présenter leur défense » (Cass., 13 avr. 1853; *Bull. crim.* n° 137) ;

4° Au sujet d'un jugement qui vient d'être rendu : « Ce « jugement mérite d'être encadré » (Cass., *toutes chambres réunies*, 25 juin 1855 ; P. 56-I-555), ou « jamais il n'y a eu un

« jugement plus mal rendu » (Cass., 28 mars 1856 ; *Bull. crim.*, n° 127) ;

5° A des gendarmes « Je suis plus honnête que vous », alors que cet individu a été plusieurs fois condamné (Limoges, 22 déc. 1881 ; *Rev. jud. de la Cour de Limoges*, t. I, p. 50) ;

6° Au cours d'une expertise, au magistrat qui l'a ordonnée : « Vous devriez être honteux d'avoir choisi un tel expert ; « vous êtes plus porté pour un garde que pour un propriétaire » (Cass., 8 mars 1877 ; P. 77-827) ;

7° Sur le passage des agents qui ont procédé, sur l'ordre de l'autorité, à l'ouverture des portes d'un établissement religieux : « A bas les crocheteurs ! » (Paris, 20 janv. 1881 ; P. 82-I-92) ;

8° A un commissaire de police : « Vos enfants auront un « jour à rougir de vous » (Paris, 20 janv. 1881 ; P. 82-I-92) ;

9° A un commissaire de police « Vous êtes un mouchard » (Cass., 12 juil. 1883 ; P. 84-I-193).

Enfin, il y a outrage dans le fait de cracher à la figure d'un fonctionnaire (Cass., 5 janv. 1855 ; P. 55-I-605).

V. Pénalité édictée par les articles 222 et 223. — Lorsqu'un ou plusieurs magistrats de l'ordre administratif ou judiciaire, lorsqu'un ou plusieurs jurés ont reçu, dans l'exercice de leurs fonctions ou à l'occasion de cette exercice, quelque outrage, soit par paroles, soit par écrits ou dessins non rendus publics, tendant à inculper leur honneur ou leur délicatesse, celui qui leur a adressé cet outrage est puni d'un emprisonnement de quinze jours à deux ans. — Si l'outrage par paroles a lieu à l'audience d'une Cour ou d'un tribunal, l'emprisonnement est de deux à cinq ans (art. 222).

L'outrage, fait par gestes ou menaces à un magistrat ou à un juré, dans l'exercice ou à l'occasion de l'exercice de ses fonctions, est puni d'un mois à six mois d'emprisonnement ; si l'outrage a eu lieu à l'audience d'une Cour ou d'un tribunal, il est puni d'un mois à deux ans d'emprisonnement (art. 223).

VI. Fonctionnaires qui doivent être considérés comme magistrats. — La loi ne donne aucune définition ; mais on doit considérer comme magistrat, tout fonctionnaire qui exerce par une délégation directe de la loi, soit dans l'ordre judiciaire, soit dans l'ordre administratif, une portion de l'autorité publique, avec le droit de commandement ou de juridiction (Blanche, t. IV, p. 120).

Par suite, doivent être considérés comme magistrats :

I. Dans l'ordre judiciaire,

1° Les membres des Cours et des tribunaux ;

2° Les officiers du ministère public près les Cours et tribunaux ;

3° Les juges de paix et leurs suppléants (Cass., 26 janv. 1854; P. 56-1-385).

4° Les officiers du ministère public près les tribunaux de simple police (Cass., 8 déc. 1849 ; P. 51-I-570).

II. Dans l'ordre administratif,

1° Les préfets et les sous-préfets ;

2° Les maires et les adjoints (Cass., 8 mai 1869 ; P. 69-1009 ; — 22 août 1878 ; P. 79-1247) ;

3° Les commissaires de police (Cass., 13 juin 1828 ; P. chr.; — Cass., 9 mars 1837 ; P. 37-I-434 ; — Cass., 2 mars 1838 ; P. 38-I-333 ; — Cass., 22 févr. 1851 ; P. 53-II-625 ; — Amiens, 4 déc. 1863 ; P. 64-498 ; — Cass., 20 janv. 1881 ; P. 82-I-92).

VII. Pénalité édictée par l'article 224. — L'outrage fait par paroles, gestes ou menaces à tout officier ministériel ou agent dépositaire, de la force publique et à tout citoyen chargé d'un ministère de service public, dans l'exercice ou à l'occasion de l'exercice de ses fonctions, est puni d'un emprisonnement de six jours à un mois et d'une amende de 16 à 200 francs ou de l'une de ces deux peines seulement (art. 224).

VIII. Officiers ministériels protégés par l'article 224. — Les officiers ministériels sont : les greffiers, les notaires, les avoués, les huissiers, les commissaires-priseurs, les agents de change, les courtiers maritimes et les avocats à la Cour de cassation.

On avait contesté cette qualité aux notaires; mais cette prétention a été repoussée par la Cour de cassation (Cass., 22 juin 1809 ; P. chr ; — Cass., 13 mars 1812 ; P. chr.).

On a considéré également comme officiers ministériels les porteurs de contraintes, parce qu'ils remplissent les fonctions d'huissiers et en ont dès lors le caractère (Cass., 30 juin 1832 ; P. chr.).

Les avocats ne peuvent être assimilés à des officiers ministériels ; mais on devra les considérer à l'audience comme citoyens chargés d'un ministère public et l'outrage commis envers eux dans ces conditions sera également réprimé par l'article 224.

IX. **Agents de la force publique.** — L'article 224 protège tous les agents de la force publique, notamment : les militaires de toutes armes, les gendarmes, les gardes champêtres et particuliers, les gardes forestiers, les préposés du service actif des douanes, etc...

Les préposés des douanes sont en outre protégés par l'article 14 du titre XIII du décret du 22 août 1791 qui punit « de « 500 livres d'amende et de telle autre peine qu'il appartien- « dra, suivant la nature du délit », ceux qui les injurient, maltraitent ou troublent dans l'exercice de leurs fonctions. La Cour de cassation a décidé que cet article ne peut être invoqué que par l'administration des douanes agissant civilement ; le ministère public doit poursuivre en vertu de l'article 224 (Cass., *chambres réunies*, 10 janv. 1840 ; P. 40-I-750).

X. **Citoyens chargés d'un ministère du service public.** — On doit considérer comme citoyens chargés d'un ministère de service public :

1° Les syndics de faillite (Riom, 9 mai 1866 ; P. 67-85 ; — Dijon, 15 avr. 1868 ; P. 68-842 ; — Cass., 12 févr. 1880 ; P. 80-304) ;

2° Les experts commis par justice (Cass., 8 mars 1877 ; P. 77-827 ; — Caen, 21 juil. 1879 ; P. 80-571);

3° Les pompiers qui, sur l'ordre du maire, procèdent à la visite des fours et cheminées (Dijon, 20 mai 1879 ; P. 80-97) ;

4° L'individu désigné par le maire pour remplir *provisoirement* les fonctions de garde champêtre, en ce qui touche la police rurale (Aix, 25 janv. 1878 ; P. 80-1102) ;

5° Les citoyens, requis par le maire, pour conduire devant le procureur de la République un individu arrêté en flagrant délit ;

6° Les cantonniers (Douai, 23 janv. 1882 ; P. 85-I-207) ;

7° Les instituteurs communaux (Nancy, 25 janv. 1879 ; P. 80-1240 ; — Bordeaux, 25 août 1880 ; P. 81-I-319) ;

8° Les agents de ville, appariteurs de police, etc...

9° Les gardes champêtres et particuliers, quand ils n'agissent pas comme agents de la force publique ;

10° Les agents assermentés des compagnies de chemins

de fer, puisque l'article 23 de la loi du 15 juillet 1845 leur
confère le droit de verbaliser et que le gouvernement les assimile aux gardes champêtres. C'est ainsi que l'article 64 du
cahier des charges annexé au décret du 19 juin 1857 porte
que « les agents et gardes que la compagnie établira, soit
« pour la perception des droits, soit pour la surveillance et la
« police du chemin de fer et des dépendances, pourront être
« assermentés et seront, dans ce cas, assimilés aux gardes
« champêtres. »

XI. **Aggravation de peine édictée par l'article 225.
— Commandants de la force publique.** — Si l'outrage
est dirigé contre un commandant de la force publique, il est
puni d'un emprisonnement de quinze jours à trois mois et
peut l'être aussi d'une amende de 16 à 500 francs (art. 225).

On doit considérer comme commandants de la force publique :

1º Un brigadier de gendarmerie, dans l'étendue du territoire assigné à sa brigade (Cass., 14 janv. 1826 ; P. chr.; —
Colmar, 27 avr. 1858 ; P. 58-905 ; — Cass., 24 mai 1873 ; P.
73-1025) ;

2º Les officiers de l'armée en uniforme, dans leur garnison (Alger, 2 mars 1877 ; P. 77-739). Dans l'espèce, il s'agissait d'officiers en uniforme qui ont été injuriés par un marchand de journaux alors qu'ils se trouvaient sur la terrasse
d'un café d'Alger.

XII. **La clameur pour faire fuir les délinquants et
la dénonciation d'un délit imaginaire peuvent constituer le délit d'outrage.** — Y a-t-il outrage de la part de
l'individu qui pousse des cris pour avertir un délinquant,
notamment un braconnier, de l'approche des gendarmes ? La
question doit se résoudre par une distinction : si certains
habitants d'une commune, d'un village se concertent pour
surveiller l'arrivée des gendarmes et rendre impuissant l'exercice de leurs fonctions, l'autorité morale de la gendarmerie
en est affaiblie et par suite une atteinte est portée à la considération et au respect qui lui sont dus ; l'article 224 est alors
applicable. C'est ce qu'a jugé la Cour de Pau dans deux arrêts
du 7 avril 1859 (P. 65-467), et la Cour de Bordeaux dans un
arrêt du 28 février 1867 (D. 67-2-200).

Il en est de même, si celui qui profère les cris, paraît, en agissant ainsi, narguer les gendarmes et cherche à les exposer à la risée publique. — Mais il n'en est plus ainsi lorsque cet individu n'a eu pour but que de rendre service au délinquant et de favoriser sa fuite (Pau, 4 mai 1864 ; P. 65-467 ; — Montpellier, 18 mai 1874 : P. 74-1023)

Une jurisprudence constante décide, avec raison, que la déclaration d'un délit ou d'un crime imaginaire, faite à la gendarmerie, tombe sous l'application de l'article 224 : il n'est pas nécessaire que l'auteur de la dénonciation ait surtout voulu imposer à la gendarmerie des recherches inutiles qui ne doivent aboutir qu'à la faire tourner en ridicule, il suffit qu'il ait pu se rendre compte des conséquences qu'elle devait avoir. Le délit existe donc s'il n'a pu ignorer qu'il allait ridiculiser les agents de la force publique ; peu importe qu'il ait eu un but politique (Poitiers, 1er juil. 1883 ; P. 84-I-80), ou qu'il ait seulement cherché à se venger de celui qui a été mensongèrement dénoncé (Douai, 29 avr. 1874 ; P. 74-1022).

La solution est la même, si le dénonciateur n'avait aucun mobile déterminé et n'a agi que sous l'influence de l'état d'ivresse dans lequel il se trouvait (Aix, 1er juin 1870 ; P. 71-330). Le délit n'existerait pas cependant, si la dénonciation n'avait pas été faite à la gendarmerie ; si, par exemple, un individu avait mensongèrement raconté à des voisins un prétendu vol dont il aurait été victime et si l'un d'eux en avait ensuite, de bonne foi, informé l'autorité (Douai, 20 mars 1883 ; P. 84-83). Il est inutile d'ajouter que l'article 224 redeviendrait applicable, si cet individu avait chargé un tiers d'aller faire la dénontiation ou s'il était établi qu'il avait fait le récit mensonger avec l'intention qu'il fût reporté à l'autorité compétente.

XII. Qualifications.

1° Outrages par paroles envers des magistrats ou des jurés. — *D'avoir, à...., le...., outragé par paroles, tendant à inculper son honneur ou sa délicatesse, un magistrat de l'ordre judiciaire (ou administratif), ou un juré, dans l'exercice (ou à l'occasion de l'exercice) de ses fonctions ;*
Délit prévu et puni par l'article 222 § 1er du Code pénal.

D'avoir, à...., le...., outragé par paroles, tendant à inculper son honneur ou sa délicatesse, un magistrat de l'ordre judiciaire, dans l'exercice de ses fonctions, à l'audience du tribunal civil (ou de police correctionnelle) de X.... ;

Délit prévu et puni par l'article 222 §§ 1 et 2 du Code pénal.

D'avoir, à...., le...., outragé par gestes (ou *menaces) un magis-trat de l'ordre (administratif* ou *judiciaire), ou un juré; dans l'exercice* (ou *à l'occasion de l'exercice) de ses fonctions) ;*
Délit prévu et puni par l'article 223 § 1 du Code pénal.

D'avoir, à...., le...., outragé par gestes (ou *menaces) un magis-trat de l'ordre judiciaire, dans l'exercice de ses fonctions, à l'au-dience du Tribunal civil* (ou *de police correctionnelle) de X.....;*
Délit prévu et puni par les articles 223 §§ 1 et 2 du Code pénal.

2º Outrages envers les officiers ministériels, agents de la force publique, etc.... — *D'avoir à......, le......, outragé par paroles* (ou *par gestes* ou *par menaces) un officier ministériel* (ou *un agent dépositaire de la force publique* ou *un citoyen chargé d'un minis-tère de service public) dans l'exercice* (ou *à l'occasion de l'exercice) de ses fonctions;*
Délit prévu et puni par l'article 224 du Code pénal.

3º Outrages envers un commandant de la force publique. — *D'avoir à....., le....., outragé par paroles* (ou *par gestes* ou *par menaces) un commandant de la force publique dans l'exercice* (ou *à l'occasion de l'exercice) de ses fonctions ;*
Délit prévu et puni par les articles 224 et 225 du Code pénal.

OUTRAGE A LA MORALE PUBLIQUE
Division.

I. Discours et chants obscènes.	le livre; — peintures et images
II. Livres obscènes.	obscènes.
III. Écrits et imprimés, autres que	IV. Qualifications.

1. Discours et chants obscènes. — L'outrage aux bon-nes mœurs, commis par des discours, chants ou cris, profé-rés dans des lieux ou réunions publics est puni d'un empri-sonnement de un mois à deux ans et d'une amende de 16 à 2.000 francs (art. 28 § 1 de la loi du 29 juil. 1881).

Ce délit est de la compétence de la Cour d'assises ; l'arres-tation préventive n'est pas permise. Il en résulte que la ré-pression de ce délit est difficile et devient même absolument impossible lorsqu'il a été commis, ce qui arrive fréquemment, par un vagabond ou un individu sans domicile stable.

II Livres obscènes. — Le même article 28 § 1 réprime l'outrage aux mœurs, commis par la vente, distribution, mise en vente ou exposition dans des lieux ou réunions publics de livres obscènes. (Voir : **Libraires**, II et III.)

Mais que doit-on considérer comme *livre ?* Cette question a une grande importance, car nous verrons que l'outrage commis par tout imprimé autre que le livre est réprimé par la loi du 2 août 1882 et est de la compétence des tribunaux correctionnels. La loi ne s'explique pas sur ce point ; mais, comme le disait M. Duvaux, rapporteur de la loi du 2 août 1882 : « Le bon « sens, l'usage, la pratique suffiront à diriger l'appréciation du « magistrat et à déjouer toutes les ruses, sous quelque for- « me que cherche à se dissimuler le délit. » (*Journ. off.* du 26 juil. 1882) C'est ainsi que le tribunal de la Seine a décidé qu'on ne peut considérer comme un livre une brochure de dix pages, contenant deux cent cinquante vers (26 déc. 1882 ; *La loi*, année 1882, nº 304).

III. Écrits et imprimés autres que le livre ; — peintures et images obscènes. — Est puni d'un emprisonnement de un mois à deux mois et d'une amende de 16 à 3,000 francs quiconque a commis le délit d'outrage aux bonnes mœurs par la vente, l'offre, l'exposition, l'affichage ou la distribution sur la voie publique ou dans des lieux publics d'écrits, d'imprimés autres que le livre, d'affiches, dessins, gravures, peintures, emblèmes ou images obscènes (art. 1er de la loi du 2 août 1882). Les règles ordinaires du Code d'instruction criminelle sont applicables tant au point de vue de la complicité que de la poursuite du délit. L'article 463 est applicable (art. 2 et 3).

Il en résulte : 1º que ce délit est de la compétence des tribunaux correctionnels, de plus le prévenu peut être arrêté préventivement et les écrits obscènes peuvent être également saisis ; 2º que l'imprimeur qui, en vue de lucre, prête ses presses à l'auteur ou à l'éditeur doit être poursuivi comme complice (Circ. chanc., 7 août 1882 ; *Bull. off.* nº 27, p. 64).

La loi de 1882 a abrogé le paragraphe 2 de l'article 28 de la loi du 29 juil. 1881).

IV. Qualifications.

1º Discours ou chants obscènes. — *D'avoir à....., le......, en chantant dans un lieu public une chanson commençant par ces mots « ......» et dans laquelle se trouve les passages suivants « ....*

..... *(Transcrire ici les passages qui constituent le délit)* .... »,
commis un outrage aux bonnes mœurs ;

*Délit prévu et puni par les articles 28 § 1 et 23 de la loi du
29 juillet 1881.*

2º Livres obscènes. — *D'avoir à....., le....., en vendant (ou
distribuant ou mettant en vente ou exposant) dans des lieux ou
réunions publics un livre intitulé «........ » et spécialement par les
pages* (numéros des pages) *de ce livre, commis un outrage aux
bonnes mœurs ;*

*Délit prévu et puni par les articles 28 § 1 et 23 de la loi du
29 juillet 1881.*

3º Imprimés autres que le livre, gravures, etc.... — *D'avoir
à......, le......, en vendant (ou offrant ou exposant ou affichant
ou distribuant) sur la voie publique (ou dans des lieux publics) un
écrit (ou un imprimé autre qu'un livre) intitulé «......» commençant par ces mots «.......» et finissant par ces mots «.......» (ou
un dessin ou une gravure, etc., représentant* (indication du sujet) *et
intitulé «......», commis un outrage aux bonnes mœurs ;*

Délit prévu et puni par l'article 1er de la loi du 2 août 1882.

OUTRAGE PUBLIC A LA PUDEUR
Division.

I. Définition. — Peine.
II. Publicité.

III. Intention.
IV. Qualification.

I. **Définition. — Peine.** — L'outrage à la pudeur que prévoit l'article 330 est celui qui résulte d'un fait matériel ; des
paroles obscènes ne sauraient le constituer et tomberaient
sous l'application de l'article 28 § 1 de la loi du 29 juillet
1881. — Il faut, pour qu'il soit punissable, que l'outrage ait
été public.

L'outrage public à la pudeur est puni d'un emprisonnement
de trois mois à deux ans et d'une amende de 16 à 200 francs
(art. 330 du C. pén.).

II. **Publicité.** — La publicité qu'exige l'article 330 doit
être entendue dans le sens le plus large : l'outrage est réputé public s'il est commis non seulement dans un lieu ou
réunion public, mais encore dans un lieu privé, lorsqu'il a
pu être aperçu d'un voisin ou d'un passant.

C'est ainsi que la publicité existe, si le fait immoral a été
commis :

1° Dans un champ bordant un chemin public (Angers, 17 juin 1878 ; P. 78-1033) ;

2° Dans un appartement donnant sur la voie publique et a pu être aperçu du dehors, malgré certaines précautions qui avaient été prises (Cass., 18 mars 1858 ; P. 58-1183). — Il en serait autrement si les actes n'ont pu être aperçus du dehors qu'en modifiant les dispositions prises par leurs auteurs pour empêcher la publicité (Cass., 11 mars 1859 ; P. 59-1005) ;

3° Dans un wagon faisant partie d'un train en marche (Cass., 19 août 1869 ; P. 70-416) ;

4° Dans une étable et n'a été vu que par deux personnes qui ont été l'une et l'autre témoins des attouchements obscènes pratiqués sur chacune d'elles (Cass., 4 août 1877 ; P. 78-304).

III. **Intention.** — La Cour de cassation a décidé, dans un arrêt du 6 octobre 1870 (P. 70-1141), que la preuve de l'intention chez le prévenu de braver ou d'offenser la pudeur publique doit être rapportée ; elle a jugé, par suite, que le fait par un individu de se baigner dans une rivière en état de complète nudité ne tombe pas sous l'application de l'article 330.

Cette théorie est-elle juridique ? Dans tous les cas, elle est bien dangereuse : un homme et une femme ont des relations intimes dans un champ ; ont-ils l'intention de braver la pudeur publique ? Évidemment non ; ils ont voulu satisfaire leurs passions et ont cru échapper à tous les regards. Cependant, en pareil cas, la Cour de cassation n'a jamais hésité à appliquer l'article 330.

Faut-il faire alors une distinction et dire : si le fait est immoral en lui-même, le délit existe toujours ; si le fait ne constitue qu'une simple imprudence, il faut, pour qu'il y ait délit, que l'intention coupable soit établie ? — Ce système n'a jamais été formulé nettement par la Cour de cassation, mais il paraîtrait résulter de sa jurisprudence ; cette distinction nous semble bien subtile et ne repose sur aucune base juridique. — Nous préférons le système de la Cour de Montpellier, qui déclare que le délit existe par cela seul que l'acte impudique s'est produit publiquement, quand bien même son auteur aurait agi sans intention criminelle ou lubrique (8 août 1859 ; P. 60-69).

IV. Qualifications.

*D'avoir à......., le......, commis un outrage public à la pudeur ;
Délit prévu et puni par l'article 330 du Code pénal.*

P

PARQUET
Division.

I. Local. — Le *Parquet* est le local qui est affecté au procureur général ou au procureur de la République et à leurs substituts pour l'exercice de leurs fonctions. — Il doit être placé au Palais de justice. — Il devrait toujours comprendre : un cabinet pour le chef du Parquet, un cabinet pour chacun des substituts, et enfin une salle d'attente qui sert en même temps de bureau pour le secrétaire. Malheureusement, il n'en est pas toujours ainsi et, dans bien des tribunaux, le Parquet ne se compose que d'une seule pièce. — Les réparations sont faites, comme celles du Palais de justice, par les soins de l'autorité administrative, sur les fonds votés par le conseil général.

Le mobilier est fourni et entretenu à l'aide d'un crédit spécial ouvert au budget du département. — Les dépenses sont ordonnancées par le préfet. — L'usage s'est introduit dans la plupart des tribunaux de laisser à l'architecte du département le soin de fixer la partie du mobilier qui doit être achetée, et de traiter directement avec les fournisseurs. Massabiau (t. I, p. 89) fait remarquer que cette prétention des architectes n'est pas fondée et est repoussée par la chancellerie ; il faut donc réagir énergiquement contre ces tendances et secouer cette sorte de tutelle qu'on voudrait imposer aux tribunaux.

II. Frais de Parquet. — Il est ouvert chaque année, au budget du département, un crédit destiné à subvenir aux menues dépenses du tribunal. Jusqu'au 1ᵉʳ janvier 1884, il était alloué, chaque année, une somme fixe : dans presque tous les tribunaux, cette somme était divisée en deux parts, l'une pour le tribunal, l'autre pour le Parquet. La part du Parquet variait du tiers au cinquième. — Depuis le décret du 28 janvier 1883, il n'en est plus ainsi: aucune somme fixe n'est allouée; il doit être établi, par chaque fournisseur, un mémoire distinct pour les diverses fournitures opérées, et ce mémoire est mandaté par le préfet (Voir : **Tribunaux**). Mais, comme les dépenses ne peuvent dépasser les prévisions budgétaires, les chefs de Parquet doivent veiller à ce que le total des divers mémoires ne soit pas supérieur à la part qui leur était attribuée anciennement sur le fond d'abonnement.

III. Secrétaire. — Dans les arrondissements où le conseil général vote des fonds à cet effet, un ou plusieurs secrétaires sont attachés au Parquet. Ils sont nommés par le procureur de la République, bien que la nomination de tous les gens de service soit faite par le préfet (Circ. int., 10 août 1885).

Tout chef de Parquet peut évidemment prendre un secrétaire, quoique des fonds ne soient pas alloués par le département, mais alors il doit payer son traitement de ses propres deniers.

IV. Registres. — Il doit être tenu dans chaque Parquet de première instance :

1° Un *registre d'ordre*, où sont inscrits aussitôt qu'ils parviennent au Parquet les plaintes, dénonciations, procès-verbaux constatant des crimes, délits, suicides, accidents, etc. On indique, dans les différentes colonnes, les divers actes de procédure et la suite donnée à chaque affaire. — Nous n'en donnons pas le modèle, car il varie pour chaque ressort; la notice hebdomadaire n'est qu'un extrait de ce registre ;

2° Un registre du personnel, où sont portés tous les magistrats du tribunal et des justices de paix de l'arrondissement. — Chaque magistrat est inscrit au moment de sa nomination, et l'on ajoute, au fur et à mesure, les diverses mutations dont il est l'objet, tant qu'il reste dans l'arrondissement ;

3° Un registre des officiers ministériels (Voir : **Officiers ministériels**);

4° Un registre des plaintes portées contre les officiers ministériels (Voir : **Officiers ministériels**) ;

5° Un registre pour servir à l'établissement de la statistique criminelle (Voir : **Statistique**) ;

6° Un registre des affaires d'assistance judiciaire (Voir : **Assistance judiciaire,** XVI et XX);

7° Un registre pour l'exécution des peines d'emprisonnement (Voir : **Emprisonnement,** XI) ;

8° Un registre pour l'exécution de la contrainte par corps;

9° Un registre des cessions d'office, dispenses de parenté et d'alliance, et réhabilitations ;

10° Un registre des recours en grâce. On doit établir ce registre sur le même modèle que l'état trimestriel (Voir : **Grâce,** XIV);

11° Un registre des translations de prévenus, effectuées par des convoyeurs (Voir : **Translation**);

12° Un registre des communications et notifications faites au Parquet en matière civile (Voir : **Hypothèques,** IV);

13° Un registre pour les notifications de saisies immobilières (Voir : **Hypothèques,** VII) ;

14° Un registre des impressions faites à titre de frais de justice (Voir : **Impressions,** IV). Ce registre doit être établi conformément au modèle que nous avons donné (Voir : **Impression,** V) pour les mémoires ;

15° Un registre des expéditions délivrées par le greffe (Voir : **Expéditions,** IV);

16° Un registre des salaires des huissiers (art. 83 du décr. du 18 juin 1811);

17° Un registre des salaires du greffier en matière criminelle (art. 57 du décr. du 18 juin 1811);

18° Un registre de mouvement (Voir : **Conflits,** III) ;

19° Un registre de correspondance.

V. Archives. — Les archives des Parquets comprennent:

1° Les collections du *Bulletin des lois* et du *Bulletin de la Cour de cassation*, qui doivent être reliées chaque année ;

2° Les circulaires et instructions de la chancellerie et du Parquet général. — Dans certains Parquets, on en forme des dossiers par ordre de matière; mais le meilleur mode de con-

servation consiste à les faire relier chaque année, en ajou-
tant à la fin du volume une table alphabétique des matières ;

3° Les dossiers du personnel et des officiers ministériels ;

4° Le casier d'ivresse ;

5° Les résidus de dossiers administratifs ;

6° Les procès-verbaux, plaintes et dénonciations classés
sans suite ;

7° Les diverses déclarations faites au Parquet (Voir :
Débits de boissons. — Université. — Presse);

8° La correspondance avec le Parquet général, les Parquets
de première instance, les juges de paix et les diverses administrations. Toutes ces pièces doivent être classées dans des
cartons distincts et bien étiquetés, afin de faciliter les
recherches.

PARRICIDE

Le parricide est l'homicide volontaire des père ou mère,
légitimes, naturels ou adoptifs, ou de tout autre ascendant
légitime. — Ce n'est pas un meurtre accompagné d'une circonstance aggravante ; c'est un crime spécial.

Que faut-il entendre par père et mère naturels ? L'article 299 s'applique-t-il même quand l'enfant, auteur du crime,
n'a pas été reconnu ? La question est très délicate ; mais nous
croyons qu'elle doit être résolue par l'affirmative, et nous
suivrons le système indiqué par M. Blanche (t. IV, p. 561),
qui, s'appuyant sur les termes généraux de l'article 299,
pense que l'application de l'article n'est pas restreinte au cas
où la paternité est établie suivant les formes de la loi civile.

Le parricide est puni de mort ; de plus le condamné est conduit au lieu du supplice en chemise, nu-pieds et la tête couverte d'un voile noir (art. 13 et 302 du C. pén.). Le parricide
n'est pas excusable (art. 323).

Qualification. — *D'avoir, à...., le...., commis un homicide
volontaire sur la personne de...., son père (ou sa mère) légitime
(ou naturel ou adoptif) ;*

Crime prévu et puni par les articles 299 et 302 du Code pénal.

PARTIE CIVILE

Division.

§ I. PRINCIPES GÉNÉRAUX

I. **Participation des parties lésées à l'exercice de l'action publique.** — En matière correctionnelle, la partie civile met nécessairement en mouvement l'action publique, car elle saisit le tribunal par la citation directe qu'elle donne au prévenu (art. 182 du C. d'instr. crim.); le tribunal ainsi saisi peut prononcer une peine en l'absence de toute réquisition du ministère public.

En matière criminelle, la partie lésée ne peut saisir ni la chambre d'accusation ni la Cour d'assises: le ministère public seul peut mettre l'action publique en mouvement. — Elle a cependant un droit, c'est de provoquer une information. Nous verrons en effet qu'aux termes de l'article 63, elle peut, qu'il s'agisse d'un crime ou d'un délit, en rendre plainte et se constituer partie civile devant le juge d'instruction. — De plus, lorsque la Cour d'assises est saisie, son intervention est admise et elle devient partie jointe.

II. **De la maxime « Una via electa ».** — Lorsque la

partie lésée a porté son action devant les juges civils, elle ne peut plus saisir la juridiction criminelle ; c'est la conséquence de la maxime : « *Una via electa, non datur recursus ad alteram* ».

Pour que cette exception puisse être opposée, il faut que les deux demandes aient le même objet et soient formées entre les mêmes parties.

La jurisprudence, par de nombreux arrêts, a expliqué ce qu'on doit entendre par *même objet*. Il faut que la demande ait été portée devant la juridiction civile comme ayant pour objet la réparation même du dommage causé par le délit. Ainsi la Cour de cassation a décidé : qu'un mari, pouvait, après avoir formé une demande en séparation de corps pour cause d'adultère, saisir de ce délit le tribunal correctionnel (22 juin 1850 ; *Bull. crim.*, n° 203) ; qu'un industriel, après avoir poursuivi devant le tribunal civil le payement de dommages-intérêts qu'un individu s'était engagé par une clause pénale à lui payer s'il contrefaisait certains moulages, pouvait intenter un procès en contrefaçon devant le tribunal de police correctionnelle (Cass., 7 mai 1852 ; *Bull. crim.*, n° 149).

III. **Administrations publiques.** — Les administrations publiques sont assimilées aux parties civiles, relativement aux procès suivis soit à leur requête, soit d'office et dans leur intérêt (Voir : **Frais de justice**, XII).

§ 2. PARTIES CIVILES DEVANT LE JUGE D'INSTRUCTION

IV. **A quel moment on peut se constituer partie civile.** — Toute personne qui se prétend lésée par un crime ou par un délit peut en rendre plainte et se constituer partie civile devant le juge d'instruction, soit du lieu du crime ou du délit, soit du lieu de la résidence du prévenu, soit du lieu où il est arrêté (art. 63 du C. d'instr. crim.) Pour se porter partie civile, il n'est pas même nécessaire, comme pourrait, au premier abord, le faire croire l'article 63, d'avoir porté plainte : on peut se porter partie civile à toute époque de l'information (Cass., 15 nov. 1813 ; P. chr.)

V. **Personnes qui peuvent se porter parties civiles.** — Toute personne a évidemment le droit d'adresser une plainte, mais pour se porter partie civile, il faut avoir un intérêt direct et actuel à poursuivre la réparation contre le délinquant. De plus il faut pouvoir s'engager valablement, c'est-à-dire avoir la capacité civile.

Ainsi une femme mariée ne peut se porter partie civile, sans l'autorisation de son mari (Cass., 30 juin 1808 ; P. chr.) ou de justice (Cass., 8 sept. 1809 ; P. chr.) ; un mineur ou un interdit, sans être assisté de son tuteur ou de son curateur (Cass., 6 nov. 1817 ; P. chr.).

VI. **Formes de la constitution**. — La qualité de partie civile ne se présume pas, elle doit résulter d'un acte formel ou de conclusions à des dommages-intérêts (art. 66 du C. d'inst. crim.). Lorsque la personne lésée se porte partie civile *in limine litis*, en même temps qu'elle porte plainte, il suffit qu'elle affirme son intention dans la plainte qu'elle remet soit au procureur de la République soit au juge d'instruction, et qui n'est astreinte à aucune forme spéciale (Voir : **Dénonciation**). La plainte nous paraît devoir être, dans ce cas, assujettie au timbre et à l'enregistrement.

Si elle ne se porte partie civile que lorsque la procédure est déjà commencée, elle le fait par une requête d'intervention ; bien que la loi ne l'exige pas formellement, cette requête doit être signifiée au ministère public et à l'inculpé (Faustin Hélie, t. IV, p. 282).

Dans tous les cas, la partie civile qui ne demeure pas dans l'arrondissement où se fait l'instruction est tenue d'y élire domicile par acte passé au greffe du tribunal. Si elle ne se conforme pas à cette prescription, elle ne peut opposer le défaut de signification contre les actes qui auraient dû lui être signifiés aux termes des articles 116, 135, 187 et 535 du Code d'instruction criminelle (art. 68 du C. d'instr. crim.). Mais le défaut d'élection de domicile n'entraîne aucune autre conséquence et ne peut faire perdre la qualité de partie civile.

VII. **Consignation préalable des frais**. En matière criminelle, la partie civile n'est tenue à aucune consignation préalable ; mais en matière de simple police et de police correctionnelle, elle doit, avant toute poursuite, déposer au greffe ou entre les mains du receveur de l'enregistrement la somme présumée nécessaire pour les frais de la procédure (art. 160 du décr. du 18 juin 1811).

La consignation pouvait être faite soit au greffe soit à l'enregistrement, mais cette alternative avait des inconvénients ;

aussi, par une circulaire du 3 mai 1825, la chancellerie a décidé que les versements de cette nature seraient faits exclusivement entre les mains des greffiers. Dès lors toutes les taxes, tous les exécutoires pour le payement des frais sont décernés directement sur la partie civile et payés en son nom par le greffier (Voir : **Frais de justice,** XI).

C'est au juge d'instruction qu'il appartient de fixer le montant de la somme qui doit être déposée ; mais si la partie civile trouve cette somme exagérée, elle peut faire opposition. L'article 135 § 1 lui donne en effet le droit de frapper d'opposition toute ordonnance qui fait grief à ses intérêts civils (Voir : **Ordonnances,** II et III).

VIII. **Désistement.** — L'article 66 du Code d'instruction criminelle porte que « les plaignants qui se sont portés partie civile, « pourront se départir dans les vingt-quatre heures ; dans le « cas du désistement, ils ne sont pas tenus des frais depuis qu'il « aura été signifié, sans préjudice néanmoins des dommages- « intérêts des prévenus, s'il y a lieu » ; l'article 67 ajoute : « mais, en aucun cas, leur désistement après le jugement « ne peut-être valable, quoiqu'il ait été donné dans les vingt- « quatre heures de leur déclaration qu'ils se portent partie « civile. »

Le désistement n'est par suite valable que s'il est fait dans les vingt-quatre heures. La forme n'en est pas réglée par la loi : il suffit dès lors d'une déclaration, faite au juge d'instruction qui en dresse procès-verbal ou d'une déclaration au greffe ou d'un acte extrajudiciaire. Il doit toutefois être notifié au Parquet et à l'inculpé si la procédure est commencée.

Quels sont les effets du désistement ? Il n'a aucun effet sur la plainte, s'il en a été fait une ; il n'a pour résultat que d'effacer la qualité de partie civile.

La partie civile qui s'est désistée ne peut exercer plus tard son action devant la juridiction civile ; c'est une application de la règle *una via electa...* (Faustin Hélie, t. IV, p. 295).

IX. **Droits de la partie civile.** — La partie civile, durant tout le cours de l'instruction, ne peut avoir communication de la procédure (Duvergier, t. II, p. 36 ; — Cass., 19 mai 1827 ; *Bull, crim.*, p. 428). Cet arrêt porte que la communication ne peut être exigée même pour la rédaction d'un mémoire.

Nous avons vu (v° **Ordonnances,** II) dans quels cas la

partie civile peut faire opposition aux ordonnances du juge d'instruction.

§ 3. — PARTIES CIVILES DEVANT LE TRIBUNAL DE SIMPLE POLICE

X. Droit d'intervention des parties lésées. — Conclusions. — Le plaignant est recevable à se constituer partie civile jusqu'à la clôture des débats, soit par lui-même, soit par un fondé de pouvoir ; il peut dès lors prendre telles conclusions qu'il juge utiles pour l'exercice de son action et le tribunal de simple police est tenu de statuer sur ces conclusions (art. 408 et 413 du Code d'inst. crim.). — Les règles sont d'ailleurs les mêmes qu'en matière correctionnelle (Voir *infra*, XI à XIII).

§ 4. PARTIES CIVILES DEVANT LE TRIBUNAL CORRECTIONNEL

XI. Droit de citer directement le prévenu . — La partie lésée peut citer directement le prévenu devant le tribunal de police correctionnelle (art 182 du C. d'inst. crim.) ; par le fait de cette citation, elle acquiert la qualité de partie civile. — Elle est tenue en ce cas de faire élection de domicile dans la ville où siège le tribunal (art 183 du C. d'instr. crim.) ; la constitution d'un avoué emporte élection de domicile en son étude.

XII. Droit d'intervention. — Si la poursuite a lieu à la requête du ministère public, la partie lésée a le droit d'intervenir et de se constituer partie civile ; elle peut le faire en tout état de cause jusqu'à la clôture des débats (art. 67 du C. d'inst. crim.).

Il suffit qu'elle déclare à l'audience son intervention et qu'elle prenne des conclusions.

Si le prévenu est un mineur ou une femme mariée, elle n'est pas tenue de mettre en cause le tuteur ou le mari.

XIII. Rôle à l'audience. — La partie prend ses conclusions et développe, soit elle même soit par son avocat, les moyens à l'appui de sa demande. — Elle doit plaider la première, avant le ministère public. L'article 190 ne le dit pas ; mais cette règle a été établie, en matière de simple police, par l'article 253 et, en matière de grand criminel, par l'article 335 : on doit donc l'appliquer par analogie.— « C'est là une « règle qui est commune à toutes les juridictions : elle est fon-

« dée sur la nature des choses ; il est logique que la partie
« qui a introduit la demande soit entendue la première... »
(Faustin Hélie, t. VI, p. 666)

L'assistance d'un avoué est purement facultative (Voir :
Avoués, XIV)

XIV **Consignation préalable des frais**. — Nous avons
vu (VII) que le plaignant est tenu de déposer préalablement
au greffe le montant présumé des frais du procès, lorsqu'il
se porte partie civile devant le juge d'instruction. En est-il
de même devant le tribunal correctionnel ?

La jurisprudence a varié sur ce point : la Cour suprême a
d'abord résolu cette question par l'affirmative (Cass., 7 août
1829 et 14 juil. 1831 ; P. chr) ; elle a ensuite décidé que la
partie qui cite directement en police correctionnelle, n'est
tenue à aucune consignation préalable (Cass., 19 juil. 1833 ;
P. chr. ; — 3 mai 1838 ; P. 38-1-616). Depuis cette époque,
nous ne trouvons aucun nouvel arrêt dans les Recueils de
jurisprudence ; la chancellerie, malgré ce dernier état de
la jurisprudence, a persisté dans les instructions qu'elle donnait aux Parquets le 30 septembre 1826 (*Rec. off.*, t. I, p. 315)
et le 18 juil. 1832 (*Rec. off.*, t. I, p. 399) : « Les officiers du
« ministère public, est-il dit dans cette circulaire, doivent
« d'autant plus tenir la main à la stricte exécution de cette
« règle qu'elle a pour effet d'arrêter une foule de plaintes, la
« plupart mal fondées ».

Cette règle est aujourd'hui observée dans tous les tribunaux.

Nous avons indiqué (v° **Frais de Justice**, XI) comment
cette consignation est opérée et comment le montant en est
fixé.

XV. **Appel**. — La partie civile peut interjeter appel, mais
quant à ses intérêts civils seulement. — Si le ministère public et le prévenu n'ont pas appelé, la Cour peut modifier le
chiffre des dommages-intérêts ; mais il y a chose jugée en
tout ce qui touche à l'application de la peine.

Le plaignant qui ne s'est pas porté partie civile en première
instance, ne peut intervenir en appel (Cass., 17 juil. 1841 ; P.
41-II-343 ; — Limoges, 21 mai 1870 ; P. 71-332). Il en est ainsi
même du mari plaignant en adultère contre sa femme et son
complice. (Aix, 17 mars 1870 ; P. 71-332.)

§ 5. — PARTIES CIVILES EN MATIÈRE DE GRAND CRIMINEL.

XVI. Rôle devant la chambre d'accusation. — La partie civile a le droit de produire un mémoire devant la chambre des mises en accusation, mais la production de ce mémoire n'est pas un élément indispensable de l'instruction, et la chambre peut statuer sans l'attendre (art. 217, C. d'inst. crim.).

Ce droit n'entraîne pas celui d'exiger la communication du dossier, la procédure, en matière criminelle, reste secrète jusqu'au moment où l'accusé, étant renvoyé devant la Cour d'assises, a été interrogé par le président de cette Cour, conformément à l'article 293 (Cass., 9 déc. 1847 ; P. 48-1-471 ; — Cass., 13 août 1863 ; P. 64-629).

XVII. Rôle devant la Cour d'assises. — Si la partie lésée s'est constituée partie civile devant le juge d'instruction, son intervention devant la Cour d'assises est de droit ; si elle n'intervient que devant cette Cour, elle doit le faire avant la clôture des débats. — La Cour donne acte de cette intervention ; mais s'il se produit à ce sujet un incident contentieux un arrêt doit être rendu. La partie civile est partie jointe à l'action du ministère public. Il en résulte :

1° Qu'elle peut prendre part aux débats, en faisant adresser à l'accusé et aux témoins les questions qu'elle juge utiles (art. 319), en faisant citer des témoins, pourvu toutefois que la liste en ait été préalablement notifiée à l'accusé et communiquée au ministère public ; enfin, en prenant des conclusions toutes les fois qu'elle le croit nécessaire ;

2° Qu'elle développe oralement, soit elle-même soit par son avocat, tous les moyens à l'appui de sa plainte, aussitôt après les dépositions des témoins ;

3° Qu'après le verdict du jury, elle peut prendre des conclusions pour obtenir une condamnation à des dommages-intérêts.

§ 6. — CONSÉQUENCE DE LA QUALITÉ AINSI PRISE

XVIII. Condamnation aux frais. — La partie civile, qu'elle succombe ou non, est personnellement tenue des frais, sauf son recours contre le condamné (art. 157 du décr. du 18 juin 1811) ; cette règle ne s'applique toutefois qu'en matière correctionnelle et de simple police. — Au grand criminel, la responsabilité des frais ne pèse sur la partie civile qu'autant qu'elle a succombé. Elle est réputée avoir succombé, non seulement quand l'accusé est acquitté, mais encore quand il est absous, bien que, malgré l'acquittement ou l'absolution, elle ait obtenu des dommages-intérêts,

XIX. **Droit à des dommages-intérêts.** — La partie civile peut demander contre l'accusé des dommages-intérêts, encore bien qu'il ait été absous ou même acquitté. Dans ce dernier cas, il faut bien remarquer que l'action civile ne peut mettre en question aucun des faits sur lesquels le jury s'est prononcé ; on doit donc établir que les faits reconnus constants, dépouillés de tout caractère de criminalité, constituent une faute ou un quasi-délit d'où est résulté un dommage qui engendre une responsabilité de la part de l'accusé.

En matière de délits de presse, le prevenu acquitté ne peut être condamné à des dommages-intérêts.

PASSEPORT
Division.

I. Fabrication ou falsification d'un passeport.
II. Nom faux ou supposé dans un passeport.

III. Délivrance du passeport.
IV. Qualifications.

I. **Pénalité.** — L'article 153 du Code pénal punit d'un emprisonnement de six mois au moins et de trois ans au plus quiconque fabrique un faux passeport ou falsifie le passeport qui lui a été délivré.

Le fait de lacérer la partie d'un passeport où se trouve une mention ou un visa constitue le délit prévu par l'article 153 (Cass., 31 mai 1850).

II. **Nom faux ou supposé dans un passeport.** — L'article 154 punit d'un emprisonnement de trois mois à un an : ceux qui dans un passeport prennent un nom supposé ou qui, comme témoins, concourent à faire délivrer un passeport sous un nom supposé. — La même peine est applicable à ceux qui font usage d'un passeport, délivré sous un autre nom que le leur.

III. **Délivrance du passeport.** — Les officiers publics qui délivrent ou font délivrer un passeport à une personne, qu'ils ne connaissent pas personnellement, sans avoir fait attester ses noms et qualités par deux citoyens à eux connus, sont punis d'un emprisonnement de un à six mois (art. 155 § 1).

Si l'officier public avait été instruit de la supposition du nom, la peine est un emprisonnement d'une année au moins et de quatre ans au plus (art. 155 § 2).

Le coupable peut en outre être privé des droits mentionnés en l'article 42 du Code pénal pendant cinq ans au moins et dix ans au plus à compter du jour où la peine a été subie (art. 155 § 3).

IV. **Qualifications.** — Pour qualifier ces délits, il suffit de reproduire les termes mêmes de la loi. Ainsi le fait de fabrication d'un faux passe-port sera qualifié :

D'avoir, à...., le ..., fabriqué un faux passeport ;
Délit prévu et puni par les articles 153 et 164 du Code pénal.

PÊCHE FLUVIALE
Division.

§ 1 — PRÉLIMINAIRES.

I. **Législation.** — **Bibliographie.** — La pêche fluviale est régie :

1° Par la loi du 15 avril 1829, modifiée par celle du 6 juin 1840 ;

2° Par la loi du 31 mai 1865 ;

3° Par le décret du 26 août 1865, relatif à la vérification des filets ;

4° Par le décret du 2 décembre 1865 sur les gratifications ;

5° Par le décret du 12 janvier 1875 sur les réserves dans les canaux et rivières navigables ;

6° Par le décret du 10 août 1875, modifié par le décret du 18 mai 1878, portant règlement général sur la pêche fluviale.

Les principales circulaires actuellement en vigueur sont celles :

1° Du ministre de la justice du 6 mars 1863 (Gillet, n° 4146), du 9 septembre 1863 (Gillet, n° 4161), du 23 juillet 1864 (Gillet, n° 4185), du 16 janvier 1865 (Gillet, n° 4196) et du 12 avril 1881 (*Bull. off.*, n° 22, p. 26) ;

2° Du ministre des travaux publics du 28 juillet 1863 (Debauve, t. II, p. 514); du 20 juillet 1864 (p. 515); du 12 août 1865 (Debauve, t. II, p. 498) ; du 3 novembre 1865 (p. 516) ; du 15 janvier 1867 (p. 517); du 25 octobre 1875 (p. 502); du 15 novembre 1875 (p. 508); du 26 mars 1879 (p. 517) et du 10 juin 1879 (p 518).

Consulter : Dalloz, *Rép*. v° *Pêche fluviale* ; — Palais, *Rép.* v° *Pêche fluviale* ; — Debauve, *Dictionnaire administratif des travaux publics*, v° *Pêche fluviale* ; — Dutruc, v° *Pêche fluviale* ; — Martin, *Code nouveau de la Pêche fluviale* ; 7e édition, Paris 1885 ; — Baudrillart, *Code de la Pêche fluviale*, Paris, 1829, 2 vol. in-12.

§ 2 — DROIT DE PÊCHE.

II. **Rivières et canaux navigables et flottables.** — Aux termes de l'article 1er de la loi du 15 avril 1829, le droit de pêche est exercé au profit de l'État :

1° Dans tous les fleuves, rivières, canaux et contre-fossés navigables ou flottables avec bateaux, trains ou radeaux et dont l'entretien est à la charge de l'État ou de ses ayants cause;

2° Dans les bras, noues, boires et fossés qui tirent leurs eaux des fleuves et rivières navigables et flottables, dans lesquels on peut pénétrer librement en bateau de pêcheur et dont l'entretien est également à la charge de l'État.

Il résulte du texte même du paragraphe 1er de cet article qu'il ne s'applique pas aux cours d'eau où la flottaison n'a lieu qu'à bâches perdues ; il faut donc les assimiler aux rivières ni navigables ni flottables (Cass., 22 août 1823 ; P. chr.).

C'est à l'autorité judiciaire qu'il appartient de décider si les eaux sur lesquelles un droit de pêche est réclamé sont ou non une dépendance d'une rivière navigable ou flottable (Cass., 9 nov. 1836 ; P. chr.).

Le droit de l'état est inaliénable et imprescriptible (Cons. d'Ét. 27 avr. 1825 ; P. chr.). — Il peut l'exploiter soit par voie d'adjudication publique soit par concession par licences (art. 10).

III. **Canaux creusés dans les propriétés particulières.** — Le paragraphe 3 de l'article 1er de la loi du 15 avril 1829 réserve le droit de pêche dans les canaux et fossés, même navigables ou flottables, à ceux qui les ont creusés dans leurs propriétés et les entretiennent à leurs frais. — Lorsque le canal est bordé par des fonds appartenant à des tiers, les riverains ne peuvent y pêcher sans le consentement du propriétaire (Cass., 3 mai 1830 ; P. chr. ; — Cass., 3 mai 1860). Lorsque les canaux et fossés ne communiquent pas avec les rivières et cours d'eau, les règles que nous indiquons pour les étangs, leur sont applicables (*infra*, V).

IV. **Rivières et cours d'eau ni navigables ni flottables.** — Dans les rivières et cours d'eau ni navigables ni flottables, les propriétaires riverains ont chacun de leur côté, le droit de pêche, jusqu'au milieu du cours d'eau, à moins qu'il n'y ait des droits contraires établis par possession ou par titre (art. 2 de la loi du 15 avr. 1829). Lorqu'un propriétaire a affermé le fonds qui borde la rivière, il conserve le droit de pêche ; le fermier ne l'acquiert que par une clause formelle de son bail. (Rouen, 7 déc. 1878 ; P. 79-354.)

V. **Étangs.** — La pêche dans les étangs appartenant à des particuliers, n'est que le simple exercice du droit de propriété ; elle appartient exclusivement au propriétaire et n'est soumise à aucune entrave, soit quant aux engins, soit quant au mode et à l'époque de la pêche, soit quant à la nature et à la dimension des poissons (Cass., 30 mai 1873 ; P. 73-1027).

Mais pour qu'un étang soit affranchi des règles ordinaires sur la police de la pêche, il faut qu'il ne communique point avec des rivières ou d'autres cours d'eau, ou tout au moins qu'il en soit séparé par des grillages qui empêchent les poissons des cours d'eau d'y passer.

Les prescriptions des lois et décrets sont donc applicables:

1° Lorsqu'un ancien étang se trouve en communication avec une rivière navigable par la destruction des grillages de l'étang (Dijon, 10 nov. 1865 ; P. 66-76);

2° Lorsque l'étang ne consiste qu'en un amas d'eau, formé au moyen d'une chaussée qui sert à retenir en aval les eaux d'une rivière et à produire un bief destiné tout à la fois à faire marcher une usine et à nourrir du poisson, alors que le poisson passe librement de la rivière dans l'étang ; peu importe que cette nappe d'eau soit désignée dans la contrée sous le nom d'étang (Cass., 14 juil. 1865 ; P. 66-187);

3° Lorsqu'un étang ou un canal n'est séparé d'une rivière que par des portes automobiles, au moins pendant tout le temps où par le fonctionnement du mécanisme, une communication s'est établie entre l'étang ou le canal et la rivière (Cass., 10 janv. 1874 ; P. 74-1121).

VI. **Pêche sans l'autorisation du propriétaire.** — Toute personne qui pêche dans un cours d'eau sans l'autorisation de celui à qui le droit de pêche appartient, commet le délit prévu par l'article 5 de la loi du 15 avril 1829 (V, XLI).

Une permission est nécessaire pour la pêche non seulement du poisson, mais encore des autres produits vivants des cours d'eau, les grenouilles par exemple (Montpellier, 10 nov. 1862 ; P. 63-815). Mais il faut que ces produits soient propres à l'alimentation de l'homme : l'article 5 n'est pas dès lors applicable à la pêche des moules d'eau douce ou anodontes (Pau, 20 févr. 1874 ; P. 74-358).

Il est toutefois permis à tout individu de pêcher à la ligne flottante, tenue à la main, dans les cours d'eau où la pêche appartient à l'État, qui sont désignés dans les deux premiers paragraphes de l'article 1er de la loi du 15 avril 1829 (art. 5, § 3).

Cette exception ne peut être étendue ; elle ne s'applique qu'aux cours d'eau navigables et flottables où s'alimentant à des fleuves ou rivières navigables ou flottables. Ainsi, on ne peut pêcher à la ligne sans autorisation dans les fossés des fortifications d'une place de guerre (Amiens, 13 mars 1874;

P. 75-215) ; — ni dans un cours d'eau, faisant partie du domaine privé de l'État (Cass., 4 juil. 1846).

Que doit-on entendre par ligne flottante? La loi ne le dit pas, mais la jurisprudence décide que c'est celle qui est constamment soumise au mouvement de l'eau, de telle sorte que le pêcheur qui la tient, soit obligé de la ramener à lui. — Il faut donc, si elle est garnie de plombs, qu'elle soit munie d'un flotteur (Paris, 21 mai 1851 ; P. 51-II-39) ou, s'il n'y a pas de flotteur, que le poids de ces plombs ne soit pas suffisant pour maintenir l'appât au fond de l'eau (Paris, 5 févr. 1861 ; P. 63-269). Dans tous les cas, il y a là une question de fait, laissée à l'appréciation des tribunaux.

Il ne suffit pas que la ligne soit *de nature* à être tenue à la main, il faut encore que de fait le pêcheur la tienne dans sa main (Bourges, 12 oct. 1839 ; P. 40-I-312).

La pêche dans un étang privé, vivier ou réservoir, sans l'autorisation du propriétaire, ne tombe pas sous l'application de la loi du 15 avril 1829 ; il y a une véritable soustraction frauduleuse, punie des peines portées en l'article 388 du Code pénal (Cass., 11 déc. 1834 ; P. chr.). — M. Martin (*Code nouv. de la pêche fluv.*, p. 23) soutient qu'aucune peine ne saurait être prononcée, s'il n'a pas été pris de poisson. C'est là une erreur évidente, car l'article 388 punit la tentative : « quiconque, dit cet aritcle, aura volé ou *tenté* de voler... »

Pour que l'article 388 soit applicable, il faut qu'il y ait intention coupable de la part du prévenu ; s'il est établi qu'il a agi de bonne foi, aucune peine ne saurait être prononcée, il ne peut y avoir lieu qu'à des dommages-intérêts en raison du préjudice causé.

§ 3. — POLICE DE LA PÊCHE.

SECTION PREMIÈRE. — *Règles générales.*

VII. Surveillance de la pêche. — Rôle des ingénieurs. — État trimestriel. — La surveillance, la police et l'exploitation de la pêche dans les fleuves, rivières et canaux navigables et flottables, non compris dans les limites de la pêche maritime, ainsi que la surveillance et la police dans les canaux, rivières, ruisseaux et cours d'eau quelconques, sont placées dans les attributions du ministre des travaux publics et confiées à l'administration des ponts et chaussées (art. 1er du décr. du 29 avr. 1862).

Les poursuites sont exercées par les soins du ministère public, sans aucune intervention obligatoire de la part des ingénieurs et autres agents de l'aministration des ponts et chaussées qui ne peuvent, à raison de la nature et des obligations de leur service, remplacer sous ce rapport les agents de l'administration des forêts, antérieurement chargés de la surveillance de la pêche. Ils ne sont donc pas tenus de réquérir directement devant les tribunaux correctionnels dans les affaires introduites à leur requête, comme le faisaient les agents forestiers (Circ. trav. publ., 28 juil. 1863).

Mais il n'en faut cependant pas conclure que, dans aucun cas, les ingénieurs ne doivent venir eux-mêmes devant les tribunaux pour donner les explications qu'ils pourraient désirer et rectifier, au besoin, les renseignements inexacts qui seraient donnés par les contrevenants (Circ. trav. publ., 3 nov. 1865).

Il y a intérêt pour les ingénieurs en chef des ponts et chaussées à connaître la suite donnée aux procès-verbaux. Aussi, chaque trimestre, les ingénieurs en chef adressent aux procureurs de la République des états contenant le relevé des procès-verbaux dressés par les agents des ponts et chaussées ; ces magistrats portent, dans les colonnes laissées en blanc, les renseignements relatifs à chaque affaire et retournent ensuite ces tableaux ainsi complétés (Circ. chanc., 23 juil. 1864; Gillet, n° 4185). J'ai l'habitude de joindre à cet état un relevé sommaire des procès-verbaux qui sont parvenus directement au Parquet avec l'indication de la suite donnée à chaque affaire ; ce mode de procéder n'occasionne pas un notable surcroît de travail et permet à l'administration des ponts et chaussées de se rendre un compte exact de la surveillance de la pêche dans l'arrondissement.

VIII. **Gardes-pêche.** — La loi du 15 avril 1829 assimile les gardes-pêche aux gardes forestiers. Ils doivent, par suite, être âgés de vingt-cinq ans au moins et sont tenus de prêter serment, avant d'entrer en fonctions, devant le tribunal de leur résidence (art. 6 et 7).

IX. **Nature des contraventions.** — Aux termes de l'article 2 du Code pénal, l'infraction que les lois punissent de peines correctionnelles, est un délit. — Il faudrait donc, si l'on ne se préoccupe que du taux de la peine, considérer les in-

fractions aux lois et règlements sur la pêche comme de véritables délits, d'autant plus qu'elles sont de la compétence
des tribunaux de police correctionnelle. S'il en était ainsi,
l'infraction ne tomberait sous l'application de la loi, qu'autant que son auteur aurait eu une intention coupable, puisque l'intention est un élément essentiel du délit.

Mais, on a considéré que ces infractions, de même que
celles aux lois sur la chasse et à certaines lois spéciales, forment une catégorie spéciale d'infractions que l'on a désignées
sous le nom de *délits contraventionnels* : délits, quant à la
peine, contraventions quant à l'intention.

Dès lors, le délit existe par cela seul que le fait matériel a
été accompli ; peu importe la bonne foi et l'absence de toute
intention coupable du prévenu (Cass., 10 févr. 1849 ; P. 50-I-
361 ; — Cass., 22 juin 1865 ; P. 65-1208).

SECTION DEUXIÈME. — *Barrages.*

X. **Barrages empêchant le passage du poisson.** —
Il est interdit, sous les peines édictées par l'article 24 de la
loi du 15 avril 1829, de placer dans les rivières navigables ou
flottables, dans les ruisseaux, canaux et en général dans les
cours d'eau quels qu'ils soient, des barrages ou des appareils
quelconques de pêcherie, ayant pour objet d'empêcher entièrement le passage du poisson.

Un propriétaire ne peut donc intercepter par un barrage,
par une grille par exemple, le lit d'un ruisseau ou d'une
rivière, car la remonte du poisson serait empêchée ; mais si
le ruisseau prend naissance sur son fonds, il peut établir des
barrages entre la source et l'endroit où il passe sur un autre
héritage, ce n'est en effet qu'à ce point que le cours d'eau
devient en quelque sorte propriété publique. C'est ce qu'a
déclaré le directeur général des eaux et forêts à la Chambre
des pairs, lors de la discussion de la loi de 1829. Il a été de
même reconnu par le directeur général qu'un propriétaire
peut, s'il veut établir un vivier, creuser dans son héritage
un canal de dérivation, l'alimenter à l'aide des eaux du ruisseau voisin et le fermer par une grille à chaque extrémité.

L'intention du législateur est dès lors facile à saisir ; dans
l'article 24, il se propose un double but :

1° Il ne faut pas qu'un propriétaire puisse empêcher le

poisson de remonter le cours d'eau, car ; d'une part, il pri-
verait les autres propriétaires de leur droit de pêche et,
d'autre part, un obstacle serait apporté à la reproduction
du poisson qui ne pourrait aller au moment du frai dans les
endroits favorables ;

2° Il ne faut pas que le poisson puisse pénétrer dans un
cours d'eau, puis rencontrer, quand il veut se retirer, un obstacle qui amène fatalement sa capture.

Par suite, tout barrage qui produit un de ces résultats est
prohibé. — Ce principe nous paraît indiscutable et il suffit de
l'appliquer pour trouver une solution certaine, quelle que
soit l'hypothèse qui se présente.

L'établissement d'un barrage ne tombe sous l'application
de l'article 24 qu'autant que le passage est *entièrement* intercepté (Cass., 11 déc. 1837 ; P. 38-I-562 ; — Limoges, 15 nov.
1843 ; P. 46-I-568 ; — Cass., 7 sept. 1849 ; P. 50-II-655).

Que décider au cas où un cours d'eau est intercepté,
mais où il existe un autre bras, un canal ou des saignées qui
permettent au poisson de circuler, pourvu qu'il retourne un
peu en arrière pour prendre cette autre voie ? La Cour de
cassation a déclaré que dans ce cas l'article 24 est applicable,
parce que le barrage, établi dans ces conditions, rendrait
trop facile la destruction du poisson (Cass., 23 mars 1876 ;
P. 76-798).

X *bis*. Barrages partiels. — Pièges. — Lorsque le barrage n'est que partiel, l'article 24 comme nous venons de le
voir, n'est pas applicable. L'article 11 du décret du 10 août
1875 porte que les filets fixes ou mobiles et les *engins
de toute nature* ne peuvent excéder en longueur ni en
largeur les deux tiers de la largeur mouillée des cours d'eau,
dans les emplacements où on les emploie.

Ainsi tout barrage partiel constitue un mode de pêche prohibé, si à l'endroit où il est établi, il excède les deux tiers de
la largeur mouillée du cours d'eau.

Il faut rapprocher de l'article 11 l'article 14 du même
décret qui interdit de contraindre le poisson à passer par une
issue, garnie de pièges.

Les contraventions sont punies des peines édictées par
l'article 28 de la loi de 1829.

XI. Filets fixes. — Lorsque des filets ont été tendus dans toute la largeur du cours d'eau, il y a là un véritable barrage, empêchant complètement la circulation du poisson et l'article 24 de la loi du 15 avril 1829 est applicable. — Si les filets ne forment qu'un barrage partiel, il faut appliquer les règles que nous avons rappelées dans le paragraphe précédent.

Les filets fixes, employés à la pêche, doivent être soulevés par le milieu pendant trente-six heures de chaque semaine, du samedi à six heures du soir au lundi à six heures du matin, sur une longueur équivalente au dixième de leur développement et de manière à laisser, entre le fond et la ralingue inférieure, un espace libre de cinquante centimètres au moins de hauteur (art. 12 du décr. du 10 août 1875). — Toute contravention est punie des peines édictées par l'article 28 de la loi de 1829.

XII. Appareils pour rassembler le poisson dans des endroits d'où il ne peut sortir. — Il est interdit d'établir dans les cours d'eau des appareils ayant pour objet de rassembler le poisson dans des noues, boires, fossés ou mares dont il ne peut plus sortir (art. 14 du décr. du 10 août 1875). La peine est celle prononcée par l'article 24 de la loi de 1829, si cet appareil constitue un barrage complet : il en est ainsi par exemple dans le cas où l'on munit l'entrée d'un fossé d'une grille mobile qu'on lève quand il se produit une crue et que l'on baisse ensuite dès que les eaux se retirent, afin que le poisson entraîné dans le fossé, y reste enfermé.

Dans les autres cas, c'est l'article 28 qui est applicable, notamment quand on dispose, à l'entrée d'un fossé ou d'une mare, un engin en forme d'entonnoir : le poisson s'engage dans la large ouverture et suit le conduit, mais quand il veut sortir, il ne peut plus trouver d'issue.

SECTION TROISIÈME. — *Engins divers.*

XIII. Filets prohibés. — Sont prohibés tous les filets traînants, a l'exception du petit épervier jeté à la main et manœuvré par un seul homme ; sont réputés traînants tous les filets coulés à fond au moyen de poids et promenés sous l'action d'une force quelconque (art. 13 du décr. du 10 août 1875). Les contraventions sont réprimées par l'article 28 de la loi de 1829).

Malgré la définition donnée par l'article 13, c'est souvent

une question délicate que celle de savoir si un filet doit ou
non être réputé traînant. Ainsi la *senne* est-elle prohibée ? C'est
un filet en forme de nappe, disposé de manière à se tenir
verticalement dans l'eau ; la ralingue de tête est garnie de
flotteurs en liège qui la maintiennent à la surface de l'eau,
celle du pied est garnie de plomb ; aux deux extrémités sont
fixées des cordes destinées à la traîner. La Cour de Bordeaux
a décidé qu'on doit la considérer comme un filet traînant,
s'il résulte des circonstances du fait que le plus fréquemment
la *senne*, coulée à fond, touchait le sol, sans présenter une
solution de continuité, et ne laissait ainsi au poisson aucune
issue pour s'échapper (26 mai 1876 ; P. 76-1117).

Le décret du 18 mai 1878 a ajouté à l'article 13 un quatrième paragraphe duquel il résulte que des arrêtés préfectoraux, rendus après avis des conseils généraux, peuvent
autoriser à titre exceptionnel, l'emploi de certains filets trai-
nants, à maille de quarante millimètres au moins, pour la
pêche d'espèces spécifiées, dans les parties profondes des
lacs, des réservoirs de canaux et des fleuves et rivières navigables. Ces arrêtés désignent spécialement les parties considérées comme profondes et indiquent les noms locaux des filets
autorisés et les heures auxquelles leur manœuvre est permise.

**XIV. Dimensions des mailles des filets et espace-
ment des verges des bires, nasses, etc.** — Les mailles
des filets, mesurées de chaque côté après leur séjour dans
l'eau, et l'espacement des verges des bires, nasses et autres
engins employés à la pêche, doivent avoir les dimensions
suivantes :

1° Pour les *saumons*......... 40 millimètres au moins ;

2° Pour les *grandes espèces*, au-
tres que le saumon............ 27 millimètres au moins;

3° Pour l'*écrevisse*........... 27 millimètres au moins;

4° Pour les *petites espèces* (gou-
jons, loches, vérons, ablettes, etc.) 10 millimètres.

La mesure des mailles et l'espacement des verges est prise
avec une tolérance d'un dixième.

Il est interdit d'employer simultanément à la pêche des
filets ou engins de catégories différentes (art. 9 du décr. du
10 août 1875, modifié par le décr. du 18 mai 1878).

Pour les filets destinés à la pêche du saumon, des poissons

de grandes espèces et de l'écrevisse, l'article 9 ne fait que déterminer le minimum de la dimension des mailles ; on peut ainsi pêcher la carpe ou la truite avec un filet dont les mailles ont trente millimètres. Mais il n'en est pas de même pour les filets destinés à la pêche des petites espèces, l'article 9 a établi une dimension fixe et non un minimum : les mailles doivent avoir dix millimètres (9 millimètres au moins et onze millimètres au plus, avec la tolérance) ; tout filet dont les mailles ont plus de onze millimètres et moins de vingt-sept (24,3 en tenant compte de la tolérance) est un engin prohibé. C'est ce qui résulte du texte de cet article ; on n'a pas ajouté « *au moins* » à la suite de cette dernière dimension, comme on l'a fait dans les dispositions précédentes. — Cette exception se comprend d'ailleurs fort bien, car elle permet d'assurer plus facilement la répression des contraventions : tout individu, porteur d'un filet, à mailles de moins de vingt-sept millimètres, aurait soutenu qu'il pêchait les petites espèces.

Cette interprétation est confirmée par de nombreux arrêts (Cass., 14 mars 1862 ; P. 62-1121 ; — Besançon, 24 déc. 1872 ; P. 73-1219 ; — Lyon, 11 nov. 1874 ; P. 75-993 ; — Chambéry, 30 janv. 1875 ; P. 75-451). Ces décisions ont été rendues sous le régime de l'ordonnance du 15 novembre 1830 et du décret du 25 janvier 1868 ; mais elles n'en ont pas moins conservé toute leur autorité, car l'article 9 du décret du 10 août 1875 est identique à celui du décret de 1868 qui lui-même avait suivi la rédaction de l'ordonnance de 1830.

L'emploi, pour la pêche des poissons, même des petites espèces, de bouteilles dont le fond, en forme d'entonnoir, est ouvert et dont le goulot est bouché, constitue une contravention, car nous voyons que les engins doivent être formés de verges dont l'espacement est déterminé (Lyon, 8 nov. 1869 ; P. 71-655 ; — Dijon, 12 janv. 1869 ; P. 71-655).

Lorsqu'un pêcheur prend accidentellement des poissons d'une catégorie supérieure à celle pour la pêche de laquelle est destiné son filet ; lorsqu'il prend par exemple des saumons avec un filet à mailles de vingt-sept millimètres, des truites avec un filet à mailles de dix millimètres, il doit les rejeter à l'eau, sinon il commettrait le délit de pêche avec un filet dont les mailles ne sont pas réglementaires (Paris, 13 juil. 1871 ; P. 71-656).

Ce délit est réprimé par l'article 28 de la loi du 15 avril 1829.

Les préfets peuvent, sur l'avis des conseils généraux, prendre des arrêtés pour réduire les dimensions des mailles des filets et l'espacement des verges des engins employés uniquement à la pêche de l'anguille, de la lamproie et de l'écrevisse. Les filets et engins à mailles ainsi réduites ne peuvent être employés que dans les emplacements déterminés par ces arrêtés (art. 10 § 1 du décr. du 10 août 1875).

Les préfets peuvent aussi, sur l'avis des conseils généraux, déterminer les emplacements limités, en dehors desquels l'usage des filets à mailles de dix millimètres n'est pas permis (art. 10 § 2).

Toute contravention à ces arrêtés est également punie des peines édictées par l'article 28 de la loi de 1829.

XV. **Vérification et plombage.** — L'article 32 de la loi du 15 avril 1829 avait établi les formalités de la marque et du plombage des filets, mais elles n'offraient que des garanties insuffisantes contre la fraude ; aussi cet article a été abrogé par l'article 9 de la loi du 31 mai 1865.

La vérification de la dimension des mailles des filets et de l'espacement des verges des nasses s'effectue au moyen d'un instrument en forme de pyramide quadrangulaire, portant à la surface des traits accompagnés de chiffres, indiquant les longueurs des côtés des mailles correspondantes à chaque espèce. Cet instrument est fourni par l'administration et poinçonné par elle. Un exemplaire en est déposé au greffe de chaque tribunal civil (Décr. du 26 août 1865).

XVI. **Lacets et collets.** — L'emploi des lacets et des collets est prohibé et tombe sous l'application de l'article 28 de la loi du 15 avril 1829 (art. 13 du décr. du 10 août 1875).

XVII. **Appâts.** — Les lignes flottantes ou de fond, les filets et autres engins non prohibés peuvent être appâtés avec des amorces vives. Toutefois, les préfets ont le droit de déterminer certaines espèces de poissons avec lesquels il est interdit d'appâter (art. 31 de la loi du 15 avr. 1829 ; art. 16 § 2 du décr. du 10 août 1875).

Ceux qui appâtent leurs engins avec des poissons des espèces prohibées encourent l'amende édictée par l'article 30 de la loi du 15 avril 1829 (art. 31).

Nous pensons que la même peine doit être prononcée contre

ceux qui emploient comme appâts des poissons n'ayant pas la dimension réglementaire.

SECTION QUATRIÈME. — *Substances nuisibles et explosibles.*

XVIII. Drogues et appâts de nature à détruire et à enivrer le poisson. — 1º *Cours d'eau autres que les réservoirs et étangs.* — L'article 25 de la loi du 15 avril 1829 punit d'amende et d'emprisonnement toute personne qui jette dans les eaux autres que les étangs, viviers ou réservoirs, des drogues ou appâts de nature à enivrer le poisson ou à le détruire.

La loi n'a pas donné une énumération des substances prohibées, car une liste complète n'en pouvait être établie ; c'est donc aux tribunaux qu'il appartient de décider si une substance est de nature à enivrer ou à détruire le poisson (Cass., 19 mai 1837 ; P. 38-1-372).

Parmi celles qui sont le plus souvent employées, nous citerons : la *chaux*, la *noix vomique* et la *coque du levant.*

Quels sont les éléments essentiels de ce délit ? Faut-il que la drogue ait été jetée dans le cours d'eau dans le but de prendre le poisson ? La jurisprudence a décidé, avec raison, que la loi du 15 avril 1829 n'a pas eu pour but unique de réglementer la police de la pêche dans les fleuves, rivières et cours d'eau quelconques, mais qu'elle a voulu principalement remédier au dépeuplement des rivières et assurer la conservation et la régénération du poisson au point de vue de l'alimentation publique ; aussi l'article 25 s'applique au jet dans un cours d'eau de substances de nature à enivrer ou à détruire le poisson, quelle qu'ait été l'intention de l'auteur du fait. Il faut et il suffit : 1º que le jet de ces drogues ait été volontaire de sa part ; 2º qu'il en connût les propriétés nuisibles (Cass., 27 janv. 1859 ; P. 59-863 ; — Douai, 1er mars 1859 ; P. 59-863 ; — Cass., 5 mai 1883 ; P, 85-1-794). C'est ainsi que cet article est applicable au propriétaire d'une distillerie qui, en déversant des vinasses et résidus de sa fabrique dans un cours d'eau, a fait périr le poisson qui s'y trouvait ; peu importe que ce propriétaire n'ait fait que se conformer à l'arrêté d'autorisation de son usine, les autorisations n'étant accordées en pareil cas qu'aux risques et périls de ceux qui les obtiennent (*mêmes arrêts*).

Le conseil général des ponts et chaussées a, de son côté, déclaré qu'en présence de l'arrêt de la Cour de cassation du 27 janvier 1859, l'article 25 lui paraissait applicable à l'évacuation dans les cours d'eau des résidus d'usine susceptibles de nuire au poisson. Il a été d'avis que la difficulté d'établir, dans certains cas, le caractère de nocuité des résidus n'était pas une raison suffisante de s'abstenir, en principe, d'employer cette arme légale pour la conservation du poisson. Aussi, par sa circulaire du 10 juin 1879, le ministre des travaux publics a invité les ingénieurs, chargés du service de la pêche, à faire constater par leurs agents toute introduction dans les cours d'eau de résidus d'usines considérés comme nuisibles, de déférer ensuite aux tribunaux ces procès-verbaux, en insistant sur l'application de l'article 25 et, au besoin, à saisir l'administration des jugements rendus en sens contraire, afin de la mettre à même d'en appeler si elle le juge convenable.

2° *Étangs et réservoirs.* — Le fait d'empoisonner les poissons dans les étangs, viviers ou réservoirs est prévu par l'article 452 du Code qui le punit d'un emprisonnement d'un an à cinq ans et d'une amende de 16 à 300 francs.

XIX. **Substances explosibles.** — L'article 15 du décret du 10 août 1875 interdit dans son quatrième paragraphe « de « se servir d'armes à feu, de poudre de mine, de dynamite ou « de toute autre substance explosible ». La seule difficulté qui puisse se présenter, est celle de savoir si les contrevenants encourront les peines édictées par l'article 28 de la loi de 1829 pour pêche à l'aide d'un procédé prohibé par les décrets ou ordonnances, ou au contraire celles beaucoup plus sévères que prononce l'article 25 de la même loi pour jet de drogues nuisibles.

Le doute ne nous paraît pas possible. L'article 15 § 4 du décret n'a eu qu'un but : expliquer l'article 25 de la loi ; il n'ajoute aucune prohibition nouvelle. N'existât-il pas, tous les faits qu'il prévoit, sauf la destruction du poisson à l'aide d'armes à feu, seraient atteints par l'article 25. N'est-ce pas en effet jeter dans un cours d'eau une substance « de nature « à détruire le poisson », que d'y mettre une bouteille remplie de poudre de mine ou une cartouche de dynamite qui doit faire explosion ?

Nous ajouterons qu'on peut invoquer, à l'appui de ce système, l'autorité du Conseil d'État ; voici en effet ce que dit la circulaire du ministre des travaux publics, en date du 25 octobre 1875 : « L'article 13 du décret de 1868 qui détermi-« nait certains procédés et engins de pêche prohibés, a été « admis (dans le décr. du 10 août 1875) par le Conseil d'État, « avec les modifications que l'administration avait proposées... « Le Conseil d'État a d'ailleurs jugé utile, pour prévenir toute « confusion sur le véritable caractère des dispositions diverses « de l'article 13 du décret de 1868 ainsi étendu, de classer « sous des numéros différents les prescriptions qui n'émanent « point de la même autorité et *celles qui n'appellent point la* « *même sanction pénale* ». Toutes les contraventions prévues par les trois premiers paragraphes sont évidemment réprimées par l'article 28 ; c'est donc à celles du quatrième paragraphe que s'applique une autre disposition de la loi, et cette disposition ne peut être que l'article 52.

Nous devons cependant relever une erreur de rédaction dans cet article : c'est à tort que la destruction à l'aide d'armes à feu figure dans le quatrième paragraphe ; sa place était dans le troisième, car elle constitue un mode spécial de pêche qui n'est prohibé que par un décret et n'encourt que les peines de l'article 28.

Un arrêt de la Cour de Nimes du 23 novembre 1876 et un arrêt de la Cour de Bordeaux du 12 août 1881 (P. 82-1-677) ont décidé que l'article 25 est applicable à la pêche à la dynamite : « Attendu, porte ce dernier arrêt, que le ministère « public soutient avec raison que le fait des prévenus tombe « sous l'application de l'article 25 qui punit... quiconque « aura jeté dans les eaux des drogues de nature à enivrer le « poisson ou à le détruire ; que la dynamite est une substance « qui produit ce double résultat en agissant sur le poisson « par l'explosion qui tue et par la vapeur qui enivre... »

XX. Rouissage du lin et du chanvre. — Des arrêtés préfectoraux, rendus sur les avis des conseils de salubrité et des ingénieurs, déterminent la durée du rouissage du lin et du chanvre dans les cours d'eau et les emplacements où cette opération peut être pratiquée avec le moins d'inconvénient pour le poisson (art. 19 du décr. du 10 août 1875). Toute contravention à ces arrêtés est punie des peines énoncées dans l'article 28 de la loi de 1829.

Nous pensons toutefois que le fait par un individu d'accu-
muler dans un cours d'eau une quantité relativement considérable de chanvre ou de faire écouler dans un ruisseau les
eaux d'une mare ou d'un fossé corrompues par le rouissage,
de telle sorte qu'une certaine quantité de poisson ait péri,
tomberait sous l'application de l'article 25.

SECTION CINQUIÈME. — *Modes de pêches prohibés.* —
Endroits où la pêche est interdite.

XXI. **Pêche à la main.** — Il est interdit, sous les peines
portées dans l'article 28 de la loi de 1829, de pêcher à la main
(art. 15 § 3 du décr. du 10 août 1875). Cette prohibition
s'étend à la pêche aux écrevisses ; la Cour de cassation l'a
reconnu antérieurement au décret de 1875, alors que la pêche
à la main n'était prohibée que par des arrêtés préfectoraux
(Cass., 13 juil. 1865 ; P. 66-63). Le délit existe, même si le
poisson pris à la main était mort ou mourant (Cass., 2 août
1860 ; P. 61-728).

XXII. **Pêche en troublant l'eau ou en fouillant sous
les racines.** — Il est également interdit de troubler l'eau
et de fouiller au moyen de perches sous les racines ou autres
retraites fréquentées par le poisson (art. 15 § 3 du décr. du
10 août 1875). La peine est celle de l'article 28 de la loi
de 1829).

XXIII. **Pêche à l'aide d'armes à feu.** — Le quatrième
paragraphe de l'article 15 du décret du 10 août 1875 défend
de se servir d'armes à feu ; nous avons vu plus haut (*supra*,
XIX), que c'est l'article 28 et non l'article 25 de la loi de 1829
qui est applicable en cas de contravention.

XXIV. **Pêche dans les écluses, coursiers, etc.** — Il est
interdit d'accoler aux écluses, barrages, chutes naturelles,
pertuis, vannages, coursiers d'usines et échelles à poissons,
des nasses, paniers et filets à demeure (art. 15 § 1 du décr.
du 10 août 1875). Si l'engin forme un barrage complet qui
empêche absolument le poisson de passer, la peine encourue
sera celle édictée par l'article 24 de la loi de 1829 ; dans le cas
contraire, l'article 28 est applicable.

Enfin il y a contravention, punie par l'article 28, si l'on
pêche avec tout autre engin que la ligne flottante tenue à la
main, dans l'intérieur des écluses, barrages, pertuis, van-

nages, coursiers d'usine et passages ou échelles à poissons, ainsi qu'à une distance moindre de trente mètres en amont et en aval de ces ouvrages (art. 15 § 2). Nous avons indiqué (*supra*, VI), comment doit être pratiquée la pêche à la ligne.

XXIV *bis.* — **Pêche dans les parties de rivières réservées à la reproduction.** — Des décrets rendus en Conseil d'État, après avis des conseils généraux, déterminent les parties des fleuves, rivières, canaux et cours d'eau, réservées pour la reproduction et dans lesquelles la pêche des diverses espèces de poissons est absolument interdite pendant l'année. — Cette interdiction est prononcée pour une période de cinq ans au plus, mais elle peut être renouvelée (art 1 §§ 1 et 2 de la loi du 31 mai 1865).

Le décret, actuellement en vigueur, rendu en exécution de cette loi, est celui du 2 avril 1880.

L'interdiction de pêcher dans les cours d'eau ainsi réservés est absolue et s'étend même à la pêche à la ligne flottante tenue à la main (Cass., 2 mai 1870 ; P. 70-681).

Toute infraction est punie des peines portées par l'article 27; le poisson est de plus saisi et vendu sans délai (art. 7 de la loi du 31 mai 1865)

SECTION SIXIÈME. — *Temps, saisons et heures.*

XXV. **Saisons pendant lesquelles la pêche est interdite.** — Les époques pendant lesquelles la pêche est interdite, en vue de protéger la reproduction du poisson, sont fixées comme il suit :

1o Du 20 octobre au 31 janvier est interdite la pêche du saumon, de la truite et de l'ombre-chevalier ;

2o Du 15 novembre au 31 décembre est interdite la pêche du lavaret ; (1)

3o Du 15 avril au 15 juin, est interdite la pêche de tous les autres poissons et de l'écrevisse.

Les interdictions ainsi prononcées s'appliquent à tous les procédés de pêche, même à la pêche à la ligne flottante, tenue à la main (art. 1er du décr. du 10 août 1875, modifié par le décr. du 18 mai 1878). Il résulte des articles 1 et 2 du décret que la pêche à la grenouille est permise en tout temps,

(1) Ce poisson n'existe actuellement que dans le lac du Bourget.

à moins qu'un arrêté du préfet ne l'interdise (*infra*, XXV).
Suivant la jurisprudence, l'article 1er doit être interprété en
ce sens que l'interdiction comprend le jour fixé comme point
de départ, mais non le jour de l'échéance ; ainsi elle commence le 15 avril au matin, et se termine le 14 juin ; le 15 juin
la pêche est permise (Paris, 20 août 1879 ; P. 80-428 ; — Trib. de
St-Julien, 31 juil. 1879 ; P. 80-998). Cette solution nous semble
absolument juridique et en complète harmonie avec le texte
de l'article 1er. Toutefois le ministre des travaux publics
a donné une interprétation différente dans sa circulaire du
25 septembre 1880 : les périodes d'interdiction sont, selon
lui, du 20 octobre exclusivement au 31 janvier inclusivement ;
du 15 novembre exclusivement au 31 décembre inclusivement ; du 15 avril exclusivement au 15 juin inclusivement.

Aux termes de l'article 3 du décret du 10 août 1875,
des publications sont faites dans les communes dix jours
au moins avant le début de chaque période d'interdiction
de la pêche, pour rappeler les dates du commencement
et de la fin de chaque période. Mais ces publications ne
constituent qu'une mesure d'ordre et de précaution qui
n'a rien d'obligatoire ; dès lors, l'infraction à l'article
premier ne saurait être excusée sous le prétexte que les
publications n'ont pas été faites (Cass., 9 févr. 1871 ; P. 71-225 ;
— Bordeaux, 22 mars 1871 ; P. 71-655).

La pêche en temps prohibé est réprimée par l'article 27 de
la loi de 1829 ; mais si le délit a été commis en même temps à
l'aide d'engins prohibés, ce n'est plus l'article 27, mais le paragraphe 2 de l'article 28 qui est applicable.

Les préfets peuvent, par des arrêtés rendus sur l'avis des
conseils généraux, excepter de la troisième période la pêche
de l'alose, de l'anguille et de la lamproie, ainsi que celle des
autres poissons vivant alternativement dans les eaux douces
et les eaux salées (art. 2 du décr. du 10 août 1875).

XXVI **Extension exceptionnelle de l'interdiction .** —
Les préfets peuvent :

1° Interdire exceptionnellement la pêche de toutes les espèces de poissons, pendant l'une quelconque des trois périodes, lorsque cette interdiction est nécessaire pour protéger
les espèces prédominantes ;

2° Augmenter, pour certains poissons désignés, la durée

des périodes, sous la condition que les périodes ainsi modifiées comprennent la totalité de l'intervalle de temps fixé par l'article 1er du décret de 1875 ;

3° Fixer une période d'interdiction pour la pêche de la grenouille (art. 2 du décr. du 10 août 1875).

Les infractions à ces arrêtés sont punies ainsi que nous l'avons indiqué dans le numéro précédent.

XXVII. **Heures pendant lesquelles la pêche est interdite**. — La pêche n'est permise qu'après le lever jusqu'au coucher du soleil. — Toutefois la pêche de l'anguille, de la lamproie et de l'écrevisse peut être autorisée après le coucher et avant le lever du soleil, dans des cours d'eau désignés et aux heures fixées par des arrêtés préfectoraux rendus après avis des conseils généraux. Ces arrêtés déterminent, pour l'anguille, la lamproie et l'écrevisse, la nature et la dimension des engins dont l'emploi est autorisé. La pêche du saumon et de l'alose peut être autorisée par des arrêtés préfectoraux, rendus après avis des conseils généraux, pendant deux heures au plus après le coucher du soleil et deux heures au plus avant son lever, dans certains emplacements des fleuves et rivières navigables spécialement désignés (art. 6 du décr. du 10 août 1875, modifié par le décr. du 18 mai 1878).

Les contraventions sont réprimées par l'article 27 de là loi de 1829.

Aux termes de l'article 70 de la loi de 1829, les peines édictées pour les diverses contraventions aux lois et règlements sur la pêche sont doublées, lorsqu'elles ont été commises la nuit.

XXVII *bis*. **Temps du frai**. — Lorsqu'un délit de pêche est commis pendant le temps du frai, soit à l'aide d'un procédé ou mode de pêche, soit d'un instrument ou engin de pêche prohibé par les décrets ou ordonnances, l'amende est de 60 à 200 francs (art. 28 § 2 de la loi du 15 avr. 1829).

XXVIII. **Temps où le niveau de l'eau est accidentellement abaissé**. — Il est interdit, sous les peines portées en l'article 27 de la loi de 1829, de pêcher dans les parties des rivières, canaux ou cours d'eau dont le niveau est accidentellement abaissé, soit pour y opérer des curages ou travaux quelconques, soit par suite du chômage des usines ou de la navigation (art. 17 du décr. du 10 août 1875).

SECTION SEPTIÈME. — *Dimension des poissons.*

XXIX. Dimensions au-dessous desquelles les poissons ne peuvent être pêchés. — Les dimensions au-dessous desquelles les poissons et écrevisses ne peuvent être pêchés, *même à la ligne flottante,* et doivent être immédiatement rejetés à l'eau, sont déterminées comme il suit, pour les diverses espèces :

1° Les saumons et anguilles, vingt-cinq centimètres de longueur ;

2° Les truites, ombres-chevaliers, ombres communs, carpes, brochets, barbeaux, brèmes, meuniers, muges, aloses, perches, gardons, tanches, lottes, lamproies et lavarets : quatorze centimètres de longueur ;

3° Les soles, plies et filets : dix centimètres de longueur ;

4° Les écrevisses à pattes rouges : huit centimètres de longueur ;

5° Les écrevisses à pattes blanches : six centimètres de longueur.

La longueur des poissons est mesurée de l'œil à la naissance de la queue ; celle de l'écrevisse de l'œil à l'extrémité de la queue déployée (art. 8 du décr. du 10 août 1875).

Les contraventions sont réprimées par l'article 28 de la loi de 1829.

Ces prescriptions ne s'appliquent pas aux poissons des étangs, rivières et réservoirs.

XXX. Obligation de rejeter les poissons pris quand ils n'ont pas la dimension. — Lorsqu'un pêcheur prend, même à la ligne, du poisson qui n'a pas la dimension règlementaire, il est tenu de le rejeter immédiatement à la rivière, sinon il est déclaré en délit.

§ 4. — MISE EN VENTE. — COLPORTAGE. — EXPORTATION ET IMPORTATION DU POISSON

XXXI. Mise en vente et colportage en temps prohibé. — Dans chaque département, il est interdit de mettre en vente, de vendre, d'acheter, de transporter, de colporter les diverses espèces de poissons, pendant le temps où la pêche en est interdite (art. 5 § 1 de la loi du 31 mai 1865). Le principe établi par cet article ne constitue pas une innovation dans la législation, car la loi du 15 avril 1829 (art. 30) contient elle-même l'interdiction du colportage et de la vente pour le poisson qui n'a pas les dimensions fixées par les règlements. Mais l'interdiction beaucoup plus absolue, édictée par la loi de 1865, est la seule garantie efficace contre les abus qu'il s'agit de réprimer ; elle protège toutes les espèces de poissons et les préserve de la destruction. Aussi est-il essentiel d'en assurer l'observation rigoureuse (Circ. trav. publ., 12 août 1865). Ces dispositions s'appliquent au frai et à l'alevin (art. 8 de la loi du 31 mai 1865).

Les contraventions sont punies des peines édictées par l'article 27 de la loi de 1829 ; de plus, le poisson est saisi et vendu (art. 7 de la loi du 31 mai 1865).

XXXII. **Circonstances aggravantes**. — L'amende fixée par l'article 27 de la loi de 1829, est double et de plus les délinquants peuvent être condamnés à un emprisonnement de dix jours à un mois :

1° En cas de récidive ;

2° Lorsque le délit a été commis la nuit ;

3° Lorsqu'il est constaté que le poisson a été énivré ou empoisonné ;

4° Lorsque le transport a lieu par bateaux, voitures ou bêtes de somme (art. 7 de la loi du 31 mai 1865).

XXXIII. **Exceptions**. — Le principe de l'interdiction de la mise en vente et du colportage du poisson en temps prohibé comporte deux exceptions :

1° Il ne s'applique pas aux poissons, provenant des étangs ou réservoirs (art. 5 § 2 de la loi du 31 mai 1865). Ces étangs constituent en effet dans certaines contrées, un mode particulier d'assolement de la propriété et il faut laisser au propriétaire la possibilité de tirer parti de ses produits, au moment où les exigences de l'agriculture les mettent entre ses mains. Mais c'est toujours au pêcheur ou à celui qui met en vente du poisson d'étangs, pendant l'époque de la prohibition, à faire la preuve de son origine (Circ. trav. publ., 12 août 1865). — L'article 4 du décret du 10 août 1875 exige formellement la justification de l'origine des poissons. — Mais comment se fera cette justification ? La loi et le décret ne le disent pas. « On avait d'abord songé à préciser le mode de « justification de la provenance des poissons. Mais l'on a dû « y renoncer pour donner une plus grande latitude aux inté-

« ressés, en laissant aux tribunaux compétents le soin d'ap-
« précier la validité des preuves fournies. » (Circ. trav. publ.,
1er févr. 1868).

Le mode de justification le plus simple consiste dans un
certificat d'origine délivré par le maire ou le commissaire de
police ; il serait bon de le soumettre au visa du garde-pêche,
dans les localités où il en existe, et, dans les autres, à celui du
juge de paix. L'administration et le Parquet pourront toujours
faire contrôler par leurs agents la sincérité de ces certificats;

2° L'administration peut donner l'autorisation de prendre
et de transporter pendant le temps de la prohibition, le poisson destiné à la reproduction (art. 6 de la loi du 31 mai 1865).

XXXIV. **Importation et exportation**. — L'article 5 § 1
de la loi du 31 mai 1865 punit des mêmes peines que le
colportage, l'importation et l'exportation du poisson en temps
prohibé.

Le poisson étranger est certainement soumis à cette prohibition (Chambéry, 5 août 1880 ; P. 82-1-982). Aucun doute ne
peut exister à cet égard ; il résulte en effet des travaux préparatoires qu'un député avait demandé, lors de la discussion
de l'article 5, qu'on fît une exception en faveur de tous les
poissons importés en France dont la provenance étrangère
serait régulièrement constatée ; cette proposition fut rejetée,
(P. — *Lois et décrets*, 1865, p. 57, § 19 du rapport).

L'importation des poissons *d'étang* de provenance étrangère est autorisée : on leur a étendu le bénéfice du paragraphe 2 de l'article 5. Il faut toutefois qu'on justifie de leur
origine au moyen de certificats émanant des autorités du
lieu de l'extraction (Circ. du dir. gén. des douanes du 8 juin
1868). Mais par étangs, on doit entendre ceux qui remplissent
les conditions déterminées par l'article 30 de la loi du 15 avril
1829 ; ainsi l'importation du poisson du lac Leman est interdite dans le temps où la pêche n'est pas permise (Chambéry,
5 août 1880 ; *précité*).

Ces dispositions ne s'appliquent qu'au poisson frais ; l'importation, l'exportation et la vente du poisson fumé ou salé
restent libres en toute saison (Circ. trav. publ., 12 août 1865).
Par une circulaire du 12 juillet 1880, le ministre des travaux
publics a également autorisé l'importation du poisson conservé par la congélation.

Le transport en transit du poisson peut être autorisé par les préfets à travers les départements où la pêche est prohibée, pourvu qu'il soit à destination d'un département où la pêche en soit encore permise en vertu de règlements spéciaux (Circ. trav. publ., 19 oct. 1879).

XXXV. **Mise en vente et colportage de poisson n'ayant pas la dimension**. — L'article 30 de la la loi du 15 avril 1829 prévoit et punit le colportage et la vente des poissons qui n'ont point les dimensions réglementaires ; il ne fait exception que pour les poissons provenant des étangs et réservoirs. — C'est à celui qui invoque cette exception à en fournir la preuve (V. *supra*, XXXIII).

L'article 30 punit le colportage, c'est-à-dire le transport pour vendre ; il n'atteint pas, comme l'article 5 de la loi de 1865, le transport pur et simple. C'est ainsi que la Cour de Riom a décidé que l'individu trouvé porteur de poisson n'ayant pas la dimension déterminée par les ordonnances et qu'il a acheté pour les besoins de sa maison, n'est point passible des peines portées par cet article (Riom, 28 juin 1843; P. 44-I-586).

§ 5. — DÉTENTION ET TRANSPORT D'ENGINS.

XXXVI. **Règles générales.** — Ceux qui sont trouvés porteurs ou munis, hors de leur domicile, d'engins ou d'instruments de pêche prohibés, peuvent être condamnés aux peines édictées par l'article 29 § 2 de la loi de 1829, à moins que ces engins ne soient destinés à la pêche dans les étangs; mais c'est au pêcheur à le prouver.

Il résulte du texte même de l'article 29 que le transport du filet ne constitue pas nécessairement un délit et que la déclaration de culpabilité est laissée à l'appréciation du juge qui doit se décider d'après les circonstances et l'intention du prévenu ; c'est ce qu'a jugé la Cour de Lyon dans un arrêt du 11 novembre 1875 (P. 75-993).

Il faut d'ailleurs que ce soit *hors de son domicile*, que le prévenu ait été trouvé porteur des engins prohibés (Cass., 1er mars 1822 ; P. chr. ; — Cass., 3 janv. 1846 ; P. 46-II-701) : ainsi l'article 29 n'est pas applicable au cas où un filet prohibé a été étendu pour le faire sécher sur la haie qui entoure son héritage. — Cette interprétation est absolument conforme aux travaux préparatoires de la loi. On avait critiqué cette disposition comme tendant à la répression d'une infraction non encore accomplie ; il fut répondu que dès qu'un individu était trouvé, *hors de son domicile, porteur* ou *muni* d'un engin prohibé, il y avait présomption qu'il ne le transportait que dans le but d'accomplir un délit.

La loi emploie les expressions *porteur* ou *muni* : si donc le prévenu, à la vue des agents, avait jeté son filet sur une haie ou dans un enclos, le délit n'en existerait pas moins.

XXXVII. **Règles spéciales aux mariniers et aux employés du balisage.** — Les contre maitres, les employés du balisage et les mariniers qui fréquentent les fleuves, rivières et canaux navigables ou flottables ne peuvent avoir dans leurs bateaux ou équipages aucun filet ou engin de pêche, même non prohibé, sous peine d'une amende de 50 francs et de la confiscation des filets. A cet effet, ils sont tenus de souffrir la visite sur leurs bateaux et équipages des agents chargés de la police de la pêche, aux lieux où ils abordent. — La même amende est prononcée contre ceux qui s'opposent à cette visite (art. 33, I, 15 avr. 1829).

L'article 33 n'est pas applicable aux capitaines au cabotage qui se trouvent dans une rivière navigable, même au-dessus de la limite fixée pour la pêche maritime (Rennes, 4 déc. 1850 ; P. 51-I-409).

§ 7. — CONSTATATION DES DÉLITS.

XXXVIII. **Agents chargés de constater les délits.** — L'article 36 de la loi du 15 avril 1829 charge de la constatation des délits de pêche les agents spéciaux par lui institués à cet effet, c'est-à-dire les brigadiers et les gardes-pêche, « ainsi, ajoute cet article, que les gardes champêtres, éclusiers des canaux et autres officiers de police judiciaire. » La Cour de Douai, se fondant sur ce que les sous-officiers et brigadiers de gendarmerie et les gendarmes ne sont pas officiers de police judiciaire et interprétant d'une façon restrictive l'article 330 du décret du 1er mars 1854, avait décidé que les gendarmes n'ont pas qualité pour dresser des procès-verbaux en matière de pêche fluviale (Douai, 1er déc. 1869 ; P. 70-713). Mais c'est là une erreur évidente : l'article 314 du décret du 1er mars 1854 porte en effet que « la gendarmerie

« surveille l'exécution des règlements sur la police des fleu-
« ves et des rivières navigables ou flottables, et dresse des
« procès-verbaux des contraventions à ces règlements. »

Le droit pour les gendarmes de constater les délits de
pêche a été reconnu par la Cour de Montpellier dans un arrêt
du 18 juillet 1867 (P. 70-713 *ad notam*) ; mais la question ne
se discute même plus aujourd'hui et, dans tous les arrondissements, la plupart des procès-verbaux de pêche sont dressés
par la gendarmerie.

XXXIX. **Procès-verbaux**. — Les gendarmes peuvent
valablement constater les délits de pêche dans toute l'étendue
du territoire français ; mais les gardes-pêche ne peuvent
dresser de procès-verbaux que dans l'arrondissement du
tribunal devant lequel ils ont prêté serment.

Les gendarmes dressent ces procès-verbaux conformément
aux règles ordinaires (Voir : **Procès-verbaux**).

Les gardes-pêche doivent écrire eux-mêmes leurs procès-
verbaux ; ils les signent et les affirment, au plus tard le lendemain de leur clôture, devant le juge de paix du canton, ou
l'un de ses suppléants ou devant le maire ou l'adjoint soit de
la commune de leur résidence, soit de celle où le délit a été
commis et constaté : le tout *à peine de nullité*. — Toutefois,
si, par suite d'un empêchement, le garde ne peut écrire son
procès-verbal, il peut le faire écrire par une autre personne,
mais dans ce cas le magistrat qui en reçoit l'affirmation doit
lui en donner préalablement lecture et faire ensuite mention
de cette formalité ; le tout sous *peine de nullité du procès-
verbal* (art. 44 de la loi du 15 avr. 1829).

Les procès-verbaux des gardes-pêche doivent en outre, *à
peine de nullité*, être enregistrés dans les quatre jours qui
suivent celui de l'affirmation. — L'enregistrement s'en fait
en débet (art. 47 de la loi de 1829).

Les procès-verbaux des gardes-pêche, pour lesquels ces formalités sont remplies, font preuve jusqu'à inscription de faux
des faits matériels relatifs aux délits qu'ils constatent : quelles
que soient les condamnations auxquelles ces délits donnent
lieu, lorsqu'ils ont été dressés et signés par deux gardes-
pêche ; si le délit n'entraîne pas une condamnation de plus
de 50 francs tant pour amende que pour dommages-intérêts,
lorsqu'ils n'ont été dressés que par un garde (art. 53 § 1 et 54

de la loi du 15 avr. 1829). Dans ces cas, il n'est admis aucune preuve outre ou contre le contenu du procès-verbal, à moins qu'il n'existe une cause légale de récusation contre l'un des signataires (art. 53 § 2).

La procédure à suivre par le prévenu qui s'inscrit en faux est tracée par l'article 56 de la même loi.

XL. **Visite des bateaux**. — Les fermiers de la pêche, les porteurs de licences et *tous les pêcheurs en général*, dans les rivières et canaux navigables ou flottables, sont tenus d'amener leurs bateaux, à toute réquisition des agents et préposés de l'administration de la pêche, à l'effet de constater les contraventions qui auraient pu être commises (art. 34 de la loi du 15 avr. 1829).

Le droit de requérir ainsi les pêcheurs ne peut-il être exercé, comme semble l'indiquer l'article 34, que par les agents et préposés de l'administration de ponts et chaussées? Il nous paraît tout d'abord indiscutable que le même droit appartient aux gardes des fermiers de la pêche et des particuliers, car il résulte tout au moins de l'esprit de la loi de 1829, que ces agents ont à leur disposition les mêmes moyens d'investigation que les préposés de l'administration.

On ne pourrait tirer une objection de l'article 68 et dire qu'en ne visant pas l'article 34, il prive les gardes particuliers du bénéfice des dispositions de cet article. — Quel est en effet le but de l'article 68? Le titre V, *des poursuites en réparation de délits*, est divisé en deux sections : 1° *Des poursuites exercées au nom de l'administration ;* 2° *Des poursuites exercées au nom et dans l'intérêt des fermiers de la pêche et des particuliers.* — L'article 68 est placé dans cette deuxième section ; il énumère les dispositions de la première section qui sont applicables à la deuxième et évite ainsi d'inutiles répétitions. Mais il ne pouvait viser l'article 34 qui fait partie d'un autre titre (Metz, 4 janv. 1860 ; P. 60-752).

Nous pensons que la même solution doit être admise en ce qui concerne les officiers de police judiciaire, les gardes champêtres et les gendarmes. Les expressions *agents et préposés* ne nous paraissent pas limitatives ; à notre avis, elles ne désignent pas seulement les employés de l'administration des ponts et chaussées ; mais elles visent tous les fonctionnaires ou agents qui prêtent à cette administration leur concours pour la répression des délits de pêche.

Le refus d'obtempérer aux réquisitions est puni des peines portées en l'article 34 § 2.

XLI. **Visite des boutiques, réservoirs et instruments servant à garder le poisson. — Saisie du poisson prohibé.** — Tous les pêcheurs sont tenus de faire l'ouverture de leurs loges et hangars, bannetons, huches et autres réservoirs ou boutiques à poisson à toute réquisition des agents (art. 34).

Tout objet dont le pêcheur se sert pour mettre ou garder son poisson est compris dans l'expression générale « réservoirs » ; c'est ainsi qu'il y a contravention à l'article 34, lorsqu'un pêcheur met le poisson qu'il a pris dans un mouchoir qu'il donne à un tiers qui s'enfuit (Nancy, 17 janv. 1834 ; D. Alph., v° *Pêche*, n° 161).

Le refus d'obtempérer à la réquisition est puni des peines édictées par l'article 34 § 2.

L'article 34 n'est applicable qu'à ceux qui se livrent à la pêche dans un cours d'eau navigable et flottable ; c'est ce qui résulte, tant du texte de cet article que des travaux préparatoires de la loi. M. de Bouthilier disait à la Chambre des pairs dans l'exposé des motifs : « L'obligation imposée par l'article 34 « à tous les pêcheurs en général..... a été considérée comme « peu compatible avec le droit des propriétaires et riverains « d'un cours d'eau ou d'une partie de rivière non flottable ou « navigable ; elle a, en conséquence, été restreinte aux « rivières navigables ou flottables. »

Lorsque la pêche a lieu dans une rivière ni navigable ni flottable, la visite des réservoirs et instruments dans lesquels est placé le poisson peut cependant être faite, pourvu qu'ils soient placés dans un lieu ouvert au public, par exemple dans un champ non clos, sur une route, etc...., et qu'à cette époque la pêche de certains poissons soit interdite (art. 7 § 6 de la loi du 31 mai 1865).

Le poisson pêché en délit doit être saisi (art. 39 de la loi du 15 avr. 1829).

XLII. **Vérification et saisie des engins de pêche.** — La Cour de Metz (4 janv. 1860 ; P. 60-752) a décidé, avec raison, que l'article 34 a pour but de mettre les préposés, chargés de la surveillance de la pêche, à même de constater les contraventions qui pourraient être commises, et que, par suite, il ressort de l'esprit de la loi que l'énumération des moyens de vérification qu'il contient est purement énonciative.

Par suite, les agents ont le droit de requérir les pêcheurs de relever leurs filets et engins, et de les soumettre à leur examen ; tout refus est puni des peines édictées par le deuxième paragraphe de l'article 34, peu importe qu'après vérification l'engin soit reconnu licite. C'est ainsi que, par l'arrêt précité, la Cour de Metz a condamné à 50 francs d'amende un pêcheur à la ligne qui avait refusé de lever sa ligne, malgré la réquisition d'un garde qui voulait constater si elle était ou non plongeante.

Lorsque l'engin est déclaré prohibé, l'agent qui constate le délit doit le saisir et ne peut le remettre, même sous caution : la force pourrait donc être employée, contrairement à ce qui a lieu en matière de chasse, pour obtenir la remise de cet engin.

Si le délinquant refuse de remettre immédiatement le filet *déclaré prohibé* après la sommation du garde, il est condamné à une amende de 50 francs (art. 41 § 3 de la loi du 15 avr. 1829). Il résulte du texte même de l'article 41 § 3, que cette dernière disposition n'est pas applicable lorsqu'il est fait usage d'un engin permis en temps prohibé.

XLIII. **Poisson et engins saisis.** — Le poisson saisi pour cause de délit est vendu, sans délai, dans la commune la plus voisine du lieu de la saisie, à son de trompe et aux enchères publiques, en vertu d'ordonnance du juge de paix si la vente a lieu dans un chef-lieu de canton, ou, dans le cas contraire, d'après l'autorisation du maire de la commune. L'ordonnance ou l'autorisation est délivrée sur la requête des agents qui ont opéré la saisie et sur la présentation du procès-verbal régulièrement dressé. — La vente a lieu en présence du receveur des domaines, et, à défaut, en présence du maire ou de son adjoint, ou du commissaire de police (art. 42 de la loi du 15 avr. 1829). Le prix de la vente est consigné au profit de qui de droit : il est restitué au prévenu s'il est acquitté ; il est remis au fermier ou au propriétaire riverain s'il s'est porté partie civile et si le tribunal l'a ainsi décidé ; enfin, s'il y a condamnation et si ni le fermier ni le propriétaire ne le réclament, il reste acquis à l'État.

Il est d'usage, lorsque la valeur en est *très minime*, de ne pas vendre le poisson saisi et de le donner à l'hospice ou au bureau de bienfaisance.

Si le poisson a été saisi comme n'ayant pas la dimension réglementaire, et s'il est encore vivant, les agents doivent le rejeter à l'eau ; c'est ce qui résulte de l'article 26 § 5 de la loi de 1829.

Les engins saisis sont déposés au greffe pour y rester jusqu'après le jugement ; les engins prohibés sont détruits ; les engins non prohibés dont la confiscation a été prononcée, sont vendus au profit du Trésor (art. 41 de la loi du 15 avr. 1829).

XLIV. **Perquisitions.** — Les gardes-pêche et, par suite, les autres agents chargés de la police de la pêche ne peuvent s'introduire, sous aucun prétexte, dans les maisons et enclos y attenant pour la recherche des filets prohibés (art. 40 de la loi du 15 avr. 1829). Ils ne le pourraient même avec l'assistance du juge de paix ou d'un officier de police judiciaire ; la prohibition de l'article 40 est absolue.

XLV. **Gratifications aux agents.** — Une gratification, prélevée sur le produit des amendes, est accordée aux rédacteurs des procès-verbaux (art. 10 § 2 de la loi du 31 mai 1865).

Le montant en est fixé au tiers de l'amende prononcée contre les délinquants, sans pouvoir toutefois excéder la somme de 50 francs, pour chaque condamnation (art. 1er du décr. du 2 déc. 1865).

§ 8. — POURSUITES.

XLVI. **Tribunal compétent.** — Toute infraction aux lois et règlements sur la pêche est de la compétence des tribunaux de police correctionnelle (art. 48 de la loi du 15 avr. 1829).

XLVII. **Action du ministère public. — Poursuites d'office.** — Nous avons déjà vu (*supra*, VII) que les poursuites sont exercées par les soins et à la diligence du ministère public, sans aucune intervention obligatoire de la part des ingénieurs des ponts et chaussées ; mais le Parquet n'en agit pas moins toujours au nom de cette administration.

Il ne peut y avoir de difficultés lorsque les procès-verbaux ont été transmis au Parquet par les ingénieurs ; mais lorsque le procès-verbal a été directement remis par un officier de police judiciaire ou par la gendarmerie. il y a lieu, avant de diriger des poursuites, de consulter l'ingénieur en chef, si l'affaire présente des doutes. Il convient en effet que, dans les limites de la légalité, l'action judiciaire ne vienne pas contrarier les vues de l'administration spéciale, responsable du développement de la pêche. En cas d'appel surtout, il est convenable d'établir un complet accord avec l'administration des ponts et chaussées, quoiqu'elle abdique les droits résultant pour elle des articles 50 et 51 de la loi du 15 avril 1829 (Circ. chanc., 9 sept. 1863 ; Gillet, n° 4161).

Lorsque le délit ne lèse que des intérêts particuliers, par exemple lorsqu'un individu a pêché sans l'autorisation du propriétaire ou du fermier de la pêche, le Parquet peut poursuivre d'office sans une plainte préalable (Cass., 17 oct. 1838; P. 39-II-399 ; — Cass., 3 juin 1853 ; P. 54-I-69 ; — Trib. de St-Julien, 31 juil. 1879 ; P. 80-998). Dans une circulaire du 12 avril 1881 (*Bull off.*, n° 22, p. 26), le garde des sceaux fait remarquer que dans la crainte d'avoir à supporter les frais du procès, les fermiers de la pêche évitent souvent de poursuivre les délinquants et laissent détruire le poisson sans porter plainte ; le ministre des travaux publics craint que, si le ministère public ne poursuit pas, il n'en résulte un préjudice pour l'État, car le dépeuplement des rivières aurait pour résultat de faire baisser le prix du fermage.

Nous pensons donc qu'il convient de poursuivre d'office les contraventions à l'article 5, mais seulement quand elles sont commises dans les cours d'eau navigables ou flottables.

XLVIII. **Citation. — Signification du procès-verbal.** — Les citations sont faites dans la forme ordinaire ; mais elles doivent, *à peine de nullité*, contenir la copie du procès-verbal et aussi celle de l'acte d'affirmation, dans le cas où cette formalité a été nécessaire (art. 49 de la loi du 15 avr. 1829). Cette disposition est générale et absolue, quelle que soit la nature du procès-verbal, qu'il fasse foi ou non, jusqu'à inscription de faux, qu'il ait été rédigé par un garde-pêche ou par la gendarmerie et encore bien que la poursuite ait lieu à la requête du procureur de la République (Cass., 14 mai 1856; P. 58-184).

Cette jurisprudence de la Cour de cassation est très importante à noter, car il en résulte :

1º Que les prévenus ne peuvent, en matière de pêche, être autorisés à comparaître volontairement, puisque la signification préalable du procès-verbal est nécessaire pour la validité de la poursuite ;

2º Que la citation donnée, sans que le procès-verbal ait été signifié, n'interrompt pas la prescription.

Les citations peuvent être données par les gardes-pêche (art. 50 de la loi de 1829).

XLIX. **Frais de poursuites.** — Les frais sont acquittés par l'administration des ponts et chaussées, soit directement, soit par voie de remboursement à l'administration des domaines qui en fait l'avance.

Les frais des actes faits par les huissiers chargés d'instrumenter contre les délinquants et le coût des expéditions ou extraits de jugements sont payés directement par le budget des travaux publics, au moyen de mandats personnels délivrés par l'ingénieur en chef, sur la présentation de mémoires particuliers dûment taxés.

Les taxes à témoins sont payées immédiatement à titre d'avance par le receveur de l'enregistrement, et elles lui sont remboursées par le payeur du Trésor (Circ. trav. publ., 28 juil. 1863 ; *Rec. off.*, t. III, p. 25, note 1).

L. **Prescription.** — Les actions en réparation de délits en matière de pêche se prescrivent par un mois à compter du jour où les délits ont été constatés, lorsque les prévenus sont désignés dans les procès-verbaux. Dans le cas contraire, le délai de prescription est de trois mois, à compter du même jour (art. 62 de la loi du 15 avr. 1829). Le jour de la constatation du délit n'est pas compris dans ce délai.

Si la prescription vient à être interrompue par une citation au prévenu et si l'affaire reste toujours pendante devant le tribunal, ce n'est pas la prescription spéciale qui recommence à courir mais la prescription de trois ans (Amiens, 2 janv. 1873 ; P. 73-78).

La prescription spéciale de l'article 62 ne s'applique que lorsque les délits ont été constatés par un procès-verbal, faisant foi au moins jusqu'à preuve contraire. Si le procès-verbal relate seulement une dénonciation, des déclarations de témoins, sans que le rédacteur ait pu s'assurer par lui-même de l'existence du délit, la prescription de trois ans est seule applicable : ce n'est plus là en effet qu'un simple rapport dont l'appréciation reste abandonnée à la conscience du juge (Colmar, 24 mars 1863 ; *J. du min. publ.*, t. VI, p. 256 ; — Nancy, 8 nov. 1871 ; P. 73-215).

LI. **Qualifications.** — Nous ne pouvons donner des formules pour la qualification de tous les délits de pêche ; nous nous bornerons à citer quelques exemples ; dans aucun cas d'ailleurs la qualification ne peut présenter de difficultés :

Pêche à l'aide de barrages. — *D'avoir, à...., le.... 188 , sur le territoire de la commune de C..., établi dans la rivière La S.... un barrage ayant pour objet d'empêcher entièrement le passage du poisson;*

Délit prévu et puni par l'article 24 de la loi du 15 avril 1829.

D'avoir, le.... 188 , sur le territoire de la commune de R.... établi dans la rivière la D.... des barrages (ou placé des filets) qui excédaient en longueur les deux tiers de la largeur mouillée du cours d'eau à l'endroit où ils étaient employés;

Délit prévu et puni par les articles 11 du décret du 10 août 1875 et 28 de la loi du 15 avril 1829.

Engins prohibés. — *D'avoir, le.... 188 , sur le territoire de la commune de B...., pêché dans la rivière la D...., des poissons de petites espèces avec un filet dont les mailles mesuraient douze millimètres ;*

Délit prévu et puni par les articles 9 du décret du 10 avril 1875 et 28 de la loi du 15 avril 1829.

Temps prohibé. — *D'avoir, le.... 188 , sur le territoire de la commune de L...., pêché dans le ruisseau, le X...., des truites, dont la pêche était interdite à cette époque;*

Délit prévu et puni par les articles 1er du décret du 10 août 1875 et 27 de la loi du 15 avril 1829.

Colportage. — *D'avoir, le.... 188 , à R...., colporté des saumons, alors que la pêche en était interdite dans le département de la C...;*

Délit prévu et puni par les articles 5 et 7 de la loi du 31 mai 1865, 1er du décret du 10 août 1875 et 27 de la loi du 15 avril 1829.

Nuit. — *D'avoir, le.... 188 , sur le territoire de la commune de S...., jeté dans la rivière, la R...., des drogues de nature à enivrer le poisson ou à le détruire, avec cette circonstance que ce délit a été commis pendant la nuit ;*

Délit prévu et puni par les articles 25 et 70 de la loi du 15 avril 1829.

§ 9. — RÉPRESSION DES DÉLITS.

LII. Tableau des peines en matière de pêche.

Articles de loi qui édictent les peines.	PEINES.			CONTRAVENTIONS AUXQUELLES ELLES S'APPLIQUENT.	Renvoi aux Nos de l'ouvrage.
	Emprisonnement.	Amende.	Peines accessoires.		
Loi du 15 avril 1829.					
5	»	20 à 100 fr.	Restitution du prix du poisson. — Confiscation des engins facultative.	Pêche sans l'autorisation de celui à qui le droit de pêche appartient............................	VI
24	»	50 à 500 fr.	Destruction des appareils.	Pêche à l'aide de barrages empêchant entièrement le passage du poisson........................	X et XI
25	1 mois à 3 mois.	30 à 300 fr.	»	Pêche à l'aide de drogues de nature à enivrer ou tuer le poisson................................	XVIII à XX
27	»	30 à 200 fr.	Saisie du poisson.	Pêche et colportage du poisson pendant les temps, saisons et heures prohibés. — Contraventions à la loi du 31 mai 1865...........................	XXIV bis à XXVIII XXXI à XXXIV
28 § 1	»	30 à 100 fr.	Confiscation des engins et saisie du poisson.	Pêche à l'aide de procédés ou d'instruments de pêche prohibés par des décrets ou ordonnances.........	X bis à XVI, XXI à XXIV
29 § 2	»	60 à 200 fr.	id.	Le même délit en temps de frai.................	XXVII bis
29	»	16 à 20 fr.	Confiscation.	Transport d'engins de pêche prohibés............	XXXVI
30	»	20 à 50 fr.	Confiscation des poissons.	Pêche et colportage de poisson n'ayant pas les dimensions réglementaires. — Fait d'appâter les engins avec des poissons d'espèces prohibées............	XVII, XXIX et XXXV
33	»	50 fr.	Confiscation.	Filets à bord des bateaux des employés du balisage et des mariniers fréquentant les rivières navigables....	XXXVII
34	»	50 fr.	»	Refus par les pêcheurs dans les rivières navigables et flottables d'amener leurs bateaux, de laisser visiter leurs réservoirs à poisson et leurs engins......	XL à XLII
41	»	50 fr.	»	Refus de remettre immédiatement un engin saisi.....	XLII
69	Peine doublée.	Peine doublée.	»	Récidive......................................	LV
70	id.	id.	»	Délit commis la nuit...........................	LVI
Loi du 31 mai 1865.					
7	10 jours à 1 mois.	Peine doublée.	»	Récidive ou circonstances prévues par l'article 7 de la loi de 1865, en cas d'infraction aux articles 1 et 5 § 1 de cette loi..................................	XXXII et LV

LIII. Cumul des peines. — Le principe du non cumul des peines, établi par l'article 365 du Code d'instruction criminelle, n'est pas applicable aux délits de pêche (Nancy, 7 avr. 1862 ; P. 62-688). La loi de 1829 a été redigée dans le même esprit que le Code forestier ; spécialement l'article 64 de cette loi qui vise certains articles du Code d'instruction criminelle et ne renvoie nullement à l'article 365 de ce Code, n'est que la reproduction de l'article 187 du Code forestier ; or, en matière forestière, il est universellement admis que le cumul des peines a lieu et qu'il doit être prononcé une amende distincte pour chacune des infractions constatées (v° **Forêts,** VIII).

LIV. Destruction et confiscation des engins. — Le tribunal doit ordonner la destruction des engins prohibés qui ont été saisis et déposés au greffe (art. 41 § 1 de la loi du 15 avr. 1829) ; si le prévenu avait refusé de remettre l'engin, le tribunal ne pourrait en ordonner la destruction, et devrait se borner à prononcer une amende de 50 francs par application de l'article 41 § 3.

Lorsqu'un individu a pêché dans un cours d'eau sans l'autorisation de celui à qui le droit de pêche appartient, les engins permis qui ont servi à commettre ce délit *peuvent* être confisqués. Les tribunaux ont dans ce cas un pouvoir d'appréciation ; ils peuvent, suivant les circonstances, prononcer ou non cette peine accessoire. C'est ainsi que la cour de Bordeaux a décidé qu'il n'y avait pas lieu de prononcer la confiscation d'un filet, alors que le délit provenait d'une erreur de Droit (Bordeaux, 15 févr. 1883 ; Martin, n° 21).

La confiscation doit-elle également être ordonnée lorsqu'un engin permis est employé à un mode de pêche prohibé ou en temps prohibé ou lorsqu'il a servi à prendre du poisson n'ayant pas les dimensions réglementaires ? — Non ; car les articles 27 et 29 § 1er n'autorisent pas les tribunaux à prononcer cette peine. Spécialement, lorsqu'un filet, destiné aux petites espèces, a servi à pêcher des poissons des grandes espèces, il ne peut y avoir lieu à confiscation (Paris, 11 juin 1846 ; le *Droit* du 12 juin 1846 ; — Trib. de Tonnerre, 5 août 1870 ; P. 71-364).

LV. Récidive. — Il y a récidive lorsque, dans les douze mois précédents, il a été rendu contre le délinquant un premier jugement pour délit en matière de pêche. — Dans le cas de récidive, la peine est doublée (art. 69 de la loi de 1829).

Il résulte de la discussion de cet article à la Chambre des députés que le double de la peine ne doit pas nécessairement se calculer sur le maximum ; les tribunaux peuvent, en cette matière, prendre la base qui leur semble convenable, à partir du minimum jusques et y compris le maximum.

Un emprisonnement de dix jours à un mois peut de plus être prononcé par application de l'article 7 de la loi du 31 mai 1865, mais seulement quand il s'agit d'infractions prévues par cette loi (Paris, 5 juil. 1867 ; P. 68-969).

LVI. **Circonstance aggravante de nuit.** — Lorsqu'un indididu pêche la nuit, sans qu'aucune autre infraction soit relevée, il est passible des peines de l'article 27 pour pêche en temps prohibé. Mais si le prévenu a commis la nuit une infraction quelconque à la police de la pêche, il tombe sous l'application de l'article 70 de la loi de 1829 : la peine encourue pour le délit est doublée. S'il s'agit d'une infraction à la loi du 31 mai 1865, un emprisonnement de dix jours à un mois peut être en outre prononcé (art. 7 de cette loi).

La nuit, en matière de pêche, commence dès que le soleil est couché (art. 16 du décr. du 10 août 1875).

Lorsqu'il y a à la fois les circonstances de récidive et de nuit, la peine doit être non quadruplée, mais triplée ; c'est ce qui résulte de la discussion à la Chambre des députés (séance du 16 mars 1829 ; *Monit.* du 18 mars 1829 ; — *Sic* : Martin, n° 364 ; Dal. Alph., v° *Pêche fluviale*, n°ˢ 217 et 218.)

LVII. **Circonstances atténuantes.** — Si le préjudice causé *n'excède pas* 25 *francs* et si les circonstances paraissent atténuantes, les tribunaux peuvent réduire l'emprisonnement au-dessous de six jours et l'amende au-dessous de 16 francs ; ils peuvent aussi prononcer séparément l'une ou l'autre de ces peines, sans qu'en aucun cas, elle puisse être au-dessous des peines de simple police (art. 72 de la loi du 15 avr. 1829 ; — art. 11 de la loi du 31 mai 1865).

LVIII. **Mineurs de seize ans.** — Nous avons vu qu'en matière forestière (**Forêts** V), l'article 69 du Code pénal est applicable ; il faut décider par analogie que cette règle s'applique également en matière de pêche fluviale.

LIX. Responsabilité civile. — Les maris, pères, mères, tuteurs, fermiers et porteurs de licences, ainsi que tous propriétaires, maîtres et commettants, sont civilement responsables des délits en matière de pêche, commis par leurs femmes, enfants mineurs, pupilles, bateliers et compagnons et tous autres subordonnés. Cette responsabilité est réglée conformément à l'article 1384 du Code civil (art. 74 de la loi du 15 avr. 1829).

LX. Contrainte par corps. — En matière de pêche fluviale, de même qu'en matière forestière, la durée de la contrainte par corps est fixée par le jugement dans les limites de huit jours à six mois (art. 18 de la loi du 22 juil. 1867). Si la durée de la contrainte n'est pas réglée par le jugement, le condamné ne doit la subir que pendant le temps minimum déterminé par la loi.

Si le condamné est récidiviste, la durée de la détention est double à ce qu'elle eût été sans cette circonstance (art. 79 § 4 de la loi du 15 avr. 1829). L'article 78 et les trois premiers paragraphes de l'article 79 ont été abrogés, mais ce dernier paragraphe, n'étant pas inconciliable avec les lois postérieures sur la contrainte par corps et notamment avec la loi de 1867, est toujours en vigueur.

Les règles ordinaires de la contrainte par corps, relatives aux condamnés insolvables et aux sexagénaires, sont applicables.

LXI. — Recours en grâce. — Les décrets de remise et de modération de peine en matière de délit de pêche sont préparés par les soins du garde des sceaux. Toutefois, on suit pour l'instruction de ces recours une marche différente de celle qui a été adoptée en matière de délits de droit commun.

Les demandes sont remises directement au ministre des travaux publics ou lui sont renvoyées par le garde des sceaux; il les transmet à l'ingénieur en chef des ponts et chaussées qui demande un rapport à l'ingénieur ordinaire de l'arrondissement où le délit a été commis et donne ensuite son avis. Le dossier ainsi complété est retourné au ministre qui le renvoie avec ses propositions aux garde des sceaux (Circ. trav. publ., 15 janv. 1867). Les Parquets n'ont donc pas à intervenir dans l'instruction ; ils doivent seulement fournir aux ingénieurs, les renseignements qui peuvent leur être nécessaires, s'ils en font la demande.

PÊCHE MARITIME

Division

I. Lois et décrets. — Constatation des contraventions. — La pèche côtière est réglée par les décrets du 9 janvier 1852, des 4 juillet, 6 septembre 1853, 17 janvier 1859 et 20 novembre 1875.

La recherche et la constatation des infractions à la police de la pèche côtière sont opérées par les commissaires de l'inscription maritime, les officiers et officiers mariniers commandant les bâtiments garde-pêche, les inspecteurs des pêches maritimes, les syndics des gens de mer, les prud'hommes pêcheurs, les gardes-jurés de la marine, les gardes-maritimes et les gendarmes de marine (art. 16 du décr. du 9 janv. 1852).

Lorsqu'il s'agit de vente ou colportage de frai ou de poisson n'ayant pas les dimensions réglementaires, le délit peut en outre être constaté par les officiers de police judiciaire et par les préposés des contributions indirectes et des octrois (art. 16 du décr. du 9 janv. 1852).

II. Poursuites. — Tribunal compétent. — Les poursuites ont lieu à la requète du ministère public; mais elles peuvent être aussi intentées à la diligence du commissaire de l'inscription maritime qui, dans ce cas, a droit d'exposer l'affaire devant le tribunal et d'être entendu à l'appui de ses conclusions (art. 19).

Les tribunaux correctionnels sont seuls compétents. — Lorsque le délit a été commis en mer, l'affaire est portée devant le tribunal du port auquel appartient le bateau (art. 18).

III. Procédure. — Les citations, actes de procédure et jugements sont dispensés du timbre et enregistrés gratis. Les citations et significations sont faites et remises sans frais par les syndics des gens de mer, les gardes-jurés, les gardes-maritimes et les gendarmes de marine. — Les jugements sont signifiés par simple extrait contenant les noms des parties et le dispositif du jugement (art. 21).

IV. Jugement sur opposition. — Lorsque sur l'opposition formée par un prévenu contre un jugement par défaut, rendu en conformité du décret du 19 novembre 1859, est intervenu un jugement contradictoire, le procureur de la République doit en informer sans retard l'autorité maritime, afin qu'elle en provoque, s'il y a lieu la réformation par la voie de l'appel (Note de la chancellerie ; *Bull. off.*, n° 26, p. 51).

V. Remise d'expédition. — Une expédition de tout jugement ou arrêt, rendu en matière de pêche, doit être remise aux commissaires de l'inscription maritime, quand ils en font la demande. Cette expédition est établie sur papier libre, et les frais en sont payés directement aux greffiers par les soins du département de la marine (Circ. chanc,, 5 nov. 1883 ; *Bull. off.*, n° 32, p. 171).

PEINES (Non cumul des)

Division.

I. Principe. — Exceptions. — En cas de conviction de plusieurs crimes ou délits, la peine la plus forte est seule prononcée (art. 365 § 2 du Code d'inst. crim.).

Mais cette prohibition du cumul des peines ne s'applique qu'aux peines principales ; ainsi lorsqu'un prévenu est poursuivi pour deux délits, si celui qui est puni de la peine la moins forte entraîne la surveillance de la haute police, la surveillance doit être prononcée (Cass., 24 avr. 1847 ; P. 47-II-350 ; — Cass., 13 mai 1853 ; P. 53-II-29).

Par *peine la plus forte*, il faut entendre celle qui est la plus élevée dans l'échelle des peines ; un emprisonnement, quelque court qu'il soit, doit être considéré comme une peine plus forte qu'une amende même d'un taux très élevé.

Il y a quelques exceptions à cette règle, mais elles sont limitativement fixées par la loi :

1° En matière de rébellion (art. 220 du C. pén. — Voir : **Rébellion**);

2° En matière d'évasion de détenus (art. 245 du C. pén. — Voir : **Évasion**, VIII);

3° Dans le cas prévu par l'article 23 du Code pénal ; les peines prononcées contre les témoins et les jurés pour une excuse reconnue fausse, se cumulent avec l'amende encourue pour la non-comparution.

II. **Ce principe n'est pas applicable aux contraventions de simple police**. — Le principe du non-cumul des peines n'est pas applicable en matière de simple police. C'est ce qui résulte du texte même de l'article 365 qui ne défend le cumul qu'en cas de conviction de plusieurs *crimes* ou *délits ;* le législateur, en ne désignant que deux des trois catégories de faits punissables et en gardant le silence sur la troisième, a indiqué par là qu'il n'a pas voulu accorder à cette dernière le bénéfice de cette disposition (Cass., *ch. réun.*, 7 juin 1842 ; P. 43-I-708 ; — Cass., 13 févr. 1845 ; P. 45-II-603 ; — Cass., 19 janv. 1849 ; P. 50-I-415 ; — Cass., 27 juil. 1854 ; P. 56-I-575 ; — Cass., 13 août 1860 ; P. 61-370 ; — Cass., 5 août 1869 ; P. 70-557 ; — Cass., 23 mars 1878 ; P. 79-954).

Lorsqu'un prévenu est poursuivi à la fois pour un délit et pour une contravention, deux peines distinctes doivent être prononcées ; l'article 365 du Code d'instruction criminelle n'est pas applicable (Cass., 28 déc. 1872 ; P. 73-303).

III. **Est-il applicable aux délits et contraventions prévus par des lois spéciales**. — Il est certain que l'article 365 est applicable, lorsque le fait prévu par une loi spéciale constitue un délit, même quand cette loi est antérieure à la promulgation du Code pénal (Cass., 3 mai 1866 ; P. 66-1219) et qu'au contraire il n'est pas applicable s'il ne constitue qu'une contravention de la compétence des tribunaux de simple police.

La difficulté naît, lorsque le fait n'est en réalité qu'une contravention et est cependant puni de peines correctionnelles : nous pensons que dans ce cas la peine la plus forte doit seule être prononcée, car le principe du non-cumul s'applique à tous les *délits* et, par *délit*, il faut entendre toute infraction qui est punie d'une amende de 16 francs au minimum et d'un emprisonnement de plus de cinq jours, sans qu'on ait à rechercher si la condition essentielle du *délit*, l'intention coupable est en même temps exigée, c'est ce qui résulte de l'article 1er du Code pénal. — La jurisprudence de la Cour de cassation a beaucoup varié sur ce point. Elle a admis l'affirmative dans ses arrêts du 8 mai 1852 (P. 53-I-708), du 26 juillet 1855 (P. 56-II-180) et du 13 juillet 1860 (P. 61-758); elle s'est prononcée pour la négative dans ses arrêts du 17 mai 1851 (P. 53-I-314), du 9 août 1851 (P. 53-II-314) et du 3 janvier 1856 (P. 56-II-43).

Mais l'article 365 ne s'applique évidemment pas, lorsque la loi l'a ainsi réglé soit explicitement soit implicitement. — C'est ainsi que le bénéfice de cet article ne s'étend pas :

1° Aux délits forestiers (v° **Forêts**, VIII);

2° Aux délits de pêche (v° **Pêche fluviale**);

3° Aux contraventions à la police des chemins de fer (Cass., 2 mai 1873 : P. 73-826 ; — Cass., 27 janv. 1883 ; P. 85-I-961). L'article 27 de la loi du 15 juillet 1845 porte : « En cas « de conviction de plusieurs *crimes* ou *délits* prévus par la « présente loi ou par le Code pénal, la peine la plus forte « sera seule prononcée ». Cet article ne doit pas être interprété comme l'article 365. En effet dans les articles 11, 14 et 21, la loi désigne ces infractions, même quand elles sont punies de peines correctionnelles, sous le nom de *contraventions*; de plus l'article 23 de la même loi qui indique comment les diverses infractions sont constatées, énumère les *crimes, délits* ou *contraventions* ; or la peine minimum édictée par la loi est celle de 16 francs d'amende. Enfin dans l'article 26, qui a étendu le bénéfice de l'article 463 du Code pénal à toutes les infractions sans exception, le législateur a employé une formule générale : « l'article 463 est applicable aux *con-* « *damnations* qui seront prononcées en exécution de la « présente loi ». — Il est donc évident qu'on a entendu exclure toutes les contraventions à cette loi, encore bien que la peine excède le taux de simple police;

4° Aux contraventions en matières de douanes et de contributions indirectes (Cass., 21 déc. 1821 et 26 mars 1825 ; P. chr.);

5° Aux contraventions à la loi du 19 mai 1874 sur le travail des enfants dans les manufactures. L'article 25 de cette loi porte que l'amende sera appliquée autant de fois qu'il y a eu de personnes employées dans des conditions contraires à la loi, mais sans que son chiffre total puisse excéder 500 francs ;

6° Aux contraventions à la loi du 5 juillet 1844 sur les brevets d'invention, en ce qui concerne les faits postérieurs au premier acte de poursuite et antérieurs à la condamnation (art. 42) ;

7° A certaines contraventions commises par les gérants des journaux (v° **Presse périodique**).

IV. **Cas où un condamné est poursuivi pour d'autres faits antérieurs à sa condamnation.** — M. Mangin (*Traité de l'act. publ.*, t. II, p. 352 et s.) pose en principe que la condamnation d'un individu à la plus forte peine *éteint l'action publique* pour la poursuite des délits d'une moindre gravité qu'il a commis antérieurement à cette condamnation. Ce système doit être repoussé. Il est très vrai, comme nous allons le voir, qu'aucune autre peine ne pourra être subie à raison de ces faits, mais on ne saurait en conclure que des peines ne doivent pas être prononcées : c'est confondre le jugement avec l'exécution dont il est susceptible. N'avons-nous pas vu (**Évasion**, VIII) qu'un condamné à une peine perpétuelle doit être jugé sur le délit d'évasion avec bris de prison et cependant cette dernière peine ne peut-être exécutée qu'après que la première a été subie ?

Aucune atteinte n'est donc portée à l'action publique, le prévenu peut être poursuivi de nouveau. Mais que devra faire le tribunal ?

Deux règles ont été posées par la doctrine et par la jurisprudence et doivent amener la solution de toutes les questions qui peuvent se présenter :

1° Bien que les poursuites soient séparées, il faut que le résultat de toutes ces poursuites soit le même que si les juges avaient statué sur le tout par un seul et même jugement;

2° Peu importe qu'un même tribunal ou que différentes juridictions aient été appelés à en connaître.

Il en résulte que lorsque les peines encourues sont de nature différente, la peine la plus grande doit seule être prononcée. Ainsi lorsqu'un individu condamné pour vol qualifié à la peine des travaux forcés, est ensuite poursuivi pour vol simple, commis antérieurement, le tribunal ne peut prononcer une peine d'emprisonnement (Cass., 26 mai 1831 ; P. chr.), ou tout au moins il doit ordonner que la peine prononcée se confondra avec celle déjà encourue (Cass., 24 juin 1837 ; P. 38-I-547).

Mais si les peines sont de même nature, elles peuvent être appliquées jusqu'à concurrence du maximum de la plus forte (Cass., 8 oct. 1824 ; — 27 avr. 1827 ; — 15 mars 1828 ; — 28 mars 1829 ; P. chr.; — Cass., 4 juin 1836; P. 37-I-29; — Cass., 18 oct. 1845; P. 48-II-370 ; — Cass., 12 oct. 1849; P. 50-II-669 ; — Cass., 24 avr. 1856; P. 57-537). Ainsi l'individu condamné à quinze mois de prison pour vol simple, peut encore être condamné pour vol antérieur à trois ans et neuf mois de prison, complément du maximum de cinq années prononcé par l'article 401 du Code pénal.

PERMIS DE VISITE

Toutes les permissions de visiter dans les prisons des prévenus ou des accusés doivent, pour être valables, être visées par les autorités judiciaires. — C'est au directeur ou au gardien de la prison qu'il appartient de ne pas autoriser la visite sans visa. Une ordonnance formelle d'interdiction de communiquer doit être rendue toutes les fois qu'on pourrait craindre un conflit d'attributions et aucune observation officielle ne doit être formulée contre l'usage que les préfets ou sous-préfets auraient fait de leur droit, puisque le remède à tout abus se trouve dans l'obligation imposée aux gardiens-chefs (Circ. chanc., 21 août 1866 ; Gillet, n° 4223).

Ces visas sont donnés :

1° Par les juges d'instruction, tant qu'ils sont saisis de l'affaire ;

2° Par les procureurs de la République, quand il s'agit d'individus arrêtés en flagrant délit, et quand les détenus sont renvoyés soit en police correctionnelle soit devant la chambre d'accusation. — Enfin, les autorisations de communiquer avec les accusés renvoyés devant la Cour d'assises doivent être visées par les chefs de Parquet et non par les présidents d'assises (Circ. chanc., 19 juil. 1882 ; *Bull. off.*, n° 27, p. 60).

PERQUISITIONS

Voir : **Visites domiciliaires.**

PHARMACIE

Division.

§ 1. — PRÉLIMINAIRES

I. **Législation. — Bibliographie.** — La pharmacie est actuellement régie :

1º Par l'arrêt de règlement du parlement de Paris du 23 juillet 1748 et par les articles 4 et 6 de la déclaration du roi du 25 avril 1777, qui sont encore en vigueur ;

2º Par la loi du 21 germinal an XI, complétée par la loi du 29 pluviôse an XIII ;

3º Par le décret du 25 thermidor an XI ;

4º Par les décrets des 23-24 août 1873 ; du 14 juillet et du 20 novembre 1875 ; du 12 juillet et du 31 août 1878, et du 26 juillet 1885.

Consulter : Briand et Chaudé, t. II, p. 643 et suiv.; — Dubrac, *Traité de jurisprudence médicale et pharmaceutique.*

Paris, 1882, in-8 ; — Trébuchet, *Jurisprudence de la médecine, de la chirurgie et de la pharmacie en France*. Paris, 1834,
in-8.

§ 2. — CONDITIONS POUR ÊTRE REÇU PHARMACIEN

II. **Enseignement. – Études.** — Nous allons voir (*infra*,
IV) que les pharmaciens se divisent en deux classes.

Pour être reçu pharmacien de première classe, il faut être
bachelier ès-lettres ou ès-sciences, faire trois années de stage
dans une pharmacie, puis suivre, pendant trois années les
cours d'une école supérieure, d'une faculté mixte ou d'une
école de plein exercice (art. 1 et 2 du décr. du 12 juil. 1878;
art. 1er du décr. du 26 juil. 1885), et enfin subir avec succès
les examens déterminés par les articles 6, 10, 11 et 12 du
décret du 26 juillet 1885.

Pour être reçu pharmacien de deuxième classe, il suffit de
produire le certificat de grammaire délivré conformément à
l'article 2 du décret du 10 avril 1852. La durée du stage est
de trois ans, celle des études est également de trois ans. Elles
peuvent être faites dans une école préparatoire (art. 1 et 2 du
décr. du 14 juil. 1875 et art. 1er du décr. du 26 juil. 1885).

III. **Élèves en pharmacie.** — Le stage officinal exigé des
élèves en pharmacie doit être constaté au moyen d'inscriptions prises au secrétariat des écoles supérieures de pharmacie, des facultés mixtes de médecine et de pharmacie, ou des
écoles de médecine et de pharmacie. Dans les communes où
ces établissements n'existent pas, les élèves stagiaires sont
tenus de se faire inscrire sur un registre ouvert au greffe de
la justice de paix du canton (art. 1 et 3 du décr. du 26 jui.
1885).

Aux termes de l'article 20 de la loi du 26 juillet 1860, les
greffiers de justice de paix ont le droit de percevoir un franc
par inscription et par chaque délivrance d'extrait d'inscription. Les registres destinés à recevoir ces inscriptions, et les
extraits qui en sont délivrés, sont dispensés des formalités et
des droits de timbre et d'enregistrement.

Nul ne peut se faire inscrire comme stagiaire s'il n'a seize
ans accomplis et s'il ne produit, pour le grade de *pharmacien
de première classe*, le diplôme de bachelier ès-lettres ou le
diplôme de bachelier ès-sciences (complet), ou le diplôme de

bachelier de l'enseignement secondaire spécial, pour le grade de *pharmacien de deuxième classe*, à défaut de l'un de ces diplômes de bachelier, soit le certificat d'études de l'enseignement secondaire spécial, soit le certificat d'examen de grammaire, complété par un examen portant sur les éléments de physique, de chimie et d'histoire naturelle, conformément au programme d'études de troisième année de l'enseignement secondaire spécial (art. 2 du décr. du 26 juil. 1885).

Les juges de paix doivent refuser l'inscription de tout candidat qui ne présente pas le diplôme de bachelier ou les certificats prescrits (Circ. chanc., 11 juil. 1883 ; *Bull. off.*, n° 31, p. 122).

Il faut produire, en outre :

1° L'acte de naissance ;

2° Un certificat de présence délivré par le titulaire de l'officine à laquelle le stagiaire est attaché.

Il est remis à chaque stagiaire une expédition de son inscription, énonçant ses nom, prénoms, date et lieu de naissance (art. 3 du décr. du 26 juil. 1885).

L'inscription doit être renouvelée tous les ans au mois de juillet.

Si le stagiaire, sans sortir de la circonscription où il a pris son inscription, passe d'une officine dans une autre, il est tenu de produire pour le renouvellement de son inscription, outre un nouveau certificat de présence, des certificats de sortie délivrés par les pharmaciens qui l'ont occupé depuis la précédente inscription.

Il est fait mention de ces pièces sur le registre et sur l'extrait d'inscription.

Quant un stagiaire change de circonscription, il est tenu de se faire inscrire de nouveau, dans le délai de quinzaine, en produisant soit au secrétariat de l'école ou faculté, soit au greffe de la justice de paix, suivant les cas, un extrait de ses précédentes inscriptions, constatant les périodes de stage qu'il a régulièrement accomplies jusqu'au jour de son départ.

Toute période de stage qui n'a pas été constatée conformément aux dispositions qui précèdent est considérée comme nulle (art. 4 et 5 du décr. du 26 juil. 1885).

§ 3. — CONDITIONS POUR EXERCER LA PROFESSION
DE PHARMACIEN

IV. **Différentes classes de pharmaciens.** — Les pharmaciens se divisent en deux classes. Les pharmaciens de première classe peuvent exercer dans toute l'étendue du territoire français ; ceux de deuxième classe n'ont le droit d'exercer que dans le département pour lequel ils ont été reçus.

Lorsqu'un pharmacien de deuxième classe veut aller s'établir dans un autre département, il doit passer à nouveau les trois examens probatoires devant la Faculté où École dans le ressort de laquelle ils doivent exercer (art. 12 du décr. du 26 juil. 1885) aucune dispense ne peut être accordée.

Il existe maintenant un *diplôme supérieur* de pharmacien de première classe, créé par le décret du 12 juillet 1878, et qui permet à ceux qui l'ont obtenu d'être nommés professeurs ou agrégés des sciences pharmaceutiques dans les facultés mixtes. Ce titre ne donne aucune prérogative au point de vue de l'exercice de la profession de pharmacien.

V. **Age. — Diplôme.** — Pour exercer la profession de pharmacien, il faut être âgé de vingt-cinq ans accomplis (art. 16 de la loi du 21 germ. an XI) ; mais il peut être accordé des dispenses d'âge par le ministre de l'instruction publique.

Aussitôt qu'un pharmacien a obtenu un diplôme, il doit le faire enregistrer à la préfecture et au greffe du tribunal (art. 21 et 22 de la loi du 21 germ. an XI). Cette formalité a pour effet non seulement de protéger la société, mais encore de garantir les pharmaciens de la concurrence illicite de praticiens non pourvus de diplômes. Il y a lieu de tenir la main à son exacte observation (Circ. agr. et comm., 10 févr. 1861 et circ. chanc., 2 mai 1861 ; *Rec. off.*, t. II, p. 506).

V *bis.* **Cas spécial où l'officine peut être gérée par un élève.** — Au décès d'un pharmacien, la veuve peut continuer de tenir l'officine ouverte pendant un an, à la condition de présenter un élève âgé d'au moins vingt-deux ans, à l'École dans les villes où il en existe et à la commission chargée de l'inspection des pharmacies dans les autres arrondissements. L'École ou la commission s'assure de la moralité et de la capacité de cet élève, et désigne un pharmacien pour diriger et surveiller toutes les opérations de l'officine. — L'année révolue, il n'est plus permis à la veuve de tenir son officine ouverte (art. 41 de l'arr. du 25 therm. an XI, combiné avec l'art. 1er du décr. du 23 mars 1857).

La loi a eu principalement en vue de sauvegarder les intérêts de la veuve, en lui permettant de conserver la clientèle de l'officine jusqu'à ce qu'elle ait trouvé un acquéreur; aussi le bénéfice de l'article 41 aurait dû être étendu aux héritiers. — Le législateur ne l'a pas fait: les termes de l'article 41 sont formels, et comme il s'agit d'une mesure absolument exceptionnelle, on ne saurait l'étendre par analogie. C'est en ce sens que s'est prononcée la Cour de Caen dans un arrêt du 2 avril 1873 (P. 74-194).

VI. **Serment préalable.** — Avant d'ouvrir son officine, tout pharmacien doit prêter, entre les mains du préfet, serment d'exercer son art avec probité et fidélité; il est fait mention de ce serment sur le diplôme (art. 16 de la loi du 21 germ. an XI). — Le fait de tenir une officine avant cette prestation de serment constitue le délit d'exercice illégal de la pharmacie (Paris, 3 août 1850; P. 50-II-546).

VII. **Propriété de l'officine.** — Est-il nécessaire que la personne pourvue du diplôme soit en même temps propriétaire de l'officine? En d'autres termes, une personne quelconque peut-elle être propriétaire d'une pharmacie qu'elle ferait gérer par un pharmacien légalement reçu? La question est vivement discutée.

Toute la difficulté naît de l'interprétation de l'article 25 de la loi du 21 germinal an XI. Cet article est ainsi conçu : « Nul « ne pourra obtenir de patente pour exercer la profession de « pharmacien, ouvrir une officine de pharmacie, préparer, « vendre ou débiter aucun médicament, s'il n'a été reçu sui- « vant les formes voulues... » — L'article 25, dit-on dans un premier système, est formel : « Nul ne pourra... *ouvrir* une officine... » La loi exige que celui qui ouvre l'officine, ou en d'autres termes que celui qui en est propriétaire, soit pourvu d'un diplôme. C'est d'ailleurs ce que décidait déjà l'édit du 25 avril 1777 : « Lesdits privilégiés titulaires de charge... ne « pourront se qualifier de maîtres en pharmacie et avoir « laboratoire et officine que tant qu'ils posséderont et exer- « ceront personnellement leurs charges. » Cet arrêté n'était

applicable qu'à Paris ; mais le législateur de l'an XI a voulu
en généraliser la portée et s'en est manifestement inspiré.

A ces arguments, on peut répondre qu'il n'est pas évident
que le législateur se soit inspiré de l'édit de 1777. Cet édit
remontait à une époque où les maîtres apothicaires de Paris
formaient une corporation sous la dénomination de *Collège
de pharmacie*, et où, par suite, il était bien difficile de séparer la propriété de l'exploitation, d'autant plus que le nombre
des charges était alors limité. En l'an XI, au contraire, il n'y
a plus de corporations ; la pharmacie est libre, en ce sens que
le nombre des officines, dans chaque ville, est illimité : il n'y
a donc aucune analogie entre ces deux époques au point de
vue de la situation des pharmaciens. — Si nous passons
maintenant à l'examen du texte de l'article 25, nous voyons
qu'il est loin d'être aussi précis qu'on veut bien le dire :
comme le font très justement remarquer MM. Briand et
Chaudé (t. II, p. 658), ce que cet article défend, c'est *d'exercer la profession*, et tout le reste de la phrase n'est qu'une
énumération destinée à expliquer ce qu'on doit entendre par
exercice de la pharmacie. — A l'appui de notre système,
nous invoquerons une décision du ministre du commerce,
du 21 mai 1831 ; un étranger non pharmacien, mais propriétaire en France d'une pharmacie, crut devoir solliciter du
ministre du commerce l'autorisation d'y placer un gérant
pourvu d'un diplôme régulier ; le ministre lui répondit :
« Une autorisation particulière ne vous est pas nécessaire à
« cet effet, car vous ne demandez en cela rien qui ne soit
« conforme à la loi.» (Briand et Chaudé, t. II, p. 659.) — Il est
bien évident, d'ailleurs, que nous ne parlons ici que d'une
gérance effective : le propriétaire ne fait que posséder l'immeuble, le matériel et les produits pharmaceutiques ; il n'intervient en rien dans la gestion, sauf pour contrôler les
comptes qui lui sont remis.

Nous devons reconnaître qu'aujourd'hui la jurisprudence
est fixée dans un sens contraire : il faut que la propriété de
l'officine et le diplôme se trouvent réunis sur la même tête
(Cass., 23 juin 1859 ; P. 59-960 ; — Cass., 23 août 1860 ; —
Cass., 25 mars 1876 ; P. 76-418 ; — Cass., 22 avr. 1880 ; P.
80-1078).

Nous pensons toutefois qu'il n'est pas douteux qu'un pharmacien puisse être propriétaire de deux officines, pourvu qu'il mette un gérant muni d'un diplôme régulier à la tête de celle qu'il ne dirige pas lui-même : l'article 25 cesse en effet d'être applicable. — Plusieurs arrêts ont décidé qu'un pharmacien ne pouvait exploiter simultanément deux pharmacies ; mais, dans ces diverses espèces, la gérance était confiée simplement à un élève, ce qui constitue une contravention évidente.

§ 4 — OBLIGATIONS DIVERSES IMPOSÉES AUX PHARMACIENS

VIII. Le pharmacien doit diriger lui-même sa pharmacie. — Il est certain que le pharmacien doit administrer lui-même sa pharmacie, préparer les médicaments ou tout au moins en diriger la préparation et exercer sur ses élèves une surveillance constante. Il en résulte qu'il ne peut s'absenter pendant un certain temps, en laissant à un élève la direction de l'officine. (Nimes, 13 août 1829 ; P. chr. ; — Cass., 10 juil. 1835 ; P. chr.).

IX. Règles à suivre dans la préparation et la délivrance des médicaments. — On distingue deux sortes de médicaments : les remèdes officinaux et les remèdes magistraux.

Les remèdes officinaux sont ceux dont la préparation est déterminée par le *Codex*. Les pharmaciens peuvent les préparer d'avance et en avoir dans leur officine pour les livrer dès qu'ils sont demandés ; mais ils sont tenus de se conformer exactement pour la composition et le mode de préparation aux formules insérées dans le *Codex* (art. 32 de la loi de germinal).

Par remède magistral, on entend celui dont la formule est donnée par le médecin. — Les pharmaciens ne peuvent livrer ou débiter aucune préparation médicinale, autre que celles déterminées par le *Codex*, que d'après la prescription qui en est faite par des docteurs en médecine ou en chirurgie ou par des officiers de santé, et sous leur signature (art. 32 de la loi de germ.).

Que décider si un pharmacien modifie l'ordonnance d'un médecin ? Ce fait constitue le délit d'exercice illégal de la médecine (Paris, 26 mars 1870 ; P. 70-724). Si donc un pharmacien croit remarquer une erreur dans une ordonnance, il doit se borner à en référer au médecin qui l'a délivrée, avant d'exécuter la préparation.

Enfin les pharmaciens ne peuvent délivrer un médicament que sur le vu d'une ordonnance d'un médecin (art. 32).

X. **Remèdes secrets**. — Il est interdit aux pharmaciens de vendre des remèdes secrets (art. 32 de la loi de germ.).

On doit considérer comme remèdes secrets tous ceux qui ne sont pas composés d'après une ordonnance de médecin, et dont la formule n'est pas inscrite au *Codex*.

Toutefois, les remèdes qui ont été reconnus nouveaux et utiles par l'Académie nationale de médecine et dont les formules, approuvées par le ministre du commerce, conformément à l'avis de cette compagnie savante, ont été publiées dans son *Bulletin* avec l'assentiment des inventeurs ou possesseurs, cessent d'être considérés comme remèdes secrets. Ils peuvent être en conséquence vendus librement par les pharmaciens, en attendant que la recette en soit insérée dans une nouvelle édition du *Codex* (Décr. du 3 mai 1850).

L'interdiction de vendre des remèdes secrets ne laisse pas que de présenter certaines difficultés ; voici comment la jurisprudence les a résolues :

I. Lorsque la formule d'un remède n'est pas au *Codex* et que les formalités exigées par le décret de 1850 n'ont pas été remplies, on doit le considérer comme remède secret, encore bien que son efficacité soit attestée par plusieurs médecins (Toulouse, 25 août 1857 ; P. 57-156)

II. Il n'y a pas lieu de qualifier remèdes secrets :

1° Les médicaments dont la nouveauté consiste dans un meilleur mode de préparation officinale ou un perfectionnement dans l'emploi des substances élémentaires qui les composent ou dans le dosage des quantités (Toulouse, 25 août 1853 ; P. 57-456 ; — Metz, 11 févr. 1857 ; P. 57-443) ;

2° Ceux où la modification consiste dans l'addition d'une substance bénigne employée comme excipient, adjuvant ou véhicule ;

3° Les compositions qui ne constituent qu'une substance alimentaire, telle que la *Revalescière du Barry* (Paris, 3 janv. 1879 ; *Gaz. des trib.*, 8 et 9 janv. 1879) ;

4° Les compositions chimiques, hygiéniques, odontalgiques, cosmétiques ou autres qui ne doivent pas entrer au corps

humain en qualité de médicaments (Paris, 11 août 1832 ; —
Metz, 11 févr. 1857 ; P. 57-449) ;

5° Les compositions qui, bien que susceptibles d'être employées accidentellement en médecine, n'ont pas cette destination d'une manière exclusive, tels que certains sirops
(Metz, 11 févr. 1857 ; P. 57-449), l'eau de seltz factice et le
soda-water (Trib. de la Seine, 22 juin 1832. — Voir : **Remèdes secrets**).

XI. **Substances vénéneuses**. — Les substances vénéneuses doivent être renfermées dans un endroit sûr et fermé
à clef (art. 34 de la loi de germ. ; — art. 11 de l'ord. du
29 nov. 1846).

Les pharmaciens sont tenus en outre de se conformer aux
diverses prescriptions de l'ordonnance du 29 novembre 1846
et du décret du 8 juillet 1850 (v° **Substances vénéneuses**).

XII. **Interdiction de faire tout autre commerce**. —
Les pharmaciens ne peuvent faire dans le local de leur officine aucun autre commerce ou débit que celui des drogues
et préparations médicinales (art. 32 de la loi de germ.).
Mais un pharmacien a le droit d'avoir deux magasins séparés :
l'un pour la pharmacie, l'autre pour un commerce quelconque, l'épicerie par exemple (Trébuchet, p. 589 ; — Briand et
Chaudé, t. II, p. 723).

§ 5. — DROIT DE VENDRE DES MÉDICAMENTS

XIII. **Principe**. — Les pharmaciens légalement reçus ont
seuls le droit de préparer, vendre et débiter les médicaments
(art. 25 de la loi du 21 germ. an XI). Toutefois les épiciers et
les droguistes peuvent faire le commerce en gros des drogues simples ; mais il leur est interdit d'en débiter au poids
médicinal (art. 33 de la loi de germ.).

Les drogues simples sont celles que l'on trouve en cet état
dans le commerce et que les pharmaciens emploient pour la
préparation des médicaments. Elles perdent leur caractère,
et la vente ne peut plus en être effectuée que par les pharmaciens, si elles ont subi une préparation qui exige des connaissances pharmaceutiques : ainsi du bismuth, du calomel,
du soufre, de l'ipécacuana, etc., mélangés avec de la gomme
adragante et du soufre et transformés en pastilles, deviennent
des préparations pharmaceutiques (Cass., 3 avr. 1862 ; P. 62-
1134) ; il en est de même du bi-carbonate de soude, si on le

convertit en pastilles, dites *de Vichy* (Trib. de la Seine,
8 nov. 1864 ; *Gaz. des Trib.*, 11 nov. 1864).

Le vin de quinquina parait être également un produit pharmaceutique (Paris, 27 févr. 1873 et 23 juil. 1874 ; Briand et
Chaudé, t. II, p. 684 et 717) ; mais le comité consultatif d'hy-
giène publique de France a déclaré qu'il ne voyait aucun inconvénient à ce que les liqueurs alcooliques au quinquina et
au quassia soient vendues par les épiciers. Par une note en
date du 10 juin 1882, insérée au *Bulletin officiel* (n° 26,
p. 47), la chancellerie a invité les procureurs généraux à
porter cette décision à la connaissance de leurs substituts.

XIV. **Exception en faveur des médecins et pharmaciens.** — Les médecins et officiers de santé, établis dans les
bourgs, villages ou communes où il n'y a pas de pharmacien,
peuvent fournir des médicaments simples ou composés aux
personnes près desquelles ils sont appelés, mais sans avoir
toutefois le droit de tenir officine ouverte (art. 27 de la loi de
germ.).

Cette disposition de l'article 27 doit être interprétée dans
un sens restrictif. Ainsi un médecin qui va soigner des malades dans une localité où il n'y a pas de pharmacien, ne
peut leur fournir des médicaments, s'il existe une pharmacie
dans la commune où il habite (Orléans, 27 févr. 1840 ; P. 40-I-
439 ; — Cass., 16 oct. 1844, P. 45-I-775) ; mais il en aurait le
droit s'il n'y avait pas non plus de pharmacien dans sa résidence (Trib. de Versailles, 14 juil. 1868 et Cour de Paris,
27 août 1868 ; *Gaz. des Trib.* du 28 août 1868).

Les dispositions de la loi de germinal s'appliquent aux
médecins homœopathes ; ils ne peuvent vendre de médicaments que dans le cas prévu par l'article 27, encore bien qu'il
n'y ait pas de pharmacie homœopathique dans la localité
(Cass., 6 févr. 1857 ; P. 57-214 ; — Cass., 4 mars 1858 ; P. 58-
770).

XV. **Hospices et bureaux de bienfaisance.** — Dans
beaucoup d'hospices et d'établissements de bienfaisance, des
sœurs de charité préparent des médicaments pour des malades confiés à leurs soins. Il résulte d'une délibération de
l'École de médecine de Paris (séance du 9 pluv. an X) et des
circulaires du ministre de l'intérieur du 28 ventôse an X, du
16 avril 1828 et du 31 janvier 1840 qu'elles sont autorisées à

préparer elles-mêmes les tisanes, les potions et les loochs simples, les cataplasmes et en général les médicaments dont la préparation est si simple qu'elle n'exige pas de connaissances pharmaceutiques étendues. Il leur est interdit de s'occuper de tous les médicaments dont la préparation nécessite une manipulation compliquée.

La circulaire du 16 avril 1828 les autorisait à distribuer aux indigents ou à vendre à bas prix les médicaments d'une préparation simple qu'elles pouvaient composer elles-mêmes. Mais la circulaire du 31 janvier 1840 interdit toute vente et tolère seulement la distribution gratuite aux indigents.

Il n'est pas douteux, en droit, que si la distribution gratuite peut être tolérée, la vente ne saurait jamais être permise et constitue une contravention formelle à la loi de germinal an XI (Bordeaux, 28 janv. 1830. P. chr.).

Il a été jugé que le pharmacien préposé, par arrêté préfectoral, à la gestion de l'officine d'un hospice peut, sans contravention, vendre des médicaments au dehors (Cass., 31 mai 1862 ; P. 63-302).

§ 4. — POLICE DE LA PHARMACIE. — CONSTATATION ET POURSUITE DES CONTRAVENTIONS

XVI. **Listes publiées par la préfecture. — Inspection des officines**. — Les préfets, dans les départements, et, à Paris, le préfet de police, doivent, aux termes de l'article 28 de la loi de germinal, faire imprimer et afficher chaque année la liste des pharmaciens établis dans leur département. Un arrêté ministériel du 22 mars 1812 a autorisé la substitution de la publication quinquennale à la liste annuelle, mais chaque année il doit être publié un supplément indiquant les additions et les changements survenus.

Les pharmaciens ne sont pas tenus de veiller à ce que l'inscription de leur nom soit faite sur la liste.

Les pharmaciens sont assujettis à des visites, réglées par les articles 29, 30 et 31 de la loi de germinal an XI, 42 et 46 de l'arrêté du 25 thermidor an XI et par le décret du 23 mars 1859 ; mais les officiers de police judiciaire n'en conservent pas moins le droit de visiter les pharmacies toutes les fois que cette mesure leur paraît nécessaire. L'article 2 du décret du 8 juillet 1850 a même disposé que les officiers de police judiciaire seraient assistés, s'il y a lieu, soit d'un docteur en médecine, soit de deux professeurs de l'École de pharmacie, soit d'un des membres du jury médical et d'un des pharmaciens adjoints à ce jury.

XVII. **Nature des infractions aux lois sur la pharmacie.** — Les infractions aux lois sur la pharmacie constituent-elles des délits ou de simples contraventions ? La jurisprudence a beaucoup varié sur ce point, mais il faut dire que fréquemment les questions de fait paraissent avoir eu une grande influence sur les décisions judiciaires. Dans son dernier état, la jurisprudence tend à se fixer en ce sens que, bien que la peine excède les limites de la compétence des tribunaux de simple police, ces infractions constituent des contraventions purement matérielles qui tombent sous l'application de la loi, alors même qu'il n'y aurait pas d'intention frauduleuse (Cass., 24 mars 1859; P. 59-1055; — Cass., 22 janv. 1876; P. 76-786; — Nimes, 26 mai 1876; P. 76-786; — Angers, 27 oct. 1877; P. 78-363).

XVIII. **Poursuites. — Tribunal compétent.** — Les poursuites peuvent être dirigées d'office par le ministère public ; mais les pharmaciens d'une localité ont qualité pour poursuivre tous ceux qui débitent illégalement des médicaments (Bordeaux, 21 nov. 1856 ; P. 57-214 ; — Poitiers, 7 mai 1857 ; P. 57-824 ; — Poitiers, 11 mars 1869 ; P. 69-1019).

Les tribunaux de police correctionnelle sont seuls compétents pour statuer sur les infractions aux lois sur la pharmacie.

XIX. **Prescription.** — Les règles ordinaires de la prescription sont applicables ; ces contraventions se prescrivent donc par trois ans (Paris, 20 sept. 1829 ; P. chr.; — Paris, 16 août 1832 ; P. chr).

§ 7. — PEINES

XX. **Vente de médicaments par les épiciers-droguistes.** — Les épiciers et droguistes qui vendent des compositions ou préparations pharmaceutiques sont punis d'une amende de 500 francs (art. 33 de la loi de germ.).

Cette peine ne peut être ni augmentée ni diminuée par les tribunaux ; l'article 463 du Code pénal n'est pas applicable.

L'article 33 ne s'applique pas aux herboristes.

XXI. **Exercice illégal de la pharmacie**. — L'article 36
de la loi de germinal prohibe « tout débit au poids médici-
« nal, toute distribution de drogues et préparations médica-
« menteuses sur des théâtres et étalages, dans les places pu-
« bliques, foires et marchés, toute annonce et affiche imprimée
« qui indiquerait des remèdes secrets, sous quelque déno-
« mination qu'ils soient présentés. » Toute contravention à
ces dispositions est punie d'une amende de 25 à 600 francs,
et en outre, en cas de récidive, d'un emprisonnement de trois
à dix jours (Loi du 29 pluviôse an XIII).

L'article 36 vise la vente de médicaments dans les foires ;
mais s'applique-t-il aussi au débit clandestin, à la vente de
produits pharmaceutiques par toute personne qui ne remplit
pas les conditions voulues ? Si cet article n'est pas applicable,
quelle sera la sanction, car l'article 35, qui prévoit l'exercice
illégal de la pharmacie, n'édicte aucune peine ? La jurisprudence est très divisée sur ce point :

1º On a soutenu qu'aucune peine ne peut être prononcée ;
il y aurait là une lacune regrettable, mais les tribunaux ne
peuvent la combler (Montpellier, 16 janv. 1832 ; D. 32-1-147) ;

2º La Cour de Douai, dans un arrêt du 22 août 1828 (**P.
chr.**), décide qu'en l'absence de toute pénalité, les tribunaux
doivent prononcer les peines de simple police. — C'est là une
erreur évidente ;

3º On a décidé que la peine encourue est celle de l'article 33 de la loi de germinal (Cass., 9 oct. 1824 ; P. chr.),
mais cet article 33 s'applique exclusivement aux épiciers et
droguistes ;

4º Dans un quatrième système, on soutient que l'article 36
est général; qu'il vise spécialement quelques cas d'exercice
illégal, mais que ses dispositions doivent être étendues à
toute vente illicite de médicaments (Cass., 2 mars 1832 ; P.
chr.; — Cass., 10 févr. 1844 ; P. 45-1-746 ; — Cass., 18 juil.
1845 ; P. 46-1-48) ;

5º Un cinquième système exige pour que l'article 36 et, par
suite, la loi du 29 pluviôse an XIII soient applicables, que la
vente ait lieu au poids médicinal (Cass., 20 janv. 1855 ; P. 55-
1-536) ;

6º Enfin, d'après un dernier système, les contraventions à
l'article 35 de la loi de germinal sont punies des peines portées

dans l'article 6 de la déclaration du 25 avril 1777, ainsi conçu :
« Défendons aux épiciers et à toutes personnes de fabriquer,
« vendre et délivrer aucun sel, composition ou préparation
« entrant au corps humain en forme de médicaments, ni de
« faire aucune mixtion de drogues simples pour administrer
« en forme de médecine, sous peine de 500 livres d'amende
« et de plus grande s'il y échoit. » (Paris. 22 juin 1833 ;
P. chr.; — Cass., 15 nov. 1844; P. 45-1-747 ; — Orléans, 8 août
1859 ; P. 60-529 ; — Cass., 23 août 1860 ; P. 61-157 ; — Cass.,
25 mars 1876 ; P. 76-418).

C'est ce dernier système qui doit, à notre avis, être suivi :
la déclaration de 1777 avait été abrogée par la loi du 2 mars
1791, mais la loi du 17 avril de la même année l'a fait revivre.
— Elle ne s'appliquait qu'à Paris, mais la loi de germinal
an XI se l'est appropriée pour se compléter, quant aux éléments constitutifs des contraventions et à la pénalite, car
dans ses articles 29 et 30, elle s'est référée aux lois et règlements *actuellement* existants et par là-même elle a étendu
à toute la France, les dispositions de la déclaration de 1777.

La peine est « de 500 livres d'amende ou de plus grande,
s'il y échoit ». Il est contraire aux principes de notre législation d'accorder au juge le droit d'infliger une peine illimitée,
aussi le chiffre de 500 francs ne saurait aujourd'hui être
dépassé.

Les tribunaux peuvent-ils abaisser l'amende au-dessous de
ce chiffre ? L'article 463 du Code pénal n'est évidemment pas
applicable ; mais les tribunaux ne pourraient-ils pas, puisqu'il s'agit d'un texte antérieur à 1789, user du pouvoir général d'atténuation que notre ancienne législation accordait
aux parlements ? Nous ne le pensons pas, car la loi de l'an XI,
en maintenant l'article 6 de la déclaration de 1777, a voulu
seulement conserver l'indication de la peine encourue et a
entendu évidemment la soumettre aux principes généraux
de notre Droit criminel (Chambéry, 30 oct. 1874 ; P. 75-673).

XXII. **Contraventions commises par les pharmaciens**. — Le pharmacien de deuxième classe qui exerce dans
un département autre que celui pour lequel il est reçu, commet la contravention prévue par l'article 35 et encourt les
peines édictées (*supra*, XXI) pour exercice illégal de la pharmacie.

Il en est de même du pharmacien qui n'a pas prêté le serment prescrit.

Les pharmaciens ne doivent préparer leurs médicaments que conformément au *Codex* ou aux ordonnances des médecins, et n'en délivrer que sur le vu d'une ordonnance ; mais l'article 32 de la loi de germinal, qui édicte ces prescriptions, ne renferme aucune sanction. — L'article 29 se réfère spécialement pour ce cas aux lois et règlements existants ; or ces faits étaient prévus par l'arrêt de règlement du parlement de Paris du 23 juillet 1748 dont la loi de germinal a eu pour effet d'étendre les dispositions à toute la France (Cass., 24 mars 1859 ; P. 59-1055 ; — Cass., 8 févr. 1867 ; P. 67-977). — Les contraventions à l'article 32 sont donc punies des peines portées dans cet arrêt de règlement qui est ainsi conçu : « Notre dite Cour ordonne... que tous apothicaires de
« cette ville et faubourgs de Paris, seront tenus de se confor-
« mer au nouveau *Dispensaire* fait par les suppliants (1)
« pour la composition des remèdes y mentionnés... Fait pro-
« hibition et défense aux apothicaires de donner les compo-
« sitions mentionnées audit *Dispensaire* ou autres par eux
« faites, sur autres ordonnances que celles des docteurs de
« ladite faculté, licenciés d'icelle, ou autres ayant pouvoir,
« desquelles ordonnances lesdits apothicaires seront tenus
« de tenir bon et fidèle registre ; le tout sous les peines por-
« tées par les ordonnances, édits, déclarations et arrêts de
« la Cour. » — La peine était une amende de 500 francs.

Enfin, quelle est la sanction de la prohibition faite aux pharmaciens d'établir un autre commerce dans leur officine ? Il n'y en aurait aucune suivant un arrêt de la Cour de cassation du 4 juillet 1828 (P. chr.). Mais nous pensons qu'il y a lieu d'appliquer ici le principe posé par la Cour de cassation: que la déclaration de 1777 est encore en vigueur et qu'elle renferme la sanction des contraventions pour lesquelles aucune peine n'a été édictée (*supra*, XXI).

L'article applicable est à notre avis l'article 4 de la déclaration du 25 avril 1777, ainsi conçu :

« Les maîtres en pharmacie qui composeront le collège ne
« pourront à l'avenir cumuler le commerce de l'épicerie.

---

(1) **Les doyens et docteurs régents de la Faculté de médecine de Paris.**

« Ils seront tenus de se renfermer dans la confection, prépa-
« tion, manipulation et vente des drogues simples et compo-
« sitions médicinales, sans que, sous prétexte de sucres,
« miels, huiles et autres objets qu'ils emploient, ils puissent
« en exposer en vente à peine d'amende et de confiscation. »
Comme on le voit, cet article se borne à prononcer une
amende sans en fixer la quotité ; elle doit par suite être renfermée dans les limites de l'amende de police, fixée par l'article 466 du Code pénal (Voir : **Médecine et chirurgie**, IX).

XXIII. **Cumul des peines.** — L'article 365 du Code d'instruction criminelle est applicable. C'est une conséquence du
principe que nous avons exposé (v° **Peines**, III).

XXIV. **Fermeture de l'officine.** — Les tribunaux peuvent, lorsqu'une officine est gérée par un individu non pharmacien, en ordonner la fermeture, soit d'office, soit sur les
réquisitions du ministère public, soit sur la demande de la
partie civile (Nancy, 5 mai 1868 ; P. 68-836).

La Cour de cassation dans un arrêt du 20 juillet 1872 (P.
72-1082) a décidé qu'en ordonnant la fermeture d'une pharmacie, comme illégalement tenue, un arrêt repousse suffisamment l'exception tirée par les prévenus d'un prétendu
droit de propriété, appartenant à un tiers sur cette pharmacie.

PIÈCES DE CONVICTION
Division

I. Recherche et saisie.
II. Représentation au prévenu. —
Procès-verbal. — Mesures à
prendre.
III. Emballage et transport.
IV. Dépôt et conservation au greffe.
V. Représentation au prévenu et
aux témoins au cours de
l'instruction.

VI. État des pièces servant à con-
viction.
VII. Production à l'audience.
VIII. Restitution des pièces de con-
viction.
IX. Formalités relatives à cette re-
mise.
X. Remise aux domaines.

I. **Recherche et saisie.** — Le procureur de la République
et les officiers de police judiciaire, auxiliaires du procureur
de la République, peuvent, lorsqu'ils procèdent en cas de
flagrant délit, saisir les armes, instruments, tout ce qui paraît
avoir été destiné ou avoir servi à commettre le crime, tout ce
qui paraît être le résultat du crime, en un mot tous les
objets qui peuvent être utiles à la manifestation de la vérité

et servir de pièces de conviction (art. 35 du C. inst. crim.).

Si le juge d'instruction est saisi, c'est à lui qu'il appartient de se transporter sur les lieux, sur la réquisition du ministère public, pour opérer cette saisie (art. 87 et 88 du C. d'inst. crim ; — Voir : **Transport de justice. — Visites domiciliaires.**)

II. **Représentation au prévenu. — Procès-verbal. — Mesures à prendre.** — Le magistrat qui a procédé à la saisie doit représenter au prévenu chaque pièce à conviction et lui demander s'il la reconnaît. Il l'interroge ensuite sur la façon dont cet objet est venu en sa possession, sur le motif pour lequel il le détient, sur l'emploi qu'il en faisait, sur l'état dans lequel il se trouve, etc... (art 35 du C. d'instr. crim.).

Un procès-verbal doit être dressé pour constater la saisie et la représentation au prévenu ; il faut y insérer la liste exacte et une description sommaire mais précise des pièces saisies. — Le procès-verbal est signé par les magistrats, le greffier et le prévenu (art. 35 et 39 du C. d'instr. crim.).

Les objets saisis doivent être clos et cachetés, si faire se peut ; s'ils ne sont pas susceptibles de recevoir des caractères d'écriture, ils sont mis dans un vase ou dans un sac, sur lequel le magistrat attache une bande de papier qu'il scelle de son sceau (art. 38 du C. d'instr. crim.). M. Duvergier (t. I, p. 520, note 4) fait remarquer avec raison que les bandes de papier ne doivent pas être apposées comme simples étiquettes ; il faut qu'elles soient disposées de manière à rendre impossible toute extraction, toute substitution. Si le récipient a un orifice étroit, comme une bouteille, on appose en outre le cachet sur l'orifice même. Dans l'affaire Lafarge, le juge d'instruction fut amèrement blâmé pour avoir négligé ces précautions.

Ces opérations doivent être faites en présence du prévenu, et s'il ne veut ou ne peut y assister, en présence d'un fondé de pouvoirs qu'il peut nommer (art. 39 du C. d'instr. crim.).

III. **Emballage et transport.** — Lorsque les objets sont fragiles et pourraient se détériorer dans le transport, il y a lieu de faire confectionner une caisse et de les y faire emballer avec toutes les précautions convenables. Les frais que nécessite cette opération sont payés à titre de frais urgents sur les fonds généraux de justice criminelle.

Le procureur de la République ou le juge d'instruction donne un réquisitoire ou une ordonnance à l'ouvrier qu'il charge de ce travail.

Le réquisitoire peut être établi conformément au modèle ci-dessous.

TRIBUNAL

DE PREMIÈRE INSTANCE

d

———

PARQUET

du

Procureur de la République

———

RÉQUISITOIRE

POUR L'EMBALLAGE DES PIÈCES DE CONVICTION

Nous, procureur de la République près le tribunal de première instance d

Vu la disposition finale de l'article 9 du règlement du 18 juin 1811 :

Attendu que les objets, saisis comme pièces de conviction dans l'affaire suivie contre le nommé

prévenu d

sont nombreux, fragiles et peuvent facilement se détériorer ;

Attendu qu'il importe de prendre les précautions convenables pour la sûreté desdits objets, qui doivent être transportés d

à   , pour y être déposés au greffe ;

Requérons le sieur

menuisier-emballeur, demeurant à

d'emballer, avec soin, dans une caisse qu'il confectionnera à cet effet, et dont le couvercle sera fermé au moyen de vis, tous les objets détaillés dans l'état des pièces à conviction, joint au dossier de la procédure suivie contre le susnommé.

Fait au Parquet, à   , le   188

Le procureur de la République,

Les pièces de conviction sont transportées par les gendarmes chargés de la conduite des prévenus. Toutefois, si, à raison du poids et du volume, le transport ne peut être effectué de cette façon, on a recours aux convoyeurs ou aux messageries, en ayant soin de prendre toutes les précautions convenables pour la sûreté des objets (art. 9 du décr. du 8 juin 1811).

Les frais sont payés, à titre de frais urgents, si le convoyeur qui a effectué le transport n'est pas ordinairement employé **par le Parquet; les autres convoyeurs établissent un**

mémoire identique à celui qu'ils fournissent pour les translations de prévenus. Enfin, s'il s'agit d'une compagnie de
chemin de fer, le Parquet n'a pas à intervenir dans le règlement des frais. Mais, dans ce cas, l'ordre de transport doit
être délivré en double exemplaire (Voir : **Translation**, VIII,
XI, XIV et XVII).

Le réquisitoire peut être établi conformément au modèle
ci-dessous.

TRIBUNAL

DE PREMIÈRE INSTANCE

d

PARQUET

du

Procureur de la République

RÉQUISITOIRE

POUR LE TRANSPORT DES PIÈCES DE CONVICTION

Nous, procureur de la République près le
tribunal de première instance d

Vu l'article 9 du décret du 18 juin 1811 ;

Requérons la compagnie du chemin de fer
de .... de recevoir et de faire
transporter à

pour être déposé au greffe d

un colis du poids de   kilogrammes, contenant les objets saisis comme pièces de conviction dans l'affaire suivie contre le nommé

prévenu d

Fait au Parquet, à   , le   188

Le procureur de la République,

Reçu le
au greffe d

le colis désigné dans le réquisitoire ci-dessus.

Le greffier,

La dépense occasionnée par l'emballage et le transport des
pièces de conviction doit être comprise dans l'état des frais de
la procédure, et est recouvrable contre le condamné (Cass.,
15 juin 1877 ; P. 78-814 ; — De Dalmas, p. 3).

IV. **Dépôt et conservation au greffe.** — Les pièces servant de conviction doivent toujours être déposées au greffe.
— Le greffier tient un registre où il inscrit ces dépôts au fur
et à mesure ; dans certains ressorts, chaque Parquet règle le
modèle du registre; dans d'autres, des circulaires du Parquet
général déterminent sa forme et les énonciations qu'il doit
contenir.

Le modèle que nous donnons ci-dessous, est emprunté à un projet de circulaire de M. Vaulogé, procureur général à Rouen ; il a le grand avantage de faire connaitre de la façon la plus complète l'origine de chaque pièce saisie, l'affaire à laquelle elle se rapporte, les déplacements dont elle a pu être l'objet depuis son entrée jusqu'à sa sortie du greffe.

Ce registre comprend dix-neuf colonnes qui indiquent : 1° Le numéro d'ordre (la série ne doit pas en être interrompue, même à la fin de chaque année) ; 2° le numéro du registre des plaintes ; 3° les nom et prénoms des inculpés ; 4° la nature de l'inculpation ; 5° la date de la saisie ; 6° le lieu où elle a été opérée ; 7° l'indication du fonctionnaire qui a opéré la saisie ; 8° le nom, la qualité et le domicile de la personne qui a déposé l'objet ; 9° la date du dépôt ; 10° la nomencla-

REGISTRE DES PIÈCES SAISI

Nᵒˢ		NOM et prénoms de l'inculpé.	Nature de l'inculpation.	Saisie.			Dépôt au greffe.		Nomenclature précise et détaillée des objets saisi
d'ordre.	du Parquet.			Date.	Lieu où elle a été opérée.	Nom et qualité du fonctionnaire qui l'a opérée.	Nom, qualité et domicile du déposant.	Date.	
1	2	3	4	5	6	7	8	9	10

ture précise et détaillée des objets saisis ; 11° la date du déplacement ou de l'expédition de l'objet saisi ; 12° l'indication du lieu où il a été expédié ; 13° l'indication de l'autorité qui a ordonné la remise ; 14° la date de la remise ; 15° le nom et la qualité de la personne à qui la remise a été faite ; 16° la date de la remise aux agents des domaines, en cas de non réclamation ; 17° la signature du déposant, à qui un récépissé doit être délivré ; 18° la signature valant décharge de la personne ou du fonctionnaire à qui l'objet est remis soit lors d'un déplacement, comme au cas d'envoi au greffe de la Cour d'assises, soit à titre de restitution, soit pour être vendu ou détruit par les soins de l'administration des domaines ; 19° les observations sur tous les points nécessitant une annotation, une explication, un éclaircissement.

SERVANT A CONVICTION

Déplacement ou expédition.		Remise ou restitution.			Date de la remise aux agents des domaines	Signature		Observations.
Date.	Destination.	Autorité qui l'a ordonnée.	Date de l'ordre.	Date.	Nom, qualité et domicile de la personne qui a reçu l'objet.	du déposant.	de la personne à qui l'objet est remis et de l'employé du greffe.	
11	12	13	14	15	16	17	18	19

Dès qu'un dépôt est effectué, le greffier l'inscrit sur son registre, puis il remet décharge détaillée à l'agent ou à la personne qui en fait la remise. Il inscrit le numéro d'ordre sur l'objet soit directement, soit à l'aide d'une étiquette, puis il le place dans la salle destinée spécialement à recevoir les pièces de conviction. — Il est bon qu'il y ait une armoire fermant à clef pour y déposer les bijoux, les monnaies, valeurs, etc..

V. **Représentation au prévenu et aux témoins dans le cours de l'instruction.** — Le juge d'instruction peut avoir besoin au cours de l'information de présenter les objets saisis soit au prévenu, soit aux témoins. Il les fait prendre au greffe; puis, en présence du prévenu, il rompt les scellés, apposés au moment de la saisie. — Lorsque l'opération est terminée et que ces pièces ne lui sont plus nécessaires, il les replace sous scellés, en observant toutes les formalités prescrites par les articles 35 et suivants du Code d'instruction criminelle et les réintègre au greffe. — Il est dressé un procès-verbal, pour constater ces diverses opérations; on le joint à la procédure.

VI. **État des pièces de conviction.** — Il doit être joint à toute procédure criminelle ou correctionnelle, envoyée à la Cour, un état des pièces servant à conviction. — Cet état est certifié par le greffier; le modèle en varie suivant les ressorts. A défaut d'instructions contraires, on peut l'établir en reproduisant exactement les dix premières colonnes du registre dont nous avons donné plus haut un spécimen et en y consignant toutes les mentions qui y ont été inscrites.

VII. **Production à l'audience.** — 1° *Tribunaux correctionnels.* — Les pièces de conviction doivent être produites à l'audience ; aussi le jour où l'affaire est appelée, le commis-greffier, chargé de la garde des pièces, mentionne leur déplacement dans les colonnes 11 et 12 du registre et les remet au greffier d'audience qui lui en donne décharge dans la colonne 18. — Après l'audience, les pièces sont réintégrées au greffe et mention en est faite dans la colonne d'observations;

2° *Chambre des appels correctionnels.* — La production des pièces de conviction est rarement nécessaire en matière d'appel correctionnel ; aussi, pour éviter des frais inutiles, il convient de ne les envoyer que lorsque le procureur général les réclame. — Un état de ces pièces doit toujours être joint à la procédure;

3º *Chambre des mises en accusation.*—Les pièces de conviction ne doivent pas être soumises à la chambre des mises en accusation.

En matière de faux, le greffier doit annexer au dossier le procès-verbal détaillé de l'état matériel des pièces arguées de faux qu'il est tenu de dresser, conformément à l'article 448 du Code d'instruction criminelle. — Si les pièces fausses consistent en actes authentiques ou sous-seings privés écrits sur feuilles volantes, effets de commerce, valeurs diverses, carnets ou registres peu volumineux, on doit en former un dossier spécial qu'on annexe au dossier de l'information (Inst. du proc. gén. de Rouen) ;

4º *Cour d'assises.* — Dès que la chambre des mises en accusation a ordonné le renvoi de l'accusé devant la Cour d'assises, les pièces de conviction sont envoyées au greffe de cette Cour. — Il convient de faire cette expédition, autant que possible, le jour où l'accusé est transféré de la maison d'arrêt à la maison de justice. Il est bon d'envoyer en même temps un duplicata de l'état dont nous avons parlé plus haut (VI).

Cette mesure a été rendue obligatoire dans certains ressorts, notamment dans ceux de Rouen et de Bordeaux (Circ. du proc. gén, de Rouen du 16 avr. 1874 ; — Circ. du proc. gén. de Bordeaux du 22 mars 1884). Dans ces deux ressorts, ce duplicata doit être transmis sous pli séparé au Parquet d'assises, de façon qu'il y parvienne avant les pièces elles-mêmes. Ce duplicata permet au greffier d'assises d'inscrire sur son registre le détail des pièces dont il devient dépositaire.

Le transport est effectué conformément aux règles que nous avons indiquées précédemment (*supra*, III). — Le greffier remet les pièces au gendarme ou à l'entrepreneur des messageries, sur le vu du réquisitoire du procureur de la République; il le mentionne dans les colonnes 11 et 12, et fait signer, dans la colonne 18, la personne chargée du transport.

Les pièces sont remises au greffier de la Cour d'assises qui les prend en charge, et les inscrit sur son registre. Au jour fixé, on les apporte dans la salle d'audience ; dans le cours ou à la suite des dépositions, le président, après avoir fait constater l'état des scellés par l'accusé et son défenseur, fait ouvrir le paquet et représente les objets saisis à l'accusé et aux témoins chaque fois qu'il le croit utile pour l'instruction de l'affaire (art. 329 du Code d'instr. crim.).

VIII. **Restitution des pièces de conviction.** — La Cour d'assises doit ordonner que les objets pris soient restitués à leurs propriétaires, qu'il y ait eu condamnation ou acquittement ; toutefois, au cas de condamnation, la restitution ne peut avoir lieu qu'après l'expiration des délais du pourvoi (art. 336 du C. d'instr. crim.). La Cour a le droit d'ordonner d'office cette restitution.

Les mêmes règles doivent être suivies en matière correctionnelle : la jurisprudence décide que les tribunaux correctionnels peuvent également ordonner d'office la restitution des objets soustraits (Cass., 16 août 1872 ; P. 73-305).

La Cour de cassation a même décidé que si les sommes volées n'ont pas été intégralement retrouvées, le tribunal peut ordonner d'*office* qu'elles seront réparties au marc le franc entre les diverses victimes (Cass., 16 août 1872 ; P. 73-305).

Il faut remarquer que la restitution ne peut être ainsi ordonnée d'office qu'autant que les objets soustraits sont retrouvés en nature et n'ont subi aucune modification ; ainsi une réclamation de la partie civile serait absolument nécessaire si l'argent soustrait avait été employé à acheter divers objets, saisis ensuite comme pièces de conviction, si l'étoffe dérobée avait servi à confectionner des vêtements, etc.

Lorsque les objets soustraits ont été mis en gage dans un mont-de-piété où ils ont été saisis comme pièces de conviction, ils doivent être réintégrés dans cet établissement, quand l'affaire est terminée. Les tribunaux, il est vrai, peuvent en ordonner la remise aux propriétaires, mais sous la réserve expresse des droits de l'administration à laquelle ils ont été donnés en nantissement (Circ. chanc., 30 mai 1861 ; Gillet, n° 4102).

Lorsqu'il intervient une ordonnance ou un arrêt de non-lieu, c'est au juge d'instruction et à la chambre d'accusation qu'il appartient d'ordonner la restitution des pièces de conviction ; on ne saurait les retenir sous prétexte qu'elles pourraient servir au cas où il surviendrait des charges nouvelles (Cass., 31 mai 1838).

Dans le cas où une affaire est classée sans suite par le

Parquet, sans que le juge d'instruction ait été saisi, c'est au procureur de la République qu'il appartient d'ordonner la restitution. — Ce magistrat peut également faire restituer aux propriétaires les pièces saisies, lorsque la juridiction compétente a omis de statuer ; mais, dans ce cas, il convient de ne le faire qu'autant que le prévenu donne par écrit son consentement à la remise : autrement la responsabilité du Parquet pourrait se trouver engagée.

IX. Formalités relatives à cette remise. — Le greffier ne doit opérer la remise des pièces servant à conviction que sur le vu d'une décision judiciaire ou d'un ordre écrit du Parquet dont il fait mention dans la colonne 13 de son registre ; il indique, ensuite dans les colonnes 14 et 15, la date de la remise et le nom du propriétaire. — Il se fait enfin donner décharge dans la colonne 18. — Si la partie prenante ne sait signer, il en fait mention dans cette colonne et signe avec deux témoins qu'il appelle à cet effet. (En ce sens : Circ. du proc. gén., de Bordeaux du 22 mars 1884.) Ces décharges ne sont pas assujetties à la formalité du timbre-quittance (Circ. chanc., 30 mai 1872 ; Gillet, n° 4363).

Si l'intéressé ne peut se présenter en personne, il peut charger un mandataire d'aller opérer le retrait en son nom ; on admet généralement que ce mandat résulte suffisamment d'une simple lettre dont la signature a été dûment légalisée.

X. Remise aux domaines. — Tous les objets déposés dans les greffes et non réclamés dans un délai de six mois, qui se réfèrent à des affaires éteintes par la prescription ou définitivement jugées doivent être remis à l'administration des domaines qui en effectue la vente (Loi du 11 germ. an IV ; — Ord. du 22 févr. 1829 et du 9 juin 1831).

Les sommes en deniers comptants sont comprises au nombre des objets mobiliers qui doivent être ainsi remis (art. 2 de l'ord. du 9 juin 1831).

Pour effectuer cette remise, les greffiers doivent présenter une requête au président du tribunal ; ils sont tenus toutefois de la soumettre préalablement au procureur de la République qui fait les vérifications nécessaires et certifie ensuite l'exactitude de cette requête (art. 3 de la même ord.). — Le procureur de la République doit veiller à ce que les prescriptions de l'article 4 soient observées, c'est-à-dire que les papiers, appartenant aux condamnés ou à des tiers, ne soient pas compris dans cette remise et restent déposés au greffe. Si quelques objets ont une certaine valeur, il convient de mettre une dernière fois leurs propriétaires en demeure de venir les retirer.

Nous donnons ci-dessous le modèle de requête adopté dans le ressort de Bordeaux (Circ. du pr. gén. du 22 mars 1884).

COUR D'APPEL
d
_____

TRIBUNAL
d

OU COUR D'ASSISES

d

REQUÊTE POUR LA REMISE AUX DOMAINES

D'OBJETS SAISIS, NON CONFISQUÉS.

État des objets saisis, abandonnés, mais non confisqués, provenant d'affaires éteintes par la prescription et jugées depuis plus de six mois, existant au greffe de....... à la date du..... . et dont le greffier soussigné demande à faire la remise à l'administration de l'enregistrement des domaines.

Nos D'ORDRE	Noms des condamnés ou inculpés et dates des décisions.	DÉSIGNATION DES OBJETS	OBSERVATIONS
			ART. 2 de l'ordonnance du 9 juin 1831.—Les sommes en deniers comptants sont comprises au nombre des objets mobiliers qui doivent être remis aux domaines.

Certifié conforme le présent état par nous, greffier soussigné,

A   le   188

(*Signature*)

Vu et certifié par nous,
Procureur de la République près le tribunal de 1re instance de.......
en exécution des ordonnances des 22 février 1829 et 9 juin 1831.

Au Parquet, le................

LE PROCUREUR DE LA RÉPUBLIQUE.

Le receveur de l'enregistrement et des domaines, soussigné, certifie que tous les objets et sommes d'or ou d'argent, portés sur l'état qui précède lui ont été remis ce jour et qu'il a signé la présente déclaration pour valoir décharge.

A   le   188

Nous président du tribunal de 1re instance de.....
Vu les ordonnances des 22 février 1829 et 9 juin 1831, ensemble la désignation qui précède et dont le greffier...... demande à faire la remise à l'administration des domaines.

Vu le certificat mis au bas de l'état par M. le procureur de la République,
Autorisons le greffier de....... à faire la remise à l'administration des domaines de tous les objets désignés dans l'état qui précède.

A   le   188

LE PRÉSIDENT,

PILLAGE

Le pillage de denrées ou marchandises, effets, propriétés mobilières, commis en réunion ou bande et à force ouverte, constitue le crime prévu et puni par les articles 440 à 442 du Code pénal.

PLACES DE GUERRE

Les intelligences et manœuvres, tendant à livrer à l'ennemi une place de guerre, constituent le crime prévu et puni par l'article 77 du Code pénal.

PLAINTES

Nous ne pouvons que renvoyer à ce que nous avons déjà dit sur les **Dénonciations** (Voir ce mot).

PLANS

Lorsque l'instruction d'une procédure criminelle exige la levée d'un plan ; il faut en référer au procureur général et lui demander l'autorisation de faire exécuter ce travail. C'est là en effet une dépense qui rentre dans la catégorie des dépenses extraordinaires, et à laquelle s'applique par suite l'article 136 du décret du 18 juin 1811 (Décis. chanc., 31 janv. 1824 ; Gillet, n° 1792 ; — Voir : **Frais de justice**, VIII).

PLANS DE FORTIFICATIONS

Les articles 81 et 82 punissent le fait de livrer à l'ennemi des plans de fortifications.

PLAQUES DE VOITURES

Voir : **Roulage.**

POIDS ET MESURES

Division.

I. Vérification des poids et mesures.   III. Détention de faux poids.
II. Contraventions.

I. **Vérification des poids et mesures**. — Les poids et mesures nouvellement fabriqués ou rajustés sont présentés au bureau du vérificateur, vérifiés et poinçonnés avant d'être livrés au commerce (art. 10 de l'ord. du 17 avr. 1839). De plus, quand ils sont en la possession de commerçants, ils sont l'objet de vérifications périodiques qui ont pour but de faire connaître s'ils n'ont pas reçu quelque altération (art. 13).

Ces vérifications périodiques se font tous les ans dans toutes les communes. Le préfet règle l'ordre dans lequel les diverses communes sont vérifiées (art. 8 du décr. du 26 févr 1873). Le vérificateur se transporte au domicile de chacun des assujettis, inscrits au rôle. Il vérifie et poinçonne les poids, mesures et instruments qui lui sont exhibés, tant ceux composant l'assortiment obligatoire que ceux que le commerçant posséderait de surplus (art. 19 de l'ord. du 17 avr. 1839).

En dehors de ces tournées de surveillance, les vérificateurs peuvent aller, quand ils le croient utile ou qu'ils en sont requis, faire des vérifications inopinées chez les assujettis (art. 20).

II. **Contraventions**. — Nous nous bornerons à énumérer ici les principales contraventions aux lois et règlements sur les poids et mesures :

1° Le fait de détenir d'anciens poids ou mesures, indépendamment même de l'usage qu'on en a pu faire (art. 4 de la loi du 4 juil. 1837);

2° Le fait de détenir des poids ou mesures autres que les poids et mesures légaux (même article) : il en est ainsi du marchand d'étoffes qui pour toute mesure possède un bâton sur lequel se trouve une entaille (Cass., 25 août 1836 ; P. 37-1-509);

3° Le fait de détenir des poids et mesures qui n'ont pas été primitivement revêtus des marques légales de vérification et de poinçonnage. — C'est ce qui résulte implicitement de l'article 4 de la loi du 4 juillet 1837 (Cass., 26 août 1852 ; D. 52-5-422);

4° Le fait de détenir des poids et mesures non revêtus du poinçon de la vérification annuelle, pourvu que cette vérification ait été faite (Cass., 24 mai 1855 ; D. 55-2-580);

5° Le fait par un assujetti de n'être pas pourvu d'une série complète des poids et mesures dont il fait usage d'après la nature de ses opérations (art. 7 du décr. du 26 févr. 1873);

6º Le fait d'avoir des poids et mesures isolés autres que les poids et mesures hors série (même art.).

Ces contraventions sont punies d'une amende de 11 à 15 francs ; la peine de cinq jours au maximum d'emprisonnement peut être de plus prononcée. Elles sont de la compétence des tribunaux de simple police. — **La confiscation** des poids et mesures irréguliers doit être prononcée dans tous les cas (art. 481 du C. pén.).

III. Détention de faux poids. — L'article 3 de la loi du 27 mars 1851 punit d'une amende de 16 à 25 francs et d'un emprisonnement de six à dix jours, ou de l'une de ces deux peines seulement, ceux qui sans motifs légitimes ont dans leurs magasins, boutiques, ateliers ou maisons de commerce, ou dans les halles, foires ou marchés, des poids ou mesures faux ou autres appareils inexacts servant au pesage ou au mesurage. — La détention de plusieurs poids faux ne constitue qu'un seul délit (Cass., 1er juil. 1858 ; P. 59-163).

Le seul fait de la détention constitue la présomption de fraude ; ce n'est pas par suite au ministère public à faire la preuve de l'intention frauduleuse, c'est au contraire au prévenu à établir sa bonne foi, à prouver par exemple que le faux poids avait été déposé chez lui, à son insu, par un tiers.

Le fait de vendre la marchandise à faux poids ou à l'aide de fausses mesures tombe sous l'application des articles 423 du Code pénal et 1er paragraphe 3 de la loi du 27 mars 1851.

(Voir : **Fraudes commerciales**, XV et suiv).

POINTES

Division

I. Registre des pointes. | II. Relevé mensuel des pointes.

I. Registre des pointes. — Aux termes des articles 5 de la loi du 2 septembre 1790, 19 de la loi du 27 ventôse an VII, 11 et 53 du décret du 30 mars 1808, et 30 du décret du 30 janvier 1811, tout juge et tout conseiller est tenu de se faire inscrire avant chaque audience sur le registre des pointes qui est arrêté et signé chaque jour par le président de la

DÉPARTEMENT

d ——

TRIBUNAL
DE PREMIÈRE INSTANCE
de

RESSORT D

de

RELEVÉ des Registres de pointes pendant le mois d

DATES ET JOURS des AUDIENCES fixées par le réglement.	DURÉE des AUDIENCES	JOURS ET CAUSES des VACATIONS	NOMS ET QUALITÉ des MAGISTRATS ABSENT
1			
2			
3			
4			
5			
6			
7			
8			
9			
10			
11			
12			
13			
14			
15			
16			
17			
18			
19			
20			
21			
22			
23			
24			
25			
26			
27			
28			
29			
30			
31			

CERTIFIÉ conforme par le greffier,

D'APPEL

	Civiles.	Correction-nelles.	Ordonnances de M. le juge d'instruction
RÉSUMÉ DES TRAVAUX DU MOIS Nomb. des aff. restant au rôle le.. (rôle génér.)			
Nombre des affaires du rôle fixées pour le mois.			
Jugements contradictoires.................			
— par défaut....................			
— préparatoires ou interlocutoires...			
Total des jugements rendus...			

DE L'ABSENCE	NOMS ET QUALITÉS des SUPPLÉANTS	OBSERVATIONS

Vu par nous, procureur de la République,

chambre, avant d'entrer en séance. — Ces prescriptions ne sont plus exactement observées, et dans la plupart des Cours et des tribunaux, la tenue du registre est confiée au greffier qui le fait tout au plus signer par le président à la fin du mois.

Ce registre ne sert pas seulement à constater la présence des magistrats, il fait encore connaître le nombre et la durée des audiences de chaque siège ; lorsque les audiences manquent ou n'ont pas la durée prescrite, la cause doit en être positivement exprimée (Circ. chanc., 29 janv. 1840 ; Gillet, nº 2775). Les chefs des Parquets doivent veiller à ce que les mentions portées sur les registres de pointes soient toujours exactes et complètes (Circ. chanc., du 10 juil. 1885 ; Gillet, nº 3759).

II. **Relevé mensuel des pointes**. — Pour permettre au garde des sceaux de s'assurer de la régularité du service et de l'assiduité des magistrats aux audiences, un relevé du registre des pointes est transmis à la chancellerie, dans la première quinzaine du mois (Circ. chanc., 10 juil. 1855 ; *précitée*). A cet effet, chaque procureur de la République envoie, au plus tard le 10 de chaque mois, en double expédition, le relevé des pointes de chacune des chambres de son tribunal.

Ces relevés doivent être établis conformément au modèle ci-dessus qui a été donné par la circulaire du 10 juillet 1885. — Les procureurs généraux doivent retourner à leurs substituts ceux qui ne sont pas absolument conformes à ce modèle (Circ. chanc., 15 déc. 1855 ; Gillet, nº 3791).

Il faut indiquer exactement au recto les jours d'audience tels qu'ils sont fixés par les règlements de chaque tribunal. — La première colonne du tableau doit donner non seulement la date, mais encore le jour des audiences. — Dans le résumé des travaux du mois placé en tête des relevés de pointes, il faut comprendre toutes les affaires quelle qu'en soit la nature (Décis. chanc., 25 janv. 1856 ; Gillet, nº 3800); dans la colonne d'observations, on indique, pour les affaires civiles, le nombre des affaires rayées par suite d'abandon ou de transaction (Décis. chanc., 17 sept. 1857; Gillet, nº 3906).

Lorsqu'une audience n'a pas été tenue, il faut en indiquer le motif d'une manière très précise. — Lorsque par exemple il n'y avait *pas d'affaires en état*, on doit expliquer pourquoi les causes inscrites au rôle n'etaient pas en état (Décis.chanc., 10 janv. 1857 ; Gillet, n° 3861); des explications claires et exactes, inscrites dans la colonne d'observations, doivent permettre d'apprécier si les audiences ont manqué par la faute des avocats ou des avoués, ou par la négligence des chefs du tribunal (Décis. chanc., 13 févr. 1857 ; Gillet, n° 3866).

De même, la durée des audiences est de trois heures au moins ; si elle a été moindre, le motif en sera indiqué dans le relevé des pointes (Décis. chanc., 25 janv. 1860 ; Gillet, n° 4038).

Enfin lorsqu'un magistrat n'a pas siégé, il importe de préciser le motif de son absence. — La mention « *empêché* » est absolument insuffisante pour l'expliquer (Décis. chanc., 14 nov. 1856 ; Gillet, n° 3850). Il en est de même de la formule « *retenu pour affaires de famille* »; le magistrat a-t-il été autorisé à ne pas assister à l'audience ? a-t-il quitté sa résidence ? dans ce cas avait-il demandé un congé ? (Décis. chanc., 29 juin 1857 ; Gillet, n° 3891). — La formule « *occupé à un « service public* » n'est pas non plus admise par la chancellerie ; quel était ce service ? ce n'est en effet qu'en cas de nécessité absolue et dûment justifiée qu'un magistrat peut s'abstenir de siéger (Décis. chanc., 1er avr. 1858 ; Gillet, n° 3941).

Si un magistrat n'a pu assister aux audiences pour cause de maladie, il y a lieu de faire connaître s'il a ou non quitté sa résidence ; dans le premier cas, en effet il doit obtenir un congé, tandis que dans le second, il suffit d'une simple mention sur la feuille de pointes (Voir : **Magistrats**, XXXIV-4°).

Il faut toujours indiquer par qui a été remplacé le magistrat empêché — Si un juge titulaire a été remplacé par un avocat ou un avoué, à défaut de juges suppléants, le motif pour lequel ces magistrats n'ont pu faire le service doit être relaté (Décis. chanc., 24 avr. 1857 ; Gillet, n° 3879).

POISONS

Voir : **Substances vénéneuses.**

POLICE

Voir : **Agents de police. — Commissaire de police. — Officiers de police judiciaire.**

POLICE CORRECTIONNELLE
Division

I. Affaires de la compétence des tribunaux de police correctionnelle. — 1. *Compétence « ratione materiæ ».* — Les tribunaux de police correctionnelle connaissent de toutes les infractions qui sont punies d'une peine de plus de 15 francs d'amende ou de plus de cinq jours d'emprisonnement (art. 179 C. d'inst. crim.).

Ce principe comporte toutefois trois exceptions ; ils connaissent :

1° D'infractions passibles de peines qui n'excèdent pas le taux de la simple police, lorsque la loi l'ordonne par une disposition expresse ; c'est ainsi qu'ils connaissent de toutes les contraventions forestières, mais seulement à la requête de l'administration (art. 171 et 190 du C. forest.); des infractions aux lois et règlements sur les mines et carrières (art. 95 de la loi du 21 avr. 1810); des contraventions en matière de médecine et de chirurgie (art. 36 de la loi du 19 vent. an XI);

2° Des contraventions de simple police, en général, lorsqu'ils en ont été saisis et que le renvoi n'a pas été demandé (art. 192 du C. d'inst. crim.) ;

3° Enfin des crimes commis par des mineurs de seize ans, lorsque la peine encourue est celle des travaux forcés à temps ou de la réclusion (art. 68 C. pén.)

II. *Compétence « ratione personæ »*. — Les tribunaux sont compétents en général quel que soit l'auteur de l'infraction ; toutefois ils ne peuvent connaitre des délits commis par les magistrats et par certains fonctionnaires qui jouissent d'un privilège de juridiction (Voir : **Magistrats**, XXI; — **Privilège de juridiction**).

III. *Compétence « ratione loci »*. — Le tribunal est compétent, lorsque le délit a été commis dans son arrondissement, ou lorsque le prévenu y réside ou enfin lorsqu'il y a été arrêté (art. 23, 63 et 69 du C. d'inst. crim.) — Cette règle comporte toutefois deux exceptions :

1° Si le délit a été commis à l'étranger, la poursuite peut être exercée devant un tribunal voisin du lieu du délit (art. 6 du C. d'instr. crim.);

2° Si une pièce a été soustraite au cours d'une contestation judiciaire, le tribunal compétent pour connaitre de ce délit est celui qui était saisi de cette contestation (art. 409 du C. pén.).

Aux termes de l'article 16 de la loi du 25 mars 1822, au cas de compte-rendu infidèle ou de mauvaise foi d'une audience, il était statué sur ce délit par le tribunal devant lequel les débats inexactement rapportés avaient eu lieu. — Les articles 7 et 16 de la loi de 1822 ont été abrogés par la loi du 29 juillet 1881; aussi lorsqu'une action est dirigée contre les auteurs de comptes-rendus infidèles, fondée sur ce que ces comptes-rendus contiennent des imputations diffamatoires ou constituent tout autre délit, la poursuite doit être portée devant les tribunaux compétents, selon les règles ordinaires (Circ. chanc., 9 nov. 1881).

II. **Rôle du ministère public quand il est saisi d'une affaire correctionnelle**. Dès qu'un procès-verbal ou qu'une plainte de laquelle il résulte qu'un délit a été commis parvient au Parquet, le procureur de la République inscrit l'affaire sur le registre d'ordre ou répertoire des plaintes.

Le procureur de la République a d'abord à rechercher s'il doit ou non donner une suite à la plainte. Si l'affaire n'a pas de gravité et n'intéresse pas l'ordre public, ou si la prescription est acquise, ou si le fait n'est prévu par aucune loi, il classe immédiatement l'affaire sans suite et, si le prévenu a été arrêté en flagrant délit, il le remet en liberté.

S'il pense qu'il y a lieu à suivre, il peut prendre trois partis :

1° Poursuivre en flagrant délit, si les circonstances le permettent (v° **Flagrant délit**) ;

2° Citer directement devant le tribunal de police correctionnelle (v° **Citation directe**) ;

3° Requérir une information préalable (v° **Instruction**).

III. **Comment le tribunal est saisi.** — Le tribunal est saisi :

1° Par la citation directe (v° **Citation**), donnée au prévenu à la requête du procureur de la République ou de la partie civile (v° **Partie civile**) ;

2° Par l'ordonnance du juge d'instruction ou par l'arrêt de la chambre des mises en accusation ;

3° Par la comparution à l'audience des individus arrêtés en flagrant délit (v° **Flagrant délit**) ;

4° Par la comparution volontaire du prévenu (v° **Citation**).

IV. **Comparution à l'audience. — Exposé de l'affaire.** — Le prévenu doit comparaître en personne ; toutefois, si le délit n'emporte pas la peine d'emprisonnement, il peut se faire représenter par un mandataire, muni d'un pouvoir spécial, ou par un avoué (art. 185 du C. d'instr. crim.). Les avoués ne sont pas tenus de produire un pouvoir (Cass., 11 mars 1848 ; P. 48-1-719).

Même au cas où le prévenu n'est passible que d'une amende, le tribunal peut ordonner qu'il se présentera à l'audience pour y être interrogé, et s'il n'obéit pas à cet ordre, il perd le droit de se faire représenter et doit par suite être condamné par défaut.

Les affaires poursuivies par le ministère public sont évoquées avant celles qui viennent à la requête des administrations et des autres parties civiles.

C'est au procureur de la République qu'il appartient de fixer l'ordre dans lequel les affaires correctionnelles sont appelées.

Il n'est dû aucune rétribution aux huissiers pour l'appel des causes (Déc. chanc., 24 août 1813 ; Gillet, n° 898).

Dès qu'une affaire est appelée, la partie poursuivante (ministère public ou partie civile) fait l'exposé sommaire prescrit par l'article 190 du Code d'instruction criminelle. Cet exposé a pour but de faire connaître le fait qui motive la poursuite ; il doit être très bref et dégagé de toute discussion tant sur les points de fait que sur les points de droit. Dans certains tribunaux, on se borne à faire donner par le greffier lecture du procès-verbal et de la citation ou de l'ordonnance de renvoi.

V. **Exceptions** *in limine litis.* — Le procureur de la République requiert alors l'*huis-clos* (voir ce mot), s'il croit cette mesure nécessaire. — C'est également à ce moment que le prévenu doit faire valoir les exceptions qui ne sont recevables qu'*in limine litis*, notamment celles tirées de l'irrégularité de la citation. L'exception d'incompétence peut aussi être soulevée (Voir : *infra*, VIII) ; mais le tribunal pourra ordonner qu'il sera préalablement procédé à l'audition des témoins : si, par exemple, l'incompétence résulte de ce qu'un vol aurait été commis la nuit, dans une maison habitée, il ne peut être statué sur ce point qu'après que les débats auront révélé l'heure et les circonstances du délit (Cass., 7 déc. 1844 ; P. 45-I-668).

VI. **Instruction à l'audience.** — Le tribunal procède d'abord à l'audition des témoins ; les témoins, cités à la requête du ministère public, sont entendus dans l'ordre fixé par ce magistrat (v° **Témoins**). — Le greffier prend note des dépositions (v° **Notes d'audience**).

Le président fait reconnaître par le prévenu les pièces servant à conviction ; il les lui représente, ainsi qu'aux témoins, toutes les fois qu'il le croit nécessaire (v° **Pièces de conviction** , VII-3°).

On entend les experts, s'il en a été commis.

Enfin il est procédé à l'interrogatoire du prévenu.

VII. **Réquisitoire. — Plaidoiries.** — Le débat oral s'engage aussitôt après l'interrogatoire ; il a lieu dans l'ordre suivant :

1° La partie civile (v° **Partie civile**) ;
2° Le ministère public ;
3° Le défenseur du prévenu.

Le ministère public et les parties en cause ont le droit de répliquer, mais le prévenu doit avoir la parole le dernier.

Le ministère public n'a pas seulement à requérir l'application de la loi et à donner ses conclusions sur les incidents soulevés au cours des débats; il peut prendre toutes les réquisitions qui lui paraissent utiles dans l'intérêt d'une bonne administration de la justice. C'est ainsi qu'il a le droit de demander le renvoi de l'affaire à une autre audience; qu'il peut requérir l'audition de nouveaux témoins, une expertise, etc...; ses réquisitions peuvent être utilement prises jusqu'au moment où la cause est mise en délibéré.

En matière correctionnelle, il n'est pas nécessaire que le prévenu soit assisté d'un défenseur.

VIII. **Incidents.** — Divers incidents peuvent se produire; nous allons les passer rapidement en revue :

1° *Nullité de la citation.* — Si une formalité substantielle a été omise dans la citation, cette citation est nulle; mais la nullité doit être demandée *in limine litis*, avant toute défense autre que l'incompétence (art. 173 du C. de pr. civ.; — Voir : **Citation**);

2° *Incompétence.* — En matière civile, il y a lieu de distinguer l'incompétence *ratione personæ vel loci* et l'incompétence *ratione materiæ;* cette dernière peut être soulevée en tout état de cause, tandis que la première doit être proposée avant toute autre exception ou défense. — Cette distinction n'est point applicable en matière criminelle (Cass., 7 août 1851 ; P. 52-1-211). Sur quelque motif qu'elle soit fondée, l'exception d'incompétence peut être proposée en tout état de cause; même en appel (Dijon, 22 mai 1878 ; P. 78-961) et en cassation (Cass., 14 févr. 1868 : P. 68-1110).

Le tribunal correctionnel doit donc se déclarer incompétent s'il est saisi d'un fait, puni de peines afflictives et infamantes ou de peines de simple police. — L'article 192 du Code d'instruction criminelle porte, il est vrai, que : « Si le fait « n'est qu'une contravention de police et si la partie publi- « que ou la partie civile n'a pas demandé le renvoi, le tribu- « nal appliquera la peine et statuera, s'il y a lieu, sur les « dommages-intérêts ». Il semble résulter de ce texte que le droit de décliner la compétence n'appartient pas au prévenu, lorsqu'en raison d'une contravention de simple police, il est cité devant le tribunal de police correctionnelle. Mais cet article ne prévoit qu'une hypothèse, celle où le fait qualifié délit par la citation, a perdu ce caractère après l'instruction faite à l'audience; c'est donc seulement dans ce cas que le prévenu ne peut demander son renvoi devant le tribunal de simple police (Cass., 24 avr. 1819 et 16 oct. 1835 ; P. chr. ; — Cass., 4 mai 1843 ; P. 44-I-436 ; — Montpellier, 20 avr. 1874 ; P. 74-995). Si le fait est qualifié contravention par la citation, on rentre sous l'empire du droit commun, et l'article 192 n'est plus applicable ;

3° *Questions préjudicielles.* — On appelle ainsi des exceptions qui, soulevées au cours d'une poursuite, sont de nature à influer sur le résultat de cette poursuite et doivent par suite être résolues avant qu'il ait été statué au fond. (Voir : **Questions préjudicielles**);

4° *Jonction de causes.* — Il y a lieu à jonction, lorsqu'un tribunal est saisi en même temps de plusieurs délits connexes. — Les délits sont connexes, soit lorsqu'ils ont été commis en même temps par plusieurs personnes réunies, soit lorsqu'ils ont été commis par différentes personnes, même en différents temps et en divers lieux, mais par suite d'un concert formé à l'avance entre elles, soit lorsque les coupables ont commis, les uns pour se procurer les moyens de commettre ; les autres, pour en faciliter, pour en consommer l'exécution ou pour en assurer l'impunité (art. 226, 227 et 307 du C. d'inst. crim.).

Les différents cas de connexité prévus par l'article 227 ne sont pas limitatifs et les tribunaux peuvent ordonner la jonction des causes dont ils sont simultanément saisis, même hors des cas qu'il énumère (Cass., 30 mars 1861 ; P. 62-189). La jonction peut notamment être prononcée lorsque le tribunal est saisi de plusieurs affaires, concernant le même prévenu, s'il existe une certaine relation entre ces divers délits.

Au cas de connexité l'incompétence *ratione loci* ne peut être proposée, il suffit que le tribunal soit compétent pour juger l'un des délits qui font l'objet des poursuites (Cass., 18 août 1848).

Les articles 226 et 227 sont placés aux chapitres 1 et 3 du titre II, livre II du Code d'instruction criminelle, relatifs à la procédure devant les chambres d'accusation et les Cours d'assises ; mais ils sont applicables en toute matière et peuvent être invoqués devant les tribunaux correctionnels (Cass., 3 juin 1826 et 24 nov. 1836 ; P. chr.);

5° *Remise de cause.* — Le ministère public, la partie civile et le prévenu peuvent demander le renvoi de l'affaire, soit pour faire citer des témoins, soit pour fournir certaines justifications ; le tribunal a le droit, suivant qu'il le juge ou non utile, d'accorder ou de refuser le sursis demandé. — Le tribunal ne pourrait toutefois se refuser à accorder un délai au ministère public pour citer des témoins, lorsque le délit n'est pas suffisamment établi par le procès-verbal produit à l'audience.

Il peut être statué sur la demande de sursis et sur le fond par un seul et même jugement (Cass., 16 oct. 1853 ; P. 55-I-31) ;

6° *Délits nouveaux révélés aux débats.* — Le tribunal ne peut statuer *de plano* sur les délits nouveaux qui se révèlent aux débats, il doit se borner à réserver au ministère public l'action à laquelle ces délits pourront donner lieu (Cass., 23 nov. 1837 ; P. 40-I-156), à moins que le prévenu ne consente expressément à être jugé sur ces nouveaux faits. La Cour de cassation a décidé qu'on ne peut considérer comme libre et spontané le consentement donné par un prévenu en état d'arrestation (Cass., 10 juin 1853 ; P. 53-II-324 ; — Cass., 4 oct. 1855 ; P. 57-534) ;

7° *Suspicion de faux témoignage.* — Lorsque la déposition d'un témoin paraît fausse, il y a lieu de suivre les règles que nous avons rappelées plus loin (v° **Témoins**) ;

8° *Troubles causés par le prévenu.* — Si le prévenu trouble l'audience, le tribunal le fait retirer de l'auditoire ; il peut être de plus déclaré coupable de rébellion et condamné à un emprisonnement qui n'excèdera pas deux ans (art. 10, 11 et 12 de la loi du 9 sept. 1835).

IX. Jugement. — 1° *Jugement d'incompétence.* — Lorsque le tribunal pense que le fait constitue un crime, il doit se borner à déclarer purement et simplement son incompétence, s'il est saisi par une ordonnance du juge d'instruction. (Cass., 4 févr. 1830 ; 28 nov. 1833 ; P. chr. ; — 18 août 1837 ; P. 40-I-95).

S'il n'est saisi que par la citation directe donnée par le ministère public, il renvoie le prévenu devant le juge d'instruction compétent (art. 193 du C. d'instr. crim.).

Dans les deux cas, le tribunal peut décerner un mandat de dépôt ou d'arrêt contre le prévenu (art. 193).

2° *Jugement d'acquittement.* — Le jugement d'acquittement doit renvoyer purement et simplement le prévenu des fins de la plainte : « Si le fait n'est réputé ni délit ni contravention, « le tribunal annulera l'instruction, la citation et tout ce qui « aura suivi et statuera sur les demandes en dommages-intérêts » (art. 191 du C. d'instr. crim.).

Ce principe comporte quelques exceptions :

Bien qu'il y ait acquittement, la confiscation des objets saisis peut être prononcée en matière de douanes, de contributions indirectes, de garantie des matières d'or et d'argent et de vente de denrées alimentaires falsifiées ou corrompues.

Le prévenu acquitté peut être condamné aux dépens : 1° si, étant mineur, il est acquitté pour avoir agi sans discernement (Cass., 22 juin 1855 ; P. 55-II-624) ; 2° si l'acquittement est basé sur ce que la prescription est acquise ; 3° si le prévenu, condamné par défaut, a été acquitté sur son opposition (Voir : **Opposition**).

X. Jugements contradictoires ou par défaut. — Si le prévenu comparaît en personne ou par un mandataire spécial, dans les cas où il peut se faire représenter, le jugement est contradictoire ; dans le cas contraire, il est par défaut.

Le jugement n'est pas contradictoire lorsque le prévenu, en état de détention, amené à l'audience, déclare vouloir faire défaut, refuse de répondre à tout interrogatoire et ne présente aucune défense (Cass., 13 août 1859 ; P. 60-840). Le prévenu détenu peut même faire défaut, après avoir proposé une exception d'incompétence rejetée par le tribunal (Caen, 18 févr. 1874 ; P. 75-101).

Mais le jugement ne saurait être rendu par défaut, lorsque l'instruction a été contradictoire ; peu importe que le prévenu assiste ou non au prononcé du jugement.

XI. Recours. — Les voies de recours contre les jugements correctionnels sont l'opposition, l'appel et le pourvoi en cassation (Voir : **Appel. — Cassation. — Opposition**).

XII. État des jugements correctionnels. — Il est établi par le greffier au commencement de chaque mois, un état qui comprend toutes les affaires correctionnelles, jugées pendant le mois précédent à la requête du ministère public, des administrations et des autres parties civiles (Circ. chanc.,

23 nov. 1811). Il est visé par le procureur de la République qui le transmet au Parquet général.

POLICE JUDICIAIRE

Voir : **Officiers de la police judiciaire.**

PORT ILLICITE DE COSTUME

OU DE DÉCORATION

Division.

I. Port illicite d'un costume ou d'un uniforme.

II. Costume étranger.

III. Port illicite d'une décoration.

IV. Qualifications.

I. Port illicite d'un costume ou d'un uniforme. — Toute personne qui a publiquement porté un costume ou un uniforme qui ne lui appartient pas est punie d'un emprisonnement de six mois à deux ans (art. 259 du C. pén.).

Le costume ou l'uniforme dont le port illicite est puni est celui qui a été établi par un acte du pouvoir exécutif, comme signe distinctif d'une fonction. Ainsi, l'ordre des capucins n'étant pas reconnu en France, celui qui se revêt indûment du costume de cet ordre n'est pas passible des peines édictées par l'article 259 (Metz, 28 juil. 1823 et Aix, 29 juin 1830 ; P. chr.; — Orléans, 24 févr. 1841 ; — Blanche, t. IV, p. 288).

L'article 259 est, au contraire, applicable à l'usurpation :

1° Du costume d'une congrégation autorisée (Cass., 9 déc. 1876 ; P. 77-314 ; — Cass., 3 août 1877 ; P. 78-577) ;

2° Du costume ecclésiastique (Paris , 3 déc. 1836 ; P. 37-I-634 ; — Cass., 22 juil. 1837 ; *Bull. crim.*, n° 448 ; — Montpellier, 12 févr. 1851 ; P. 51-I-422 ; — Cass., 24 juin 1852 ; P. 54-II-220 ; — Bordeaux, 6 avr. 1870 ; P. 71-536 ; — Cass., 10 mai 1873 ; P. 73-544) ;

3° Du costume d'avocat (Trib. de la Seine, 24 déc. 1842).

II. Costume étranger. — Le port illégal d'un costume ou uniforme étranger tombe-t-il sous l'application de l'article 259 ? M. Blanche (t. IV, p. 288) enseigne que ce costume n'est ni réglé ni approuvé par la loi française ; il n'est pas le signe extérieur d'une autorité publique reconnue par elle ; par suite, il ne constitue pas une usurpation de pouvoir qu'elle ait intérêt à prévenir et à punir. — Nous admettons ce système, mais avec une restriction : nous pensons que le délit existerait dans le cas où le port de ce costume est autorisé en France. C'est ainsi que l'usurpation de l'uniforme d'officier de marine ou de marin étranger nous paraît punissable, si elle est commise dans une ville maritime où les officiers et marins étrangers sont autorisés à débarquer en uniforme.

III. Port illicite d'une décoration. — Nous avons étudié tout ce qui a trait à ce délit dans l'article **Décorations.**

IV. Qualifications.

D'avoir, à   , le   , publiquement porté le costume ecclésiastique qui ne lui appartenait pas ;

Délit prévu et puni par l'article 259 du Code pénal.

POSTES

Division.

§ 1.—**Délits et contraventions**

I. Contraventions. — Répression.

II. Transport des lettres par des personnes étrangères.

III. Usage de timbres ayant déjà servi.

IV. Fausse déclaration de valeurs.

§ 2. — **Secret des lettres.**

V. Principe. — Sanction pénale.

VI. Saisie par les juges d'instruction et par les préfets.

VII. Réquisitoire. — Procès-verbal.

§ 3. — **Frais de poste.**

VIII. Recouvrement sur les condamnés. — Tarif.

§ 1. — DÉLITS ET CONTRAVENTIONS

I. Contraventions. — Répression. — Les principales contraventions sont :

1º L'insertion dans un paquet d'imprimés ou d'échantillons, des lettres ou notes ayant le caractère d'une correspondance (art. 9 de la loi du 23 juin 1856);

2º L'insertion d'objets précieux ou de monnaies d'or ou d'argent dans une lettre (art. 9 § 1 de la loi du 4 juin 1859);

3º L'insertion d'objets précieux dans les lettres et paquets recommandés (art. 9 § 1 de la loi du 25 janv. 1873);

4º L'insertion de valeurs au porteur dans une lettre non recommandée (art. 3 § 2 de la loi du 4 juin 1859);

5º L'insertion de valeurs au porteur dans des paquets

recommandés affranchis au tarif réduit (art. 9 § 2 de la loi du 25 janv. 1873) ;

6° L'expédition dans des boîtes, même comme valeurs déclarées, de monnaies françaises et étrangères (art. 9 § 3 de la loi du 25 janv. 1873).

La poursuite de ces contraventions est exercée à la requête de l'administration des postes, qui a le droit de transiger (art. 9 de la loi du 4 juin 1859). Mais le ministère public pourrait prendre l'initiative des poursuites, et par suite interjeter appel du jugement, car l'exercice de l'action publique ne lui a pas été expressément enlevée (Cass., 5 janv. 1865 ; P. 66-58 ; — Caen, 29 août 1866 ; *J. du min. publ.*, t. X, p. 291).

L'article 463 du Code pénal n'est pas applicable (Angers, 13 août 1866 ; *J. du min. publ.*, t. IX, p. 319).

II. **Transport des lettres par des personnes étrangères au service.** — Le transport des lettres doit être fait exclusivement par l'administration des postes. La loi du 29 août 1790, les arrêtés des 2 nivôse et 7 fructidor an VI, du 26 ventôse an VII et du 27 prairial an IX défendent à tous les entrepreneurs de voitures libres et à toute personne étrangère au service des postes de s'immiscer dans le transport des lettres. — L'article 3 de l'arrêté du 27 prairial an IX autorise les agents des postes, les préposés des douanes et la gendarmerie à faire ou à faire faire toutes perquisitions ou saisies sur les messagers, piétons chargés de porter les dépêches, voitures de messageries et autres de même espèce, afin de constater les contraventions.

Ces contraventions doivent être poursuivies devant les tribunaux correctionnels ; la peine est une amende de 150 à 300 francs (art. 5 du même arrêté).

Les entrepreneurs sont personnellement responsables des contraventions commises par leurs postillons, conducteurs, porteurs ou courriers (art. 9 de l'arr. du 27 prair. an IX ; — Circ. chanc., 14 déc. 1828 ; Gillet, n° 2206).

III. **Usage de timbres ayant déjà servi.** — La loi du 16 octobre 1849 punit d'une amende de 50 à 1,000 francs ceux qui ont fait *sciemment* usage d'un timbre-poste ayant déjà servi.

La même peine est infligée à ceux qui ont vendu ou tenté de vendre des timbres ayant déjà servi.

En cas de récidive, la peine est un emprisonnement de cinq jours à un mois et l'amende est doublée.

L'article 463 du Code pénal est applicable (loi du 16 oct. 1849).

Les ministres de la justice et des finances ont considéré la loi du 16 octobre 1849 comme ayant un caractère essentiellement pénal et exclusif du droit de transaction attribué à l'administration des postes, par l'ordonnance du 18 février 1843, dans les affaires contentieuses intéressant son service. En conséquence, les frais de poursuite, dans cette matière, sont imputés sur les fonds généraux du ministère de la justice, et le recouvrement de ces frais, ainsi que des amendes prononcées par les tribunaux, a lieu par les soins des percepteurs des contributions directes, aux termes de l'article 25 de la loi du 29 décembre 1873.

Lorsque la lettre sur laquelle le timbre a été apposé a été refusée par le destinataire ou est adressée à une personne qu'on n'a pu retrouver, c'est à l'autorité judiciaire qu'il appartient de procéder à l'ouverture de cette lettre (Décis. chanc., 25 nov. 1882 ; *Bull. off.*, n° 28, p. 225).

IV. **Fausse déclaration de valeurs.** — L'expéditeur qui déclare frauduleusement à la poste des valeurs supérieures à celles qui sont réellement insérées dans une lettre, est puni d'un emprisonnement d'un mois à un an et d'une amende de 16 à 500 francs. — L'article 463 est applicable (art. 5 de la loi du 4 juin 1859).

§ 2. — SECRET DES LETTRES

V. **Principe. — Sanction pénale.** — Le décret du 14 août 1790 déclare que le secret des lettres est inviolable et que, sous aucun prétexte, il ne peut y être porté atteinte.

La sanction de ce principe se trouve dans l'article 187 du Code pénal qui punit d'une amende de 16 à 500 francs et d'un emprisonnement de trois mois à cinq ans tout fonctionnaire ou agent du gouvernement ou de l'administration des postes qui supprime ou ouvre des lettres confiées à la poste. — Le coupable est de plus interdit de toute fonction ou emploi public pendant cinq ans au moins et dix ans au plus.

Si la violation ou suppression a été commise par un particulier, aucune peine n'est encourue, cette hypothèse n'ayant pas été prévue par le Code pénal (Trib. de Reims, 29 déc. 1847; *Gaz. des Trib.* du 8 janv. 1848).

VI. **Saisie par les juges d'instruction et par les préfets.** — Peut-on, au cours d'une instruction criminelle, saisir à la poste les lettres que l'on croit de nature à faciliter la manifestation de la vérité? Mangin (*Inst. écrite*, t. I, p. 160), s'appuyant sur le décret du 14 août 1790, soutient que cette saisie ne peut être opérée; mais ce système a été repoussé par tous les auteurs : « Une règle générale de l'instruction « criminelle attribue au juge d'instruction le pouvoir de faire « en quelques lieux que ce soit les perquisitions et saisies de « tous les papiers et effets qu'il juge utiles à la manifestation « de la vérité. Ce pouvoir est créé dans l'intérêt général de la « société qui place la répression des crimes, condition de son « existence, bien au-dessus de l'inviolabilité des lettres. Com- « ment donc motiver une exception à cette règle en faveur « des lettres? Comment la justifier? Une lettre ne peut-elle « pas dévoiler un crime? Ne peut-elle pas constituer, comme « en matière de faux, le corps même du délit? Il serait « bizarre de mettre les dépôts de lettres à l'abri des investi- « gations judiciaires, quand le domicile des citoyens, plus « sacré sans doute, n'est pas à l'abri de ces recherches » (Chauveau et Faustin-Hélie, t. IV, p. 239).

La jurisprudence n'a jamais contesté ce droit de saisie aux juges d'instruction; mais, malgré les termes de l'article 10 du Code d'instruction criminelle, la Cour de cassation l'a d'abord refusé au préfet de police à Paris et aux préfets dans les départements (Cass., 23 juil. 1853 ; P. 54-1-356) ; mais cette doctrine a été repoussée par les chambres réunies qui ont reconnu aux préfets le même pouvoir qu'aux juges d'instruction (Cass., 21 nov. 1853 ; P. 54-1-356).

VII. **Réquisitoire. — Procès-verbal.** — Le juge d'instruction se transporte au bureau de poste et, sur le vu de son ordonnance, le receveur doit mettre à sa disposition les lettres qu'il y a lieu de saisir, c'est-à-dire celles qui sont adressées soit par le prévenu soit par des tiers à certaines personnes déterminées et celles qui sont destinées au prévenu.

Les lettres ainsi remises sont ouvertes et examinées. Celles qui fournissent quelques indications utiles sont saisies et jointes au dossier ; les autres sont recachetées et revêtues de cette mention : *Ouverte par autorité de justice* ; on les rend ensuite contre récépissé au receveur des postes qui les remet en service.

Procès-verbal est dressé pour constater ces diverses opérations.

Le juge d'instruction peut commettre un officier de police judiciaire pour opérer ces saisies.

§ 3. — FRAIS DE POSTE.

VIII. Recouvrement sur les condamnés. — Tarif. — L'article 2 § 11, du décret du 18 juin 1811 avait compris dans les frais de justice criminelle le port des lettres et paquets relatifs aux procédures criminelles. Mais, depuis la loi du 5 mai 1855, le Trésor n'est plus grevé de cette dépense ; l'article 18 de cette loi porte en effet que les condamnés payeront le port de ces lettres et paquets, d'après le tarif suivant :

	AFFAIRES de SIMPLE POLICE	AFFAIRES CORRECTIONNELLES
Portées directement à l'audience.....	0.20	2 »
Jugées en appel....................	1 »	4.40
Portées à l'audience après instruction	1.20	3 »
Jugées sur appel...................	2.60	5.20
Jugées en cassation	6.40	9.60

AFFAIRES CRIMINELLES

Devant la Cour d'assises.........................	25 fr.
En cassation	6 fr.

Les greffiers des Cours et tribunaux doivent comprendre très exactement ces frais de poste dans l'état de liquidation des dépens (Circ. chanc., 4 août 1855 ; Gillet, n° 3767).

Si ces frais n'ont pas été liquidés par le jugement, ils doivent faire l'objet d'un exécutoire supplémentaire (Cir. chanc., 7 févr. 1856 ; Gillet, n° 3801).

L'article 18 de la loi du 5 mai 1855 est applicable aux affaires suivies à la diligence des diverses administrations financières, à l'exception de celle des forêts (Décis. min. fin., 31 janv. 1856 ; *Rec off.*, t. II, p. 328), Cette exception en matière forestière est même aujourd'hui réduite au cas où les poursuites ont lieu directement à la requête de l'administration des forêts ; si le ministère public a poursuivi certains délits forestiers, soit d'office, soit à la suite d'une plainte de la partie civile ou avec son adjonction, il y a, dans le sens de l'article 2 § 11 du décret du 28 juin 1811, instruction criminelle ouverte ; des correspondances sont possibles ou probables et il convient dès lors de comprendre les droits de poste dans la liquidation des dépens (Circ. chanc., 22 janv. 1880; *Bull. off.* n° 17, p. 67).

POSTULATION ILLICITE

Postuler c'est faire tout ce qui est nécessaire à l'instruction d'un procès afin de le mettre en état d'être jugé. — Le droit de postuler appartient exclusivement aux avoués.

Les individus qui sont convaincus de se livrer à la postulation sont condamnés :

Pour la première fois au payement d'une amende de 200 à 500 francs ;

Pour la deuxième fois à une amende de 500 à 1000 francs ; ils sont de plus déclarés incapables d'être nommés aux fonctions d'avoués (art. 1er de la loi du 19 juil. 1810).

Les avoués qui sont convaincus de complicité, sont punis :

La première fois d'une amende de 500 à 1.000 francs ;

La deuxième fois d'une amende de 1.500 francs et de la destitution (art. 2).

Lorsque la chambre des avoués veut faire constater cette contravention et demande à être autorisée à faire des perquisitions, elle présente requête à cet effet au premier président ou au président du tribunal, suivant le cas. L'autorisation ne peut être accordée que sur les conclusions du ministère public et après que la gravité des faits et des circonstances a été examinée (art. 4). Il résulte des termes de l'article 7 que c'est la Cour ou le tribunal qui autorise les perquisitions. — La même procédure doit être suivie par le procureur de la République qui veut faire opérer des perquisitions avant de diriger une poursuite d'office (art. 5).

Cette contravention est de la compétence des **tribunaux civils** (Cass., 20 juil. 1821 ; P. chr.).

POUDRES
Division.

I. Fabrication.
II. Importation.
III. Transport.
IV. Détention.
V. Vente de poudre de contrebande.

VI. Peines en cas de contravention à la loi du 8 mars 1875.
VII. Constatation des contraventions.
VIII. Poursuites.
IX. Communication des procès-verbaux à la régie.

I. Fabrication. — Est qualifiée frauduleuse toute fabrication de poudres hors des poudreries nationales. (L. du 13 fruct. an V).

La fabrication frauduleuse est punie d'une amende de 300 à 1,000 francs et d'un emprisonnement d'un mois à deux ans (art. 2 de la loi du 24 mai 1834 et 2 de la loi du 25 juin 1841). La poudre et les matières et ustensiles, servant à la fabrication, sont confisqués (art. 27 de la loi du 23 fruct. an V).

Par dérogation à cette règle, la dynamite et les explosifs à base de nitro-glycérine peuvent être fabriqués dans les établissements particuliers, pourvu qu'une autorisation préalable ait été accordée et que les mesures spéciales imposées par la loi aient été exécutées (art. 1 et 3 de la loi du 8 mars 1875).

II. Importation. — L'article 21 de la loi du 13 fructidor an V interdit l'introduction en France des poudres étrangères et punit cette infraction d'une amende de 10 francs par livre (20 fr. 44 par kil.) et du double si l'entrée a eu lieu par mer ; la poudre et les moyens de transport sont confisqués. — Par exception, les ministres de la guerre et des finances peuvent autoriser l'admission en France de cartouches chargées utilisables pour les armes autres que celles dont se compose l'armement militaire de la France (art. 1er de la loi du 1er août 1874).

III. Transport. — Quiconque, sans pouvoir justifier des expéditions et autres titres voulus par les lois et règlements, est convaincu d'avoir transporté plus de cinq kilogrammes de poudre est puni d'une amende de 10 francs par livre (20 fr. 44 par kil.) et en outre de la confiscation de la poudre et de celle des chevaux et voitures, servant au transport (art. 30 de la loi du 13 fruct. an V).

IV. **Détention**. — Tout individu qui, sans y être légalement autorisé, est trouvé détenteur d'une quantité quelconque de poudre de guerre ou de plus de deux kilogrammes d'une autre poudre est puni d'un emprisonnement d'un mois à deux ans et d'une amende de 3,000 francs ; de plus la poudre est confisquée (art. 28 de la loi du 13 fruct. an V ; art. 2 de la loi du 24 mai 1834).

V. **Vente de poudre de contrebande**. — La vente ou le dépôt de poudre de contrebande par un débitant commissionné est puni du retrait de la commission, de la confiscation des poudres et d'une amende de 1,000 francs (art. 36 de la loi du 13 fruct. an V).

VI. **Peines en cas de contravention à la loi du 8 mars 1875**. — Toute contravention aux dispositions de la loi du 8 mars 1875, relative à la poudre dynamite, et aux règlements rendus pour son exécution, est punie d'un emprisonnement d'un mois à un an et d'une amende de 100 à 10,000 francs ; l'article 463 du Code pénal est applicable, mais seulement en ce qui concerne l'emprisonnement (art. 8 de la loi).

VII. **Constatation des contraventions**. — Le soin de rechercher et de constater les contraventions a été confié à l'administration des contributions indirectes (Ord. du 25 mars 1818).

L'article 25 de la loi du 25 juin 1841 a rendu applicables à la fabrication, au colportage et à la vente des poudres les articles 222, 223, 224 et 225 de la loi du 28 avril 1816. — Les fraudeurs doivent donc être arrêtés et conduits devant un officier de police judiciaire ; l'arrestation est maintenue, à moins qu'ils ne consignent l'amende ou fournissent une caution. — En cas de condamnation à l'amende, ils sont détenus jusqu'à ce qu'ils en aient acquitté le montant ; la durée de la détention ne peut toutefois excéder six mois, sauf au cas de récidive où elle peut aller jusqu'à un an.

VIII. **Poursuites**. — Ces infractions sont de la compétence des tribunaux de police correctionnelle (art. 4 de la loi du 13 fruct. an V).

Les poursuites peuvent être faites à la requête du ministère public ou de l'administration des contributions indirectes. — Mais les faits prévus par l'article 2 de la loi du 24 mai 1834 (fabrication et détention), intéressant essentiellement l'ordre public, c'est surtout au ministère public qu'il appartient d'en poursuivre la répression, sauf à l'administration à intervenir pour faire prononcer à son profit, les amendes et confiscations déterminées par les lois antérieures. — En conséquence, il a été arrêté entre les ministres de la justice et des finances, que l'administration des contributions indirectes, aussitôt qu'elle aurait connaissance d'un fait prévu par cet article, en informerait immédiatement le procureur de la République, en lui transmettant les procès-verbaux rédigés par ses agents, afin qu'il examinât s'il y a lieu d'intenter l'action publique. Dans le cas où ce magistrat ne croit pas devoir prendre ce parti, il en avise sur-le-champ les agents supérieurs des contributions indirectes, afin qu'ils donnent à l'affaire la suite qui paraît convenable dans l'intérêt de l'administration (Circ. chanc., 9 oct. 1835 ; Gillet, n° 2589).

IX. **Communication des procès-verbaux à la régie.** Lorsque les procès-verbaux n'ont pas été dressés par des agents de l'administration des contributions indirectes, le procureur de la République doit les communiquer très exactement à cette administration, afin qu'elle soit mise à même d'intervenir eu temps utile pour faire prononcer à son profit les amendes et confiscations déterminées par la loi du 13 fructidor an V (Circ. chanc., 16 juin 1851 ; Gillet, n° 3496).

PRESBYTÈRES

La jurisprudence décide que le curé a sur son presbytère un droit spécial de jouissance qui est l'équivalent d'un usufruit (Cass., 4 févr. 1879 ; P. 81-1-1028 ; — 31 mars et 9 juin 1882 ; P. 82-1-1187 ; — 11 nov. 1882 ; P. 83-1-315).

Le curé peut, par suite, interdire l'apposition sur son presbytère des affiches électorales émanant de simples particuliers et les faire enlever si elles ont été apposées (Cass., 11 nov. 1882 ; P. 83-1-315). Mais l'autorité municipale a le droit de désigner par arrêté les murs du presbytère comme emplacement réservé aux affiches administratives ; dès lors le desservant qui lacère des affiches dans ces conditions, commet une contravention (Cass., 16 févr. 1883 ; P. 83-1-667).

PRESCRIPTION

Division

§ 1. — PRESCRIPTION DE L'ACTION

I. **Durée de la prescription.** — L'action publique et l'action civile se prescrivent par dix ans s'il s'agit d'un crime, par trois ans s'il s'agit d'un délit et enfin par un an, si le fait ne constitue qu'une contravention (art. 637, 638 et 640 du C. d'instr. crim.).

La durée de la prescription se règle d'après la qualification résultant de la décision des juges et non d'après la qualification qui a été donnée au moment de la poursuite ; aussi, lorsqu'il résulte de la déclaration du jury qu'un fait ne constitue qu'un délit, lorsque par exemple dans une affaire de vol qualifié, les circonstances aggravantes ont été écartées, c'est la prescription de trois ans qui est applicable (Limoges, 24 févr. 1839 ; P. 39-I-578 ; — Cass., 10 sept. 1846 ; P. 49-II-8 ; — *Sic* : Faustin-Hélie, t. II, p. 672 ; — Mangin, t. II n° 297). Les crimes, commis par des mineurs de seize ans, qui aux termes de l'article 68 du Code pénal, sont de la compétence des tribunaux correctionnels, sont assimilés à de simples délits et, par suite, se prescrivent par trois ans (Cass., 22 mai 1841 ; P. 41-II-492 ; — Cass., 25 août 1864 ; P. 65-198 ; — Cass., 10 déc. 1869 ; P. 70-558).

Lorsque, par suite de l'admission des circonstances atténuantes, un crime n'est puni que de peines correctionnelles,

est-ce également la prescription triennale qui est applicable ?
M. Faustin-Hélie le pense (*Instr. crim.*, t. II, p. 675) ; mais ce
système a été repoussé par la Cour de cassation qui s'appuie
sur ce que « la déclaration de circonstances atténuantes ne
« fait que réduire la peine, mais ne change pas la nature du
« crime déclaré constant. » (Cass., 18 avr. 1834 ; P. chr. ; —
Cass., 20 juil. 1838 ; P. 39-I-153 ; — Limoges 23 et 24 févr.
1839 ; P. 39-I-578 ; — Cass., 30 mai 1839 ; P. 43-II-298 ; —
Cass., 1er mars 1855 ; P. 55-II-158).

Mais lorsque la qualification n'est pas en rapport avec la
peine, lorsque, comme en matière d'exercice illégal de la médecine, l'affaire est de la compétence du tribunal correctionnel et la peine n'est qu'une amende de simple police, comment se règle la prescription ? La Cour de cassation a décidé
que la durée de la prescription n'est que d'un an (Cass.,
18 juil. 1840 ; *J. de Dr. crim.*, 1840, p. 323).

II. **Point de départ de la prescription.** — Il résulte des
articles 637, 638 et 640 du Code d'instruction criminelle que
la prescription commence à courir du jour où les crimes,
délits ou contraventions ont été commis. — Mais le jour du
délit compte-t-il dans l'espace de temps nécessaire pour faire
acquérir la prescription ? Oui, car la prescription doit avoir
pour point de départ le moment même où s'ouvre l'action publique, et les poursuites peuvent être commencées le
jour du délit. (Cass., 28 mai 1819. — Pau, 24 janv. 1857 ;
P. 57-945 ; — Grenoble, 13 janv. 1859 ; — *Sic* : Mangin. *Act.
publ.*, t. II, no 319 ; — Faustin-Hélie, t. II, p. 683 ; — Le Sellyer, t. VI, p. 115 ; — Dutruc, vo *Prescription*, no 34). Le système contraire paraît cependant être plus généralement
admis par la jurisprudence (Cass., 10 janv. 1845 ; S. 45-I-126 ;
— Bordeaux 1er avr. 1857 ; P. 57-947 ; — Cass., 2 févr. 1865 ;
P. 65-790 ; — Paris, 28 avr. 1875 ; *Le Droit*, 27 sept. 1875).

III. **Délits successifs.** — Lorsqu'un délit se compose
d'une série d'actes se liant les uns aux autres, la prescription ne commence à courir qu'à compter du dernier de ces
actes ; si le délit consiste dans un fait continu, la prescription ne court que de l'instant où ce fait a cessé.

La seule difficulté consiste à déterminer, quels délits doivent ou ne doivent pas être considérés comme successifs.

La jurisprudence range parmi les délits successifs :

1° Les *associations de malfaiteurs* prévues par les articles 265 à 267 du Code pénal, car le délit dure tant que subsiste l'association (Faustin-Hélie, t. II, p. 686 ; — Mangin, t, II, n° 326) ;

2° *Le recélé d'objets volés ;* car le délit dure tant que l'on garde la chose (Le Sellyer. *Act. publ. et priv.,*n° 462 ; — Faustin-Hélie, t. II, p. 686) ;

3° Le *recélé de malfaiteurs* (mêmes auteurs);

4° La *séquestration arbitraire ;* le crime se perpétue tant que la victime est privée de la liberté (Mangin, t. II, n° 323; — Faustin-Hélie, t. II, p. 685);

5° Le *vagabondage ;* le délit subsiste, tant que l'individu se trouve sans domicile et sans moyens d'existence (Faustin-Hélie, t. II, p. 686) ;

Ne sont pas regardés comme successifs :

1° L'*abus de confiance.* — La prescription court du jour où le détournement a été commis (Voir : **Abus de confiance,** VII);

2° L'*abus de blanc-seing.* — La prescription court du jour où il a été fait usage du blanc-seing (Cass., 21 avr. 1821 ; **P.** chr ; — Orléans, 24 avr. 1840 ; P. 40-II-529) ;

3° L'*adultère.* — Ce délit peut consister dans un seul acte, si donc il y a toute une série d'actes, la prescription de chacun d'eux court du jour où il a été commis ;

4° La *bigamie.* — La prescription court du jour du second mariage (Cass., 5 sept. 1812 ; *Bull. crim.,*n° 204).

5° Le *rapt.* — Le crime est consommé aussitôt que l'enlèvement est opéré, c'est donc ce moment qui est le point de départ de la prescription (Faustin-Hélie, t. II, p. 686 ; — Voir : **Rapt**).

En matière de *dénonciation calomnieuse,* la prescription ne commence à courir que du jour où la dénonciation a été reconnue calomnieuse (Cass., 6 août 1825 ; P. chr ; — Cass., 6 févr. 1857, *Bull. crim.,* n° 50).

En matière de *banqueroute,* la prescription commence à courir, non du jour du jugement déclaratif de la faillite, mais du jour de la suspension des payements et, si le fait est postérieur à la cessation, du jour même de cet acte (Voir : **Banqueroute** IV et IX).

IV. Prescriptions spéciales. — Le délai de la prescription a été modifié par certaines lois, relativement à divers délits et contraventions. — Nous nous bornerons à donner l'énumération des matières, soumises à ces prescriptions spéciales et à renvoyer aux articles où nous les avons étudiées.

Ce sont :

1° Les contraventions à la police rurale (Voir : **Rurale (police)**, III).

2° Les délits forestiers (Voir : **Forêts**, XVII);

3° Les délits de pêche (Voir : **Pêche**, L) ;

4° Les délits de chasse (Voir : **Chasse**, XXXV);

5° Les délits de presse Voir : **Presse**, XXVI).

V. Causes d'interruption de la prescription. — Lorsqu'elle a été interrompue, la prescription ne commence à courir qu'à compter du dernier acte interruptif (art. 637 et 638 du C. d'inst. crim.).

On peut diviser en deux catégories les causes d'interruption. Ce sont :

1° Celles qui résultent d'un empêchement de droit qui suspend l'exercice de l'action publique ;

2° Celles qui résultent d'un acte de poursuites ou d'instruction.

VI. Causes résultant d'un empêchement de droit qui suspend l'action civile. — La prescription est interrompue :

1° Par la demande aux fins d'obtenir l'autorisation nécessaire pour poursuivre certaines personnes (Cass., 13 avr. 1810; P. chr. ;— Metz, 1er mars 1866 ; D. 66-II-54). Depuis que l'article 75 de la constitution de l'an VIII a été abrogé, une autorisation préalable n'est nécessaire qu'au cas de poursuites contre un membre du Sénat ou de la Chambre des députés (art. 14 de la 1. du 16 juil. 1875);

2° Par le jugement d'une question préjudicielle. — La prescription est suspendue pendant toute la durée de l'instance engagée soit devant les tribunaux civils soit devant les tribunaux administratifs pour faire statuer sur cette question (Cass,, 30 janv. 1830 ; P. chr. ; — Cass., 11 déc. 1869 ; P. 70-183). Si un délai a été imparti pour faire statuer sur la question préjudicielle, la prescription n'en est pas moins suspendue jusqu'à ce que le jugement sur cette question ait été rendu, encore bien qu'il ne soit intervenu qu'après l'expiration du délai (Cass., 7 mai 1851 ; P. 52-1-385).

VII. **Causes résultant d'un acte de poursuites ou d'instruction.** — Les actes de poursuites ou d'instruction qui peuvent interrompre la prescription, sont tous ceux qui ont pour objet soit de rechercher les preuves de l'existence du crime et de la culpabilité du prévenu, soit de s'assurer de sa personne et qui émanent de fonctionnaires compétents. Il faut reconnaître cet effet :

1° Aux procès-verbaux. — Les procès-verbaux de gendarmerie sont des actes d'instruction et interrompent la prescription, quand ils sont dressés, même hors le cas de flagrant délit, pour constater un fait délictueux (Cass., 26 juin 1840 ; P. 40-II-416 ; — Amiens, 7 mars 1872; P. 72-485). — En est-il de même du procès-verbal de renseignements, dressé sur la demande du ministère public pour l'éclairer sur les circonstances d'un délit ? Nous le croyons, mais le contraire a été jugé par la Cour de Douai dans un arrêt du 6 février 1871 (P. 72-219);

2° A la citation donnée au prévenu pour comparaître à l'audience. — Mais la citation, nulle pour un défaut de formes, n'interrompt pas la prescription (Grenoble, 18 août 1824 ; P. chr.; — Bourges, 31 janv. 1839 ; P. 39-1-629 ; — Rouen, 26 déc. 1840 ; P. 41-1-585). La prescription serait cependant interrompue par la citation, donnée pour paraître en police correctionnelle dans un délai de moins de trois jours ; car aucun article de loi ne prononce la nullité de la citation donnée à trop bref délai (Cass., 25 févr. 1819 ; P. chr.), Il en serait de même si le prévenu était cité devant un juge incompétent (Rouen, 12 nov. 1838; P. 38-II-588; – Cass., 5 avr. 1839; P. 39-II-119; — Cass., 5 mai 1865; P. 65-1279);

La réquisition donnée par le procureur de la République à un huissier, à l'effet d'assigner le prévenu, n'a pas pour résultat d'interrompre la prescription; c'est là en effet une simple pièce de forme (Douai, 1er déc. 1869 ; P. 70-713 ; — Dijon, 13 déc. 1871 ; P. 72-88) ;

3° Au réquisitoire du procureur de la République adressé au juge d'instruction afin d'informer (Cass., 8 oct. 1846; D. 47-4-382);

4° Aux mandats de comparution, d'amener, de dépôt et d'arrêt (Cass., 14 juin 1816 ; P. chr.) ;

5° Aux réquisitions du ministère public tendant à la translation du prévenu près le tribunal compétent (Cass., 11 févr. 1843 ; D. 43-4-342) ;

6° Aux jugements. Il en est ainsi même du jugement par lequel le tribunal se déclare incompétent (Orléans, 31 déc. 1835, P. chr.). Mais un jugement nul ne peut interrompre la prescription d'un délit (Cass., 6 févr. 1830 ; P. chr.); par exemple le jugement, rendu en matière de pêche, sans que le procès-verbal ait été préalablement signifié, n'interrompt pas le cours de la prescription ;

7° Aux diverses réquisitions du ministère public et aux ordonnances du juge d'instruction. Il en est ainsi notamment du réquisitoire tendant au non-lieu et d'une ordonnance de non-lieu. (Cass., 28 janv. 1870 ; P. 70-688 ; — Cass., 12 avr. 1873 ; P. 73-832).

VIII. **La prescription court-elle, lorsque le prévenu est aliéné ?** — En principe, l'état d'aliénation mentale dans lequel se trouve un prévenu, n'interrompt pas la prescription, mais le cours en est suspendu pendant le temps qu'un accusé est détenu, sous le coup d'une accusation, dans un établissement d'aliénés (Cass., 8 juil. 1858 ; P. 60-163). La plupart des auteurs n'admettent pas cette restriction. (Voir : **Aliénés**, II).

IX. **Interruption des prescriptions spéciales.** — Les règles que nous venons d'exposer s'appliquent aux matières où la prescription est régie par des lois spéciales. Mais une question se pose : lorsque la prescription a été interrompue, la prescription nouvelle qui commence à courir du jour de l'acte interruptif, se règle-t-elle suivant la loi spéciale ou d'après le Code d'instruction criminelle ? Ainsi, en matière de pêche, l'action publique se prescrit par un mois, si un acte d'instruction intervient avant l'expiration du mois, est-ce la prescription de trois ans qui devient applicable ? est-ce au contraire toujours la prescription spéciale d'un mois ?

Nous pensons, mais la question est très controversée, que la prescription nouvelle doit se régler, conformément aux règles ordinaires. En effet, les articles 637 et 638 du Code d'instruction criminelle renferment deux dispositions distinctes : l'une s'applique au cas où il n'a été fait aucun acte d'instruction ou de poursuites dans le délai fixé; l'autre au contraire a trait à celui ou des actes d'instruction ou de poursuite ont eu lieu dans ce délai. — La première disposition fixe la durée de la prescription à dix ou trois ans, suivant qu'il s'agit d'un crime ou d'un délit; la seconde lui assigne également une durée de dix ou de trois ans, à partir du dernier acte d'instruction. La Cour de cassation, dans son arrêt du 17 mars 1866 (P. 67-72), remarque que ces deux dispositions sont indépendantes l'une de l'autre, que la seconde ne se borne pas à dire, en changeant seulement le point de départ, que la durée de la prescription sera la même que celle réglée par la première. De ce qu'elle précise expressément cette durée, la Cour conclut que les articles 637 et 638 ont voulu que la prescription ainsi réglée puisse être appliquée même aux faits délictueux pour lesquels il a été établi des prescriptions particulières, d'autant plus que le législateur ne les perdait pas de vue au moment où il rédigeait ces articles, puisqu'il les rappelle dans l'article 643 (*Sic* : Amiens, 2 janv. 1873; P. 73-78; — Mangin, *Act. publ.*, t. II, n° 258; — *Contra*, Faustin-Hélie, t. II, p. 710; — *Le Sellyer*, t. VI, n° 2400).

Une exception existe en matière de presse (Voir : **Presse,** XXXI); l'article 65 de la loi du 29 juillet 1881 décide que l'action se prescrira par trois mois à compter du dernier acte de poursuite.

X. **Prescription en matière de contraventions.** — Les règles relatives aux interruptions de prescription ne s'appliquent pas en matière de simple police : le tribunal de police doit juger définitivement dans l'année de la contravention; le juge d'appel doit statuer définitivement dans l'année de la notification de l'appel. Aucun acte de poursuite ou d'instruction, même un jugement interlocutoire, ne peut interrompre la prescription (art. 640 du C. d'inst. crim.); elle est cependant interrompue par le jugement des questions préjudicielles (Cass., 27 mai 1843; P. 43-II-662; — Cass., 26 sept. 1846; P. 47-1-23).

Le jugement de simple police remontant à moins d'un an est interruptif de la prescription, bien qu'il ait été annulé en appel (Cass., 26 mars 1870; P. 71-475).

Enfin la prescription est interrompue par le pourvoi du

ministère public et suspendue pendant toute la durée du pourvoi (Cass., 21 juin 1878 ; P. 79-180).

XI. **Quand l'exception peut-elle être proposée**. — L'exception résultant de la prescription de l'action publique est une exception d'ordre public qui peut être proposée en tout état de cause, même devant la Cour de cassation, à laquelle le prévenu ne peut renoncer et qui doit même être suppléée d'office par le juge (Cass., 11 juin 1829 ; P. chr. ; — Cass., 28 janv. 1843 ; P. 43-I-499 ; — Cass., 29 mai 1847 ; P. 47-II-608 ; — Cass., 9 juil. 1859 ; P. 60-51 ; — Cass., 24 déc. 1859 ; P. 60-1147 ; — Cass., 28 févr. 1860 ; P. 60-1006).

§ 2. — PRESCRIPTION DES PEINES

XII. **Délais de la prescription**. — Les peines se prescrivent : par deux ans, en matière de contraventions ; par cinq ans en matière de délits ; par vingt ans en matière de crimes (art. 635, 636 et 639 du C. d'instr. crim.).

Si le fait qui avait fait l'objet de poursuites en Cour d'assises, se trouve réduit à un simple délit, la peine se prescrit par cinq ans. Ainsi, lorsqu'un individu condamné par contumace à une peine afflictive et infamante, vient purger sa contumace, si le jury écarte les circonstances aggravantes, la peine correctionnelle qui est encourue, se substitue à la peine afflictive et infamante antérieurement prononcée et s'il est écoulé cinq ans sans poursuites, cette peine est prescrite (Cass., 9 juil., 1829 ; P. chr.).

Si la peine n'est réduite à une peine correctionnelle que par l'admission d'une excuse ou de circonstances atténuantes, le fait n'en conserve pas moins son caractère et c'est la prescription de vingt ans qui est applicable (Cass., 1er mars 1855 ; *Bull. crim.*, n° 70).

XIII. **Point de départ**. — La prescription court :

1° En matière criminelle, à compter de la date de l'arrêt (art. 635 du C. d'instr. crim.) ;

2° En matière correctionnelle, à compter de la date de l'arrêt ou de celle où le jugement est devenu définitif, les délais d'appel étant expirés (art. 636 du C. d'instr. crim.) ;

3° En matière de simple police, à compter de la date du jugement du tribunal civil ou de celle où le jugement du tribunal de simple police est devenu définitif, les délais d'appel étant expirés (art. 639 du C. d'instr. crim.).

Lorsque le condamné s'est évadé, la prescription ne court que du jour de son évasion (Cass., 5 févr. 1835 ; P. chr.).

La prescription ne court pas au profit du condamné qui subit une peine de même nature (Cass., 26 août 1859 ; P. 60-165).

XIV. **Arrêts par contumace.** — L'arrêt par contumace fait cesser la prescription de l'action et commencer celle de la peine (Cass., 2 févr. 1827 ; P. chr. ; — Cass., 17 janv. 1829 ; P. chr. ; — Cass. 9 juil., 1829 ; P. chr. ; — Cass., 17 avr. 1863 ; S. 64-1-98 ; — Cass., 27 sept. 1866 ; *J. du min. p.* t, X, p. 104).

XV. **Arrêts et jugements par défaut.** — Les jugements par défaut font courir la prescription de la peine, mais seulement à compter du jour de la signification (Cass., 5 mars 1869 ; P. 70-73 ; — Paris, 25 févr. 1870 ; P. 70-1090).

Tant qu'ils ne sont pas signifiés, ils ne constituent que de simples actes d'instruction et de poursuite qui n'ont pour effet que d'interrompre la prescription de l'action (Cass., 31 août 1827 ; P. chr. ; — Lyon, 18 août 1848 ; P. 48-II-434 ; — Rouen, 27 janv. 1853 ; P. 53-II-290).

XVI. **Interruption.** — La prescription des peines pécuniaires est interrompue par l'application des voies d'exécution que la loi autorise ; la prescription des peines corporelles n'est interrompue que par l'exécution sur la personne.

XVII. **Prohibition faite par l'article 635.** — Le condamné pour crime qui a prescrit sa peine, ne peut résider dans le département où demeurent soit celui sur lequel ou contre la propriété duquel le crime a été commis, soit ses héritiers directs. — Le gouvernement peut désigner au condamné le lieu de son domicile (art. 635 du C. d'inst. crim.).

PRÉSÉANCES

Voir : **Honneurs et préséances.**

PRESSE

Division.

§ 1. — DÉLITS DE LA COMPÉTENCE DE LA COUR D'ASSISES

SECTION PREMIÈRE. — *Poursuites.*

I. **Action du ministère public.** — Les poursuites peuvent avoir lieu à la requète du ministère public qui a le droit de saisir directement la Cour d'assises par voie de citation directe sans qu'il soit nécessaire de recourir à une information préalable (art. 47 de la loi du 29 juil. 181).

Toutefois ce droit du ministère public est soumis à certaines restrictions ; il ne peut poursuivre au cas d'injure ou de diffamation envers les corps constitués, les membres des chambres, les fonctionnaires publics, les jurés et les témoins, et, en matière d'offense envers les chefs d'état ou d'outrage envers les agents diplomatiques étrangers, que sur la plainte

préalable qui lui est adressée conformément à l'article 47
(Voir : **Diffamation**, XIV ; — **Offenses**).

De ce que le ministère public a le droit de poursuivre d'office ces délits, lorsqu'une plainte de la partie lésée lui est
adressée, il ne faut pas en conclure qu'il soit tenu de donner
suite à toutes les plaintes qui lui parviennent ; comme en
toute matière, il conserve sa liberté d'appréciation. C'est ce
que déclarait le garde des sceaux à la Chambre des députés :
« Ce n'est pas à dire cependant qu'il suffira de la plainte
« d'une partie pour déterminer l'action publique. Toutes les
« fois que le délit de diffamation ou d'injure est plutôt une
« atteinte à l'intérêt privé qu'à celui de la société, et c'est
« presque toujours le cas, la partie publique laisse à la par-
« tie civile le soin d'obtenir elle-même réparation. »

II. **Droit de citation directe de la partie lésée.**—
Lorsque l'injure ou la diffamation est adressée à un fonctionnaire public, à un dépositaire ou agent de l'autorité publique, à un ministre du culte, à un juré ou témoin, à un
citoyen chargé d'un ministère de service public, à un chef
d'Etat ou agent diplomatique étranger, la partie lésée a le
droit de citer directement le prévenu devant la Cour d'assises
(art. 47 § 6).

SECTION DEUXIÈME. — *Information.*

III. **Réquisitoire introductif.** — Si le ministère public
pense qu'une information est nécessaire, il peut, au lieu de
citer directement, saisir le juge d'instruction. Il est tenu
dans son réquisitoire, d'articuler et de qualifier les provoca-
tions, outrages, diffamations et injures à raison desquels la
poursuite est intentée, et d'indiquer les textes de loi dont
l'application est demandée (art. 48).

Si l'infraction consiste dans un discours, dans des paroles
proférées, il y a lieu de rapporter textuellement les paroles
incriminées, en y joignant la traduction si elles sont en pa-
tois ou en langue étrangère. Il faut également indiquer
exactement la date du délit ; M. Fabreguettes (t. II, n° 1968),
pense qu'il ne suffirait pas de dire qu'il remonte à moins de
trois mois.

Lorsque le délit a été commis à l'aide d'un livre ou d'un
journal, il est impossible de reproduire *in-extenso* les articles

incriminés ; il suffit donc de citer le titre, le nom de l'auteur et la page, s'il s'agit d'un ouvrage ; le titre, le numéro et la date, si c'est un journal, et de reproduire la première et la dernière phrase des passages qui motivent les poursuites (Cass., 28 mars 1884 ; *La Loi*, 2 avr. 1884).

Il n'est pas nécessaire de reproduire le texte des articles visés, mais il faut indiquer très exactement la date de la loi et les numéros des articles. Il y aurait nullité s'il y avait une indication erronée du millésime de la loi (Rennes, 30 janv. 1884 ; P. 84-I-619).

Si le réquisitoire n'est pas établi conformément à ces prescriptions la poursuite est nulle (art. 48). Cette nullité peut-elle être invoquée, même devant la Cour d'assises ? M. Fabreguettes ne le pense pas : selon lui, la nullité est couverte s'il n'y a pas eu de pourvoi contre l'arrêt de renvoi, à la condition toutefois que cet arrêt ait été régulièrement signifié. Nous ne saurions admettre ce système, en présence du texte de l'article 54 qui indique le moment où doivent être soulevés devant la Cour d'assises les incidents sur la procédure suivie.

IV. **Pouvoirs du juge d'instruction.** — Le juge d'instruction procédera à l'information conformément aux règles ordinaires du Code d'instruction criminelle, sauf ce qui va être dit dans les deux paragraphes suivants (V et VI).

V. **Saisie.** — Immédiatement après le réquisitoire, le juge d'instruction peut ordonner la saisie de quatre exemplaires de l'écrit, du journal ou du dessin incriminés ; mais dans le cas seulement où le dépôt préalable n'a pas été fait conformément aux articles 3 et 10 de la loi (art. 49). Cette disposition a été expliquée par M. Lisbonne. « La saisie illimitée de
« toute une édition, s'il s'agit d'écrits imprimés ordinaires,
« de tout un tirage, s'il s'agit de journaux, à l'occasion de la
« prévention d'un simple délit qui peut même dégénérer en
« une contravention, est une mesure exorbitante, quelles que
« soient les précautions que l'on prenne pour accélérer la
« marche de la procédure. Nous avons voulu interdire d'une
« façon absolue le droit de saisie. »

Il y a toutefois une exception à cette règle, c'est en matière d'outrage aux bonnes mœurs. La loi du 2 août 1882 autorise formellement la saisie des imprimés autres que le livre, des dessins, gravures et peintures obscènes.

VI. Détention préventive. — Si le prévenu est domicilié en France, il ne peut être arrêté préventivement, sauf en cas de crime (art. 49 § 2).

VII. Ordonnance définitive. — Arrêt de renvoi. — Acte d'accusation. — L'ordonnance du juge d'instruction est rendue sur les réquisitions du ministère public, conformément aux règles ordinaires du Code d'instruction criminelle. Si le délit paraît de la compétence de la Cour d'assises, l'ordonnance porte que les pièces seront renvoyées au procureur général par application de l'article 133 du Code d'instruction criminelle (Circ. chanc., 9 nov. 1881 ; — XVII).

Y a-t-il lieu de dresser un acte d'accusation? Cet acte doit-il être notifié au prévenu ainsi que l'arrêt de renvoi? La Cour de cassation décidait, sous l'empire de l'ancienne législation, qu'il n'était pas nécessaire de dresser d'acte d'accusation et qu'il suffisait de notifier l'arrêt de renvoi. Cette Cour va plus loin aujourd'hui : dans un arrêt du 4 mars 1882 (*J. du min. p.*, t. XXVI, p. 66), elle déclare qu'aucune disposition de la loi de 1881 n'a réglé la procédure à suivre relativement à l'arrêt de renvoi et à l'acte d'accusation ; qu'il résulte du silence de la loi et de sa référence implicite au droit commun que les notifications de l'arrêt portant renvoi et de cet acte ne sont prescrites par aucune disposition légale en matière de délit, et que dès lors elles ne sont pas nécessaires, bien que l'accomplissement de ces formalités paraisse conforme à l'usage et à l'intérêt d'une bonne administration de la justice.

Par sa circulaire du 9 novembre 1881 (XVIII), le garde des sceaux décide qu'il n'y a pas lieu de rédiger d'acte d'accusation, mais qu'il convient de faire notifier l'arrêt de renvoi.

SECTION 3e — *Procédure devant la Cour d'assises.*

VIII. Citation. — La citation doit contenir l'indication précise des écrits, des imprimés, placards, dessins, gravures, peintures, médailles ou emblèmes, des discours ou propos publiquement proférés qui sont l'objet de la poursuite ; elle doit indiquer en outre la qualification des faits et les textes de loi invoqués à l'appui de la demande (art. 50 § 1).

Nous avons donné différents modèles de formules (Voir: **Diffamation**, XIX ; — **Injures**, VIII. Voir aussi *supra*, III).

Ces prescriptions ne sont-elles applicables qu'au cas où le

prévenu a été cité directement devant la Cour d'assises ? On décidait sous le régime de la loi de 1819 qu'il n'était pas nécessaire que l'assignation renfermât l'articulation et la qualification des faits incriminés, lorsque le prévenu était cité en vertu d'un arrêt de la chambre des mises en accusation. Quel est en effet le but de la loi ? De préciser l'objet des poursuites et la nature du délit, afin que le prévenu puisse préparer ses moyens de défense, en parfaite connaissance de cause. Nous pensons donc qu'il doit en être de même aujourd'hui, pourvu que l'arrêt de renvoi ait été notifié. — Nous devons ajouter que telles ne sont pas les instructions de la chancellerie dans sa circulaire du 9 novembre 1881 : « L'arrêt de renvoi étant notifié, la citation à comparaître devant « la Cour d'assises doit être donnée en vertu de cet arrêt. « Il conviendra d'ailleurs de se conformer pour cette citation « aux prescriptions de l'article 50 ». Il faut évidemment suivre ces instructions, mais nous n'en persistons pas moins à penser que l'omission des formalités de l'article 50 n'entraîne pas dans ce cas la nullité de la procédure.

Lorsque la partie lésée veut citer directement le prévenu devant la Cour d'assises; elle doit présenter requête au président de la Cour d'assises qui fixe les jours et heures auxquels l'affaire sera appelée (art. 47). La citation donnée par la partie lésée doit remplir les conditions imposées par le paragraphe 1er et porter en outre copie de l'ordonnance de président; elle contient élection de domicile dans la ville où siège la Cour d'assises et est notifiée tant au prévenu qu'au ministère public (art. 50 § 2).

IX. **Nullité de la citation.** — Les diverses prescriptions de l'article 50 sont édictées à peine de nullité (art. 50 § 3). C'est ainsi que la citation est nulle si l'indication du texte applicable a été omise (Trib. de Compiègne, 22 nov. 1881; P 82-I-470 ; — trib. de la Seine 18 janv. 1882, *eod. loc.*) ou est erronnée (trib. d'Oran, 14 déc. 1881; *eod. loc.*) ou si cette citation ne contient pas l'articulation et la qualification des faits incriminés (Dijon, 28 déc. 1881 ; P. 82-I-458 ; — Rennes, 30 janv. 1844 ; P. 84-I-619).

Cette nullité n'est pas d'ordre public (Cass., 10 févr. 1883 ; P. 84-I-188) ; — elle doit donc, aux termes de l'article 54 de la loi, être invoquée avant l'appel des jurés, à peine de forclusion (Cass.,24 avr. 1884 ; *La Loi* 26 avr. 1884 ; Voir: *infra*, XII).

X. **Délai pour la comparution.** — Le délai entre la citation et la comparution en Cour d'assises est de cinq jours francs, outre un jour par cinq myriamètres de distance ; par exception, en matière de diffamation, ce délai est de douze jours (art. 51 et 52).

XI. **Listes du jury et des témoins.** — Les articles 315 et 395 du Code d'instruction criminelle sont applicables. — Le ministère public est donc tenu de faire notifier au prévenu la liste du jury, encore bien que la poursuite ait lieu sur la citation directe donnée par la partie lésée. De plus, lorsqu'ils veulent faire entendre des témoins, le ministère public ou le plaignant doivent en faire notifier la liste au prévenu vingt-quatre heures au moins avant l'audience.

La première notification est prescrite à peine de nullité ; l'omission de la seconde notification a simplement pour effet de permettre au prévenu de s'opposer à l'audition des témoins cités.

Des notifications spéciales sont exigées par l'article 52, au cas où le prévenu veut faire la preuve des faits diffamatoires (Voir : **Diffamation**, XVI).

XII. **Comparution. — Demandes de renvoi. — Incidents.** — Le prévenu doit comparaître en personne; c'est l'application du principe posé par l'article 185 du Code d'instruction criminelle.

Toute demande en renvoi pour quelque cause que ce soit, tout incident sur la procédure suivie, doivent être présentés avant l'appel des jurés, à peine de forclusion (art. 54).

Que doit-on entendre par appel des jurés ? Le rapport de M. Lisbonne l'explique: « Si le prévenu a été présent à l'appel « des jurés, il devra formuler toute demande en renvoi et « soulever tout incident de procédure *avant le tirage au sort* « *des jurés*, à peine de forclusion ».

XIII. **Cas où le prévenu quitte l'audience.** — Si le prévenu a été présent à l'appel des jurés, il ne peut plus faire défaut, quand bien même il se serait retiré pendant le tirage au sort (art. 51 § 1). C'est là une grave dérogation aux règles du droit commun (Voir : **Jugements et arrêts**, III; **Police correctionnelle**, X). En conséquence l'arrêt qui intervient soit sur la forme, soit sur le fond, est définitif quoique le prévenu se soit retiré et n'ait pas présenté sa défense. Dans ce cas, il est procédé avec le concours du jury et comme si le prévenu était présent (art. 55 § 2).

XIV. **Défaut. — Arrêt. — Opposition.** — Si le prévenu ne comparaît pas au jour fixé par la citation, il est jugé par défaut par la Cour d'assises sans assistance ni intervention des jurés (art. 56 § 1). Il y a lieu de procéder comme au cas où un accusé est jugé par contumace.

Cet arrêt, rendu par défaut, doit être signifié au condamné qui a le droit d'y faire opposition. Dans quel délai l'opposition est-elle valablement formée? Il faut distinguer.

Si la signification a été faite à personne, le prévenu doit former son opposition et la notifier tant au ministère public qu'au plaignant dans les cinq jours de la notification, outre un jour par cinq myriamètres. — Si elle n'a pas été faite à personne ou s'il ne résulte pas d'un acte d'exécution de l'arrêt que le prévenu en a eu connaissance, l'opposition est recevable jusqu'à l'expiration des délais de la prescription de la peine (art. 56).

L'opposition vaut citation à la première audience utile, c'est-à-dire à la première audience après l'expiration du délai de trois jours francs, qui doit s'écouler entre l'opposition et la comparution (art. 56 ; — Voir : **Opposition**).

Faute par le prévenu de former son opposition dans le délai fixé dans l'article 56 et de la signifier aux personnes indiquées ou de comparaître par lui-même au jour fixé par cet article, l'opposition sera réputée non avenue et l'arrêt par défaut sera définitif (art. 57).

XV. **Acquittement.** — En matière ordinaire, l'accusé peut être condamné à des dommages-intérêts envers la partie civile, en raison du quasi-délit qui peut subsister après le verdict du jury. Il n'en est pas ainsi en matière de délits de presse : le prévenu acquitté doit être renvoyé de la plainte sans dépens ni dommages-intérêts au profit du plaignant (art. 58).

§ 2. — Infractions de la compétence des tribunaux correctionnels et de simple police.

XVI. **Comment ces tribunaux sont saisis.** — Les tri-

bunaux correctionnels et de simple police sont saisis soit par
le ministère public, soit par la partie civile. Les règles ordinaires du Code d'instruction criminelle sont applicables, sauf
quelques modifications que nous allons examiner.

Au cas de diffamation et d'injure envers les particuliers, la
poursuite n'a lieu que sur la plainte de la personne diffa-
mée et injuriée (art. 60-1°). Le ministère public agit d'ailleurs
bien rarement d'office en ces matières, car la répression de
ces faits n'intéresse pas essentiellement l'ordre public (v° **Action civile. — Action publique**, V).

XVII. **Instruction préalable.** — Le procureur de la République poursuivra le plus souvent sur citation directe; mais
il peut, s'il le juge utile, requérir une instruction préalable.

Le réquisitoire introductif n'est pas astreint aux formalités
de l'article 48 de la loi, car l'ariclte 60 ne l'a pas visé.

Le juge d'instruction se conformera aux règles du Code
d'instruction criminelle, mais il n'oubliera pas que les dispositions de l'article 49 relatives aux saisies et à la détention
préventive ont été rendues applicables par l'article 60 § 2.
— Cet article vise, il est vrai, l'article 48, mais c'est là une
erreur matérielle ; le législateur a entendu renvoyer non à
cet article, mais à l'article 49 (Fabreguettes, t. II, n° 2110 ; —
Celliez et Le Senne, p. 601).

XVIII. **Citation.** - La citation doit préciser et qualifier le
fait incriminé et indiquer le texte de loi applicable (art. 60-3°).
Les règles que nous avons exposées au sujet de la citation
devant la Cour d'assises (*supra*, VIII et IX) s'appliquent ici.

Il doit y avoir trois jours francs, outre un jour par trois
myriamètres, entre la citation et la date de la comparution ;
toutefois, en cas de diffamation ou d'injure, pendant la période électorale, contre un candidat à une fonction élective,
le délai de la citation est réduit à vingt-quatre heures, outre
le délai de distance (art. 60-2°).

XIX. **Effets du désistement du plaignant.** — Même au
cas où la poursuite a lieu à la requête du ministère public,
le désistement du plaignant arrête la poursuite commencée
(art. 60 § 3).

§ 3. — POURVOIS EN CASSATION

XX. **Qui peut se pourvoir.** — Le droit de se pourvoir en

cassation appartient au prévenu; il appartient aussi à la partie civile, quant aux dispositions relatives à ses intérêts civils (art. 61), mais il a été refusé au ministère public. (Rapport de M. Lisbonne).

XXI. **Formes et délais**. — Le prévenu et la partie civile sont dispensés de consigner l'amende et le prévenu de se mettre en état (art. 61).

Le pourvoi doit être formé suivant les règles ordinaires, dans les trois jours au greffe de la Cour ou du tribunal qui a rendu la décision (art. 62). Ce délai n'est pas franc; il commence à courir le lendemain du jour où l'arrêt a été prononcé; ainsi lorsque la décision intervient le 1er, la déclaration de pourvoi doit être faite le 4 au plus tard.

XXII. **Envoi des pièces. — Jugement**. — L'article 62 exige que les pièces soient envoyées à la Cour de cassation dans les vingt-quatre heures qui suivent le pourvoi; la Cour doit statuer d'urgence dans les dix jours de la réception. — Cet article est dépourvu de toute sanction; il n'a pour but d'ailleurs que d'indiquer qu'il y a lieu d'apporter à la solution de cette affaire toute la diligence possible.

§ 4. — RÉCIDIVE. — NON CUMUL. — CIRCONSTANCES ATTÉNUANTES. — PRESCRIPTION

XXIII. **Récidive**. — L'aggravation de peines résultant de la récidive n'est pas applicable aux infractions prévues par la loi du 29 juillet 1881 (art. 63 § 1).

XXIV. **Non-cumul**. — En cas de conviction de plusieurs crimes ou délits prévus par la loi du 29 juillet 1881, la peine la plus forte est seule prononcée (art. 63 § 2).

XXV. **Circonstances atténuantes**. — L'article 463 du Code pénal est applicable; lorsqu'il est fait application de cet article, la peine prononcée ne peut excéder la moitié de la peine édictée par la loi (art. 64). — En matière ordinaire, lorsque la peine encourue est une peine correctionnelle, l'admission des circonstances atténuantes de la part du jury ne produit aucun effet; la Cour conserve le droit d'appliquer le maximum de la peine, si elle le juge convenable. L'article 64 introduit donc en matière de presse une modification importante.

XXVI. **Prescription**. — L'action publique et l'action civile résultant des crimes, délits et contraventions prévus par la loi du 29 juillet 1881 se prescrivent après trois mois révolus, à compter du jour où ils ont été connus ou du jour du dernier acte de poursuite, s'il en a été fait (art. 65).

On décide généralement que lorsque la prescription spéciale est interrompue par un acte de poursuite, la prescription ordinaire du Code d'instruction criminelle se substitue à la prescription spéciale et commence à courir à partir de l'acte interruptif (V° **Prescription**); l'article 65 a consacré une exception formelle en matière de délits de presse : même dans ce cas, la prescription spéciale de trois mois sera applicable.

Le cours de la prescription est suspendu lorsque l'exercice de l'action est empêché par un obstacle légal. Ainsi lorsque la demande en autorisation de poursuites contre un député a été repoussée par la chambre, la prescription est suspendue pendant toute la durée de la session et elle ne commence à courir que du jour où, la cession étant terminée, le plaignant rentre en possession de son droit d'agir (Cour d'assises de la Seine, 30 oct. 1882; P. 85-1-105).

PRESSE PÉRIODIQUE
Division

§ 1. — FORMALITÉS ANTÉRIEURES A LA PUBLICATION

I. **Liberté de la presse périodique**. — Tout journal ou écrit périodique peut être publié sans autorisation préalable et sans dépôt de cautionnement, après que la déclaration a été faite au Parquet, conformément à l'article 7 (art. 5 de la loi du 29 juil. 1881).

La loi du 3 juillet 1850 exigeait par son article 3 que les articles de journaux fussent signés par leurs auteurs; l'article 9 de la loi du 4 mai 1868 défendait de publier des articles signés par une personne privée de ses droits civils ou politiques ou à laquelle l'entrée du territoire français était interdit. — Ces restrictions au principe de la liberté de la presse ont aujourd'hui disparu.

II. **Gérance.** — Tout journal ou écrit périodique doit avoir un gérant (art. 6 § 1).

Le gérant doit être français, majeur, avoir la jouissance de ses droits civils et n'être privé de ses droits civiques par aucune condamnation judiciaire (art. 6 § 2). Il résulte du texte de ce deuxième paragraphe de l'article 6 que c'est la capacité civile et non la capacité politique qui est exigée ; on doit en conclure qu'une femme peut être gérant d'un journal (Rapport de M. Pelletan au Sénat).

III. **Déclaration au Parquet.** — Avant la publication de tout journal ou écrit périodique, il doit, aux termes de l'article 7, être fait au Parquet du procureur de la République une déclaration contenant :

1° Le titre du journal et son mode de publication.

2° Le nom et la demeure du gérant ;

3° L'indication de l'imprimerie où il doit être imprimé.

Cette déclaration est faite par écrit sur papier timbré et est signée du gérant (art. 8).

Dans quel délai doit elle être faite? M. Lisbonne a dit dans son rapport: « Tout délai est supprimé et la publication pourra « suivre immédiatement le dépôt de la déclaration. »

Le procureur de la République donne récépissé de la déclaration (art. 8). Il ne peut s'y refuser alors même que la déclaration lui paraîtrait irrégulière ou inexacte (Circ. chanc., 9 nov. 1881). Le législateur a entendu en effet soustraire la déclaration à l'examen préalable du Parquet. « S'il lui était « permis d'exiger à ce moment la preuve de la sincérité des « énonciations qu'elle contient, on comprend à quels abus « pourraient conduire son hostilité ou même ses plus hono- « rables scrupules. Le Parquet doit la recevoir telle quelle et

« il doit se borner à en constater le dépôt par la délivrance
« d'un simple récépissé. » (Rapport de M. Lisbonne).

Mais le procureur de la République, après avoir donné son
récépissé, doit contrôler avec soin les énonciations de la déclaration (Circ. chanc., 9 nov. 1881) ; car les énonciations
fausses qu'elle contient peuvent donner lieu à des poursuites
par application de l'article 9.

IV. **Mutations**. — Toute mutation qui survient dans les
conditions de publication du journal doit être déclarée dans
les cinq jours qui suivront (art. 7 § 5).

V. **Contraventions**, — En cas de contravention, aux dispositions des articles 6, 7 et 8, le propriétaire, le gérant, ou,
à défaut, l'imprimeur sont punis d'une amende de 50 à 500
francs (art. 9 § 1).

Lorsque un jugement contradictoire a reconnu des contraventions de cette nature, le journal ne peut continuer sa
publication qu'après que les formalités prescrites ont été remplies. Si la publication irrégulière continue, une amende de
100 francs est prononcée solidairement contre le propriétaire et
le gérant.

Si le journal était publié sans gérant, la condamnation solidaire serait prononcée contre le propriétaire et l'imprimeur
(art. 9, § 2).

Lorsque le jugement a été rendu par défaut, la publication
doit être suspendue à compter du troisième jour qui suit la
notification, et ce, nonobstant opposition ou appel, si l'exécution provisoire est ordonnée (art. 9 § 2).

Le condamné, même par défaut, peut interjeter appel.
L'article 9 § 3 porte que la Cour devra statuer dans
le délai de trois jours ; mais cette prescription est dépourvue de toute sanction.

Bien que l'article 63 § 2 porte que les peines ne doivent pas se cumuler, nous pensons qu'il résulte du texte
de l'article 9 que, par exception, il devra être prononcé autant d'amendes qu'il aura été publié de numéros, sans que
ces diverses peines puissent se confondre (*Sic*, Fabreguettes:
t. I, n° 343).

Ces infractions sont de la compétence des tribunaux de
police correctionnelle.

§ 2. — PUBLICATION DU JOURNAL

VI. **Dépôt prescrit.** — Au moment de la publication de chaque journal, il doit en être déposé deux exemplaires signés du gérant au Parquet du procureur de la République ou à la mairie dans les villes où il n'y a pas de tribunal de première instance.

Pareil dépôt doit être fait au ministère de l'intérieur pour Paris et le département de la Seine, et, pour les autres départements, à la préfecture, à la sous-préfecture ou à la mairie dans les villes qui ne sont ni chef-lieu de département, ni chef-lieu d'arrondissement (art. 10 §§ 1 et 2).

Ce dépôt qui a pour objet de nantir l'autorité des pièces sur lesquelles, en cas de délit, s'exercera son action, ne peut retarder ni suspendre le départ ou la distribution du journal. L'autorité doit mettre la plus grande diligence à délivrer au gérant le récépissé. C'est un devoir pour le procureur de la République et les maires de donner toutes les facilités désirables aux journaux, afin que les distributions qui parfois ont lieu avant le jour, ne soient pas entravées ou retardées (De Grattier, t. II, p. 169).

M. Fabreguettes (t. I, p. 165) fait remarquer que le dépôt et la publication peuvent être en quelque sorte concomitants; mais le dépôt doit toujours précéder le premier acte de distribution.

C'est le gérant qui est responsable du défaut de dépôt. Chaque exemplaire déposé doit porter sa signature autographe. Toute contravention est punie d'une amende de 5 francs (art. 10 § 3).

VII. **Nom et signature du gérant.** — Le nom du gérant doit être imprimé au bas de tous les exemplaires à peine contre l'imprimeur d'une amende de 16 à 100 francs par chaque numéro publié en contravention à cette disposition (art. 11).

Nous pensons que dans ce cas les peines doivent se cumuler :

§ 3. — RECTIFICATIONS

VIII. **Dépositaires de l'autorité qui ont le droit d'adresser des rectifications.** — Tout gérant d'un journal est tenu d'insérer gratuitement toutes les rectifications qui lui sont adressées par des dépositaires de l'autorité publique (art. 12 § 1). Mais quels sont les dépositaires de l'autorité publique qui ont le droit d'adresser ainsi des rectifications aux journaux? L'expression employée par l'article 12, est empruntée à l'article 19 du décret du 17 février 1852. Sous l'empire de ce décret, on décidait qu'il n'y avait pas lieu de distinguer entre les fonctionnaires de l'ordre administratif et ceux de l'ordre judiciaire, et la jurisprudence accordait le droit d'envoyer des rectifications, notamment :

1° Aux préfets et aux sous-préfets ;

2° Aux procureurs de la République (Cass., 14 mai 1869 ; P. 69-1119) ;

3° Aux maires (Angers, 23 déc. 1879 ; P. 80-643 *ad notam*).

IX. **Règles à suivre par les dépositaires de l'autorité.** — Aux termes de l'article 12, les dépositaires de l'autorité publique ne peuvent adresser de rectifications à un journal qu'au sujet des actes de leurs fonctions qui auraient été inexactement rapportés par ce journal. — « Cette disposition... « laisse aux représentants de l'autorité, dont les actes ont été « méconnus ou travestis, toute la latitude nécessaire pour les « défendre en en rétablissant le véritable caractère. Vous « devez (monsieur le procureur général) assurer en toute « circonstance l'entier exercice de ce droit, d'autant plus res- « pectable que la loi nouvelle accorde à la presse plus de « franchises. Vos substituts et vous-même pourrez avoir à « en faire usage. » (Circ. chanc., 9 nov. 1881 — IV.)

X. **Étendue de la rectification. — Endroit où elle doit être insérée.** — L'insertion est gratuite (art. 12 § 1) ; elle ne peut dépasser le double de l'article auquel il est répondu (art. 12 § 2).

La rectification doit être insérée en tête du plus prochain numéro du journal. M. Fabreguettes (t. I, p. 177) cite, à ce sujet, un passage d'une circulaire du ministre de l'intérieur, du 30 mars 1852 et indique qu'il y a encore lieu de s'y conformer. Voici les instructions qu'elle contient : « Vous exige- « rez que les gérants des journaux n'emploient pas, pour la « publication de ces réponses ou articles officiels, un carac- « tère d'imprimerie à peine lisible. Le vœu de la loi est que, « pour les publications requises par l'autorité, on fasse usage

« d'un caractère dont le journal se sert pour les articles
« généraux de polémique. On peut tout au moins exiger que
« la réponse officielle soit composée typographiquement à
« l'aide de caractères semblables à ceux qui ont été employés
« pour l'attaque. »

XI. **Refus d'insérer.** — Le refus d'insérer est puni d'une
amende de 100 à 1,000 francs (art. 12 § 3).

§ 4. — DROIT DE RÉPONSE

XII. **Nature de ce droit. — Sa portée.** — Toute personne
nommée ou désignée dans un journal ou écrit périodique a
le droit d'adresser et de faire insérer gratuitement une réponse dans ce journal (art. 13). Peu importe que la personne
ait ou non un intérêt direct à le faire ; dès qu'elle a été désignée, elle a le droit de répondre. Il ne faudrait pas cependant
pousser ce principe jusqu'à ses plus extrêmes limites ; nul
doute que si un journaliste, en rendant compte d'une affaire
s'était borné à dire que M. X... a été entendu comme témoin
et que ce fait fût exact, l'article 13 ne serait plus applicable (De
Grattier, t. II, p. 103 ; — Fabreguettes, t. I, p. 181).

XIII. **Gratuité et étendue de l'insertion.** — L'insertion
de la réponse doit être gratuite, pourvu toutefois qu'elle ne
dépasse pas le double de l'article auquel il est répondu. L'ex
cédent est payé au tarif des annonces judiciaires (art. 13 § 3).

Le gérant est tenu d'insérer la réponse dans les trois jours
de la réception ou dans le plus prochain numéro, s'il n'en
est pas publié avant l'expiration des trois jours (art. 13 § 1).

L'insertion doit être faite à la même place et avec les mêmes
caractères que l'article qui l'a provoquée (art. 13 § 2).

XIV. **Pénalité. — Tribunal compétent.** — Le refus d'insertion est puni d'une amende de 50 à 500 francs, sans préjudice des autres peines et dommages-intérêts auxquels l'article pourrait donner lieu (art. 13 § 1).

La poursuite peut être portée devant tout tribunal correctionnel dans l'arrondissement duquel le journal a été publié
et distribué (Cass., 10 nov. 1883 ; P. 84-I-180 ; — Cass., 6 mars
1884 ; P. 84-I-720 ; — Cass., 27 févr. 1885 ; P. 85-I-684).

PRÊT SUR GAGES (Maisons de)

L'article 411 du Code pénal punit d'un emprisonnement de six jours à trois mois et d'une amende de 100 à 2.000 francs, ceux qui établissent ou tiennent des maisons de prêt sur gages ou nantissement sans autorisation légale. La même peine est prononcée contre ceux qui, ayant une autorisation, ne tiennent pas un registre conforme aux règlements, contenant de suite, sans aucun blanc ni interligne, les sommes ou les objets prêtés, les nom, domicile ou profession des emprunteurs, la nature, la qualité, la valeur des objets mis en nantissement.

Le fait de prêter habituellement sur reconnaissances du mont-de-piété constitue le délit de tenue d'une maison de prêts sur gages, si une autorisation légale n'a pas été obtenue. Il en est ainsi même dans le cas où les prêts sont déguisés sous la forme d'achats à réméré, lorsque les prétendus acheteurs ont eu uniquement l'intention d'obtenir des avances, qu'il n'existe aucun rapport entre la valeur de la reconnaissance et la somme qui est censée en être le prix et qu'à l'échéance il doit être payé, outre cette somme, des intérêts fixés d'avance et non les frais et loyaux coûts prévus par l'article 1673 du Code civil (Cass., 19 mai 1876 ; P. 76-779 ; — Alger, 17 mars 1877 ; P. 77-738).

PRISONS

Division

I. États quotidiens. — Pour faciliter aux magistrats leur mission de surveillance dans les prisons, en même temps que pour ne pas trop accroître les occupations des gardiens, il a été décidé que l'administration fournirait chaque jour aux Parquets l'état des modifications survenues dans la population des maisons d'arrêt, de justice et de correction ; mais que cet état serait le seul dont la production pourrait être exigée. Les Parquets ne sauraient donc réclamer aux gardiens-chefs la remise de situations mensuelles ou trimestrielles (Décis. chanc., 25 mars 1876 ; *Bull. off.*, n° 1, p. 53).

II. Correspondance des détenus. — Les lettres adressées à des prévenus ou accusés et celles écrites par eux sont transmises aux magistrats qui en font la demande (les premières cachetées), avec un bordereau en deux expéditions, conforme au modèle annexé à la circulaire du ministre de l'intérieur du 28 octobre 1875. Le dépôt de ces lettres est constaté sur l'une des expéditions par la signature du magistrat qui l'a demandé. Les lettres que l'autorité judiciaire ne juge pas utile de retenir, sont renvoyées au gardien-chef, accompagnées de l'autre expédition du bordereau, portant dans une colonne *ad hoc* mention de l'avis du magistrat. L'autorité administrative reste libre d'ailleurs d'arrêter, pour des motifs intéressant l'ordre ou la discipline de la prison, des lettres qui n'auraient été l'objet d'aucune observation de la part des magistrats (Circ. int., 28 oct. 1875 ; — Décis. chanc., 30 avr. 1876 ; *Bull. off.*, n° 2, p. 75).

III. Visites aux prévenus. — Voir : **Permis de visite.**

IV. Crimes commis dans les prisons. — Lorsqu'à raison d'un crime commis dans une prison par un détenu, la peine de travaux forcés à temps ou à perpétuité est appliquée, la Cour d'assises *doit* ordonner que cette peine sera subie dans la prison même où le crime a été commis, pendant la durée qu'elle détermine et qui ne peut être inférieure au temps de réclusion ou d'emprisonnement que le détenu avait à subir au moment du crime. — La Cour *peut* ordonner en outre que le condamné sera resserré plus étroitement, enfermé seul et soumis pendant un temps qui ne peut excéder un an à l'emprisonnement cellulaire (art unique §§ 1 et 3 de la loi du 25 déc. 1880).

Lorsqu'il est impossible que la peine soit subie dans la prison même où le crime a été commis, le condamné doit la subir dans une maison centrale (§ 2).—Cette impossibilité peut résulter, soit de ce que la Cour a ordonné l'emprisonnement cellulaire et que la prison n'a pas de cellule, soit de ce que la prison n'est pas assez sûre pour que la surveillance d'un criminel puisse être assurée (Circ. int., 4 mai 1881). Elle est constatée par le ministre de l'intérieur sur l'avis de la commission de surveillance de la prison (§ 2).

Cette loi a pour objet de déjouer le calcul des condamnés qui, préférant le régime de la transportation à celui de la réclusion, n'hésitent pas à commettre dans l'intérieur des prisons les crimes les plus graves, notamment à tuer des codétenus ou des gardiens, pour se faire envoyer à la Nouvelle-Calédonie où ils espèrent trouver plus de liberté et même arriver à la fortune.

Des exemplaires de cette loi doivent être affichés, tant dans les cellules que dans les autres locaux habituellement occupés par les détenus (Circ. int., 4 mai 1881). Il importe, en effet, qu'ils sachent bien que non seulement le crime ne leur ouvrira pas les portes de la prison, mais qu'il aura pour résultat de les soumettre, dans cette même prison, à un régime plus sévère et plus rigoureux.

PRIVILÈGE DE JURIDICTION

Lorsque de grands officiers de la légion d'honneur, des généraux commandant une division ou un département, des archevêques, des évêques, des présidents de consistoire et des préfets sont prévenus de délits, ils ne doivent pas être poursuivis devant les tribunaux de police correctionnelle ; le procureur général les fait citer devant la Cour d'appel (art. 479 du C. d'instr. crim. ; — art. 10 de la loi du 20 avr. 1810). Il en est de même des officiers de police judiciaire, mais seulement pour les délits commis dans l'exercice de leurs fonctions (art. 483 du C. d'inst. crim.).

La loi du 20 avril 1810 ne parle que des délits, mais on admet généralement que le privilège de juridiction s'étend également aux crimes.

Nous avons exposé la procédure à suivre, en examinant les poursuites contre les magistrats (v° **Magistrats,** XXI et XXII).

PROCÈS-VERBAUX
Division

I. Définition. — Objet. — Les procès-verbaux sont des actes par lesquels les officiers de police judiciaire et les agents de l'autorité et de la force publique constatent les crimes, délits et contraventions qui parviennent à leur connaissance.

II. **Rédaction des procès-verbaux.** — Les procès-verbaux doivent être écrits de la main du fonctionnaire qui les a dressés, à moins que celui-ci n'en soit empêché.

Lorsque les gardes champêtres ou particuliers ne peuvent écrire eux-mêmes leurs procès-verbaux, ils sont tenus de les faire écrire par le juge de paix ou un de ses suppléants, par le greffier de la justice de paix ou enfin par le maire ou son adjoint (Voir : **Gardes champêtres**, V.).

III. **Énonciations.** — Tout procès-verbal doit indiquer :

1° Les nom, prénoms, qualité et résidence du fonctionnaire qui l'a rédigé ;

2° La date, l'heure et le lieu où il a été dressé ;

3° Les faits matériels qu'il a pour but de constater ;

4° Les nom, prénoms, âge, profession, domicile et état civil des délinquants ;

5° L'indication des témoins et, s'il est possible, leurs déclarations ;

6° L'énumération ou la description des objets saisis pour servir à conviction.

Enfin les procès-verbaux doivent être signés.

IV. **Timbre et enregistrement.** — Certains procès-verbaux doivent être rédigés sur timbre et enregistrés ; d'autres sont visés pour timbre et enregistrés en débet, enfin d'autres sont dispensés du timbre et de l'enregistrement. Nous avons donné (v° **Timbre**) un tableau qui fournit des renseignements précis à cet égard.

V. **Délai pour la rédaction.** — Les procès-verbaux doivent être, autant que possible, rédigés séance tenante, mais en général la loi ne l'exige pas.

Cependant la loi a dans certains cas fixé des délais ; c'est ainsi que les procès-verbaux doivent être rédigés de suite, à peine de nullité :

1° En matière de douanes (art. 2, tit. IV de la loi du 9 flor. an VII);

2° En matière de contributions indirectes (art. 68 du décr. du 28 avr. 1816);

3° En matière de garantie (art. 102 de la loi du 19 brum. an VI).

Ils doivent être rédigés dans les vingt-quatre heures :

1° En matière de délits ruraux (art. 7 de la loi du 28 sept. 1791) ;

2° En matière de poids et mesures (ord. du 17 avr. 1839).

V. Formalités spéciales. — Certains procès-verbaux sont soumis à la formalité de l'affirmation (*Voir ce mot*).

Les procès-verbaux en matière de douanes et de contributions indirectes doivent être rédigés par deux préposés ; ils doivent contenir, à peine de nullité, les énonciations déterminées par les lois du 9 floréal an VII, du 5 ventôse an XII et du 1er germinal an XIII.

VI. Force probante des procès-verbaux. — 1° **Procès-verbaux faisant foi jusqu'à inscription de faux.** — Lorsqu'un procès-verbal fait foi jusqu'à inscription de faux, il forme par lui-même une preuve légale et complète contre laquelle aucune preuve contraire n'est admise ; il ne peut être attaqué que par la voie de l'inscription de faux. — Les procès-verbaux n'ont une pareille force probante qu'à l'égard des contraventions que leurs rédacteurs ont pour mission de constater.

Font foi jusqu'à inscription de faux les procès-verbaux :

1° Des préposés des douanes, relativement aux importations et exportations (art. 11 de la loi du 9 flor. an VII) ;

2° Des préposés des contributions indirectes (art. 26 du décr. du 1er germ. an XIII);

3° Des préposés des octrois (art. 75 de l'ord. du 9 déc. 1845);

4° Des agents des bureaux de garantie (Cass., 17 déc. 1812; — 25 févr. 1813; — 27 août 1813 ; P. chr.);

5° Des agents et gardes forestiers, quand ils sont dressés par deux agents ou gardes ou que, dressés par un seul, ils ne peuvent entraîner une condamnation s'élevant à plus de 100 francs (art. 176 et 177 du C. for.);

6° Des gardes-pêche mais quand ils sont dressés par deux gardes ou constatent un délit passible d'une peine de 50 francs au plus (art. 23 et 24 de la loi du 15 avr. 1829) ;

7° Des gardes du génie (art. 2 du décr. du 29 mars 1806);

8° Des portiers-consignes des places de guerre (art. 19 de la loi du 16 sept. 1811).

VII. — **2° Procès-verbaux faisant foi jusqu'à preuve contraire.** — Lorsque le procès-verbal fait foi jusqu'à preuve contraire, la loi y attache une présomption légale de vérité, mais il peut être combattu par des preuves testimoniales ou par des preuves écrites (art. 154 du C. d'instr. crim.).

Les tribunaux ne peuvent relaxer le prévenu, en se bornant à dire que la preuve du délit n'est pas résultée des débats ; il faut que le jugement déclare que les assertions du procès-verbal ont été détruites par une preuve plus forte que le prévenu a administrée. — Ils ne peuvent, non plus, lorsque la preuve contraire n'est ni rapportée ni même offerte par le prévenu, ordonner d'office une opération destinée à contrôler les assertions du procès-verbal (Cass., 13 nov. 1841 ; D. 41-1-110 ; — Bordeaux 19 juin 1861 ; *J. du min. publ.*, t. IV, p. 250).

Lorsque dans le cas de dénégation des faits constatés au procès-verbal ou de nullité de ce procès-verbal, le ministère public demande acte de ce qu'il offre subsidiairement de les prouver, le tribunal ne peut déclarer cette offre non pertinente ni concluante et renvoyer l'inculpé des fins de la plainte (Cass., 25 juil. 1846; P. 49-II-133 ; — Cass., 29 mai 1873 ; P. 73-1213).

Font foi jusqu'à preuve contraire, les procès-verbaux :

1° Des membres du Parquet ;

2° Des juges de paix ;

3° Des maires ;

4° Des officiers, sous-officiers, brigadiers de gendarmerie et gendarmes ;

5° Des gardes champêtres et particuliers (art. 188 C. for.) ;

6° Des gardes forestiers et gardes-pêche, dans les cas où le procès-verbal ne fait pas foi jusqu'à inscription de faux (art. 177 C. for.) ;

7° Des surveillants et gardes des pêches maritimes (Ord. du 14 août 1816) ;

8° Des agents-voyers (art. 11 de la loi du 21 mai 1836) ;

9° Des officiers et agents de la grande voirie (art. 2 de la loi du 29 flor. an X) ;

10° Des agents assermentés de chemins de fer (art. 23 de la loi du 15 juil. 1845);

11° Des agents des postes (art. 3 de la loi du 27 prairial an X) ;

12° Des vérificateurs des poids et mesures (art. 7 de la loi du 4 juil. 1837).

VIII-3°. **Procès-verbaux ne valant que comme renseignements.** — Il est des procès-verbaux qui ne font pas foi en justice et ne valent que comme simples renseignements. Ce sont :

1° Ceux des agents de police, sergents de ville et officiers de paix (Cass., 24 févr. 1855 ; P. 55-I-585 ; — Cass., 27 mars 1862 ; P. 63-493 ; — Cass., 3 mars 1865 ; P. 65-439) ;

2° Ceux des officiers de police judiciaire et agents de la force publique, lorsque les faits consignés résultent non d'une constatation personnelle, mais de simples déclarations recueillies au cours d'une enquête (Cass., 12 mai 1876 ; P. 76-669 ; — Cass., 15 mars 1878 ; P. 79-192).

PROCUREURS DE LA RÉPUBLIQUE

Division

I. Nomination.	tres substituts du procureur
II. Fonctions. — Discipline.	général.
III. Différences entre les procureurs de la République et les au-	IV. Remplacement en cas d'absence ou d'empêchement.

I. **Nomination.** — Pour être nommé procureur de la République, il faut :

1° Etre licencié en droit ;

2° Avoir été inscrit comme stagiaire et avoir suivi le barreau en cette qualité pendant deux ans ;

3° Etre âgé de vingt-cinq ans accomplis (art. 64 de la loi du 20 avr. 1810).

La nomination est faite par décret du président de la République ; avant d'entrer en fonctions, le procureur de la République doit prêter serment et se faire installer (Voir : **Magistrats,** I à IX).

II. **Fonctions. — Discipline.** — Nous avons exposé déjà (v^is **Action civile et publique ; — Action directe ; — Ministère public**), les diverses attributions des officiers du ministère public. Nous devons ajouter ici que le procureur de la

République est le chef du Parquet ; il répartit le service entre ses substituts et en a la direction absolue, sous l'autorité du procureur général ; par suite la responsabilité pèse entièrement sur lui.

Il convient que le procureur de la République porte lui-même la parole dans les affaires graves ou qui peuvent en raison de leur nature, engager la responsabilité du magistrat qui les présente. — Aucune décision de quelque importance ne peut être prise, aucune affaire ne peut être réglée que conformément à son avis.

C'est lui qui doit signer toutes les dépêches destinées au Parquet du procureur général et à la chancellerie.

Nous avons exposé (v° **Ministère public**, V), les règles de discipline qui sont applicables.

III. Différences entre les procureurs de la République et les autres substituts du procureur général. — Les procureurs de la République sont des substituts du procureur général, mais il existe une notable différence entre eux et les substituts du procureur général proprement dits. Nous avons vu en effet (v° **Action civile et publique**) que l'exercice de l'action publique n'appartient personnellement qu'aux procureurs généraux et qu'aux procureurs de la République ; les avocats généraux et les substituts ne participent à l'exercice des fonctions du ministère public que comme représentant le procureur général.

Il en résulte que les procureurs de la République trouvant en eux-mêmes les principes de leur compétence, agissent en leur propre nom, tandis que les autres substituts, ne tenant leur pouvoir que de la délégation expresse ou tacite du procureur général, ne peuvent agir qu'en son nom.

IV. Remplacement en cas d'absence ou d'empêchement. — En cas d'absence, le procureur de la République est remplacé par son substitut et, s'il en a plusieurs, par le plus ancien de ceux qui ne sont pas chargés spécialement de la police judiciaire. En cas d'empêchement des substituts. il est remplacé par un juge suppléant ou par un juge délégué par le tribunal (art. 26 du C. d'inst. crim.; — art. 12 et 26 de la loi du 27 vent. an VIII ; — art. 20 et 21 du décr. du 18 août 1810)

Le procureur de la République a le droit d'adjoindre à son

Parquet un ou plusieurs juges suppléants si les besoins du service l'exigent (art. 3 de la loi du 10 déc. 1830). Dans ce cas, ces juges suppléants remplacent les membres du Parquet sans qu'il soit besoin d'une délégation du tribunal.

A l'audience, à défaut des membres du Parquet et de suppléants, le siège du ministère public est occupé par un juge ; mais si aucun juge ne peut être délégué, un avocat ou un avoué peut être appelé à siéger (Voir : **Jugements et arrêts**, I).

Mais comment doit être assuré le service du Parquet, lorsque le procureur de la République s'absente ou ne peut remplir ses fonctions pendant un certain temps ? S'il n'y a pas de substitut ou de juge supléant qui puisse faire l'interim, un substitut ou un juge suppléant d'un autre tribunal est délégué par le procureur général pour en remplir les fonctions (art. 6 de la loi du 30 août 1883). Le substitut ou le juge suppléant ainsi délégué reçoit une indemnité de 10 francs par jour pour frais de déplacement. Cette indemnité est directement ordonnancée par le garde des sceaux sur état arrêté par le procureur général (Décr. du 12 janv. 1884).

PROCUREURS GÉNÉRAUX

Division

I. Nomination. — Conditions requises.	III. Avis à donner aux commandants de corps d'armée.
II. Direction de l'exercice de l'action publique dans le ressort.	IV. Visites périodiques.
	V. Remplacement.

I. **Nomination. — Conditions requises.** — Les procureurs généraux doivent remplir les conditions exigées des autres magistrats (Voir : **Magistrats**, I) ; ils doivent être âgés de trente ans accomplis (art. 64 de la loi du 20 avr. 1810).

II. **Direction de l'exercice de l'action publique dans le ressort**. — La plénitude de l'action publique appartient au procureur général (art. 45 de la loi du 20 avr. 1810). Tous les autres officiers du ministère public du ressort ne sont que ses substituts ; ils sont placés sous sa surveillance et sont soumis à sa direction.

Il en résulte que les chefs des Parquets de première instance ne peuvent intenter une poursuite ou classer une affaire sans suite que si le procureur général ratifie leur décision :

« Les fonctionnaires auxquels l'exercice de l'action publique est confié, ne sont pas indépendants les uns des autres : il existe entre eux un ordre hiérarchique ; ils sont liés par des devoirs de subordination et le fonctionnaire inférieur ne peut se soustraire à la direction de celui que la loi a constitué son chef. Comment comprendre qu'un procureur de la République puisse disposer à son gré de l'action publique, et, suivant son bon plaisir, s'abstenir de l'intenter lorsque la loi lui enjoint de donner au procureur général avis des délits aussitôt qu'ils parviennent à sa connaissance (art. 27 du C. d'inst. crim.) ; de lui envoyer tous les huit jours une notice de toutes les affaires criminelles, de police correctionnelle ou de simple police qui sont survenues (art. 249 du C. d'inst. crim.), et d'exécuter ses ordres relativement à tous actes de police judiciaire (art. 27 du C. d'inst. crim.) ? » (Mangin. t. I, n° 90).

Il ne faut pas évidemment pousser à l'extrême les conséquences de ce principe : le service des Parquets ne serait plus possible si, toutes les fois qu'il est saisi d'une affaire, le procureur de la République devait, avant de prendre une détermination, en référer au procureur général. Ce que la loi exige c'est que, lorsqu'une affaire présente une difficulté, il soumette à l'approbation préalable du procureur général la solution qu'il compte lui donner ; un chef du Parquet assumerait une lourde responsabilité et commetterait un véritable oubli des prescriptions du Code d'instruction criminelle, si, en pareil cas, il prenait sur lui de régler définitivement l'affaire.

Le procureur général a la surveillance de tous les officiers de police judiciaire du ressort (Voir : **Officiers de police judiciaire**).

III. **Avis à donner aux commandants de corps d'armée.** — Les procureurs généraux doivent donner immédiatement connaissance au général commandant le corps d'armée dans les départements du ressort, de tous les événements qui sont de nature à intéresser la sécurité publique. (Circ. chanc., 3 nov. 1873 ; *Rec. off.*, t. III, p. 267).

IV. **Visites périodiques.** — Les procureurs généraux doivent faire *chaque année* une visite dans les divers arrondissements de leur ressort ; ils rendent compte au garde des sceaux de chacune de ces visites par un rapport détaillé et confidentiel où ils consignent le résultat de leurs observations personnelles et de leurs conversations soit avec les magistrats soit avec les personnes notables de l'arrondissement Circ. chanc., 10 mai 1876 ; *Bull. off.*, n° 2, p. 77). La chancellerie a rappelé ces instructions par la circulaire du 18 mars 1884 (*Bull. off.*, n° 34, p. 91) et a recommandé aux procureurs généraux de visiter en même temps les prisons.

Les procureurs généraux ont droit pour ces tournées à une indemnité de transport. Elle est fixée conformément à l'article 83 du décret du 18 juin 1811 (9 francs par jour jusqu'à deux myriamètres et 12 francs au-delà) ; elle est payée sur mémoire, comme frais de justice criminelle extraordinaires, en vertu d'un exécutoire délivré par le premier président, sur la réquisition du plus ancien avocat général, remplaçant le procureur général.

V. **Remplacement.** — En cas d'absence ou d'empêchement, le procureur général est remplacé par le plus ancien avocat général et, à défaut d'avocats généraux, par le plus ancien substitut (art. 47 de la loi du 20 avr. 1810 ; — art. 50 et 51 du décr. du 6 juil. 1810).

PROTÊTS

Division.

I. Par qui ils sont faits.
II. Cas où le débiteur paye au moment du protêt.

III. Registre des protêts.
(Voir : **Effets de commerce**).

I. **Par qui ils sont faits.** — Les protêts sont faits par un notaire ou par un huissier (art. 173 du C. de comm. ; — art. 2 du décr. du 23 mars 1848).

Le créancier a le droit de charger du protêt tel huissier de l'arrondissement qu'il lui plait, encore bien qu'il puisse en prendre un dans le canton et même dans la commune du domicile du débiteur (v' **Huissiers**, XV).

La présentation d'effets de commerce et la notification de protêts par des clercs est illicite ; l'article 45 du décret du

14 juin 1813 condamne en effet à une suspension de trois mois
et à une amende de 300 à 2,000 francs l'huissier qui ne remet
pas *lui-même*, à personne ou à domicile, l'exploit qu'il a été
chargé de signifier. — A Paris, à Lyon et dans quelques
grandes villes, on tolère cependant que les huissiers fassent
remettre les copies par leurs clercs ; parce qu'il y aurait pour
eux impossibilité matérielle à effectuer eux-mêmes toutes les
significations qui leur sont confiées. Le Parquet ne dirige de
poursuites, dans ces villes, par application de l'article 45,
qu'autant qu'il se produit des abus ou que des négligences
sont constatées.

II. **Cas où le débiteur offre de payer au moment du
protêt.** — Si le débiteur paye au moment où l'huissier vient
protester la valeur, les frais sont à sa charge, parce qu'il
devait s'acquitter le jour de l'échéance (Pardessus, *Dr.
comm.*, n° 419 ; — Nouguier ; *Lettre de change*, t. II, n° 759 ;
— Voir aussi : **Effets de commerce**).

Par suite le refus par le débiteur de payer ces frais, tout en
offrant le montant de la valeur, rend son offre inefficace et
l'huissier doit faire le protêt (Cass., 21 août 1860 ; P. 61-108).

III. **Registre des protêts.** — Les notaires et les huissiers sont tenus d'inscrire les protêts en entier, jour par jour
et par ordre de dates, dans un registre particulier, coté, paraphé et tenu dans les formes prescrites pour les répertoires
(art. 176 du C. du com.).

Les copies inscrites sur ce registre doivent être correctes,
lisibles et sans abréviations. — Elles doivent avoir le nombre
de lignes à la page et de syllabes à la ligne fixé par l'article 1er du décret du 30 juillet 1862. Ce décret détermine, en
effet, le nombre de lignes et de syllabes que doivent contenir
les copies d'exploits. Or, il ne peut être douteux que les protêts ne soient des exploits et que la transcription qui doit en
être faite sur le registre prescrit par l'article 176 du Code de
commerce, ne constitue une copie d'exploit. L'article 5 du
décret du 8 décembre 1862 confirme cette interprétation : il
accorde aux huissiers, à titre de remboursement du papier
timbré du registre, tenu en exécution de l'article 176 du Code
de commerce, 35 centimes pour chaque protêt et 50 centimes
pour protêt avec intervention ; l'allocation à forfait, ainsi
faite, est évidemment établie en considération des règles

posées et des types adoptés pour les écritures, aussi bien pour les huissiers que pour les greffiers (Circ. chanc., 19 févr. 1867 ; Gillet, n° 4228). Les contraventions sont punies d'une amende de 25 francs (art. 20 § 3 de la loi du 2 juil. 1862).

C'est à l'administration de l'enregistrement qu'il appartient de poursuivre cette condamnation à l'amende.

PROVOCATION

Aux termes de l'article 321 du Code pénal, le meurtre, ainsi que les blessures et les coups, sont excusables s'ils ont été provoqués par des coups ou violences graves envers les personnes. — Il résulte, du texte même de cet article, que la provocation doit consister en violences physiques ; elle ne constituerait pas une excuse, si elle résultait d'outrages ou de simples menaces. — C'est ainsi que la Cour de cassation a décidé qu'on ne peut admettre comme excuse l'imputation d'un délit, faite verbalement à l'accusé (Cass., 27 févr. 1813 ; P. chr.).

PROVOCATION A DES CRIMES OU DÉLITS
Division.

I. Provocation suivie d'effet.
II. Provocation non suivie d'effet.
III. Provocation à des militaires.

I. **Provocation suivie d'effet.** — Doivent être punis comme complices d'une action qualifiée crime ou délit ceux qui, soit par des discours, cris ou menaces proférés dans des lieux ou réunions publics, soit par des écrits, des imprimés, vendus ou distribués, mis en vente ou exposés dans des lieux ou réunions publics, soit par des placards ou affiches exposés aux regards du public, ont directement provoqué l'auteur ou les auteurs à commettre ladite action, *si la provocation a été suivie d'effet.* — Cette disposition est également applicable, lorsque la provocation n'a été suivie que d'une tentative de crime, prévue par l'article 2 du Code pénal (art. 23 de la loi du 29 juil. 1881). — Cet article n'est applicable qu'autant qu'il y a un lien certain et direct entre la provocation et le crime ; il faut, comme l'a dit M. Bozérian au Sénat, qu'il soit possible d'établir la relation directe de la cause à l'effet.

Les poursuites sont exercées devant la juridiction compétente pour connaître du crime ou du délit dont a été suivie la provocation.

Rappelons, à ce sujet, que le délit d'apologie d'un fait qualifié crime est aujourd'hui abrogé.

II. Provocation non suivie d'effet. — Lorsque la provocation n'a pas été suivie d'effet, la peine est un emprisonnement de trois mois à deux ans et une amende de 100 à 3,000 francs (art. 24 de la loi du 29 juil. 1881).

Mais cette provocation n'est punie que lorsqu'il s'agit de crimes de meurtre, de pillage et d'incendie, ou de l'un des crimes contre la sûreté de l'État prévus par les articles 75 et suivants du Code pénal, jusques et y compris l'article 101 de ce Code (même art.).

La provocation doit être directe.

Ce délit est de la compétence de la Cour d'assises et soumis à la procédure spéciale en matière de presse.

III. Provocation à des militaires. — Toute provocation par l'un des moyens énoncés dans l'article 23 de la loi du 29 juillet 1881 (*supra*, I), adressée à des militaires des armées de terre ou de mer, dans le but de les détourner de leurs devoirs militaires et de l'obéissance qu'ils doivent à leurs chefs, dans tout ce qu'ils leur commandent pour l'exécution des lois et règlements militaires, est punie d'un emprisonnement de un à six mois et d'une amende de 16 à 100 francs (art. 25 de la loi du 29 juil. 1881).

Ce délit est soumis aux règles établies par la loi de 1881 pour la poursuite des délits de presse ; il est de la compétence de la Cour d'assises.

PUISSANCE MARITALE

Aux termes de l'article 214 du Code civil, la femme est obligée d'habiter avec son mari et de le suivre partout où il juge à propos de résider. — Mais, pour que le mari puisse se prévaloir de cette disposition de la loi, il faut qu'il ait un logement destiné à son ménage particulier où il puisse recevoir sa femme suivant son état (Cass., 26 janv. 1808 ; 9 janv. 1826 ; P. chr.).

Si la femme refuse d'aller habiter avec son mari, celui-ci

peut l'y contraindre. A cet effet, il doit s'adresser au tribuna du lieu où la femme s'est retirée. Le tribunal a l'appréciation souveraine des moyens de coërcition qui doivent être autorisés : il peut par exemple condamner la femme à payer une certaine somme par chaque jour de retard (Bruxelles, 1er avr. 1824 ; Dall. *Rép.*, v° *Mariage*, n° 739) ; ou autoriser le mari à saisir ses biens et revenus personnels (Paris, 14 mars 1834 ; P. chr.; — Paris, 27 janv. 1855 ; P. 55-I-503 ; — Nimes, 10 juin 1862 ; P. 63-987). — Si ces mesures ne suffisent pas, le tribu nal ordonnera que, faute par la femme de réintégrer dans un délai fixé le domicile conjugal, elle sera, à la diligence du procureur de la République, conduite par la gendarmerie dans la maison de son mari (Pau, 11 mars 1863 ; P. 63-587).

L'emploi de la force publique doit cesser dès que la femme a rejoint son mari. Ce mode de coërcition n'a pas dès lors une grande utilité, puisque la femme peut immédiatement quitter le domicile où on l'a ainsi ramenée. C'est donc avec raison que De Molènes (t. I, p. 54) dit qu'au mari qui se plaint d'être abandonné, le procureur de la République doit répondre : « Assignez votre femme devant le tribunal civil ; obtenez, « si vous le pouvez, un jugement qui lui ordonne de réinté- « grer le domicile conjugal, et vous ferez exécuter ce juge- « ment par la force publique. — Seulement, rappelez-vous, « quand votre femme vous aura été ramenée par les gendar- « mes, qu'il vous sera défendu de l'enfermer, sous peine « d'être poursuivi comme coupable de détention arbitraire. « — Elle pourra ainsi fuir de nouveau ; mais vous aurez le « pouvoir de recommencer à la faire arrêter, chaque fois « qu'elle recommencera à s'évader. — Si cet état de choses « vous convient, adressez-vous à un avoué qui fera donner « l'assignation. »

PUISSANCE PATERNELLE

Division

I. Domicile paternel. — L'enfant ne peut quitter la maison paternelle sans la permission de son père, si ce n'est pour enrôlement volontaire après l'âge de dix-huit ans révolus (art. 374 du C. civ.). Il n'est pas douteux que si l'enfant s'enfuit du domicile paternel, les parents pourront l'y faire revenir *manu militari* (Demolombe, t. VI, p. 247 ; — Aubry et Rau, t. VI, p. 78 § 550 ; — Laurent, t. IV, n° 272).

Mais qui mettra en mouvement la force publique ? Il a été jugé que ce doit être le procureur de la République (Liège, 12 avr. 1842 ; Dall., *Rép.*, v° *Puissance paternelle*, p. 562, note 1). Nous n'admettons pas ce système, du moins comme règle générale. L'arrestation doit être opérée sur une ordonnance du président du tribunal, rendue sur référé, qui porte qu'à la diligence du procureur de la République, l'enfant sera arrêté et ramené à la maison paternelle (De Belleyme, *Ord. sur référé*, t. I, p. 417 ; — Demolombe, t. VI, p. 248 ; — Aubry et Rau, t. XI, p. 78 § 550 ; — Dalloz, v° *Puissance paternelle*, n° 26).

Il est toutefois un cas où le procureur de la République pourra agir : si l'enfant n'a ni domicile ni moyens d'existence, il le fera arrêter comme vagabond ; puis, considérant que l'enfant a agi sans discernement, il classera l'affaire sans suite ou demandera au tribunal de prononcer l'acquittement et le fera ensuite reconduire chez ses parents (Demolombe, t. VI, p. 249).

II. **Frais de réintégration**. — Le père de famille qui réclame l'intervention du Parquet à l'effet de faire ramener son enfant au domicile paternel, est tenu de pourvoir aux frais qu'entraînera le transfèrement. Cette prescription est de droit strict, et les magistrats ne sauraient l'enfreindre sous prétexte que le père de famille est indigent.

Dans ce dernier cas, après s'être assuré du point de savoir si le père de famille a les moyens de retenir son enfant chez lui et de s'opposer à une nouvelle fuite de sa part, les magistrats doivent se borner à ordonner l'arrestation et à remettre celui-ci à la disposition de l'autorité administrative qui prendra le soin de le réintégrer au domicile paternel par les moyens qu'elle jugera convenables. — Le Parquet ne peut donc délivrer en aucun cas de réquisition de transport (Circ. chanc., 29 déc. 1883 ; *Bull. off.*, n° 32, p. 187, modifiée par la circ. du 14 mars 1884 ; *Bull. off.*, n° 33, p. 21).

Dans les frais que doit avancer le père de famille, il faut

comprendre les dépenses de voyage des agents chargés de reconduire l'enfant.

III. Droit de correction. — Le père qui a des sujets de mécontentement très graves sur la conduite d'un enfant, peut user des moyens de correction réglés par les articles 376 à 383 du Code pénal.

Si l'enfant est âgé de moins de seize ans commencés, le père pourra le faire détenir pendant un mois au maximum ; à cet effet le président du tribunal doit, sur sa demande, délivrer l'ordre d'arrestation (art. 376, C. civ.) Si toutefois le père est remarié, le président du tribunal ne délivrera l'ordre d'arrestation qu'après en avoir conféré avec le procureur de la République ; il pourra dans ce cas ou refuser l'arrestation ou abréger le temps de la détention (art. 377 et 380 du C. civ.). Il en est de même si l'enfant a des biens personnels ou exerce un état (art. 382 § 1 du C. civ.).

Depuis l'âge de seize ans commencés, jusqu'à la majorité ou l'émancipation, le père peut requérir la détention de son enfant pendant six mois au plus. Il présente à cet effet requête au président du tribunal qui, sur les conclusions du procureur de la République délivre ou refuse, suivant qu'il lui paraît convenable, l'ordre d'arrestation. Ce magistrat peut également abréger la durée de la détention requise (art. 277 du C. civ,).

Le père est toujours maître d'abréger la durée de la détention par lui ordonnée ou requise. — Si après sa sortie l'enfant tombe dans de nouveaux écarts, la détention peut être de nouveau ordonnée (art. 379).

La mère survivante et non remariée ne peut faire détenir un enfant qu'avec le concours des deux plus proches parents paternels et par voie de réquisition seulement (art. 381 du C. civ.). On doit assimiler à ce cas celui où en raison de l'absence ou de l'interdiction du père, la mère se trouve investie de l'exercice de l'autorité paternelle (Demolombe, t. VI, p. 274 ; — Aubry et Rau, t. VI, p. 79 § 550, note 15 ; — Laurent, t. IV, n° 284).

IV. Procédure. — L'ordre d'arrestation, décerné par le président du tribunal, est remis au procureur de la République ; ce magistrat y joint une réquisition et l'envoie au commissaire de police ou au commandant de gendarmerie pour en assurer l'exécution.

V. Consignation des aliments. — Le père est tenu de souscrire une soumission de payer tous les frais et de fournir les aliments convenables (art. 378 du C. civ.). Si le père est indigent, il ne peut en être dispensé que par l'autorité administrative ; elle seule peut prendre une mesure destinée à grever son budget. En conséquence, le président du tribunal ne doit, dans son ordonnance, dispenser un père indigent de la soumission prescrite que sur la production des trois pièces suivantes : 1° Certificat du maire constatant l'indigence ; 2° Extrait du rôle des contributions ; 3° Attestation émanée de l'autorité administrative, établissant qu'elle consent à prendre à sa charge les frais résultant de la détention (Déc. chanc., 3 avr. 1876 ; *Bull. off.*, n° 2, p. 70).

VI. Comment est subie la détention. — Les enfants détenus par voie de correction paternelle sont renfermés dans des quartiers séparés des maisons d'arrêt où ils doivent être soumis au régime cellulaire de jour et de nuit (art. 112 du règl. du 30 oct. 1841). Il n'est fait aucune mention sur les registres de la prison des noms des enfants ni des motifs de leur incarcération (art. 378, C. civ.). Il suffit au gardien pour justifier de la légalité de la détention de l'enfant, d'exhiber à qui de droit l'ordre même d'arrestation (art. 113 du règl. du 30 oct. 1841).

VII. Recours. — L'enfant détenu peut adresser un mémoire au procureur général. Celui-ci demande des renseignements au procureur de la République et fait son rapport au premier président. — Ce magistrat peut révoquer ou modifier l'ordre délivré par le président du tribunal (art. 382 § 2).

Q

QUESTIONS PRÉJUDICIELLES

Division.

I. Définition. — Bibliographie. | II. Qui doit les résoudre ?

I. Définition. — Bibliographie. — On entend par *question* ou *exception préjudicielle* une question, relative à un fait antérieur qui doit être résolue avant qu'il puisse être statué sur le délit, ce fait en étant un élément indispensable. — Ainsi un individu est accusé de bigamie, le crime n'existe qu'autant qu'au moment de la seconde union, il était engagé dans les liens d'un premier mariage ; s'il prétend que le premier mariage est nul ; il faudra qu'il soit tout d'abord statué sur ce point; car si la nullité est établie, le crime n'existe pas. De même au cas d'abus de dépôt, si le prévenu nie le dépôt, il faudra préalablement établir l'existence de ce contrat. — La validité du mariage, la preuve du dépôt sont des questions préjudicielles.

(Voir : Mangin, *Act. pub.*, t. I. p. 242 et suiv. ; — Faustin-Hélie, *Inst. crim.*, t. VI, p. 323 et suiv.; — Faustin-Hélie, *Prat. crim.*, t. I, p. 169 et suiv.; — Dutruc, v° *Questions préjudicielles*; — Bertauld, *Questions et exceptions préjudicielles* ; Paris, 1856 ; in-8 ; — Hoffmann, *Traité théorique et pratique des questions préjudicielles en matière répressive*. Paris, 1865-1870, 3 vol. in-8).

II. Qui doit les résoudre. — Il nous est impossible de faire ici une étude même sommaire de cette importante matière, nous nous bornons à publier une note de la Cour de cassation, rédigée le 5 novembre 1813 par M. le président Barris, où sont exposés les principes d'après lesquels la Cour suprême entend résoudre les difficultés relatives aux questions préjudicielles.

« Le 5 novembre 1813, nous avons discuté et décidé à l'una-
« nimité les questions suivantes sur la compétence des tri-
« bunaux criminels, correctionnels et de police :

« 1° Il ne peut être prononcé que par les tribunaux civils
« sur l'existence, la validité et l'exécution des contrats dont
« la violation ne peut entrainer que des condamnations
« civiles ;

« 2° Les tribunaux criminels peuvent et doivent connaître
« des contrats dont la violation rentre dans l'application de
« l'article 408 du Code pénal. Lorsque l'existence du contrat
« est déniée devant eux par la partie qui est poursuivie à
« raison de ladite violation, les tribunaux doivent juger la
« question préjudicielle de l'existence du contrat, soit que le
« plaignant en rapporte l'acte, soit qu'il n'en apporte qu'un
« commencement de preuve par écrit ; il est de principe que
« tout juge compétent pour statuer sur un procès dont il est
« saisi, l'est, par là même, pour statuer sur les questions
« qui s'élèvent incidemment dans ce procès, quoique d'ail-
« leurs ces questions fussent hors de sa compétence, si elles
« lui étaient proposées principalement; (L.3, Cod. *de judiciis ;*
« L. 1, Cod. *de ordine cognit.*) Il faut une disposition formelle
« de la loi pour ne pas faire une application de ce principe ;
« la preuve du délit ne pouvant pas être séparée de celle de
« la convention, la compétence sur le délit qui forme l'action
« principale, entraine nécessairement la compétence sur le
« contrat dont la dénégation n'est que l'exception à cette ac-
« tion. Les tribunaux criminels devant d'ailleurs prononcer
« sur les intérêts civils des parties, ils doivent avoir carac-
« tère pour juger le contrat auquel se rattachent ces intérêts
« civils. La compétence d'un tribunal ne peut dépendre des
« formes fixées par la loi pour la preuve de la demande. Si
« le contrat ne portait que sur un objet moindre de 150 francs,
« la preuve, pouvant dans ce cas en être faite par témoins, la
« juridiction criminelle serait évidemment compétente pour
« en connaître ; elle doit avoir la même compétence dans le
« cas où, à raison d'une plus grande importance dans l'objet
« du contrat, la preuve n'en peut être établie par témoins ;
« la Cour de cassation a jugé constamment que les tribunaux
« correctionnels sont compétents pour prononcer sur l'exis-
« tence du contrat dénié, par voie d'exception, lorsqu'il en

« est produit un commencement de preuve par écrit ; elle a
« jugé que ces tribunaux ont caractère pour décider qu'il y
« a commencement de preuve par écrit ; elle doit donc juger
« aussi que ces tribunaux ont le droit de déclarer que l'acte
« produit forme la preuve complète de ce contrat; le com-
« mencement de preuve par écrit est en effet, comme l'acte
« constitutif de ce contrat, un acte écrit, dont on doit appré-
« cier le contexte, le sens et les conséquences ;

« 3° Mais, pour juger que le contrat dénié a existé, comme
« pour juger qu'il y en a commencement de preuve par écrit
« et qu'ainsi la preuve testimoniale est admissible, les tribu-
« naux correctionnels sont assujettis aux règles fixées par
« les articles 1341 et 1347 du Code civil. Les règles de preuves
« fixées par ces articles ne sont pas, sans doute, attributives
« de juridiction en faveur des tribunaux civils ; mais par cela
« même les tribunaux correctionnels sont tenus de les obser-
« ver. Ces règles sont des principes généraux communs à
« toutes les juridictions. Les délits sont susceptibles, sans
« doute, de toute espèce de preuve ; mais le délit n'est pas
« dans le contrat dont la violation est l'objet de la poursuite,
« il n'est que dans cette violation. Le contrat qui n'est qu'un
« acte civil ne peut être prouvé lorsqu'il est dénié, que d'après
« les règles communes à tous les contrats. Les tribunaux
« correctionnels doivent prononcer sur les intérêts civils ; la
« partie civile ne peut obtenir devant eux que ce qu'elle
« obtiendrait devant les tribunaux civils ; et elle ne doit l'ob-
« tenir que d'après les preuves auxquelles elle serait soumise
« devant ces tribunaux. Elle pourrait prouver devant les
« tribunaux civils la violation du contrat, par des dépositions
« de témoins, conformément à l'article 1348 du Code civil;
« mais elle ne pourrait prouver la préexistence du contrat, s'il
« était dénié, que d'après les règles des articles 1341 et 1347
« du même Code.

« Mais les tribunaux criminels pourront-ils ordonner des
« informations pour prouver la préexistence du contrat,
« avant qu'on ait produit devant eux le commencement de
« preuve par écrit de ce contrat et suffira-t-il, pour faire
« maintenir leur jugement définitif, qu'avant ce jugement,
« le commencement de preuve par écrit ait été découvert
« par ces informations, ou par toute autre voie ? S'il n'y a eu

« d'opposition de la part du prévenu à ces informations sur
« le fondement de l'absence de toute preuve ou de commen-
« cement de preuve écrit, point de doute que le jugement dé-
« finitif qui est soutenu et justifié par une preuve testimoniale,
« accompagnée d'un commencement de preuve par écrit,
« ne soit hors de toute atteinte, à raison de l'irrégularité dans
« le mode et l'ordre de l'instruction. Mais si le prévenu avait
« demandé qu'il ne fût point entendu de témoins jusqu'à ce
« que la partie poursuivante eût produit un commencement
« de preuve par écrit qui autorisât la preuve testimoniale,
« cette réquisition étant conforme à un principe général et
« positif rédigé dans l'article 1341 du Code civil en termes
« prohibitifs, devrait être accueillie par les tribunaux correc-
« tionnels, et il y aurait lieu à cassation contre un jugement
« en dernier ressort qui l'aurait rejetée. Cependant , s'il n'y
« avait pas eu de pourvoi contre ce jugement, et que, le
« commencement de preuve par écrit ayant été acquis, il fût
« intervenu un jugement de condamnation au fond, d'après
« la preuve testimoniale, accompagnée d'un commencement
« de preuve par écrit, on ne saurait se prévaloir, à la Cour de
« cassation, contre ce jugement de condamnation, du rejet
« de la réclamation du prévenu contre l'audition des témoins,
« avant la production du commencement de preuve par écrit,
« parce que le jugement qui aurait prononcé ce rejet, n'ayant
« pas été attaqué par un pourvoi, aurait acquis l'autorité de
« la chose jugée, et que le jugement de condamnation serait
« justifié par un commencement de preuve par écrit qui lui
« aurait servi de base conjointement avec la preuve testimo-
« niale.

« Mais relativement au délit d'habitude d'usure, il ne porte
« pas sur des faits extrinsèques à des contrats, il ne suppose
« pas, comme le délit de violation de dépôt, la préexistence
« d'une convention ; il se forme dans les actes mêmes de prêt,
« il est inséparable du prêt et se confond avec lui, et dès
« lors, tout délit étant susceptible de toute espèce de preuve,
« il n'y a pas de doute que les stipulations d'intérêts usurai-
« res dont peut se composer le délit d'habitude d'usure, doi-
« vent être soumises à la preuve testimoniale, quoiqu'elles
« se rattachent à des contrats civils et que les clauses portées
« dans ces contrats ne puissent être altérées. Ce délit ne peut

« donc faire naitre la difficulté de la question préjudicielle
« qui est traitée dans le n° 2 ;

« 4° Si, devant un tribunal de police correctionnelle ou de
« police, le prévenu propose pour défense une exception de
« propriété qui soit nécessairement préjudicielle à l'action
« sur le délit, il y aura lieu de surseoir à cette action, et la
« question de propriété devra être renvoyée au jugement
« des tribunaux civils. La propriété des immeubles est essen-
« tiellement dans le domaine des tribunaux civils ;

« 5° Mais si l'exception de propriété ne porte que sur un
« effet mobilier, il n'y aura lieu ni à sursis ni à renvoi ; les
« effets mobiliers sont la matière des vols, des détournements,
« dont l'attribution à la juridiction correctionnelle emporte
« avec elle le droit de connaître de toutes les exceptions
« proposées comme moyen de défense contre la prévention
« du fait criminel qui peut avoir été commis sur l'effet mobilier ;

« 6° Si l'exception porte sur une question de *possession*
« d'un objet *immobilier*, elle ne formera une question préju-
« dicielle qui doive être jugée par les tribunaux civils, que
« dans le cas où la preuve de la possession alléguée entraî-
« nerait celle de la *propriété*, ou si cette possession était l'ef-
« fet d'un titre qui supposât la propriété. Dans ces deux cas,
« en effet, la question de possession se confond avec celle
« de propriété, et celle-ci est essentiellement civile. Mais, hors
« ce cas, la possession alléguée ne pouvant avoir d'effet que
« sur des jouissances de fruits, se détermine toujours à des
« effets mobiliers ; elle n'est qu'un *fait* étranger à la propriété
« immobilière et l'exception qui en est opposée de droit doit,
« comme celle de la propriété des objets mobiliers, être de
« la compétence des tribunaux criminels, juges de l'action
« contre laquelle elle est proposée ;

« 7° Si le jugement sur le fait d'un délit ou d'une contra-
« vention dépend de l'interprétation d'un acte ou d'un con-
« trat, le tribunal, juge du délit ou de la contravention, a
« nécessairement caractère pour juger si, d'après l'acte ou le
« contrat produit, le délit ou la contravention existe ou
« n'existe pas ; il a donc caractère pour examiner le contrat,
« pour en rechercher ou en déterminer le sens, l'effet et l'o-
« bligation. Cette décision rentre dans le principe que le juge
« d'une action est essentiellement juge de l'exception qui est

« opposée à cette action, comme il est juge de tous les élé-
« ments des preuves sur lesquelles l'action ou l'exception
« peuvent être fondées.

« Néanmoins, comme dans les matières forestières, nous
« avons jugé, depuis l'arrêté du 2 messidor an XIII, que l'ad-
« judicataire qui prétendait, devant le tribunal correctionnel,
« avoir eu le droit, d'après le cahier des charges, de faire ce
« que l'administration soutenait avoir été fait par lui en délit,
« devait être renvoyé devant les tribunaux civils, pour qu'il
« y fût statué sur le sens et les obligations du cahier des
« charges, et qu'une jurisprudence contraire ne peut pas
« convenablement être de suite adoptée; il a été arrêté qu'on
« ne casserait point les jugements rendus par les tribunaux
« ordinaires, en matière forestière, lorsqu'ils auraient ren-
« voyé les parties devant la juridiction civile, pour y faire
« prononcer sur l'interprétation du cahier des charges ou
« d'autres actes qui auraient servi de base à la défense du
« prévenu ;

« 8° Si un individu, accusé de bigamie, propose, pour
« moyen de défense, la nullité de son premier mariage, la
« chambre d'accusation ou la Cour d'assises devront-elles
« surseoir à la mise en accusation ou à la condamnation et
« renvoyer devant les tribunaux civils pour y être préala-
« blement statué sur la validité de l'acte du premier mariage?

« Cette question se décide par une distinction :

« Ou bien il s'agit d'une *nullité absolue*, c'est-à-dire d'une
« de ces nullités à raison desquelles le ministère public
« peut et doit demander la nullité des mariages, ainsi qu'il
« lui est prescrit par l'article 190 du Code civil, et qui sont
« rappelées dans l'article 184 du même Code sous la modi-
« fication portée dans l'article 185, et, dans ce cas, il y a
« lieu à surseoir et à renvoyer devant les tribunaux civils.
« *La nullité absolue n'opère pas en effet une simple résolution*
« *ou dissolution du mariage, elle fait que ce lien n'a jamais*
« *existé*, et, d'après l'article 340 du Code pénal, il n'y a crime
« de bigamie que dans un *second mariage* contracté par celui
« qui est *engagé dans les liens d'un premier mariage*. Ce
« genre de nullité qui exclut, quand la nullité existe, le fait
« de la prévention ou de l'accusation, ne peut être jugé par
« les tribunaux criminels, parce que l'état civil du prévenu

« dépend du jugement qui doit être porté, et que les tribu-
« naux civils, d'après l'article 326 du Code civil, sont seuls
« compétents pour statuer sur les questions d'état.

« Ou bien la nullité proposée par le prévenu de bigamie
« contre son premier mariage n'est que *relative*, c'est-à-dire
« qu'elle ne rentre pas dans les articles 144, 147, 161, 162
« et 163 du Code civil, ledit article 144 appliqué avec la mo-
« dification de l'article 185, et, dans ce cas, il n'y a lieu ni à
« sursis ni à renvoi. L'exception de cette espèce de nullité
« fût-elle prouvée, ne détruirait pas l'accusation, *parce que,*
« *si le mariage pouvait être dissous par un jugement sur*
« *cette nullité, il n'en était pas moins valable jusqu'à ce que*
« *cette dissolution fût prononcée par les tribunaux.* Le pré-
« venu était donc, jusqu'alors, *engagé dans les liens d'un*
« *premier mariage ;* son second mariage l'a donc rendu
« coupable du crime de bigamie, tel qu'il est caractérisé
« par l'article 340 du Code pénal.

« La chambre d'accusation ou la Cour d'assises ont, sans
« difficulté, caractère pour décider dans quels articles du
« Code civil rentre la nullité proposée par le prévenu, et con-
« séquemment pour rejeter l'exception, si elle ne leur paraît
« porter que sur une nullité relative ;

« 9° Si un individu déclaré coupable devant une Cour d'as-
« sises d'avoir homicidé son fils adoptif conteste la validité de
« l'adoption, et forme ainsi un débat sur cette circonstance
« qui doit donner au meurtre le caractère de parricide, la
« Cour d'assises sera-t-elle compétente pour prononcer sur
« ce genre de défense de l'accusé ? La Cour d'assises aura
« caractère pour instruire et statuer sur les faits de la pos-
« session d'état de fils adoptif que peut avoir eue l'accusé ;
« et si ces faits de possession d'état se rattachent à un acte
« d'adoption, ils doivent suffire, quelle que puisse être la vali-
« dité de cet acte, pour donner à l'homicide l'atrocité qui
« constitue le parricide, et conséquemment pour entraîner
« l'application des articles 209 et 302 du Code pénal. En fai-
« sant cette application, la Cour d'assises ne jugera pas une
« question d'état ; elle ne jugera qu'une question de fait,
« une circonstance aggravante du crime de l'accusation.

« *J'adhère à toutes les maximes ci-dessus,* 3 novem-
« bre 1813. *Signé :* MERLIN.

« Lecture faite des décisions ci-dessus et de leurs motifs,
« dans la séance du 12 novembre 1813, la rédaction a été
« approuvée à l'unanimité. »

R

RAPPORTS D'ASSISES

Division

§ I. — RAPPORT DU PRÉSIDENT DES ASSISES.

I. Énonciations qu'il doit contenir. — Le président des
assises doit à la fin de chaque session, adresser au garde
des sceaux, un rapport sur toutes les affaires qui y ont été
jugées (Circ. chanc., 31 mai 1813 ; Gillet, n° 883).

La chancellerie tient à ce qu'il y ait pour ce travail une
certaine initiative de la part des présidents, aussi elle ne les
oblige pas à suivre une forme déterminée. Toutefois, il est
certains points sur lesquels ils sont toujours tenus de s'expliquer.

1° Les présidents d'assises doivent toujours commencer
par indiquer dans leurs rapports quelle était la composition
de la Cour et quel concours plus ou moins ferme a été donné
par les assesseurs;

2° Un paragraphe spécial doit être consacré au jury de
session, à la formation de la liste, aux éléments qui le composent et à son esprit ;

3° Ils devaient s'expliquer sur les récusations; mais la
circulaire du 31 janvier 1853 les en a dispensés ;

4° Ils doivent rendre exactement compte des causes qui ont motivé le renvoi d'une affaire à une autre session ;

5° Les rapports doivent contenir le compte-rendu de chaque affaire ;

6ª Les présidents d'assises, à la suite de l'exposé de chaque affaire, doivent donner leur avis sur l'accueil dont peuvent être susceptibles, dans un avenir prochain ou éloigné, les recours en grâce des condamnés ;

7° Enfin ils rendent compte de la visite qu'ils ont faite à la maison d'arrêt. (Circ. chanc., 31 déc. 1850 ; Gillet, nº 3461 ; — Circ. chanc., 26 janv. 1857; Gillet, nº 3863).

II. **Forme matérielle.** — Le papier doit être du même format que celui des circulaires ; on doit laisser la moitié de la page en blanc, de façon à pouvoir placer en marge les observations que suggèrerait l'examen du rapport.

Le rapport peut être formé en cahiers, mais chaque objet du rapport doit avoir sa feuille distincte : ainsi, il y a une feuille pour la composition de la Cour, une autre pour la liste du jury, une troisième pour le jury lui-même, et ainsi de suite sur les divers sujets généraux que doit traiter le rapport ; puis, chaque affaire a aussi sa feuille distincte donnant d'abord, sur chaque accusé, les renseignements statistiques, relatant ensuite les faits de l'accusation, s'expliquant sur l'hypothèse d'une mesure de grâce, et se terminant enfin par les observations auxquelles l'instruction aurait donné lieu.

La lettre d'envoi peut contenir tout ce qui n'aurait pas une affinité directe avec l'une ou l'autre partie du rapport, ou tout ce que les magistrats pourraient considérer comme étant d'une nature confidentielle. Il ne doit pas s'écouler plus de quinze jours entre l'époque de la clôture de la session et l'arrivée du rapport à la chancellerie. (Circ. chanc., 31 déc. 1850 et 26 janv. 1857).

III. **Compte-rendu des affaires.** — L'exposé n'a pas besoin d'être fort étendu ; mais il doit retracer avec exactitude le fait principal, les circonstances qui l'aggravent ou le rendent moins coupable et les divers incidents qui ont pu se produire à l'audience.

Cet exposé doit être précédé des indications suivantes :

1° Nom de l'accusé et renseignements statistiques (état civil, profession, degré d'instruction et antécédents judiciaires);

2° Nature du crime et époque précise où il a été commis;

3° Tribunal d'instruction, tableau des divers actes d'informations avec leurs dates et les noms des magistrats signataires, dates de l'ordonnance de soit communiqué, du réquisitoire de compétence, de l'ordonnance de mise en prévention, de l'arrêt et de l'acte d'accusation, et de la signification de ces dernières pièces ;

4° Résultat de l'affaire.

Toutes les fois que des procédures auront subi des retards non justifiés, ou que des lacunes graves auront compromis le sort des accusations, le président d'assises doit faire part de ses observations à la chancellerie (Circ. chanc., 31 déc. 1850 et 26 janv. 1857).

§ 2. — RAPPORT DU PROCUREUR DE LA RÉPUBLIQUE.

IV. Énonciations qu'il doit contenir. — Depuis 1854, et en vertu de la circulaire du 19 décembre 1853 (Gillet, n° 3561), les Parquets doivent transmettre à la chancellerie un compte-rendu moral des résultats obtenus devant le jury : « Ce travail, porte cette circulaire, ne devra pas avoir la « précision d'un compte statistique, ou les développements « d'un rapport de président d'assises ; il peut se renfermer « dans des appréciations générales, sauf les renseignements « plus détaillés qu'il y aurait lieu d'adresser sur des affaires « et des décisions d'une importance exceptionnelle. » (Circ. chanc., 19 déc. 1853).

Aux termes de la circulaire du 25 mars 1878 (*Bull. off.*, n° 9, p. 15), ce rapport doit comprendre deux parties distinctes.

La première renferme des appréciations générales s'appliquant à toute la session et notamment à la manière dont le jury a fonctionné.

La seconde comprend une série de notices rédigées sur feuilles séparées, où l'on s'explique sur la façon dont chaque affaire a été présentée, sur les incidents qui se sont produits, sur la direction des débats, sur les peines prononcées et enfin sur l'accueil qu'il conviendrait de faire aux recours en grâce formés par les condamnés.

V. Modèles. — Nous donnons ci-après un spécimen d'un rapport d'ensemble et d'une notice.

COUR D'ASSISES
d

—————

PARQUET

du

Procureur de la République

—————

A   , le   188

MONSIEUR LE GARDE DES SCEAUX

J'ai l'honneur de vous adresser mon rapport sur les résultats de la session des assises de..., pour le... trimestre de l'année 188 , ouverte le.... janvier et close le.... du même mois, sous la présidence de M. le conseiller X...

Onze affaires étaient inscrites au rôle de la session. Deux ont dû être renvoyées à la prochaine session. L'affaire A..., attentat à la pudeur, n'a pu recevoir jugement, les trois principaux témoins n'ayant pas répondu à l'appel de leur nom; ils avaient quitté, au cours de l'instruction, la commune où ils habitaient et n'ont pu être touchés par la citation; des recherches actives avaient été faites pour les retrouver, mais elles n'ont pu aboutir en temps utile. — L'affaire des époux B..., accusés d'extorsion de signature, a dû être renvoyée sur la demande des accusés qui ont soutenu qu'ils n'avaient pas eu le temps nécessaire pour préparer leur défense et faire assigner les témoins à décharge qu'ils croient devoir produire dans l'intérêt de leur cause.

Il a donc été jugé contradictoirement neuf affaires qui se décomposent ainsi qu'il suit:

2 attentats à la pudeur — (2 accusés).

2 incendies — (2 accusés).

1 faux — (1 accusé).

1 abus de confiance qualifié — (1 accusé).

3 vols qualifiés — (4 accusés).

Une seule affaire s'est terminée par un acquittement. Le nommé C.... accusé de faux, a été l'objet d'un verdict négatif, bien qu'il eût fait l'aveu de son crime; le jury a été impressionné par les bons antécédents de l'accusé et surtout par ce fait qu'au cours des poursuites, le préjudice a été complètement réparé.

Des circonstances atténuantes ont été accordées à 5 accusés et refusées à 4.

Le jury n'a pas fait preuve d'une grande fermeté. Il a même montré une véritable faiblesse dans l'affaire C..., c'est d'ailleurs ce qui se produit presque toujours, quand il s'agit de réprimer les crimes de faux. Dans les autres affaires, les faits étaient très-simples et parfaitement établis ; aussi il n'était pas possible qu'il intervînt de verdicts négatifs ; le jury a même témoigné de peu de fermeté en accordant des circonstances atténuantes à certains individus qui avaient les plus déplorables antécédents et pour lesquels il semblait qu'il n'y eût aucune place à l'indulgence.

M. le président X..., a dirigé les débats avec fermeté et modération.

M. S..., 1er substitut, a soutenu avec talent l'accusation dans les affaires C..., E..., et H... ; M. T..., 2e substitut, a convenablement occupé le siège du ministère public dans les affaires A..., K. ., et L.... J'ai présenté moi-même les autres affaires.

Aucun incident qui mérite une mention spéciale, ne s'est produit dans tout le cours de la session.

Je suis, avec respect,

Monsieur le garde des sceaux,

Votre très humble et très obéissant serviteur

LE PROCUREUR DE LA RÉPUBLIQUE,

PARQUET

de la

COUR D'ASSISES

de

COUR D'ASSISES DE

Séance du   18

NOTICE concernant le nommé F.., Eugène-Zacharie, né à   , le,   1828 ; journalier, demeurant à   , commune de   , arrondissement de   , accusé d'incendie volontaire.

Le nommé Eugène-Zacharie F..., âgé de 57 ans, est journalier à St. P.... Il est accusé d'incendie volontaire.

Le 31 octobre dernier, vers six heures du soir, un incendie consuma un bâtiment à usage d'habitation et de grange, sis à St.-P....

Les premiers témoins durent enfoncer les portes qui étaient fermées à clef; ils reconnurent que le feu avait été allumé par une main criminelle à deux endroits différents.

On arrêta F..., propriétaire de l'immeuble incendié ; celui-ci après avoir d'abord protesté de son innocence, et déclaré ensuite que l'incendie était le résultat de son imprudence, a fini par reconnaître qu'il avait volontairement mis le feu à sa maison. Il a indiqué comme mobile de ce crime, le projet de se venger d'un créancier qui lui avait prêté des fonds pour acheter sa maison et qui était sur le point de le faire exproprier. Il paraît également avoir été déterminé par l'intention de toucher la prime d'assurance de l'immeuble, prime de beaucoup supérieure à sa valeur réelle.

F... a déjà subi une condamnation pour...

Le jury lui a accordé des circonstances atténuantes. Il est condamné a cinq ans de travaux forcés.

M. X..., a soutenu l'accusation.

Me Y.. , a présenté la défense.

A le 188

LE PROCUREUR DE LA RÉPUBLIQUE,

VI. Envoi de ce rapport. — Ce rapport doit être transmis à la chancellerie, dans les dix jours de la clôture de chaque session d'assises (Circ. chanc., du 19 déc. 1853 et du 25 mars 1878).

Lorsque la Cour d'assises ne siège pas au chef-lieu de la Cour d'appel, le procureur de la République adresse son rapport à la chancellerie par l'intermédiaire du procureur général (Circ. chanc., 19 déc. 1853).

Dans presque tous les ressorts, le rapport doit, dans ce cas, être établi en double exemplaire ; une expédition en est conservée au Parquet général.

RAPT

Division.

§ 1. — RAPT DE VIOLENCE

I. **Éléments constitutifs**. — Le rapt de violence ou l'enlèvement de mineurs est un crime prévu par les articles 354
et 355 du Code pénal.

Pour que ce fait tombe sous l'application de la loi pénale,
trois conditions doivent être réunies ; il faut :

1° Que la victime ait été enlevée, entraînée, détournée ou
déplacée des lieux où elle était mise par ceux à l'autorité ou
à la direction desquels elle était soumise ou confiée ; mais il
n'est pas nécessaire que cet enlèvement ait été fait dans le
but d'abuser de la personne de la victime (Cass., 25 oct.
1821 ; P. chr.) ;

2° Que cet enlèvement ait été pratiqué à l'aide de fraude ou
de violence. — La fraude résultera par exemple de l'allégation mensongère donnée par l'accusé aux parents sur la
destination qu'il réserve à leur enfant (Cass., 25 avr. 1839 ;
P. 40-1-184), ou de lettres fausses destinées à induire les mineurs en erreur sur le but que se propose l'accusé en les
emmenant (Cass., 24 mars 1838 ; P. 38-II-40). Dans ce dernier
cas, il peut y avoir un double crime : rapt et faux ;

3° Que les personnes enlevées soient mineures ; mais le
crime subsiste si le mineur est émancipé. M. Blanche (t. V, p.
350) en conclut que l'article 354 s'applique aux femmes mineures mariées ; nous partageons cette opinion, bien que le système contraire ait triomphé devant la Cour de cassation
(Cass., 1er juil. 1831 ; P. chr.) — Peu importe le sexe des mineurs.

II. Peines. — Circonstance aggravante. — La peine prononcée par l'article 354 est la réclusion. Mais la loi se montre plus sévère si la personne enlevée est une fille et si elle est âgée de moins de seize ans accomplis ; la peine est alors celle des travaux forcés à temps (art. 355 du C. pén.).

III. Qualification.

D'avoir   , à   , le   , 188   , par fraude ou violence, enlevé (ou fait enlever, ou entraîné, ou détourné, etc.) le mineur X... des lieux où il était mis par... à l'autorité (ou à la direction) duquel il était soumis (ou confié).

Crime prévu et puni par l'article 354 du Code pénal.

D'avoir   , à   , le   , 188   , par fraude, etc..,
Avec cette circonstance que cette fille était alors âgée de moins de seize ans accomplis.

Crime prévu et puni par les articles 354 et 355 du Code pénal.

§ 2. — RAPT DE SÉDUCTION

IV. Éléments constitutifs. — Le rapt de séduction est prévu par l'article 356 du Code pénal et constitue tantôt un crime tantôt un délit. — Les éléments constitutifs sont au nombre de trois. Il faut :

1° Que la personne enlevée soit une fille, mineure de seize ans ;

2° Que le ravisseur soit un homme (Cass., 8 avr. 1858 ; P. 59-276) ;

3° Qu'il y ait eu enlèvement ; il est nécessaire, comme pour le rapt de violence, que la fille ait été enlevée d'un lieu où elle avait été placée par les personnes ayant autorité sur elle (Cass., 22 juin 1872 ; P. 72-886 ; — *Contra* : Blanche, t. V, p. 360).

Dans l'hypothèse prévue par l'article 356 du Code pénal, la fraude et la violence ne sont pas des éléments nécessaires ; le rapt de séduction est punissable, même lorsque la fille a consenti à suivre son ravisseur (Cass., 26 mars 1857 ; P. 58-76).

V. Peines. — Si le ravisseur est majeur, la peine encourue est celle des travaux forcés à temps ; s'il n'a pas encore vingt-et-un ans accomplis, le fait ne constitue plus qu'un délit et est puni d'un emprisonnement de deux à cinq ans (art. 356 du C. pén.).

VI. Mariage de la fille enlevée avec le ravisseur. — Dans le cas où le ravisseur a épousé la fille qu'il a enlevée, il ne peut être poursuivi que sur la plainte des personnes qui, d'après le Code civil, ont le droit de demander la nullité du mariage; il ne peut-être condamné qu'après que la nullité du mariage a été prononcée (art. 357 du C. pén.).

Si les personnes qui ont qualité pour demander la nullité du mariage, se bornent à agir au civil, sans porter plainte contre le ravisseur, le ministère public est-il autorisé à poursuivre? Nous ne le pensons pas, en présence du texte formel de l'article 357 (*Sic:* Blanche, t. V, p. 364; — Le Sellyer, t. III, p. 303; — Hoffmann, *Quest. préjud.*, t. III, p. 295; — *Contra*: Mangin, t. I, p. 308). Si l'on admet notre système, on doit en conclure que le ministère public ne peut agir d'office, au cas où il a lui-même demandé personnellement et fait prononcer la nullité du mariage.

VII. Prescription. — Le rapt est un crime successif. — Il n'est toutefois punissable qu'autant que l'enlèvement a été commis sur un mineur, s'il s'agit d'un rapt de violence, et sur une fille de moins de seize ans, s'il s'agit d'un rapt de séduction; aussi on doit en conclure que la prescription commence à courir, dans le premier cas, du jour où les mineurs ont atteint leur majorité; dans le second, du jour où la fille a eu seize ans accomplis (Le Graverend, t. I, p. 81; — Le Sellyer, t. IV, p. 46; — Mangin, t. II, n° 324).

VIII. Qualification.

D'avoir, à   , le   , étant âgé de vingt-et-un ans accomplis, enlevé Marie X..., fille mineure de seize ans;
Crime prévu et puni par l'article 356 § 1 du Code pénal.

D'avoir, à   , le   , étant alors âgé de moins de vingt-et-un ans, enlevé Marie X..., fille mineure de seize ans;
Délit prévu et puni par l'article 356 § 2 du Code pénal.

RÉBELLION
Division

I. Définition. — Conditions essentielles. — Aux termes de l'article 209 du Code pénal, la rébellion consiste dans toute attaque toute résistance avec violences et voies de fait envers les officiers ministériels, les gardes champêtres ou forestiers, la force publique, les préposés à la perception des taxes et des contributions, les porteurs de contraintes, les préposés de douanes, les séquestres, les officiers ou agents de la police administrative ou judiciaire, agissant pour l'exécution des lois, des ordres ou ordonnances de l'autorité publique, des mandats de justice ou jugements.

Pour que la rébellion constitue une infraction punissable, il faut donc :

1° Qu'il y ait attaque ou résistance avec violences et voies de fait ;

2° Que cette attaque ou résistance ait été dirigée contre une des personnes déterminées par l'article 209 ;

3° Enfin que ces personnes agissent pour l'exécution des lois, des ordres ou ordonnances de l'autorité publique, des mandats de justice ou jugements.

II. Quand la résistance constitue-t-elle la rébellion. — La résistance envers les personnes, désignées dans l'article 209, ne constitue la rébellion, que si elle s'est produite avec violences et voies de fait ; il ne suffit pas, par exemple, qu'un individu ait opposé une résistance passive à un agent au moment de son arrestation (Cass., 2 juil. 1835 ; P. chr. ; — Cass. 27 déc. 1879 ; P. 80-925).

III. **Violences.** — Les violences et voies de fait n'impliquent pas les coups. Si même un individu est convaincu d'avoir résisté avec violence et d'avoir en outre porté des coups, il y a là deux délits distincts : celui de rébellion et celui de coups (Besançon, 21 mars 1877 ; P. 77-1170).

La rébellion existe notamment lorsqu'un individu porteur d'un fusil, couche en joue un gendarme ou un garde qui le somme de faire la remise de son arme (Cass., 20 nov. 1807 ; 16 mai 1817 ; P. chr. ; — Cass., 30 août 1849 ; P. 51-1-330 ; — Bourges 14 avr. 1853 ; P. 53-II-41).

IV. **Personnes protégées par l'article 209 du Code pénal.** — La loi de 1791 employait l'expression générique *dépositaire quelconque de la force publique*. Mais l'article 209 du Code pénal a expressément désigné les agents que la loi entend protéger. Ce sont : les officiers ministériels, les gardes champêtres, les gardes forestiers, les agents de la force publique, les préposés à la perception des taxes et des contributions, les porteurs de contraintes, les préposés des douanes, les séquestres, les officiers ou agents de la police administrative ou judiciaire.

On doit comprendre les notaires au nombre des officiers ministériels (Cass., 13 mars 1812 ; *Bull. crim.*, n° 58 ; — Cass. Belge, 23 févr. 1833 ; P. chr.).

Par gardes champêtres, il faut entendre non seulement les gardes de l'État, mais encore ceux des particuliers (Cass., 8 avr. 1806 ; P. chr. ; — Cass., 2 juil. 1846 ; P. 47-1-182).

V. **Cas dans lesquels s'applique la protection de la loi.** — Nous avons déjà vu qu'une des conditions essentielles de la rébellion est que la personne victime de l'attaque ou de la résistance agisse pour l'exécution des lois des ordres ou ordonnances de l'autorité publique, des mandats de justice ou jugements.

M. Blanche (t. IV, p. 64) fait remarquer qu'il y a lieu de distinguer entre les agents qui ont pour devoir constant d'assurer l'exécution des lois ou des ordres de l'autorité publique et ceux qui ne sont appelés à y concourir qu'accidentellement. — Les premiers remplissent la condition exigée par la loi toutes les fois qu'ils font un acte ayant pour objet d'assurer ou même de préparer l'exécution de la loi ; c'est ainsi que la Cour de cassation a décidé que des gendarmes sont dans l'exercice de leurs fonctions et par suite ont droit à la protection de l'article 209 du Code pénal, lorsqu'ils investissent la maison d'un individu en attendant le lever du soleil pour mettre un jugement à exécution (Cass., 27 vend. an XIV ; *Bull. crim.*, n° 222). — Les seconds, au contraire, ne remplissent la condition exigée que lorsqu'ils font un des actes déterminés pour lesquels ils sont compétents.

VI. **Illégalité.** — Si l'acte à l'occasion duquel s'est produite la rébellion, était illégal, le délit disparaîtrait-il? La Cour de cassation a posé en principe que l'illégalité d'un acte ne peut dans aucun cas autoriser un particulier à s'y opposer avec violence et voies de fait, car ce système en permettant à chacun de se constituer juge des actes émanés de l'autorité publique, serait subversif de tout ordre public (Cass., 14 avr. 1820 ; 5 janv. 1821 ; 15 oct. 1824; 15 juil. 1826; 26 févr. 1829 ; P. chr. ; — Cass., 10 mars 1842 ; P. 42-II-356; — Cass., 29 mars 1855 ; P. 56-1-389 ; — Cass., 22 août 1857 ; P. 68-316).

VII. **Différentes espèces de rébellion. — Peines.** — La rébellion constitue tantôt un crime et tantôt un délit.

Il faut d'abord distinguer suivant que la rébellion a eu lieu avec ou sans armes.

1° **Rébellion sans armes.** — Elle constitue un simple délit, lorsqu'elle a été commise :

1° Par une ou deux personnes ; la peine est un emprisonnement de six jours à six mois (art 212 du C. pén.);

2° Par une réunion de trois personnes ou plus jusqu'à vingt inclusivement ; la peine est un emprisonnement de six mois à deux ans (art. 211 du C. pén.).

Elle constitue un crime si elle a été commise par plus de vingt personnes ; la peine est la réclusion (art. 210 du C.pén.);

2° **Rébellion armée.** — La rébellion armée est un simple délit, quand elle n'a été commise que par une ou deux personnes ; la peine est un emprisonnement de six mois à deux ans (art. 212 du C pén.).

Dans tous les autres cas, elle constitue un crime, puni de la réclusion, si la réunion ne compte pas plus de vingt personnes et des travaux forcés au-delà de ce nombre (art. 210 et 211 du C. pén.).

Dans tous les cas où il est prononcé une simple peine

d'emprisonnement, les coupables peuvent en outre être condamnés à une amende de 16 à 100 francs (art. 218 du C. pén.).

VIII. **Ce que l'on doit entendre par réunion armée.** — Aux termes de l'article 214 du Code pénal, toute réunion d'individus pour un crime ou un délit est réputée réunion armée, lorsque plus de deux personnes portent des armes ostensibles. Par suite, les rebelles non armés qui faisaient partie de la réunion sont passibles de la même peine que ceux qui étaient porteurs d'armes.

La loi ne laisse pas impuni le port d'armes caché ; toute personne faisant partie d'une réunion non réputée armée qui en est trouvée nantie, est punie des peines qu'elle aurait encourues si la réunion avait été armée (art. 215 du C. pén.).

Nous pensons avec M. Blanche (t. IV, p. 97), que la disposition de l'article 215 est applicable aux personnes porteurs d'armes apparentes, alors qu'elles ne sont pas en nombre suffisant pour que la réunion soit réputée armée.

IX. **Excuse légale.** — Il n'est prononcé aucune peine pour le fait de rébellion contre ceux qui n'ayant eu ni fonctions, ni emploi dans la bande, se sont retirés au premier avertissement de l'autorité publique, ou même depuis, s'ils n'ont été saisis que hors du lieu de la rébellion et sans nouvelle résistance et sans armes. Toutefois, ils peuvent être renvoyés sous la surveillance de la haute police (peine aujourd'hui remplacée par l'interdiction de séjour) pendant cinq ans au moins et dix ans au plus (art. 100 et 213 du C. pén.).

X. **Crimes et délits commis pendant le cours d'une rébellion.** — Les auteurs des crimes ou délits commis pendant le cours ou à l'occasion d'une rébellion, sont punis des peines prononcées contre chacun de ces crimes, si elles sont plus fortes que celles de la rébellion (art. 216 du C. pén.).

XI. **Rébellion prévue par l'article 219 du Code pénal.** — Sont punies comme réunion de rebelles, celles qui ont été formées avec ou sans armes et accompagnées de menaces contre l'autorité administrative, les officiers et les agents de police ou contre la force publique :

1º Par les ouvriers ou journaliers dans les ateliers publics ou dans les manufactures ;

2º Par les individus admis dans les hospices ;

3º Par les prisonniers, prévenus, accusés ou condamnés.

Dans ces trois cas, il n'est pas nécessaire qu'il y ait eu les violences ou voies de fait qu'exige l'article 209 ; de simples menaces suffisent pour constituer la rébellion.

XII. Comment est subie la peine des prisonniers condamnés pour rébellion. — Lorsque des prisonniers prévenus, accusés ou condamnés sont condamnés pour rébellion, ils subissent leur peine, immédiatement après l'expiration de la peine encourue pour le crime ou délit en raison duquel ils étaient détenus. Toutefois, si cette peine est perpétuelle ou capitale, il n'y a pas lieu à cumul. S'il y a acquittement ou absolution, l'exécution de la peine, prononcée pour rébellion, a lieu immédiatement après qu'est intervenu l'arrêt ou jugement en dernier ressort (art. 220 du C. pén.) — Il résulte du texte même de cet article que contrairement aux règles ordinaires, la peine ne peut être subie pendant la durée de la prévention.

XIII. Qualifications.

D'avoir, à   , le   , 188   , résisté avec violence et voies de fait envers un agent de la force publique (ou un officier ministériel, ou un garde champêtre, etc...) agissant pour l'exécution des lois (ou d'un mandat de justice ou d'un jugement) ;

Délit prévu et puni par les articles 209, 212 et 218 du Code pénal.

D'avoir, à   , le   , 188   , résisté avec violence et voies de fait envers un agent de la force publique, agissant pour l'exécution des lois, avec ces circonstances : 1º que ladite résistance a eu lieu par plus de vingt personnes ; 2º que la réunion comptait plus de deux personnes portant des armes ostensibles ;

Crime prévu et puni par les articles 209, 210 et 214 du Code penal.

RECEL

Voir : **Complicité.**

RECEL DE CADAVRE

Le fait de recéler ou cacher le cadavre d'une personne homicidée ou morte des suites de coups ou blessures est puni d'un emprisonnement de six mois à deux ans et d'une amende de 50 à 400 francs (art. 359 du C. pén.) Les dispositions de

cet article sont générales; par suite elles sont applicables
encore bien que la mort ait été le résultat non d'un crime,
mais d'un homicide involontaire (Cass., 26 mai 1855; P. 55-II-
528; — Limoges, 8 mai 1861 , P. 62-83).

RECEL DE CRIMINELS

L'article 248 du Code pénal punit d'un emprisonnement de
trois mois à deux ans ceux qui ont recélé ou fait recéler des
personnes qu'ils *savaient* avoir commis des crimes emportant
peine afflictive. Toutefois, cette disposition n'est pas applicable aux ascendants ou descendants du criminel, à son époux
ou épouse même divorcée, à ses frères et sœurs et aux alliés
au même degré.

Cet article ne s'applique-t-il qu'au recel de criminels condamnés? La Cour de Rennes l'a jugé (5 juin 1833; P. chr.);
mais ce système a été repoussé par la Cour de cassation:
« Attendu que l'article 248 n'exige pas, pour l'application des
« peines qu'il prononce que la culpabilité de l'individu objet
« du recel ait été légalement reconnue ; que ses dispositions
« ont principalement en vue les mesures de sureté publique
« a prendre quand un crime vient d'être commis, pour empê-
« cher l'évasion du coupable, en punissant ceux qui, connais-
« sant le crime commis, recèlent le criminel et lui procurent
« ainsi les moyens de se soustraire aux recherches de la
« justice;... » (Cass., 15 oct. 1853; P. 54-II-523 ; —*Sic* : Dijon,
17 févr. 1853; P. 53-II-311 ; — Cass., 27 juil. 1867; P. 68-72).
Mais, comme le décide l'arrêt de la Cour de cassation du
15 octobre 1853, il faut que le recéleur ait eu une connaissance personnelle du crime imputé à celui à qui il a donné
asile.

Si l'individu recélé était plus tard acquitté, l'article 248 n'en
serait pas moins applicable (Bastia, 8 avr. 1875 ; P. 75-1131 ;
— Blanche, t. IV, p. 244).

RECEL DE DÉSERTEURS ET INSOUMIS

Le fait de recéler sciemment un déserteur est puni d'une
amende de 300 francs et d'un emprisonnement d'un an, par
application de l'article 4 de la loi du 24 brumaire, an VI. —

Cet article n'a pas été abrogé par l'article 242 du Code militaire (Montpellier, 16 nov. 1874 ; P. 75-200). L'article 463 du Code pénal n'est pas applicable (même arrêt).

Le fait d'avoir reculé ou d'avoir pris à son service un insoumis est puni d'un emprisonnement qui ne peut excéder six mois. Selon les circonstances, la peine peut être réduite à une amende de 20 à 200 francs. (art. 63 de la loi du 27 juil. 1872). L'emprisonnement peut n'être que de vingt-quatre heures, mais l'amende ne saurait être réduite à moins de 16 francs, car l'article 68 § 2 ne permet aux tribunaux d'appliquer l'article 463 du Code pénal, qu'autant qu'il s'agit d'une peine d'emprisonnement.

RÉCIDIVE

Division

§ 1. — RÉCIDIVE LÉGALE. — PÉNALITÉ.

I. **Cas de récidive légale.** — Il y a récidive :

1° Lorsqu'un individu, déjà condamné à une peine afflictive ou infamante, est déclaré coupable d'un fait qualifié crime (art. 56 du C. pén.) ;

2° Lorsqu'un individu déjà condamné pour crime à une

peine supérieure à un an d'emprisonnement est déclaré coupable d'un délit ou d'un crime qui n'est puni que de peines correctionnelles (art. 57 du C. pén.);

3° Lorsqu'un individu, ayant subi une condamnation correctionnelle à un emprisonnement de plus d'une année (un an et un jour au minimum), est déclaré coupable d'un délit ou d'un crime qui ne doit être puni que de peines correctionnelles (art. 58 du C. pén.).

Il faut en conclure que la récidive n'existe pas :

1° Lorsqu'un individu précédemment condamné pour délit à un emprisonnement correctionnel, est condamné à une peine afflictive ou infamante ; car les articles 56 et 57 supposent l'un et l'autre le cas d'une première condamnation pour crime et l'article 58 celui où un individu déjà condamné à une peine correctionnelle de plus d'une année d'emprisonnement aurait commis un nouveau délit ou un crime puni de peines correctionnelles (Cass., 20 oct. 1818; *Bull. crim.*, n° 133) ;

2° Lorsque l'individu précédemment reconnu coupable d'un crime, n'a été condamné en raison de ce fait, qu'à une peine correctionnelle, et qu'il est condamné à une peine afflictive et infamante. C'est en effet la nature de la peine prononcée et non celle du fait incriminé que considère la loi pour fixer le premier terme de la récidive (Cass., 23 janv. 1852).

II. Conditions générales auxquelles est soumise la première condamnation. — Pour qu'une première condamnation puisse servir de base à la récidive, il faut qu'elle ait été prononcée et même qu'elle soit devenue définitive avant la perpétration du fait qui a motivé de nouvelles poursuites. Ainsi une condamnation par contumace, une condamnation résultant d'un jugement susceptible d'opposition ou d'appel ne peuvent servir de premier terme à la récidive.

Les condamnations, émanant des tribunaux d'exception, notamment des tribunaux militaires ou maritimes, ne peuvent devenir le premier terme de la récidive, qu'autant qu'elles ont été prononcées pour des crimes ou délits punissables d'après les lois ordinaires (art. 56 du C. pén.).

Peu importe le délai qui s'écoule entre la première condamnation et la perpétration du second fait criminel ou délictueux.

Le condamné qui a obtenu sa réhabilitation n'est pas passible de l'aggravation de peine résultant de la récidive (art. 634 du C. d'inst. crim). L'amnistie produit le même résultat (Cass., 25 nov. 1853).

Quant à la grâce, elle n'a d'effet qu'au point de vue de la peine ; elle laisse subsister la condamnation avec ses conséquences légales et par suite elle ne peut dispenser de la peine encourue pour la récidive (Cass., 5 juil. 1821 et 4 juil. 1828 ; P. chr.).

III. **Conditions générales auxquelles est soumise la deuxième condamnation.** — Toute nouvelle condamnation peut devenir le second terme de la récidive, sans qu'il y ait lieu de distinguer suivant qu'elle est prononcée en vertu du Code pénal ou en vertu d'une loi spéciale.

Il n'y a d'exception à cette règle que dans deux cas. Ne peut devenir le second terme de la récidive, toute condamnation en matière :

1° De rupture de ban ;

2° D'évasion.

IV. **Preuve de la récidive.** — La preuve de la première condamnation peut être faite, soit à l'aide d'une expédition de l'arrêt ou du jugement, soit à l'aide d'un extrait du casier judiciaire.

V. Aggravation de peine.

PEINE ENCOURUE		PEINE QUI DOIT ÊTRE PRONONCÉE.
LORS DE LA PREMIÈRE CONDAMNATION.	POUR LE DEUXIÈME FAIT	
Peine afflictive ou infamante	Dégradation civique. Bannissement. Réclusion.	Bannissement. Détention. Travaux forcés à temps. Maximum de la détention, laquelle pourra être élevée au double.
	Détention.	Maximum de la peine laquelle pourra être élevée au double.
	Travaux forcés à temps.	Travaux forcés à perpétuité.
	Déportation. Travaux forcés à perpétuité.	Travaux forcés à perpétuité.
Travaux forcés à perpétuité. Condamnation pour crime à une peine supérieure à un an d'emprisonnement.	Travaux forcés à perpétuité.	Mort.
Emprisonnement de plus d'une année en matière correctionnelle.	Peine correctionnelle.	Maximum de la peine, laquelle peut être élevée au double. — Surveillance de 5 à 10 ans.

Lorsque des circonstances atténuantes sont admises en faveur du condamné récidiviste, les juges doivent calculer la peine, résultant de l'état de récidive, puis appliquer l'article 463 à la peine ainsi aggravée.

VI. Application aux matières spéciales. — Les règles de la récidive que nous venons d'exposer, s'appliquent aux matières régies par des lois spéciales, aussi bien qu'aux crimes et délits prévus par le Code pénal, à moins que ces lois ne renferment des dispositions particulières, comme celles du 15 avril 1829 sur la pêche (Voir : **Pêche**), du 3 mai 1844, sur la chasse (Voir : **Chasse**), du 5 juillet 1844 sur les contrefaçons industrielles, du 27 mars 1851 sur les fraudes dans la vente des marchandises (Voir : **Fraudes commerciales**).

VII. Récidive en matière de simple police. — En matière de simple police, il y a récidive, lorsqu'il a été rendu contre le contrevenant, dans les douze mois précédents, un premier jugement pour contravention de police commise dans le ressort du même tribunal (art. 483 du C. pén.).

La récidive n'existe donc qu'autant que trois conditions se trouvent réunies. Il faut :

1° Qu'un précédent jugement en matière de simple police ait été rendu contre le contrevenant. La récidive n'existerait pas si la seconde contravention avait été commise avant qu'un jugement définitif fût intervenu sur la première (Cass., 19 nov. 1868 ; *Bull. crim.*, n° 227) ;

2° Que ce jugement ait été rendu dans les douze mois précédents ;

3° Que les deux contraventions aient été commises dans le ressort du même tribunal de simple police.

Nous pouvons ajouter une quatrième condition, c'est que les deux contraventions soient prévues par le Code pénal. L'article 483 ne s'applique pas aux contraventions prévues par les autres lois, à moins qu'un texte spécial ne le déclare ; ce principe est certain et résulte du texte même de notre article. Mais il n'est pas nécessaire que les deux contraventions soient de même nature. C'est ainsi qu'un arrêt de la Cour de cassation du 6 mars 1857 (*Bull. crim.*, n° 99) porte qu'il y a récidive, lorsque les condamnations ont été prononcées, la première, pour infraction aux règlements sur la police de la petite voirie, la seconde, pour inobservation d'un règlement relatif à la profession de boulanger.

§ 2. RELÉGATION DES RÉCIDIVISTES.

VIII. Législation. — La *relégation* est réglée par la loi du 27 mai 1885 et par le règlement d'administration publique du 27 novembre 1885.

IX. Nature de la relégation. — La relégation, porte l'article 1er de la loi du 27 mai 1885, consiste dans l'internement perpétuel, sur le territoire de colonies ou possessions françaises, des condamnés que cette loi a pour objet d'éloigner de France. — Bien que l'internement soit qualifié de *perpétuel*, il convient cependant de remarquer que le relégué peut à partir de la sixième année de sa libération, obtenir de rentrer en France (art. 16).

X. Par qui elle est prononcée. — La relégation ne peut être prononcée que par les Cours et tribunaux ordinaires (art. 2). Il n'y a qu'une exception à ce principe : en Algérie, les conseils de guerre peuvent prononcer la relégation contre les indigènes des territoires de commandement qui ont encouru les condamnations prévues par la loi, en raison de crimes ou délits de droit commun (art. 20 § 2).

XI. Caractère obligatoire. — Les magistrats sont *tenus* de prononcer la relégation, toutes les fois qu'un condamné se trouve dans les conditions déterminées pour être frappé de cette peine. C'est ce qui résulte du texte de l'article 4 : « *Seront* relégués les récidivistes... » Aucun doute ne peut exister sur la portée des termes employés par le législateur. M. Labiche avait en effet présenté au Sénat un amendement tendant à remplacer les mots « *seront* relégués » par ceux-ci : « *pourront* être relégués... » et son amendement a été repoussé (Sénat, séance du 9 févr. 1885).

XII. Condamnations pouvant motiver la relégation. — La relégation ne peut être la conséquence que de condamnations prononcées par les Cours et tribunaux ordinaires, c'est-à-dire par les Cours d'assises, les Cours d'appel et les tribunaux correctionnels (art. 2 § 1).

Ce principe comporte toutefois une double exception :

1o Les Cours et tribunaux peuvent tenir compte des condamnations prononcées par les tribunaux militaires et maritimes, en dehors de l'état de siège ou de guerre, pour des crimes ou délits de droit commun qui peuvent motiver la relégation (art. 2 § 2). — La loi a employé l'expression *peuvent;* faut-il en conclure que les tribunaux apprécieront s'il y a lieu ou non de tenir compte de ces condamnations ? Nous ne le pensons pas : ce serait en effet une dérogation formelle à l'obligation imposée au juge de prononcer la relégation et le législateur n'a évidemment pas voulu créer ici une exception au principe général que rien ne justifierait.

2o Les condamnations pour crimes ou délits politiques ou pour crimes ou délits qui leur sont connexes ne peuvent, en aucun cas, être comptées pour la relégation (art. 9). — La seule difficulté qui puisse se présenter est celle des avoir si un crime ou délit est ou non connexe. Aux termes de l'article 227 du Code d'instruction criminelle : « les délits sont connexes « soit lorsqu'ils ont été commis en même temps par plusieurs « personnes réunies, soit lorsqu'ils ont été commis par diffé- « rentes personnes, même en différents temps et en divers « lieux, mais par suite d'un concert formé à l'avance entre « elles, soit lorsque les coupables ont commis les uns pour « se procurer les moyens de commettre les autres, pour en « faciliter, pour en consommer l'exécution ou pour en assu- « rer l'impunité. » Mais il est certain que les termes de l'ar- ticle 227 ne sont pas limitatifs et la Cour de cassation décide qu'on peut considérer comme connexes des faits qui ne ren- trent pas expressément dans les termes de cet article, mais sont liés par une identité de caractère ou une simultanéité d'action. Il est impossible de poser en pareille matière des règles absolues ; ce seront là des questions de fait laissées à l'appréciation des tribunaux.

Les condamnations qui ont fait l'objet de grâce, commuta- tion ou réduction de peine sont néanmoins comptées en vue de la relégation (art. 5). Le même article porte que ne doi- vent pas être comptées les condamnations effacées par la ré- habilitation ; il faut y ajouter celles qui ont été effacées par une amnistie.

XIII. **Dans quels cas la relégation est encourue.** — Pour que la relégation puisse être prononcée, il faut que deux conditions soient remplies :

1º Que le condamné ait subi des condamnations dont le nombre et la nature sont déterminées par l'article 4 de la loi (*Infra*, XIV et XV) ;

2º Que ces condamnations aient été encourues dans un intervalle de dix ans, non compris la durée de la peine subie (art. 4). — Le temps des peines subies doit être déduit du calcul ; ainsi un individu a été condamné à huit ans de travaux forcés le 1er janvier 1857, il a subi intégralement sa peine, la période décennale ne commencera à courir que le 1er janvier 1883, et si avant le 1er janvier 1893, il encourt une nouvelle condamnation aux travaux forcés ou à la réclusion, la relégation sera encourue.

La disposition de la loi est formelle, c'est le temps de la

peine *subie* qui doit être défalqué ; par suite, on ne peut comprendre dans ce calcul :

1° Le temps de la prévention. — M. André Sauvajol, dans un intéressant article publié par la *Gazette des Tribunaux*, indique que lorsque la condamnation émane d'une Cour d'appel, il faut suivant les distinctions établies par l'article 24 du Code pénal, faire remonter la période à défalquer au jour du jugement frappé d'appel, dans le cas où l'appel a été interjeté, par le ministère public, ainsi que dans le cas où l'appel ayant été formé par le condamné, la peine a été réduite, et qu'au contraire, dans le cas d'un arrêt confirmatif rendu sur appel du condamné, la période à défalquer ne doit dater que du jour où l'arrêt est devenu irrévocable.—C'est là une erreur : aucune distinction n'est nécessaire. Le point de départ de la condamnation ne peut avoir d'influence sur la durée de la peine ; elle est fixée par l'arrêt, et l'emprisonnement, subi dans certains cas entre le jour du jugement et celui de l'arrêt, est une simple détention préventive qui ne peut entrer en ligne de compte dans ce calcul. Ainsi un individu est condamné en police correctionnelle à six mois de prison, le 2 janvier 1885 ; sur appel, la Cour par arrêt du 25 du même mois confirme le jugement ; l'exécution de la peine commencera le 2 janvier ou le 25 janvier, suivant que l'appel émane du ministère public ou du prévenu ; mais qu'importe ? dans tous les cas, on ne déduira que six mois de la période décennale. Dans le premier cas en effet si la peine, prononcée le 25 janvier par la Cour, est exécutée à compter du 2 janvier, la durée n'en est pas moins de six mois ; dans le second, l'individu était en prévention et ne subissait aucune peine du 2 au 25 janvier ;

2° La durée de la peine dont il a été accordé remise par une décision gracieuse ;

3° La durée des peines corporelles, commuées en amendes ;

4° La durée des peines prescrites.

XIV. **Nombre et nature des peines encourues.** — Pour que la relégation soit encourue, il faut que le condamné ait subi une des séries de condamnations suivantes (art. 4) :

1° Deux condamnations aux travaux forcés ou à la réclusion;

2° Une condamnation aux travaux forcés ou à la réclusion et deux condamnations, soit à l'emprisonnement pour faits qualifiés crimes soit à plus de trois mois de prison pour certains délits déterminés. — Nous voyons que la condamnation entre en ligne de compte, quelle que soit la durée de l'emprisonnement prononcé, lorsqu'il s'agit d'une condamnation pour crime, mais pour qu'il en soit ainsi, il faut que la peine encourue ait été réduite à une peine correctionnelle, par suite de l'admission de circonstances atténuantes ; si le jury a écarté les circonstances aggravantes, de telle sorte que le fait ne constitue plus qu'un délit, il ne sera tenu compte de la condamnation que si elle est supérieure à trois mois d'emprisonnement et s'applique à l'un des délits limitativement énumérés par la loi ;

3° Quatre condamnations, soit à l'emprisonnement pour faits qualifiés crimes (voir l'observation ci-dessus), soit à plus de trois mois d'emprisonnement pour les délits spécifiés par la loi ;

4° Sept condamnations, dont deux au moins prévues par les deux paragraphes précédents et les autres, soit pour vagabondage, soit pour infraction à l'interdiction de résidence signifiée par application de l'article 19 de la loi du 27 mai 1885, à la condition que deux de ces autres condamnations soient à plus de trois mois d'emprisonnement. — Un individu condamné deux fois à plus de trois mois de prison pour vol ou pour tout autre délit énuméré dans le paragraphe 2 de l'article 4, deux fois à plus de trois mois d'emprisonnement pour vagabondage ou infraction à l'interdiction de résidence, et trois fois à une peine quelconque d'emprisonnement (vingt-quatre heures, par exemple) pour vagabondage ou infraction à l'interdiction de résidence, peut être relégué si ces diverses condamnations sont encourues dans un délai de dix ans, non compris la durée de ces peines ; la relégation ne serait pas encourue, au contraire, si ces trois dernières condamnations, toutes inférieures à trois mois d'emprisonnement, avaient été prononcées pour des faits autres que le vagabondage ou l'infraction à l'interdiction de résidence, pour vol, par exemple.

XV. **Délits qui peuvent motiver la relégation.** — Nous avons vu que dans le calcul des condamnations qui peuvent motiver l'application de la loi sur les récidivistes, il faut faire entrer les condamnations à l'emprisonnement pour tout fait qualifié crime, quelles que soient la nature du crime et la durée de la peine prononcée. — Lorsqu'il s'agit d'un délit, il n'est tenu compte que des condamnations à plus de trois mois d'emprisonnement, sauf dans le cas prévu par le paragraphe 4 de l'article 2 (*supra*, XIV-4) et, de plus, il faut qu'elles aient été prononcées en raison de l'un des faits énumérés par le paragraphe 2 de l'article 4. Ces délits sont ceux de :

Vol,

Escroquerie,

Abus de confiance,

Outrage public à la pudeur,

Excitation habituelle de mineurs à la débauche,

Vagabondage ⟩ prévus par les articles 277 et 279 du Code
Mendicité. ⟩ pénal.

Que doit-on entendre par *vol ?* Cette expression doit-elle être restreinte au délit prévu par l'article 401 du Code pénal ? s'étend-elle, au contraire, au vol dans les champs prévu dans l'article 388 du même Code ? La question a été posée au Sénat par M. Bérenger, et M. de Gavardie insistait pour que les vols de récoltes fussent exclus, parce qu'ils ne présentent pas toujours un suffisant caractère de gravité et ne prouvent pas une véritable perversité de la part de leurs auteurs. M. Ninard a répondu, au nom de la commission, qu' « il ne « s'agit pas ici de vols dans les champs, de ce qu'on appelle « généralement le maraudage, pour lequel sont réservées, « par la juridiction correctionnelle, des peines insignifiantes, « mais des délits d'un tout autre caractère, d'une nature « autrement grave. » Dans la même séance, M. de Gavardie disait encore : « Eh bien ! vous arriveriez ainsi, Messieurs, à « prononcer la peine de l'internement perpétuel pour quatre « vols misérables. Cela est impossible ! » M. Ninard lui répondait : « Mais on ne condamne pas à plus de trois mois « de prison pour maraudage. » (Sénat, séance du 10 févr. 1885.) On voit que cette discussion n'a pas abouti à faire trancher la question d'une façon nette et précise, mais elle a tout au moins révélé l'intention du législateur que l'on peut résumer ainsi : tout *vol*, quel qu'il soit, pourra faire encourir la relégation, du moment où la peine prononcée excédera trois mois, car les tribunaux n'infligeront pas un châtiment aussi sévère si le fait ne constitue pour ainsi dire qu'un simple maraudage. Nous ajouterons que les vols de récoltes dans les champs, de poisson dans les réservoirs et de bois dans les coupes sont des vols ordinaires, puisqu'ils réunissent tous les éléments de ce délit, et ne constituent nullement des délits distincts ; le Code ne leur a consacré de règles qu'en ce qui concerne la quotité de la peine et les circonstances aggravantes dont ils peuvent être accompagnés. Nous pensons donc que les délits, prévus par l'article 388, sont compris dans l'expression générale *vol*.

Au contraire, il ne faut pas, à notre avis, comprendre dans l'énumération du paragraphe 2 de l'article 4, le délit de fraude au préjudice d'un restaurateur, prévu par l'article 401 § 4 du Code pénal ; ce n'est en effet ni un vol ni une escroquerie, c'est un délit spécial et, bien qu'il paraisse certain qu'il y a là un oubli de la part du législateur, il n'appartient pas à l'autorité judiciaire de combler cette lacune. Telle est, sur ce point, la jurisprudence du tribunal de la Seine :

« Attendu que si le législateur a voulu, dans le paragraphe « 4 de la loi du 27 mai 1885, que le prévenu ait encouru sept « condamnations, dont deux au moins à plus de trois mois « de prison pour vol, escroquerie, etc., pour être passible de « la relégation, il n'a pas parlé de la filouterie ;

« Attendu que la loi est de droit étroit et que la filouterie « prévue par la loi de 1873 n'est pas désignée par le para- « graphe 4 ;

« Que la filouterie ne constitue pas un vol, mais plutôt une « escroquerie ;

« Attendu qu'il y a doute, et que le doute doit profiter au « prévenu ;

« Attendu que, dans l'espèce, les sept condamnations rele- « vées contre lui ne le font pas tomber sous l'application de « l'article 4.

« Par ces motifs,

« Le renvoie du chef de la relégation. »

(Trib. de la Seine, 31 déc. 1885).

Le vagabondage et la mendicité ne comptent au point de vue de la relégation que lorsqu'ils ont été commis dans les conditions prévues par les articles 277 et 279 du Code pénal, c'est-à-dire lorsque les mendiants ou vagabonds ont été saisis :

Travestis d'une manière quelconque ;

Porteurs d'armes, bien qu'ils n'en aient ni usé ni menacé;

Munis de limes, crochets ou autres instruments propres soit à commettre des vols ou autres délits, soit à leur procurer les moyens de pénétrer dans les maisons ;

Ayant exercé ou tenté d'exercer quelque acte de violence envers les personnes.

Les délits purs et simples de vagabondage ou de mendicité n'entrent en ligne de compte que dans les conditions prévues par le paragraphe 4 de l'article 4 (*suprà*, XIV).

XVI. **Tentative.** — **Complicité.** — Les tentatives de vol et d'escroquerie doivent-elles être assimilées au vol et à l'escroquerie et être comptées au nombre des infractions qui motivent la relégation ? Le législateur ne s'est pas expliqué sur ce point et la question n'a même pas été agitée au cours de la discussion ; nous pensons cependant qu'en raison de l'identité absolue qui existe entre le délit même et la tentative qui entraînent toujours les mêmes conséquences juridiques, il convient de se prononcer pour l'affirmative.

La solution contraire doit être au contraire adoptée en ce qui concerne la complicité, car elle constitue un délit distinct prévu par des textes spéciaux qui même, dans le cas de l'article 63, est puni de peines différentes de celles prononcées pour le fait principal. — A l'appui de notre opinion, nous invoquerons un autre argument que nous empruntons au travail de M. André Sauvajol (*Gaz. des Trib.*, 19 déc. 1885) : Le projet de loi visait expressément un des modes de complicité, le recel ; c'était dire que les mots de vol et escroquerie n'embrassaient pas virtuellement la complicité. Le recel a disparu de la nomenclature définitive des causes de relégation, et on ne peut supposer que ce soit là le résultat d'une simple omission.

XVII. **Condamnés de plus de soixante ans et de moins de vingt-et-un ans.** — La relégation n'est pas applicable aux individus qui sont âgés de plus de soixante ou de moins de vingt-et-un ans à l'expiration de leur peine. Toutefois les condamnations encourues par le mineur de vingt-et-un ans comptent en vue de la relégation, s'il est, après avoir atteint cet âge, de nouveau condamné dans les conditions prévues par la loi (art. 6).

Celui qui aurait encouru la relégation ; s'il n'avait pas dépassé soixante ans, doit être après l'expiration de sa peine soumis à perpétuité à l'interdiction de séjour, édictée par l'article 19 de la loi du 27 mai 1885; s'il est mineur de vingt-et-un an, il est, après l'expiration de sa peine, retenu dans une maison de correction jusqu'à sa majorité (art. 8). L'interdiction de séjour ou l'envoi dans une maison de correction sont prononcées par le tribunal qui ne peut se dispenser de l'ordonner ; il résulte des termes mêmes de l'article 8 que ces mesures sont obligatoires pour les juges.

XVIII. **Rétroactivité.** — Les condamnations encourues antérieurement à la promulgation de la loi du 27 mai 1885 sont comptées en vue de la relégation ; « néanmoins, ajoute l'ar-« ticle 9, tout individu qui aura encouru avant cette époque « des condamnations pouvant entraîner dès maintenant la « relégation, n'y sera soumis qu'en cas de condamnation « nouvelle dans les conditions ci-dessus prescrites ».

Comment doit-on interpréter cette expression « *condamnation nouvelle dans les conditions ci-dessus prescrites* ? » A prendre ce texte à la lettre, la relégation semble attachée à une condamnation prononcée après la promulgation de la loi, même pour un fait antérieur à cette promulgation ; mais cette interprétation judaïque de l'article 9 est évidemment contraire non seulement à l'esprit de la loi, mais encore au principe écrit dans l'article 4 du Code pénal qui régit tout notre droit criminel. — Nous pensons même que par application de ce même article 4 du Code pénal, et des articles 9 et 21 de la loi du 27 mai 1885, il faut considérer non la date de la promulgation de la loi, mais bien celle de la promulgation du règlement d'administration publique rendu en exécution de cette loi, qui a eu lieu le 27 novembre 1885. C'est ce qu'a décidé le tribunal correctionnel de Paris (9e ch.) dans un jugement du 29 décembre 1885 :

« Attendu que Rozet a été précédemment condamné à des « peines qui, d'après l'article 4 §§ 3 et 2 de la loi du 27 mai « 1885, le rendaient relégable ; — que les faits à raison des-« quels il est actuellement poursuivi, ont été commis anté-« rieurement au 27 novembre 1885, date à laquelle la dite « loi aux termes de son article 21 est devenue exécu-« toire par la promulgation du règlement d'administration

« publique qui a déterminé les conditions de son exécu-
« tion ;

« Attendu que, d'après l'article 4 du Code pénal, nul délit
« ne peut être puni de peines qui n'étaient pas prévues par
« la loi avant qu'il fût commis ; — Qu'en conséquence Rozet
« n'a pas eu connaissance de la peine accessoire de la relé-
« gation ; — etc... »

XIX. **Procédure**. — Lorsqu'une poursuite devant un tribunal correctionnel est de nature à entraîner l'application de
la relégation, il ne peut jamais être procédé dans les formes
édictées par la loi du 20 mai 1863 sur les flagrants délits
(art. 11 § 1). On pourrait citer directement devant le tribunal, la loi ne l'interdit pas ; mais il est évident que la procédure
de citation directe ne sera jamais employée, car en pareil
cas il y a toujours lieu à détention preventive ; il faudra donc
recourir à une instruction préalable.

Mais il arrive fréquemment qu'un individu, arrêté en flagrant délit, dissimule ses antécédents. Le procureur de la
République l'interroge et décerne mandat de dépôt par application de la loi du 20 mai 1863 ; il fait confirmer le mandat
de dépôt par le tribunal et renvoyer l'affaire à une prochaine
audience, en attendant qu'il ait reçu l'extrait du casier judi-
diaire. (Tous les chefs de Parquet savent en effet que ce n'est
qu'au bout de deux jours au moins que l'on reçoit les bulletins demandés par télégramme à certains grands tribunaux).
Quand le bulletin arrive, on reconnait que le prévenu a été
précédemment condamné à des peines qui le rendent relégable ; le tribunal est déjà saisi par la procédure de flagrant délit :
comment devra-t-on procéder ? A notre avis, le tribunal devra
se déclarer incompétent, soit d'office, soit sur les réquisitions du ministère public et par application de l'article II de
la loi du 27 mai 1885, puisqu'il se trouve saisi contrairement
à la loi, et renvoyer le procureur de la République à se
pourvoir ainsi que de droit. Ce magistrat saisira immédiatement le juge d'instruction qui renverra s'il y a lieu devant le
tribunal correctionnel. Ce tribunal pourra de nouveau être
saisi de l'affaire, sans qu'il y ait lieu à règlement de juges,
car le premier jugement et l'ordonnance du magistrat instructeur ne sont pas incompatibles.

Un défenseur doit être nommé d'office au prévenu, à peine

de nullité (art. 11 § 2). Il y a lieu de mentionner dans le jugement l'accomplissement de cette formalité.

XX. **Jugement.** — Le jugement ou l'arrêt doit prononcer la relégation en même temps que la peine principale et viser expressément les condamnations antérieures par suite desquelles elle est appliquée (art. 10).

L'extrait du jugement, délivré pour l'exécution de la peine, mentionnera naturellement cette condamnation accessoire ; le gardien-chef en informera l'administration pénitentiaire qui prendra les mesures nécessaires pour que la relégation ait lieu conformément à la loi. Les Parquets n'ont pas à intervenir à ce sujet ; mais nous pensons qu'il est bon que le procureur de la République donne directement avis à l'autorité administrative, par simple lettre, de la décision intervenue.

XXI. **Relégation. — Comment elle est subie.** — Les conditions dans lesquelles doit s'opérer la relégation sont déterminées par les articles 12 à 18 de la loi du 27 mai 1885 et par le règlement d'administration publique du 27 novembre 1885.

La relégation est individuelle ou collective (art. 1er du règl.).

La relégation *individuelle* consiste dans l'internement, dans l'une des diverses colonies ou possessions françaises, des relégués admis à y résider en état de liberté, à la charge de se conformer aux mesures d'ordre ou de surveillance. — La relégation *collective* consiste dans l'internement sur un territoire de la Guyane et, si les besoins l'exigent, de la Nouvelle-Calédonie ou de ses dépendances, des relégués qui n'ont pas été reconnus aptes à bénéficier de la relégation individuelle. Ces relégués sont réunis dans des établissements où l'administration pourvoit à leur subsistance et où ils sont astreints au travail (art. 2 à 5 du règl.).

Les condamnés sont admis au bénéfice de la relégation individuelle par décision du ministre de l'intérieur sur l'avis de la commission de classement ; le Parquet près la Cour ou le tribunal ayant prononcé la relégation est appelé à donner son avis (art. 6 et 7 du règl.).

XXII. **Dispense. — Remise.** — Avant le départ des relégués pour les colonies, le ministre de l'intérieur peut, en cas d'urgence et à titre provisoire les dispenser de la relégation, pour cause de maladie ou d'infirmité, sur le rapport du directeur de l'établissement ou de la circonscription pénitientiaire et après avis des médecins chargés du service de santé. La dispense, conférée à titre provisoire, ne peut durer plus d'une année. Elle ne peut être renouvelée qu'après avis de la commission de classement. Cette dispense peut être accordée par le ministre, à titre définitif, à la suite d'une instruction suivie conformément aux prescriptions de l'article 6 du règlement (art. 11 du règl.).

Des dispenses peuvent être accordées par voie de grâce, mais seulement après l'expiration de la peine principale ; dans tous les cas, ces dispenses doivent faire l'objet d'une disposition spéciale des lettres de grâce (art. 15 de la loi).

Enfin le relégué peut, à partir de la sixième année de sa libération, introduire devant le tribunal de la localité une demande tendant à se faire relever de la relégation, en justifiant de sa bonne conduite, des services rendus à la colonisation et de moyens d'existence (art. 16 de la loi).

XXIII. **Évasion.** — Le relégué qui, à partir de l'expiration de sa peine se rend coupable d'évasion, celui qui, sans autorisation, rentre en France ou quitte le territoire de relégation, celui qui outrepasse le temps fixé par l'autorisation à lui donnée de sortir du territoire de relégation, sont traduits devant le tribunal correctionnel du lieu de leur arrestation ou devant celui du lieu de relégation, et, après reconnaissance de leur identité, ils sont punis d'un emprisonnement de deux ans au plus. En cas de récidive, cette peine peut être portée à cinq ans. Elle est subie sur le territoire des lieux de relégation (art. 14 de la loi).

RÉCLUSION

La réclusion est une peine afflictive et infamante (art. 7 du C. pén.).

Tout individu de l'un ou l'autre sexe condamné à la réclusion est renfermé dans une maison de force et employé à des travaux dont le produit peut être en partie appliqué à son profit (art. 21 § 1 du C. pén.).

La condamnation à la réclusion emporte la dégradation

civique (art. 28 du C. pén.). La durée de la peine est de cinq ans au moins et de dix ans au plus (art. 21 § 11 du C. pén.).

RECONNAISSANCE D'ENFANT NATUREL

Division.

I. Par qui la reconnaissance peut être faite. — La reconnaissance ne peut émaner que du père pour la filiation paternelle et de la mère pour la filiation maternelle. Toutefois elle serait valablement faite par un mandataire muni d'un pouvoir spécial et authentique.

Une jurisprudence constante décide qu'un mineur peut valablement reconnaître un enfant naturel. Il en est de même d'un interdit pendant un intervalle lucide.

II. Quels enfants peuvent être l'objet d'une reconnaissance. — Tout enfant peut être reconnu même avant sa naissance, il suffit qu'il soit conçu (Orléans, 16 janv. 1847; D. 47-2-17; — Colmar, 25 janv. 1859; P. 59-I-133; — Demolombe, t. V, n° 414; — Aubry et Rau, t. VI, p. 163; — Laurent, t. IV, n° 42).

La reconnaissance peut également être faite après le décès de l'enfant (Lyon, 26 févr. 1875; P. 77-108; — Paris, 6 mai 1876; P. 77-109; — Demolombe, t. V, n° 416; — Aubry et Rau, t. VI, p. 163; — Laurent, t. IV, n° 43).

Les enfants adultérins ou incestueux ne peuvent être reconnus (art. 335 du C. civ.).

Par suite la reconnaissance d'un enfant naturel faite simultanément dans l'acte de célébration de son mariage par le père et la mère dont l'un était, au moment de la conception, marié avec une autre personne, est nulle à l'égard de l'un et de l'autre (Cass., 25 juin 1877; P. 78-537)

III. Comment et devant qui est faite la reconnaissance. — La reconnaissance peut être faite dans l'acte de naissance, au moment de sa rédaction. Il suffit même que le père, assistant à la rédaction, signe cet acte de naissance, en prenant la qualité de père ; encore bien que cette qualité ne lui soit point attribuée dans le corps de l'acte. (Colmar, 24 mars 1813 ; P. chr.)

Si la reconnaissance ne résulte pas de l'acte de naissance, elle doit être faite par acte authentique, reçu soit par un officier de l'état civil, soit par un notaire.

Il a été jugé que la reconnaissance est valable lorsqu'elle a été faite soit devant un tribunal, soit même devant un juge de paix, au bureau de conciliation, qui en a fait mention dans son procès-verbal (Grenoble, 15 therm. an XIII ; P. chr ; — Colmar, 24 mars 1813 ; P. chr. ; — Demolombe, t. V, n° 398).

IV. Acte de reconnaissance. — Lorsque l'acte de reconnaissance est distinct de l'acte de naissance et qu'il est dressé par un officier de l'état civil, il est inscrit sur le registre des naissances, à sa date (art. 66 du C. civ. ; — Circ. intér., 3 niv. an IX ; Gillet, n° 341). Pour la rédaction de ces actes, il y a lieu de suivre les formalités requises pour les autres actes de l'état civil et notamment d'exiger la présence de deux témoins (Coin-Delisle, *sur l'article* 62 ; — Mersier, p. 151).

V. Cas où il n'existe pas d'acte de naissance. — Si l'enfant n'est pas encore né, l'officier de l'état civil doit se borner à recevoir l'acte de reconnaissance ; plus tard, quand la naissance lui sera déclarée, il se reportera à l'acte ainsi reçu.

Si l'enfant est né et si aucun acte n'a été dressé, M. Mersier pense qu'il suffit d'indiquer dans l'acte de reconnaissance toutes les circonstances propres à constater l'identité de l'enfant, notamment son sexe, son âge et les noms sous lesquels il a toujours été désigné (page 151). Peut-être conviendrait-il d'inviter les parents à faire préalablement constater la naissance par un jugement du tribunal, mais ce système aurait l'inconvénient de causer dans certains cas un grave préjudice à l'enfant. Dans cet intervalle, les parents pourraient mourir ou changer d'avis et la reconnaissance n'aurait pas lieu.

VI. Mention de la reconnaissance en marge de certains actes. — Mention de la reconnaissance doit être faite en marge de l'acte de naissance (art. 62 du C. civ.). Si l'enfant était décédé, il y aurait lieu également de la mentionner en marge de l'acte de décès.

Lorsque la reconnaissance est faite après que le registre où est inscrit l'acte de naissance a été déposé au greffe, l'officier de l'état civil doit envoyer au procureur de la République une copie sur papier libre de l'acte de reconnaissance. Ce magistrat veille à ce que la mention marginale soit apposée par le greffier sur le double conservé au greffe. On doit suivre la même marche, lorsque la reconnaissance est reçue par un officier de l'état civil autre que celui qui a dressé l'acte de naissance.

VII. **Formalité de l'enregistrement.** — L'acte de reconnaissance est assujetti à la formalité de l'enregistrement. Le droit est de 2 francs, lorsque la reconnaissance a lieu dans un acte de mariage, et de 5 francs dans les autres cas (art. 43 § 22 et 45 § 7 de la loi du 28 avr. 1816). Afin de ne pas déplacer les registres, l'enregistrement se fait sur la première expédition ; l'officier de l'état civil copie en marge de l'acte de reconnaissance la mention de l'enregistrement, pour qu'elle puisse être reproduite sur les expéditions ultérieures dans le but d'éviter une nouvelle perception du droit (art. 7 § 1 et 15 de la loi du 22 frim. an VII ; — Décis. min. fin., 8 juin 1821).

Lorsque les parents sont notoirement indigents, l'enregistrement a lieu gratis (art. 4 de la loi du 10 déc. 1850). Les justifications d'indigence sont les mêmes que pour obtenir les pièces nécessaires au mariage (vᵒ **Mariage**, XXXVI).

VIII. **Amende infligée à l'officier de l'état civil qui énonce dans un acte de mariage un acte de reconnaissance non enregistré.** — Les officiers de l'état civil qui énoncent dans un acte de mariage un acte de reconnaissance non enregistré sont passibles d'une amende de 50 francs outre le payement du droit (art. 41 § 1, loi du 22 frim. an VII).

RECONNAISSANCE D'IDENTITÉ
Division

I. Contumax.	II. Détenu évadé.

I. **Contumax.** — La reconnaissance de l'identité d'un individu condamné par contumax est faite par la Cour d'assises qui a prononcé sa condamnation (art. 518 du C. d'instr. crim.)

L'arrêt est rendu sans assistance du jury, après que la Cour a entendu les témoins, appelés tant à la requête du ministère public qu'à celle de l'individu repris si ce dernier en a fait citer. L'audience est publique et l'accusé présent, à peine de nullité (art. 519 du C. d'instr. crim.).

II. Détenu évadé. — La même règle est applicable a tout condamné évadé qui nie être celui auquel s'applique la condamnation. L'identité est constatée par le tribunal ou par la Cour qui a prononcé cette condamnation (art. 518 C. d'instr. crim.)

Quelle procédure y a-t-il lieu de suivre? Aussitôt que le condamné est amené devant lui, le procureur de la République saisit le juge d'instruction et requiert qu'il soit décerné un mandat de dépôt. Le juge d'instruction interroge cet individu, décerne le mandat, puis rend immédiatement une ordonnance portant renvoi devant la juridiction compétente par application de l'article 518. Le procureur de la République ou le procureur général, suivant le cas, fait ensuite citer le condamné pour la plus prochaine audience. Si l'affaire doit être portée devant une Cour d'assises, il convient de lui notifier la liste des témoins qui seront entendus.

L'article 519 du Code d'instruction criminelle est applicable ; par suite la Cour d'assises statue sans l'assistance du jury.

RECRUTEMENT

Division

§ 1. — TIMBRE ET ENREGISTREMENT

I. Exemption des droits. — Sont exemptés des droits et

des formalités de timbre et d'enregistrement : les engagements, enrôlements, congrès, certificats, cartouches, passeports quittances de prêts et fournitures, billets d'étapes,
de subsistance et de logement, tant pour le service de
terre que pour le service de mer, et tous les autres actes de
l'une et l'autre administration (art. 16 de la loi du 13 brumaire an VII ; — art. 70 § 3, n° 13, de la loi du 22 frim. an
VII).

Cette exemption s'applique : aux autorisations de mariage
délivrées par l'autorité militaire aux gens de guerre enrôlés
sous les drapeaux (Instr. enreg. 16 janv. 1857), aux actes
et certificats qui doivent être produits pour les engagements
volontaires (Décis. min. fin., 6 août 1818 ; — Instr. enreg.,
18 août 1818) et enfin aux actes et certificats concernant les
exemptions et dispenses du service militaire (Décis. min. fin.
5 sept. 1818 ; — Instr. enreg. 11 sept. 1818).

§ 2. — Compétence des tribunaux civils.

II. Cas où les tribunaux civils sont compétents. —
En matière de recrutement, les tribunaux civils sont compétents pour statuer :

1° Sur la validité des engagements volontaires ; ce sont
en effet des conventions librement consenties de la part
de l'engagé qui s'oblige envers l'État et dans lesquelles
l'administration stipule comme simple partie contractante ;
un tel contrat tombe dès lors sous l'empire du droit commun
(Cass., 10 déc. 1878 ; P. 79-529 ; — Note chanc.; *Bull. off.*,
n° 12, p. 135) ;

2° Sur les questions concernant l'état civil des appelés
(art. 29 de la loi du 27 juil. 1872 ; — Circ. chanc., 7 juil. 1819;
Gillet, n° 1344) ;

3° Sur les questions de nationalité (Arr. du Cons. d'État,
18 mai 1837; 5 juin 1838, et 26 juil. 1855; — Aix, 18 et 19 fév.
1873 ; P. 73-863);

4° Sur les questions de domicile (Arr. du Cons. d'État, 23 juin
1848, 12 déc. 1873 et 17 juil. 1874).

Toutes les réclamations différentes, celles relatives aux
exemptions, aux dispenses, à la formation des listes et à la

libération, leur sont étrangères. Si des demandes de cette nature sont portées devant les tribunaux, ils doivent se déclarer incompétents sur la réquisition du ministère public, sinon celui-ci devrait élever le conflit (Circ. chanc., 7 juil. 1819).

III. Rôle du ministère public. — Le préfet est la partie qui doit défendre aux réclamations soit des engagés volontaires, soit des appelés (art. 29 de la loi du 27 juil. 1872). Le ministère public ne peut donc agir directement (Cass., 6 mars 1827; P. chr.) notamment dans les questions en contestation de légitimité, jugées préjudicielles par le conseil de revision (Déc. chanc., 7 juin 1878; *Bull. off.*, n° 11, p. 64). Le préfet est dispensé de recourir au ministère d'avoués; le ministère public doit le représenter et remplir en son nom les formalités que remplissent les avoués pour les particuliers. Il reçoit les mémoires que le préfet lui adresse, en donne lecture à l'audience et conclut au nom de l'État (art. 1er de la loi du 19 niv. an IV; — arr. du 10 therm. an IV; — Circ. chanc., 7 juil. 1819; — Circ. min. de la guerre, 20 oct. 1835; Gillet, n° 2591; — Déc. chanc., 7 août 1876; *Bull. off.*, n° 3, p. 132). Toutefois, c'est au préfet et non au ministère public qu'il appartient de faire signifier par huissier les actes de la procédure (Déc. chanc., 7 déc. 1869 et 25 oct. 1873; *Rec. off.*, t. I, p. 91, note 3).

IV. Procédure.—Frais. — L'instance doit être portée devant le tribunal de première instance soit de l'engagé volontaire, soit de l'appelé.

Il doit être statué sans délai à la requête de la partie la plus diligente, le ministère public entendu (art. 29 de la loi du 27 juil. 1872).

Toutes les causes concernant le recrutement doivent être jugées comme affaires sommaires, tant en première instance qu'en appel. Pour abréger le temps et diminuer les frais, les jugements doivent contenir seulement les conclusions, les motifs et le dispositif. Les enquêtes, lorsqu'il y a lieu d'y recourir, sont mises en minutes sous les yeux des juges (Circ. chanc., 7 juil. 1819; — Circ. min. de la guerre, 20 oct. 1835).

Les dépens doivent être liquidés conformément à l'article 67 du décret du 16 février 1807. Lorsque l'administration succombe, elle ne doit jamais avoir à supporter d'autres frais que ceux résultant des allocations déterminées par cet article, soit qu'elle ait été demanderesse, soit qu'elle ait été défenderesse. Dans tous les cas, les frais occasionnés par les actes ou pièces à produire pour établir la filiation du réclamant, doivent être supportés par ce dernier. (Circ. min. de la guerre, 20 oct. 1835).

§ 3. — DISPOSITIONS PÉNALES

V. Fraudes en matière de recrutement. — L'article 60 de la loi du 27 juillet 1872 punit d'un emprisonnement d'un mois à un an :

1° Les jeunes gens qui à l'aide de fraudes ou de manœuvres ont été omis sur les tableaux de recensement ou sur la liste de tirage ;

2° Ceux qui, par suite d'un concert frauduleux, se sont abstenus de comparaître devant le conseil de revision ;

3° Ceux qui, à l'aide de fraudes ou de manœuvres, se sont fait exempter ou dispenser par un conseil de revision.

Les auteurs ou complices sont punis des mêmes peines.

Ces délits sont de la compétence des tribunaux correctionnels.

L'article 60 ne s'applique pas au jeune homme qui n'a pas averti l'autorité que, depuis plusieurs années, il était omis sur les listes (Nimes, 11 juin 1840 ; P. 40-2-556).

Le fait par un maire de délivrer à un appelé un faux certificat destiné à le soustraire au service militaire, constitue non une fraude en matière de recrutement, mais un véritable faux en écriture publique. Il en est ainsi du certificat attestant faussement qu'un individu est fils ainé de veuve (Cass., 7 juil. 1837 ; P. 38-I-220). Le jeune homme qui a produit cette pièce, connaissant sa fausseté, doit être poursuivi pour usage de faux, et, suivant le cas, pour complicité de faux.

VI. Omission de déclaration de changement de domicile. — Aux termes des articles 34 et 35 de la loi du 27 juillet 1872, tout homme inscrit sur le registre matricule qui change de domicile est tenu d'en faire la déclaration à la mairie de la commune qu'il quitte et à celle du lieu où il vient s'établir. S'il s'est fixé à l'étranger, il prévient dès son arrivée l'agent consulaire de France. L'article 2 de la loi du 18 novembre 1875 l'oblige à faire viser par le commandant de la gendarmerie, à l'arrivée et au départ, le titre qui lui a été délivré. — S'il ne se conforme pas à ces prescriptions, il est poursuivi devant le tribunal de police correctionnelle par application de l'article 20 de la loi du 18 novembre 1875.

Tout homme qui change seulement de résidence est tenu d'en faire la déclaration dans un délai de deux mois, verbalement ou par écrit, au commandant de la gendarmerie de la localité où il vient résider. Celui qui, même sans changer de résidence, se déplace pendant plus de deux mois, doit le déclarer au commandant de la gendarmerie de la localité qu'il quitte (art. 3 de la loi du 18 nov. 1875). Les infractions sont réprimées par les articles 20 et 21 de la même loi.

Les peines varient suivant la catégorie à laquelle appartient le contrevenant.

Les hommes de la disponibilité ou de la réserve de l'armée active sont punis : dans le premier cas, d'une amende de 16 à 200 francs; ils peuvent être condamnés en outre à un emprisonnement de quinze jours à trois mois ; dans le second cas, d'une amende de 16 à 50 francs et d'un emprisonnement de six jours à un mois ou de l'une de ces deux peines.

Pour les hommes de l'armée territoriale et de la réserve de cette armée, les peines sont réduites ainsi qu'il suit : dans le premier cas, l'amende est de 16 à 50 francs et l'emprisonnement de six jours à un mois ; dans le second, l'amende est de 16 à 25 francs et l'emprisonnement de six à quinze jours.

Le retard non justifié pour se rendre aux manœuvres, exercices ou revues est une infraction de la compétence des tribunaux correctionnels, lorsqu'il excède huit jours, mais ne constitue pas encore le délit d'insoumission (retard d'un mois). La peine est un emprisonnement de six jours à un mois, pour les hommes de l'armée active et de sa réserve, de six à quinze jours pour les hommes de l'armée territoriale et de sa réserve (art. 20 et 21 de la loi du 18 nov. 1875).

VII. **Mutilations pour se rendre impropre au service militaire.**— Tout homme qui s'est rendu impropre au service militaire, soit temporairement, soit d'une manière permanente, dans le but de se soustraire aux obligations imposées par la loi sur le recrutement de l'armée, est pour-

suivi en police correctionnelle, soit d'office soit sur la
demande du conseil de revision. La peine est un emprisonnement d'un mois à un an. — La même peine est prononcée
contre les complices. Si ces complices sont des médecins,
chirurgiens, officiers de santé ou pharmaciens, la durée de
l'emprisonnement est de deux mois à deux ans, indépendamment d'une amende de 200 à 1,000 francs, qui peut aussi être
prononcée (art. 63 de la loi du 27 juil. 1872). — La tentative
est punissable (art. 67 § 1).

VIII. **Dons ou promesses aux médecins.** — Les médecins, chirurgiens ou officiers de santé qui, appelés au conseil
de revision à l'effet de donner leur avis, ont reçu des dons ou
agréé des promesses pour être favorables aux jeunes gens
qu'ils doivent examiner, sont punis d'un emprisonnement de
deux mois à deux ans. — Cette peine leur est appliquée, soit
qu'au moment des dons ou promesses, ils aient déjà été
désignés pour assister au conseil, soit que les dons ou promesses aient été agréés dans la prévoyance des fonctions
qu'ils auraient à remplir. — La peine est encourue encore
bien que l'exemption ou la réforme ait été justement prononcée (art. 66 de la loi du 27 juil. 1872).

La même peine est prononcée contre ceux qui ont fait les
dons et promesses (art. 67 § 2).

La tentative de corruption n'est pas punissable.

IX. **Circonstances atténuantes.** — L'article 68 de la loi
du 27 juillet 1872 permet aux juges d'appliquer l'article 463
du Code pénal, mais seulement dans le cas où la peine de l'emprisonnement est prononcée. — Cette disposition doit être
interprétée en ce sens que si une infraction, prévue par cette
loi, est punie d'une amende et *peut* l'être en outre de l'emprisonnement, si le tribunal ne condamne qu'à l'amende, l'article 463 n'est pas applicable (Bourges, 1er mai 1875;
P. 76-89).

L'article 463 est toujours applicable aux infractions prévues par la loi du 18 novembre 1875, soit qu'il s'agisse
d'amende, soit qu'il s'agisse d'emprisonnement (art. 22).

REFUS DE SECOURS OU DE SERVICE

Division

I. Pénalité.

II. Eléments constitutifs de la contravention.

III. Par qui peut être faite la réquisition.

I. Pénalité. — L'article 475 § 12 du Code pénal punit d'une amende de 6 à 10 francs, ceux qui, le pouvant, ont refusé ou négligé de faire les travaux, le service ou de prêter le secours dont ils étaient requis dans les circonstances d'accident, tumulte, naufrage, inondation, incendie ou autre calamité ; ainsi que dans les cas de brigandage, pillage, flagrant délit, clameur publique ou exécution judiciaire.

II. Éléments constitutifs de la contravention. — Quatre conditions sont nécessaires pour l'existence de cette contravention.

1° Il faut qu'une réquisition régulière soit adressée par un fonctionnaire compétent. Peu importe la forme de la réquisition; la loi n'ayant rien prescrit à cet égard; c'est ainsi que la Cour de cassation a décidé qu'il suffit, pour que le refus d'y obtempérer soit punissable, qu'elle ait été adressée verbalement au contrevenant qui en a eu connaissance (Cass., 12 mai 1871 ; P. 72-77);

2° Il faut que la réquisition ait été faite dans l'une des circonstances énumérées par l'article 475. — Par accident, il faut entendre un événement qui, par sa gravité, soit susceptible de compromettre la paix ou la sécurité publique. C'est ainsi qu'il a été jugé que l'article 475 n'est pas applicable à l'individu qui refuse son concours à un agent de police, pour conduire au poste un homme trouvé dans la rue en état d'ivresse (Cass., 22 mars 1862 ; P. 63-387). Il en est de même de l'aubergiste qui refuse d'ouvrir sa porte pour recevoir un voyageur trouvé mort sur une route par la gendarmerie (Cass., 17 juin 1853 ; P. 54-1-284), et de celui qui refuse son concours pour transporter le cadavre d'un homme tué accidentellement sur la voie publique (Cass., 13 mai 1854; P. 55-1-307). On doit au contraire assimiler au cas de calamité publique, celui où une grande quantité de neige, tombant inopinément, vient interrompre les communications (Cass., 15 déc. 1855 ; *Bull. crim.*, n° 404).

3° Il faut que l'inculpé ait refusé d'obtempérer à la réquisition.

4° Il faut enfin que l'inculpé ait pu exécuter la réquisition. L'allégation d'une grande fatigue, d'une douleur instantanée, de douleurs rhumatismales ne peut suffire pour motiver un refus de secours (Cass., 20 mars 1851 ; *Bull. crim.*, n°104.)

III. **Par qui peut être faite la réquisition.** — La réquisition peut être faite, non seulement par les fonctionnaires qui ont ordinairement qualité pour adresser des réquisitions, mais encore par tous les agents qui se trouvent chargés d'un ministère public dans les cas que prévoit l'article 475. Par suite peuvent requérir l'assistance des citoyens :

1° Les sapeurs-pompiers dans les incendies (Cass., 11 juil. 1867 ; P. 68-192);

2° Les agents de police en cas de flagrant délit (Cass.,24 nov. 1865 ; P. 66-448);

3° Les gendarmes en cas d'incendie ou de flagrant délit. (Cass., 18 oct. 1842 ; *Bull. crim.*, n° 271).

RÈGLEMENT DE JUGES

Division.

§ 1. — Matière civile.	§ 2. — Matière criminelle.
I. Cas où il y a lieu à règlement de juges.	IV. Cas où il y a lieu à règlement de juges.
II. Juridiction compétente.	V. Juridiction compétente.
III. Procédure.	VI. Procédure.
	VII. Modèle de requête.
	VIII. Arrêt de règlement.

§ 1. — MATIÈRE CIVILE

I. **Cas où il y a lieu à règlement de juges.** — Il y a lieu à règlement de juges :

1° Lorsque la contestation, soumise à deux tribunaux, constitue par son objet une seule et même cause (art. 363 du C. de proc. civ.). Il n'est même pas nécessaire que l'objet des deux demandes soit absolument identique ; il suffit que toutes deux reposent en sens contraire sur les même fondements, et que leur sort dépende de la solution d'une même question. (Cass., 5 déc. 1848 ; P. 49-1-82 ; — Cass., 29 janv. 1867; P. 67-165 ; — Cass., 23 fév. 1876 ; P. 76-387). Pour que la demande en règlement de juges soit recevable, il faut que les deux tribunaux se soient déclarés compétents, car si devant l'un d'eux l'exception d'incompétence avait été soulevée et accueillie, la contestation ne serait plus soumise qu'à un seul tribunal ;

2° Lorsque sur une même contestation deux ou plusieurs tribunaux se sont déclarés incompétents.

II. **Juridiction compétente.** — Si le différend est soumis à des juges de paix, le règlement de juges, appartient (art. 363 du C. de proc. civ.) :

1° Au tribunal civil, lorsque les juges de paix sont tous dans le même arrondissement ;

2° A la Cour d'appel, s'ils relèvent de différents tribunaux situés dans le même ressort ;

3° A la Cour de cassation, s'ils ne ressortissent pas à la même Cour d'appel.

Si ce sont des tribunaux de première instance qui sont saisis du litige, il est statué sur le règlement de juges ;

1° Par la Cour d'appel, s'ils appartiennent au même ressort ;

2° Par la Cour de cassation, s'ils relèvent de Cours différentes.

(Voir : **Renvoi**).

III. **Procédure.** — La procédure est réglée par l'article 364 du Code de procédure civile. La demande est formée par une requête qui doit être communiquée au ministère public.

Dans tous les cas, c'est à la partie qu'il appartient de provoquer le règlement de juges ; le ministère public ne doit prendre cette initiative que lorsqu'il est partie principale et demandeur.

§ 2. — MATIÈRE CRIMINELLE

IV. **Cas où il y a lieu à règlement de juges.** — Il y a lieu à règlement de juges en matière criminelle dans les même cas qu'en matière civile, c'est-à-dire lorsqu'il existe soit un conflit positif, soit un conflit négatif.

I° *Conflit positif.* — Il y a conflit positif et par conséquent lieu à règlement de juges :

1° Lorsque deux Cours, deux tribunaux correctionnels ou deux juges d'instruction sont saisis de la connaissance d'une même affaire (art. 526 du C. d'inst. crim.). C'est ce qui peut arriver lorsque le lieu du délit, celui du domicile du prévenu et celui de l'arrestation sont situés dans des arrondissements différents ;

2° Lorsqu'un tribunal ou un juge d'exception, par exemple un tribunal militaire ou maritime ou un officier de police militaire ou maritime, d'une part, une Cour d'appel ou d'assises ou un tribunal correctionnel ou un juge d'instruction, d'autre part, sont saisis de la connaissance du même délit ou de délits connexes (art. 527 du C. d'instr. crim.). Il est inutile d'ajouter qu'il n'y aurait pas lieu à règlement de juges si l'un des tribunaux saisis consentait à se dessaisir.

II° *Conflit négatif.* — Le conflit négatif ne peut résulter que de décisions passées en force de chose jugée sur la compétence. Il y a conflit négatif donnant lieu à règlement de juges :

1° Lorsqu'une ordonnance du juge d'instruction a renvoye une affaire devant le tribunal correctionnel et que ce tribunal s'est déclaré incompétent soit que le fait incriminé lui paraisse constituer un crime, soit qu'il ne lui semble avoir que les caractères d'une contravention, soit pour tout autre motif (Cass., 19 août 1813 ; 21 avr. 1826 ; 21 déc. 1827 ; 8 mars 1828 ; 28 oct. 1830 ; 30 juin 1831 ; 12 juil. 1831 ; 21 avr. 1832 ; 13 mars 1835 ; 23 juil. 1836 ; P. chr. ; — Cass., 13 déc. 1839 ; P. 40-2-253 ; — Cass., 27 déc. 1839 ; P. 41-I-147 ; — Cass., 13 nov. 1856 ; P. 57-9 ; — Cass., 5 nov. 1874 ; P. 75-1084 ; — Cass., 9 janv. 1875 ; P. 75-189 ; — Cass., 3 mai 1877 ; P. 78-75). Il ne peut toutefois y avoir lieu à règlement de juges que lorsque le jugement a été signifié, s'il a été rendu par défaut (Cass., 2 et 23 janv. 1879 ; 6 mars 1879 ; P. 80-183) ;

2° Lorsqu'une ordonnance du juge d'instruction a saisi le tribunal de simple police et que celui-ci s'est déclaré incompétent (Cass., 14 mars 1816 et 7 oct. 1828 ; P. chr.) ;

3° Lorsqu'un arrêt de la chambre d'accusation a renvoyé

une affaire devant le tribunal correctionnel et que cette juridiction se déclare incompétente (Cass., 18 août 1831, 25 avr. 1835; 17 oct. 1835; P. chr.);

4° Lorsque la chambre d'accusation a renvoyé une affaire au juge d'instruction et que ce magistrat se déclare incompétent (Cass., 14 nov. 1835 ; P. chr.) ;

5° Lorsque le tribunal correctionnel renvoie une affaire devant le juge d'instruction et que ce magistrat se déclare incompétent (Cass., 25 mars 1825 ; P. chr.) ;

6° Lorsque le tribunal correctionnel ou la chambre correctionnelle de la Cour ont déclaré leur incompétence et que la chambre d'accusation a décidé que cette juridiction est seule compétente (Cass., 4 sept. 1812; P. chr.; — Cass., 16 mars 1832 ; P. chr.);

7° Lorsque deux chambres d'accusation se sont dessaisies, l'une pour cause de connexité, l'autre pour irrégularité du renvoi qui lui a été fait (Cass., 5 nov. 1831 ; *Bull. crim.*, n° 283);

8° Lorsque la chambre d'accusation a renvoyé l'affaire devant une Cour d'assises qui se déclare incompétente (Cass., 12 fév. 1813 ; P. chr.) ;

9° Lorsqu'un tribunal de simple police et le tribunal correctionnel du même arrondissement se sont l'un et l'autre déclarés incompétents (Cass., 13 sept. 1814; 15 janv. 1825 ; 29 août 1828; 23 fév. 1832 ; 30 août 1834 ; P. chr.) ;

10° Lorsqu'un tribunal de simple police et la chambre des appels de police correctionnelle se sont l'un et l'autre déclarés incompétents (Cass., 10 déc. 1821 ; P. chr.). Ce n'est d'ailleurs qu'une conséquence du cas précédent ;

11° Lorsqu'une Cour d'appel ou d'assises ou un tribunal de police correctionnelle, d'une part, et un tribunal d'exception, un conseil de guerre par exemple, d'autre part, se sont l'un et l'autre déclarés incompétents (Cass., 12 déc. 1817; 10 janv. 1822 ; P. chr. ; Cass., 23 août 1855; P. 57-384) ;

12° Lorsqu'un juge d'instruction et un tribunal d'exception se déclarent respectivement incompétents (Cass.,17 juin 1831 ; P. chr.);

13° Lorsque la chambre des appels correctionnels, en annulant un jugement de première instance, renvoie l'affaire devant le tribunal correctionnel et que ce tribunal déclare n'y avoir lieu à statuer parce que la Cour aurait dû juger l'affaire au fond (Cass., 15 oct. 1831 ; P. chr.).

V. **Juridiction compétente.** — Dans tous les cas, c'est à la Cour de cassation qu'il appartient de statuer sur les demandes en règlement de juges (art. 76 de la loi du 27 vent. an VIII).

Il n'y a à cette règle que deux exceptions :

1° C'est à la Cour d'appel à régler de juges, lorsque deux juges d'instruction ou deux tribunaux de police correctionnelle établis dans son ressort, sont saisis de la connaissance d'un même délit ou de délits connexes (art. 540 § 1 du C. d'inst. crim.) ;

2° Lorsque deux tribunaux de simple police d'un même ressort sont saisis simultanément d'une même contravention ou de contraventions connexes, la demande en règlement de juges doit être portée devant le tribunal de première instance s'ils appartiennent au même arrondissement, et devant la Cour d'appel s'ils appartiennent à des arrondissements différents (art. 540 § 2 du C. d'inst. crim.)

Ces deux exceptions n'existent d'ailleurs qu'au cas de conflit positif.

VI. **Procédure.** — Lorsqu'il y a lieu à règlement de juges, c'est au ministère public près le tribunal duquel émane la dernière décision d'incompétence qu'il appartient de former la demande.

Il faut que les deux décisions aient acquis l'autorité de chose jugée. Si donc une affaire a été renvoyée par ordonnance du juge d'instruction devant le tribunal correctionnel qui s'est déclaré ensuite incompétent, le procureur de la République doit faire signifier le jugement, s'il a été rendu par défaut, et attendre l'expiration des délais d'opposition. Si le jugement est contradictoire, la demande ne peut évidemment être formée avant l'expiration du délai de dix jours, accordé au procureur de la République et au prévenu pour interjeter appel. Mais quand ce délai est expiré, le jugement n'est pas encore devenu définitif : il peut en effet être encore frappé d'appel par le procureur général. La procédure serait entravée s'il fallait attendre l'expiration du délai de deux mois pendant lequel ce magistrat peut faire appel ; aussi la Cour de cassation a décidé que dans ce cas le procureur général avait le droit de renoncer à l'appel (Cass., 18 févr. 1841 ; P. 43-2-476).

Le procureur de la République doit donc adresser immédiatement un rapport sur l'affaire au procureur général et le prier de vouloir bien lui envoyer, s'il adopte ses conclusions, un certificat attestant qu'il renonce à interjeter appel.

Lorsqu'il a reçu cette pièce, il forme le dossier qui doit comprendre :

1° Toutes les pièces de la procédure ;

2° L'expédition du jugement ;

3° Les notes d'audience ;

4° La déclaration du procureur général qui renonce à interjeter appel ;

5° L'inventaire ;

6° La requête à la Cour de cassation.

Il envoie ce dossier au procureur général qui le transmet d'urgence au Parquet de la Cour de cassation par l'intermédiaire de la chancellerie.

VII. **Modèle de requête.** — La requête peut être établie dans la forme suivante :

TRIBUNAL

DE PREMIÈRE INSTANCE

d

PARQUET

du

Procureur de la République

REQUÊTE

A LA COUR DE CASSATION EN RÈGLEMENT
DE JUGES

A Messieurs les président et conseillers composant la chambre criminelle de la Cour de cassation.

Le procureur de la République près le tribunal civil de première instance de G.... a l'honneur d'exposer :

Le 30 novembre 1882, plainte a été portée au Parquet de X.... par le sieur A... contre la nommée Z.... Il résultait de la plainte que, dans le courant du mois de novembre, cette fille lui avait soustrait une somme d'argent.

Le 4 décembre, le procureur de la République a requis information. L'instruction a été faite et, le 25 décembre, sur les réquisitions conformes du Parquet, il a été rendu une ordonnance de renvoi en police correctionnelle, pour vol simple, par application des articles

379 et 401 du Code pénal. Cette ordonnance, n'ayant été frappée dans le délai utile d'aucune opposition, a acquis aujourd'hui force de chose jugée.

A l'audience du 30 décembre 1882, il a été établi qu'au moment du vol, la fille Z.... était la domestique du sieur X...; aussi par jugement dudit jour, le tribunal, considérant que dans ces conditions, les faits constituent le crime prévu et puni par l'article 386 du Code pénal, s'est déclaré imcompétent. — Appel n'a pas été interjeté dans les délais de droit par le Parquet de première instance; M. le procureur général a renoncé à exercer son droit d'appel; aussi ce jugement a acquis force de chose jugée.

En conséquence, le soussigné conclut à ce qu'il plaise à la Cour :

Attendu qu'en l'état, il existe deux décisions contraires ayant l'une et l'autre le caractère de sentence définitive ;

Qu'à côté du jugement qui déclare crime les faits imputables à Z...., se trouve l'ordonnance de renvoi en police correctionnelle qui est acquise à la prévenue et qui classe les faits du procès dans une autre catégorie.

Que la contrariété de ces décisions met obstacle à toute exécution ultérieure et que, par suite, il y a suspension du cours de la justice.

Par ces motifs :

Sans s'arrêter ni avoir égard à l'ordonnance de M. le juge d'instruction de G..., en date du 25 décembre 1882, et au jugement du tribunal de police correctionnelle du 30 décembre 1882, lesquels seront réputés non avenus, renvoyer les parties devant la Cour d'appel de ....., chambre des mises en accusation, pour, sur l'instruction faite ou à compléter s'il y a lieu, être statué ce que de droit.

Au Parquet de   , le   **188** .

LE PROCUREUR DE LA RÉPUBLIQUE

VIII. **Arrêt de règlement.** — Une expédition de l'arrêt, portant règlement de juges, est adressée au procureur général, ce magistrat la notifie au ministère public près le tribunal dessaisi, au prévenu ou accusé et à la partie civile, s'il y en a une (art. 352 du C. d'instr. crim.).

RÉHABILITATION

Division

Première partie. — Réhabilitation en matière criminelle et correctionnelle.

§ 1. — RÉHABILITATION, SES EFFETS

I. **Législation. — Bibliographie.** — La réhabilitation en matière criminelle et correctionnelle est réglée par les articles 619 à 634 du Code d'instruction criminelle. La loi du 14 août

1885 a supprimé les articles 630 à 632 et a modifié les articles 621, 623, 624, 628, 629, 633 et 634.

La loi du 19 mars 1864 a étendu le bénéfice de la réhabilitation aux officiers ministériels destitués.

Les principales circulaires sur cette matière sont celles de la chancellerie du 17 mars 1853 (Gillet n° 3614) et du 14 octobre 1885.

Consulter : Massabiau, tome III, page 150 ; — Dutruc, v° *Réhabilitation* ; — Faustin Hélie, tome VIII, page 580 ; — Billecocq, *De la réhabilitation*, Paris, 1868, in-8 ; — Sarraute, *Traité théorique et pratique de la réhabilitation des condamnés*, Paris, 1884, in-8.

II. **Définition**. — La réhabilitation est aujourd'hui une sorte de *restitutio in integrum* qui a pour effet de rendre à celui qui s'en est rendu digne l'intégrité de son état ancien. Elle a pour objet d'exciter le condamné qui a subi sa peine, à revenir au bien en effaçant les fautes qu'il a pu commettre et en faisant disparaître les conséquences qui en étaient résultées.

III. **Effets**. — La réhabilitation efface la condamnation et fait cesser pour l'avenir toutes les incapacités qui en résultaient (art. 634 du C. d'instr. crim.). C'est là un progrès nouveau ; avant la loi de 1885, la réhabilitation n'effaçait ni le crime ni la condamnation, mais seulement les incapacités qui en découlaient.

Remarquons toutefois que la réhabilitation n'a point pour effet de réintégrer le condamné dans les titres ou décorations dont sa condamnation l'a privé. L'individu qui a été rayé, par suite de la peine qu'il a encourue, de l'ordre de la Légion d'honneur, ne recouvre pas, lorsqu'il est réhabilité, le droit de porter sa décoration ; la radiation subsiste, mais il pourrait être décoré de nouveau.

§ 2. — CONDAMNÉS QUI PEUVENT ÊTRE RÉHABILITÉS

IV. **Règle générale**. — La loi ne fait aucune distinction ; peu importe la nature du crime ou du délit, peu importe la gravité de la peine prononcée. L'article 619 est formel : tout condamné à une peine afflictive ou infamante ou à une peine correctionnelle, qui a subi sa peine ou qui a obtenu des lettres de grâce, peut être réhabilité.

V. Individus condamnés pour des contraventions. — Il suffit de se reporter au texte de l'article 619 du Code d'instruction criminelle pour voir que la réhabilitation n'est pas admise en matière de simple police. Les condamnations de cette nature sont basées sur des faits purement matériels ; elles n'impliquent ni mauvaise foi, ni intention frauduleuse ; elles ne portent par suite aucune atteinte à la considération du condamné et ne sont même pas constatées au casier judiciaire.

Mais une question peut se poser : la réhabilitation est-elle ouverte aux individus condamnés pour des contraventions de la compétence des tribunaux correctionnels. On peut dire que celui qui a été condamné pour avoir chassé sans permis ou pêché avec un engin prohibé, n'a commis qu'une infraction légère qui n'entraîne aucune incapacité légale et ne saurait porter atteinte à sa considération. Une telle condamnation n'a pas de conséquence plus fâcheuse qu'une condamnation de simple police. Certaines Cours, s'appuyant sur ces considérations, avaient déclaré qu'en pareil cas la voie de la réhabilitation n'est pas ouverte ; mais il convient de remarquer que les termes de l'article 619 sont généraux : « *tout condamné à une peine correctionnelle* » ; on ne peut dès lors introduire une distinction où la loi n'en a pas admis. C'est ce qu'a décidé la Cour de cassation dans un arrêt du 17 avril 1865 (P. 65-675).

VI. Officiers ministériels. — La loi du 19 mars 1864 admet au bénéfice de la réhabilitation les officiers ministériels destitués. Cette loi a une portée générale : la réhabilitation est admise quelle que soit l'autorité qui ait prononcé la destitution, que ce soit un tribunal ou le chef de l'État.

Remarquons toutefois que les termes de cette loi doivent être enfermés dans de justes limites, et qu'on ne saurait étendre son application au cas où une peine disciplinaire autre que la destitution aurait été prononcée.

§ 3. — CONDITIONS DE LA RÉHABILITATION.

VII. Conditions relatives à la peine. — Pour qu'il puisse y avoir lieu à réhabilitation, il faut que la peine ait été subie ou qu'une décision gracieuse en ait accordé la remise (art. 619 du C. d'instr. crim.).

Par suite la réhabilitation ne peut jamais être accordée :

1° Au condamné qui s'est évadé après avoir subi une partie de sa peine. Il faut qu'il se constitue de nouveau et achève de la subir (Carnot, *Instr. crim.*, t. III, p. 595) ;

2° Au condamné qui a prescrit sa peine au lieu de la subir (Décis. chanc., 25 mai 1830 ; Gillet n° 2293 ; — Décis. chanc., 2 août 1848 ; Gillet, n° 3275).

VIII. **Amende. — Frais. — Réparations civiles.** — Le condamné doit justifier du payement des frais de justice, de l'amende et des dommages-intérêts ou de la remise qui lui en a été faite (art. 623 du C. d'instr. crim.). Mais il y a une différence importante entre les peines corporelles et ces peines accessoires. Il résulte en effet du texte même de l'article 623 que si la prescription est acquise, il n'y a plus aucune justification à faire. Nous avons vu au contraire que la prescription de la peine corporelle met obstacle à la réhabilitation.

S'il n'y a pas prescription et si le payement n'a pas été effectué, le condamné doit établir qu'il a subi le temps de contrainte par corps déterminé par la loi, ou que la partie lésée a renoncé à ce moyen d'exécution (art. 623 § 2).

Lorsque le condamné justifie qu'il est hors d'état de se libérer des frais de justice, la réhabilitation peut être accordée, si ces frais n'ont pas été payés ou ne l'ont été qu'en partie (art. 623 § 4). Cette justification sera faite suivant les formes ordinaires, à l'aide d'un extrait du rôle des contributions ou d'un certificat négatif, délivré par le percepteur, et d'un certificat d'indigence, délivré par le maire ou par le commissaire de police et approuvé par le juge de paix.

Si la partie lésée ne peut être retrouvée ou si elle refuse de recevoir, il est fait dépôt de la somme due à la Caisse des dépôts et consignations dans la forme des articles 812 et suivants du Code de procédure civile. Si la partie ne se présente pas dans un délai de cinq ans pour se faire attribuer la somme consignée, cette somme est restituée au déposant sur sa simple demande (art. 623 § 6).

On voit que la loi de 1885, en revisant l'article 623, a introduit en cette matière plusieurs modifications importantes :

1º Sous la législation antérieure, la remise de l'amende et des dommages-intérêts pouvait seule être accordée ; il devait toujours être justifié du payement des frais, à moins que la contrainte par corps n'eût été subie. — Nous voyons qu'aujourd'hui cette justification n'est plus nécessaire quand il y a prescription, et que la Cour peut accorder la réhabilitation, quand elle estime qu'en raison de son indigence, le demandeur n'a pu se libérer ;

2º Le condamné devait justifier de la réparation du préjudice, même alors qu'il n'avait été prononcé aucune condamnation à des dommages-intérêts. Il était même d'usage, lorsque la partie lésée ou ses héritiers ne pouvaient être retrouvés, d'imposer au condamné le versement d'une somme déterminée à la caisse d'un bureau de bienfaisance, afin que le condamné ne pût conserver un bénéfice injustement acquis. — Aujourd'hui, il n'en est plus ainsi ; le condamné ne doit justifier que du paiement ou de la remise des condamnations réellement prononcées contre lui au moment de sa demande (Rapp. de M. Bérenger au Sénat ; — Circ. chanc., 14 oct. 1885) ;

3º L'ancienne législation présentait une lacune grave ; la plus grande incertitude régnait pour le cas où la partie lésée ne pouvait être retrouvée ou refusait de recevoir les dommages alloués ; comment devaient se faire alors les justifications prescrites ? — La question est résolue par le nouvel article 623 qui, comme nous l'avons vu, dispose qu'il suffit d'effectuer le dépôt à la Caisse des dépôts et consignations.

IX. **Condamnations solidaires.** — Avant la loi de 1885, on décidait que lorsqu'il y avait une condamnation solidaire, le condamné qui sollicitait sa réhabilitation, devait établir que le montant des amendes, frais de justice et réparations civiles, prononcés solidairement contre lui et contre ses complices, avait été intégralement payé. L'article 623, dans son nouveau paragraphe 5 a introduit une importante modification ; en cas de condamnation solidaire, la Cour fixe la part des frais de justice, des dommages-intérêts ou du passif qui doit être payé par le demandeur en réhabilitation.

La loi ne dit pas quelle est la procédure à suivre pour faire fixer cette part par la Cour. Nous pensons que le procureur général devra, sur la demande du procureur de la République, présenter une requête à la chambre d'accusation qui statuera, en chambre du conseil, sur le vu du jugement de condamnation et de la procédure qui l'a précédé. Il y aurait en effet, inconvénient à ce que l'on attendit, pour obtenir cette fixation, que la Cour statuât sur le fond de la demande ; si en effet les sommes payées par le condamné ne paraissaient pas suffisantes à la Cour, il en résulterait des retards qui pourraient être préjudiciables.

X. **Temps d'épreuve.** — Le condamné à une peine afflictive et infamante ne peut être admis à demander sa réhabilitation que cinq ans après le jour de sa libération. Néanmoins, ce délai court, au profit des condamnés à la dégradation civique du jour où la condamnation est devenue irrévocable ou de celui de l'expiration de la peine de l'emprisonnement, si elle a été prononcée. Il court, au profit du condamné à la surveillance de la haute police, prononcée comme peine principale du jour où la condamnation est devenue irrévocable, (art. 620 §§ 1 à 3 du C. d'inst. crim.).

Le délai est réduit à trois ans pour les condamnés à une peine correctionnelle (art. 620 § 4).

Lorsque la peine consiste en une simple amende, le délai d'épreuve court non du jour du payement, mais de celui où la condamnation est devenue irrévocable (Déc. chanc., 31 déc. 1878 ; *Rec. off.*, t. II, p. 221, note 11).

Mais il ne suffit pas qu'un temps d'épreuve soit exigé, il est nécessaire que l'on soit exactement renseigné sur la conduite du condamné pendant toute cette période; aussi il faut, lorsqu'il a été condamné à une peine afflictive et infamante qu'il ait résidé, depuis sa libération, dans le même arrondissement durant cinq années et pendant les deux dernières, dans la même commune. Si la peine encourue n'a été qu'une peine correctionnelle, la durée de la résidence dans le même arrondissement est réduite à trois années, dont les deux dernières dans la même commune. Les condamnés qui ont passé tout ou partie de ce temps sous les drapeaux, et ceux que leur profession oblige à des déplacements inconciliables avec des résidences fixes, peuvent être affranchis de cette condition, s'ils justifient, les premiers, d'attestations satisfaisantes de leurs chefs militaires, les seconds de certificats de leurs patrons ou chefs d'administration constatant leur bonne conduite (art. 621 du C. d'inst. crim.).

XI. Conditions spéciales pour les récidivistes et les individus réhabilités une première fois. — Les individus qui sont en état de récidive légale, ceux qui, après avoir obtenu la réhabilitation, ont encouru une nouvelle condamnation, ne peuvent être réhabilités qu'après qu'il s'est écoulé un délai de dix années depuis leur libération.

Cependant les récidivistes qui n'ont subi aucune peine afflictive ou infamante et les réhabilités qui n'ont encouru qu'une condamnation à une peine correctionnelle, peuvent être admis au bénéfice de la réhabilitation après un délai de six années écoulées depuis leur libération (art. 634, §§ 3 et 4 du C. d'inst. crim.).

§ 4. — PROCÉDURE

XII. Pièces à fournir par les condamnés. — Le condamné qui demande à être réhabilité, doit remettre au procureur de la République de l'arrondissement où il réside :

1° Une supplique rédigée sur timbre, où il indique la date et la nature des condamnations encourues, le lieu où il a subi les peines prononcées, les localités où il a résidé ; il expose ensuite le but de sa demande et les motifs qu'il croit devoir invoquer à l'appui. Cette pièce doit être signée par lui ; sa signature est légalisée par le maire et par le sous-préfet. S'il ne sait signer, il y supplée par une mention du maire ou du juge de paix qui déclare qu'il a été donné lecture à l'intéressé, que celui-ci a déclaré que cette supplique est bien la manifestation de sa pensée et a ajouté qu'il ne pouvait ou ne savait signer (Note chanc. ; *Rec. off.*, t. II, p. 219) ;

2° La quittance de l'amende et des frais ; cette pièce doit être délivrée par le percepteur dont la signature est légalisée par le maire ou le sous-préfet ; elle est établie sur timbre.

Au cas où l'amende et les frais n'ont pas été payés, il est produit un certificat également sur timbre, constatant que la contrainte par corps a été subie pendant le temps légal.

3° Un certificat de la partie lésée attestant que les dommages-intérêts ont été payés ; cette pièce est également sur timbre et les signatures doivent être légalisées.

4° Si la partie lésée n'a pu être retrouvée ou si elle a refusé de recevoir les dommages-intérêts, un certificat sur timbre du receveur particulier ou du trésorier général attestant que le dépôt à la Caisse des dépôts et consignations a été effectué.

Les autres pièces que le demandeur joindrait à sa requête ne doivent pas être acceptées (Note chanc. ; *Rec. off.*, t. III, p. 220, note 6).

XIII. **Instruction de la demande et formation du dossier**. — Le procureur de la République inscrit immédiatement cette demande sur le registre spécial des réhabilitations. Il doit demander :

1° Au procureur de la République de l'arrondissement d'origine une expédition sur papier libre de l'acte de naissance et le bulletin n° 2 du condamné ;

2° Aux procureurs généraux ou de la République, suivant le cas, près les Cours ou tribunaux qui ont prononcé les condamnations, une expédition sur papier libre des arrêts ou jugements intervenus ; ces expéditions doivent être légalisées. En matière correctionnelle, s'il y a eu appel, il faut joindre au dossier l'expédition du jugement et celle de l'arrêt (Circ. chanc., 17 mars 1853) ;

3° Au gardien chef ou au directeur de la maison centrale du lieu où la peine a été subie, un extrait du registre d'écrou constatant la date de l'écrou, celle de la radiation et la conduite du prévenu pendant son séjour dans la prison;

4° L'avis de chacun des maires des communes où le condamné a résidé depuis sa condamnation.

Nous pensons que ces attestations ne] doivent pas être demandées directement et que] le procureur de la République doit les |provoquer par l'intermédiaire du sous-préfet ou du préfet, suivant que la commune dépend d'un chef-lieu d'arrondissement ou d'un chef-lieu de département. Ces attestations font connaitre : 1° la durée de la résidence du condamné dans la ;commune avec indication du jour où elle a commencé et de celui où elle a fini ; sa conduite pendant la durée de son séjour ; 3° ses moyens d'existence pendant le même temps (art. 624).

Depuis la loi de 1885, l'avis des conseils municipaux n'est plus demandé ;

5° L'avis du juge de paix des divers cantons où le condamné a résidé ;

6° Celui des préfets ou sous-préfets des divers arrondissements où sont situés ces cantons;

7° Aux chefs de corps, des certificats relatifs à la conduite du condamné pendant le temps passé sous les drapeaux. Lorsque le condamné a passé sous les drapeaux une partie du temps d'épreuve exigé par l'article 621, le certificat de l'autorité militaire doit renfermer les indications qu'exige l'article 624 pour les attestations des maires ;

8° Dans le cas où la profession du condamné l'obligeait à des déplacements inconciliables avec une résidence fixe, des certificats aux patrons ou aux chefs d'administration. Ces certificats contiennent toutes les indications exigées par l'article 624.

L'article 621 § 3 porte que « les condamnés, qui ont passé « tout ou partie de ce temps sous les drapeaux, ceux que « leur profession oblige à des déplacements inconciliables « avec une résidence fixe, pourront être affranchis de cette « condition, *s'ils justifient*, les premiers, d'attestations, etc... » Il semble résulter de ce texte que les condamnés doivent réclamer eux-mêmes aux autorités militaires et aux chefs d'administration les attestations et les certificats exigés ; mais il faut remarquer que le même article 621 dispose dans un dernier paragraphe que « ces attestations et certificats « sont délivrés dans les conditions de l'article 624. » On doit conclure de cette disposition finale et de l'esprit général de la loi que c'est au ministère public et non aux intéressés qu'il appartient de provoquer la délivrance de ces pièces. M. le Directeur des affaires criminelles a bien voulu nous faire connaître que c'est ainsi qu'il interprète cet article.

Quand toutes ces pièces sont réunies et que le procureur de la République s'est entouré de tous les renseignements nécessaires, il n'a plus qu'à former le dossier qu'il complète en y joignant son avis motivé, un rapport détaillé et l'inventaire.

Dans la plupart des ressorts, il était d'usage d'établir un second dossier destiné aux archives du Parquet de la Cour d'appel; mais cette formalité nous parait absolument inutile depuis la loi de 1885.

La chancellerie indique que les pièces doivent être placées dans l'ordre suivant :

1° Demande en réhabilitation ;

2° Expédition de l'acte de naissance ;

3° Bulletin n° 2 ;

4° Jugements ou arrêts de condamnation, en commençant par le plus ancien en date ;

5° Extrait du registre d'écrou ;

6° Quittance de l'amende et des frais ;

7° Quittance des dommages-intérêts ;

8° Avis des maires, en commençant par celui de la résidence la plus ancienne depuis la libération ;

9° Avis des juges de paix ;

10° Avis des sous-préfets et préfets ;

11° Avis et rapport du procureur de la République ;

12° Inventaire.

XIII. **Avis du Parquet. — Rapport.** — Avant la loi de 1885, il était d'usage, dans la plupart des ressorts, de joindre au dossier principal un avis motivé d'une façon sommaire, et de faire ensuite un rapport détaillé qui prenait place dans le dossier spécial du Parquet général. Aujourd'hui, où il n'existe plus qu'un seul dossier, l'avis peut donc être donné à la suite et comme conclusion du rapport.

Le procureur de la République commence, dans ce rapport, par rappeler les différentes condamnations qui ont été prononcées ; il indique leurs causes et les circonstances dans lesquelles elles sont intervenues, en ayant bien soin d'indiquer tout ce qu'il y a de favorable ou de défavorable pour le condamné. — Il examine ensuite si toutes les conditions exigées par la loi sont remplies et si la demande est recevable. — Puis il apprécie la conduite du condamné, les marques de repentir qu'il a données et les garanties de régénération qu'il présente. Il ne faut pas perdre de vue, à cet égard, les prescriptions de la circulaire du 17 mars 1853 :

« Vous ne vous déterminerez pas à appuyer de vos conclu-
« sions favorables une demande en réhabilitation, par cela
« seul que le réclamant se trouverait remplir effectivement
« les conditions indispensables que la loi exige, et qu'il
« n'aurait point donné lieu à de nouvelles plaintes depuis sa
« condamnation ; mais vous étudierez l'ensemble et les

« détails de sa vie, postérieurement à cette époque, et vous
« n'accorderez votre appui à ses démarches qu'autant que
« vous aurez reconnu qu'il s'est appliqué, avec constance et
« énergie, à faire oublier son passé et à mériter de recouvrer
« les droits de citoyen. Il importe, en un mot, que la réhabi-
« litation morale précède et justifie la réhabilitation légale. »
— Ce rapport se termine par l'avis sur la suite que la demande
paraît comporter.

Le rapport peut être fait dans la forme suivante :

TRIBUNAL   A   , le   183

DE PREMIÈRE INSTANCE

d

                        Monsieur le procureur général,

PARQUET   J'ai l'honneur de vous adresser avec les
du   pièces à l'appui, la supplique du sieur X....
Procureur de la République qui désire obtenir sa réhabilitation.

                        X... a été condamné le...... 18..., à.....
                        mois d'emprisonnement pour vol par le tri-
                        bunal de police correctionnelle de......
                        Voici dans quelles conditions cette condam-
                        nation est intervenue. Il était très jeune à
                        cette époque et n'avait guère encore que
                        quinze ans ; il était employé chez un menui-
                        sier qui ne lui donnait qu'un salaire fort
                        restreint. Un marchand ambulant avait éta-
                        bli un déballage de marchandises dans un lo-
                        cal proche de la boutique de son patron ; une
                        porte de communication qu'on laissait fré-
                        quemment ouverte existait même dans la cour
                        de l'atelier. Profitant un jour de ce que le mar-
                        chand et ses commis s'étaient absentés pour
                        aller dîner, il pénétra dans le magasin, s'em-
                        para d'une certaine quantité de petites
                        médailles d'argent et alla les vendre chez un
                        bijoutier. Celui-ci conçut des soupçons et fit
                        prévenir le commissaire de police ; X.. inter-
                        rogé soutint d'abord qu'on lui avait donné ces
                        médailles, mais, pressé de questions, il finit
                        bientôt par tout avouer ; jusqu'à cette épo-
                        que aucune plainte n'avait été portée contre
                        lui. Son patron, ainsi qu'on le voit dans le

dossier, avait donné de bons renseignements
sur son compte, X... appartenait à une famille honnète ; aussi dès que sa peine a été
subie, ses parents l'ont fait revenir près
d'eux à R.... où il n'a cessé de résider jusqu'à ce jour, sauf pendant le temps qu'il a
passé sous les drapeaux du..... au....,
ainsi qu'il résulte des attestations délivrées
par le maire de R... et par le président du
conseil d'administration du 43ᵉ régiment
d'infanterie de ligne.

X... a subi sa peine à la maison d'arrêt
de L... ainsi que l'établit le certificat délivré par le gardien-chef.

Douze ans se sont écoulés depuis sa libération ; il a passé quatre ans sous les drapeaux
et a résidé pendant huit ans, non seulement
dans le même arrondissement, mais encore
dans la même commune.

Il résulte de la quittance délivrée par le
percepteur qu'il a payé les frais du procès.

Le jugement n'avait prononcé aucune condamnation à des dommages-intérêts.

Il remplit donc les conditions exigées par
les articles 620, 621 et 623 du Code d'instruction criminelle.

Le maire de R...., le juge de paix et le
sous-préfet affirment qu'il s'est très bien
conduit depuis sa libération et donnent un
avis favorable à sa réhabilitation ; au régiment, il a obtenu un certificat de bonne conduite.

Il résulte des renseignements que j'ai recueillis que X.... a toujours manifesté le
plus sincère repentir et a cherché par tous les
moyens à faire oublier sa faute. — Il a fondé
à R...., une maison de commerce qu'il dirige habilement et qui prospère sous sa direction ; il s'est marié et a deux enfants qu'il
élève très bien. — Il jouit maintenant de
l'estime de ses concitoyens, et sa réhabilitation serait accueillie avec faveur par la population et par les autorités locales.

Par ces motifs,

Attendu qu'il résulte d'un jugement en date
du.... 18.., rendu par le tribunal de police
correctionnelle de L...., que le sieur X....
Charles-Auguste, âgé de... ans, négociant à
R...., a été condamné à la peine de......,
pour soustraction frauduleuse, par application des articles 379 et 401 du Code pénal ;

Attendu qu'il a subi la peine corporelle à
laquelle il avait été condamné ; qu'il a acquitté les frais du procès et que le jugement
n'avait prononcé contre lui aucune condamnation à des dommages-intérêts envers la
partie civile ;

Attendu que, depuis sa libération, il a résidé du.... 18... au..... 18..., et du.....
18... au....... 18..., à R.... ;

Attendu qu'il est resté sous les drapeaux
du... 18... au..... 18.. ;

Attendu qu'il a obtenu au 43e régiment
d'infanterie de ligne un certificat de bonne
conduite ;

Attendu qu'il a obtenu des attestations
favorables :

1o Du maire de R.... ;

2o Du juge de paix du canton ;

3o Du sous-préfet ;

Attendu que, depuis sa libération, sa conduite a été exempte de tout reproche et qu'il
a donné des garanties d'une régénération
définitive ;

Vu les articles 619 et suivants du Code
d'instruction criminelle ;

J'estime qu'il y a lieu d'accueillir favorablement la demande en réhabilitation, formée par le sieur X.....

Veuillez agréer, etc.....

**XV. Envoi du dossier. — Rôle du procureur géné-
ral.** — Lorsque le dossier est ainsi complété, il est adressé
au procureur général. Ce magistrat examine la régularité
des pièces, prescrit les rectifications qui lui paraissent nécessaires et s'entoure de tous les renseignements utiles. Lorsque

la procédure est enfin en état, il joint au dossier une requête qui peut être établie dans la forme que nous avons indiquée pour l'avis du Parquet de première instance, donné à la fin du rapport; puis il se concerte avec le Premier Président pour la fixation de l'audience.

Nous allons voir que la partie a le droit d'être entendue, soit par elle-même, soit par son défenseur. Il faut donc qu'elle soit prévenue du jour de l'audience : comment le procureur général doit-il procéder ? La réhabilitation devant être gratuite, la chancellerie estime que le condamné ne saurait en principe être avisé du jour où sa demande sera portée devant la Cour, ni par un exploit d'huissier, ni même par une lettre recommandée. Afin d'éviter les frais et pour satisfaire en conséquence au vœu de la loi, cet avertissement doit lui être transmis par une simple lettre émanée du procureur de la République qui a la mission de mettre l'affaire en état et qui correspond en franchise avec les maires et les commissaires de police (Lettre au Premier Président de la Cour d'appel de Caen, 4 déc. 1885). Mais si l'intéressé ne comparaissait pas sur une simple lettre, nous pensons qu'il serait indispensable de le citer régulièrement, surtout si la demande devait être rejetée.

XVI. **Arrêt de la Cour.** — C'est maintenant la Cour d'appel, chambre des mises en accusation, qui prononce souverainement sur les demandes en réhabilitation. Elle statue en chambre du conseil, après avoir entendu le procureur général et la partie ou son conseil (art. 628 du C. d'instr. crim.). L'arrêt est rendu également en chambre du conseil et ne doit jamais être prononcé en audience publique (Circ. chanc., 14 oct. 1885). — On ne peut faire venir dans la chambre du conseil un huissier ou un gendarme chargé de maintenir le bon ordre. La publicité ayant été écartée par la loi, aussi bien pour la prononciation de l'arrêt que pour les débats, la présence d'un étranger dans la chambre du conseil ne saurait, aux yeux de la chancellerie, suffire pour faire craindre que le bon ordre soit troublé et pour justifier dès lors l'intervention d'un huissier ou d'un représentant de la force publique (Lettre au Premier Président de la Cour d'appel de Caen, 4 déc 1885).

Il faut communiquer préalablement au condamné ou à son

conseil toute la procédure de réhabilitation, y compris les rapports des juges de paix et des sous-préfets. Il importe en effet que le condamné puisse être en mesure de connaître pour les combattre, les griefs qui sont articulés à l'encontre de sa demande en réhabilitation. Tous les renseignements contenus dans les *pièces qui font partie du dossier* doivent donc lui être communiqués, même ceux qui présenteraient un caractère confidentiel. — Cette considération tirée de l'intérêt de la défense, détermine même la chancellerie à considérer comme indispensable que le condamné ou son conseil soient mis à même de répondre aux objections qui pourront être opposées à sa demande par l'organe du ministère public.

Il en résulte qu'ils doivent être admis à entendre le rapport du procureur général et les réquisitions de ce magistrat (Let. au Premier Président de la Cour d'appel de Caen, 4 déc. 1885).

Les demandes en réhabilitation, relevant exclusivement de l'examen de l'autorité judiciaire, il n'est pas nécessaire que les décisions rendues par les Cours d'appel soient communiquées à la chancellerie.

Toutefois, en ce qui concerne les individus nés à l'étranger, et dont les condamnations se trouvent centralisées au Ministère de la justice, il est indispensable que les procureurs de la République avisent le garde des sceaux *des arrêts d'admission* pour en assurer la mention au casier judiciaire, ainsi que le prescrit l'article 633 nouveau du Code d'instruction criminelle.

D'autre part, en ce qui touche les individus qui ont encouru des condamnations emportant privation des droits électoraux, il importe que l'autorité administrative qui a mission de les réintégrer sur les listes électorales soit informée des *arrêts d'admission* rendus à leur égard. Pour éviter des lenteurs toujours regrettables, le garde des sceaux a décidé, d'accord avec le ministre de l'intérieur, que les noms des intéressés seraient portés directement par l'intermédiaire des procureurs généraux à la connaissance des préfets des départements. (Circ. chanc, 19 déc. 1885).

La décision de la Cour est-elle susceptible d'un recours en cassation ? Nous pensons qu'en principe elle n'est susceptible d'aucun recours. Cependant la voie du recours en cassation serait ouverte en pareille matière s'il y avait violation de la loi soit en la forme, soit au fond. Il en serait ainsi si, par exemple, une demande avait été rejetée sans que le condamné eût été appelé devant la Cour ou si une demande avait été favorablement accueillie alors que moins de cinq ans se seraient écoulés depuis la libération du condamné à une peine afflictive et infamante.

Si la réhabilitation est prononcée, un extrait de l'arrêt est adressé par le procureur général à la Cour ou au tribunal qui a prononcé la condamnation, pour être transcrit en marge de la minute de l'arrêt ou du jugement. Mention en est faite au casier judiciaire (art. 633 du C. d'instr. crim.).

Les extraits délivrés aux parties ne doivent pas relever la condamnation ; elle ne figure que sur ceux qui sont délivrés au ministère public (art. 633 § 1 du C. d'instr. crim.).

Le réhabilité peut se faire délivrer une expédition de la réhabilitation et un extrait du casier judiciaire sans frais (art. 633 § 2 du C. d'instr. crim.).

XVII. **Conséquences du rejet.** — En cas de rejet, une nouvelle demande ne peut être formée avant l'expiration d'un délai de deux années. (art. 629 du C. d'instr. crim.).

Deuxième partie. — Réhabilitation en matière commerciale.

§ 1. — EFFETS ET CONDITIONS.

XVIII. **Législation. — Bibliographie.** La réhabilitation en matière commerciale est régie par les articles 604 à 614 du Code de commerce. Consulter : Saint-Nexent. *Traité des faillites et banqueroutes ;* Paris 1844, 3 volumes in-8 ; — Boulay-Paty et Boileu, *Traité des faillites et banqueroutes* ; Paris 1849, 2 volumes, in-8.

XIX. **Définition. — Effets.** — La réhabilitation commerciale a pour effets de réintégrer le failli dans tous les droits dont la faillite l'avait privé.

XX. **Conditions.** — Le failli qui veut obtenir sa réhabilitation doit avoir intégralement remboursé en principal, intérêts et frais, toutes les sommes par lui dues (art. 604 du C. de comm.). Il ne suffit pas qu'il produise des quittances délivrées par ses créanciers mais portant remise de ce qu'il n'a pu leur payer (Rennes, 11 sept. 1846 ; P. 46-2-548).

Aucun délai n'est fixé pour cette réhabilitation ; la demande peut donc être formée soit quelques jours seulement après que la faillite a été prononcée, soit au bout de plusieurs années. L'article 614 du Code de commerce porte même que le failli peut être réhabilité après sa mort. Ne sont pas admis à la réhabilitation les banqueroutiers frauduleux, les personnes condamnées pour vol, escroquerie ou abus de confiance, les stellionataires et les tuteurs, administrateurs et autres comptables qui n'ont pas rendu et soldé leurs comptes. — Toutefois le banqueroutier simple qui a subi la peine à laquelle il a été condamné peut être réhabilité.

XXI. **Banqueroutiers frauduleux.** — Le banqueroutier frauduleux qui veut être réhabilité doit suivre les règles de la réhabilitation en matière criminelle. Il ne peut donc former sa demande que cinq ans après l'expiration de sa peine ; il est astreint aux conditions de résidence écrites dans l'article 621 du Code d'instruction criminelle et il doit justifier du payement du passif de la faillite en capital, intérêts et frais ou de la remise qui lui en a été faite, (art. 623 § 3 du C. d'instr. crim.).

§ 2. — PROCÉDURE

XXII. **Introduction de la demande.** — Le failli qui veut obtenir sa réhabilitation doit adresser sa demande à la Cour d'appel dans le ressort de laquelle il est domicilié (art. 605 du C. de comm.). — La demande est introduite par une requête présentée par un avoué près la Cour ; à cette requête sont annexées les quittances et autres pièces justificatives.

XXIII. **Communication et affichage de la requête.** — En vertu d'une ordonnance du premier président, la requête est communiquée au procureur général. Ce magistrat en adresse des expéditions certifiées de lui au procureur de la République et au président du tribunal de commerce du domicile du demandeur, et si celui-ci a changé de domicile depuis la faillite, au procureur de la République et au président du tribunal de commerce de l'arrondissement où elle a eu lieu, en les chargeant de recueillir tous les renseignements qu'ils pourront se procurer sur la vérité des faits exposés (art. 606 du C. de comm.).

A cet effet, à la diligence tant du procureur de la République que du président du tribunal de commerce, copie de cette requête est affichée dans les salles d'audience de chaque tribunal ainsi qu'à la Bourse et à la mairie ; elle est de plus insérée par extrait dans les journaux (art. 607 du C. de comm.).

La requête doit rester affichée pendant deux mois (art. 607).

Les frais de l'affichage et de l'insertion ne peuvent être payés sur les frais de justice criminelle ; ils doivent rester à la charge du failli (Déc. chanc., 7 mai 1860 ; Gillet, n° 4054).

XXIV. **Oppositions.** — Tout créancier qui n'a pas été payé intégralement de sa créance en principal, intérêts et frais et toute autre partie intéressée peut, pendant la durée de l'affichage, former opposition à la réhabilitation par simple acte au greffe, appuyé des pièces justificatives (art. 608 du C. de comm.).

Après l'expiration de deux mois, le procureur de la République et le président du tribunal de commerce transmettent, chacun séparément, au procureur général les renseignements qu'ils ont recueillis et les oppositions qui ont pu être formées. — Ils y joignent leur avis sur la demande (art. 609 du C. de comm.).

XXV. **Arrêt de la Cour.** — La Cour prononce sur la demande par arrêt, rendu en audience solennelle, sur les réquisitions du procureur général (art. 610 du C. de comm.).

XXVI. **Envoi et lecture de l'arrêt.** — Si la réhabilitation est prononcée, l'arrêt est transmis aux procureurs de la République et aux présidents des tribunaux de commerce auxquels la requête a été communiquée. Ces tribunaux en font faire la lecture publique et la transcription sur leurs registres (art. 611 du C. de comm.).

XXVII. **Cas où la réhabilitation a été refusée.** — Si la demande a été rejetée, elle ne peut être reproduite qu'après une année d'intervalle (art. 610 du C. de comm.).

REMÈDES SECRETS

Nous avons indiqué (v° **Pharmacie**, X), ce qu'on doit entendre par remèdes secrets.

Remarquons qu'il y a remède secret lorsque le remède a

le caractère de médicament externe aussi bien que lorsqu'il doit être employé à un traitement interne (Cass., 28 mars 1873 ; D. 73-1-174).

L'article 36, complété par la loi du 29 pluviôse an XIII, punit d'une amende de 25 à 600 francs et en cas de récidive, d'un emprisonnement de trois à dix jours, toute annonce ou affiche imprimée qui indique des remèdes secrets.

La jurisprudence décide que la vente par toute personne, et à plus forte raison par un pharmacien, est punie des mêmes peines (Cass., ch. réun., 16 déc. 1836 ; P. 37-1-136 ; — Cass., 18 janv. 1839 ; P. 39-1-545 ; — Cass., 18 mai 1844 ; P. 44-2-432 ; — Cass., 20 janv. 1855 ; P. 55-1-536).

Elle étend également l'application de l'article 36 à la mise en vente et à la détention par un pharmacien de remèdes secrets dans son officine (Rouen, 11 janv. 1844; P. 44-2-122; — Cass., 18 mai 1844 ; P. 44-2-432 ; — Dijon, 17 août 1853 ; P. 53-2-147).

La loi n'autorise pas la confiscation des remèdes secrets qui ont été saisis (Cass., 6 mai 1854 ; P. 55-2-144).

RENTRÉE DES COURS ET TRIBUNAUX

Division

I. Date de la rentrée.	III. Règles spéciales pour les Cours.
II. Messe du Saint-Esprit.	IV. Envoi du procès-verbal.

I. Date de la rentrée. — Le décret du 4 juillet 1885 indique la date du 15 octobre comme celle à laquelle les vacances judiciaires prennent fin. Mais la journée même du 15 octobre n'est pas exclue du temps de repos accordé aux magistrats : la rentrée officielle doit donc s'effectuer le 16 octobre (Circ.chanc., 23 juil. 1885; *Bull. off.*, n° 39, p. 137).

II. Messe du Saint-Esprit. — Aux termes de la circulaire du 24 octobre 1883 (*Bull. off.*, n° 32, p. 168), aucun texte de loi ni de décret n'oblige à faire précéder de la messe du Saint-Esprit, la reprise des travaux judiciaires ; cette messe n'a lieu que sur l'initiative des compagnies judiciaires, et à elles seules il appartient de décider si elles veulent persister dans cette coutume.

Dans tous les cas, cette messe n'a aucun caractère de cérémonie publique, aussi les Cours et tribunaux ne peuvent requérir une escorte pour s'y rendre (Décis. chanc., 29 août 1879 ; *Bull. off.*, n° 15, p. 147 ; — Circ. chanc., 24 oct. 1883 ; *Bull. off.*, n° 32, p. 168).

III. **Règles spéciales pour les Cours.** — A l'audience solennelle de rentrée des Cours d'appel et de la Cour de cassation, le procureur général ou celui des avocats généraux ou des substituts qu'il en a chargés, prononce un discours sur un sujet convenable à la circonstance. Il trace aux avocats et aux avoués le tableau de leurs devoirs, il exprime ses regrets sur les pertes que la Cour et le barreau ont faites, pendant le cours de l'année, de membres distingués par leur savoir, par leur talent, par de longs et utiles travaux et par une incorruptible probité. Le premier président reçoit ensuite le serment qui est renouvelé par les avocats présents à l'audience (art. 34 et 35 du déc. du 6 juil. 1810). Ces prescriptions ne sont applicables qu'aux Cours ; aucun discours ne doit être prononcé à l'audience de rentrée des tribunaux de première instance (Circ. chanc., 30 oct. 1849 ; Gillet n° 3378 ; — Déc. chanc., 22 avr. 1869 ; *Bull. off.*, n° 7, p. 126).

Ce discours est imprimé. Il doit en être envoyé deux exemplaires au garde des sceaux ; l'un des exemplaires est joint au dossier du magistrat qui l'a prononcé ; l'autre est conservé dans les archives de la chancellerie (Circ. chanc., 15 nov. 1850 ; Gillet, n° 3445).

IV. **Envoi du procès-verbal.** — Chaque procureur de la République doit adresser immédiatement au procureur général une double expédition du procès-verbal de l'audience de rentrée. Ces procès-verbaux, joints à ceux de la Cour, sont transmis par le procureur général au garde des sceaux. (Circ. chanc., 14 déc. 1857; Gillet, n° 3922).

RENVOI A UN AUTRE TRIBUNAL
Division

I. **Renvoi en matière civile.** — Il peut y avoir lieu à renvoi d'un tribunal à un autre tribunal :

1° Lorsqu'une partie a deux parents ou alliés jusqu'au degré de cousin issu de germain inclusivement parmi les juges d'un tribunal de première instance ou trois parents ou alliés au même degré dans une Cour d'appel, ou lorsqu'elle a un parent audit degré parmi les juges d'un tribunal de première instance ou deux parents dans une Cour d'appel et qu'elle-même est membre du tribunal ou de cette Cour (art. 368 du C. de proc. civ.) ;

2° Lorsqu'une récusation est proposée soit contre un tribunal entier, soit contre un nombre de ses membres tel que le tribunal ne peut plus se composer pour rendre un jugement (Cass., 4 mai 1813 ; P. chr.) ;

3° Lorsque le nombre des avoués postulants près d'un tribunal est insuffisant pour représenter toutes les parties qui ont des intérêts contraires à faire valoir (Rennes, 20 déc. 1824 et Angers, 8 déc. 1830 ; P. chr.) ;

4° Pour cause de suspicion légitime.

Le renvoi doit être demandé devant le tribunal même, avant les plaidoiries, par acte motivé déposé au greffe (art. 369 et 370 du C. de procéd. civ.). Sur cette demande intervient un jugement d'avant faire droit qui ordonne la communication aux magistrats parents et au ministère public (art. 371 du C. de proc. civ.).

Le juge commis fait son rapport à l'audience ; le ministère public est ensuite entendu dans ses conclusions. Si la partie qui a demandé le renvoi succombe, elle est condamnée soit d'office, soit sur la réquisition du ministère public à une amende qui ne peut être moindre de 50 francs (art. 374 du C. de procéd. civ.).

C'est toutefois devant la Cour d'appel que doit être formée la demande de renvoi ; lorsque cette demande est fondée soit sur l'impossibilité où se trouve le tribunal de se constituer (Angers, 19 août 1857 ; P. 58-643 ; — Dijon, 24 janv. 1866 ; P. 66-336), soit sur une cause de suspicion légitime (Cass., 2 juil. 1845 ; P. 45-2-138).

II. **Renvoi en matière criminelle.** — Le renvoi peut être ordonné en matière criminelle, correctionnelle et de simple police :

1° Pour cause de sûreté publique ou de suspicion légitime (art. 542 du C. d'inst crim.). Il en est ainsi notamment, lorsqu'il est à craindre que les débats de l'affaire devant le tribunal du lieu même où le crime a été commis, ne deviennent l'occasion de désordres (Cass., 16 janv. 1846 ; P. 49-2-85) ; lorsque dans le lieu où siège le tribunal, il y a un grand nombre de familles intéressées dans l'affaire et que l'opinion publique a été vivement excitée contre les accusés par une série d'articles de journaux (Cass., 20 sept. 1834 ; P. chr.); lorsqu'un tribunal de police correctionnelle qui a déjà connu d'une affaire comme juge de première instance, mais dont le jugement a été annulé pour incompétence, est de nouveau saisi de la même affaire par voie d'appel du jugement de simple police (Cass., 25 mai 1832) ;

2° Lorsque le cours de la justice est interrompu par suite de la récusation ou de l'abstention des juges et que le tribunal ou la Cour se trouve dans l'impossibilité de se compléter (Cass., 14 mai 1847 ; P. 49-2-262 ; — Cass., 1er avr. 1858 ; P. 58-833 ; — Cass., 1er mai et 25 juil. 1879 ; P. 80-538). Il faut toutefois pour qu'il en soit ainsi que les motifs d'abstention soient proposés par les magistrats à la chambre dont ils font partie et agréés par celle-ci, conformément à l'article 380 du Code de procédure civile (Cass., 25 juil. 1879 ; P. 80-538).

Dans tous les cas, le renvoi ne peut être ordonné que par la Cour de cassation (art. 65 de la Constit. du 22 frim. an VIII).

Lorsque la demande de renvoi est fondée sur un motif de sûreté publique, c'est le garde des sceaux qui est le seul juge de l'opportunité de cette mesure ; le procureur de la République doit donc lui adresser sa réclamation avec les pièces à l'appui par la voie hiérarchique. Le garde des sceaux charge, s'il y a lieu, le procureur général près la Cour de cassation de requérir la désignation d'un tribunal de renvoi (art. 542 et 544 du C. d'inst. crim.).

Dans les autres cas, le ministère public, le prévenu et la partie civile ont le droit de former une demande de renvoi.

Lorsque le ministère public demande ainsi le renvoi, il envoie le dossier avec sa requête et un rapport détaillé au procureur général qui transmet le tout par l'intermédiaire de la chancellerie au procureur général près la Cour de cassation.

La partie intéressée qui a procédé volontairement evant une Cour, un tribunal ou un juge d'instruction, n'est reçue à demander le renvoi qu'à raison des circonstances survenues depuis, lorsqu'elles sont de nature à faire naître une suspicion légitime (art. 543 du C. d'instr. crim.).

La procédure est réglée par les articles 545 à 551 du Code d'instruction criminelle.

L'arrêt qui statue définitivement sur une demande en renvoi, est, à la diligence du procureur général près la Cour de cassation et par l'intermédiaire du ministre de la justice, notifié soit à l'officier chargé du ministère public près la Cour, le tribunal ou le juge d'instruction dessaisi, soit à la partie civile, au prévenu ou à l'accusé en personne ou au domicile élu, suivant que l'un ou l'autre a présenté la requête (art. 548 du C. d'instr. crim.). Les pièces de la procédure sont transmises en même temps au ministère public près le tribunal devant lequel l'affaire a été renvoyée.

III. Modèle de requête. — La requête peut être faite, conformément à la formule ci-dessous :

TRIBUNAL
DE PREMIÈRE INSTANCE
d
———
PARQUET
du
Procureur de la République
———

A Messieurs les président et conseillers, composant la chambre criminelle de la Cour de cassation.

Le procureur de la République près le tribunal civil de première instance de X... a l'honneur d'exposer ce qui suit :

(Exposer ici les faits).

Par ces motifs,

Vu les articles 542 et suivants du Code d'instruction criminelle ;

L'exposant conclut à ce qu'il plaise à la Cour renvoyer l'affaire pour cause de suspicion légitime devant tel autre tribunal qu'il lui plaira de désigner.

Et ce sera justice.

Fait à , au Parquet
Le 188 .

LE PROCUREUR DE LA RÉPUBLIQUE

A Messieurs les président et conseillers, composant la chambre criminelle de la Cour de cassation.

Le procureur de la République, près le tribunal civil de première instance de ....

Vu l'ordonnance de renvoi devant le tribunal de police correctionnelle, rendue le.....
........par M. le juge d'instruction, contre le nommé X... Pierre-Charles, prévenu d'avoir, à........., le......... 188 , *soustrait frauduleusement une somme d'argent au préjudice du sieur Y...,* délit prévu et puni par les articles *379 et 401 du Code pénal.*

Attendu que le sus-nommé a été cité le...
.... 188., par exploit de A..., huissier à G..., à comparaître devant le tribunal de police correctionnelle de G..., à l'audience du........ 188 ;

Attendu que le tribunal n'a pu se composer par suite de récusations, jugées légitimes ;

Attendu que, dans cet état, le cours de la justice se trouve interrompu et qu'il est urgent de le rétablir :

Requiert qu'il vous plaise **renvoyer l'affaire** devant tel tribunal qu'il vous plaira de désigner ;

Et ce sera justice.

Fait à......, au Parquet, le....... 188 .

REQUÊTE CIVILE

La *requête civile* est une voie extraordinaire que la loi accorde à une partie pour obtenir, dans certains cas limitativement déterminés par l'article 480 du Code de procédure civile, la rétraction en totalité ou en partie de jugements rendus en dernier ressort par les tribunaux de première instance et d'appel.

Les jugements et arrêts, rendus en matière criminelle, ne sont pas attaquables par cette voie ; la demande en revision (art. 443 et suiv. du Code d'inst. crim.) remplace en cette matière la requête civile.

RESPONSABILITÉ CIVILE

Le père et la mère, après le décès du mari, sont responsable du dommage causé par leurs enfants mineurs habitant avec eux ; les maîtres et les commettants du dommage causé par leurs domestiques et préposés dans les fonctions auxquelles ils les ont employés ; les instituteurs et les artisans, du dommage causé par leurs élèves et apprentis, pendant le temps qu'ils sont sous leur surveillance. — Cette responsabilité a lieu à moins que les père et mère, instituteurs et artisans ne prouvent qu'ils n'ont pu empêcher le fait qui donne lieu à cette responsabilité (art. 74 du C. pén.; — art. 1384 du C. civ.).

Les peines sont exclusivement personnelles; aussi la responsabilité civile est restreinte aux dommages causés par ces délits et ne s'étend pas aux amendes. Mais les frais ne peuvent être regardés comme une peine accessoire, ce n'est que la restitution des avances faites pour la poursuite du crime ou du délit ; aussi ils doivent être mis à la charge de la personne responsable (Cass., 2 sept. 1837 ; P. 40-I-112 ; — Cass., 13 déc. 1856 ; P. 57-1186).

Par suite et pour sauvegarder les intérêts du Trésor, il faut avoir soin, lorsqu'un délit a été commis par un mineur, de citer devant le tribunal correctionnel la personne civilement responsable en même temps que le prévenu.

Voir : **Aubergistes. — Communes.**

RÉUNIONS PUBLIQUES

Division

I. Liberté de réunion. — Restrictions.
II. Bureau.

III. Responsabilité des déclarants et des membres du bureau.

I. Liberté de réunion. — Les réunions publiques sont libres; elles peuvent avoir lieu sans autorisation préalable (art. 1er de la loi du 30 juin 1881).

Toutefois, la loi a apporté quelques restrictions à ce principe :

1° Toute réunion publique doit être précédée d'une déclaration indiquant le lieu, le jour et l'heure de la réunion ; cette déclaration est faite, suivant les localités, au préfet, au sous-préfet ou au maire ; elle est signée par deux personnes au moins, jouissant de leurs droits civils et politiques, et dont l'une est domiciliée dans la commune où la réunion doit avoir lieu (art. 2). La déclaration fait connaître le but de la réunion ;

2° La réunion ne peut avoir lieu que vingt-quatre heures au moins après cette déclaration (art. 2). — Pendant les périodes électorales, ce délai est notablement réduit. (Voir : **Élections**, IV) ;

3° Les réunions ne peuvent ni être tenues sur la voie publique, ni se prolonger au-delà de onze heures du soir. Cependant, dans les localités où la fermeture des établissements publics a lieu plus tard, elles peuvent se prolonger jusqu'à l'heure fixée pour la fermeture de ces établissements (art. 6).

II. **Bureau.** — Chaque réunion doit avoir un bureau, composé de trois personnes au moins. Il est chargé de maintenir l'ordre, d'empêcher toute infraction aux lois, de conserver à la réunion le caractère qui lui a été donné par la déclaration, d'interdire tout discours contraire à l'ordre public et aux bonnes mœurs ou contenant provocation à un acte qualifié crime ou délit (art. 8 § 1).

A défaut de désignation par les signataires de la déclaration, les membres du bureau sont élus par l'assemblée (art. 8 § 2).

III. **Responsabilité des déclarants et des membres du bureau.** — Les membres du bureau et, jusqu'à la formation du bureau, les signataires de la déclaration sont responsables de toutes les infractions aux prescriptions des articles 6, 7 et 8 de la loi du 30 juin 1881 (art. 8).

Ces prescriptions sont les suivantes :

1° Interdiction de toute réunion sur la voie publique ;

2° Défense de prolonger les réunions au-delà de onze heures du soir ;

3° Interdiction de former des clubs, c'est-à-dire des réunions politiques présentant le caractère d'associations ;

4° Conservation à la réunion du caractère qui lui a été donné par la déclaration ;

5° Interdiction de tout discours contraire à l'ordre public ou aux bonnes mœurs.

Les infractions sont punies des peines de simple police édictées par les articles 465 et 466 du Code pénal (art. 10).

REVISION

Division

I. Caractère. — Cas de revision. | III. Effets.
II. Forme de la revision. |

I. **Caractère.** — **Cas de revision.** — La revision est une voie de recours ouverte contre les arrêts et jugements rendus en dernier ressort et devenus définitifs. Il n'y a lieu à revision que dans les cas limitativement déterminés par la loi. Ces cas sont les suivants :

1° Lorsqu'après une condamnation pour homicide, des pièces sont représentées propres à faire naître de suffisants indices sur l'existence de la prétendue victime de l'homicide (art. 443 § 1 du C. d'inst. crim.) ;

2° Lorsque deux condamnations prononcées pour le même fait contre deux individus ne peuvent se concilier et font présumer l'innocence de l'un ou de l'autre (art. 443 § 2 du C. d'instr. crim.) ;

3° Lorsque l'un des témoins entendus a été, postérieurement à la condamnation, poursuivi et condamné pour faux témoignage contre le prévenu ou l'accusé (art. 443 § 3 du C. d'instr. crim.).

La revision est admise non seulement en matière criminelle, mais encore en matière correctionnelle lorsqu'il s'agit d'une condamnation à l'emprisonnement ou à une peine emportant l'interdiction totale ou partielle des droits civiques, civils et de famille.

Elle peut être demandée même après le décès du condamné (art. 444 du C. d'instr. crim.).

II. **Formes de la revision.** — Le droit de demander la revision appartient :

1° Au garde des sceaux ;

2° Au condamné ;

3º Après la mort du condamné à son conjoint, à ses enfants, à ses parents, à ses légataires universels ou à titre universel, enfin à ceux qui en ont reçu de lui la mission expresse.

La Cour de cassation, chambre criminelle, est saisie par son procureur général en vertu de l'ordre exprès donne, que le ministre de la justice soit d'office, soit sur la réclamation des parties.

La demande de la partie est non recevable au cas de jugements inconciliables ou de faux témoignage, si elle n'a pas été inscrite au ministère de la justice dans le délai de deux mois à partir de la seconde des condamnations inconciliables ou de la condamnation du faux témoin (art. 444 du C. d'inst. crim.).

III. **Effets.** — La revision, quand elle est admise, a pour effet d'annuler la condamnation qui avait été injustement portée ; si le condamné est décédé, elle décharge sa mémoire (art. 446 du C. d'instr. crim.).

ROLE D'AUDIENCE

Division

I. Rôle général.
II. Vérification.
III. Enrôlement des causes.

IV. Evocation à l'audience.
V. Refonte du rôle.

I. **Rôle général.** — Il est tenu au greffe de chaque Cour d'appel et de chaque tribunal de première instance un registre ou rôle général, coté et paraphé par le président, sur lequel sont inscrites dans l'ordre de leur présentation toutes les causes civiles, à l'exception de celles qui sont introduites sur requête (art. 55 et 56 du déc. du 30 mars 1808).

Il est extrait, pour chaque chambre, de ce rôle général un rôle particulier des affaires qui lui ont été distribuées ou renvoyées. Ce rôle particulier est remis au greffier de la chambre qu'il concerne (art. 61 du même décr.).

II. **Vérification.** — Le procureur de la République, en faisant ses vérifications mensuelles du greffe, doit se faire représenter le rôle général et s'assurer de la façon dont il est tenu.

III. **Enrôlement des causes.** — Chaque avoué doit faire

inscrire les causes dont il est chargé, la veille au plus tard du jour où les parties doivent se présenter à l'audience (art. 55 du déc. du 30 mars 1808).

La circulaire de la chancellerie du 8 décembre 1819 (Gillet, n° 1375) explique qu'il s'agit de la veille, non du jour où l'on se présente pour plaider, mais de celui où la citation échoit ; c'est ce qui résulte du texte de l'article 21, en ce qui concerne les Cours d'appel, et des articles 58, 61, 68 et 69 en ce qui concerne les tribunaux de première instance. La chancellerie, par cette même circulaire, invite les membres des Parquets à tenir la main à la stricte exécution de ces prescriptions et leur recommande d'user des mesures de discipline, prescrites par l'article 102 du règlement du 30 mars 1808, contre les avoués qui ne s'y conformeraient pas.

IV. **Évocation à l'audience.** — Au commencement de chaque audience, on appelle les affaires sommaires qui sont plaidées et jugées sans remise et sans tour de rôle ; on appelle ensuite les affaires ordinaires dans l'ordre du rôle particulier de la chambre.

Rappelons à cet égard les instructions du garde des sceaux en date du 30 octobre 1860 : « Que les procès de nature « urgente soient jugés aussi rapidement que possible, la « raison et la loi le veulent ainsi ; mais pour les affaires ordi- « naires, l'inscription au rôle doit déterminer le rang. Toute « préférence, quelle qu'en soit la cause, est une violation de « l'égalité devant la loi ; c'est une aggravation arbitraire des « inconvénients attachés aux procès ; cet abus doit dispa- « raître. » (Voir : **Instance civile.**)

Lorsque par suite de la négligence d'un avoué, une affaire ne peut être plaidée à la date fixée, il y a lieu de la rayer du rôle. Elle ne peut y être rétablie que sur le vu de l'expédition du jugement de radiation dont le coût reste à la charge personnelle de l'avoué. L'avoué est en outre tenu de tous dommages et intérêts ; il peut de plus lui être fait des injonctions suivant les circonstances (art. 29 et 73 du décr. du 30 mars 1808).

V. **Refonte du rôle.** — Le rôle est refondu au commencement de chaque nouvelle année judiciaire. Le greffier porte en tête du nouveau rôle les affaires qui restaient à juger l'année précédente, suivant leur ordre d'inscription.

ROULAGE

Division

I. Règles générales. — La police du roulage est régie par la loi du 30 mai 1851, par les décrets du 10 août 1852 et du 24 février 1858 et par l'article 475 n° 3 du Code pénal.

Les contraventions à la police du roulage sont de la compétence, les unes des conseils de préfecture, les autres des tribunaux de simple police ou de police correctionnelle.

II. Contraventions de simple police. — Les contraventions de la compétence des tribunaux de simple police, sont :

1° Celles qui ont trait au nombre des voitures qui peuvent être réunies en un même convoi, à l'intervalle qui doit rester libre d'un convoi à un autre, et au nombre de conducteurs exigés pour la conduite de chaque convoi ;

2° Les contraventions aux mesures de police à observer par les conducteurs, notamment en ce qui concerne le stationnement sur les routes et aux règles à suivre pour éviter ou dépasser d'autres voitures ;

3° La contravention commise par le propriétaire d'une voiture circulant sur les voies publiques sans être munie de la plaque prescrite par l'article 3 de la loi du 30 mai 1851 et par l'article 16 du décret du 10 août 1852. La loi de 1851 ne s'applique qu'aux routes nationales et départementales et aux chemins vicinaux de grande communication ; les voitures qui circulent sur d'autres voies, notamment dans l'intérieur des villes, restent soumises, quant à l'obligation de la plaque, aux dispositions de l'article 34 du décret du 23 juin 1806 et de l'article 475 § 4 du Code pénal (Cass., 9 mai 1856 ; P. 57-262 ; — Cass., 10 févr. 1870 ; P. 71-460).

Les contraventions les plus fréquentes en matière de roulage sont :

Le défaut de guide, le défaut d'éclairage et le stationnement sans nécessité sur la voie publique.

Défaut de guide. — Tout voiturier ou conducteur doit se tenir constamment à portée de ses chevaux ou bêtes de trait et en position de les guider (art. 475 § 3 du C. pén. et art. 14 du décr. du 10 août 1852). Lorsqu'il s'agit d'une voiture attelée de bœufs, il faut qu'il marche en avant de son attelage ; il commet une contravention s'il monte dans sa voiture et ne saurait être relaxé sous le prétexte qu'aucune autre voiture ne circulant en ce moment sur la route, il pouvait à la rigueur diriger son attelage dans cet endroit (Cass., 23 oct. 1885).

Défaut d'éclairage. — Toute voiture marchant isolément ou en tête d'un convoi ne peut circuler la nuit sans être pourvue d'un fallot ou d'une lanterne allumée (art. 15 du déc. du 10 août 1852). Les voitures d'agriculture sont affranchies de cette obligation, si les préfets ou les maires ne les y ont pas expressément soumises par un arrêté (Cass., 2 août 1855 ; P. 56-1-66).

Il en est de même des voitures particulières servant au transport des personnes (décr. du 24 févr. 1858, art. 2).

Le voiturier ne peut être relaxé de la poursuite que s'il est établi que l'extinction de sa lanterne est due à un fait accidentel présentant le caractère de la force majeure (Cass., 10 janv. 1879 ; P. 79-1-111).

Stationnement sans nécessité. — Il est interdit de laisser stationner sans nécessité sur la voie publique aucune voiture attelée ou non attelée (art. 10 du déc. du 10 août 1852). La loi du 30 mai 1851 est exclusivement applicable aux voitures circulant sur les routes ; dès lors, le fait d'avoir laissé stationner des chevaux ou des bestiaux non attelés ne tombe pas sous l'application de cette loi ; il ne peut être réprimé qu'en vertu de l'article 475 § 3 du Code pénal (Cass., 1er juin 1855 ; P. 56-1-368).

III. **Infractions de la compétence des tribunaux correctionnels.** — Les contraventions de la compétence des tribunaux correctionnels sont les suivantes :

I. L'article 6 punit d'une amende de 16 à 200 francs et d'un emprisonnement de six à dix jours, toute contravention aux prescriptions du titre 3 du décret du 10 août 1852, relatives :

1° A la solidité et à la stabilité des voitures de messagerie ;

2° Au mode de chargement, de conduite et d'enrayage de ces voitures ;

3° Au nombre de personnes qu'elles peuvent porter ;

4° A la police des relais ;

5° Aux autres mesures de police à observer par les conducteurs de voitures de messagerie, notamment pour éviter ou dépasser d'autres voitures ;

II. Une amende de 50 à 200 francs et un emprisonnement de six jours à six mois est prononcé contre tout propriétaire ou conducteur de voiture qui a fait usage d'une plaque portant un nom ou un domicile faux ou supposé. La même peine est applicable à celui qui, conduisant une voiture dépourvue de plaque, déclare un nom ou domicile autre que le sien ou que celui du propriétaire pour le compte duquel la voiture est conduite (art. 8 de la loi du 30 mai 1851).

Ne sont pas assujetties à l'obligation d'être munies d'une plaque les voitures particulières destinées au transport des personnes et celles qui appartiennent aux départements de la Guerre et de la Marine.

Cette exception s'étend également aux voitures employées à la culture des terres, au transport des récoltes, à l'exploitation des fermes, qui se rendent de la ferme aux champs ou des champs à la ferme, ou qui servent au transport des objets récoltés du lieu où ils ont été recueillis jusqu'à celui où, pour les conserver ou les manipuler, le cultivateur les dépose ou les rassemble (art. 3 de la loi du 30 mai 1851). Cette exception doit toutefois être strictement renfermée dans les termes de la loi ; la dispense de plaque n'est pas accordée à la simple destination des voitures, mais seulement à leur emploi, à leur usage et pour le temps de leur usage aux besoins de l'agriculteur (Cass., 24 juin 1864 ; P. 65-441).

Le propriétaire de la voiture est responsable des amendes, dommages-intérêts et frais prononcés contre toute personne préposée par lui à la conduite de cette voiture. Si la voiture n'a pas été conduite par ordre et pour le compte du propriétaire, la responsabilité est encourue par celui qui a préposé le conducteur (art. 13 de la loi du 30 mai 1851). Les dispositions de l'article 463 du Code pénal sont applicables dans tous les cas (art. 14 de la loi du 30 mai 1851).

IV. **État des contraventions à la police du roulage.** — Tous les trois mois, les ingénieurs en chef dressent un état des infractions à la police du roulage ; ils l'envoient au procureur général par l'intermédiaire du préfet. Ce magistrat l'adresse au procureur de la République compétent qui prend auprès des juges de paix les renseignements nécessaires pour remplir les colonnes laissées en blanc relatives à la suite donnée à chaque affaire. Quand il l'a ainsi complété, il le retourne par la même voie (Circ. chanc., 10 févr. 1874 ; Gillet, n° 4420).

RUPTURE DE BAN

(Voir : **Surveillance.**)

RURALE (Police)

La police rurale a pour objet la tranquillité, la salubrité et la sûreté des campagnes (art. 9, tit. 2 de la loi du 6 octobre 1791).

Nous ne pouvons entrer dans l'examen de cette matière, qui exigerait des développements considérables. Ce travail n'aurait pas, d'ailleurs, une grande utilité ; car on discute, en ce moment, au Sénat un nouveau projet de Code rural qui, il faut l'espérer, ne tardera pas trop à être terminé. Rappelons toutefois que les délits ruraux sont soumis, quant à la prescription, soit aux règles établies par la loi du 6 octobre 1791, soit à celles qu'a consacrées le Code d'instruction criminelle, suivant qu'ils sont régis par cette loi spéciale ou par des textes du Code pénal. Aux termes de l'article 8, section septième, titre premier de la loi du 6 octobre 1791, la prescription s'acquiert par un mois.

S

SAGES-FEMMES

Il y a deux classes de sages-femmes. Les sages-femmes de première classe ne peuvent être reçues que par une Faculté ; elles exercent dans toute la France. Les diplômes des sages-femmes de seconde classe sont délivrés par les Facultés, par les écoles de plein exercice et par les écoles préparatoires. Ce diplôme ne donne le droit d'exercer que dans le département pour lequel il a été délivré.

Les sages-femmes de première classe doivent avoir suivi pendant deux ans les cours d'une Faculté (art. 30 de l'ord. du 2 févr. 1823); celles de seconde classe suivent dans un hospice les cours prescrits par les articles 30 et 31 de la loi du 19 vent. an XI.

Elles doivent faire enregistrer leur diplôme au greffe de tribunal de première instance et à la sous-préfecture de l'arrondissement où elles s'établissent. La liste des sages-femmes reçues pour chaque département est dressée par les procureurs de la République et par les préfets, ainsi que nous l'avons indiqué pour les médecins et pour les pharmaciens (art. 34 de la loi du 19 vent. an XI).

(Voir : **Accouchement**).

SAISIE

Division.

§ 1. — Questions diverses.

I. Saisies dans les magasins militaires.
II. Interventions des officiers de police judiciaire dans les saisies-exécutions.
III. Saisies en matière criminelle.

§ 2. — Détournement d'objets saisis.

IV. Peines.
V. Immunité de l'article 380 du Code pénal.
VI. Complicité.
VII. Qualification.

§ 1. — QUESTIONS DIVERSES

I. **Saisies dans les magasins militaires.** — Il est interdit d'opérer, sous quelque prétexte que ce soit, des saisies dans les magasins militaires. C'est ce qui résulte d'une circulaire de la chancellerie en date du 26 prairial an XIII : « On m'informe, Messieurs, que des huissiers ont « osé se permettre de faire des saisies dans les magasins « militaires et sur les effets qui y sont déposés. J'ai lieu « d'être étonné que les magistrats sous les yeux desquels de « tels actes ont eu lieu, ne les aient pas réprimés de suite et

« ne me les aient pas dénoncés. Je m'empresse de vous
« donner les ordres les plus positifs d'empêcher qu'ils ne se
« renouvellent à l'avenir et de sévir contre les huissiers qui
« s'en rendraient coupables. Les approvisionnements qui ont
« été livrés aux préposés du gouvernement ou qui sont
« versés dans ses magasins, sont la propriété de l'État ; nul
« n'a le droit d'en détourner la destination, sous quelque
« prétexte que ce soit. »

**II. Intervention des officiers de police judiciaire
dans les saisies-exécutions.** — Les officiers de police judiciaire (juges de paix, maires, adjoints, commissaires de
police) sont appelés à intervenir dans les saisies-exécutions
pratiquées par les huissiers. Si les portes sont fermées ou si
l'ouverture en est refusée, l'huissier peut établir un gardien
aux portes pour empêcher tout détournement. Il se retire sur le
champ sans assignation devant le juge de paix, à son défaut
devant le commissaire de police et dans les communes où il
n'y en a pas devant le maire et à son défaut devant l'adjoint
en présence desquels l'ouverture des portes, même celles des
meubles fermants, est faite au fur et à mesure de la saisie.
L'officier qui se transporte ne dresse point de procès-verbal
mais il signe celui de l'huissier (art. 587 du C. de proc. civ.).

III. Saisies en matière criminelle. — Nous avons indiqué les règles à suivre : V° **Flagrant délit**, VII ; —
Pièces deconviction, I ; — **Visites domiciliaires.**

§ 2. — DÉTOURNEMENTS D'OBJETS SAISIS.

IV. Peines. — Le saisi qui a détruit, détourné ou tenté de
détruire ou de détourner des objets saisis sur lui et confiés
à sa garde est puni des peines édictées par l'article 406 du
Code pénal (abus de confiance) ; la peine est celle de l'article
401 (vol), si la garde des objets saisis avait été confiée à un
tiers (art. 400 §§ 3 et 4 du C. pén.).

La portée de cette disposition est générale : elle s'applique
non seulement aux saisies-exécutions proprement dites, mais
aussi à tous les actes par lesquels des objets mobiliers sont
mis légalement, sous la main de l'autorité publique pour

forcer à exécuter certaines obligations (Cass., 30 sept. 1841 ; P. 41-2-572).

Il y a donc délit punissable :

1° Au cas de détournement d'immeubles par destination, saisis en même temps que le fonds auquel ils sont attachés (Cass., 25 avr. 1840 ; *Bull. crim.*, n° 120) ;

2° Au cas de détournement d'animaux saisis et mis en fourrière par suite d'abandon sur la propriété d'autrui (Cass., 30 sept. 1841 ; P. 41-2-572 ; — Cass., 4 juin 1842 ; P. 42-2-599) ;

3° Au détournement d'objets compris dans une saisie-arrêt, encore bien que cette saisie n'ait pas été suivie de l'assignation en validité et de la dénonciation, prescrites par l'article 565 du Code de procédure civile (Cass., 24 févr. 1872 ; P. 72-441).

V. Immunité de l'article 380 du Code pénal. — L'immunité, établie par l'article 380 du Code pénal à l'égard des soustractions commises entre parents ou entre époux, est inapplicable au cas de détournement d'objets saisis. Ce détournement n'a pas en effet le caractère d'un vol ; c'est un délit spécial et ces immunités ne peuvent s'étendre par voie d'analogie (Cass., 18 avr. 1857 ; P. 57-343 ; — Cass., 10 févr. 1879 ; P. 79-724).

VI. Complicité. — Aux termes de l'article 400 §6 du Code pénal, celui qui recèle sciemment les objets détournés, le conjoint, les ascendants et descendants du saisi qui l'ont aidé dans la destruction ou le détournement de ces objets, sont punis de la même peine. Il ne faut pas conclure de cette disposition spéciale que les règles ordinaires de la complicité ne sont pas applicables en cette matière ; c'est ce qu'a décidé la Cour de cassation dans un arrêt du 17 février 1844 (P. 44-1-593) ; le dernier paragraphe de l'article 400 n'est nullement restrictif, il a eu pour unique objet de constater que l'article 380 est sans application dans le cas prévu.

VII. Qualification.

D'avoir, à   , le   188   , détruit (ou détourné, ou tenté de détruire, ou tenté de détourner) des objets saisis sur lui et confiés à sa garde ;

Délit prévu et puni par les articles 400 § 3 et 406 du Code pénal.

D'avoir, à   , le   188   , détruit (ou détourné, ou, etc...) des objets saisis sur lui et dont la garde avait été confiée au sieur.....;

Délit prévu et puni par les articles 400 §§ 4 et 401 du Code pénal.

SCELLÉS

Division

§ 1. — **Apposition et levée des scellés.**

  I. Apposition d'office.

  II. Apposition des scellés chez les comptables du Trésor.

  III. Apposition des scellés sur les effets des passagers décédés en mer.

  IV. Frais de garde des scellés en matière criminelle et correctionnelle.

§ 2. — **Bris de scellés.**

  V. Négligence des gardiens.

  VI. Bris de scellés.

  VII. Vol commis avec bris de scellés.

  VIII. Qualification.

§ 1. — APPOSITION ET LEVÉE DES SCELLÉS.

I. **Apposition d'office.** — Les scellés doivent être apposés soit à la diligence du procureur de la République, soit sur la déclaration du maire, soit même d'office par le juge de paix :

1° Lorsqu'un mineur est sans tuteur et que l'apposition des scellés n'a point été requise par un parent (art. 911 § 1 du C. de proc. civ.). — Les scellés ne doivent pas être apposés d'office, quand les mineurs ont un tuteur ; il convient de remarquer que la tutelle appartenant de droit au père ou à la mère survivant, le mineur n'est point sans tuteur au décès du premier mourant (Circ. chanc., 5 nov. 1808; Gillet n° 647) ;

2° Lorsque le conjoint ou un ou plusieurs des héritiers sont absents (art. 911 § 2 du C. de proc. civ.) ;

3° Si le défunt était dépositaire public ; mais, dans ce cas, les scellés ne doivent être apposés qu'en raison de ce dépôt et sur les objets qui le composent (art. 911 § 3, du C. de proc. civ.)

Il y a lieu d'appliquer cette dernière disposition en cas de décès :

1° D'un officier supérieur ou général et de tout fonctionnaire militaire d'un rang correspondant (Arrêté du 13 niv.

an X ; — Circ. chanc., 31 mai 1844 ; Gillet, n° 3036 ; — Circ. chanc., 9 juin. 1876 ; *Bull. off.*, n° 2, p. 101). Aux termes de l'arrêté de nivôse, il appartient aux juges de paix d'examiner quels sont, parmi les papiers du fonctionnaire décédé, ceux qui doivent être mis sous les scellés et ceux qu'il convient d'en affranchir ; mais ils ne sauraient, sans manquer à leurs devoirs, se dispenser de procéder à l'apposition des scellés, lorsqu'il ne résulte pas d'une manière évidente de l'examen des papiers du défunt qu'il ne s'en trouve aucun de nature à être réclamé par l'État. Dès l'instant que des doutes peuvent s'élever à cet égard, l'autorité militaire doit être appelée à intervenir pour apprécier le caractère et l'importance des documents dont il s'agit ;

2° D'un officier général, supérieur ou autre, d'un fonctionnaire ou agent du département de la marine et des colonies (art. 633 de l'ord. de la marine du 25 mars 1765 ; — Instr. du ministre de la marine du 4 nov. 1865 et Circ. chanc., 23 janv. 1866 ; *Rec. off.*, t. III, p. 79). — Le juge de paix doit donner immédiatement avis du décès soit à l'autorité maritime la plus voisine, soit au général commandant le corps d'armée ; puis il appose les scellés sur les papiers, cartes, plans et mémoires relatifs à la marine, trouvés au domicile du défunt et autres que ceux dont celui-ci est l'auteur ; la nomenclature des papiers sur lesquels les scellés doivent être ainsi apposés, est annexée à l'instruction du 4 novembre 1865 (*Rec. off.*, t. III, p. 82). — Le juge de paix prévient l'autorité maritime du jour où les scelles sont levés, afin qu'elle délègue un officier ou agent pour assister à cette opération (Instr. du 4 nov. 1865 ; — Circ. chanc., 9 juin 1876; *Bull. off.*, n° 2, p. 101) ;

3° Des archevêques et évêques (art. 37 du décr. du 6 nov. 1813 ; — Circ. chanc., 8 janv. 1884 ; *Bull. off.*, n° 33, p. 4) ;

4° Du titulaire d'une cure (art. 16 du décr. du 6 nov. 1813). L'apposition des scellés ne présente toutefois d'utilité que dans certains cas particuliers, notamment lorsqu'il y a eu confusion dans la gestion des biens curiaux et des biens de la fabrique, ou immixtion du titulaire de la cure dans la gestion des biens de la fabrique ; aussi les juges de paix peuvent en général attendre pour apposer les scellés que cette mesure conservatoire soit demandée par les représentants de la fabrique ou de la commune ou par l'autorité supérieure (Circ. chanc., 8 janv. 1884 ; *Rec. off.*, n° 33, p. 4) ;

5° D'un notaire. — Lorsqu'un notaire meurt dans l'exercice de ses fonctions, le juge de paix doit immédiatement apposer les scellés sur les minutes et répertoires, le procureur de la République est tenu de s'assurer de l'accomplissement de cette formalité (art. 61 de la loi du 25 ventôse an XI). — La même mesure doit être prise sur la réquisition du ministère public lorsqu'un notaire a disparu de sa résidence. — Mais un juge de paix ne pourrait apposer d'office les scellés dans une étude d'huissier après décès du titulaire, les huissiers n'étant pas des dépositaires publics dans le sens de l'article 911 § 3 du Code de procédure (Trib. du Havre, 10 juil. 1870 ; P. 71-354).

II. — **Apposition des scellés chez les comptables du Trésor.** — Dès qu'un comptable de deniers publics est décédé, l'administration des finances pourvoit aux exigences du service en procédant dans le plus bref délai possible à la nomination et à l'installation d'un gérant intérimaire.

Lorsque celui-ci est présent à l'apposition des scellés, le juge de paix doit, conformément à l'article 924 du Code de procédure civile, dresser un procès-verbal contenant une description sommaire des registres de comptabilité publique, et les laisser à la disposition du comptable intérimaire sans les placer sous les scellés. Il doit, dans les mêmes conditions, vérifier le contenu de la caisse et en laisser les clefs entre les mains de l'agent financier.

Si le gérant intérimaire n'est pas présent au moment de l'apposition des scellés, il doit en placer partout, dans l'intérêt même du Trésor.

Dès son arrivée, si les délais prescrits pour la levée ne sont pas expirés ou si la levée complète ne peut être opérée, le gérant peut saisir, par voie de référé et pour cause d'urgence, le président du tribunal de première instance conformément à l'article 928 du Code de procédure civile ; il obtient ainsi une levée partielle après laquelle les registres et la caisse lui sont remis après description (Déc. chanc., 10 avr. 1879 ; *Bull. off.*, n° 14, p. 74).

III. — **Apposition des scellés sur les effets des passagers décédés en mer.** — C'est à l'administration de la marine et non aux juges de paix qu'il appartient d'apposer les scellés à bord des navires sur les effets des passagers décédés en mer ; c'est ce qui résulte du titre 2 du livre 3 de l'ordonnance de 1681, des édits et règlements de décembre 1712, de juillet 1720, et d'août 1739 et enfin de l'ordonnance du 17 juillet 1816. Les administrateurs de la marine doivent recevoir la déclaration des capitaines, se transporter à leur bord pour recueillir les effets des marins ou passagers morts en mer et les papiers qui intéressent leur famille ; toutes ces opérations sont étrangères aux juges de paix et doivent se faire sans leur intervention (Circ. chanc., 10 juil. 1819 ; Gillet, N° 1348).

IV. — **Frais de garde des scellés en matière criminelle et correctionnelle.** — En matière criminelle et correctionnelle, les femmes ne peuvent être constituées gardiennes des scellés (Loi du 6 vend, an III ; — art. 38 du décr. du 8 juin 1811). Lorsqu'au cours d'une procédure criminelle, les scellés ont été apposés par le juge d'instruction, il n'est accordé de taxe pour la garde des scellés que lorsque ce magistrat n'a pas jugé à propos de confier cette garde à des habitants de la maison où ces scellés ont été apposés (art. 37 du décr. du 18 juin 1811).

Dans ce cas il est alloué pour chaque jour au gardien nommé d'office :

A Paris	2 fr.	50
Dans les villes de 40.000 habitants et au-dessus	2	»
Dans les autres villes et communes	1	»

§ 2. — BRIS DE SCELLÉS.

V. — **Négligence des gardiens.** — Lorsque les scellés apposés, soit par ordre du gouvernement, soit par suite d'une ordonnance de justice rendue en quelque matière que ce soit, ont été brisés, les gardiens sont punis pour simple négligence d'un emprisonnement de six jours à six mois (art. 249 du C. pén.). Si le bris de scellés s'applique à des papiers et effets d'un individu prévenu d'un crime emportant la peine de mort, des travaux forcés à perpétuité ou de la déportation, la peine est de six mois à deux ans d'emprisonnement (art. 250 du C. pén.). Il faut bien remarquer qu'il n'est pas nécessaire qu'il y ait intention frauduleuse de la part du gardien ; c'est la seule négligence que ces dispositions veulent atteindre. Mais le délit disparaîtrait, si la rupture des scellés résultait d'un cas de force majeure.

VI. **Bris de scellés**. — L'article 251 du Code pénal punit d'un emprisonnement d'un an à trois ans toute personne qui, à dessein, brise ou tente de briser les scellés apposés sur des papiers ou effets d'un individu prévenu d'un crime emportant la peine de mort, des travaux forcés à perpétuité ou de la déportation. Si c'est le gardien lui-même qui commet ce délit, la peine est un emprisonnement de deux à cinq ans. Dans tous les cas le coupable est condamné à une amende de 50 à 2.000 francs ; il peut en outre être privé des droits mentionnés dans l'article 42 du Code pénal pendant cinq ans au moins et dix ans au plus à compter du jour où il aura subi sa peine ; il peut aussi être placé pendant le même nombre d'années sous la surveillance de la haute police.

Celui qui participe au bris de scellés, est puni des mêmes peines qui varient également suivant qu'il est ou n'est pas gardien (art. 251).

S'il s'agit du bris des scellés, apposés sur tous autres papiers ou effets, la peine est de six mois à deux ans d'emprisonnement ; elle est de deux à cinq ans lorsque le coupable est le gardien lui-même (art. 252 du C. pén.).

Il suffit que les scellés aient été brisés ; le délit existe encore bien qu'aucun des papiers ou effets n'ait été détourné ou altéré ; mais il faut qu'il y ait eu dessein, c'est-à-dire que l'auteur de ce bris se soit rendu compte de ce qu'il faisait.

VII. **Vol commis avec bris de scellés**. — Tout vol commis à l'aide d'un bris de scellés est considéré comme un vol commis à l'aide d'effraction (art. 253 du C. pén.).

VIII. **Qualification.**

D'avoir, à   , le   , laissé, par négligence, briser les scellés apposés par le juge de paix du canton de   , sur les meubles de la succession X..., alors qu'il avait été constitué gardien desdits scellés ;
Délit prévu et puni par l'article 249 du Code pénal.

D'avoir, à   , le   , à dessein brisé des scellés apposés par

*ordonnance du juge d'instruction de X..., sur les papiers et effets
du nommé J...,prévenu d'assassinat, crime emportant la peine de mort;
Délit prévu et puni par les articles 250 et 251 du Code pénal.*

SÉPARATION DE BIENS

Division

I. Communication au ministère public.

II. Affichage.

I. Communication au ministère public. — La loi
n'exige pas formellement, comme en matière de séparation
de corps, la communication au ministère public ; mais il n'est
pas douteux que cette communication ne soit nécessaire en
présence du texte de l'article 83 du Code de procédure
civile qui range au nombre des affaires communicables,
d'une part celles qui concernent l'état des personnes, et d'autre part les causes des femmes non autorisées de leurs maris
(Chauveau sur Carré, *quest.* 2928 *bis* ; — Massabiau, t. I,
p. 180 et 474 ; — Dutruc, v° *Séparation de biens*).

II. Affichage. — Aux termes des articles 866 et 867 du
Code de procédure civile, des extraits des demandes en séparation de biens doivent être insérés dans les tableaux placés
à cet effet, tant dans l'auditoire des tribunaux de première
instance et de commerce, que dans les chambres des avoués
et dans celles des notaires. Les insertions sont certifiées par
les greffiers et les secrétaires des chambres.

Les mêmes formalités sont prescrites par l'article 872 de
ce Code pour les extraits de jugements de séparation de
biens, et par l'article 880 pour ceux des jugements de séparation de corps.

SÉPARATION DE CORPS ET DIVORCE

Division

I. Séparation de corps.
II. Divorce.
III. Rôle de l'officier de l'état civil.

IV. Garde des enfants.
V. Compte-rendu des débats.

I. Séparation de corps. — Les affaires de séparation de
corps sont communicables ; le ministère public doit être en-

tendu comme partie jointe (art. 83 § 2 et 879 du C. de proc.).
Lorsque la séparation de corps est prononcée pour cause
d'adultère de la femme, le procureur de la République doit
requérir la condamnation à la réclusion dans une maison de
correction pendant un temps qui ne peut être moindre de
trois mois ni excéder deux années (art. 308 du C. civ.). L'article 463 du Code pénal n'est pas applicable (Bastia, 19 mars
1856 ; P. 56-2-549).

L'action du ministère public serait éteinte par prescription,
si trois ans s'étaient écoulés depuis que l'adultère a eu lieu
(Paris, 10 fév. 1845 ; P. 45-1-422 ; — Besançon, 20 fév. 1860 ;
P. 60-436 ; — Toulouse, 10 déc. 1874 ; P. 75-574).

Si le ministère public, en concluant au fond, ne requiert pas
l'application de l'article 308 et si par suite la peine édictée n'est
pas prononcée par le jugement de séparation, il ne peut plus
ultérieurement la requérir, et les juges ne sauraient la prononc-
cer (Rouen, 14 mai 1829 ; P. chr.) ; mais s'il était interjeté
appel du jugement de séparation, le procureur général pourrait devant la Cour prendre pour la première fois des réquisitions tendant à la condamnation de la femme pour adultère
(Aix, 13 juil. 1868 ; *J. du min. publ.*, t. XII, p. 121).

II. **Divorce.** — Après que le juge a fait sans succès aux
époux les représentations qu'il croit propres à un rapprochement, il en dresse procès-verbal et ordonne qu'il soit donné
communication de la demande et des pièces au procureur de
la République (art. 239 du C. civ.). Dans les trois jours qui
suivent, le tribunal, sur le rapport du président ou du juge
qui le remplace et sur les conclusions du procureur de la
République, accorde ou suspend la permission de citer ; la
suspension ne peut excéder le terme de vingt jours (art. 240
du C. civ.).

Après que les parties ont comparu à huis-clos devant le
tribunal, le jugement qui prononce le renvoi à l'audience
publique, ordonne en même temps la communication de la
procédure au ministère public (art. 245 du C. civ.).

A l'audience, le tribunal statue d'abord sur les fins de non-
recevoir, s'il en a été proposé ; le ministère public doit être
entendu (art. 246 du C. civ.). Lorsque la demande en divorce
est admise, le tribunal statue au fond et fait droit à la demande, si elle lui paraît en état d'être jugée, sinon il admet

le demandeur à faire la preuve des faits allégués, en réservant la preuve contraire au défendeur ; le procureur de la République doit donner ses conclusions (art. 247 du C. civ.).

Les parties sont tenues de proposer de suite leurs reproches contre les témoins qui doivent être entendus ; le tribunal statue après avoir entendu le procureur de la République (art. 250 du C. civ.).

L'enquête a lieu devant le tribunal à huis-clos en présence du ministère public (art. 253 du C. civ.). Lorsque l'enquête est terminée, le tribunal ordonne le renvoi à une audience publique et la communication de la procédure au ministère public (art. 256 du C. civ.).

Au jour fixé, le juge commissaire fait son rapport, les parties présentent leurs observations, le procureur de la République est ensuite entendu dans ses conclusions. Le jugement définitif est prononcé publiquement (art. 257 et 258 du C. civ.).

III. **Rôle de l'officier de l'état civil**. — La dissolution du mariage ne résulte pas de la décision judiciaire qui admet le divorce ; les articles 258 et 264 du Code civil obligent les parties contre lesquelles un jugement de divorce a été rendu, à se présenter devant l'officier de l'état civil dans un délai déterminé sous peine de déchéance des effets du jugement. — Ce délai est de deux mois, il commence à courir à l'égard des jugements de première instance après l'expiration du délai d'appel, à l'égard des arrêts rendus par défaut sur appel, après l'expiration de l'opposition et à l'égard des jugements contradictoires en dernier ressort, après l'expiration du délai de pourvoi en cassation (art. 264 et 265 du C. civ.).

C'est l'époux qui a obtenu le jugement qui est tenu de requérir la prononciation du divorce (art. 264 du C. civ.). La loi n'indique pas devant quel officier de l'état civil il doit se présenter ; mais M. le garde des sceaux estime que c'est devant le maire du lieu où était le domicile du mari au moment où la décision a été rendue (Circ. chanc., 3 oct. 1884 ; *Bull. off.*, n° 36, p. 204 ; — Trib. de la Seine, 5 mars 1885 ; P. 85-1-340). Lorsque le mari est sans domicile connu en France, le tribunal, en admettant la demande en divorce, peut commettre un officier de l'état civil pour prononcer la dissolution

(Bruxelles, 28 déc. 1874 ; *Pasic.* 75-2-177 ; — Circ. chanc.,
3 oct. 1884). Toutefois le tribunal de la Seine décide qu'en
pareil cas l'officier de l'état civil compétent est celui du domicile de la femme (Trib. de la Seine, 19 et 21 nov. 1884 ; P. 85-
1-221 ; — 28 fév. 1885 ; *Gaz. des Trib.*, 19 mars 1885).

La loi n'a pas déterminé les pièces qui doivent être produites à l'officier de l'état civil ; mais la chancellerie, en s'appuyant sur les principes généraux, a fixé ainsi qu'il suit la
nomenclature des pièces qui doivent être remises et annexées
au registre ; ce sont :

1o L'expédition du jugement ou de l'arrêt autorisant le divorce ;

2o Un certificat de l'avoué, attestant que cette décision a
été signifiée et indiquant la date de la signification ;

3o Un certificat du greffier du tribunal ou de la Cour constatant qu'il n'y a pas de pourvoi. Cette dernière pièce est
indispensable pour les décisions rendues sur une demande
de divorce, par ce motif que le pourvoi en cette matière est
suspensif ;

4o L'original de l'acte d'huissier par lequel l'autre époux a
été appelé à comparaître devant l'officier d'état civil (art. 264
du C. civ.). Cette pièce peut n'être pas produite, quand l'époux
défendeur est présent à la dénonciation.

Il appartient à l'officier de l'état civil sur le vu de ces diverses
pièces, de vérifier si les délais d'appel, d'opposition ou de
pourvoi en cassation sont périmés sans qu'aucune de ces
voies de recours ait été exercée et de rechercher ensuite si
depuis le jour où la décision est devenue définitive, il ne
s'est pas écoulé plus de deux mois (Circ. chanc., 3 oct.
1884).

Comme les autres actes de l'état civil, les actes de divorce
doivent être dressés en présence de témoins.

M. le garde des sceaux estime que le nombre des témoins
doit être de quatre (Circ. chanc., 3 oct. 1884).

La même circulaire recommande aux chefs de Parquets
d'exercer une surveillance très sérieuse sur cette partie des
fonctions d'officier de l'état civil et de se faire présenter fréquemment les registres pour examiner si les actes de divorce
sont dressés régulièrement.

IV. Garde des enfants. — Lorsque le mariage est dissous

par le divorce, les enfants sont confiés à l'époux qui a obtenu le divorce, à moins que le tribunal sur la demande de la famille ou du ministère public, n'ordonne pour le plus grand avantage des enfants, que tous ou quelques-uns d'entre eux seront confiés aux soins soit de l'autre époux, soit d'une tierce personne (art. 302 du C. civ.). La jurisprudence a étendu à la séparation de corps les dispositions de cet article.

Le ministère public a donc qualité pour prendre à ce sujet des réquisitions formelles sur lesquelles le tribunal est tenu de statuer ; il peut par suite interjeter appel de la décision intervenue si elle ne fait pas droit à sa demande.

V. Compte-rendu des débats. — La reproduction des débats sur les instances en divorce ou en séparation de corps est interdite sous peine d'une amende de 100 à 2.000 francs édictée par l'article 39 de la loi du 30 juillet 1881 (art. 3 de la loi du 29 juil. 1884).

Il résulte du texte même de cet article que le législateur a entendu seulement étendre la portée de l'article 39 de la loi du 30 juillet 1881 ; ce délit est par suite soumis à toutes les dispositions spéciales de la loi sur la presse.

L'article 3 n'interdit que la reproduction des débats, par suite on peut publier l'exploit introductif d'instance et le jugement.

SÉQUESTRATION

Division

I. Eléments du délit.
II. Peines. — Circonstances aggravantes.
III. Prêt d'un lieu pour exécuter la séquestration.

IV. Fonctionnaires publics.
V. Excuse légale.
VI. Qualification.

I. Éléments du délit. — Pour que le crime de séquestration existe, deux conditions doivent être réunies :

1° Il faut qu'il y ait eu arrestation, détention ou séquestration. Il n'est pas d'ailleurs nécessaire que ces trois faits se trouvent réunis ; ainsi la détention ou la séquestration d'un enfant par ses parents dans une partie de leur habitation tombe sous l'application de la loi, bien qu'il n'y ait pas eu en réalité arrestation illégale (Cass., 27 sept. 1838 ; P. 38-2-278) ;

2° En second lieu, il faut que l'arrestation, détention ou séquestration ait eu lieu sans ordre des autorités constituées et hors les cas où la loi ordonne de saisir les prévenus.

C'est ainsi que toute personne peut et même doit arrêter les coupables surpris en flagrant délit ; mais les peines édictées par l'article 341 seraient encourues si l'arrestation avait lieu hors ce cas, à moins qu'il n'y ait un mandat de justice. La jurisprudence a fait application de ces principes à des chefs de poste ou de patrouille qui avaient opéré des arrestations sans mandat et en dehors du cas de flagrant délit (Bourges, 30 déc. 1870 ; P. 71-549 ; — Caen, 28 juin 1872 ; P. 72-221).

Les parents et les gardiens des fous ont le droit de les détenir, puisque l'article 475 § 5 du Code pénal réprime le fait de laisser divaguer des fous. Mais le fait de faire enfermer un individu dans un asile d'aliénés à l'aide de pièces abusivement obtenues constitue, selon nous, le crime de séquestration arbitraire, bien que le contraire ait été jugé par la Cour de cassation dans un arrêt du 18 février 1842 (D. Alph., v° *Liberté individuelle*, n° 67).

Les parents ont certainement le droit de forcer leurs enfants à rester dans la maison paternelle ; ils peuvent évidemment les y détenir ; mais si cette détention devenait, par sa durée ou par sa rigueur, un acte de cruauté, si elle étai accompagnée de mauvais traitements, les articles 241 et sui_t vants du Code pénal seraient applicables ; c'est là évidemmen une question de fait que les magistrats auront à apprécier.

II. **Peines. — Circonstances aggravantes.** — La séquestration illégale est punie de la peine des travaux forcés à temps (art. 341). Si la séquestration a duré plus d'un mois, la peine est celle des travaux forcés à perpétuité (art. 342).

La peine des travaux forcés à perpétuité est également encourue :

1° Si l'arrestation a été exécutée avec un faux costume, sous un faux nom ou sous un faux ordre de l'autorité publique ;

2° Si l'individu arrêté, détenu ou séquestré a été menacé de mort (art. 347 § 1).

Enfin la peine est celle de mort si les personnes arrêtées, détenues ou séquestrées ont été soumises à des tortures corporelles (art. 344 § 2).

III. Prêt d'un lieu pour exécuter la séquestration. — L'article 341 porte dans sa disposition finale : « Quiconque aura « prêté un lieu pour exécuter la détention ou séquestration, « subira la même peine. » La peine des travaux forcés à temps est donc encourue ; mais cette peine s'aggrave-t-elle comme celle de l'auteur principal ? Aucun doute ne nous paraît possible lorsqu'il s'agit de l'aggravation édictée par l'article 342 dans le cas où la séquestration se prolonge au-delà d'un mois ; mais la question est beaucoup plus délicate lorsque l'aggravation résulte de ce que l'arrestation a été exécutée avec un faux costume, ou a été accompagnée de menaces de mort, ou enfin de ce que la victime a été soumise à des tortures corporelles. Nous pensons, avec M. Blanche (t. V, p. 279), que l'aggravation de peine sera encourue dans tous les cas par celui qui a fourni le local ; ce n'est qu'une application des principes écrits dans les articles 59 et 60 § 2 du Code pénal sur la complicité. Il est inutile d'ajouter que le complice qui a fourni le local, doit, pour être punissable, avoir agi en connaissance de cause.

IV. Fonctionnaires publics. — Les articles 341 et suivants du Code pénal s'appliquent-ils aux fonctionnaires publics ? Un arrêt de la Cour de cassation du 25 mai 1832 (P. chr.) déclare que la disposition de l'article 341 est générale et n'admet aucune distinction ; la jurisprudence en a fait notamment l'application à un gendarme et à un capitaine de la garde nationale. Depuis on a soutenu que ces articles ne sont pas applicables aux fonctionnaires et que ceux-ci ne peuvent être poursuivis qu'en vertu de l'article 114 du Code pénal, s'ils commettent une arrestation ou une séquestration arbitraire. Nous ne saurions admettre ce système qui nous paraît contraire au texte de la loi et qui conduit à ce résultat étrange : c'est qu'un fonctionnaire serait moins sévèrement puni qu'un simple particulier, alors que l'abus qu'il a fait de l'autorité dont il est investi, semble être une circonstance aggravante.

V. Excuse légale. — Lorsque les coupables non encore poursuivis de fait ont rendu la liberté à la personne séquestrée avant le dixième jour accompli depuis celui de l'arrestation, détention ou séquestration, la peine est réduite à un emprisonnement de deux à cinq ans. La surveillance de la haute police peut être prononcée pendant cinq ans au moins et dix ans au plus (art. 343 du C. pén.).

Dans ce cas, le fait ne constitue pas un simple délit; l'article 343 ne fait qu'admettre une excuse qui atténue la peine, tout en laissant subsister le caractère criminel de l'infraction. Le fait reste, par suite, de la compétence de la Cour d'assises. (Cass., 24 avr. 1841 ; *Bull. crim.*, n° 116 ; — Cass., 3 mai 1877 ; D. 77-1-403 ; — Rennes, 19 fév. 1879 ; P. 79-1134 ; — Riom, 19 janv. 1880 ; P. 80-1232).

VI. Qualification.

D'avoir, à   , le   , sans ordre des autorités consti-tuées et hors les cas où la loi ordonne de saisir des prévenus, arrêté (ou détenu ou séquestré) le sieur X....;

Crime prévu et puni par l'article 341 du Code pénal.

D'avoir, à   , le   , sans ordre, etc..., avec cette cir-constance que l'arrestation a été exécutée sur un faux ordre de l'au-torité publique ;

Crime prévu et puni par les articles 341 et 344 du Code pénal.

D'avoir, à   , le   , sans ordre, etc..., avec cette cir-constance que ledit sieur X..., a été rendu à la liberté, avant le dixième jour accompli depuis celui de l'arrestation (ou détention, ou séquestration) ;

Crime prévu et puni par les articles 341 et 345 du Code pénal.

SERMENT

Division

I. — Serment professionnel. Le décret du 11 septembre 1870 a aboli le serment politique, mais a maintenu le serment professionnel des fonctionnaires.

La prestation du serment professionnel est exigée pour tou-tes les fonctions qui comportent une autorité directe et une action sur le public.

Le serment doit être prêté :

I. *Devant le tribunal civil de première instance :*

1° Par les agents et préposés de l'administration fores-tière ;

2° Par les gardes champêtres et particuliers, chargés de la garde de bois et forêts ;

3° Par les maîtres et contre-maîtres chargés de la garde des arbres marqués pour la marine ;

4° Par les garde-pêche ;

5° Par les vérificateurs des poids et mesures ;

6° Par les préposés des douanes ;

7° Par les directeurs et inspecteurs des postes et télégraphes ;

8° Par les agents du service sanitaire ;

9° Par les gendarmes ;

10° Par les gardes du génie ;

11° Par les gardes d'artillerie ;

12° Par les gardiens de batterie ;

13° Par les agents des compagnies de chemins de fer.

II. — *Soit devant le tribunal civil, soit devant le juge de paix :*

1° Par les préposés des contributions indirectes ;

2° Par les préposés des octrois ;

3° Par les préposés de la garantie des matières d'or et d'argent ;

4 Par les syndics des gens de mer.

III. — *Devant le juge de paix :*

1° Par les gardes champêtres ;

2° Par les gardes particuliers ;

3° Par les garde-vente.

II. — **Agents des contributions indirectes.** — Aux termes d'une circulaire de l'administration des contributions indirectes du 29 septembre 1858, les buralistes, les débitants de tabac, les débitants de poudre, les préposés temporaires, les canotiers surveillants du service de la navigation, les gardiens de salines prêtent serment devant le juge de paix du canton de leur résidence. Tous les autres agents des contributions indirectes prêtent serment devant le tribunal civil de l'arrondissement dans lequel ils doivent exercer.

Une circulaire de la chancellerie, du 16 avril 1817 (Gillet, n° 1166), recommande de faire toujours prêter serment aux débitants de tabac devant le juge de paix.

Le serment prêté en la triple qualité de receveur-buraliste, de débitant de tabac et de débitant de poudre, doit être constaté, non par trois procès-verbaux distincts, mais par un seul et même acte qui n'est assujetti qu'à un seul droit d'enregistrement (Déc. chanc., 25 juin 1877; *Bull. off.*, n° 6, p. 76).

III. **Droits de greffe.** — Les prestations de serment des agents des administrations générales ne peuvent donner lieu à aucune allocation en faveur des greffiers (Circ. chanc., 16 juin 1855; Gillet, n° 3752).

Les communications ou lettres de service délivrées aux agents militaires sont exemptes des droits de timbre et d'enregistrement (art. 16 § 3 de la loi du 31 brum. an VII; — art. 70, § 3, 13e de la loi du 22 frim. an VII).

Pour la prestation de serment, les droits à percevoir s'établissent comme suit, lorsque le traitement de l'agent est inférieur à 1,500 francs :

1° Principal..	3 fr. 00
2° Demi-droit en sus............................	1 fr. 50
3° Double décime et demi......................	1 fr. 13
4° Timbre du procès-verbal, décime compris....	0 fr. 60
5° Timbre de la commission { en brevet........	0 fr. 60
{ en expédition....	1 fr. 80
6° Droit dû au greffier pour mention sur le répertoire...............................	0 fr. 25

Lorsque le traitement excède 1,500 francs, les droits de timbre restent les mêmes, mais les droits d'enregistrement sont modifiés de la manière suivante :

1° Principal..	15 fr. 00
2° Demi-droit en sus............................	7 fr. 50
3° Double décime et demi......................	5 fr. 63

Les allocations dues au greffier ne doivent donc comprendre que les indemnités allouées pour le timbre et 0 fr. 25 pour le timbre du répertoire. Toute autre perception est irrégulière ; c'est ainsi que les greffiers ne peuvent réclamer un émolument de 1 fr. 50 pour la transcription de la commission ; il faut ajouter cependant qu'au cas où la commission et la prestation de serment doivent être enregistrées à la mairie de la résidence, notamment pour les gardes d'artillerie et les gardiens de batterie, il est alloué 0 fr. 25 pour chaque légalisation de la signature du maire (Circ. chanc., 8 juin 1864; *Rec. off.*, t. III, p. 39 ; — Circ. chanc., 17 sept. 1875; *Rec. off.*, t. III, p. 384 ; — Déc. chanc., 6 sept. 1876; *Bull. off.*, n° 3, p. 199 ; — Déc. chanc.,

6 déc. 1879; *Bull. off.*, n° 16, p. 251; — Déc. chanc., 17 déc. 1879; *Bull. off.*, n° 16, p. 267).

Une expédition du procès-verbal ne doit pas être délivrée; il suffit que la prestation du serment soit constatée en marge ou à la suite de la commission par une mention signée du greffier; cette mention ne donne lieu a aucune allocation (Déc. chanc., 6 sept. 1876; *Bull. off.*, n° 3, p. 199).

IV. Entrée en fonctions, sans prestation de serment — Aux termes de l'article 196 du Code pénal, tout fonctionnaire public qui est entré dans l'ex-ercice de ses fonctions, sans avoir préalablement prêté serment, *peut être poursuivi.* Ce texte indique que les poursuites ne seront pas nécessairement dirigées; dans tous les cas, le ministère public ne doit poursuivre en cette matière qu'après avoir pris l'avis du garde des sceaux. La peine est une amende de 16 à 150 francs.

SERVICE MILITAIRE

Division

§ 1. — SITUATION MILITAIRE DES MAGISTRATS (1).

I. Situation des non-disponibles. — Avant d'étudier la situation militaire des magistrats nous devons faire connaitre ce que l'on entend par *non-disponibles.*

En temps de paix, les non-disponibles sont affranchis de

(1) *De la Situation des magistrats au point de vue militaire et de la tenue des contrôles des non-disponibles,* par G. Le Poittevin; brochure in-8 Paris, 1880.

oute obligation militaire et cessent d'être astreints aux déclarations prescrites par les articles 34 de la loi du 27 juillet 1872, 2 et 3 de celle du 18 novembre 1875. Ainsi :

1° Ils sont dispensés de rejoindre immédiatement en cas de convocation par affiches et de publication sur la voie publique ;

2° En cas de changement de domicile, ils ne sont tenus d'en faire la déclaration ni à la mairie de la commune qu'ils quittent, ni à celle du lieu où ils viennent s'établir ;

3° En cas de changement de résidence ou de domicile, ils ne sont pas astreints à faire à la gendarmerie les déclarations prescrites ;

4° En cas de mobilisation, ils attendent au poste qu'ils occupent les ordres de l'autorité militaire et conservent leur emploi.

II. **Instructions et décisions**. — La situation militaire des magistrats et l'organisation du service sont réglées :

1° Par les circulaires de la chancellerie du 29 mai 1876 (*Bull. off.*, n° 2, p. 81), du 5 août 1876 (*Bull. off.*, n° 3, p. 133), du 13 août 1877 (*Bull. off.*, n° 77, p. 95), du 25 août 1877 (*Bull. off.* n° 7, p. 98), du 26 octobre 1877 (*Bull. off.*, n° 8, p. 131), du 26 octobre 1877 (*Bull. off.*, n° 8, p. 133), du 11 février 1878 (*Bull. off.*, n° 9, p. 4), du 29 mars 1878 (*Bull. off.*, n° 9, p. 16) ;

2° Par les décisions de la chancellerie du 11 décembre 1877 (*Bull. off.*, n° 8, p. 144), du 27 mai 1878 (*Bull. off.*, n° 10, p. 27), du 23 mars 1881 (*Bull. off.*, n° 21, p. 13) et du 11 avril 1882 (*Bull. off.*, n° 26, p. 44) ;

3° Par les circulaires du ministre de la guerre du 10 avril 1875, du 1er septembre 1877, du 1er décembre 1877 et du 21 mai 1878.

III. **Magistrats qui peuvent être classés dans la non-disponibilité**. — Au point de vue du service militaire, les magistrats doivent être divisés en deux catégories. Les magistrats de la première catégorie sont non-disponibles dans tous les cas, qu'ils appartiennent à l'armée active ou à l'armée territoriale. M. le ministre de la guerre a même décidé qu'ils peuvent jouir du bénéfice de la non-disponibilité, encore bien qu'ils soient à sa disposition, c'est-à-dire, qu'ils aient été dispensés du service par application des articles

17 et 22 de la loi du 27 juillet 1872, comme orphelins, fils de veuve, soutiens de famille, etc... Ainsi, à moins qu'ils ne soient sous les drapeaux, tous les magistrats de cette première catégorie peuvent être classés dans la non-disponibilité, quelle que soit leur situation au point de vue militaire.

Les magistrats de la deuxième catégorie ne peuvent au contraire être classés parmi les non-disponibles, qu'autant qu'ils sont passés dans l'armée territoriale.

PREMIÈRE CATÉGORIE

Premiers présidents,

Procureurs généraux,

Présidents
Vice-présidents } des tribunaux de première instance,

Procureurs de la République,

Substituts des procureurs de la République,

Juges d'instruction,

Juges de paix,

Suppléants rétribués des justices de paix en Algérie.

DEUXIÈME CATÉGORIE

Présidents de chambre,

Conseillers,

Avocats généraux,

Substituts des procureurs généraux,

Juges,

Juges suppléants,

Suppléants des justices de paix.

On voit d'après cette nomenclature que ne peuvent jamais être classés dans la non-disponibilité :

1° Les greffiers et commis-greffiers des Cours et tribunaux (Circ. chanc., 29 mai 1876 et 26 oct. 1877 ; déc. chanc., 11 avr. 1882).

Ils ne peuvent être dispensés de la mobilisation, par suite des exigences du service public auquel ils appartiennent que s'ils sont compris sur les listes que le ministre de la guerre arrête de concert avec la chancellerie, en exécution de l'article 9 de la loi du 18 novembre 1875,

2° Les membres des tribunaux de commerce (Déc. chanc., 27 mai 1878).

Pour que les magistrats, à quelque catégorie qu'ils appartiennent, puissent jouir du bénéfice de la non-disponibilité, il est nécessaire qu'ils remplissent en outre les deux conditions suivantes :

1° Il faut qu'ils soient sous-officiers ou soldats ;

2° En second lieu, il faut que ces magistrats soient employés depuis trois mois au moins dans l'administration de la justice (Circ. chanc., 25 août 1877 ; 26 oct. 1877 ; — Circ. min. guerre, 1er déc. 1877 ; — Circ. chanc., 29 mars 1878).

Ceci posé, nous pouvons voir quelle sera en toute hypothèse la situation militaire des magistrats.

S'ils appartiennent à la réserve, ils restent, sauf exception, soumis à toutes les obligations du service et ils peuvent, quelles que soient leurs fonctions judiciaires, accepter le grade d'officier, mais à la condition que la durée du stage ne dépasse pas un mois (Circ. chanc., 29 mai 1876, 5 août 1876, 25 août 1877 et 26 oct. 1877).

Quand ils ont accepté un emploi d'officier, ils ne peuvent être dispensés des exercices et manœuvres militaires. M. le ministre de la guerre dit même dans une lettre adressée à M. le garde des sceaux que « un fonctionnaire, occupant un « emploi lui donnant droit à être classé dans la non-disponi- « bilité, doit accomplir les obligations qui lui incombent « comme officier *ou donner sa démission*, s'il préfère être « dispensé comme non-disponible ». Des nécessités temporaires de service, qui d'ailleurs devraient être soumises à l'appréciation de la chancellerie, peuvent seules déterminer M. le ministre de la guerre à accorder exceptionnellement une dispense (Circ. chanc., 25 août 1877).

Nous avons vu que tous les magistrats, appartenant à l'armée territoriale, sont classés dans la non-disponibilité. Par suite de cette disposition, tout magistrat qui est pourvu d'un grade d'officier dans l'armée territoriale doit donner sa démission. Après que leur nomination est annulée, ces officiers ne sont pas considérés comme placés hors cadre, mais leur candidature est maintenue, afin qu'après la cessation de leurs fonctions, ils puissent, s'il y a lieu, être appelés aux emplois d'officiers vacants. De plus, M. le garde des sceaux se réserve d'autoriser les magistrats qui voudraient concourir pour un emploi d'officier, à subir l'examen, et leur nomination au grade pour lequel leur aptitude a été reconnue, **est réservée** pour le cas où ils viendraient à cesser leurs fonctions. (Circ. chanc., 29 mai 1876).

§ 2. — COMMENT EST CONSTATÉE LA SITUATION MILITAIRE
DES MAGISTRATS NON-DISPONIBLES.

IV. Contrôles. — Fonctionnaires chargés de l'établissement et de la tenue de ces contrôles. — La situation des magistrats non disponibles est constatée à l'aide d'un contrôle établi en deux expéditions dont l'une est tenue par l'administration de la justice, et l'autre par le recrutement. Le contrôle, confié aux soins de l'administration de la justice, est tenu au Parquet de la Cour par un magistrat, délégué par le procureur général et par lui accrédité auprès du général commandant le corps d'armée (Circ. min. guerre, 19 nov. 1877 ; — Circ. chanc., 18 août et 26 oct. 1877).

L'autre expédition est tenue par le commandant du bureau de recrutement du chef-lieu de corps d'armée (Circ. chanc., 11 févr. 1878).

Un seul magistrat et un seul commandant de recrutement sont chargés de ce service, même quand le ressort est rattaché à deux ou plusieurs corps d'armée ; dans ce cas, l'administration de tout le personnel de la Cour d'appel est centralisée par le commandant de recrutement du chef-lieu de corps d'armée sur le territoire duquel se trouve le siège de la Cour d'appel (Circ. chanc., 11 févr. 1878).

V. Établissement des contrôles. — Il est établi un contrôle distinct pour chaque classe ; ce contrôle se compose d'une feuille double conforme au modèle ci-contre, à laquelle on ajoute des intercalaires s'il y a lieu.

MINISTÈRE
DE LA GUERRE

MODÈLE N° 3

ANNEXE N° 3

Circ. du 2 oct. 1877, § 3

ARMÉE[1]_____

MINISTÈRE DE LA JUSTICE

Ressort de la Cour d'appel de

CLASSE DE MOBILISATION DE_____

CONTROLE NOMINATIF

des hommes de cette classe comptant plus de trois mois de service comme magistrats et placés à ce titre dans la non-disponibilité.

[1] Active ou territoriale.

NOMS ET PRÉNOMS	SITUATION DANS L'ADMINISTRATION			TIRAGE AU SORT		
	DATE de l'entrée en fonctions.	EMPLOI OCCUPÉ	RÉSIDENCE	SUBDIVISION de recrutement.	CANTON	NUMÉRO de tirage.

NUMÉRO d'inscription au présent contrôle.	NUMÉRO DU REGISTRE matricule du recrutement.	DATE DU PASSAGE DANS LA RÉSERVE, DANS L'ARMÉE TERRITORIALE OU de la libération définitive.	MUTATIONS ET OBSERVATIONS

La réunion des contrôles de toutes les classes, forme le contrôle général de l'administration.

Pour établir ces contrôles, le magistrat délégué demande aux procureurs de la République du ressort de lui faire connaître les magistrats qui par leur âge sont encore liés au service militaire, de lui donner sur chacun d'eux les renseignements nécessaires et enfin de lui remettre leurs livrets individuels.

Il élimine d'abord ceux qui ont été réformés, puis ceux qui ne peuvent figurer, quant à présent, sur les contrôles soit parce qu'ils sont officiers ou n'ont pas trois mois de service dans la magistrature, soit parce qu'ils appartiennent à la deuxième catégorie de magistrats et ne sont pas encore passés dans l'armée territoriale. Puis, il répartit entre les différentes classes tous ceux qui peuvent être classés dans la non-disponibilité et les inscrit sur les contrôles.

Il examine ensuite si tous ont bien leurs livrets individuels et établit un état de ceux qui n'en ont pas ; il indique dans la colonne d'observations les explications fournies à ce sujet par les intéressés (Circ. min. guerre, 10 juin 1878).

Les contrôles sont envoyés aussitôt au commandant du bureau de recrutement, avec les livrets individuels et cet état. Le commandant prend les mesures nécessaires pour assurer à ceux qui n'en ont pas reçu, la remise de leurs livrets; il établit l'expédition du contrôle qu'il doit conserver et les *certificats d'inscription sur le contrôle de la non-disponibilité*, puis il retourne le tout au Parquet.

Le substitut délégué classe les livrets et fait remettre à chaque intéressé, par l'intermédiaire des Parquets de première instance, son certificat d'inscription.

VI. **Bulletins mensuels de mutations. Situations numériques.** — A ce moment, les contrôles, tant du Parquet que du recrutement, présentent exactement la situation du ressort au point de vue de la non-disponibilité. Mais on conçoit que, chaque jour, des changements se produisent, des magistrats passent dans d'autres ressorts ou sont appelés à d'autres fonctions ; des magistrats nouveaux sont nommés, etc.... Le Parquet peut facilement tenir ses contrôles au courant, car il est toujours averti de ces mouvements; nous verrons d'ailleurs en détail les opérations auxquelles il faudra procéder dans ces divers cas. Mais le recrutement ne connaît pas toutes ces mutations, il faut donc que le Parquet les lui signale. Aussi, afin qu'il puisse mettre à jour ses contrôles, un bulletin des mutations lui est adressé dans les cinq premiers jours de chaque mois (Circ. min. guerre, 1er sept. 1877).

Le Parquet établit un *bulletin* distinct pour les hommes de l'armée active et pour ceux de l'armée territoriale. — Sur chacun, il porte d'abord les gains, puis les pertes ; il prend dans le contrôle les renseignements nécessaires pour remplir les diverses colonnes. — Ces bulletins sont conformes au modèle ci-après.

MINISTÈRE DE LA GUERRE · ARMÉE (1) · Modèle n° 2.

SERVICE MILITAIRE

(1) Active ou territoriale.
(2) Établissement, compagnie ou administration qui emploie les non-disponibles. (2)

BULLETIN MENSUEL de mutation des réservistes admis comme employés permanents et comptant TROIS MOIS de fonctions, à la date de ce jour, et des non-disponibles qui ont cessé d'être employés dans l (2)   énoncé ci-dessus pendant le mois d

CLASSE (3)	NOMS et prénoms	SITUATION dans l'administration			TIRAGE AU SORT			NUMÉRO d'inscription		CORPS auquel l'homme est affecté.	MUTATIONS et Observations
		Date de l'entrée en fonctions.	Emplo. occupé.	Résidence.	Subdivision de recrutement	Canton.	Numéro de tirage	au contrôle des non-disponibles	au registre matricule du recrutement		
1	2	3	4	5	6	7	8	9	10	11	
											Inscrire dans cette colonne la nouvelle adresse des non-disponibles rayés des contrôles. (Pour les grandes villes, la rue et le numéro.)

NOTA. — Ce bulletin sera adressé du 1er au 5 de chaque mois par les compagnies ou administrations, au Commandant de recrutement chargé de l'administration des non-disponibles. Il sera accompagné d'un bordereau d'envoi que cet officier retournera revêtu de son récépissé.
Il n'y a lieu de remplir la colonne 11 que pour les admissions dans la non-disponibilité.
Les indications à porter dans les colonnes 1, 6 et 11 figurent sur l'ordre de route placé à la fin du livret individuel.
(3) La classe indiquée dans cette colonne est celle dont l'homme fait partie ou dont il doit être considéré comme faisant partie d'après ses services accomplis. Elle est inscrite sur l'ordre de route.
(4) Administrateur, fonctionnaire, délégué.
(5) Nombre d'hommes admis.

CERTIFIÉ véritable par nous (4)   et arrêté le présent état
au chiffre d (5)   hommes comptant trois mois de fonctions
dans l (2)

A   le   188 .

Aussitôt que ces bulletins lui sont parvenus, le commandant de recrutement porte sur son expédition des contrôles
les mutations qu'ils contiennent.

Mais on comprend que des omissions peuvent être commises ; il peut arriver que le substitut oublie de mentionner
certaines mutations sur le bulletin ou que le recrutement néglige de les porter sur ces contrôles. Aussi, pour éviter toute
erreur, une *situation* est adressée le premier janvier et le
premier juillet de chaque année par le Parquet au recrutement. Cette situation, comme on peut le voir en se reportant
au modèle ci-contre, n'est en réalité qu'un relevé numérique
des contrôles.

PARQUET
de la Cour d'appel
d

SERVICE
de la non-disponibilité.

SITUATION NUMÉRIQUE

*À la date du   188   des magistrats
du ressort de la Cour d'appel de
inscrits sur les contrôles de la non-disponibilité.*

ARMÉE TERRITORIALE							ARMÉE ACTIVE							TOTAL GÉNÉRAL
CLASSES						TOTAL	CLASSES						TOTAL	

VII. Tenue des contrôles. — Nous avons vu comment
les contrôles étaient établis par le Parquet, il suffit dès lors
au magistrat délégué de les tenir à jour.

Voyons les divers cas qui peuvent se produire et les opérations auxquelles il faudra procéder dans chacun d'eux.

(A). *Mutation parmi les magistrats inscrits aux contrôles :*

(*a*). Un magistrat est appelé à d'autres fonctions dans le ressort. Je suppose que ce soient des fonctions de même nature, c'est-à-dire de la même catégorie : par exemple un substitut est appelé à un autre siège, ou est nommé procureur de la République ou juge d'instruction. — Il suffit de mentionner cette nomination sur le contrôle dans la colonne des *observations*.

Si le magistrat appartenait à la première catégorie et qu'il soit appelé à des fonctions qui le font passer dans la seconde; si, par exemple, étant substitut, il est nommé juge, il faut distinguer. Il est évident en effet, que si ce magistrat appartient à l'armée territoriale, il doit continuer à être classé dans la non-disponibilité ; si, au contraire, il est encore dans la réserve de l'armée active, il faut le rayer des *contrôles*. Dans ce cas, la mutation est portée sur le plus prochain bulletin ; le Parquet réclame de plus au magistrat son *certificat d'inscription sur les contrôles* et l'adresse avec son livret au bureau de recrutement.

(*b*). Il est appelé à d'autres fonctions hors du ressort. — On le rayera des contrôles, on mentionnera sa mutation sur le *bulletin ;* enfin son livret sera adressé au procureur général du ressort où il est nommé.

(*c*). Il cesse ses fonctions. — Les formalités sont les mêmes que dans le cas précédent ; mais le livret est envoyé au commandant du bureau de recrutement. De plus, le magistrat doit remettre dans un délai de quatre jours au commandant de la brigade de gendarmerie de sa résidence, son *certificat d'inscription sur les contrôles* et lui faire connaître sa nouvelle résidence.

Il est expressément recommandé aux magistrats qui cessent leurs fonctions de remplir ces formalités : toute négligence à cet égard est punie de peines disciplinaires très sévères (Circ. du min. de la guerre, 1ᵉʳ sept. 1877 ; — Circ. chanc., 24 juil. 1877).

(B). Magistrats à inscrire sur les contrôles.

(a). Un magistrat est nommé dans le ressort. Le substitut délégué s'informe de son âge : S'il est encore lié au service, il prend des renseignements sur sa situation militaire et lui réclame son livret individuel. Il peut dès lors reconnaître s'il y a lieu de l'inscrire sur les *contrôles.*

S'il est susceptible d'être classé dans la non-disponibilité, on l'inscrit sur les *contrôles*, puis sur le *bulletin de mutation* et on envoie en communication son livret au commandant de recrutement. Celui-ci établit le *certificat d'inscription* et l'adresse au Parquet avec le livret.

Le livret est ensuite classé et le certificat est remis à l'intéressé.

(b). Un magistrat de la deuxième catégorie passe dans l'armée territoriale ou dans la première catégorie, et par suite peut figurer sur les *contrôles.* On opère comme dans le cas précédent.

(C). Passage d'une classe dans l'armée territoriale.

Quand une classe passe dans l'armée territoriale, il faut :

1° Inscrire en tête du *contrôle* de cette classe : « Armée territoriale », au lieu d' « Armée active » ;

2° Porter en perte sur le *bulletin des mutations de l'armée active* tous les magistrats inscrits sur le contrôle de cette classe, et les porter en gain au *bulletin des mutations de l'armée territoriale* ;

3° Il faut en outre voir quels sont les magistrats de la seconde catégorie, et en particulier les juges et les juges suppléants qui, par suite de ce passage peuvent devenir non-disponibles. Nous venons de faire connaître les opérations qu'exige leur inscription.

On voit qu'il est très important de connaître exactement la date du passage dans l'armée territoriale des magistrats compris dans la seconde catégorie et de porter exactement leurs mutations.

C'est dans ce but que dans certains ressorts on exige des Parquets de première instance un état mensuel des mutations survenues pendant le mois écoulé.

SIGNALEMENTS

Division

I. Feuille de signalements du minis-   ments spéciaux.
   tère de l'intérieur.   (Voir : **Mandats**).

II. Impression et envoi de signale-

I. Feuille de signalements du ministère de l'intérieur. — Le ministre de l'intérieur fait imprimer chaque mois une feuille de signalements qui est adressée à tous les Parquets et à toutes les brigades de gendarmerie ; cette feuille comprend les condamnés par contumace et par défaut, les accusés et prévenus en fuite, les prisonniers évadés et les individus recherchés dans l'intérêt des familles.

Par suite, dès qu'un individu ne peut être retrouvé et qu'il est l'objet d'un mandat d'amener ou d'arrêt ou qu'il est condamné à l'emprisonnement ou à toute autre peine portant privation de la liberté, le Parquet doit envoyer le plus tôt possible son signalement au ministère de l'intérieur (Direct. de la sûr. gén.). Cet envoi se fait directement, sans passer par la voie hiérarchique (Circ. chanc., 22 juin 1824 ; Gillet, n° 1829 ; — Circ. chanc., 6 déc. 1840, § 12 ; Gillet, n° 2829). Toute procédure, concernant un accusé ou un prévenu en fuite, doit porter la mention de la date à laquelle les indications signalétiques ont été transmises au ministère et cette mention doit être reproduite pour les accusés dans la colonne 25 du compte d'assises (Circ. chanc., 6 déc. 1876, V ; *Bull. off.*, n° 4, p. 241).

Cette note doit être rédigée avec soin et donner très exactement : 1° les nom et prénoms du prévenu ; 2° l'âge et le lieu de sa naissance ; 3° sa profession et son domicile ; 4° son signalement aussi complet que possible, en ayant soin de noter spécialement les marques et signes particuliers et les tatouages qui peuvent permettre de le reconnaitre ; 5° l'indication des endroits où il peut être retrouvé, les noms et adresses des personnes avec lesquelles il a des relations et toutes les circonstances des faits qui peuvent servir à mettre la police sur ses traces (Circ. chanc., 6 déc. 1840, § 12 ; *précitée* ; — Circ. chanc., 8 fév. 1850 ; Gillet, n° 3400).

Enfin il faut 'y joindre l'indication de l'acte qui ordonne l'arrestation, et faire connaitre s'il s'agit d'un arrêt, d'un jugement, d'une ordonnance de prise de corps ou d'un mandat, et, dans ce dernier cas, quelle est l'espèce de mandat. L'indication doit comprendre aussi la date de l'acte et l'autorité judiciaire de qui cet acte émane (Circ. chanc., 6 déc. 1840, § 12 ; *précitée*).

Dès que les feuilles signalétiques parviennent à son Parquet, le procureur général doit s'assurer que les signalements des contumaces et des individus condamnés par défaut par les différents tribunaux du ressort, y sont exactement mentionnés (Circ. chanc., 6 déc. 1876, V ; *précitée*).

Afin d'éviter des erreurs, il convient de donner avis au ministre de l'intérieur des ordonnances de non-lieu et des jugements et arrêts d'acquittement intervenus en faveur des individus qui figurent sur la feuille de signalements.

II. **Impression et envoi de signalements spéciaux**. — La circulaire de la chancellerie du 22 juin 1824 (Gillet, n° 1829) interdisait aux procureurs de la République d'envoyer à leurs collègues des signalements imprimés spéciaux ; mais cette prohibition reposait sur ce que ces envois « multi- « pliant les frais de ports de lettres et augmentaient consi- « dérablement les dépenses du département de la justice. » Ce motif n'existe plus aujourd'hui ; on peut donc avoir recours à ces signalements, mais seulement dans les cas urgents et dans les affaires importantes ; il est évident en effet que ces envois perdraient toute leur efficacité, si on les multipliait. Tous les Parquets, toutes les brigades de gendarmerie de France ne doivent pas être mis en mouvement pour rechercher spécialement un vagabond qui a commis un délit de peu de gravité ou un individu condamné à quelques jours de prison ; des signalements particuliers envoyés en pareil cas ont pour résultat de diminuer l'importance de ces sortes d'envois aux yeux de ceux à qui ils sont destinés et de détourner les agents de la police judiciaire de recherches plus utiles et plus sérieuses.

Les frais d'impression sont payés sur les fonds généraux des frais de justice criminelle (art. 104, § 3 du décr. du 18 juin 1811).

Rappelons (Voir: **Franchise postale et télégraphique**)

qu'il est interdit de la façon la plus formelle d'envoyer des signalements par télégramme, sous forme de circulaires générales (procureur à procureur, France).

SIGNIFICATION DE JUGEMENTS

Voir ; **Jugements et arrêts.**

SIMPLE POLICE

Voir : **Tribunal de simple police.**

SOCIÉTÉS COMMERCIALES

Par un décret en date du 6 août 1882, les sociétés anonymes et les autres associations commerciales, industrielles et financières qui sont soumises sur le territoire des États-Unis d'Amérique à l'autorisation du gouvernement et qui l'ont obtenu, sont autorisées à exercer tous leurs droits et à ester en justice en France, conformément aux lois de la République.

SOLIDARITÉ

Tous les individus condamnés pour un même crime ou pour un même délit sont tenus solidairement des amendes, des restitutions, des dommages-intérêts et des frais (art. 55 du C. pén.). La solidarité doit être prononcée, non seulement lorsqu'il s'agit d'un même fait, mais encore lorsqu'il s'agit de faits connexes et même toutes les fois qu'il est constant que les prévenus ont agi par suite d'un concert formé entre eux, encore bien que les faits soient distincts (Cass., 26 mars 1874; P. 74-560).

La solidarité existe de plein droit, lorsque la condamnation est prononcée par un tribunal de répression, sans qu'il soit besoin qu'elle soit énoncée dans le jugement.

SOURDS-MUETS

Lorsqu'un prévenu ou accusé prétend qu'il est sourd-muet et demande à répondre par écrit aux interpellations qui pourraient lui être faites, la Cour peut, sur le rapport des experts, constatant que cette infirmité est simulée, ordonner que les débats auront lieu oralement.

La Cour d'assises d'Eure-et-Loire avait rendu l'arrêt suivant :

« Attendu qu'il est constant, soit d'après l'avis des médecins,
« soit d'après les circonstances de la cause que l'accusé peut
« fournir ses réponses et explications oralement, s'il le
« veut.

« Que si les magistrats doivent être disposés à accorder
« aux accusés toutes les facilités qu'ils réclament pour leur
« défense, lorsqu'ils sont affligés d'une infirmité réelle, et
« même lorsque l'infirmité qu'ils allèguent peut paraître dou-
« teuse, ils manqueraient à leurs devoirs en accueillant une
« demande fondée sur des infirmités évidemment simulées,
« et en utilisant un mode de procéder qui n'aurait d'autre
« résultat que de rendre plus lente et plus difficile l'adminis-
« tration de la justice, au grand préjudice de la société et
« des autres accusés qui attendent leur tour pour être
« jugés.

« Par ces motifs, la Cour, sans s'arrêter à la demande de
« Lanoue ordonne qu'il sera procédé oralement aux débats
« dans la forme ordinaire, en prenant les précautions conve-
« nables pour que l'accusé puisse entendre les questions et
« observations qui lui seront faites et répondre s'il le juge
« convenable. »

Le pourvoi formé contre cet arrêt, a été rejeté par la Cour de cassation (Arr. du 30 juil. 1835 ; *Bull. crim.*, n° 306).

(Voir : **Interprêtes**).

SOUSCRIPTIONS

Il est interdit d'ouvrir ou d'annoncer publiquement une souscription ayant pour objet d'indemniser des amendes, frais et dommages-intérêts prononcés par des condamnations judiciaires en matière criminelle et correctionnelle, sous peine d'emprisonnement de huit jours à six mois et d'une amende de 100 à 1,000 francs ou de l'une de ces deux peines seulement (art. 40 de la loi du 29 juil. 1881).

Ce n'est pas le fait même d'ouvrir une souscription qu'atteint l'article 40; comme le dit M. Lisbonne dans son rapport :

« C'est la publicité donnée à l'ouverture de la souscription
« ou à l'annonce de cette ouverture que la loi a entendu
« prohiber et punir. On a craint que ces manifestations ne
« prissent le caractère d'une protestation contre les déci-
« sions judiciaires et que leur autorité ne s'en trouvât in-
« firmée. »

Si la souscription avait pour but, non d'indemniser du
montant des condamnations prononcées, mais de fournir au
condamné les moyens d'interjeter appel ou de former un
pourvoi en cassation, l'article 40 ne serait plus applicable
(Douai, 23 août 1847 ; P. 48-1-282 ; — Chassan, t. I, n° 979 ;
— Fabreguettes, t. II, n° 1701).

SOUSTRACTIONS

Division

I. Soustractions, destructions et enlèvements de pièces dans un dépôt public. — Responsabilité des dépositaires. — Lorsque des pièces, des procédures criminelles ou d'autres papiers, registres, actes ou effets, déposés dans des archives, greffes ou dépôts publics ou remis à un dépositaire public en cette qualité, ont été soustraits, détruits ou enlevés, les greffiers, archivistes, notaires ou autres dépositaires sont pour cette seule négligence passibles d'un emprisonnement de trois mois à un an et d'une amende de 100 à 300 francs (art. 254 du C. pén.). — Cette disposition protège notamment les livres et les manuscrits des bibliothèques publiques (Cass., 9 avr. 1813 ; 25 mars et 5 août 1819; P. chr.; — Cass., 25 mai 1832 ; D. Rép., v° *Vol*, n° 349-3°), les statues, tableaux et estampes des musées (Cass., 23 mai 1832 ; P. chr.; — Paris, 5 août 1840 ; P. 40-II-157 — Paris 10 sept. 1840; P. 41-I-58).

II. Peine encourue par les coupables autres que les dépositaires. — Toute personne autre que le dépositaire lui-même, qui s'est rendue coupable de ces soustractions, enlèvements ou destructions, est punie de la réclusion (art. 255 du C. pén.).

Si ce crime a été commis avec violences contre les personnes, la peine est celle des travaux forcés à temps, sans préjudice de peines plus fortes, s'il y a lieu, d'après la nature des violences et des autres crimes qui y seraient joints (art. 256).

III. Soustractions, destructions et enlèvements, commis par les comptables et les dépositaires. — Tout percepteur, tout commis à une perception, dépositaire ou comptable public qui détourne ou soustrait des deniers publics et privés ou des effets actifs en tenant lieu, ou des pièces, titres, actes ou effets mobiliers qui étaient entre ses mains en vertu de ses fonctions, commet le crime prévu par les articles 169 à 172 du Code pénal. La peine est celle des travaux forcés à temps si la valeur des choses détournées ou soustraites excède 3,000 francs (art. 169), ou si elle égale ou excède soit le tiers de la recette ou du dépôt, s'il s'agit de deniers ou effets une fois reçus et déposés, soit le cautionnement, s'il s'agit d'une recette ou d'un dépôt, attaché à une place sujette à cautionnement, soit enfin le tiers du produit commun de la recette pendant un mois, s'il s'agit d'une recette composée de rentrées successives et non sujette à cautionnement (art. 170). Lorsque la valeur est inférieure, le fait ne constitue qu'un délit et est puni d'un emprisonnement de deux à cinq ans ; le condamné est de plus déclaré à jamais incapable d'exercer aucune fonction publique (art. 171). Dans tous les cas il est prononcé contre le condamné une amende dont le maximum est le quart des restitutions et indemnités et le minimum le douzième (art. 172).

L'article 173 porte que tout juge, administrateur, fonctionnaire ou officier public, tout agent, préposé ou commis, soit du gouvernement, soit des dépositaires publics qui détruit, supprime, soustrait ou détourne les actes et titres dont il était dépositaire en cette qualité ou qui lui avaient été remis ou communiqués à raison de ses fonctions, est puni des travaux forcés à temps.

Enfin, aux termes de l'article 255 du Code pénal, les greffiers, archivistes, notaires ou autres dépositaires qui ont soustrait, détruit, ou enlevé des pièces, des procédures criminelles ou d'autres papiers, registres, actes ou effets, contenus dans des archives, greffes ou dépôts publics, sont punis des travaux forcés à temps.

Ces différentes dispositions prévoient des faits à peu près identiques, et il est assez souvent difficile au premier abord de déterminer quel est le texte applicable. La question n'est cependant pas dépourvue d'intérêt, car nous voyons que dans un cas, la peine peut-être réduite à un simple emprisonnement, tandis que dans les deux autres, elle est toujours des travaux forcés à temps.

IV. **Cas dans lesquels les articles 169 à 172 sont applicables.** — Les articles 169 à 172 s'appliquent :

1° Aux détournements de deniers ou d'effets actifs en tenant lieu, commis par les percepteurs, commis aux perceptions, dépositaires ou comptables publics ;

2° Aux détournements de pièces, titres, actes et effets mobiliers commis par les percepteurs, commis aux perceptions, dépositaires ou comptables publics qui n'ont pas le caractère de fonctionnaires publics.

Ils ne punissent en aucun cas la suppression et la destruction que répriment les articles 173 et 255.

La jurisprudence range parmi les comptables et dépositaires auxquels ces articles sont applicables ; qu'il s'agisse de deniers ou de pièces, titres ou actes :

1° Les percepteurs des contributions directes (Cass., 5 brum ; an IX ; *Bull. crim.*, n° 32) ;

2° Le régisseur intéressé d'un octroi (Cass., 21 janv. 1813 ; P. chr.) ;

3° Les piqueurs des ponts-et-chaussées (Cass., 29 avr. 1825. P. chr.) ;

4° Les économes des lycées (Cass., 4 sept. 1835 ; P. chr.) ;

5° Les receveurs des hospices (Cass., 30 juin 1842).

En ce qui concerne les employés des postes, qui ont soustrait des valeurs, il faut examiner à quel titre, les valeurs se trouvent entre leurs mains : les articles 169 et suivants sont applicables si elles ont été reçues à titre et par suite de perception (Cass., 23 nov. 1849 ; D. 52-5-283) ; l'article 173 est au contraire seul applicable, si elles ont été enlevées dans une lettre qu'ils étaient chargés de transmettre (Cass., 19 janv. 1855 ; P. 55-I-554).

Les greffiers doivent être poursuivis par application de ces articles en raison des détournements de sommes remises pour l'enregistrement des jugements (Cass., 14 fév. 1846; D. 46-I-370); si au contraire il s'agit de pièces ou procédures détruites ou détournées, le fait tombe sous l'application de l'article 255 du Code pénal.

V. **Cas dans lesquels l'article 173 est applicable.** —
L'article 173 du Code pénal est applicable aux juges, aux administrateurs, aux fonctionnaires, aux officiers publics et aux agents préposés ou commis, soit du gouvernement, soit des dépositaires publics, qui ont détruit, supprimé, soustrait ou détourné des actes ou titres dont ils étaient dépositaires en raison de leurs fonctions.

Cet article s'applique notamment :

1° Aux employés des postes qui détournent des valeurs contenues dans des lettres qu'ils étaient chargés de transmettre ou de distribuer (Cass., 14 juin 1850 ; P. 52-II-204 ; — Cass., 19 janv. 1855 ; P. 55-I-534) ;

2° A l'avoué qui, après avoir reçu de confiance des mains du greffier un procès-verbal d'ordre, détruit deux contredits compris dans ce procès-verbal (Cass., 10 mai 1823 ; Bourguignon, *Jurisp. des C. crim.*, t. II, p. 176).

VI. **Cas dans lesquels l'article 255 est applicable.** —
L'article 255 présente, il faut le reconnaître, la plus grande analogie avec l'article 173. Au premier abord, ces deux textes paraissent même faire double emploi, mais si on les examine plus attentivement, on reconnaît que l'article 173 prévoit le cas où un fonctionnaire a reçu les titres ou actes en raison de sa qualité, mais accessoirement à ses fonctions. Dans l'hypothèse de l'article 255, il s'agit d'un fonctionnaire qui a pour mission spéciale de tenir et garder un dépôt public comme un greffe, des archives.

Parmi les dépôts publics que vise l'article 255, il faut ranger les études des notaires (Cass., 2 juin 1853 ; P. 54-I-169), les bureaux des payeurs généraux (Cass., 25 juil. 1812 ; P. chr.), les greffes, etc. Nous avons vu (*supra*, I) qu'il faut y ajouter les musées et les bibliothèques.

VII. Qualifications.

D'avoir, à   , le   188 , étant greffier (ou archiviste ou notaire, etc...) à   , laissé soustraire (ou détruire ou enlever) des procédures criminelles (ou des pièces ou des actes, etc...) contenus dans le greffe (ou dans les archives ou, etc...) de... ;
Délit prévu et puni par l'article 254 du Code pénal.

D'avoir, à   , le   188 , étant percepteur (ou commis à une perception ou comptable public) détourné ou soustrait des deniers publics (ou privés ou des effets actifs tenant lieu de deniers, etc...) qui étaient entre ses mains en vertu de ses fonctions ; avec cette circonstance que les choses détournées ou soustraites sont d'une valeur au-dessus de 3,000 francs ;
Crime prévu et puni par les articles 169 et 172 du Code pénal.

D'avoir, à   , le   188 , étant juge (ou administrateur ou fonctionnaire, etc...) détruit (ou supprimé ou soustrait ou détourné) un acte (ou un titre) dont il était dépositaire en cette qualité (ou qui lui avait été remis à raison de ses fonctions ou qui lui avait été communiqué à raison de ses fonctions);
Crime prévu et puni par l'article 173 du Code pénal.

D'avoir, à   , le   188 , soustrait (ou détruit ou enlevé) une procédure criminelle, suivie contre le nommé X.... (ou une pièce ou un registre, etc... contenue dans le greffe de Y... (ou dans les archives ou, etc...), avec cette circonstance que le dit A... était lui-même dépositaire de cette procédure ;
Crime prévu et puni par les articles 254 et 255 du Code pénal.

STATISTIQUES CIVILES ET CRIMINELLES

Division

I. Travaux statistiques qui doivent être faits chaque année.
II. Observations générales.
III. Statistique criminelle.
IV. Etat des récidives.
V. Comptes-rendus des sessions d'assises

I. Travaux statistiques qui doivent être faits chaque année. — Chaque année, la chancellerie adresse à tous les procureurs généraux, dans les premiers jours de décembre, les imprimés nécessaires pour la rédaction des statistiques civiles, commerciales et criminelles.

Cet envoi comprend :

3 cadres par tribunal pour le compte-rendu de la justice criminelle dans chaque arrondissement (n° 1) ;

2 cadres pour la Cour pour le compte-rendu des travaux de la chambre correctionnelle (n° 2) ;

2 cadres pour la Cour, pour le compte-rendu des travaux de la chambre d'accusation (n° 3) ;

8 cadres au moins par Cour d'assises pour le compte-rendu des affaires jugées à chaque session (n° 4);

1 exemplaire par tribunal de chacun des trois cadres destinés à la rédaction de l'état des récidives (n° 5-1°, 5-2°, 5-3°);

2 cadres pour la Cour, pour la rédaction du compte de la justice civile (n° 1);

3 cadres par tribunal pour la rédaction du compte de la justice civile dans chaque arrondissement (n° 2);

3 cadres par tribunal pour les affaires commerciales (n°3);

1 cadre par justice de paix pour le compte-rendu des affaires civiles et de simple police de chaque canton (n° 4);

3 cadres par tribunal pour les ventes judiciaires (n° 5);

3 cadres par tribunal pour le, compte-rendu des ordres et contributions (n° 6) .

Le procureur général conserve les cadres spéciaux destinés à la Cour et répartit les autres entre les divers Parquets du ressort.

Chaque procureur de la République garde au Parquet les cadres destinés à la statistique criminelle et au compte-rendu des assises ; il envoie à chaque juge de paix l'imprimé qui lui est destiné et remet au greffe les cadres de l'état des récidives et de la statistique civile et commerciale.

II. **Observations générales**. — Le procureur de la République ou un membre de son Parquet dresse les comptes d'assises et la statistique criminelle qui doivent toujours être signés par le chef de Parquet, à moins que celui-ci ne soit absent ou empêché (Circ. chanc., 10 janv. 1829). L'état des récidives et les autres travaux statistiques sont faits par le greffier.

La statistique criminelle doit parvenir à la chancellerie, dans la première quinzaine d'avril et la statistique civile avant le premier avril. — L'une et l'autre sont préalablement vérifiées par le Parquet général. Aussi le procureur général fixe généralement pour chaque arrondissement la date à laquelle ces travaux lui seront envoyés.

La minute seule est adressée au Parquet de la Cour. Quand elle a été examinée, on effectue les modifications et corrections prescrites et on établit les deux expéditions.

On classe ensuite la minute du compte criminel au Parquet et celle des comptes civils au greffe. Les deux expéditions de chaque compte sont envoyées au procureur général qui en conserve une et transmet l'autre à la chancellerie.

Les statistiques des diverses justices de paix ne sont pas jointes à cet envoi ; on les conserve au Parquet. Les résultats sont totalisés pour tout l'arrondissement et portés dans le compte criminel, pour les affaires de simple police, et dans le compte civil pour les autres affaires.

III. **Statistique criminelle.** — Nous tracerons rapidement la marche à suivre dans la confection du compte criminel, car les cadres contiennent des indications très nettes et très précises qui suffisent pour résoudre toutes les difficultés qui peuvent se présenter. Des notes nombreuses indiquent les diverses concordances qui doivent exister ; il serait donc superflu de les rappeler ici.

État Ier. — Les éléments en sont donnés par la statistique de l'année précédente ; si l'on pense que des changements sont survenus dans l'année, il faut demander des renseignements au commandant de gendarmerie et aux maires des différentes communes.

État II. — Pour remplir la première ligne, il faut se reporter à la cinquième ligne de l'état III de l'année précédente ; le grand registre du Parquet fournit les renseignements nécessaires pour les autres lignes.

État III. — Le nombre des affaires mises à l'instruction est fourni par le grand registre ; comme contrôle, on comparera avec le registre du juge d'instruction. — En compulsant le grand registre, on trouvera les autres éléments de ce tableau.

État IV. — Première ligne. — C'est la dernière ligne de l'État V du compte de l'année précédente.

État IV. — Deuxième ligne — C'est la première ligne de l'État III de l'année courante.

État V. — Les renseignements sont fournis par le grand registre ; comme contrôle, il faut comparer avec le registre du cabinet d'instruction.

États VI à IX. — Voir : *État XXII.*

État X. — Pour réunir les éléments nécessaires, il faut tracer sur une grande feuille de papier, un état identique au modèle donné ; on inscrit dans la première colonne la nomenclature des crimes et délits. On fait sur le grand registre du Parquet l'appel de toutes les affaires classées sans suite, et au fur et à mesure, on pointe sur la ligne et dans la colonne convenables. — Après ce dépouillement, on fait les totaux que l'on reporte sur le cadre.

États XI et XII. — En faisant le dépouillement nécessité par l'état X, on a soin de noter les numéros des morts accidentelles et des suicides ; il suffit de s'y reporter pour remplir ces deux états.

États XIII à XVI. — Généralement ces états sont faits par le greffier d'instruction, d'après le registre du cabinet d'instruction, et le procureur de la République se borne à vérifier s'ils concordent avec les indications fournies par le registre du Parquet.

État XVII. — C'est la confection de cet état qui présente les plus sérieuses difficultés. On peut cependant le faire très rapidement et sans commettre d'erreurs, en tenant un registre conforme au modèle ci-contre :

Nature des délits.	Numéros des affaires	Nombre des prévenus	Directement à la requête.		D'office par le min. public.				Nombre des prévenus — Hommes.			Nombre des prévenus — Femmes.			Nombre des prévenus arrêtés avant le jugement — Mis en liberté provisoire.	Détenus jusqu'au jugement.		Nombre des prévenus jugés correctionnellement
			de la partie civile.	D'une administration.	Flagrant délit — Conduite immédiate à la barre.	Citation après mandat.	Citation directe.	Après instruction préalable.	Moins de 16 ans.	16 à 21 ans.	Plus de 21 ans.	Moins de 16 ans.	16 à 21 ans.	Plus de 21 ans.		Mandat flagrant délit.	Mandats instruction.	
1	2	3	4	5	6	7	8	9	10	11	12	13	14	15	16	17	18	19
Vol.	5	1	»	»	»	1	»	»	»	1	»	»	»	»	»	1	»	»
	11	1	»	»	»	»	1	»	»	»	1	»	»	»	»	»	»	»
	23	2	»	»	«	1	»	»	1	»	»	»	»	»	»	1	»	»
									»	1	»	»	»	»	»	1	»	»
	39	1	»	»	»	»	»	1	»	»	»	»	»	1	»	»	1	»
									»	»	1	»	»	»	»	»	1	»
	74	3	»	»	»	»	»	1	»	»	1	»	»	»	»	»	1	»
									»	»	»	»	1	»	1	»	»	»
	102	1	»	»	»	1	»	»	»	»	1	»	»	»	»	1	»	»
Totaux...	6	9	»	»	»	3	1	2	1	2	4	»	1	1	1	4	3	»

Résultat des poursuites.										Jugements.					Durée des affaires.						
Nombre des prévenus.							Nombre des condamnés			Par défaut				Jugées	dans un délai.						
Acquittés			Condamnés										Signifiés								
Mineurs de 16 ans ayant agi sans discernement.			à l'emprisonnement										suivi d'opposition.								
Remis à leurs parents ou mis en surveillance.	Envoyés dans une maison de correction.		plus d'un an.	un an et moins	A l'amende seulement.	Objet d'une interdiction de séjour.	Interdits des droits mentionnés en l'art. 42.	En faveur desquels il a été admis des circonstances atténuantes.	Contravention connexe d'ivresse.	Contradictoires.	Non signifiés.	Non suivis d'opposition.	Maintenus.	Modifiés.	Immédiatement.	Le lendemain du délit.	Le troisième jour.	De 4 à 8 jours.	De 4 à 15 jours.	De 16 jours à un mois.	Dans un plus long délai.
	plus d'un an.	un an et moins.																			
21	22	23	24	25	26	27	28	29	30	31	32	33	34	35	36	37	38	39	40	41	42
»	»	»	1	»	»	1	»	»	»	1	»	»	»	»	»	1	»	»	»	»	»
»	»	»	»	1	»	»	»	1	»	»	»	1	»	»	»	»	»	»	1	»	»
»	»	1	»	»	»	»	»	»	»	1	»	»	»	»	»	»	1	»	»	»	»
»	»	»	»	1	»	»	»	1	»	»	»	»	»	»	»	»	»	»	»	»	»
»	»	»	»	1	»	»	»	1	»	1	»	»	»	»	»	»	»	»	1	»	»
»	»	»	1	»	»	»	»	»	»	»	»	»	»	»	»	»	»	»	»	»	»
»	»	»	»	1	»	»	»	1	»	1	»	»	»	»	»	»	»	»	»	1	»
»	»	»	»	»	»	»	»	»	»	»	»	»	»	»	»	»	»	»	»	»	»
»	»	»	»	1	»	»	»	1	»	1	»	»	»	»	1	»	»	»	»	»	»
»	1	»	2	5	»	1	»	5	»	5	»	1	»	»	1	1	1	»	9	»	»

On ouvre ce registre au commencement de l'année, en ayant soin de consacrer une page spéciale à chaque catégorie de délits ; pour les délits très nombreux, comme les délits de chasse, de pêche, de vagabondange et de vol, on réserve autant de pages qu'il paraît nécessaire.

Chaque semaine, en faisant la notice, on inscrit sur ce registre le résultat des affaires terminées ; tous les mois, en vérifiant les minutes du greffe et en examinant l'état mensuel des jugements correctionnels, on y ajoute les affaires entre parties civiles et celles à la requête des administrations.

Dans les affaires où il y a plusieurs prévenus, une ligne spéciale doit être consacrée à chacun d'eux ; il suffit d'ailleurs de jeter les yeux sur le spécimen ci-contre pour se rendre compte du mode d'inscription.

A la fin de l'année, on fait les totaux. — Chacun de ces totaux devient une des lignes de l'état XVII.

État XVII bis. — Pour remplir cet état, il suffit de faire les totaux de chacune des colonnes 31 à 35 du registre que nous venons d'indiquer.

État XVIII. — Le total de chacune des colonnes 36 à 42 du registre donne le nombre qui doit figurer sur chaque ligne de cet état.

État XIX. — Il faut également se reporter aux totaux des colonnes correspondantes de ce registre. — Ainsi pour remplir la première ligne (*hommes — moins de seize ans*), on fera le total de toutes les colonnes 10 du registre, on trouvera ainsi le nombre total des hommes de moins de seize ans qui ont été poursuivis ; puis en se reportant successivement à chacune des colonnes 20 à 29, on connaîtra le résultat des poursuites. — Pour préciser la durée de l'emprisonnement, on notera les numéros des affaires où l'emprisonnement a été prononcé et on se reportera au registre spécial des peines d'emprisonnement.

État XX. — Ce n'est qu'une récapitulation de l'état XVII.

État XXI. — Le registre spécial des peines d'emprisonnement donne tous les renseignements nécessaires.

État XXII. — Pour faire facilement les états VI à IX et XXII, il faut tenir un registre spécial de la détention préventive qui peut être établi conformément au modèle ci-contre :

REGISTRE DE LA DÉTENTION PRÉVENTIVE ET DE LA LIBERTÉ PROVISOIRE

Numéros des affaires.	Nombre des prévenus.	Date de l'écrou.	Date où la détention provisoire a pris fin.	Durée de la détention.	Nombre des condamnés à l'égard desquels la détention a pris fin par						Liberté provisoire						avec caution		Observations.
					Mise en liberté provisoire.	Ordonnances de non-lieu.	Jugement.	Renvoi devant la chambre d'accusation.	Renvoi devant une autre juridiction.	Toute autre cause.	Main levée du mandat.	Art. 129 et 131 C. P.	Art. 113 § 2.	Art. 5 de la loi du 20 mai 1863.	Sur requête.	Sans cautionnement.	Versement effectif.	Simple soumission.	
5	1	4 janvier 1885	5 janvier	2 jours	»	»	1	»	»	»	»	»	»	»	»	»	»	»	
9	2	7 janvier 1885	13 janvier	9 jours	»	1	»	»	»	»	»	»	»	»	»	»	»	»	
		7 janvier 1885	22 janvier	16 jours	»	»	1	»	»	»	»	»	»	»	»	»	»	»	
32	1	23 janvier 1885	28 février	plus d'un mois	»	»	»	1	»	»	»	»	»	»	»	»	»	»	
45	3	1er février 1885	4 février	4 jours	1	»	»	»	»	»	»	»	»	»	1	»	»	1	
		Id.	15 février	15 jours	»	»	»	»	»	(*)1	»	»	»	»	»	»	»	»	(*) Décés du n° X..
		Id.	16 mars	plus d'un mois	»	»	»	1	»	»	»	»	»	»	»	»	»	»	

État XXIII. — C'est la récapitulation des statistiques fournies par les juges de paix.

État XXIV. — Les renseignements se trouvent dans le registre de l'exécution de la contrainte par corps qui n'est généralement qu'un appendice du registre d'emprisonnement.

État XXV. — Les renseignements sont fournis par le greffe.

VI. **État des récidives**. — L'*État des récidives* comprend tous les individus, condamnés pendant l'année par le tribunal de police correctionnelle pour des délits quelconques, excepté cependant pour des délits forestiers qui avaient déjà encouru une ou plusieurs condamnations. — Il se compose de trois cadres distincts, destinés : le premier aux individus condamnés antérieurement à de simples amendes, le second à ceux qui avaient encouru une peine d'emprisonnement d'un an au plus, et enfin le troisième aux individus qui avaient déjà subi des condamnations pour crime ou à plus d'un an de prison pour délit.

Cet état est dressé au greffe sous la direction du procureur de la République qui doit en certifier la sincérité. — Il est dû au greffier pour ce travail un salaire de 10 centimes par nom porté sur l'état (Circ. chanc., 3 oct. 1828 ; Gillet, n° 2188).

Il doit être tenu au greffe un registre spécial des récidives dont cet état n'est en réalité qu'un relevé alphabétique divisé en trois séries.

V. **Comptes-rendus des sessions d'assises**. — Nous avons vu que les Parquets d'assises doivent adresser un rapport à la chancellerie à la suite de chaque session (Voir : **Rapports d'assises**); il y a lieu en outre d'envoyer dans les vingt jours qui suivent la clôture de la session, un compte établi sur des imprimés fournis par la chancellerie.

Ce compte est fait en double exemplaire : l'un est destiné au Parquet général, l'autre est transmis à la direction criminelle par l'intermédiaire du procureur général qui y joint ses observations, s'il y a lieu.

Pour remplir les différentes colonnes, il suffit de se reporter à l'intitulé de chacune d'elles et de lire attentivement les notes et observations, placées en tête de chaque imprimé.

SUBSTANCES VÉNÉNEUSES

Division

I. Lois, décrets et ordonnances.
II. Subtances réputées vénéneuses.
III. Commerce des substances véné-
neuses. Déclaration.
IV. Ventes.

V. Vente pour l'usage de la méde-
cine.
VI. Armoire aux poisons.
VII. Contraventions.

I. Lois, décrets et ordonnances. — Le commerce des susbtances vénéneuses est réglementé :

1° Par la loi du 19 juillet 1845 qui abroge les articles 34 et 35 de la loi du 21 germinal an XI et fixe la peine encourue pour contravention aux ordonnances sur cette matière ;

2° Par l'ordonnance du 29 octobre 1846, portant règlement sur la vente des substances vénéneuses ;

3° Par le décret du 8 juillet 1850 qui contient le tableau des substances vénéneuses ;

4° Par le décret du 1er octobre 1864, qui ajoute la coque du levant au tableau annexé au décret du 8 juillet 1850 ;

5° Par le décret du 23 juin 1873, relatif à la vente du seigle ergoté.

II. Substances réputées vénéneuses. — L'ordonnance du 29 octobre 1846 a créé une nomenclature légale des substances vénéneuses qui a été modifiée par le décret du 8 juillet 1850, puis par celui du 1er octobre 1864. — Les substances limitativement désignées dans ce tableau, sont seules soumises à une règlementation spéciale : c'est ainsi que la *noix vomique* n'y figurant pas, le tribunal de Lyon a jugé que le commerce de cette substance est absolument libre (12 mars 1847 ; D. 47-3-69).

III. Commerce des substances vénéneuses. — Déclaration. — Toute personne qui veut faire le commerce de substances vénéneuses, les chimistes, fabricants ou manufacturiers qui en emploient, doivent en faire préalablement la déclaration devant le maire de la commune, en indiquant le lieu où est situé l'établissement (art. 1er de l'ord. du 29 oct. 1846).

Cet article est applicable aux cabinets de chimie des collèges et des maison d'éducation (Circ. min. instr. publ., 17 mai 1847).

IV. **Ventes**. — Les substances vénéneuses ne peuvent être vendues ou livrées qu'aux commerçants, chimistes, fabricants ou manufacturiers qui ont fait la déclaration prescrite par l'article 1er (*supra*, III) ou aux pharmaciens (art. 2 § 1 de l'ord.).

De plus elles ne doivent être livrées que sur une demande datée et signée de l'acheteur (art. 2, § 2).

Les achats et les ventes sont inscrits immédiatement, de suite et sans aucun blanc, sur un registre spécial coté et parafé par le maire ou par le commissaire de police. — Chaque inscription indique l'espèce et la quantité des substances, les noms, profession et domicile du vendeur ou de l'acheteur (art. 3).

V. **Vente pour l'usage de la médecine**. — La vente des substances vénéneuses ne peut être faite pour l'usage de la médecine que par les pharmaciens et sur la prescription d'un médecin, chirurgien, officier de santé ou d'un vétérinaire breveté. — Cette prescription doit être signée et datée et énoncer en toutes lettres la dose des substances, ainsi que le mode d'administration du médicament (art. 5 de l'ord. du 29 oct. 1846). Toutefois, la vente du seigle ergoté peut être faite par les pharmaciens, sur la prescription d'une sage-femme, pourvue d'un diplôme (Décr. du 23 juin 1873).

Les pharmaciens doivent transcrire les ordonnances médicales sur un registre spécial, coté et parafé par le maire ou par le commissaire de police et ne les rendre qu'après y avoir apposé leur cachet et y avoir indiqué le jour où les substances ont été livrées, ainsi que le numéro d'ordre de la transcription sur le registre. — Ce registre doit être conservé pendant vingt ans au moins et être présenté à toute réquisition de l'autorité (art. 6 et 3 § 1 de l'ord. du 29 oct. 1846).

Avant de délivrer la préparation, le pharmacien y appose une étiquette indiquant son nom et son domicile et rappelant la destination interne ou externe du médicament (art. 7 de l'ord.). — Les étiquettes des médicaments à usage externe doivent être *rouge orangé* (Circ. min., 25 juin 1855).

VI. **Armoire aux poisons**. — Les substances vénéneuses doivent toujours être tenues par les commerçants, fabricants manufacturiers et pharmaciens dans un endroit sûr et fermé à clef (art. 11 de l'ord.).

VII. **Contraventions**. — Toutes les contraventions, relatives au commerce des substances vénéneuses, sont punies d'une amende de 100 à 3,000 francs et d'un emprisonnement de six jours à deux mois. — L'article 463 est applicable (art. 1 § 1 de la loi du 19 juil. 1845).

La confiscation des substances saisies *peut* être prononcée (art. 1 § 2, même loi).

SUBSTITUTIONS

Division

I. Déchéance du bénéfice de la disposition, encourue par le grevé de substitution.

II. Inventaire des biens.

I. **Déchéance du bénéfice de la disposition, encourue par le grevé de substitution**. — Aux termes de l'article 1056 du C. civ. le grevé de substitution ou son tuteur, s'il est mineur, doit dans le délai d'un mois à compter du jour où la disposition est connue, depuis la mort du donateur ou testateur, faire nommer un tuteur à la substitution, si celui-ci n'en a pas lui-même désigné un.

Faute par lui d'accomplir cette formalité, le procureur de la République près le tribunal du lieu où la succession est ouverte, peut d'office poursuivre la déchéance du grevé et faire déclarer le droit ouvert au profit des appelés à la substitution (art. 1057 du C. civ.).

Si les appelés à la substitution n'existent point encore, la déchéance peut être cependant requise. Dans ce cas, les biens seront attribués aux héritiers *ab intestat*, à charge par eux de les rendre aux enfants à naître, suivant les intentions exprimées par le donateur ou testateur; à défaut d'héritiers, un séquestre judiciaire sera chargé de les administrer.

II. **Inventaire des biens**. — Après le décès de celui qui a disposé à la charge de restitution, il doit être procédé à l'inventaire de tous les biens et effets qui composent sa succession, à la requête du grevé (art. 1058 et 1059 du C. civ.). — Si dans les trois mois, cet inventaire n'a pas été fait, il y est procédé dans le mois suivant à la diligence du tuteur à la substitution (art. 1060). Si ce dernier ne se conforme pas à cette disposition de la loi, le procureur de la République peut faire procéder d'office à l'inventaire; il y appelle le grevé ou son tuteur et le tuteur à la substitution (art. 1061 du C. civ.).

SUBSTITUTS
Division

I. Substituts du procureur de la République.

II. Substituts du procureur général.

I. **Substituts du procureur de la République.** — Les substituts du procureur de la République sont des magistrats chargés d'assister le procureur de la République dans le service intérieur du Parquet, de le remplacer quand il est absent ou empêché et de porter la parole aux audiences (art. 17, 18, 19 et 23 du décr. du 18 août 1810). — Ils sont officiers de police judiciaire.

Ils participent à l'exercice de l'action publique, mais sous la direction du procureur de la République.

Voir : **Magistrats. — Ministère public. — Procureur de la République.**

II. **Substituts du procureur général.** — Les substituts du procureur général ont pour mission spéciale, d'assister le procureur général dans le service intérieur du Parquet; ils sont aussi chargés, sous la direction immédiate du procureur général, de l'examen et du rapport des affaires soumises à la chambre d'accusation. — Ils remplacent et suppléent les avocats généraux aux audiences de la Cour d'assises et de la Cour d'appel (art. 45 du décr. du 6 juil. 1810).

Voir : **Avocat général. — Magistrats. — Ministère public. — Procureur général.**

SUCCESSIONS
Division

§ 1. — **Successions en déshérence.**

I. Définition. Règles générales.
II. Procédure à suivre.
III. Demande d'envoi en possession provisoire.

IV. Insertion au *Journal officiel.*
V. Envoi en possession définitive.

§ 2. **Successions vacantes.**

VI. Définition.
VII. Nomination d'un curateur.

§ I. — SUCCESSIONS EN DÉSHÉRENCE

I. Définition. — Règles générales. —Une succession est en déshérence lorsque l'État la revendique à défaut (de parents au degré successible, de légataires, d'enfants naturels ou de conjoint survivant (art. 767 et 768 du C. civ.).

L'État n'est pas saisi de plein droit comme les héritiers légitimes des successions qui lui sont dévolues à titre de déshérence puisqu'il est tenu de s'en faire envoyer judiciairement en possession (art. 724 et 770 du C. civ.). Il est de principe que nul n'est tenu d'accepter une succession qui lui est échue (art. 175 du C. civ). L'État peut dès lors, comme tout héritier et tout autre successeur irrégulier, s'abstenir d'appréhender les successions auxquelles il est appelé. C'est d'ailleurs exclusivement à l'administration des domaines qu'il appartient d'examiner si, eu égard à l'état actif et passif de la succession, il est avantageux de la revendiquer au nom de l'État (Inst. min. fin., 13 août 1832 ; — Inst. du direct gén. de l'enreg. et des dom. 10 oct. 1878 ; *Bull. off.*, nº 14, p. 104).

II. Procédure à suivre. — Dès que l'administration des domaines a reconnu qu'il convient d'appréhender une succession au nom de l'État, elle demande l'envoi en possession des biens au tribunal de première instance du lieu dans lequel la succession s'est ouverte, et le tribunal ne peut statuer sur cette demande qu'après trois publications et affiches, sur les conclusions du procureur de la République. — La procédure imposée à l'État comporte ainsi deux jugements successifs : l'un qui autorise l'administration à remplir les formalités de publications et affiches prescrites par l'article 770 du Code civil et à administrer provisoirement l'hérédité (*jugement d'envoi en possession provisoire*) ; l'autre qui lui accorde après publications et affiches l'envoi en possession (*jugement d'envoi en possession définitive*).

III. — Demande d'envoi en possession provisoire. —

Pour obtenir le premier jugement, il y a lieu de présenter une requête au tribunal. — D'après une pratique constante, les directeurs des domaines rédigent et présentent eux-mêmes ces requêtes au tribunal par l'intermédiaire des magistrats du Parquet. Cet usage est toléré par la direction générale (Inst. du 10 oct. 1878; *Bull. off.*, n° 14, p. 110), mais il est contraire aux prescriptions de l'article 3 de la décision du ministre des finances du 13 août 1832. Aussi, lorsque le tribunal l'exige, il y a lieu de charger un avoué du soin de signer et de déposer ces requêtes qui sont considérées comme actes de procédure (Tr. de Lourdes, 1ᵉʳ fév. 1870 ; P. 70-349).

IV. **Insertion au** *Journal officiel*. — Lorsque l'administration a obtenu le jugement d'envoi en possession provisoire, elle fait procéder à la levée des scellés et à l'inventaire. Un extrait de ce jugement est envoyé sans délai par le procureur de la République au garde des sceaux pour être inséré au *Journal officiel* (art. 770 du C. civ. — Circ. chanc., 3 mai 1825 ; Gillet, n° 1910). Cet extrait est établi sur papier libre et doit contenir la date du jugement, son dispositif, la date et le lieu du décès, les noms et prénoms de la personne décédée (Circ. chanc., 3 mai 1825, *précitée* ; — Inst. dir. gén. dom., 10 oct. 1878 ; *Bull. off.*, n° 14, p. 111).

V. **Envoi en possession définitive.** — Aussitôt après l'expiration du délai d'un an à partir, soit du premier jugement, soit de l'insertion au *Journal officiel*, selon les usages suivis par le tribunal, le directeur produit, par l'intermédiaire du procureur de la République, une nouvelle requête tendant à ce que le domaine soit envoyé définitivement en possession (Instr. du 10 oct. 1878 ; *Bull. off.*, n° 14, p. 114). Nous ferons remarquer que le tribunal pourrait exiger, pour cette requête comme pour la première qu'elle soit présentée par un avoué. Le tribunal statue sur la demande du domaine, après avoir entendu le ministère public (art. 114 et 770 du C. civ. ; art. 83 du C. de proc. civ.).

§ 2. — SUCCESSIONS VACANTES

VI. **Définition**. — Une succession est réputée vacante, lorsque après l'expiration des délais de trois mois et quarante jours accordés pour faire l'inventaire et délibérer, il ne se présente personne pour la réclamer, et qu'en outre, il n'y a pas d'héritiers connus ou que les héritiers connus ont renoncé (art. 811 du C. civ. et 998 du C. de proc. civ.). La succession vacante diffère essentiellement de la succession en déshérence en ce que la vacance implique que la succession n'est réclamée par personne, pas même par l'État.

Dans l'intérêt de l'État, comme dans celui des héritiers et créanciers du défunt, les juges de paix doivent signaler à l'administration des domaines l'ouverture de toute succession non réclamée. En conséquence, ils sont tenus de donner avis au receveur de l'enregistrement des appositions de scellés faites sur le mobilier des successions de cette nature, (Circ. chanc., 23 fruct., an VII ; Gillet, n° 288).

VII. **Nomination d'un curateur.** — Toute succession réputée vacante doit être pourvue d'un curateur soit sur la demande des parties intéressées soit sur la réquisition du procureur de la République du lieu de l'ouverture de la succession (art. 812 du C. civ.). Aux termes de la circulaire de la chancellerie du 26 mai 1842 (Gillet, n° 2921), les magistrats du Parquet doivent demander au tribunal d'ordonner que « le « curateur sera tenu, avant tout, de faire constater l'état de « la succession par un inventaire ; qu'il en exercera et pour- « suivra les droits ; qu'il répondra aux demandes formées « contre elle ; qu'il administrera sans toutefois pouvoir « toucher par lui-même aucun fond, et à la charge au con- « traire : 1° de faire verser à la caisse du receveur des « domaines le numéraire trouvé dans la succession, plus le « montant des créances, ainsi que le prix des meubles et « immeubles vendus, sauf, à l'égard des immeubles, le prix « ou la portion du prix qui reviendrait ou qui aurait été délé- « gué aux créanciers hypothécaires, conformément à l'article « 806 du Code civil ; 2° de présenter au même receveur des « domaines sur sa demande et chaque fois qu'il le jugera « utile, le compte provisoire ou état de situation de l'admi- « nistration de la curatelle, afin que ce préposé puisse s'as- « surer si tous les fonds disponibles ont été versés à sa « caisse. »

Le jugement à intervenir est purement interlocutoire ; le ministère public peut en appeler, et sur cet appel la Cour peut nommer un autre curateur (Cass,, 7 fév. 1809 : P. chr.).

VIII. **Poursuites contre les curateurs qui n'ont pas effectué des versements.** — Les poursuites à diriger contre les curateurs aux successions, en retard de verser les fonds perçus, sont exercées à la requête du directeur général de la Caisse des dépôts et consignations et à la diligence des receveurs du domaine (Circ. chanc., 21 avr. 1828; Gillet, n° 2148; — Instr. de la Dir. gén. des Dom., 15 juin 1878; *Bull. off.*, n° 13, p. 70).

IX. **Successions ouvertes à la Martinique, à la Guadeloupe et à la Réunion.** — Un extrait de l'état des successions vacantes, ouvertes à la Martinique, à la Guadeloupe et à la Réunion, est inséré au *Journal officiel* par les soins du ministre de la marine et des colonies. Ce ministre communique directement ces extraits aux procureurs généraux, afin qu'à leur diligence, des insertions soient faites dans le journal du département où l'on présume que pourraient se trouver les héritiers (art. 16 du décr. du 27 janv. 1855; — Circ. chanc., 26 juin 1858; Gillet, n° 3955).

Les frais d'insertion dans les journaux des départements sont payés directement aux directeurs des journaux, au moyen d'ordres de payement que le ministre de la marine et des colonies émet, sur l'envoi qui est fait par eux à son département, sous le timbre de la direction des colonies, de mémoires en double expédition, visés par le préfet et accompagnés du numéro du journal dans lequel a eu lieu l'insertion (Circ. chanc., 26 juin 1858; *précitée*).

§ 3. — SUCCESSIONS BÉNÉFICIAIRES.

X. **Curateur au bénéfice d'inventaire.** — Lorsqu'un héritier bénéficiaire a des actions à intenter contre la succession et qu'il n'y a pas d'autre héritier que lui, ces actions doivent être dirigées contre un curateur au bénéfice d'inventaire. Ce curateur est nommé de la même façon que le curateur à une succession vacante, soit à la requête des intéressés soit sur les réquisitions du procureur de la République (art. 996 du C. de proc. civ.)

§ 4. — SUCCESSIONS D'ÉTRANGERS.

XI. **Avis à donner.** — Des traités ont été conclus entre

la France et un certain nombre de puissances étrangères pour attribuer aux consuls respectifs le droit d'administrer et de liquider les successions de leurs nationaux. — Aussi les juges de paix doivent informer, aussitôt qu'ils en ont connaissance, les consuls les plus rapprochés de leur résidence du décès de leurs nationaux, afin que, si cela est possible, les agents étrangers puissent prendre part à l'apposition des scellés ou que, tout au moins, ils soient avertis de l'ouverture de la succession avant l'expiration des délais pour faire inventaire et délibérer (Circ. chanc., 31 déc. 1862; *Rec. off.*, t. II, p. 535; — Circ. chanc., 14 juin 1869; Gillet, n° 4270; — Circ. chanc., 8 nov. 1875; *Rec. off.*, t. III, p. 397; — Note chanc,; *Bull. off.*, n° 21, p. 15).

Nous avons donné (v° **État civil,** XXXIII; t. II, p. 120) la liste des puissances avec lesquelles il existe des traités.

SUPPRESSION D'ENFANT

Division

I. Cas auxquels s'applique l'article 345.

II. Substitution et supposition d'enfant; défaut de représentation. Peines.

III. Enlèvement ou suppression, lorsqu'il est établi que l'enfant a vécu.

IV. Cas où il n'est pas établi que l'enfant ait vécu.

V. Cas où il est établi que l'enfant n'a pas vécu.

VI. Question préjudicielle.

VII. Infanticide et suppression d'enfant.

VIII. Qualification.

I. **Cas auxquels s'applique l'article 345.** — L'article 345 du Code pénal prévoit : l'enlèvement, le recélé et la suppression d'enfant; la substitution d'un enfant à un autre; la supposition d'un enfant à une femme qui n'est pas accouchée; enfin le fait par ceux qui, étant chargés d'un enfant, ne le représentent point aux personnes qui ont droit de le réclamer.

L'*enlèvement* et le *recélé* n'exigent pas de définitions spéciales; *supprimer* un enfant, c'est le faire disparaître, c'est le dissimuler à tous les yeux, sans attenter à ses jours.

La *substitution* d'un enfant à un autre a lieu, lorsqu'on fait prendre à un enfant les noms et l'état civil d'un autre dont il occupera la place dans la société.

Enfin le crime de *supposition* d'un enfant à une femme qui n'est pas accouchée existe, soit qu'on lui attribue réellement un enfant né d'une autre femme, soit qu'on ait fait à l'officier de l'état civil la déclaration d'une naissance imaginaire.

II. Substitution et supposition d'enfant. — Défaut de représentation. — Peine. — La substitution et la supposition d'enfants et le défaut de représentation d'enfant par ceux qui en sont chargés, aux personnes qui ont le droit de le réclamer, sont punis de la réclusion (art. 345 §§ 1 et 4).

III. Enlèvement ou suppression, lorsqu'il est établi que l'enfant a vécu. — Les coupables d'enlèvement, de recelé ou de suppression d'enfant sont punis de la réclusion, mais seulement quand il est *établi que l'enfant a vécu* (art. 345 § 1).

L'existence de ce crime n'est pas subordonnée à la condition que l'enlèvement ou suppression ait eu pour cause directe et déterminante l'intention de priver l'enfant de son état civil. Ainsi la suppression d'un enfant né vivant, mais mort après sa naissance, tombe sous l'application du paragraphe 1 de l'article 345, encore que la mère n'ait eu pour but, en cachant le corps de son enfant, que de se soustraire à des poursuites pour homicide par imprudence (Caen., 5 nov. 1872; D. 75-2-2 ; — Cass., 9 avr. 1874 ; P. 74-704).

IV. Cas où il n'est pas établi que l'enfant ait vécu. — S'il *n'est pas établi que l'enfant ait vécu*, s'il y a doute sur ce point, l'enlèvement ou suppression ne constitue plus qu'un délit et la peine est un emprisonnement d'un mois à cinq ans (art. 345 § 2).

V. Cas où il est établi que l'enfant n'a pas vécu. — Le délit existe encore, lorsqu'il est *établi que l'enfant n'a pas vécu*, mais la peine est réduite à un emprisonnement de six jours à deux mois (art. 345 § 3).

VI. Question préjudicielle. — Aux termes de l'article 327 du Code civil, l'action criminelle contre un délit de suppression d'état ne peut commencer qu'après le jugement définitif du tribunal civil sur la question d'état. — La question d'état est-elle toujours préjudicielle à l'action criminelle pour l'application de la peine portée dans l'article 345 ? Non évidemment : l'action publique peut être librement exercée toutes les fois que le crime n'est pas essentiellement lié à cette question, toutes les fois que la peine peut être prononcée, quel que soit l'état de l'enfant, toutes les fois enfin que la question d'état ne se présente pas principalement et comme un élément du fait punissable (Mangin, *act. publ.*, t. I, n° 190 ; — Le Sellyer, t. IV, n° 1514 ; — Bertauld, *Quest. préjud.*, n°ˢ 16 et suiv.).

En matière de substitution d'enfant, la question d'état se présente toujours principalement, aussi l'action criminelle ne peut être intentée qu'après le jugement de la question d'état par la juridiction civile (Cass., 30 nov. 1876 ; P. 77-1124).

VII. Infanticide et suppression d'enfant. — Une même personne peut être mise en accusation pour infanticide et pour suppression de part (Cass., 20 sept. 1838; S. 38-1-909). Mais dans une accusation d'infanticide, la question de suppression de part ne saurait être posée comme résultant du débat ; ce sont en effet deux crimes absolument distincts (Cass., 19 avr. 1839).

VIII. — Qualifications

D'avoir, à   , le   188 , enlevé (ou recélé ou supprimé) un enfant né vivant ;
   Crime prévu et puni par l'article 345 § 1 du Code pénal.

D'avoir, à   le   188 , supposé un enfant à la femme X... qui n'est pas accouchée;
   Crime prévu et puni par l'article 345 § 1 du Code pénal.

De n'avoir pas, à   , le   188 , étant chargé d'un enfant, représenté ledit enfant au sieur X... qui avait le droit de le réclamer ;
   Crime prévu et puni par l'article 345 § 4 du Code pénal.

D'avoir, à   , le   188 , enlevé (ou recélé ou supprimé un enfant, alors qu'il n'est pas établi que ledit enfant ait vécu ;
   Délit prévu et puni par l'article 345 § 2 du Code pénal.

D'avoir, à   , le   188 , enlevé (ou recélé ou supprimé) un enfant qui n'a pas vécu ;
   Délit prévu et puni par l'article 345 § 3 du Code pénal.

SUPPRESSIONS D'OFFICES

Division.

§ 1. — RÈGLES GÉNÉRALES.

I. **Cas où un office peut être supprimé.** — Nous avons déjà dit (v° **Officiers ministériels,** VII-2°) que le gouvernement a le droit de réduire le nombre des offices.

La suppression peut être amiable ou effectuée par le gouvernement.

La suppression amiable n'est autre qu'une cession faite par le titulaire ou ses héritiers à ses autres confrères.

La suppression effectuée par le gouvernement résulte d'un décret du président de la République, qui effectue la réduction du nombre des offices, fixe l'indemnité due et la répartit entre les officiers ministériels conservés.

La suppression peut être opérée :

1° Pendant que le titulaire est en exercice, mais pourvu qu'il y consente expressément. Les officiers ministériels sont en effet institués à vie ;

2° Au cas de démission pure et simple ;

3° Au cas où le titulaire donne sa démission et présente en même temps un successeur ; c'est ce que déclare formellement l'article 91 de la loi du 28 avril 1816 ;

4° Au cas de décès du titulaire ;

5° Au cas de destitution du titulaire.

§ 2. — INSTRUCTION DE LA SUPPRESSION.

II. Opportunité de cette mesure. — Une instruction préliminaire est nécessaire pour savoir s'il y a ou non intérêt à provoquer la suppression d'office. — Nous allons examiner comment il y a lieu de procéder pour chaque catégorie d'offices ; mais nous ferons remarquer tout d'abord que, dans tous les cas, il faut au préalable obtenir l'autorisation du garde des sceaux. Aussi, avant de commencer l'instruction, il y a lieu d'adresser un rapport au procureur général qui prend l'avis de la chancellerie. Dans ce rapport, on expose les motifs qui *a priori* font penser qu'un office doit être supprimé ; il est évident que ce document ne comporte pas une étude approfondie de la question.

Toutes les pièces, relatives à l'instruction, sont établies sur papier libre, si la suppression est poursuivie d'office par le ministère public ; elles sont sur timbre, sauf les pièces et plans fournis à titre de renseignements administratifs, lorsqu'elle est demandée par les autres officiers ministériels.

III. Notaires. — Aux termes de l'article 31 de la loi du 25 ventôse, le nombre des notaires doit être : dans les villes de 100,000 habitants et au-dessus, de un au plus par 6,000 habitants ; dans les autres villes ou bourgs, de deux au moins et de cinq au plus par ressort de justice de paix. — Il faut donc tout d'abord rechercher le nombre des offices du canton où se trouve celui que l'on veut faire supprimer ; car s'il n'en existe que deux, aucune suppression ne peut être opérée.

Lorsque le nombre des notaires du canton est suffisant pour permettre une suppression, il y a lieu de rechercher :

1° Quelle est l'importance de l'office à supprimer, d'une façon absolue et relativement aux autres offices du canton ;

2° Quelle est son utilité pour le canton.

Importance de l'office. — Rien n'est plus nécessaire que de connaître exactement l'importance de l'office, c'est-à-dire le nombre des actes passés et le revenu moyen. Il importe en effet qu'un office donne des produits suffisants pour faire vivre honorablement le titulaire ; s'il ne remplit pas cette condition essentielle, il doit être supprimé.

Il faut de plus comparer la situation de l'office à supprimer avec celle des autres offices du canton.

Les renseignements nécessaires seront fournis par l'état des produits de chaque office pendant les cinq dernières années. — L'état des produits de l'office à supprimer est demandé au titulaire, s'il est démissionnaire, et au gérant de l'étude, s'il est décédé ou destitué.

Les états des autres titulaires sont fournis sur papier libre, dans tous les cas.

Utilité. — L'office à supprimer rend-il de véritables services dans le canton? Est-il indispensable à certaines communes qui se trouveraient trop éloignées des autres études? Pour résoudre ces questions, il y a lieu :

1° De demander un rapport au juge de paix ;

2° De recueillir les avis de tous les maires du canton ;

3° De faire dresser le plan du canton sur lequel doit être soigneusement indiquée la situation des diverses études. — Les frais en sont supportés par la partie qui poursuit la suppression et par conséquent par le Trésor, si le ministère public, agit d'office.

Avis de la chambre de discipline. — Le procureur de la République communique ces documents à la chambre de discipline et l'invite à donner son avis. — Elle prend en conséquence une délibération motivée dont une expédition sur papier libre est remise au Parquet.

Avis du tribunal. — Le tribunal est ensuite appelé à délibérer sur l'opportunité de la suppression et sur la valeur de l'office. — L'affaire est exposée par le procureur de la République au tribunal réuni en assemblée générale ; les membres du ministère public n'ont pas voix délibérative. — La délibération est portée sur le registre et une expédition sur papier libre en est délivrée au Parquet.

On s'est demandé, si le procureur général quand le dossier lui est parvenu, doit à son tour prendre l'avis de la Cour. — Desplagnes (*Notes pratiques*, p. 200) indique que cet avis n'est exigé par la loi que pour les suppressions d'offices d'huissiers, mais qu'il est joint ordinairement à toutes les demandes de suppressions. Mais ce système n'est pas suivi dans la plupart des ressorts, et la chancellerie n'exige pas l'accomplissement de cette formalité. Dans une lettre, en date

du 26 avril 1856, le garde des sceaux déclare qu' « aucune
« disposition législative ou réglementaire ne prescrit l'exa-
« men de la Cour pour la suppression des offices de notaires »
(*Sic :* Massabiau, t. III, p. 377 ; — Dutruc, v° *Office*, n° 21 ;
— Greffier, n° 22, p. 101).

IV. **Avoués.** — Pour se rendre compte de l'opportunité de
la suppression d'un office, il suffit de demander :

1° A chaque avoué un état des produits pendant les cinq
dernières années (sur papier libre) ;

2° Au greffier, un relevé des affaires ordinaires, affaires
sommaires, procédures d'ordre, saisies immobilières, etc...
dans lesquels les divers avoués ont occupé pendant les cinq
dernières années (sur papier libre).

Comme au cas de suppression d'un office de notaire, le
procureur de la République prend l'avis de la chambre de
discipline et du tribunal. — De plus, dès qu'il a reçu le dossier
de l'affaire, le procureur général saisit l'assemblée générale de
la Cour qui prend une délibération motivée ; on a étendu
aux avoués, par analogie, la disposition de l'article 5 du décret du 14 juillet 1813 (Greffier, n° 26, p. 102).

V. **Huissiers.** — Les huissiers sont attachés à un tribunal
et non à tel canton déterminé ; l'instruction doit donc porter
sur tous les offices de l'arrondissement, mais, comme en
pratique, la résidence d'un huissier n'est changée que très
exceptionnellement, il convient aussi de s'occuper spécialement de la situation du canton où est situé l'office à supprimer.

Le procureur de la République doit donc demander :

1° A tous les huissiers de l'arrondissement l'état de leurs
produits ;

2° Au juge de paix du canton un rapport sur l'opportunité
de la suppression.

Remarquons qu'on peut faire supprimer une étude, puis
demander au tribunal de transférer dans ce canton une
étude d'un autre canton, où les huissiers sont trop nombreux
pour les besoins du service.

Il y a lieu de prendre l'avis de la chambre de discipline et
du tribunal ; l'article 5 du décret du 14 juillet 1813 exige de
plus que la Cour soit consultée.

VI. **Commissaires-priseurs.** — Il suffit de réunir les

états de produits de tous les commissaires-priseurs de la ville où se trouve l'office à supprimer et de provoquer une délibération du tribunal.

L'avis de la Cour doit être également demandé (Décis. chanc., 26 avr. 1856 ; Gillet n° 3817).

§ 3. — RÈGLEMENT DE L'INDEMNITÉ.

VII. **Indemnité allouée.** — Il est de principe que le titulaire d'un office supprimé ou ses héritiers ont droit à une indemnité. — Antérieurement même à la loi de 1816, avant qu'un texte formel conférât le droit de présentation aux officiers ministériels, le décret du 25 mars 1808 qui a réduit à 150 le nombre des avoués près le tribunal de la Seine, a accordé une indemnité aux avoués supprimés.

La répartition de l'indemnité est établie proportionnellement à l'intérêt qu'en retirent les titulaires restant en exercice. — Quand il s'agit de notaires, l'indemnité est supportée par les notaires du canton ; ceux d'un canton limitrophe ne peuvent y concourir, alors même qu'en raison d'une circonstance spéciale, ils en retireraient un profit (Décis. chanc., 28 déc. 1838 ; — Dall. 39-3-66).

VIII. **Cas de suppression amiable.** — Lorsqu'un titulaire en fonctions ou lorsque les héritiers d'un officier ministériel décédé consentent à la suppression de son étude, il fait un traité avec ses confrères, dans la forme ordinaire des traités de cession. — Ce traité doit être passé pour un office de notaire avec un ou plusieurs des notaires du canton ; pour un office d'avoué ou de commissaire-priseur, avec la compagnie entière (rien ne s'opposerait cependant à ce que le traité fut conclu avec un seul, mais ce cas se présentera bien rarement, car on ne comprendrait guère qu'un seul office profitât de cette suppression) ; pour un office d'huissier, avec la compagnie entière. Cependant, en pratique, le titulaire d'un office d'huissier traite seulement avec les autres huissiers du canton ; cet usage est admis par la chancellerie, mais elle exige que les cessionnaires soient avertis que le traité intervenu ne peut faire obstacle à l'exercice du droit du tribunal de changer leur résidence et qu'une reconnaissance écrite de chacun d'eux, portant que cet avis leur a été donné, figure dans le dossier (Décis. chanc., 24 janv. 1854 et 26 déc. 1856 ; Greffier, nᵒ 34, p. 105).

IX. Cas où la suppression est effectuée par le gouvernement. — Lorsqu'à la suite de la démission pure et simple, du décès ou de la démission d'un officier ministériel, le gouvernement décide qu'il y a lieu de supprimer cet office, le décret fixe le montant de l'indemnité et règle la façon dont elle sera payée.

Pour fournir à la chancellerie les éléments d'appréciation nécessaires, le procureur de la République, en prenant l'avis de la chambre de discipline de la compagnie et du tribunal sur l'opportunité de la suppression, les consulte en même temps sur le montant de l'indemnité et sur la manière dont la répartition doit en être faite.

Si le tribunal admet les conclusions de la chambre ; on invite les officiers ministériels intéressés à souscrire un engagement sur papier timbré de verser à la Caisse des dépôts et consignations, au profit de qui de droit, l'indemnité ainsi fixée.

S'il y a désaccord entre la chambre et le tribunal, le procureur de la République doit saisir de nouveau la chambre, en indiquant les motifs pour lesquels le tribunal n'a pas été du même avis. — Si la chambre persiste, il demande aux intéressés de signer un engagement, d'après une de ces deux bases, en insistant pour qu'ils adoptent le système qui parait le plus équitable.

Si les officiers ministériels intéressés se refusent à signer un engagement, soit parce qu'ils ne veulent pas cette suppression, soit parce que l'indemnité leur parait trop considérable, il faut passer outre et signaler cette situation à la chancellerie, dans le rapport dont il sera parlé plus loin.

Dans tous les cas, le procureur général quand il a reçu les pièces, prend l'avis de la Cour, sauf en ce qui concerne les offices de notaire.

§ 4. — FORMATION ET ENVOI DU DOSSIER.

X. Pièces qui doivent composer le dossier. — Le procureur de la République, quand il a terminé l'instruction de la suppression, forme le dossier destiné à la chancellerie et l'adresse au procureur général.

Ce dossier comprend les pièces suivantes :

1° acte de décès du titulaire ;

Ou démission pure et simple du titulaire ;

Ou démission en faveur d'un ou plusieurs confrères ;

Ou expédition du jugement prononçant la destitution (*notaires*) ;

2° Avis des maires du canton sur l'opportunité de la suppression (*notaires*) ;

3° Avis du juge de paix (*notaires* et *huissiers*) ;

4° Plan du canton (*notaires*) ;

5° Etat des produits de l'office à supprimer pendant les cinq dernières années ;

6° Etat sommaire des produits des autres offices

{ du canton (*notaires*) ;
des avoués près le tribunal ou la Cour (*avoués*) ;
de l'arrondissement (*huissiers*) ;
de la ville (*commissaires-priseurs*) ;

7° Délibération de la chambre de discipline ;

8° Délibération du tribunal ;

9° Traité de cession ;

Ou engagement par les autres officiers ministériels de verser une indemnité déterminée à la Caisse des dépôts ou consignations ;

10° Déclaration des cessionnaires qu'ils ont été avertis que le tribunal pourrait user de son droit de changer leur résidence (*huissiers*). Cette déclaration peut d'ailleurs être écrite au pied du traité ou de l'engagement ;

11° Rapport du procureur de la République ;

12° Inventaire.

Un second dossier destiné aux archives du Parquet général se compose des pièces suivantes, sur papier libre :

1° Duplicata des états de produits de l'office à supprimer ;

2° Délibération de la chambre de discipline ;

3° Délibération du tribunal ;

4° Traité de cession *ou* engagement souscrit par les autres officiers ministériels ;

5° Copie du rapport ;

6° Duplicata de l'inventaire.

Enfin un troisième dossier, comprenant les mêmes pièces, est classé au Parquet de première instance.

XI. Rapport du procureur de la République. — Le procureur de la République joint au dossier un rapport détaillé. — Il s'explique tout d'abord sur la situation de l'office, sur l'état dans lequel il se trouve et développe les motifs qui rendent sa suppression opportune. Il envisage cette question sous ses divers aspects : insuffisance des produits, difficulté de trouver un nouveau titulaire, intérêt de cette suppression pour les autres offices dont l'importance sera accrue, peu d'utilité que le maintien de l'office présenterait pour le pays, etc... Il examine ensuite les avis qu'il a recueillis auprès des autorités administratives et judiciaires et réfute les objections qui ont pu être faites. — Il expose ensuite les avis, émis au point de vue de l'indemnité et les causes des divergences qui peuvent exister entre les conclusions de la chambre de discipline et celles du tribunal, puis il indique les opinions exprimées à cet égard par les intéressés ; enfin il fait connaître son avis personnel et développe les motifs qu'il invoque à l'appui. — Un rapide résumé, formant la conclusion générale, termine ce rapport.

XII. Rapport du procureur général. — Envoi du dossier. — Nous avons vu (*supra*, IV, V, VI, IX) que le procureur général doit, dès que les pièces lui sont parvenues (sauf lorsqu'il s'agit d'un office de notaire), inviter la Cour, par un réquisitoire écrit, à délibérer : 1° sur l'opportunité de la suppression ; 2° sur le montant de l'indemnité ; 3° sur la façon dont le payement devra être réparti entre les titulaires en exercice.

Il joint au dossier :

1° Une expédition de la délibération de la Cour ;

2° Son rapport ;

3° Un inventaire complémentaire.

Il transmet ensuite le tout à la chancellerie.

§ 5. — SUPPRESSION

XIII. Décret de suppression. — Un décret du président de la République, rendu sur le rapport du garde des sceaux prononce la suppression.

Si les titulaires en exercice ont refusé de s'engager à payer une indemnité quelconque ou l'indemnité que croit devoir fixer le gouvernement, le décret détermine le chiffre de cette indemnité, fixe la proportion dans laquelle les divers intéressés devront la payer et porte en outre que le versement doit être fait à la Caisse des dépôts et consignations dans un délai de..... à compter du jour de la notification et que, faute par les intéressés de se libérer dans le délai prescrit, la somme produira intérêt au taux légal jusqu'au jour du payement.

Une ampliation du décret est adressée au procureur de la République, par l'intermédiaire du procureur général ; il la notifie aux intéressés par simple lettre, si ceux-ci ont souscrit un engagement de payer, et par exploit d'huissier si le payement est imposé par le décret. — Avis de la suppression doit être également donné au titulaire ou à ses ayants-droits.

XIV. **Recours.** — En ce qui concerne la suppression même, les décrets peuvent être l'objet d'un recours devant le Conseil d'État pour excès de pouvoir ; c'est ainsi que le Conseil d'État a annulé un décret qui supprimait un office de notaire, cette suppression ayant eu lieu en dehors des conditions déterminées par l'article 2 du décret du 5 décembre 1860, qui fixe le nombre des notaires pour le ressort du tribunal de Nice (Cons. d'Ét., 22 janv. 1863). — Mais au point de vue de la fixation de l'indemnité, ils ne sont susceptibles d'aucun recours par la voie contentieuse, car ce sont des actes de pure administration (Cons. d'Ét., 13 juin 1873 ; P. chr.).

SURVEILLANCE DE LA HAUTE POLICE

Division

I. Suppression de la surveillance de la haute police. — Interdiction de paraître dans certains lieux.
II. Prononciation de l'interdiction.
III. Cas où elle doit être prononcée.
IV. Durée de l'interdiction.
V. Remise.
VI. Prescription.
VII. Suspension.
VIII. Comment cette peine est subie.
IX. Infractions à l'interdiction de séjour.
X. Tribunal compétent.
XI. Individus antérieurement condamnés à la surveillance.

I. Suppression de la surveillance de la haute police. — Interdiction de paraître dans certains lieux.

— La loi du 27 mai 1885 a supprimé la peine de la surveillance de la haute police et l'a remplacée par la défense faite
au condamné de paraître dans les lieux dont l'interdiction lui
sera notifiée par le gouvernement avant sa libération
(art. 19, § 2). Les paragraphes 3 et 4 du même article portent
que « toutes les autres obligations et formalités imposées
« par l'article 44 du Code pénal sont supprimées à partir de
« la promulgation de la présente loi, sans qu'il soit toutefois
« dérogé aux dispositions de l'article 635 du Code d'instruc-
« tion criminelle. — Restent en conséquence applicables
« pour cette interdiction les dispositions antérieures qui
« réglaient l'application ou la durée, ainsi que la remise ou
« la suppression de la surveillance de la haute police et les
« peines encourues par les contrevenants, conformément à
« l'article 45 du Code pénal. »

II. **Prononciation de l'interdiction.** — Nous verrons
(*infra*, III), que l'interdiction de séjour est encourue de plein
droit par les coupables condamnés aux travaux forcés, à la
détention, à la réclusion et au bannissement. — Mais, dans
tous les autres cas, elle doit être prononcée par le juge de
répression : « Il est entendu, a dit le rapporteur à la Chambre
« des députés, que la peine nouvelle de l'interdiction sera
« prononcée par les tribunaux de la même façon que la sur-
« veillance de la haute police. »

III. **Cas où elle doit être prononcée.** — Sont de plein
droit, après qu'ils ont subi leur peine, soumis à l'interdiction
de paraître dans certains lieux :

1° Les coupables condamnés aux travaux forcés à temps, à
la détention et à la réclusion, pendant vingt années. — La
Cour d'assises a toutefois le droit d'en réduire la durée ou
même d'en exonérer les condamnés (art. 46 §§ 1 et 3
du C. pén.);

2° Les condamnés à des peines perpétuelles qui obtiennent
une remise ou commutation de peine, pendant vingt années,
à moins que la décision gracieuse ne les en dispense (art. 46
§ 4 du C. pén.);

3° Les condamnés à des peines perpétuelles qui ont prescrit leur peine (art. 48 § 4 du C. pén.);

4° Les condamnés au bannissement pendant un temps égal
à la durée de la peine qu'ils ont subie, à moins qu'il n'en ait

été disposé autrement par l'arrêt ou le jugement de condamnation (art. 47, § 1 du C. pén.) ;

5° Les individus condamnés pour crimes ou délits qui intéressent la sûreté intérieure ou extérieure de l'État (art. 49, C. pén.).

Hors les cas ainsi déterminés, les condamnés ne peuvent être soumis à l'interdiction de séjour que lorsqu'une disposition particulière de la loi le permet (art. 50 ,C. pén.).

En matière correctionnelle, l'interdiction est presque toujours facultative ; dans les cas où comme en matière de récidive légale, de vagabondage, etc., elle est obligatoire, le juge peut en dispenser le condamné, en lui faisant application de l'article 463 du Code pénal.

IV. Durée de l'interdiction. — La durée de l'interdiction de séjour ne peut en aucun cas excéder vingt ans (art. 46 § 1 du C. pén.).

En matière criminelle, la Cour peut réduire la durée de l'interdiction dans la limite qu'elle juge convenable, elle peut même en exonérer complètement le condamné (art. 46 § 3).

En matière correctionnelle, le texte qui permet d'appliquer cette peine, en détermine toujours le minimum et le maximum ; lorsque le tribunal veut en abaisser la durée au-dessous du minimum, il doit viser l'article 463 du Code pénal.

V. Remise. — La réhabilitation a évidemment pour effet de faire disparaître l'interdiction de séjour ; de plus l'article 48 § 1 du Code pénal porte qu'elle peut être remise ou réduite par voie de grâce.

VI. Prescription. — La prescription de la peine ne relève pas le condamné de l'interdiction de séjour à laquelle il est soumis (art. 48 § 3). — Nous avons même vu (*supra*, III) que le condamné à une peine perpétuelle qui a prescrit sa peine, est de plein droit soumis à l'interdiction de séjour pendant vingt années, à partir du jour où la prescription est accomplie.

Quant à l'interdiction de séjour, le caractère de cette peine est évidemment exclusif de la prescription.

VII. Suspension. — L'interdiction de séjour peut être suspendue par mesure administrative (art. 48 § 2 du C. pén.). — Cette suspension est prononcée par le ministre de l'intérieur sur la proposition du préfet, après un temps d'épreuve qui ne doit jamais être inférieur à la moitié de la durée totale de cette interdiction (art. 5 du décr. du 30 août 1875).

VIII. **Comment cette peine est subie.** — Les individus, soumis à l'interdiction de séjour sont libres de se rendre où bon leur semble, à l'expiration de la peine corporelle prononcée contre eux, sous réserve de ne point paraître dans les localités interdites dont la liste est donnée par la circulaire du ministre de l'intérieur du 1ᵉʳ juillet 1885.

Cette liste comprend :

1° Les localités interdites à titre général ;

2° Les localités interdites à titre spécial.

Pour assurer l'exécution de cette peine, le préfet envoie au ministre de l'intérieur une feuille individuelle contenant le signalement de chacun des détenus soumis à l'interdiction de séjour et libérables sous trente jours ; il y joint, pour chaque condamné, une notice spéciale.

Sur le vu de ces propositions, le ministre prend un arrêté d'interdiction dont il transmet une ampliation au préfet. Cet arrêté est notifié administrativement au condamné avant sa libération et une copie certifiée conforme lui en est remise (art. 19 § 2 de la loi du 27 mai 1885 ; — Circ. int. 1ᵉʳ juil. 1885).

Le Parquet n'est investi en cette matière d'aucune mission spéciale, il n'a qu'à veiller à ce que l'extrait du jugement de condamnation soit remis le plus tôt possible au gardien-chef de la prison pour qu'il avise le préfet en temps utile. — Il arriverait même, quand la peine prononcée est de courte durée, que le temps manquerait pour faire aux condamnés, avant leur libération, la notification prescrite par la loi ; pour remédier à cet inconvénient, la chancellerie a décidé que les greffiers transmettraient en pareil cas un extrait provisoire du jugement, sauf à le compléter par un certificat de non-appel. Il n'y a lieu de procéder ainsi que pour les condamnés à l'interdiction de séjour, frappés d'une peine d'un mois d'emprisonnement ou au-dessous et en état de détention au moment où intervient le jugement de condamnation (Circ. chanc., 23 sept. 1885 ; *Bull. off.*, n° 39, p. 145).

IX. **Infraction à l'interdiction de séjour.** — L'individu qui, malgré la défense qui lui a été signifiée, se rend dans une localité où il lui est interdit de paraître, est condamné par le tribunal correctionnel à un emprisonnement qui ne peut excéder cinq ans (art. 45 du C. pén.; — art. 19 § 4 de la loi du 27 mai 1885). — La loi n'a pas fixé le minimum, il faut en conclure que le juge pourra abaisser la durée de l'emprisonnement jusqu'au minimum des peines correctionnelles, c'est-à-dire six jours ; mais s'il croyait devoir descendre à une peine de simple police, il ne pourrait le faire que par application de l'article 463 du Code pénal (Rennes, 25 août 1874 ; D. 49-II-64).

Il nous parait résulter du texte de l'article 19 § 2 de la loi que le délit d'infraction à l'interdiction de séjour n'existe qu'autant que l'arrêté d'interdiction a été notifié. — Il faudra donc dans les affaires de cette nature, demander par télégramme au préfet du lieu où la peine corporelle a été subie, d'indiquer la date de la notification.

On jugeait que l'infraction de ban ne pouvait se combiner avec la condamnation qui avait placé le condamné en état de surveillance, pour produire l'état de récidive légale ; mais que, la rupture de ban devenait un élément de récidive, si l'individu avait subi une condamnation pour un délit quelconque (même pour rupture de ban) à plus d'un an d'emprisonnement, antérieure ou postérieure à la condamnation génératrice de la surveillance (Cass., 20 juil. 1854 ; P. 55-I-154 ; — Cass., 14 nov. 1856 ; P. 57-397 ; — Chambéry, 1er sept. 1870 ; D. 71-2-197 ; — Aix 15 nov. 1871 ; P. 73-455 ; — Angers, 14 juin 1875 ; D. 76-2-108) — La même règle doit être appliquée à l'infraction à l'interdiction de séjour.

X. **Tribunal compétent**. — Lorsque le prévenu nie son identité, le tribunal compétent pour statuer sur cette infraction est celui qui a prononcé l'interdiction de séjour (Cass., 17 sept. 1834 ; P. chr.)

Si l'identité n'est pas contestée, on doit suivre les règles ordinaires de compétence.

XI. **Individus antérieurement condamnés à la surveillance**. — Conformément à l'article 19 § 5 de la loi, le gouvernement a dû signifier, dans les trois mois de la promulgation, aux condamnés actuellement soumis à la surveillance de la haute police les lieux dans lesquels il leur est interdit de paraître pendant le temps qui reste à courir de cette peine, — Tant que cette interdiction ne leur a pas été signifiée, ils ne peuvent être poursuivis par application de l'article 45 du Code pénal, s'ils se rendent dans des localités dont le séjour est interdit (Cass., 18 juin et 16 juil. 1885).

SUSPICION LÉGITIME

Voir : **Renvoi.**

SYNDICATS PROFESSIONNÉLS.

La loi du 21 mars 1884, consacre la liberté complète d'association, mais seulement au profit des associations professionnelles ; la seule garantie qu'elle exige, est le dépôt des statuts et des noms de ceux qui, à un titre quelconque, sont chargés de l'administration ou de la direction. Aucune autorisation préalable n'est nécessaire.

La loi des 14-17 juin 1791 et l'article 416 du Code pénal sont abrogées. Il en résulte :

1o Que le fait de se concerter en vue de préparer une grève ne constitue plus un délit ;

2o Que les amendes, défenses, proscriptions, interdictions prononcées par suite d'un plan concerté ne sont plus considérées, comme portant atteinte au libre exercice de l'industrie ou du travail.

Mais les articles 414 et 415 du Code pénal restent en vigueur (Cir. chanc., 15 sept. 1884 ; *Bull. off.*, no 35, p. 174).

T

TÉMOINS

Division

§ 1. — **Témoins à charge.**
SECTION 1. — CHOIX DES TÉMOINS.
   I. Choix des témoins. — Par qui ils sont appelés.

II. Règles spéciales en ce qui concerne certains fonctionnaires.

§ 1. — TÉMOINS A CHARGE.

SECTION PREMIÈRE. — *Choix des témoins.*

I. **Choix des témoins. Par qui ils sont appelés.** — C'est au juge d'instruction qu'il appartient de choisir et de désigner les témoins qu'il y a lieu d'entendre au cours d'une information, sauf le droit qu'aurait le procureur de la République de s'opposer à l'audition de certains témoins (*infra*, IV).

La liste des témoins qui doivent être appelés devant le tribunal de simple police, le tribunal correctionnel et la Cour d'assises, est exclusivement dressée par le ministère public. Toutefois, en matière criminelle, il est d'usage que le

Parquet se concerte avec le président de la Cour d'assises.

De plus, le droit d'appeler des témoins appartient au tribunal lui-même qui peut d'office ordonner la citation, à la diligence du ministère public, de toute personne dont la déposition lui paraît utile pour former sa conviction (Cass., 17 mai 1844 ; P. 45-II-475).

Quelle règle le ministère public doit-il suivre dans le choix des témoins ? La loi lui a laissé à cet égard une liberté complète d'appréciation, mais il est évident qu'il ne faut citer que les témoins dont l'audition paraît indispensable. C'est ainsi qu'il faut bien se garder de faire entendre dans une affaire d'assises tous les témoins qui ont déposé pendant l'instruction. Un grand nombre n'ont fourni aucune lumière à la justice et leur comparution devant la Cour n'aurait d'autre résultat que de prolonger et d'obscurcir les débats et d'occasionner des frais frustratoires. Aussi la chancellerie recommande aux magistrats du Parquet d'examiner soigneusement tous les éléments de l'information avant d'arrêter la liste des témoins à citer. Lorsqu'il s'agit d'une affaire sur citation directe, il faut prendre à l'avance des renseignements précis auprès des officiers et agents de police judiciaire, afin d'éviter d'entendre sur un même fait un grand nombre de personnes dont les dépositions seraient identiques (Circ. chanc., 16 août 1842, n° 21 ; Gillet, n° 2932 ; — Circ. chanc., 26 déc. 1845 ; Gillet, n° 3129).

II. **Règles spéciales en ce qui concerne certains fonctionnaires.** — Au cas de poursuites pour infraction à la loi sur le travail des enfants dans les manufactures, la chancellerie recommande de n'appeler les inspecteurs divisionnaires devant les tribunaux que dans les cas exceptionnels où leur témoignage est absolument indispensable (Circ. chanc., 7 avr. 1884 ; *Bull. off.*, n° 34, p. 92).

Les ingénieurs du contrôle des chemins de fer ne doivent être cités pour déposer que dans des affaires graves. (Circ. chanc., 19 avr. 1857 ; Gillet, n° 3909).

SECTION DEUXIÈME. — *Citation.*

III. **Règles générales.** — Nous avons déjà indiqué dans quelles formes doivent être données les citations à témoins et quels délais il y a lieu d'observer (v° **Citation**).

IV. Témoins cités devant le juge d'instruction. — Les témoins doivent être cités à la requête du procureur de la République (art. 72 du C. d'inst. crim.). Il en résulte que le juge d'instruction doit rendre une ordonnance appelée *cédule* portant désignation des témoins qu'il se propose d'entendre et du jour fixé pour la comparution. Il la transmet au procureur de la République qui la fait exécuter par un huissier. Bien que cette marche ne soit pas toujours observée, elle est seule conforme à la loi et même elle est indispensable pour la tenue du registre prescrit par l'article 83 du décret du 18 juin 1811.

Mangin (*Instr. écr.* t. I. p. 177) pense que le procureur de la République ne peut jamais se refuser à faire citer les témoins désignés. Il ne donne aucun motif à l'appui de cette opinion. Nous pensons au contraire avec de Molènes (t. I, p. 345) que le procureur de la République peut faire opposition à la cédule donnée aux fins de citation de témoins, puisque cette cédule est une véritable ordonnance et que toute ordonnance peut être attaquée par le procureur de la République. Il est évident d'ailleurs que le ministère public n'usera jamais de ce droit, sauf dans des cas absolument exceptionnels.

V. Témoins appelés au cours d'un transport de justice. — Quand le juge d'instruction et le procureur de la République se transportent pour informer sur le lieu du délit, ils peuvent appeler les témoins par simple avertissement donné par le garde champêtre ou par l'un des gendarmes qui les accompagnent. Mais la taxe est due à ces témoins lorsqu'ils la réclament. (Déc. chanc., 11 mars 1837 ; Gillet, n° 2659.)

VI. Témoins appelés devant la Cour d'assises — Notification de la liste. — Les citations aux témoins qui doivent comparaître devant la Cour d'assises sont données dans la forme ordinaire, mais une formalité spéciale doit être remplie. L'article 315 du Code d'instruction criminelle exige que la liste des témoins soit notifiée à l'accusé la veille du jour où ils seront entendus. Cette notification peut être faite un dimanche. Sous peine de nullité, elle doit être datée et porter la signature de l'huissier sur l'original et sur la copie.

§ 2. — TÉMOINS A DÉCHARGE.

VII. Choix des témoins. — Nombre. — Les accusés et prévenus ont le droit de faire entendre les témoins dont ils jugent l'audition utile à leur défense. Aucune limite ne leur est imposée quant au nombre.

VIII. Citation. — Les témoins à décharge sont cités à la requête et aux frais des accusés ou prévenus. Toutefois, lorsque ceux-ci sont indigents, les présidents des Cours d'assises et les présidents des tribunaux correctionnels peuvent, même avant le jour désigné pour l'audience, ordonner que les témoins indiqués, dont les déclarations paraissent utiles pour la défense, seront assignés à la requête du ministère public (art. 30 de la loi du 22 janv. 1851.

Cette disposition n'a pas été étendue aux affaires de simple police (v° **Assistance judiciaire**, XXXII).

On s'est demandé si les témoins à décharge peuvent comparaître sans citation devant le tribunal correctionnel. La négative est soutenue par Faustin Hélie (t. XI, p. 599). Il se fonde sur ce que l'article 190 n'a point rappelé l'article 153 qui autorise les parties à amener les témoins à l'audience sans aucun acte préalable et sur ce que l'article 189 n'a point placé cet article 153 parmi ceux qu'il déclare communs aux tribunaux correctionnels. Ce système est consacré par un arrêt de la Cour de cassation du 15 avril 1843 (*Bull. crim.*, n° 82). Mais le ministère public ne devra s'opposer à l'audition de ces témoins que lorsqu'ils lui paraîtront suspects.

L'article 315 du Code d'instruction criminelle veut que les témoins assignés par l'accusé ne puissent être entendus que si la liste en a été notifiée au procureur général au moins vingt-quatre heures à l'avance. Mais cette disposition s'applique exclusivement aux affaires criminelles et ne saurait par suite être étendue par voie d'analogie aux tribunaux de police correctionnelle (Besançon, 17 déc. 1844 ; P. 46-I-560).

§ 3. — QUELLES PERSONNES PEUVENT ÊTRE ENTENDUES
COMME TÉMOINS.

IX. **Règle générale.** — Toutes personnes peuvent être
témoins, à l'exception de celles que la loi déclare incapables
ou dispense de témoigner en justice.

X. **Exceptions.** — Sont incapables de déposer en justice:

1° Les individus qui ont été condamnés à une peine afflictive ou infamante (art. 34 du C. pén.) ;

2° Ceux à qui les tribunaux correctionnels ont interdit le
droit de témoignage par application de l'article 42 du Code
pénal.

Ne doivent pas être entendus comme témoins (art. 156
et 322 C. d'inst. crim.) ;

1° Le père, la mère, l'aïeul, l'aïeule ou tout autre ascendant de l'accusé ;

2° Le fils, la fille, le petit-fils, la petite-fille, et tout autre
descendant;

3° Les frères et sœurs ;

4° Les alliés au même degré ;

5° Le mari et la femme;

6° Les dénonciateurs dont la dénonciation est récompen-
sée pécuniairement par la loi (dans les affaires criminelles
seulement); — (Cass., 5 déc. 1817 ; P.63-495, *ad notam*) ;

7° Les parties civiles.

XI. **Cas où des témoins qui ne peuvent témoigner
ont été cités.** — Lorsque des personnes qui ne peuvent
déposer sous serment ont été citées, quelles en sont les conséquences? S'il s'agit de personnes que des condamnations ont
rendues incapables de témoigner en justice, le tribunal pourra
les entendre, mais sans prestation de serment et à titre de
renseignement. Cette règle devra être suivie devant toutes
les juridictions.

S'il s'agit de personnes dont le degré de parenté ou l'intérêt dans l'affaire a rendu le témoignage suspect, la déposition peut être reçue si le ministère public, le prévenu et la
partie civile y consentent.

Devant la Cour d'assises le président pourra, en vertu de
son pouvoir discrétionnaire, ordonner que ces personnes

seront entendues sans prestation de serment et à titre de simple renseignement, si l'on s'oppose à ce qu'elles déposent comme témoins, sous la foi du serment. Mais le même droit n'appartient pas au président du tribunal correctionnel et au juge de paix (Cass., 13 sept. 1845; P. 46-I-562; — Cass., 19 juin 1846 ; P. 49-I-519; — Cass., 12 mai 1848; P. 48-II-415 ; — Cass., 17 juin 1869 ; P. 70-816).

XII. **Ces prohibitions de déposer s'étendent-elles aux témoins appelés devant le juge d'instruction?** — Lorsque la prohibition résulte des articles 34 ou 42 du Code pénal, il est évident que les juges d'instruction pourront entendre ces témoins sans prestation de serment et à titre de simple renseignement, car l'incapacité dont ces individus sont frappés est celle de « déposer en justice, autrement « que pour y donner de simples renseignements ».

Le juge d'instruction peut également recevoir les dépositions des parents désignés dans les articles 156 et 322 du Code d'instruction criminelle, car aux termes de ces articles, ils ne sont reprochables que lors du jugement définitif ; aucun texte n'interdit de les entendre dans l'instruction préparatoire. Nous pensons toutefois qu'il convient de ne pas leur faire prêter serment.

Par le même motif, nous pensons que le dénonciateur salarié (en matière criminelle) et la partie civile peuvent être entendus aussi à titre de renseignement.

XIII. **Dispenses de déposer.** — Lorsqu'un témoin ne connaît les faits sur lesquels il doit déposer qu'en raison de sa profession qui lui commande le secret, il est dispensé de les révéler ; c'est une conséquence de l'article 378 du Code pénal. Les personnes ainsi dispensées de déposer sont les médecins, chirurgiens, officiers de santé, pharmaciens, sages-femmes, avocats, avoués, notaires et confesseurs. Mais cette dispense doit être renfermée dans de justes limites; la Cour de cassation les a remarquablement tracées dans son arrêt du 26 juillet 1845 (*Bull. crim.*, no 245) : « Tout ci-« toyen doit la vérité à la justice lorsqu'il est interpellé par « elle ; aucune profession ne dispense de cette obligation « d'une manière absolue, pas même celles qui sont tenues au « secret..; il ne suffit donc pas à celui qui exerce une de ces « professions, pour se refuser à déposer, d'alléguer que c'est

« dans l'exercice de sa profession que le fait sur lequel sa
« déposition est requise est venu à sa connaissance. Mais il
« en est autrement lorsque ce fait a été confié sous le sceau
« du secret auquel il est astreint, à raison de sa profession.
« Si, en ce qui concerne les médecins, chirurgiens et sages-
« femmes, on admettait la dispense de déposer dans le pre-
« mier cas, la justice pourrait se trouver privée de rensei-
« gnements et de preuves indispensables à son action, sans
« aucun motif que le caprice du témoin ; si on la refusait
« dans le second, il en pourrait résulter les inconvénients les
« plus graves pour l'honneur des familles et pour la conser-
« vation de la vie des citoyens. Ces intérêts exigent en effet,
« dans les cas particuliers où le secret est nécessaire, que le
« malade soit assuré de le trouver dans l'homme de l'art
« auquel il se confie...... »

Dans tous les cas, le témoin doit répondre à la citation et
prêter serment ; il expose ensuite les motifs pour lesquels il
ne croit pas pouvoir déposer.

XIV. **Magistrats instructeurs**. — Les magistrats qui
ont requis les poursuites et les magistrats instructeurs peuvent être entendus comme témoins, notamment devant la
Cour d'assises, mais il convient de ne les citer qu'au cas d'une
absolue nécessité.

§ 4. — AUDITION DES TÉMOINS.

XV. **Règles générales**. — Les témoins doivent être entendus séparément. Avant de déposer, ils prêtent serment ; il n'y
a à cette règle d'exception que : 1° pour les mineurs de quinze
ans (art. 79, du Code d'instr. crim.) ; 2° pour les condamnés privés du droit de témoigner en justice (art. 34 et 42) ; 3° pour les
individus entendus aux assises à titre de renseignement.

Les dépositions sont orales ; l'usage de notes ne doit pas
être toléré, sauf dans des affaires d'une nature spéciale, en
matière de banqueroute par exemple, lorsque la preuve du
crime ou du délit, résulte d'une série de chiffres et de dates
qu'il serait matériellement impossible de se rappeler.

Enfin les témoins sont *entendus* et non *interrogés*. — Le
président ou le juge d'instruction peut évidemment poser des

questions, faire préciser les points importants, mais il ne doit le faire qu'après que le témoin a fait son récit.

XVI. Dépositions devant le juge d'instruction. — Les témoins sont entendus par le juge d'instruction, assisté du greffier, hors la présence du prévenu et de toute autre personne (art. 73 du C. d'instr. crim.). Ils prêtent serment de « dire toute la vérité, rien que la vérité » (art. 74 du C. d'instr. crim.).

Les dépositions doivent être écrites telles qu'elles ont été prononcées ; elles sont signées par le juge, le greffier et le témoin, après que lecture lui en a été faite et qu'il a déclaré y persister (art. 76 du C. d'instr. crim.).

Les ratures et surcharges doivent être approuvées, et signées; un simple paraphe ne suffit pas (art. 78, du C. d'instr. crim.).

En cas d'irrégularités, une amende est encourue par le greffier (art. 77, du C. d'instr. crim.).

Les dépositions doivent être reçues sur feuilles séparées ; l'usage des cahiers d'information est interdit par la chancellerie (Circ. chanc., 4 frim an V; Gillet, n° 178).

XVII. Tribunaux de simple police et de police correctionnelle. — Les témoins sont entendus après l'exposé de l'affaire, fait par le ministère public et la lecture des procès-verbaux. (art. 190, C. instr. crim.).

Le tribunal est tenu d'entendre les témoins cités par le ministère public, à moins qu'il ne regarde le fait comme constant, parce qu'il résulte d'un procès-verbal non débattu par la preuve contraire (Cass., 11 sept. 1847 ; P. 48-2-95).

Ajoutons que si le ministère public n'a pas fait citer des témoins et qu'à l'audience, l'exactitude des énonciations du procès-verbal soit contredite, il a le droit de demander le renvoi de l'affaire à une prochaine audience pour faire entendre des témoins ; le tribunal ne peut refuser cette remise et rendre immédiatement son jugement. (Cass., 8 oct. 1836 ; P. 37-II-330 ; — Cass., 23 sept. 1837 ; P. 40-I-106 ; — Cass., 30 juil. 1847 ; P. 47-II-536.)

L'ordre dans lequel les témoins sont appelés à déposer est réglé par le président du tribunal. Les témoins prêtent le serment prescrit par l'article 155 du Code d'instruction criminelle. Remarquons que le jugement ne doit pas se borner à dire que les témoins ont prêté le serment prescrit par la loi, mais qu'il doit indiquer les termes du serment prêté (Cass., 8 mai 1879 ; P. 80-1193.)

En aucun cas, les témoins récusés ne peuvent être entendus, comme en Cour d'assises, sans serment et à titre de simple renseignement (Cass., 17 juin 1869 ; P. 70-816).

Les témoins sont entendus séparément, mais leur déposition doit toujours être faite, à peine de nullité, en présence du prévenu, à moins que celui-ci ne fasse défaut (Cass., 22 fév. 1861 ; P. 61-1022).

Le ministère public a le droit d'adresser directement et sans l'intermédiaire du président, des questions aux témoins, après avoir néanmoins demandé la parole au président (Cass., 19 sept. 1834 ; P. chr.).

Le greffier doit prendre note des dépositions des témoins (Voir : **Notes d'audience**).

XVIII. **Chambre des appels correctionnels.** — Nous avons déjà vu (V° **Appel** XVIII) que la Cour statue ordinairement sans entendre à nouveau les témoins produits en première instance. Si le ministère public ou le prévenu veulent les faire citer ou en appeler de nouveaux, ils doivent préalablement demander l'autorisation à la Cour.

L'audition a lieu dans la même forme que devant le tribunal correctionnel.

XIX. **Cour d'assises.** — Après que l'appel a été fait, les témoins se retirent dans la chambre qui leur est destinée et n'en sortent que pour déposer (art, 316 du C. d'instr. crimin.).

On entend d'abord les témoins à charge dans l'ordre établi par le ministère public, puis les témoins à décharge (art. 317 et 321 du C. d'inst. crim.).

Au moment où le témoin va déposer ; les parties peuvent renoncer à son audition ou s'opposer à ce qu'elle ait lieu. Nous avons vu plus haut quels sont les motifs de reproche qui peuvent être soulevés contre un témoin.

Avant de faire sa déposition, le témoin doit prêter le serment prescrit par l'article 317 du Code d'instruction criminelle. L'omission de l'un quelconque des termes de la formule serait une cause de nullité.

Le président peut entendre sans serment en vertu de son pouvoir discrétionnaire les témoins qui ont été reprochés ou qui n'ont pas figuré sur les listes notifiées au prévenu et au ministère public.

XX. **Refus de déposer.** — Le témoin qui comparait, mais qui refuse soit de prêter serment soit de faire sa déposition, est puni d'une amende qui ne peut excéder 100 francs. Ce cas n'est prévu qu'en matière d'assises par l'article 355 § 3 du Code d'instruction criminelle. Mais la condamnation n'en devra pas moins être prononcée quand le refus se produit soit au courant d'une information, soit devant un tribunal correctionnel ou de simple police ; car il doit être assimilé au défaut de comparution.

Lorsque le témoin est cité devant le juge d'instruction, l'amende est prononcée par ce magistrat sur les conclusions du ministère public.

XXI. **Non-comparution des témoins** — Lorsqu'un témoin régulièrement cité devant le juge d'instruction ne comparaît pas et ne produit pas d'excuse, il peut y être contraint par le juge d'instruction qui, à cet effet, sur les conclusions du procureur de la République, sans autre formalité ni délai, et sans appel, prononce une amende qui ne peut excéder 100 francs ; il peut ordonner en même temps que la personne citée sera contrainte par corps à venir donner son témoignage et à cet effet, décerner contre elle un mandat d'amener (art. 80 du C. d'instr. crim.). Si le témoin comparaît sur une seconde citation et produit des excuses légitimes, il peut, sur les conclusions du procureur de la République, être déchargé de l'amende (art. 81 du C. d'instr. crim.).

Lorsque le défaut a lieu à l'audience d'un tribunal de simple police ou de police correctionnelle, le témoin défaillant est condamné à l'amende sur un premier défaut et peut être cité à nouveau si le tribunal le juge convenable. Au cas d'un second défaut, la contrainte par corps peut être prononcée (art. 157 et 189 du C. d'instr. crim.) Le témoin ainsi condamné à l'amende qui, sur une seconde citation, produit devant le tribunal des excuses légitimes, peut, sur les conclusions du ministère public, être déchargé de l'amende. S'il n'est pas cité de nouveau, il peut volontairement comparaître par lui ou par un mandataire spécial à l'audience suivante pour présenter ses excuses (art. 158 et 189 du C. d'instr. crim).

Enfin lorsqu'un témoin qui a été cité devant la cour d'assises ne comparait pas, la Cour peut, sur la réquisition du procureur général et avant que les débats soient ouverts par la déposition du premier témoin inscrit sur la liste renvoyer l'affaire à une prochaine session. Dans ce cas, tous les frais que nécessite ce renvoi sont à la charge du témoin défaillant. La Cour, par le même arrêt, prononce la condamnation à l'amende et ordonne que ce témoin sera amené par la force publique devant la Cour d'assises pour y être entendu (art. 354 et 355 du C. d'instr. crim,) Si la présence du témoin n'est pas indispensable à la manifestation de la vérité, la Cour prononce l'amende, et il est passé outre aux débats.

§ 5. — INDEMNITÉS.

XXII. **Taxe ordinaire.** — Aucune taxe ne peut être accordée à un témoin qu'autant qu'il la réclame ; mention expresse doit être faite dans le mandat de payement que la taxe a été requise (art. 26 du décr. du 18 juin 1811 ; — Instr. du 30 sept. 1826, XXIV ; *Rec. off.*, t. I, p. 227).

Tout témoin appelé a droit à une indemnité, lorsqu'il la demande, qu'il ait été cité par huissier ou appelé par un simple avertissement (Circ. chanc., 14 août 1876, § 4 ; *Bull. off.*, n° 3, p. 140). La taxe est acquise encore bien qu'à l'audience le témoin n'ait pas été entendu par un motif indépendant de sa volonté (Décis. chanc., 19 janv. 1819 ; 5 avr. 1828 et 12 janv. 1830 ; de Dalmas, p. 64).

Les taxes doivent être écrites par les greffiers ou par leurs commis assermentés ; ces écritures ne donnent lieu à aucune rétribution (Circ. chanc., 16 juin 1823 ; Gillet, n° 1737).Elles sont mises au bas des citations et jamais sur des feuilles isolées ou détachées (Décis. chanc., 13 nov. 1818 et 30 avr. 1819 ; de Dalmas, p. 65). Dans le cas d'avertissement écrit, la taxe doit être délivrée au bas de cet avertissement ; si l'avertissement a été verbal, la taxe est mise au bas du certificat délivré par l'officier de police judiciaire qui a mandé le témoin (Décis chanc., 11 mars 1837 ; *Rec. off.*, t. I, p. 227).

Toutes les fois que la nature de l'affaire n'est pas indiquée dans la cédule ou ne l'est pas suffisamment, il est indispensable de le faire connaître dans la taxe, afin qu'on puisse reconnaître si les frais doivent être supportés par le ministère de la justice ou par quelques administrations ou établissements publics (Circ. chanc., 2 nov. 1816 ; Gillet n° 1123 ; — Circ. chanc., 3 mai 1825 ; Gillet n° 1912). Il est bon d'indiquer si les témoins savent ou ne savent pas signer (Décis. chanc., 27 févr. et 13 oct. 1812 ; Gillet, n° 826 *bis*).

Aucune taxe ne peut être payée que sur l'acquit du témoin. — Les payements sont effectués par les receveurs de l'enregistrement, à tout instant et tous les jours, depuis une heure avant le lever, jusqu'à une heure après le coucher du soleil (Décis. du min. des fin. du 24 sept. 1808) ; lorsque les séances des Cours d'assises se prolongent après le coucher du soleil, les taxes peuvent être acquittées jusqu'à minuit (Lettre du min. des fin. du 24 avr. 1848 ; *Rec. off.*, t. I, p. 228, note 3).

Lorsqu'ils ne sont pas domiciliés à plus d'un myriamètre, les témoins reçoivent pour chaque jour pendant lequel ils ont été détournés de leur travail ou de leurs affaires (art. 27 du décr. du 18 juin 1811) :

A Paris..............................	2 francs	
Dans les villes de 40.000 habitants et au-dessus.	1 »	50
Dans les autres villes et communes....... ...	1 »	

Lorsqu'ils sont domiciliés à plus d'un myriamètre, ils reçoivent par myriamètre parcouru 1 franc, s'ils ne sortent pas de l'arrondissement et 1 franc 50, s'ils en sortent (art. 2 et 3 du décr. du 7 avr. 1813). Dans ce cas, ils n'ont pas droit à la taxe fixée par l'article 27 du décret de 1811.

Voir : **Voyage et séjour (Frais de)**.

XXIII. **Femmes et enfants.** — Les témoins du sexe féminin et les enfants de l'un et l'autre sexe au-dessous de l'âge de quinze ans, reçoivent (art. 28 du décr. du 18 juin 1811) :

A Paris..............................	1 franc 25	
Dans les villes de 40.000 habitants et au-dessus.	1 »	
Dans les autres villes ou communes............	0 »	75

S'ils sont domiciliés à plus d'un myriamètre, ils reçoivent l'indemnité de voyage fixée par le décret de 1813, comme les témoins du sexe masculin.

La taxe des indemnités de voyage et de séjour est double pour les enfants mâles au-dessous de l'âge de 15 ans et pour les filles au-dessous de l'âge de 21 ans, lorsqu'ils sont accompagnés dans leur route et séjour par leur père, mère, tuteur ou curateur à la charge par ceux-ci de justifier de leurs qualités (art. 97 du décr. du 18 juin 1811).

XXIV. **Malades et infirmes. — Détenus.** — L'article 29 du décret du 18 juin 1811 accordait une double taxe aux témoins malades et infirmes, mais cette disposition a été abrogée par l'article 1er du décret du 7 avril 1813.

Les détenus appelés en témoignage n'ont droit à aucune indemnité (Décis. chanc., 6 déc. 1837 ; *Rec. off.*, t. 1, p. 229, note 5).

XXV. **Fonctionnaires.** — Tous les témoins qui reçoivent un traitement quelconque à raison d'un service public, n'ont droit qu'au remboursement des frais de voyage, et seulement lorsqu'ils sont domiciliés à plus d'un myriamètre (art. 32 du décr. du 18 juin 1811). On doit entendre par *un traitement quelconque* tout ce qui est payé, soit sur les fonds du trésor, soit sur les fonds départementaux, municipaux ou communaux, et à quelque titre et sous quelque dénomination que ce soit (Inst. gén. du 30 sept. 1826).

Cette disposition est applicable notamment :

1° Aux gardes-généraux des forêts (Déc. chanc., 18 mai 1877 ; *Bull. off.*, n° 6, p. 60) ;

2° Aux employés de l'octroi (Déc. chanc., 6 sept. 1876 ; *Bull. off.*, n° 3, p. 200) ;

3° Aux concierges des prisons (Déc. chanc., 4 nov. 1820 ; Gillet n° 1460 ; — 12 fév. 1825 ; Gillet n° 1876) ;

4° Aux concierges des tribunaux (Déc. chanc., 24 sept. 1819 ; Gillet n° 1361) ;

5° Aux commissaires et agents de police (Déc. chanc., 31 août 1855 ; Gillet n° 3775).

Il y a exception cependant en faveur des facteurs des postes. Les règlements de leur administration les obligeant à se faire remplacer à leurs frais, lorsqu'ils sont appelés en témoignage, ils éprouvent un préjudice dont il est juste de les dédommager. Aussi les magistrats doivent leur accorder la taxe de comparution s'ils la réclament, toutes les fois qu'ils déposent en justice (Circ. chanc., 14 août 1876, n° 13 ; *Bull. off.*, n° 3, p. 147).

XXVI. **Militaires et marins.** — Les indemnités de route des militaires en activité de service appelés en témoignage ne sont pas comprises dans les frais de justice criminelle ;

aucune taxe ne doit donc leur être accordée (art. 31 § 1 du décr. du 18 juin 1811). Toutefois il peut leur être accordé une indemnité pour leur séjour forcé hors de leur garnison ou cantonnement, mais ces frais ne peuvent être alloués que pour les jours que ces militaires sont obligés de passer dans les villes où ils sont appelés en témoignage et où leur présence est nécessaire. On ne doit pas comprendre dans la taxe ni le jour de leur arrivée, ni celui du départ (art. 31 et 96, § 2 du décr. du 18 juin 1811). Cette indemnité est fixée ainsi qu'il suit, pour les officiers de tous grades :

A Paris.................................... 3 fr. » »
Dans les villes de 40.000 habitants et au-dessus .. 2 » » »
Dans les autres villes et communes .... 1 » 50

La moitié seulement de cette indemnité est allouée aux soldats et aux sous-officiers.

Les mêmes règles sont applicables aux militaires en congé de semestre ou de convalescence (Circ. chanc., 25 janv. 1875 ; *Rec. off.*, t. III, p. 329).

Les officiers et fonctionnaires de la marine et les marins appelés en témoignage sont payés par le ministère de la marine aussi bien de leurs frais de séjour que de leurs frais de route (Décis. min. de la marine 31 mai 1841 ; — Circ. chanc., 9 juil. 1841 ; Gillet n° 2866).

Les gardes-chiourmes sont assimilés aux troupes de la marine (Décis. chanc., 23 févr. 1830 ; de Dalmas, p. 70).

XXVII. **Gendarmes — Gardes champêtres et forestiers.** — Les gardes champêtres et forestiers et les gendarmes, appelés à venir déposer devant les tribunaux, ont droit aux mêmes taxes que les témoins ordinaires (art. 3 du décret du 7 avr. 1813). La chancellerie a décidé que les gardes pêche doivent être assimilés aux gardes forestiers (Décis. chanc., 15 juin 1878 ; *Bull. off.*, n° 10, p. 107) ; mais le bénéfice de cette disposition ne s'étend pas aux gardes-généraux des forêts (décis., chanc., 18 mai 1877 ; *précitée*).

Nous verrons que la chancellerie a décidé (Circ. du 29 nov. 1884 ; *Bull. off.*, n° 36, p. 210), que les gendarmes seraient transportés gratuitement en chemin de fer, tant au retour qu'à l'aller, sur le vu d'une réquisition donnée par le magistrat compétent. — Si les gendarmes profitaient du parcours gratuit et touchaient en outre l'indemnité ordinaire, ils auraient en réalité une allocation supérieure à celle qui est allouée aux autres témoins ; aussi par une circulaire du 11 février 1885 (*Bull. off.*, n° 37, p. 5), la chancellerie a adopté les dispositions suivantes pour le règlement de l'indemnité.

1° *Les gendarmes sont domiciliés à un myriamètre ou à moins d'un myriamètre du lieu ou ils sont entendus.*

Ils n'ont droit à aucune indemnité de voyage. Il ne peut leur être alloué que la taxe fixée par l'article 27 du décret du 18 juin 1811.

2° *Les gendarmes sont domiciliés à plus d'un myriamètre du lieu où ils sont entendus et voyagent en chemin de fer.*

Les gendarmes ont voyagé gratuitement en vertu d'une réquisition (*infra* XXVIII). — Ils remettent au greffier, chargé de faire la taxe, le coupon de chemin de fer, en même temps que la copie de la citation.

La taxe se fera de la façon suivante : on calculera d'abord l'indemnité de déplacement, conformément au tarif fixé par l'article 2 du décret du 7 avril 1813 (dans leur arrondissement 1 fr. par myriamètre; hors de l'arrondissement 1 fr. 50), puis ou en déduira le prix de la place entière en chemin de fer tant à l'aller qu'au retour. — Il suffit de retrancher la somme portée sur le coupon, si le voyage est effectué à plein tarif; on la multipliera auparavant par 2 ou par 4, si les gendarmes ont obtenu demi-place ou quart de place.

Exemple. — Un gendarme de X.... vient en témoignage au tribunal de l'arrondissement, distant de X..... de 20 kilomètres par la voie de terre et de 22 par la voie de fer. — Il a voyagé en chemin de fer, sur réquisition, à quart de place,

Le décompte de l'indemnité sera établi ainsi qu'il suit :

Transport dans l'arrondissement à 20 kilomètres de distance, soit, aller et retour, 40 kilomètres ou 4 myriamètres, à 1 franc par myriamètre...................... 4 fr. 00

A déduire : coupon de 0 fr. 748 pour 44 kilomètres parcourus en chemin de fer à quart de place, soit au tarif plein (0,748×4) .... 2 fr. 98

Taxe.... 1 fr. 02

Dans l'état de liquidation, on comprendra dans les frais à recouvrer :

1° Le montant de la taxe.................   1 fr. 02

2° La somme à rembourser par l'État à la
    Compagnie..........................   0 fr. 748

Total....   1 fr. 768

Mais il arrivera parfois que la distance sera beaucoup plus considérable par la voie de fer que par la voie de terre. Ainsi Bort, chef-lieu de canton de l'arrondissement d'Ussel, est à 28 kilomètres du chef-lieu d'arrondissement par la voie de terre et à 52 kilomètres par la voie de fer. — Si l'on fait le calcul de la taxe comme nous venons de l'indiquer, on trouve que l'indemnité de transport pour un parcours de 56 kilomètres, soit 6 myriamètres est de.....   6 fr. »»

D'où il faut déduire :

Le parcours en chemin de fer (104 kilom. à
    0 fr. 017), ce qui donne au tarif entier
    (0.017×104×4).....................   7 fr. 07

Le prix du chemin de fer surpasse de 1 fr. 07 l'indemnité de transport; on ne peut évidemment faire reverser cette différence par les gendarmes, mais aucune taxe ne doit être allouée (Lettre du g. des sc. au proc. de la Rép. d'Ussel, 5 mars 1885). — Dans l'état de frais, ou ne portera qu'une somme de 1 fr. 768, montant de ce qui sera réellement remboursé à la Compagnie par la chancellerie.

Si les gendarmes sont obligés de prolonger leur séjour dans le lieu où ils sont appelés, il leur est alloué pour chaque jour de séjour, une indemnité fixée par l'article 96 du décret du 18 juin 1811 (Circ. chanc., 11 fév. 1885, *précitée*).

Les gendarmes appelés en témoignage n'ont pas à produire de mémoires, comme l'exigeait la circulaire du 29 novembre 1884 ; les allocations qui leur sont dûes sont réglées au moyen d'une simple taxe apposée au pied de la copie de la citation. C'est ce qui résulte implicitement de la circulaire du 11 février 1885 ; on remarquera en effet que tandis que le mot « *Mémoire* » figure partout dans la circulaire du 29 novembre, le mot « *taxe* » est seul employé par celle du 11 février (Lettre du g. des sc. au proc. gén. de Limoges, 23 sept. 1885).

§ 6. — RÈGLES SPÉCIALES A CERTAINS CAS

XXVIII. **Militaires. — Marins. — Gendarmes.** — Lorsque des militaires et marins en activité de service sont appelés en témoignage, il est nécessaire que les chefs des corps auxquels ils appartiennent en soient informés, vingt-quatre heures au moins avant la notification de la citation. Dans la lettre d'avis, on les prie de donner des ordres pour que les témoins cités obéissent à la justice (Circ. chanc., 15 sept. 1820 ; Gillet nº 1445 ; — Circ. chanc., 6 déc. 1840, § 4 ; Gillet nº 2829).

Si la date à laquelle un témoin, appartenant à la réserve de l'armée active ou à l'armée territoriale, est appelé en justice, correspond avec celle où il est convoqué pour un appel ou une revue, le général en chef commandant le corps d'armée doit être informé de cette circonstance pour que cet homme soit dispensé de répondre à la convocation de l'autorité militaire. Mais en pareil cas, le témoin ne doit être assigné que lorsque sa déposition ne saurait être, sans de graves inconvénients, ni retardée ni suppléée. (Déc. chanc., 23 juin 1876 ; *Bull. off.*, nº 2 ; p. 105.)

Lorsqu'un gendarme reçoit une citation pour aller déposer devant un tribunal situé dans une ville distante de plus d'un myriamètre et où l'on peut se rendre par la voie ferrée, il doit présenter sa copie au procureur de la République, dans les chefs-lieux d'arrondissement ; au juge de paix ou au commissaire de police dans les chefs-lieux de canton ; au maire, dans les autres villes et communes. Ce magistrat lui délivre une réquisition de transport, comportant le retour comme l'aller, établie conformément au modèle ci-contre :

TRIBUNAL	RÉQUISITION
de	
PREMIÈRE INSTANCE	*Nous, procureur de la République près le*
de _____	*Tribunal de première instance de...... requérons la Compagnie des Chemins de fer de*
PARQUET	*de transporter de à*
du	**aller et retour,** *le sieur*
Procureur de la République	*......, gendarme à cheval, en ré-*

sidence à   qui doit être entendu
comme témoin par   à l'occasion des
poursuites dirigées contre   inculpé
de   Le voyage sera effectué en 3°
classe

Fait à   le   188 .

LE PROCUREUR DE LA RÉPUBLIQUE

L   gendarme soussigné certifie,
l'exécution du transport

A   le   188 .

Au cas ou par suite des détours de la voie ferrée, ce mode de transport a pour effet d'absorber la plus grande partie de la taxe ou même de la faire complètement disparaître (*supra* XXVII), la circulaire du 29 novembre 1884 ne s'oppose pas à ce que les gendarmes jouissent exceptionnellement de la faculté de se rendre à destination, soit à cheval, soit par tout autre moyen de locomotion; ils reçoivent alors la taxe accordée aux témoins ordinaires (Let. du g. des sc. au pr. de la Rép. d'Ussel, 17 mars 1885).

XXIX. **Préposés des contributions indirectes et des douanes.** — Les citations aux préposés des douanes et des contributions indirectes doivent leur être adressées par l'intermédiaire des directeurs de ces administrations, afin que ces fonctionnaires puissent ordonner les mesures de services nécessitées par le déplacement de leurs préposés (Circ. chanc., 4 nov. 1812 ; Gillet n° 831 ; — Circ. chanc., 6 déc. 1840, § 5 ; Gillet n° 2829).

XXX. — **Employés des chemins de fer.** — Le mandement de citation doit être notifié le plus tôt possible, afin de faciliter la correspondance et les remplacements qu'occasionnera l'absence temporaire de l'employé, cité comme témoin (Circ. chanc., 7 sept. 1863 ; Gillet n° 4160).

XXXI. **Témoins étrangers.** — Les étrangers domiciliés en France sont tenus de comparaître sous les mêmes peines que les Français, mais que décider à l'égard de ceux qui résident à l'étranger ? Il est évident que les citations qui leur sont données ne peuvent, à moins de clauses formelles des traités, les obliger à venir en France déposer devant les tribunaux français. Aussi, comme on ne peut employer aucune mesure coercitive pour les faire comparaitre devant nos tribunaux, et que l'indemnité qu'ils recevraient d'après le tarif ordinaire, ne serait que très rarement suffisante pour couvrir les dépenses causées par leur déplacement, ils refuseraient presque toujours de venir déposer en France. Afin d'éviter le préjudice grave qui résulterait pour la justice de leur absence, il est d'usage, lorsque leurs dépositions paraissent nécessaires d'autoriser les agents diplomatiques à traiter avec eux, de gré à gré sur le montant de l'indemnité, en ayant soin de s'écarter le moins possible du taux fixé par le règlement de 1811. Ces indemnités ainsi réglées sont payées comme frais extraordinaires de justice conformément à l'article 136 du décret du 18 juin 1811 (Déc. chanc., 28 sept. 1832 et 26 janv. 1833 ; de Dalmas, p. 269).

Dans tous les cas, les magistrats au nom desquels les citations sont données, doivent les adresser au garde des sceaux qui les fait parvenir à leur destination par l'intermédiaire du ministre des affaires étrangères.

Par suite d'une entente intervenue avec l'Italie, les consuls respectifs doivent faire aux témoins, appelés d'un pays dans l'autre, l'avance des frais de voyage. — Les procureurs de la République doivent par suite provoquer de la part des consuls italiens le versement des avances nécessaires au voyage des témoins domiciliés dans leurs arrondissements et cités en Italie (Circ. chanc., 30 juil. 1872 ; *Rec. off.*, t. III, p. 214 ; — Décl. du 16 juil., 1873). La déclaration du 16 juillet 1873 fixe le taux des indemnités.

Lorsqu'il y a lieu de recevoir les déclarations de témoins ou de prévenus appartenant à l'équipage d'un navire espagnol, il doit en être donné avis au consul d'Espagne pour qu'il ait à user, s'il le juge convenable, par lui-même ou par un délégué du droit d'assistance, qui lui est conféré par l'article 6 de la Convention du 2 janvier 1768 (Circ. chanc., 8 juin 1850 ; Gillet n° 3419).

Lorsque la comparution de témoins belges est nécessaire, la citation est faite sous forme d'invitation et est notifiée par huissier dans les formes usitées pour les citations ordinaires ; la même règle est suivie pour les Français, appelés à déposer en Belgique. — Chaque pays se charge de payer les frais faits sur son propre territoire (Circ. chanc.,19 fév. 1836; Gillet n° 2614; — Circ. chanc., 8 mai 1839; Gillet n° 2747).

XXXII. **Témoins détenus.** — Lorsqu'un prévenu ou condamné, détenu dans une maison d'arrêt, doit être entendu comme témoin, avis en est donné au procureur de la République de l'arrondissement où est située cette maison d'arrêt; il prend les mesures nécessaires pour faire effectuer la translation (Voir : **Translation**, XXVIII).

Lorsqu'il y a lieu d'entendre un individu qui subit la peine des travaux forcés ou qui est détenu dans une maison centrale, une demande d'extraction doit être adressée au garde des sceaux. Quelle que soit l'urgence, cette formalité doit être remplie; la demande contient un précis des faits sur lesquels elle est fondée et mentionne les renseignements propres à prévenir toute erreur, relativement à la [personne du condamné (Circ. chanc., 1er juil. 1811; Gillet, n° 724; — Circ. chanc., 6 déc. 1840, § 6; Gillet, n° 2829; — Circ chanc., 9 mai 1856; Gillet, n° 3822).

XXXIII. **Témoins jouissant de prérogatives spéciales.** — Les ministres ne peuvent être cités comme témoins, même en cour d'assises, qu'autant que le président de la République, sur la demande du ministère public ou d'une partie, et sur le rapport du garde des sceaux, a autorisé cette comparution par un décret spécial qui règle la manière dont ils seront entendus et le cérémonial à observer à leur égard (art. 510 du C d'instr. crim.; art. 1 et 2 du décr. du 4 mai 1812). Lorsque la comparution n'a pas été autorisée, la déposition doit être rédigée par écrit et reçue par le premier président de la Cour d'appel, si le ministre se trouve au cheflieu de cette Cour, sinon par le président du Tribunal de première instance de l'arrondissement dans lequel il a son domicile ou se trouve accidentellement.

A cet effet, la Cour ou le juge d'instruction saisi de l'affaire doit adresser au président ci-dessus nommé un état des faits, demandes et questions sur lesquels le témoignage est requis. — Le président doit se transporter en costume à la demeure du ministre après s'être entendu avec lui sur le jour et l'heure pour recevoir sa déposition (art. 511 du C. d'instr. crim.; décr. du 4 mai 1812, art. 4).

Lorsque les présidents du conseil d'État, les conseillers d'État chargés d'une administration publique, les généraux actuellement en service, les ambassadeurs et agents diplomatiques près les Cours étrangères, et les préfets ont été cités comme témoins, et qu'ils allèguent pour s'en excuser la nécessité de leur service, il ne doit pas être donné suite à la citation. Le juge d'instruction saisi de l'affaire, ou le magistrat qu'il a délégué, doit, après s'être entendu avec les fonctionnaires ci-dessus désignés sur l'heure et le jour, venir dans leur demeure pour recevoir leurs déclarations. S'il s'agit du témoignage d'agents résidant auprès d'un gouvernement étranger le juge qui fait l'instruction doit adresser au ministre de la justice un état des faits, demandes et questions sur lesquels son témoignage est requis ; le ministre est chargé d'en faire l'envoi sur les lieux et de désigner la personne qui recevra la déposition. Les déclarations ainsi reçues doivent être remises au greffe et communiquées à l'officier du ministère public (art. 4 et 6 du décr. du 4 mai 1812).

Lorsque ces fonctionnaires ne s'excusent pas, et se présentent pour faire leur déposition, ils sont reçus par un huissier à la première porte du palais de justice, introduits dans le Parquet et placés sur un siège particulier. Ils sont reconduits de la même manière qu'ils ont été reçus (art. 5 du décr. du 4 mai 1812).

§ 7. — Faux témoignage.

XXXIV. **Mesures à prendre au cas où il y a suspicion de faux témoignage.** — Le président doit faire tenir note par le greffier des additions, changements ou variations qui peuvent exister entre la déposition d'un témoin et ses précédentes déclarations. Le ministère public et l'accusé peuvent requérir le président de prendre cette mesure (art. 318 du C. d'instr. crim.). De plus, si d'après les débats la déclaration paraît fausse, le président peut, sur la réquisition du ministère public, soit de la partie civile, soit de l'accusé, et même d'office, faire sur le champ mettre le témoin en état d'arrestation. Le procureur général et le président ou l'un des juges par lui commis remplissent à son égard, le premier, les fonctions d'officier du ministère public, le second, les fonctions attribuées aux juges d'instruction dans les autres cas (art. 330 du C. d'instr. crim.).

Ces règles s'appliquent aux tribunaux correctionnels, bien que les articles 318 et 330 ne se réfèrent qu'aux cours d'assises (Faustin-Hélie, *Instr. crim.*, t. VI, p. 660 ; — Carnot, *Instr. crim.*, t. II, p. 548 ; — Massabiau, t. III, p. 20). C'est alors le procureur de la République qui remplit les fonctions de ministère public et le président ou le juge, délégué par lui, qui remplit celles de juge d'instruction.

Un procès-verbal doit être dressé séance tenante pour constater les termes mêmes de la déposition incriminée et toutes les circonstances qui peuvent en prouver la fausseté.

Si le président refusait d'ordonner l'arrestation, le ministère public pourrait décerner un mandat d'amener, comme en cas de flagrant délit, faire arrêter le témoin à sa sortie de l'audience, puis saisir le juge d'instruction.

XXXV. **Faux témoignage. — Peines.** — Le faux témoignage, en matière criminelle, soit contre l'accusé soit en sa faveur, est puni de la réclusion ; si toutefois l'accusé a été condamné à une peine plus forte que la réclusion, le faux témoin qui a déposé contre lui, doit subir la même peine (art. 361 du C. pén.). — Le faux témoignage en matière civile et correctionnelle est puni d'un emprisonnement de deux à cinq ans et d'une amende de 50 à 2.000 francs ; si le prévenu a été condamné à plus de cinq années d'emprisonnement, le faux témoin qui a déposé contre lui subit la même peine. — Le faux témoignage en matière de simple police est puni d'un emprisonnement d'un an à trois ans et d'une amende de 16 à 500 francs. — Dans ces deux cas, les condamnés peuvent être privés des droits mentionnés en l'article 42 et frappés de l'interdiction de séjour, pendant cinq ans au moins et dix ans au plus (art. 362 et 363 du C. pén.).

Si le faux témoin a reçu de l'argent, une récompense ou des promesses, il est condamné :

1° En matière criminelle, aux travaux forcés à temps ;

2° En matière civile ou correctionnelle, à la réclusion ;

3° En matière de simple police à un emprisonnement de 2 à 5 ans et à une amende de 50 à 2.000 fr.

L'interdiction de séjour et la privation des droits mentionnés en l'article 42 peuvent être prononcées ; ce que le **faux** témoin a reçu, est confisqué (art. 364).

Le témoin ne peut être condamné pour faux témoignage, s'il se rétracte avant la clôture des débats, encore bien que sa rétractation ne soit pas spontanée, qu'elle ne se soit produite par exemple qu'après son arrestation. — A quel moment les débats sont-ils considérés comme clos ? Les débats sont clos et la rétractation est tardive : en matière criminelle, correctionnelle et de police, quand le ministère public, la partie civile et le prévenu ont été entendus (Cass., 20 nov. 1868 ; P. 69-807 ; — Cass., 23 févr. 1871 ; P. 72-183), et en matière civile au moment où le ministère public a pris ses conclusions (Cass., 15 juin 1877 ; P. 78-803). Lorsqu'en raison des soupçons de faux témoignage, le renvoi à une autre session, en matière criminelle, ou le sursis, dans les autres matières, ont été prononcés, les débats de l'affaire principale sont réputés clos, quant à ce témoin, et une rétractation postérieure ne peut effacer le faux témoignage (Cass., 18 mars 1841 ; D. 74-1-6, note *a* ; — Cass., 29 nov. 1873 ; P. 74-186).

Il est évident qu'une déposition mensongère faite devant le juge d'instruction ne peut motiver des poursuites pour faux témoignage, puisqu'elle n'est pas définitive et peut être rétractée à l'audience (Cass., 31 janv. 1859 ; P. 60-288).

XXXVI. **Subornation de témoins.** — La subornation de témoins est punie des mêmes peines que le faux témoignage (art. 365 du C. d'instr. crim.). L'article 365 n'est applicable qu'autant que la subornation a été suivie d'un faux témoignage ; la tentative n'est pas punissable. — Le délit disparaît même, lorsque le faux témoin s'est rétracté en temps utile (Cass., 22 juil. 1843 ; Dal. Rep., V° *témoignage faux*, 55-3°).

TENTATIVE

Division

I. **Tentative en matière de crime.** — Toute tentative de crime est considérée comme le crime même, lorsqu'elle a été manifestée par un commencement d'exécution et si elle n'a été suspendue ou n'a manqué son effet que par des circonstances indépendantes de la volonté de son auteur (art. 2 C. pén.). — Ce principe est général et s'applique à tous les crimes, à moins d'une disposition formelle de la loi.

II. **Crime impossible.** — La tentative d'un crime impossible n'est pas punissable, encore bien que les actes supposent une perversité profonde (Blanche, t. I, p. 8 et suiv. ; — Faustin-Hélie, t. I, p. 3). Ainsi on ne peut poursuivre, pour tentative de meurtre celui qui ajuste un individu avec son fusil qu'il croit chargé, et essaie de tirer, si cette arme n'était pas chargée en réalité. De même, il n'y a pas tentative d'empoisonnement, si la substance administrée avec intention de donner la mort, est dénuée de toute propriété toxique.

III. **Tentative en matière de délit.** — Les tentatives de délits ne sont considérées comme délits que dans les cas déterminés par une disposition spéciale de la loi (art. 3).

Ces tentatives sont soumises aux mêmes règles que les crimes : il faut qu'il y ait commencement d'exécution et que la suspension soit involontaire (Blanche, t. I, p. 38 ; Faustin-Hélie, t. I, p. 6).

IV. **Qualification.**

D'avoir, à............, le......, tenté de........., laquelle tentative, manifestée par un commencement d'exécution, n'a été suspendu ou n'a manqué son effet que par des circonstances indépendantes de la volonté de son auteur.

Crime (ou *délit*) *prévu par les articles 2 (ou 2 et 3) etc..... du Code pénal.*

TIMBRE

Division.

I. Timbre et enregistrement des actes judiciaires en matière	criminelle, correctionnelle et de simple police.
	II. Délai, contraventions.

I. Timbre et enregistrement des actes judiciaires, en matière criminelle correctionnelle et de simple police. — Le tableau ci-dessous dressé par la chancellerie et contrôlé par le directeur général de l'enregistrement donne un résumé exact et complet des règles relatives au timbre et à l'enregistrement des actes judiciaires (Circ. chanc., 14 août 1876 ; *Bull. off.*, n° 3, p. 154).

Phases diverses des procédures.	ACTES A TIMBRER ET A ENREGISTRER.	MODE DE TIMBRE ET D'ENREGISTREMENT.
PROCÈS-VERBAUX	Des gardes champêtres des communes.	En débet.
	Des gardes forestiers.	En débet.
	Des gardes pêche.	En débet.
	Des agents-voyers et des employés des ponts et chaussées.	En débet.
	Des vérificateurs des poids et mesures.	En débet.
	De tous les agents de l'autorité constatant des infractions aux règlements généraux d'imposition.	*En débet*, lorsqu'ils sont dressés à la requête du ministère public, au sujet d'infractions punies correctionnellement (art. 74 de la loi du 25 mars 1817) ; en matière de garantie des objets d'or et d'argent (Instr. gén., min. des finances, n° 516) ; de timbres-poste ayant déjà servi (Déc. min. just. et fin. des 3 et 7 fév. 1851 ; instr. gén., n° 1931) ; d'affiches peintes (Instr. n° 1937) ; de timbres mobiles ayant déjà servi (Instr. n° 2176). *Au comptant et sur timbre*, lorsqu'ils sont dressés à la requête d'une administration financière agissant dans son intérêt propre ou dans celui de ses agents (art. 74 de la loi du 25 mars 1817. Voir la note 1).
	De la gendarmerie (sous-officiers, brigadiers et gendarmes, non des officiers), toutes les fois qu'ils sont de nature à donner lieu à des poursuites judiciaires, qu'ils constatent des faits intéressant l'Etat, les communes, des établissements publics ou des délits et contraventions commis dans les bois soumis au régime forestier ; lorsqu'ils sont rédigés pour mort violente et qu'ils contiennent l'inventaire des objets trouvés sur le décédé ou près de lui ; en matière de contraventions fiscales.	En débet (Voir ci-dessus et la note (1).

(1) Les droits de timbre et d'enregistrement des procès-verbaux et autres actes de procédure sont payés *comptant* et avancés par la partie poursuivante, sauf son recours contre le condamné, lorsque les procès-verbaux sont dressés et les poursuites dirigées à la requête d'une partie civile ou d'une administration financière, agissant dans son intérêt propre ou dans celui de ses agents (Loi du 22 frimaire an VII, art. 68, § 1er, n° 48 ; ordonnance du 22 mai 1816, art. 1er et 4 ; loi du 25 mars 1817, art. 74.

Phases diverses des procédures.	ACTES A TIMBRER ET A ENREGISTRER.	MODE DE TIMBRE ET D'ENREGISTREMENT
PROCÈS-VERBAUX	Des gardes champêtres, gardes pêche et gardes forestiers des particuliers.	Au comptant.
	Constatant des délits et contraventions à la police des chemins de fer, et ceux relatifs aux règlements sur les appareils et bateaux à vapeur.	En débet.
	Constatant des délits et contraventions à la police des lignes télégraphiques.	En débet.
	Constatant des délits et contraventions à la police du roulage, et ceux relatifs à la grande voirie.	En débet.
	Constatant des contraventions de simple police, de quelque agent qu'ils émanent, et les rapports adressés, sous forme de lettres aux commissaires de police par les agents subalternes relativement aux contraventions que ceux-ci ont constatées.	En débet.
RAPPORTS	Des agents de police, lorsqu'il doit en être fait usage en justice (Note chanc., *Bull. off.*, nº 26, p. 51).	En débet.
INSTRUCTION	Tous les actes extérieurs d'instruction destinés à frapper soit les prévenus soit les tiers, c'est-à-dire toutes les significations faites par les huissiers et les gendarmes : assignations aux témoins, notifications aux inculpés des divers mandats décernés par les juges d'instruction.	Gratis (art. 70, § 2, nº 3, de la loi du 22 frim. an VII. (Voir la note 2).
PROCÉDURE DEVANT LE TRIBUNAL CORRECTIONNEL	Tous les actes de poursuite devant les juridictions correctionnelles, à partir de l'ordonnance du juge d'instruction inclusivement (lorsqu'il y a eu information régulière), citations de toutes sortes, etc.	En débet (art. 4 de l'ord. du 22 mai 1816). Les actes signifiés à la requête du prévenu et pour les besoins de sa défense doivent être visés pour timbre et enregistrés à ses frais, au comptant. Toutefois, aux termes de l'art. 30 de la loi du 22 janvier 1851, les

(2) Lorsqu'il existe pendant l'information une partie civile, tous les actes spécialement faits à la requête de cette partie doivent être sur timbre et enregistrés, s'il y a lieu, *au comptant.*

Phases diverses des procédures.	ACTES A TIMBRER ET A ENREGISTRER.	MODE DE TIMBRE ET D'ENREGISTREMENT.
PROCÉDURE DEVANT LE TRIBUNAL CORRECTIONNEL	1° Les jugements, leurs expéditions et significations; 2° Les actes d'appel, les recours en cassation, ainsi que leurs extraits.	présidents des tribunaux correctionnels peuvent, lorsque les prévenus leur en font la demande et justifient de leur indigence, ordonner l'assignation d'office des témoins dont la déposition leur parait utile à la manifestation de la vérité ; dans ce cas, ces témoins sont assignés à la requête du ministère public ; dès lors les exploits sont en débet (Voir la note 3). 1° En débet. 2o En débet. Toutefois, ces deux formalités ont lieu *au comptant*, lorsqu'il y a une partie civile, qu'en même temps le condamné est en liberté, et que le ministère public ne remet pas au receveur une réquisition expresse pour que les formalités soient remplies *en débet* (Déc. min. just. et fin. des 11 et 15 février 1861 ; — instr. n° 2189).
PROCÉDURE D'ASSISES	Tous les exploits signifiés par les huissiers et gendarmes, savoir : notamment la signification à l'accusé de l'arrêt et de l'acte d'accusation ; des ordonnances de jonction, s'il y a lieu ; de la liste des témoins, de celle du jury, et dans certains cas, des arrêts de la Cour de cassation.	Gratis (art. 16 de la loi du 16 brum. an VIII ; art. 70, § 2, n° 3, de la loi du 22 frim. an VII ; ord. du 22 mai 1816 ; circ. du g. des sc. du 24 sept. 1823 et du 14 janv. 1863. Voir note 4).
	Les actes faits à la requête du ministère public, et ayant pour objet l'exécution de commissions rogatoires émanées de tribunaux étrangers et transmises par les voies diplomatiques.	Gratis (Déc. min. des fin. du 27 mars 1829 ; — instr. n° 1274.)

(3) Lorsqu'il y a partie civile en cause ou que l'affaire est poursuivie à la requête d'une administration agissant dans son intérêt propre ou celui de ses agents, tous les actes signifiés à la requête de cette partie et le jugement doivent être sur timbre et enregistrés *au comptant*.

(4) Cette règle reçoit exception lorsqu'il y a une partie civile. Les actes spéciaux notifiés à sa requête et les arrêts criminels prononçant les condamnations civiles sont assujettis au timbre et à l'enregistrement *au comptant* (Loi du 22 frimaire an VII, art. 68, § 1er, n° 48 ; —ord. du 22 mai 1816, art. 2 ; — loi du 25 mars 1817, art. 74 ; — inst. de l'Adm. du 12 nov. 1823, n° 1102).

N.-B. — Il importe de veiller à ce que les formules imprimées ne renferment point des mentions irrégulières ou inutiles de timbre et d'enregistrement. Celles qui en présenteront devront être signalées au procureur général en même temps qu'au directeur de l'enregistrement du département.

Phases des Procédures.	
	## ACTES DISPENSÉS DE TIMBRE ET D'ENREGISTREMENT.

PROCÈS-VERBAUX

I. Procès-verbaux des procureurs de la République, de leurs substituts, des juges d'instruction, des juges de paix, des officiers de gendarmerie, des maires, des adjoints, des commissaires de police, lorsqu'ils n'y sont pas assujettis par la nature même des infractions constatées, et par des lois spéciales portant timbre et enregistrement en débet (Voir notamment le décr. du 28 mars 1852, art. 14 ; la loi du 18 juil. 1860, art. 11).

II. Procès-verbaux de la gendarmerie (sous-officiers, brigadiers et gendarmes), lorsqu'ils contiennent de simples renseignements (art. 491 du décr. du 1er mars 1854).

N. B. En matière de police de la chasse, les procès-verbaux ne sont soumis à la double formalité que lorsque la qualité de l'agent rédacteur l'exige, car la loi du 3 mai 1844 n'édicte à cet égard aucune prescription.

INSTRUCTION

III. Tous les actes intérieurs d'instruction, savoir, notamment : les réquisitions du ministère public, les ordonnances des juges d'instruction, les procès-verbaux d'information, les cédules, les dépositions des témoins, les interrogatoires, les confrontations, les mandats de comparution, d'amener, de dépôt et d'arrêt, les rapports d'experts, les plans, documents de toute nature annexés aux procédures ; en cas de faux, les copies collationnées et le procès-verbal de vérification de ces copies dressés en exécution de l'article 455 du Code d'instruction criminelle (Voir l'instr. de l'enreg. du 30 déc. 1844, n° 1723, § 1er).

PROCÉDURE CORRECTIONNELLE

IV. Les arrêts des chambres d'accusation (art. 16 de la loi du 13 brum. an VII, et 70, 3°, n° 9 de la loi du 22 frim. an VII).

V. Les notes d'audience (Décr. du 29 déc. 1852 ; instr. du 12 févr. 1853, n° 1953).

VI. Les certificats d'excuse des témoins empêchés (Décr. du 7 niv. an VIII, et du 4 juil. 1820).

VII. Les décharges de pièces à convictions émanées des particuliers, lorsqu'il n'y a pas de partie civile en cause (Décr. du 11 août 1820).

PROCÉDURE D'ASSISES

VIII. En principe, tous les actes destinés à réprimer les crimes sont dispensés de timbre et d'enregistrement. Ainsi : les réquisitions du ministère public lorsqu'il y a lieu (art. 277 du C. d'instr. crim.) ; les procès-verbaux d'audition des témoins en cas de supplément d'information ordonnée par le président de la Cour d'assises en vertu de son pouvoir discrétionnaire (art. 168 et 303 du C. d'instr. crim.) ; les interrogatoires de l'accusé ; les recours en cassation du ministère public contre les arrêts de la Chambre des mises en accusation (Circ. du 9 frim. an VIII, et arrêté du gouvernement du 21 pluv. an XI ; instr. n° 124) ; les mandats décernés par le président, soit contre les témoins défaillants (art, 269), soit contre les témoins dont la déposition paraît fausse (art. 330) ; les copies des pièces de la procédure (art. 16 de la loi du 13 brum. an VII) ; les procès-verbaux de tirage au sort des jurés, soit pour la composition de la liste générale de la session, soit pour la formation du jury spécial dans chaque affaire ; la signification de la première de ces listes aux jurés ; les ordonnances du président ; les verdicts du jury ; le procès-verbal d'audience ; les arrêts préparatoires, interlocutoires ou incidents ; les arrêts des Cours d'assises rendus sans partie civile en cause, alors même qu'ils ne prononcent que des peines correctionnelles (décis. minis. justice et finance des 7 mai et 7 juil. 1869 ; instr. de l'adm. n° 2400 § 4) ; les recours en cassation contre ces arrêts (Circ. du 9 frim. an VII).

II. **Délais.** — **Contraventions.** — L'enregistrement des procès-verbaux doit avoir lieu dans les quatre jours de leur date (art. 20 § 1 de la loi du 22 frim. an VII). Le défaut d'enregistrement dans ce délai entraîne la nullité des procès-verbaux qui font foi jusqu'à inscription de faux ; les procès-verbaux, faisant foi jusqu'à preuve contraire, conservent toute leur force, sauf ceux des gardes-forestiers qui sont nuls, s'ils ne sont pas enregistrés dans le délai de la loi (art. 170 C. for.).

Les procès-verbaux dressés par les gendarmes sont présentés par eux à la formalité de l'enregistrement, lorsqu'il se trouve un bureau dans le lieu de leur résidence ; dans le cas contraire, l'enregistrement a lieu à la diligence du ministère public, chargé des poursuites, qui doit remplir cette formalité dans les quatre jours de la date du procès-verbal (art. 491 du décr. du 1er mars 1854 ; — Circ. chanc., 6 janv. 1857 ; Gillet n° 3860).

Une amende de 5 francs est encourue par tous les agents qui négligent de faire enregistrer leurs procès-verbaux dans les délais (art. 34 de la loi du 22 frim. an VII et 10 de la loi du 16 juin 1824).

TIMBRES DE QUITTANCES

Le défaut d'apposition du timbre de quittance, prescrit par l'article 23 de la loi du 23 août 1871, constitue une contravention de la compétence des tribunaux civils (art. 76 de la loi du 28 avr. 1816 ; art. 17 de la loi du 27 vent. an IX ; art. 65 de la loi de frim. an VII). Les tribunaux correctionnels sont incompétents en cette matière (Cass., 24 nov. 1879 ; P. 80-402).

TITRES NOBILIAIRES

Division

I. Mention dans les actes de l'état civil, actes authentiques, arrêts et jugements.	II. Action en suppression de titres. III. Rectification d'actes de l'état civil.

I. Mention dans les actes de l'état civil, actes authentiques, arrêts et jugements. — Aucune partie ne doit recevoir dans ces actes d'autres titres que ceux qui lui sont attribués à elle personnellement par des actes réguliers, tels que : lettres-patentes, décrets, brevets ou actes d'investiture, décisions judiciaires, actes de l'état civil reproduisant les énonciations d'actes authentiques antérieurs à 1789, autorisations spéciales et personnelles accordées par le chef de l'Etat. L'usage, les traditions de famille, la possession ne sauraient suppléer à la reproduction d'actes réguliers (Circ. chanc., 19 juin 1858 ; Gillet, n° 3949 ; — Circ. chanc., 22 juil. 1874 ; Gillet, n° 4439).

II. **Action en suppression de titres.** — Le ministère public n'a pas le droit de demander par action principale, au cours d'une instance civile, la suppression de noms ou qualifications nobiliaires qu'une partie s'est attribuée à tort dans les pièces du procès (Cass., 3 avr. 1826 ; P. chr. ; — Colmar, 6 mars 1860 ; P. 60-492). Il ne peut que faire des réserves pour l'exercice de l'action correctionnelle en répression du délit d'usurpation de titres.

III. **Rectification d'actes de l'état civil.** — Le procureur de la République pourrait au contraire demander d'office la rectification d'actes de l'état civil dans lesquels il est attribué indûment à une partie une qualification nobiliaire. (Limoges, 5 déc. 1860 ; P. 64-37 ; — Orléans, 29 déc. 1860 ; P. 61-201 ; — Cass., 24 nov. 1862 ; D. 62-I-477 ; — Cass., 29 juin 1863 ; P. 64-37 ; — Cass., 25 mars 1867 ; P. 67-518 ; — Cass., 25 mai 1869 ; P. 69-769). C'est là en effet une conséquence nécessaire de la loi du 28 mai 1858.

IV. **Usurpation de titres nobiliaires.** — Une amende de 500 à 10,000 francs est encourue par toute personne qui, sans droit et en vue de s'attribuer une distinction honorifique, prend publiquement un titre, change, altère ou modifie le nom que lui assignent les actes de l'état civil. — Le tribunal doit ordonner la mention du jugement en marge des actes authentiques ou des actes de l'état civil dans lesquels le titre a été pris indûment ou le nom altéré. De plus il peut ordonner l'insertion intégrale ou par extrait du jugement dans les journaux qu'il désigne. — Le tout aux frais du condamné (art. 259 du C. pén.).

Le tribunal correctionnel est-il compétent pour apprécier si le prévenu a ou non droit au titre ? D'après la jurisprudence la plus accréditée, le tribunal ne peut apprécier de simples faits de possession invoqués par le prévenu comme justification de son droit au titre, il ne peut non plus statuer sur les questions relatives à la vérification, à la reconnaissance et à la confirmation des titres (Cass., 1er juin 1863 ; — D. 63-1-216 ; — Cass., 27 mai 1864 ; P. 64-692 ; — Besançon, 6 fév. 1866 ; — D. 66-2-14 ; — Cass., 30 déc. 1867 ; P. 68-264). Cette question préjudicielle doit être résolue par le Conseil d'administration du ministère de la justice qui remplace aujourd'hui le Conseil du sceau (Décr. du 10 janv. 1872).

Aucune poursuite ne doit être intentée en pareille matière, sans que le garde des sceaux ait été préalablement consulté (Circ. chanc., 19 juin 1858 ; Gillet n° 3949).

TRANSACTION

Les administrations publiques ont le droit de transiger, en ce qui concerne les contraventions aux lois spéciales qui les régissent. Ce droit résulte : pour les contributions indirectes, de l'arrêté du 5 germinal an XII et des ordonnances du 27 novembre 1816 et du 10 juin 1822 ; pour les douanes, de l'arrêté du 14 fructidor an X.

Ce droit de transaction ne s'applique pas seulement aux contraventions passibles d'amendes et de confiscation, il s'étend même aux faits punis d'emprisonnement, pourvu toutefois qu'ils ne constituent pas des délits de droit commun. Toutefois au cas de fraudes, prévues par les articles 12 et 14 de la loi du 21 juin 1873 et 46 de la loi du 28 avril 1816, le droit de transaction ne peut s'exercer qu'après le jugement rendu et seulement sur le montant des condamnations pécuniaires prononcées (art. 15 de la loi du 21 juin 1873).

Dans les cas où les administrations peuvent transiger, la transaction intervenue avant le jugement a pour effet d'arrêter immédiatement l'action publique. Si elle n'a lieu qu'après le jugement définitif, une distinction est nécessaire : l'administration peut faire la remise totale ou partielle des condamnations pécuniaires, mais le chef de l'État a seul le droit de réduire les peines d'emprisonnement. Par suite, toutes les fois que les agents des douanes ou des contributions indirectes croient devoir provoquer une remise ou réduction d'emprisonnement, ils en donnent avis au procureur de la

République près le tribunal qui a prononcé la condamnation. Ce magistrat transmet d'urgence à la chancellerie, avec les renseignements ordinairement demandés pour les recours en grâce, son avis sur le degré d'indulgence que le condamné lui paraît mériter (Circ. chanc., 1er janv. 1844 ; Gillet n° 3010).

TRANSLATION

Division.

1ʳᵉ PARTIE

Translation des prévenus et accusés.

§ 1. — MODES DE TRANSLATION.

I. Mode ordinaire de translation. — Les prévenus et accusés doivent être conduits à pied par la gendarmerie de brigade en brigade (art. 4 du décr. du 18 juin 1811). Ce principe avait été modifié par l'ordonnance du 2 mars 1845 qui avait fait du transport en voiture la règle et du transport à pied l'exception. Mais ce dernier système a été abandonné et celui de 1811 a été de nouveau consacré par l'article 185 du décret du 1ᵉʳ mars 1854 (Circ. chanc., 30 juin 1855 ; Gillet, nᵒ 3755 ; — Circ. chanc., 13 août 1855 ; Gillet, nᵒ 3771 ; — Circ. chanc., 29 nov. 1884 ; *Bull. off.*, nᵒ 36, p. 210).

II. Modes exceptionnels de translation. — Il y a lieu de recourir à la translation par chemin de fer ou par voiture dans certains cas exceptionnels.

Il faut toujours faire opérer la translation *en chemin de fer* dans les cas d'urgence ou lorsque le trajet à effectuer est assez considérable. Ainsi, c'est ce mode de translation qui doit être employé pour transférer au siège de la Cour d'appel les prévenus qui ont interjeté appel, les accusés qui doivent être traduits devant la Cour d'assises, les individus arrêtés dans un arrondissement autre que celui où l'instruction est suivie, etc... Il est évident en effet que la translation par chemin de fer n'entraîne pas en pareil cas un supplément de dépense bien considérable, et offre des avantages incontestables : on évite des lenteurs préjudiciables à la bonne administration de la justice et on fait disparaître en grande partie les dangers d'évasion (Circ. chanc., 30 juin 1855, *précitée*).

La translation doit être effectuée, soit *en chemin de fer*, soit *en voiture* :

1ᵒ Lorsque l'inculpé est dans l'impossibilité de faire ou de continuer la route à pied (art. 4 et 5 du décr. du 18 juin 1811) ;

2ᵒ Lorsqu'il s'agit d'enfants ou de vieillards (Circ. chanc., 29 nov. 1884) ;

3ᵒ Lorsque l'inculpé demande à être transporté à ses frais (art. 7 du décr. du 18 juin 1811).

En dehors de ces cas et du cas d'urgence, il ne faut jamais requérir la translation *en voiture*.

III. Règles particulières pour les translations dans Paris. — Les translations dans l'intérieur de Paris et entre Bicêtre et Paris se font toujours par voitures fermées ; ce service est confié à un entrepreneur particulier, en vertu d'un marché passé par le préfet de la Seine, qui ne peut être exécuté qu'avec l'approbation du ministre de la justice (art. 8 du décr. du 18 juin 1811). Un marché a été conclu, pour cette fourniture, avec la Compagnie générale des voitures de Paris, moyennant un prix annuel de 50,900 francs ; il a pris fin le 31 décembre 1885. — Le transfèrement des accusés militaires est assuré à Paris par le train des équipages militaires.

§ 2. — IMPOSSIBILITÉ DE FAIRE OU CONTINUER LA ROUTE.

IV. Réquisition d'un officier de justice. — Nous verrons (*infra* VIII, XII et XIV) que, dans tous les cas et quel que soit le mode de transport employé, une réquisition d'un officier de justice est nécessaire. Par officier de justice, il faut entendre non seulement les procureurs de la République, les juges d'instruction et les autres magistrats, mais les commissaires de police, les officiers de gendarmerie, les maires et leurs adjoints. (*Rec. off.*, t. I, p, 213, note 3).

V. Certificat de médecin. — La réquisition ne suffit pas, quand le transport extraordinaire est ordonné par suite de l'impossibilité où le détenu se trouve de faire ou continuer la route à pied : il faut que cette impossibilité soit constatée par certificat de médecin ou de chirurgien. Le certificat est mentionné dans la réquisition et y demeure joint (art. 5 du décr. du 18 juin 1811).

La circulaire de la chancellerie du 5 mars 1856 (Gillet, n° 3803) a restreint l'application de cet article 5 et a décidé qu'il convient autant que possible, pour éviter les frais, de ne requérir la visite du médecin que dans les cas indispensables ; en général, cette visite ne doit avoir lieu que lorsqu'il y a dissentiment entre les agents chargés de l'escorte et les prévenus, sur la question de savoir si ceux-ci sont hors d'état de faire la route à pied.

Il faut veiller à ce qu'il ne se produise pas d'abus et a ce que les médecins ne délivrent pas de certificats de complaisance (Circ. chanc., 27 juin 1857 ; Gillet, n° 3889 ; — 6 oct. 1858 ; Gillet, n° 3968).

VI. **Honoraires des médecins**. — Le médecin chargé d'examiner l'état du prisonnier, a droit à des honoraires ; c'est ce qui résulte de la combinaison des articles 5 et 17 du décret du 18 juin 1811 (Déc. chanc., 6 août 1832 ; Gillet, n° 2435 ; — de Dalmas, p. 26). — Le chiffre de ces honoraires est de 6 francs, à Paris ; 5 francs, dans les villes de quarante mille habitants au moins, et de 3 francs, dans les autres villes et communes.

Ces honoraires sont imputables sur les fonds généraux des frais de justice criminelle, s'il s'agit de prévenus ou accusés justiciables des tribunaux ordinaires ; ils sont payés par le ministère duquel dépend le fonctionnaire qui a requis la translation, dans tous les autres cas.

VII. **Cas où il n'y a pas de médecin dans la localité**. — S'il n'y a pas de médecin dans la localité, il faut que l'officier municipal ou de justice ou le commandant de la gendarmerie, chargé de l'escorte, donne une attestation explicative de la cause nécessitant le transport en voiture, et que cette attestation soit insérée dans la réquisition remise au convoyeur. — Pour reconnaître en définitive que le transport ne pouvait avoir lieu à pied, le magistrat, devant qui le prévenu est conduit, s'assure au vu de la personne et en réclamant, *s'il y a lieu*, le concours d'un médecin, de l'exactitude du motif donné pour le transfert en voiture. — S'il est démontré que ce motif est inexact, et si quelque abus est découvert, il doit en être donné avis au garde des sceaux (Circ. chanc., 17 août 1860 ; Gillet, n° 4064).

§ 3. — TRANSLATION EN CHEMIN DE FER.

VIII. **Réquisitions**. — Les réquisitions sont établies en double exemplaire. Nous donnons ci-dessous la formule de la réquisition qui doit être adressée à la compagnie de chemins de fer par l'officier de justice qui requiert la translation. — Si le parcours doit être effectué sur des réseaux dépendant de plusieurs compagnies, il doit être établi une réquisition pour chacune des compagnies. Ainsi, si un inculpé est transféré du Mans à Lyon, le procureur de la République est tenu d'établir trois réquisitoires : le premier à la compagnie de l'Ouest pour le transport du Mans à Tours ; le second à la compagnie d'Orléans pour le transport de Tours à Clermont-Ferrand, et le troisième à la compagnie de Paris-Lyon pour le transport de Clermont à Lyon (Circ. chanc., 29 nov. 1884).

TRIBUNAL

DE PREMIÈRE INSTANCE

d

———

PARQUET

du

Procureur de la République

———

RÉQUISITION

———

Le procureur de la République près le tribunal civil de   , requiert la compagnie du chemin de fer de de transférer de   à avec les   agents chargés de les escorter les nommés :

1° (*écrire très lisiblement les noms*)

2°

3°

inculpés de qui doivent être traduits devant *la Cour d'appel de   , comme appelants d'un jugement du tribunal de police correctionnelle de......, les condamnant à*

et de transporter tant au retour qu'à l'aller les agents chargés d'escorter ces inculpés.

Le voyage sera effectué en seconde classe, pour l'aller et en troisième classe pour le retour.

Fait au Parquet, à   , le   188 .

LE PROCUREUR DE LA RÉPUBLIQUE,

Le chef d'escorte soussigné certifie l'exécution du transport,

A   , *le*   188 .

Ces réquisitions doivent indiquer exactement la nature de l'inculpation et le nombre des agents de l'escorte ; elles comprennent à la fois le transport de l'escorte à l'aller et au retour. Les gendarmes peuvent ainsi regagner gratuitement le lieu de leur résidence.

Le chef d'escorte certifie, au départ, sur la réquisition l'exécution du transport, puis il remet au chef de gare celle qui concerne la compagnie du chemin de fer sur laquelle le voyage va être effectué et reçoit en échange deux billets collectifs dont l'un pour le retour. Chacun de ces billets est muni d'un coupon intitulé : *Duplicata du billet collectif, n°...,* et mentionne le montant des frais du trajet pour lequel il a été délivré. Les gendarmes présentent les deux *duplicata* au greffe du tribunal avec deux exemplaires de leur mémoire (Voir : XXI), et conservent le billet collectif pour le retour. Les deux billets (*aller* et *retour*) sont retirés par les gares destinataires, comme tous les billets de chemin de fer (Circ. chanc., 29 nov. 1884).

IX. **Règles à suivre pour opérer la translation.** — Les prisonniers ne doivent pas être placés dans les salles d'attente des gares ; il ne faut pas non plus les reléguer dans des corridors ou vestibules, ouverts au public. — Aussi, dans les gares où les trains se forment, les gendarmes et leurs prisonniers doivent monter immédiatement dans le compartiment qui leur est réservé. — Quant aux stations où les trains ne font que passer, les compagnies ont reçu des instructions pour que, dans la mesure du possible, les gendarmes qui amènent des prisonniers, attendent dans un local inoccupé ou dont on pourrait momentanément changer la destination, le passage du train qu'ils ont à prendre.

Pour permettre aux chefs de gare de prendre les mesures nécessaires, la gendarmerie doit les prévenir deux heures au moins avant le passage du train. — En outre, les prisonniers ne doivent être amenés aux gares d'expédition que peu de temps avant l'heure fixée pour le départ du train. De cette façon, dans les gares de formation, ils trouvent le train prêt à les recevoir, et, dans celles de passage, un local est plus facile à réserver, puisqu'il suffit de le rendre disponible pendant quelques instants (Circ. du min. de la guerre, du 15 oct. 1880).

X. **Cas où l'inculpé est un militaire.** — Aux termes de l'article 13 du règlement général du 1er juillet 1874 sur les transports *militaires* par chemins de fer, les réquisitions sur feuilles volantes sont supprimées et remplacées par des bons de chemin de fer, détachées d'un registre à souche. — Les procureurs de la République ne sont pas pourvus de registres à souche, aussi lorsqu'ils ordonnent la translation d'un militaire sous l'escorte de la gendarmerie, ils doivent s'adresser au sous-intendant militaire de l'arrondissement administratif ou à son suppléant légal, autre qu'un maire, pour se faire délivrer les bons de chemin de fer nécessaires pour assurer le service (Circ. chanc., 19 févr. 1875; Gillet, n° 4460).

Il doit être établi autant de bons que le prisonnier doit parcourir de sections de réseaux différents; ils sont délivrés au chef d'escorte qui les remet aux agents des compagnies de chemins de fer.

Dans le cas où il y a *extrême urgence*, il peut être procédé conformément à l'article 16 de ce règlement (même circulaire). Aux termes de cet article, s'il ne se trouve au point de départ aucun fonctionnaire chargé du service de marche, le chef du convoi produit au chef de la gare de départ, l'ordre de mouvement (dans l'espèce, la réquisition au commandant de gendarmerie d'effectuer la translation) et remet au chef de la gare d'arrivée pour chaque réseau une copie certifiée de cet ordre, avec un bon de chemin de fer, signé de lui et conforme au modèle annexé au règlement.

XI. Règlement des frais. — Lorsqu'il y avait un entrepreneur général des transports et convois pour toute la France, il remboursait lui-même les compagnies et comprenait ces dépenses dans les états de fournitures. Mais aujourd'hui il n'y a plus d'entrepreneur général, aussi sur la demande du ministre du commerce, le garde des sceaux a décidé, le 4 février 1862, que toutes les dépenses de chemin de fer seraient ordonnancées et acquittées à Paris. Les compagnies doivent en conséquence adresser des états trimestriels et les pièces justificatives au ministère de la justice, où il leur est délivré un mandat payable à Paris.

Nous verrons (*infra*, XXI), quelles mesures la chancellerie a adoptées pour assurer le recouvrement des avances ainsi faites par le Trésor.

SECTION PREMIÈRE. — *Cas où il existe un entrepreneur des convois militaires.*

XII. Organisation du service. — Dans les cas exceptionnels où la translation est effectuée en voiture, elle *devait*, aux termes de l'article 6 du décret du 18 juin 1811, être faite par les entrepreneurs généraux des transports et convois militaires et au prix de leur marché. Il existait en effet à cette époque un entrepreneur général chargé d'assurer tous les services de convois, dans toute la France ; mais, depuis le 1er janvier 1833, date de l'expiration du marché du sieur Hyrvoix, on a abandonné ce système et, après plusieurs modifications, le service des convois militaires est, depuis 1863, mis en adjudication dans chaque département.

Les cahiers des charges contiennent tous une clause qui impose aux entrepreneurs l'obligation d'effectuer les translations des prévenus et accusés aux mêmes prix que ceux consentis avec le ministère de la guerre, si le garde des sceaux juge convenable de profiter de la faculté qui lui est ainsi réservée (Circ. chanc., 16 juil. 1863.)

Une modification profonde a, comme on le voit, été apportée aux règles tracées par le décret du 18 juin 1811 : aujourd'hui, le garde des sceaux, après avoir pris connaissance des prix consentis par le ministère de la guerre, examine s'il convient ou non de traiter avec l'entrepreneur des convois militaires.

Le droit de traiter n'appartient qu'au garde des sceaux, mais, par sa circulaire du 16 juillet 1863, il a délégué ses pouvoirs aux procureurs généraux et aux procureurs de la République qui peuvent traiter en son nom, sans son approbation préalable avec les soumissionnaires des transports militaires. La chancellerie a donné en même temps un modèle des clauses et conditions du marché qui doit être ainsi passé. Voici la formule, annexée à la circulaire du 16 juillet 1863 :

MARCHÉ

Entre les soussignés,

D'une part, M. le procureur général de la Cour d'appel de........ (ou M. le procureur de la République à........) agissant en vertu de la délégation qui lui a été donnée par M. le garde des sceaux et des instructions contenues dans la circulaire du 16 juillet 1863 ;

D'autre part, le sieur....., chargé du service des convois militaires dans le département de......, pour .... ans, à partir du.........

Ont été passées les conventions suivantes, conformes au cahier des charges arrêté par M. le ministre de la guerre et notamment à la clause insérée à l'article 1er, qui est ainsi conçu : « L'entrepreneur sera tenu d'effectuer les translations des prévenus et accusés civils et le transport des objets pouvant servir à conviction ou à décharge, aux mêmes prix que ceux consentis par le ministère de la guerre. »

ARTICLE 1er.

Le sieur........ s'engage à effectuer dans tout le département d...... à partir du...... et jusqu'au......, les translations des prévenus et accusés, en dehors des voies ferrées et, s'il y a lieu, le transport des pièces de conviction, au moyen de voitures à un collier qui devront contenir de un à cinq individus (art. 1er et 12 du cahier des charges).

ART. 2.

Ces translations s'effectueront d'un lieu de logement militaire ou d'étape à une autre avec lequel il correspond sur la route à parcourir et quelle que soit la distance.

Elles devront s'effectuer aussi d'un gîte d'étape sur un lieu qui ne le serait pas et réciproquement.

Dans le premier cas, il sera payé à l'entrepreneur, par voiture à un collier et par étape ou journée de marche......... (tant).

Dans le second cas, à raison d'une demi-journée de marche, ou demi-fourniture, quelle que soit la distance......... (tant).

ART. 3.

Au moyen des prix stipulés à l'article précédent, l'entrepreneur sera tenu de payer les fournitures de gré à gré aux particuliers qui les auront faites. Dans aucun cas et pour aucune fourniture, il ne pourra réclamer aucune indemnité en sus desdits prix.

Art. 4.

En cas d'interruption du service, sur un point quelconque du département, il y serait pourvu par des marchés d'urgence ou par tout autre moyen que les autorités locales jugeraient convenable, aux risques et périls de l'entrepreneur qui serait tenu de payer immédiatement les fournitures faites, aux prix des marchés d'urgence ou à ceux fixés par les autorités locales.

Art. 5.

Dans le courant de chaque trimestre, l'entrepreneur dressera un mémoire en double expédition, dont une sur timbre, de toutes les fournitures qu'il aura effectuées pendant le trimestre précédent.

Ce mémoire, conforme au modèle n° 1, annexé a l'instruction du 30 septembre 1826, devra être appuyé des ordres de fournitures, au bas desquels aura été apposé un *vu arriver*, par le maire ou l'adjoint du lieu de l'arrivée, ou par le concierge de la prison dans laquelle le prévenu a été conduit.

Le payement en sera effectué sur notre réquisitoire, et sur l'exécutoire de M. le premier président de la Cour....... (*ou* de M. le président du tribunal de ....), par le receveur de l'enregistrement établi près cette Cour (*ou* ce tribunal).

Art. 6.

Les fournitures qui n'auraient pas été portées dans le mémoire établi pour le trimestre pendant lequel ils auront été effectuées pourront être comprises dans un des mémoires suivants, pourvu toutefois qu'elles ne soient point atteintes de la prescription prononcée par l'article 5 de l'ordonnance du 28 novembre 1838.

Art. 7.

Lorsque des condamnés, des mendiants et vagabonds non traduits devant les tribunaux ou tous autres individus dont les frais de conduite ne sont pas imputables sur les fonds du ministère de la justice, auront été transférés dans la même voiture que les prévenus ou accusés, l'entrepreneur déduira du prix de cette voiture la portion qui devra être payée sur d'autres fonds.

Art. 8.

Les droits de timbre et d'enregistrement du présent marché sont à la charge de l'entrepreneur.

Il nous est inutile d'ajouter qu'en aucun cas, le procureur ne devra passer de traité pour son arrondissement, avant d'en avoir référé au procureur général.

XIII. **Réquisition.** — Comme nous l'avons déjà indiqué (n° IV), une réquisition pour chaque convoi doit être donnée à l'entrepreneur par le procureur de la République ou par un officier de police judiciaire (officier de gendarmerie, maire, adjoint ou commissaire de police) ; elle est établie en *double* exemplaire et chacun de ces exemplaires indique le prix de la translalion (Cir. chanc., 29 nov. 1884).

S'il n'existe pas sur les lieux de représentant de l'entrepreneur, le service est assuré conformément à l'article 6 § 2 du décret de 1811; les réquisitions sont adressées aux officiers municipaux qui y pourvoient ainsi qu'il va être dit dans le numéro XV.

Voici comment doit-être établie la réquisition à l'entrepreneur :

ORDRE DE FOURNITURE

Le maire de la ville de
requiert le préposé du service des transports
à

(1)Indiquer exactement la position de l'individu et désigner s'il est prévenu, condamné, vagabond, etc ; de quel crime ou délit il est accusé et devant quelle autorité il va comparaitre.

de fournir demain   voiture à
un collier pour transporter de cette place en
celle de   à
kilomètres
le nommé
prévenu de

venant de   allant à

Apposer le cachet de la Mairie.

devant M   de laquelle
fourniture il sera remboursé en justifiant du certificat d'arrivée.

Fait à   *, le*   188 .

CERTIFICAT DE *VU ARRIVER*

Le maire de
certifie que la fourniture ci-dessus a été exécutée.

F Apposer le cachet de la Mairie.

En mairie, le

A l'arrivée à destination le convoyeur doit laisser un exemplaire de la réquisition entre les mains du greffier du tribunal ou du gardien-chef de la maison d'arrêt qui le remet au magistrat instructeur.

Le greffier ou le gardien-chef de la maison d'arrêt appose sur les deux doubles de la réquisition la mention de : « *vu arriver* » et sur celui qui est destiné à servir d'appui au mémoire et reste entre les mains du convoyeur, il ajoute : *et reçu le double de la présente.* Tout convoyeur qui présenterait au receveur de l'enregistrement un mémoire appuyé d'une réquisition où ne figurerait pas cette mention, s'en verrait refuser le payement (Circ. chanc., 29 nov. 1884).

XIV. **Règlement des frais**. — Tous les trois mois, l'entrepreneur doit remettre au Parquet son mémoire en double exemplaire, établi conformément au modèle ci-après, avec les pièces à l'appui.

Ce mémoire est examiné par le procureur de la République qui recherche si les fournitures ont été faites, si les pièces justificatives sont fournies et si le décompte a été fait conformément au tarif. Si le mémoire est régulier, il requiert qu'il soit délivré exécutoire et renvoie les pièces au président qui met son ordonnance au pied (art. 140 du décr. du 18 juin 1811 ; — art. 3 de l'ord. du 28 nov. 1838). Un des exemplaires du mémoire doit être sur timbre si le total excède 10 francs (art. 146 du décr. du 18 juin 1811).

DÈ
JUSTICE CRIMINELLE

Mois d
de l'année

N   entrepreneur

MÉMOIRE

Des frais de translation de prévenus ou accusés, et des frais de transport des objets pouvant servir à conviction, faits pendant le mois d   par N   , entrepreneur des convois militaires du département d

Annexe à l'instruction
du 30 septembre 1826

Article 6 du règlement
du 18 juin 1814

NUMÉROS d'ordre	DATES de la translation	LIEU du départ	de l'arrivée	Noms et prénoms des prévenus et accusés	NATURE de la prévention et de l'accusation.	DÉSIGNATION des objets de conviction.	AUTORITÉS qui ont requis le transport.	Cours ET TRIBUNAUX devant lesquels sont traduits les prévenus ou accusés	Chevaux de selle.	VOITURES à un collier.	deux colliers.	trois colliers.

RÉCAPITULATION	NOMBRE	PRIX DU MARCHÉ	MONTANT	TAXE DU JUGE	OBSERVATIONS
Chevaux de selle					Le juge ne doit jamais ommettre de remplir, par sa taxe, la dernière colonne, même lorsqu'il n'y aura aucune réduction à faire. Il ne doit pas non plus oublier d'indiquer ici les articles du mémoire sur lesquels portent les réductions, et les motifs des réductions.
Voitures à... { un collier.					
deux colliers..............					
trois colliers					
TOTAUX..........					

Je soussigné, entrepreneur des convois militaires à   , certifie véritable le présent mémoire pour la somme de

A.   le   18

RÉQUISITOIRE

Nous, procureur de la République près le tribunal civil de

Vu les articles 6 et 9 du règlement 18 juin du 1811, relatifs aux transports des prévenus ou accusés civils ; le marché en date du 188 , passé avec le sieur X..., entrepreneur des convois militaires. du département ; les réquisitions et certificats d'officiers de santé joints au présent mémoire, requérons, conformément à l'article 140 du règlement précité, et à l'article 3 de l'ordonnance du 28 novembre 1838 qu'il soit délivré exécutoire par monsieur le président du tribunal civil, sur la caisse de l'administration de l'enregistrement et des domaines, pour le payement de la somme de................

Au Parquet, à...... le...... 18...

EXÉCUTOIRE

Nous président du tribunal de première instance d............. département d........

Vu le réquisitoire ci-dessus et les pièces jointes au mémoire ;

Avons arrêté et rendu exécutoire ledit mémoire pour la somme de montant de la taxe que nous avons faite ; et attendu qu'il n'y a pas de parties civiles en cause (ou *qu'elles ont justifié de leur indigence*), ordonnons que cette somme sera payée à entrepreneur de service, par le receveur de l'enregistrement au bureau d

A   le   18

Lorsque l'entrepreneur conduira dans une même voiture des prisonniers dont les frais de translation ne doivent pas être payés sur les fonds généraux des frais de justice, il diminuera la portion du prix de la voiture qui doit être payée sur d'autres fonds.

D'après le dernier paragraphe des articles 4 et 5 du règlement du 18 juin 1811, lorsque la translation du même individu s'effectuera par plusieurs préposés, chacun des préposés, excepté le dernier, devra joindre à l'appui de son mémoire, *sous peine de rejet*, copie de la première réquisition et du certificat de l'officier de santé ; cette copie sera certifiée par le maire du lieu de l'arrivée, et le certificat fera mention de *vu arriver*. Le dernier préposé joindra, *aussi sous peine de rejet*, l'original de la première réquisition et celui du certificat de l'officier de santé ; il fera mettre le *vu arriver* sur la réquisition, par le concierge de la maison de justice ou de la maison d'arrêt dans laquelle il aura conduit le prisonnier.

Les mémoires qui ne sont pas présentés à la taxe dans le délai d'une année à partir de l'époque à laquelle les frais ont été faits ou dont le payement n'a pas été réclamé dans les six mois de leur date, ne peuvent être acquittés qu'autant qu'il est justifié que les retards ne sont point imputables à l'entrepreneur (art. 5 de l'ord. du 28 nov. 1838) (Voir : **Frais de justice**).

SECTION DEUXIÈME. — *Cas où il n'existe pas de traité avec l'entrepreneur des convois militaires.*

XV. **Marchés de gré à gré.** — Lorsque les conditions faites par l'entrepreneur des convois militaires paraissent trop onéreuses, un traité peut être passé avec un autre entrepreneur qui se charge des convois soit dans tout le ressort, soit dans un département ; on peut même traiter avec un entrepreneur distinct dans chaque arrondissement. Dans ce cas, les marchés ne peuvent être conclus qu'avec l'approbation du garde des sceaux : il n'a en effet délégué ses pouvoirs que pour le cas où le traité intervient avec l'entrepreneur des convois militaires et cette délégation doit être limitativement interprétée (V. n° XII).

Il peut arriver que dans certains arrondissements, et même dans certains ressorts, les exigences des entrepreneurs soient telles qu'aucun marché ne puisse être conclu. C'est ce qui s'est produit notamment pour le ressort de Limoges.

Dans ce cas, chaque chef de Parquet tâche de trouver au chef-lieu de chacune des brigades de gendarmerie de son arrondissement, un convoyeur avec lequel on règle, par convention verbale, le prix des transports. En recourant à l'intervention du maire de la localité et du chef de brigade, on arrive toujours à traiter. Ce système nous parait offrir de sé‑ rieux avantages et nous semble plus économique que celui de l'entreprise ; il a donné de bons résultats à tous les points de vue dans le ressort de Limoges.

XVI. **État trimestriel.** — Dans le ressort de Limoges et dans tous ceux où l'on a recours à ce système de réquisition directe, chaque Parquet doit adresser à la fin de chaque tri‑ mestre au procureur général un tableau des transports effec‑ tués dans l'arrondissement pendant le trimestre écoulé, avec l'indication des prix payés (Circ. du proc. gén. de Limoges du 9 déc. 1880).

Ces tableaux sont ensuite communiqués périodiquement au garde des sceaux.

Cet état peut être établi conformément au modèle ci-contre :

COUR D'APPEL

d

Parquet du Tribunal

d

État n°

Trimestriel.

ÉTAT DES TRANSLATIONS

DE PRÉVENUS ET CONDAMNÉS

Effectuées dans le trimestre écoulé.

N°s d'ordre.	Noms des prévenus et condamnés.	Crime ou délit.	Date de la translation.	Lieu de départ.	Lieu d'arrivée.	Nombre de kilomètres.	Prix.	Observations.

A　　　　　　　, le　　　　188 .

LE PROCUREUR DE LA RÉPUBLIQUE,

XVII. Réquisition. — Règlement des frais. — Quel que soit le mode d'exécution du service, les réquisitions sont données dans la même forme, et le règlement et le payement des frais sont effectués de la même manière. — Les règles que nous avons tracées (*supra*, XIII et XIV) sont applicables ; les mêmes formules doivent être employées.

§ 5. — NOURRITURE — FOURNITURES

XVIII. Nourriture et logement des prévenus et accusés. — Les aliments et autres secours indispensablement nécessaires aux prévenus ou accusés pendant leur translation leur sont fournis dans les prisons et maisons d'arrêt des lieux de la route. Cette dépense n'est pas considérée, comme faisant partie des frais généraux de justice, mais elle est confondue dans la masse des dépenses ordinaires des prisons et maisons d'arrêt (art. 10 § 1 et § 2 du décr. du 18 juin 1811).

Dans les lieux où il n'y a point de prisons, les officiers municipaux font faire la fourniture des aliments et autres objets, et le remboursement en est fait aux fournisseurs comme frais généraux de justice (art. 10 § 3) Nous donnons ci-après le modèle du mémoire prescrit par l'ordonnance du 30 septembre 1826.

FRAIS DE JUSTICE

CRIMINELLE

Mois de
de l'année

MUNICIPALITÉ
d

ÉTAT

des sommes dues à la municipalité de
pour remboursement des
fournitures qu'elle a faites aux prisonniers de passage pendant le mois d

Numéros d'ordre.	Nom des prisonniers.	Cause de la détention.	Date		Nombre de			Désignation des fournitures autres que le pain et la paille.	Montant.
			de l'arrivée.	du départ.	jours de séjour.	rations de pain.	bottes de paille.		
		Totaux....	....	....	....			....	

Récapitulation.	Nombre.	Prix.	Montant.	Articles du règlement.	Taxe du juge.	Observations.
Rations de pain du poids de kil. chacune ...				10		
Bottes de paille.........				—		
Autres fournitures.......				—		
Totaux........						

(Joindre à l'appui de chaque espèce de fourni-ture, une quittance du four-nisseur, indiquant la somme payée, l'espèce, le nombre et le prix des objets four-nis).

Je soussigné, maire d
certifie véritable le présent état pour la somme
de

A   , le   188 .

RÉQUISITOIRE

Nous, procureur de la République près le tribunal de première instance de.....

Vu l'article 10 du règlement du 18 juin 1811, requérons conformément à l'article 140 du même règlement et à l'article 3 de l'ordonnance du 28 novembre 1838, qu'il soit délivré exécutoire par M. le président du tribunal sur la caisse de l'administration de l'enregistrement et des domaines pour le payement de la somme de.....

Au Parquet, à　　　　le　　　　188

Le procureur de la République

EXÉCUTOIRE

Nous, président du tribunal de première instance de

Vu le réquisitoire ci-dessus,

Avons arrêté et rendu exécutoire ledit mémoire pour la somme de. . . . ., montant de la taxe que nous en avons faite, et ordonnons que cette somme sera payée à M.

maire de　　　　　　　, par le receveur de l'enregistrement au bureau de.....

A,　　　　,le　　　　188

Si, pour un motif quelconque, la fourniture ne peut être effectuée par la municipalité, par exemple à cause de l'éloignement du chef-lieu de la commune, ou d'un très court séjour dans la localité, les gendarmes avancent la somme nécessaire pour le payement de ces fournitures ; ils produisent ensuite un mémoire détaillé qui peut être fait sur le même modèle que celui des municipalités, et ils sont ainsi remboursés de leurs avances (Circ. chanc., 20 avr. 1863, Gillet, n° 4119)

Nous voyons que dans certains cas les fournitures d'aliments sont payées sur les fonds généraux de justice criminelle : ces dépenses peuvent-elles, comme celles de transport être recouvrées sur le condamné ou sur la partie civile ? Nous ne le pensons pas ; il est en effet de principe, comme le fait remarquer M. de Dalmas (p. 31), que l'État doit pourvoir à la nourriture de tout individu arrêté et détenu en vertu d'un mandement de justice.

Lorsqu'on arrive dans un gîte d'étape ou dans une ville où

il faut faire un séjour d'une certaine durée, les prévenus et accusés sont déposés à la maison d'arrêt. En les remettant au gardien, le chef d'escorte fait transcrire, en sa présence, sur le registre de la geôle, les ordres dont il est porteur ainsi que l'acte de remise des prisonniers, en indiquant le lieu où ils doivent être conduits. — Une copie en est délivrée au chef d'escorte pour sa décharge (art. 372 du décr. du 1er mars 1854).

S'il n'y a pas de maison d'arrêt ou de détention, les préve-nus sont déposés dans la chambre de sûreté de la caserne de gendarmerie ; ils y sont gardés par la gendarmerie de la résidence. Mais, si les prisonniers sont de sexes différents, les femmes sont remises à la garde de l'autorité locale qui pour-voit à leur logement (art. 372 du même décr.)

XIX. **Fourniture de chaussures.** — Lorsque la transla-tion en voiture n'est demandée par le prévenu ou l'accusé que parce qu'il est nu-pieds, il est plus économique de lui fournir des chaussures (Déc. chanc. du 4 nov., 1820). Cette fourniture peut être faite et payée comme celle des aliments par la municipalité ou la gendarmerie (*supra*, n° XVIII) ; elle peut être aussi payée à titre de frais urgents (v° : **Frais de justice**). Elle est imputée sur les fonds généraux de la jus-tice criminelle

§ 6. — ESCORTES

XX. **Réquisition.** — Le procureur de la République ou l'officier de police judiciaire qui veut faire effectuer la trans-lation d'un prévenu doit remettre à cet effet une réquisition au commandant de la gendarmerie (chef de brigade dans les chefs-lieux de brigade, capitaine ou lieutenant commandant l'arrondissement, dans les chefs-lieux d'arrondissement, chef d'escadron commandant la compagnie, dans les chefs-lieux de département ; — art. 368 du décr. du 1er mars 1854).

TRIBUNAL CIVIL d	RÉPUBLIQUE FRANÇAISE
	DE PAR LE PEUPLE FRANÇAIS
PARQUET du Procureur de la République	Nous, procureur de la République près la tribunal civil de
	Vu le décret du 1er mars 1854 ;
	Requérons monsieur le commandant de la gendarmerie à de faire

extraire de la maison d'arrêt de
et de faire transférer dans la maison d
de   ,par *(la correspondance
ordinaire — voiture — chemin de fer)* et
sous l'escorte de   gendarmes, le nommé
inculpé de

qui doit être conduit de cette ville en celle de
pour comparaître devant *(la Cour
d'appel ; — la Cour d'assises ; — M. le juge
d'instruction)* comme *(appelant d'un jugement*, etc..., *— accusé,* — etc...,
Et qu'il nous fasse part de l'exécution de
ce qui est par nous requis au nom du peuple
français.

Fait au Parquet de   *,le*   188

LE PROCUREUR DE LA RÉPUBLIQUE

XXI. Détermination du nombre des gendarmes. —
Le droit de fixer le nombre des gendarmes d'escorte appartient au commandant de gendarmerie qui le mentionne sur
la réquisition du ministère public (Circ. chanc., 26 janv. 1858 ;
Gillet, n° 3928). Mais le procureur de la République doit toujours se concerter au préalable avec ce commandant, afin
que le nombre des gendarmes soit subordonné aux besoins
réels et que la dépense soit par suite aussi limitée que possible (Circ. chanc., 6 oct. 1858 ; Gillet, n° 3968).

XXII. Règlement du service. — Les gendarmes ne
peuvent accompagner les prévenus ou accusés au-delà de la
résidence d'une des brigades les plus voisines de celles dont
ils font eux-mêmes partie, sans un ordre exprès de l'officier.
De plus, au cas de transfèrement par les voies rapides, le
trajet maximum à effectuer par chaque escorte est limité à
500 kilomètres (Circ. chanc., 5 juil. 1885).

Par suite lorsqu'un chef de Parquet a à requérir un transfèrement à une distance de plus de 500 kilomètres, il doit indiquer sur ses réquisitions les points sur lesquels les gendarmes
devront être relevés, en choisissant les localités pourvues
d'une prison où les détenus peuvent être gardés en attendant
le départ de l'escorte chargée de continuer la conduite. — Si
les points où un relèvement est possible ne coïncident pas
d'une manière absolue avec un parcours de 500 kilomètres, les
magistrats ont évidemment la latitude de désigner celui qui
leur paraît le plus convenable, mais en se décidant de préfé-

rence, sauf exception commandée par les circonstances, pour les points situés à une distance plutôt inférieure que supérieure à 500 kilomètres.

XXIII. **Frais de route.** — Pour le taux de l'indemnité allouée aux gendarmes d'escorte, il faut distinguer deux hypothèses : celle où la translation a lieu dans le département et celle où elle est opérée hors du département.

1° *Translation dans le département.* — La translation est, dans ce cas, fréquemment opérée de brigade en brigade, surtout quand elle a lieu entre une commune quelconque et le chef-lieu de l'arrondissement. Les frais sont alors supportés par le budget de la guerre. Ils sont alloués ou régularisés suivant les règles communes aux indemnités de service extraordinaire (Circ. du min. de la guerre du 23 mai 1867).

Lorsque la translation est faite en voiture, les gendarmes n'accompagnent généralement le prévenu que jusqu'à la brigade voisine ; là ils sont remplacés par des gendarmes de cette brigade. La situation est donc la même que dans le cas précédent.

Lorsque la translation est effectuée par les voies ferrées ou en voiture et que les gendarmes ne sont pas relevés de birgade en brigade, une indemnité est allouée sur les fonds du ministère de la justice. Elle est fixée à 1 franc 25 pour les maréchaux de logis et à 1 franc pour les brigadiers et gendarmes (art. 132, 322 et 324 du décr. du 18 fév. 1863 ; — Circ. chanc., 29 nov. 1884, I 1°). Sur quelques points, cette allocation avait été subordonnée à une absence de douze heures au moins hors de la résidence ; mais le ministre de la guerre a décidé qu'il n'y a pas lieu d'exiger cette condition (Circ. du min. de la guerre du 23 mai 1867).

Une indemnité est allouée tant pour l'aller que pour le retour (Circ. chanc., 18 avr. 1867). La seule question qui puisse se poser est celle de savoir si l'indemnité de retour doit être allouée quand ce retour a lieu dans la même journée. Elle a été résolue par la circulaire du ministre de la guerre du 29 mai 1867 qui décide que l'indemmité allouée pour l'aller est due en raison du service requis et qu'une deuxième indemnité doit être accordée pour fournir aux gendarmes les moyens de rentrer à leur résidence après l'accomplissement de leur mission. Cette dernière doit donc leur être payée, lors même que l'escorte et le retour se sont effectués dans la même journée.

2° *Translation hors du département*. — Quand la translation est effectuée hors du département, les gendarmes reçoivent :

1° Une indemnité journalière de déplacement et de séjour. — Elle est fixée ainsi qu'il suit :

Pour les sous-officiers............................ 6 francs
Pour les brigadiers............................... 5   —
Pour les gendarmes............................... 4   —

Elle est accordée pour le nombre de jours réellement employés à l'escorte y compris les séjours ; avec cette somme, les gendarmes doivent faire face à toutes leurs dépenses personnelles de nourriture, de séjour et de coucher,

2° Une indemnité de retour, fixée ainsi qu'il suit :

Pour les adjudants............................... 3 fr.
Pour les maréchaux des logis chefs et les maréchaux des logis..................................... 1 fr. 75
Pour les brigadiers et gendarmes............. 1 fr. 25

Il est alloué autant d'indemnités de retour qu'il a été accordé, d'indemnités d'aller non compris bien entendu les séjours. (Circ. chanc., 29 nov. 1884, I-2°).

3° *Règlement et payement des indemnités*. — Les mémoires des gendarmes d'escorte sont établis en triple exemplaire, conformément aux formules ci-après.

MODÈLE N° 58 *bis*
Art. 322, 323 et 324 du décret du 18 fév. 1863 et circ. du 23 mai 1867

FRAIS
De conduite extraordinaire de prévenus, accusés ou condamnés dans la circonscription d'un département.

Chef d'escorte.

GENDARMERIE NATIONALE

BRIGADE
d

e LÉGION. — COMPAGNIE d

MÉMOIRE des frais faits par (1)

pour la conduite (2)

d (3)

depuis · · *jusqu'à*

conformément à la réquisition de M. l (4)

DATE des dépenses.	NATURE DES DÉPENSES	MONTANT des dépenses.
	1° *Indemnité fixée par l'art. 322 du décret* Journées d'indemnité à 1 fr. 25 c........ — à 1 fr. 00 c........ 2° *Frais extraordinaires concernant les prévenus, accusés ou condamnés* (5) 3° *Frais de retour* Journées d'indemnité à 1 fr. 25 c........ — à 1 fr. 00 c........ TOTAL..........	

(1) Noms, grades et résidence du chef d'escorte.
(2) Indiquer le mode de conduite.
(3) Noms des prévenus ou accusés.
(4) Autorité qui a requis la conduite.
(5) Détail des frais.
NOTA. — Ce mémoire sera établi sur feuille double; on y joindra les quittances pour les dépenses de nature à être ainsi constatées.

Nous, soussignés,

Nous, soussignés, certifions véritable le présent mémoire, montant à la somme de

A   le   18 .

RÉQUISITOIRE.

Nous, procureur de la République,

Vu l'article 12 du règlement du 18 juin 1811, requérons, conformément à l'article 140 dudit règlement, qu'il soit délivré exécutoire par M. le président du tribunal sur la caisse de l'administration de l'enregistrement, pour le payement de la somme de

A   le   18 .

EXÉCUTOIRE.

Nous, président du tribunal civil de X...,

Vu le réquisitoire ci-dessus, avons arrêté et rendu exécutoire le présent état pour la somme de   montant de la taxe que nous en avons faite, et ordonnons que cette somme soit payée au Sr   chef d'escorte, par le receveur de l'enregistrement au bureau d

A   le   18 .

Pour acquit de la somme de
formant le montant du présent mémoire.

A   le   18 .

LE CHEF D'ESCORTE,

<table>
<tr><td>

MODÈLE N° 58

—

Art. 314, 316, 317 et 318 du décret du 18 février 1863, modifiés par la circulaire du 29 novembre 1884.

</td></tr>
</table>

FRAIS

De conduite extraordinaire de prévenus ou accusés.

———

, Chef
d'escorte.

GENDARMERIE NATIONALE

BRIGADE
d

e CORPS D'ARMÉE

———

LÉGION . — COMPAGNIE d

———

MÉMOIRE des frais faits par (1)

pour la conduite (2)

d (3)

depuis *jusqu'à*

conformément à la réquisition de M. l (4)

DATE des dépenses	NATURE DES DÉPENSES	MONTANT des dépenses
	1° *Indemnité fixée par l'art. 314 du décret*	
	Journées d'indemnité à 6 fr. 00.........	
	— à 5 fr. 00.........	
	— à 4 fr. 00.........	
	2° *Indemnité de retour*	
	Journées d'indemnité à 3 fr. 00	
	— à 1 fr. 75.........	
	— à 1 fr. 25.........	
	3° *Frais de voiture pour la translation des détenus et pour l'escorte*	
	4° *Avances faites pour la nourriture des détenus et autres frais les concernant* exclusivement	
	(5)	
	TOTAL..........	

(1) Nom, grade et résidence du chef d'escorte.
(2) Indiquer le mode de conduite.
(3) Noms des prévenus ou accusés.
(4) Autorité qui a requis la conduite.
(5) Détail des frais

NOTA. Ce mémoire sera établi sur feuille double ; on y joindra les quittances pour les dépenses de nature à être ainsi constatées.

Nous soussignés, etc.

Les gendarmes déposent au greffe les trois exemplaires de leur mémoire, et, s'ils ont voyagé en chemin de fer, ils y joignent les duplicata des billets collectifs, ainsi que nous l'avons indiqué (VIII).

Après que ces mémoires ont été revêtus du réquisitoire et de l'exécutoire des magistrats du tribunal qui doit connaître de l'affaire, un exemplaire en est remis aux gendarmes pour en obtenir le payement. Le montant devrait en être acquitté par le bureau de l'enregistrement établi près de ce tribunal, mais, comme les gendarmes sont tenus de rejoindre leur brigade aussitôt après que leur mission est terminée, le ministre des finances, sur la demande du ministre de la guerre, a décidé, le 29 avril 1884, que le payement pourrait être effectué par le bureau de leur résidence (Circ. du dir. de l'enreg. et des dom. du 26 mai 1884 ; — Circ. chanc., 29 nov. 1884).

Un des deux autres exemplaires est classé dans le dossier de poursuite pour servir à la liquidation des dépens ; enfin l'autre est transmis à la chancellerie dans le bordereau mensuel des frais de justice (Circ. chanc., 29 nov. 1884).

Au cas où l'escorte a été relevée en route, il est procédé de la façon suivante :

Arrivés au point de relèvement, les gendarmes remettent au Parquet de la localité, avec un exemplaire de la réquisition, deux des trois exemplaires de leur mémoire et les deux *duplicata* des billets collectifs délivrés par le chemin de fer. Ils conservent le deuxième exemplaire de la réquisition, après y avoir fait apposer la mention de : *vu arriver ;* ils l'annexent au troisième exemplaire de leur mémoire qui, à leur retour, est rendu exécutoire par les magistrats du lieu de départ.

Le Parquet du point de relèvement remet aux gendarmes, chargés de continuer l'escorte, la réquisition, les deux exemplaires du mémoire et les deux *duplicata* des billets de chemin de fer collectifs laissés entre ses mains par les premiers gendarmes. Il leur remet en outre deux réquisitions de transport, comme si le point de relèvement était un point de départ, mais en indiquant sur ces réquisitions le lieu d'où vient le détenu. Les gendarmes produisent à leur tour au Parquet destinataire non seulement les pièces remises par leurs prédécesseurs, mais encore celles qu'ils seraient tenus de présenter s'ils avaient commencé l'escorte. En un mot, le Parquet du tribunal devant lequel le prévenu comparait, doit recevoir les pièces justificatives de toutes les dépenses depuis le point de départ de la première escorte jusqu'à destination, afin de pouvoir comprendre ces dépenses dans l'état de liquidation des dépens à recouvrer au profit du Trésor (Circ. chanc., 5 juil. 1885).

XXIV. Cas ou l'inculpé a été conduit par des citoyens requis à cet effet. — Lorsqu'en cas de flagrant délit, et à raison de l'éloignement de la gendarmerie, un maire a requis des habitants de sa commune de conduire un prévenu devant le procureur de la République, au chef-lieu d'arrondissement, aucune indemnité ne peut être allouée sur les crédits du ministère de la justice aux personnes qui ont mis à exécution l'ordre du maire. Toute personne doit en effet, au cas de flagrant délit, saisir le prévenu et le conduire devant le procureur de la République, et le refus d'obéir aux réquisitions faites à cet effet par l'autorité compétente, donne lieu à l'application des peines édictées par l'article 475 du Code pénal (Décis. chanc., 27 nov. 1827 ; *Rec. off.*, t. I, p. 212, note 1).

§ 7. — RECOUVREMENT DES FRAIS

XXV. Recouvrement des frais sur le condamné ou la partie civile. — Les frais de translation doivent être recouvrés contre les condamnés ou contre la partie civile, conformément aux articles 156 et 157 du décret du 18 juin 1811.

XXVI. Bulletin de translation. — Pour permettre de comprendre ces frais dans les états de liquidation, la chancellerie avait décidé qu'il serait joint à toute réquisition, adressée par les magistrats à la gendarmerie, un *bulletin de translation*, afin que le mode et le prix du transport puissent être constatés. Ce bulletin passait avec l'ordre de conduite entre les mains du chef d'escorte, lorsque la translation n'était pas opérée par les mêmes gendarmes et indiquait ainsi d'étape en étape les moyens de transport employés. Il était remis en dernier lieu au magistrat destinataire qui le faisait joindre au dossier de la procédure (Circ. chanc., 17 janv. 1860 ; Gillet, n° 4037). Cette pièce nous parait aujourd'hui absolument inutile, puisqu'un duplicata du mémoire est joint au dossier ; on doit donc considérer cette circulaire comme abrogée.

DEUXIÈME PARTIE

Translation des condamnés, extradés, etc...

XXVII. **Condamnés.** — Les frais relatifs à la translation des condamnés sont à la charge du ministère de l'intérieur, sans qu'il y ait lieu de distinguer entre ceux qui ont été arrêtés préventivement et ceux qui étaient restés en liberté provisoire (Circ. chanc., 1er juin 1864 ; Gillet, n° 4179 ; — Circ. chanc., 18 nov. 1864, § II ; Gillet, n° 4191). C'est d'ailleurs à l'autorité administrative qu'il appartient de prendre les mesures nécessaires pour assurer la translation. Aussi, lorsque des condamnés, arrêtés par la gendarmerie, sont conduits devant le procureur de la République d'un arrondissement autre que celui où la peine doit être subie, ce magistrat ne donne pas de réquisition pour les faire transférer, il se borne à les mettre officiellement à la disposition de l'autorité administrative, afin qu'elle puisse user des moyens de transport qui lui paraîtront le moins onéreux (Circ. chanc., 1er juin 1864).

Le principe posé par ces circulaires, ne s'applique qu'aux condamnés dont la condamnation est *définitive*. — Par suite, sont à la charge du ministère de la justice :

1° Les translations des condamnés par contumace (Circ. chanc., 18 nov. 1864) ;

2° Les translations des condamnés par défaut qui sont dans les délais légaux pour former opposition (Circ. chanc., 18 nov. 1864) ;

3° Les translations des condamnés, allant en appel (Circ. chanc., 18 nov. 1864) ;

4° Les translations des condamnés dont l'identité n'est pas constatée légalement et doit donner lieu à la procédure spéciale, prévue par les articles 518 et suivants du Code d'instruction criminelle (Circ. chanc., 1er juin 1864).

XXVIII. **Condamnés appelés en témoignage.** — Lorsque des détenus, prévenus ou condamnés sont extraits de la maison où ils subissent leur peine, pour aller en témoignage, les frais, occasionnés par l'aller, sont à la charge du ministère de la justice. Mais le droit d'assurer la réintégration en prison n'appartient qu'à l'autorité administrative qui la fait effectuer à l'aide de voitures cellulaires (Circ. chanc., 30 juin 1875; *Rec. off.*, t. III, p. 357; — Circ. chanc., 29 nov. 1884, II).

Si toutefois le détenu appelé comme témoin était encore dans la période de la prévention ou de l'accusation, il appartiendrait au Parquet de requérir et de faire effectuer la réintégration, car il devrait être reconduit dans l'établissement d'où il a été extrait et il convient dès lors d'observer les règles qui peuvent permettre au Trésor de recouvrer sur le condamné ces frais de retour (Circ. chanc., 29 nov. 1884; II).

XXIX. **Extradés.** — Les frais de conduite à la frontière des étrangers livrés par la France, en vertu d'un décret d'extradition, doivent être acquittés sur les fonds du ministère de la justice (Circ. chanc., 18 nov. 1864). Mais les extradés sont aujourd'hui conduits à la frontière et remis aux autorités étrangères par les soins de l'autorité administrative et le transfèrement est opéré par le service des voitures cellulaires (Circ. du min. de l'int. du 18 juil. 1879; *Bull. off.*, n° 15, p. 155). Par suite, la disposition de la circulaire du 18 novembre 1864 ne recevra son application que dans des cas exceptionnels

XXX. **Expulsés.** — Les frais de conduite à la frontière des étrangers expulsés du territoire restent à la charge du ministère de l'intérieur (Circ. chanc., 18 nov. 1864), il en est de même des frais de conduite des mendiants et vagabonds qui ne sont pas traduits devant les tribunaux (Décr. du 18 juin 1811, art. 3, § 6).

TRANSPORTS DE JUSTICE

Division

I. **Cas où il faut y recourir. — Règles à suivre.** — En général, on ne doit faire de transports de justice que pour les crimes graves, lorsque la connaissance des lieux est nécessaire et lorsqu'on craint de ne pas atteindre le même but en déléguant les juges de paix (Circ. chanc., 16 août 1842-6° ; — Gillet n° 2932).

Le procureur de la République peut se transporter seul sur les lieux, au cas de flagrant délit (art. 32 du C. d'instr. crim.); il a le droit de se faire accompagner par le greffier ou par un commis-greffier du tribunal (Voir : **Flagrant délit**, III).

Lorsque le juge d'instruction se transporte sur les lieux, hors le cas de flagrant délit, il doit être accompagné du ministère public (art. 63 du C. d'instr. crim.).

II. **Indemnité.** — Les juges et les officiers du ministère public reçoivent pour tous frais de voyage, de nourriture et de séjour, une indemnité de 9 francs par jour, lorsqu'ils se transportent à plus de cinq kilomètres de leur résidence et de 12 francs par jour, quand la distance excède deux myriamètres (art. 88 du décr. du 18 juin 1811). Les greffiers reçoivent 6 fr. par jour dans le premier cas et 9 francs dans le second (art. 89).

III. **Cas où elle est due.** — Cette indemnité est due toutes les fois que le transport a lieu, en cas de flagrant délit ou au cours d'une instruction criminelle. Aucune indemnité ne peut être allouée en dehors de ces deux cas. Cependant, lorsque le procureur de la République va faire une enquête officieuse sur l'ordre du procureur général, il peut établir un mémoire, mais alors il est payé par application de l'article 136 du décret du 18 juin 1811 ; à cet effet on y annexe une autorisation motivée du procureur général qui peut être donnée sous la forme d'une simple lettre. Le mémoire est rendu exécutoire et payé suivant les règles ordinaires.

Outre le procureur de la République et le juge d'instruction, ont droit à l'indemnité de transport :

1° Le juge qui doit se rendre au lieu de l'exécution pour recevoir la déclaration d'un condamné à mort (art. 377 du C. d'instr. crim., instr. gén. du 30 sept. 1826 ; *Rec. off.*, t. I, p. 277);

2° Les conseillers chargés de procéder à de nouveaux actes d'instruction (art. 228,235 et suiv. du C. d'instr. crim. ; — Instr. gén. *précitée*) ;

3° Le premier président et le procureur général qui se transportent pour informer, d'ordre de la Cour, sur des crimes ou délits (Décis. chanc., 13 août 1832 ; Gillet n° 2437) ;

4° Les juges de paix lorsqu'ils sont régulièrement délé
gués par le juge d'instruction ou lorsqu'ils se transportent
au cas de flagrant délit (Avis du Cons. d'État du 9 déc. 1823;
de Dalmas p. 249; — Circ. chanc., 11 fév. 1824; Gillet,
n° 1796).

Nous avons vu qu'une indemnité ne peut être allouée qu'autant que la distance parcourue est supérieure à 5 kilomètres.
En s'appuyant sur l'article 93 du décret du 18 juin 1811, la
chancellerie a décidé que cette distance doit être calculée à
partir du chef-lieu de la commune sur le territoire de laquelle
habitent les parties prenantes jusqu'au chef-lieu de celle où
elles se sont rendues. Il en résulte qu'il ne pourrait être
alloué d'indemnité lorsque les magistrats ne sont pas sortis
du territoire de la commune où ils résident. Cependant, la
chancellerie a décidé que, contrairement à la règle admise
et suivie à l'égard des autres parties prenantes, les magistrats et leurs greffiers pourraient réclamer l'indemnité
pourvu que la distance soit supérieure à 5 kil. C'est ce que
déclare très nettement l'instruction du 30 septembre 1826:
« L'indemnité accordée par l'article 88 est due dans tous les
« cas où les magistrats et les greffiers se transportent dans
« un lieu situé à plus de 5 kil. de la ville où siège le tribunal
« où ils font leur résidence, quoique ce lieu dépende du ter-
« ritoire communal de la ville. »

IV. **Mémoire. — Payement**. — Il est établi un mémoire
conforme au modèle ci-après; il est rendu exécutoire par
le président du tribunal, sur les réquisitions du ministère
public. Le payement est effectué par le receveur de l'enregistrement sur les fonds de justice criminelle.

MÉMOIRE

*Des indemnités de transport dues à Messieurs
procureur de la République,   juge d'instruction,
et   greffier près le tribunal de première
instance séant à   , département   , pendant le
mois d   188   .*

M.   proc de la République
M.   juge d'instruction
M.   greffier (ou commis)

Modèle n° 21.

Art. 88 du règlement
du 18 juin 1811.

Numéro d'ordre	Dates et articles des lois, décrets, ordonnances ou délégations en vertu desquels le transport a eu lieu.	Cause du transport et désignation des opérations.	Lieu du transport.	Date et durée du transport.	Distance du lieu de transport.	Prix fixé par le règlement. Articles		Sommes dues au			Total.
						88	89	Procureur de la République.	Juge d'instruction.	Greffier ou commis greffier.	
				jours							
				Totaux.....							

Nous, soussignés, certifions véritable le présent mémoire.

A   , *le*   188   .

RÉQUISITOIRE

NOUS, procureur de la République près le tribunal civil d

Vu les articles 88 et 89 du règlement du 18 juin 1811, les ordonnances royales des 4 août 1824 et 10 mars 1825, et le tableau des distances dressé en exécution de l'article 93 dudit règlement, requérons, conformément aux articles 140 et suivants, qu'il soit délivré exécutoire par M. le président du tribunal civil d   , sur la caisse de *l'administration de l'enregistrement, pour le payement de la somme de*

A   , le   188 .

Le procureur de la République,

EXÉCUTOIRE

NOUS, président du tribunal civil d

Vu le réquisitoire ci-dessus, avons arrêté et rendu exécutoire le présent mémoire, pour la somme de   , montant de la taxe que nous *en avons faite; et, attendu qu'il n'y a pas de partie civile en cause, ordonnons que ladite somme sera payée par le receveur de l'enregistrement au bureau d*   .

A   , le   188 .

Le président

V. Visites des établissements d'aliénés. — Interrogatoire aux fins d'interdiction. — Le procureur de la République a droit à l'indemnité de transport pour les visites qu'il doit faire dans les asiles d'aliénés (v° **Aliénés** VII).

Lorsque le défendeur à l'interdiction ne peut se présenter à la chambre du conseil du tribunal, il doit être interrogé dans sa demeure par un juge commis à cet effet, assisté du greffier, en présence du procureur de la République (art. 496 du C. civ.). Ces magistrats et le greffier ont droit aux indemnités déterminées par les articles 88 et 89 du décret de 1811, lorsqu'ils se transportent à plus de 5 kilomètres (Ord. du 4 août 1824).

TRIBUNAUX CIVILS

Division

I. Bâtiments et mobilier.	(Voir : **Magistrats**).
II. Menues dépenses.	

I. Bâtiments et mobilier. — Les édifices, consacrés à l'administration de la justice, appartiennent en général au département (art. 1 et 3 du décr. du 9 avr. 1811). Par suite, les travaux de construction et de réparation sont à la charge du département. Il convient que les compagnies judiciaires soient consultées sur les travaux à effectuer, mais aucune disposition législative ne l'exige, aussi il arrive fréquemment que les architectes départementaux font faire les réparations sans avoir pris aucun avis préalable; de même, les plans des constructions projetées ne sont qu'exceptionnellement soumis à l'approbation des tribunaux.

Rappelons qu'aucun portrait ne peut être placé dans les salles d'audiences sans l'autorisation du ministre de la justice (Déc. chanc., 19 mars 1847 ; — Massabiau, t. I, p. 86). Nous avons indiqué (v° **Magistrats** XXXII), l'exception qui existe dans les Cours d'appel pour les portraits des magistrats décédés.

II. Menues dépenses. — Les menues dépenses des tribunaux et des Parquets sont à la charge des départements.

Il appartient à l'administration d'en fixer le crédit en dernier ressort. Ces menues dépenses comprennent : le traitement des secrétaires, le salaire des concierges et garçons de salle, le chauffage, l'éclairage, les frais d'impression de règlements d'ordre et de discipline, les frais d'abonnement au *Journal officiel* et aux journaux de droit, aux recueils périodiques de jurisprudence et au bulletin du ministère de la justice, l'acquisition d'ouvrages de droit ou de jurisprudence, les frais de reliure, ceux occasionnés par les solennités publiques, l'achat de fournitures de bureau et des menus objets nécessaires au service de la Cour et du tribunal (art. 2 du décr. du 28 janv. 1883).

Le payement de ces dépenses est soumis depuis le 1er janvier 1884 aux règles ordinaires de la comptabilité départementale, spécialement en ce qui touche le compte à rendre de l'emploi des fonds (art. 1er du décr. du 28 janv. 1883 ; — Circ. chanc., 14 avr. 1883 ; *Bull. off.*, n° 30, p. 42). Des mémoires doivent donc être fournis en double exemplaire par les fournisseurs ; ils sont visés par le président du tribunal et par le procureur de la République. Nous avons donné (v° **Bibliothèques**) le modèle d'un mémoire. Pour les abonnements aux revues et aux journaux de droit et au *Journal officiel*, il suffit de produire la quittance délivrée par les directeurs ou administrateurs.

Il faut veiller à ce que les dépenses de chaque année n'excèdent pas les crédits qui ont été votés. Le garde des sceaux déclare lui-même « qu'il pourra avoir à user de son droit d'intervention pour la fixation des crédits, mais qu'il se refusera à appuyer une demande de crédits supplémentaires en vue de solder des dépenses arriérées » (Circ. chanc., 8 août 1883 ; *Bull. off.*, n° 31, p. 125). Les magistrats resteraient donc personnellement responsables des dépenses indûment engagées.

TRIBUNAUX DE COMMERCE

Division

I. Organisation des tribunaux de commerce.
II. Conditions pour être électeur.
III. Formation de la liste des électeurs.
IV. Conditions d'éligibilité.

V. Incompatibilités.
VI. Élections. — Réclamations.
VII. Serment. — Installation.
VIII. Rang des magistrats entre eux.
IX. Honorariat.

I. Organisation des tribunaux de commerce. — Un règlement d'administration publique détermine les villes qui sont susceptibles de recevoir un tribunal de commerce, en raison de l'étendue de leur commerce et de leur industrie. L'arrondissement de chaque tribunal de commerce est le même que celui du tribunal civil dans le ressort duquel il est placé. S'il se trouve plusieurs tribunaux de commerce dans le ressort d'un seul tribunal civil, le décret de création assigne à chacun un arrondissement particulier (art. 615 et 616 du C. de comm.)

Chaque tribunal de commerce est composé d'un président, de juges et de suppléants qui sont tous nommés par élection.

II. Conditions pour être électeur. — Le mode d'élection a beaucoup varié ; actuellement, et depuis la loi du 8 décembre 1883, les membres des tribunaux de commerce sont élus par les citoyens français, commerçants patentés ou associés en nom collectif depuis cinq ans au moins, capitaines au long cours et maîtres de cabotage ayant commandé des bâtiment pendant cinq ans, directeurs des sociétés françaises anonymes de finance, de commerce et d'industrie, agents de change et courtiers d'assurances maritimes, courtiers de marchandises, courtiers interprètes et conducteurs de navires, ayant les uns et les autres cinq années d'exercice. Tous doivent être domiciliés depuis cinq ans au moins dans le ressort du tribunal. A cette liste d'électeurs, il faut encore ajouter les membres anciens ou en exercice des tribunaux et des chambres de commerce, des chambres consultatives des arts et manufactures, les présidents anciens ou en exercice des conseils de prud'hommes ; ils sont dispensés des conditions imposées aux autres électeurs consulaires. Par suite, ils doivent être portés sur la liste électorale, encore bien qu'ils aient cessé de résider dans le ressort du tribunal (art. 1 de la loi du 8 déc. 1883 ; — Circ. chanc., 13 fév. 1884 ; *Bull. off.*, n° 33, p. 9).

L'article 2 de la loi donne la liste des incapacités ; elle comprend les individus condamnés pour crimes ou pour certains délits qu'elle détermine. L'exclusion s'étend aux faillis non réhabilités et généralement à tous les individus privés du droit de vote dans les élections politiques.

III. Formation de la liste. — Tous les ans, la liste des électeurs du ressort de chaque tribunal est dressée pour chaque commune par le maire, assisté de deux conseillers municipaux délégués par le conseil. Le maire envoie cette liste au sous-préfet qui la fait déposer au greffe du tribunal de commerce ; un extrait pour chaque canton est déposé aux greffes des justices de paix. Ces dépôts doivent être effectués trente jours au moins avant l'élection. L'accomplissement de ces formalités est annoncé dans le même délai par affiches apposées à la porte de la mairie de chaque commune (art. 3 et 4 de la loi).

Pendant les quinze jours qui suivent le dépôt des listes, tout électeur peut exercer ses réclamations, soit qu'il se plaigne d'avoir été omis, soit qu'il réclame la radiation d'un citoyen indûment inscrit (art. 5). Cet article et le suivant déterminent la procédure à suivre ; elle présente la plus grande analogie avec celle qui est prescrite pour les élections politiques. C'est le juge de paix qui est compétent pour statuer. Sa décision peut être déférée à la Cour de cassation.

La circulaire de la chancellerie du 13 février 1884 (*Bull. off.*, n° 33, p. 10) porte que, conformément aux instructions contenues dans la circulaire du 5 janvier 1872, le droit de provoquer la radiation appartient au ministère public, mais contrairement à cette opinion, la Cour de cassation a décidé dans un arrêt du 22 décembre 1884, que le ministère public n'a pas qualité pour exercer cette action en radiation (Note chanc., *Bull. off.*, n° 39. p. 146).

IV. Conditions d'éligibilité. — Sont éligibles tous les électeurs inscrits sur la liste électorale, âgés de trente ans et les anciens commerçants français ayant exercé leur profession pendant cinq ans au moins, dans l'arrondissement et y résidant. — Toutefois nul ne peut être élu président s'il n'a exercé pendant deux ans les fonctions de juge titulaire et nul ne peut être nommé juge, s'il n'a pas été juge suppléant pendant un an (art. 8 de la loi).

La Chambre des députés avait décidé que les juges suppléants et les juges titulaires seraient indéfiniment rééligibles, mais cette innovation a été repoussée par le Sénat. L'article 9 de la loi maintient donc, en y introduisant une modification, l'article 623 du Code de commerce : les juges sortant d'exercice après deux années, peuvent être réélus immédiatement pour deux autres années. Cette nouvelle période expirée, ils ne sont rééligibles qu'après un an d'intervalle ; quant au président, quel que soit au moment de son élection le nombre de ses années de judicature comme juge titulaire, il peut toujours être élu pour deux années, à l'expiration desquelles il peut être réélu pour une seconde période de même durée. — L'article 623 ne s'applique pas aux juges suppléants ; ceux-ci peuvent donc être réélus juges suppléants ou nommés juges, quel que soit le temps pendant lequel ils ont exercé leurs fonctions (Cass., 8 mai 1877 ; P. 78-149 ; — Circ. chanc., 13 févr. 1884 ; *Bull. off.*, n° 33, p. 13). Mais les présidents et juges consulaires qui ont exercé leurs fonctions pendant deux périodes de deux années chacune, ne peuvent être réélus, même en qualité de suppléants, qu'après une année d'intervalle (Décis. chanc., 3 déc. 1875 ; *Bull. off.*, n° 1, p. 59 ; — Cass., 27 mai 1879 ; P. 79-1066).

Un magistrat consulaire, démissionnaire au bout de trois années d'exercice, est rééligible un an après sa démission (Déc. chanc., 24 déc. 1878 ; *Bull. off.*, n° 12, p. 141).

Tout membre, élu en remplacement d'un autre par suite de décès ou de toute autre cause, ne demeure en exercice que pendant la durée du mandat, confié à son prédécesseur (art. 623 § 2 du C. de comm.). Lorsqu'il y a lieu de nommer un juge pour un an et un juge pour deux ans, si aucune distinction n'a été faite dans les scrutins, le magistrat qui a obtenu le plus grand nombre de voix doit être considéré comme élu pour la période la plus longue. En cas d'égalité de suffrages, on doit procéder par voie de tirage au sort (Déc. chanc., 27 mars 1878 ; *Bull. off.*, n° 10, p. 61).

V. **Incompatibilités**. — Les dispositions du décret du 20 avril 1810 qui interdisent aux parents ou alliés jusqu'au degré d'oncle et de neveu inclusivement de faire partie simultanément d'un même tribunal, sont applicables aux tribunaux de commerce aussi bien qu'aux tribunaux civils (Déc. chanc., 27 avr. et 3 déc. 1875 ; *Bull. off.*, n° 1, p. 59 ; — Déc. chanc., 15 déc. 1876 ; *Bull. off.*, n° 4, p. 255 ; — Circ. chanc., 13 févr. 1884; *Bull. off.*, n° 33, p. 13; — Caen, 19 janv. 1876 ; P. 76-1001 ; — Poitiers 27 déc. 1876 ; P. 78-1148).

Le droit d'accorder des dispenses aux membres des tribunaux de commerce parents ou alliés au degré prohibé a cessé d'appartenir au gouvernement depuis qu'il n'intervient plus dans la nomination de ces magistrats, en leur conférant l'investiture (Déc. chanc., 14 mai 1878 ; *Bull. off.*, n° 10, p. 61).

— Par suite, lorsque deux parents ou alliés à un degré prohibé ont été élus membres d'un même tribunal, le dernier élu doit se retirer ; s'il refuse de donner sa démission, le procureur général doit, dans les cinq jours de la réception du procès-verbal, provoquer devant la Cour d'appel l'annulation de son élection (Déc. chanc.,15 déc. 1876; *Bull. off.*,n° 4, p. 255 ; — Circ. chanc., 23 fév. 1884 ; *Bull. off.*, n° 33, p. 13).

VI. **Élections. — Réclamations.** — Le vote a lieu par canton à la mairie du chef-lieu, conformément aux règles tracées par l'article 9 de la loi.

Le président est élu au scrutin individuel ; les juges titulaires et les juges suppléants sont nommés au scrutin de liste, mais par des bulletins distincts, déposés dans des boites séparées ; ces élections ont lieu simultanément (art. 10, §§ 1, 2 et 3).

Aucune élection n'est valable au premier tour de scrutin, si les candidats n'ont pas obtenu la majorité des suffrages exprimés et si cette majorité n'est pas égale au **quart des** électeurs inscrits (art. 10 § 4).

Les ballottages doivent avoir lieu quinze jours après le scrutin principal ; ce délai ne doit être ni augmenté ni diminué (art. 10, § 5 de la loi ; — Circ. chanc., 13 fév. 1884 ; *Bull. off.*, n° 33, p. 11).

Au second tour, l'élection a lieu à la majorité relative, quel que soit le nombre des votants (art. 10 § 6). En cas d'égalité de suffrages, le candidat le plus âgé est proclamé (Circ. chanc., 13 fév. 1884 ; *loc. cit.*).

Le résultat des élections est constaté par une commission siégeant à la préfecture. Dans les trois jours qui suivent cette constatation, le préfet transmet une copie du procès-verbal au procureur général et une autre à chacun des greffiers des tribunaux de commerce du département ; il transmet également le résultat aux maires des chefs-lieux de canton qui doivent le faire afficher à la mairie (art. 11 §§ 1 à 7).

Dans les cinq jours de l'élection, tout électeur a le droit

d'élever des réclamations sur la régularité et la sincérité de l'élection ; dans les cinq jours de la réception du procès-verbal, le procureur général a le même droit. — Ces réclamations sont jugées sommairement et sans frais dans la quinzaine par la Cour d'appel ; un pourvoi en cassation peut être formé contre l'arrêt de la Cour dans les dix jours de la signification ; il a un effet suspensif (art. 11 §§ 8 à 10).

La nullité partielle ou absolue de l'élection ne peut être prononcée que dans des cas limitativement énumérés par l'article 12 :

1° Si l'élection n'a pas été faite selon les formules prescrites par la loi ;

2° Si le scrutin n'a pas été libre ou s'il a été vicié par des manœuvres frauduleuses ;

3° S'il y a incapacité légale dans la personne de l'un ou de plusieurs des élus.

VII. **Serment. — Installation.** — Dans la quinzaine de la réception du procès-verbal, s'il n'y a pas de réclamations, u dans la huitain e de l'arrêt statuant sur les réclamations, le procureur général invite les élus à se présenter à l'audience de la Cour d'appel qui procède publiquement à leur réception et en dresse procès-verbal consigné dans ses registres (art. 14 § 1).

Si la Cour ne siège pas dans l'arrondissement où le tribunal de commerce est établi, et si les élus le demandent, elle peut commettre, pour leur réception, le tribunal civil de l'arrondissement qui y procède en séance publique à la diligence du procureur de la République. — Le procès-verbal de cette séance est transmis à la Cour d'appel qui en ordonne l'insertion dans ses registres (art. 14 §§ 2 et 3).

Cette obligation de prêter serment est imposée non seulement aux magistrats qui sont nommés en remplacement d'un magistrat sortant, mais encore à ceux dont le mandat est renouvelé par suite d'une réélection (Déc. chanc., 22 fév. 1879 ; *Bull. off.*, n° 13, p. 13).

Le jour de l'installation publique du tribunal de commerce, il est donné lecture du procès-verbal de réception (art. 14, § 3).

VIII. **Rang des magistrats entre eux.** — Le rang à prendre dans le tableau des juges et des suppléants est fixé par l'ancienneté, c'est-à-dire par le nombre des années de judicature avec ou sans interruption et, entre les juges, élus pour la première fois et par le même scrutin, par le nombre de voix que chacun d'eux a obtenu dans l'élection ; en cas d'égalité de suffrages, la priorité appartient au plus âgé (art. 15, § 1).

IX. **Honorariat.** — Les fonctions consulaires étant essentiellement électives et temporaires, le gouvernement ne peut conférer l'honorariat à un ancien président du tribunal de commerce (Déc. chanc., 11 janv. 1877 ; *Bull. off.*, n° 5, p. 31 ; — Circ. chanc., 13 févr. 1884 ; *Bull. off.*, n° 33, p. 12).

TRIBUNAUX DE SIMPLE POLICE

Division.

I. **Organisation.** — Il existe un tribunal de simple police au chef-lieu de chaque canton ; il est tenu par le juge de paix du siège (art. 141 du C. d'instr. crim.).

Dans les villes divisées en plusieurs cantons, ce service est fait successivement par chaque juge de paix ; il y a dans ce cas, un greffier particulier pour le tribunal de police (art. 142 instr. crim.).

Le juge de paix absent ou empêché est remplacé par un de ses suppléants.

II. **Ministère public.** — Les fonctions du ministère public sont remplies par le commissaire de police, dans les localités où il en existe ; s'il y a plusieurs commissaires de police, le procureur général nomme par arrêté celui ou ceux d'entre eux qui feront le service. En cas d'empêchement du commissaire de police ou s'il n'en existe pas, les fonctions du ministère public sont remplies, soit par un commissaire résidant ailleurs qu'a chef-lieu, soit par un suppléant du juge de paix, soit par le maire ou l'adjoint du chef-lieu, soit par un des maires ou adjoints d'une autre commune du canton, lequel est désigné à cet effet par le procureur général pour une année entière (art. 144 du C. d'instr. crim.).

L'article 144 porte que le procureur général peut désigner un commissaire de police *résidant ailleurs qu'au chef-lieu*, mais cette disposition autorise seulement la désignation de celui d'une des communes du canton ; on ne saurait confier les fonctions du ministère public au commissaire de police d'un canton voisin (Déc. chanc., 24 juil. 1876; *Bull. off.*, no 3, p. 126).

Le procureur général a la plus entière liberté pour ces désignations, pourvu qu'il circonscrive son choix dans les limites du canton ; l'ordre dans lequel est faite l'énumération de l'article 144 ne doit exercer aucune influence sur sa détermination et il peut nommer l'une ou l'autre des personnes désignées à quelque rang qu'elle figure dans cet article (Circ. chanc., 6 févr. 1873; Gillet no 4389).

L'article 144 porte que la nomination est faite *pour une année entière*. La chancellerie a décidé qu'il n'est pas nécessaire de procéder chaque année au renouvellement des officiers du ministère public ; on doit suivre la même règle qu'à l'égard des juges d'instruction, par suite ils continuent de plein droit leurs fonctions au delà du terme fixé jusqu'à ce qu'ils soient révoqués ou jusqu'à ce que leur démission soit acceptée (Cir. chanc., 13 avr. 1874; *Rec. off.*, t. III, p. 299).

La nomination est faite pour une année entière, afin d'assurer l'indépendance du ministère public. Aussi il ne doit être pourvu dans le courant de l'année au remplacement de l'officier nommé que dans deux cas :

1o Lorsqu'il vient à cesser les fonctions qui avaient permis de le nommer ; par exemple : lorsqu'un maire n'est pas réélu, lorsqu'un suppléant de justice de paix donne sa démission ou est révoqué, etc..;

2o Lorsque des poursuites ou des faits graves compromettent la dignité des fonctions. Dans ce cas, le procureur général doit en rendre compte au garde des sceaux (même circ.).

Il faut y ajouter le cas où l'officier du ministère public vient à mourir ou donne sa démission.

III. **Incompatibilités.** — L'article 63 de la loi du 20 avril 1818, aux termes duquel les parents ou alliés jusqu'au degré d'oncle ou neveu inclusivement ne peuvent faire partie simultanément du même tribunal, s'applique aux tribunaux de simple police. Ce principe est applicable aux membres qui font partie accidentellement du tribunal, en remplacement du juge ou de l'officier du ministère public empêché, comme à ceux qui y siègent d'une manière permanente (Déc. chanc., 3 févr. 1879 ; *Bull. off.*, n° 13, p. 12).

IV. **Attributions du ministère public.** — Les officiers du ministère public près les tribunaux de simple police ont seuls qualité pour exercer les poursuites en matière de contravention. Les citations sont données à leur requête.

Leur présence à l'audience est nécessaire pour que le tribunal soit légalement constitué.

Ils ont qualité pour former des pourvois en cassation contre les décisions du tribunal de simple police.

Enfin c'est à leur requête que les jugements sont exécutés.

(Voir : **Amendes. — Cassation** XIII. — **Citation** II **Emprisonnement** XIII.)

V. **Procédure devant les tribunaux de police.** — Aux termes des articles 145, 147 et 153 du Code d'instruction criminelle, les parties et les témoins peuvent comparaître devant les tribunaux de simple police, sur un simple avertissement. La chancellerie recommande d'user le plus fréquemment possible du moyen autorisé par ces articles et de ne recourir à la citation que lorsque l'inculpé ou les témoins n'ont pas comparu sur l'avertissement donné. — Les taxes des témoins peuvent être faites au bas de l'avertissement (Circ. chanc., 26 déc. 1845 ; *Rec. off.*, t. II, p. 89). — Lorsque les avertissements sont destinés à des parties ou à des témoins qui résident au chef-lieu de canton, il y a lieu de les faire remettre *sans frais* au destinataire par le garde champêtre ; mais quand ces avertissements sont adressés à des justiciables qui ne résident pas au chef-lieu, ils doivent parvenir aux parties et aux témoins directement par la voie de la poste et le port de la lettre est nécessairement acquitté par le destinataire (Circ. chanc., 12 avr. 1859 ; Gillet n° 3989).

La procédure est la même que devant les tribunaux correctionnels (Voir : **Juges de paix XII. — Instances correctionnelles. — Jugements. — Police correctionnelle. — Témoins**).

VI. **Visites périodiques des procureurs de la Répu-**

blique. — Les procureurs de la République doivent faire des visites inopinées dans les diverses justices de paix de leur arrondissement. — Ils adressent au procureur général un rapport détaillé sur l'état dans lequel ils ont trouvé le service et la tenue de chaque tribunal et de chaque greffe (Circ. chanc., 24 mai 1854 ; Gillet n° 3678).

VII. État des jugements portant condamnation à des peines d'emprisonnement. — Au commencement de chaque trimestre, chaque juge de paix doit transmettre au procureur de la République l'extrait des jugements de simple police qui ont été rendus dans le trimestre précédent et qui ont prononcé la peine de l'emprisonnement. — Il est délivré sans frais par le greffier (art. 178 § 1 du C. d'instr. crim.). Cet extrait se fait ordinairement sous forme d'état.

Le procureur de la République le dépose au greffe du tribunal correctionnel et en rend un compte sommaire au procureur général (art. 178 §§ 2 et 3).

U

UNIVERSITÉ

Division

I. Établissements particuliers d'instruction primaire. — (Voir : **Instruction primaire**).

II. Établissements particuliers d'instruction secondaire. — Tout français âgé de 25 ans au moins et n'ayant encouru aucune incapacité légale peut fonder un établissement d'instruction secondaire. Il doit préalablement faire au recteur de l'académie où il se propose de s'établir, les déclarations prescrites par l'article 27 de la loi du 15 mars 1850, et déposer entre ses mains les pièces déterminées par l'article 60 de la même loi.

Le recteur à qui le dépôt des pièces a été fait en donne avis au préfet du département et au procureur de la République de l'arrondissement dans lequel l'établissement doit être ouvert (art. 60 de la loi précitée). Pendant le mois qui suit le dépôt des pièces requis par l'article 60, le recteur, le préfet, et le procureur de la République peuvent se pourvoir devant le conseil académique et s'opposer à l'ouverture de cet établissement, dans l'intérêt des mœurs publiques ou de la santé des élèves. La décision du conseil académique peut être frappée d'appel ; cet appel est jugé par le conseil supérieur de l'instruction publique (art. 64 de la loi).

Voir : **Lycées.**

III. **Poursuites contre des membres de l'enseignement.** — Les Parquets étaient tenus de transmettre à la chancellerie des extraits des jugements tant civils que correctionnels qui, conformément à la loi du 28 juin 1833, prononcent des peines contre les instituteurs primaires (Circ. chanc., 6 déc. 1840 § 13 n° 5 ; Gillet n° 2829). Cette obligation n'a pas cessé depuis la loi du 15 mars 1850. (Circ. chanc., 12 fév. 1873 ; Gillet n° 4392).

De plus, il convient d'informer directement :

1° Les préfets, non seulement des condamnations mais encore des simples poursuites dirigées contre les membres de l'enseignement ou laïque ou congréganiste. (Circ. chanc., 4 avr. 1855 ; Gillet, n° 3729 ; — Circ. chanc., 12 fév. 1873 ; *précitée*).

2° Les recteurs, des poursuites contre les élèves et contre les membres de l'Université (Circ. chanc., 27 sept. 1822 ; Gillet n° 1653 ; — Circ. chanc., 6 déc. 1840 § 3 ; Gillet n° 2829).

USURE

Division

I. Législation.— Éléments du délit.	IV. Prescription.
II. Preuve du délit.	V. Qualification.
III. Peines.	VI. Avis à donner par les greffiers.

I. **Législation. — Éléments du délit.** — Le délit d'usure

est prévu et réprimé par les lois du 3 septembre 1807 et du 19 décembre 1850, modifiées par celle du 12 janvier 1886.

La loi du 12 janvier 1886 ayant proclamé la liberté du taux de l'argent en matière commerciale, le délit d'usure ne peut plus exister qu'en matière civile.

Pour que le délit existe il faut que trois éléments soient réunis :

1° Un prêt à intérêts ;

2° Une stipulation d'intérêts usuraires, c'est-à-dire supérieur à 5 0/0, taux fixé par la loi du 3 septembre 1807 ;

3° L'habitude. — Il y a habitude lorsque divers prêts ont été consentis à un taux usuraire, encore bien qu'ils aient été consentis à la même personne (Cass., 4 mars 1826 ; P. chr.) ; l'habitude résulte également de la perception successive d'intérêts usuraires en vertu du *renouvellement* d'un même prêt (Paris 21 juil. 1826 ; P. chr., — Cass., 23 déc. 1853 ; P. 55-I-280 ; — Paris 23 déc. 1880 ; D. 82-I-41), mais s'il n'y avait pas renouvellement la perception successive d'intérêts en vertu d'un même prêt ne constituerait pas l'habitude (Cass., 23 déc. 1853 ; *précitée*).

II. **Preuve du délit**. — Le délit d'usure peut s'établir par tous les modes de preuve, admis en matière correctionnelle. — Il en résulte que la preuve est admissible ; quel que soit le chiffre des prêts et des perceptions usuraires (Cass., 13 fév. 1880 ; D. 80-I-237 ;) — encore bien que le résultat que doit avoir cette preuve, soit en contradiction avec des actes authentiques (Cass., 2 déc. 1813 ; P. chr.).

Les personnes auxquelles les prêts usuraires ont été consentis peuvent être entendus comme témoins (Cass., 13 fév. 1880 ; P. 80-1195).

III. **Peines**. — Le délit d'habitude d'usure est puni d'une amende qui peut s'élever à la moitié des capitaux prêtés à usure et d'un emprisonnement de six jours à six mois (art. 2 de la loi du 19 déc. 1850) Les tribunaux *peuvent* ordonner l'affiche du jugement et son insertion dans un ou plusieurs journaux du département (art. 5).

Si, dans les cinq ans qui suivent une première condamnation pour habitude d'usure, un fait nouveau d'usure vient à être commis, le coupable est condamné au maximum de ces peines d'amende et d'emprisonnement et elles peuvent être élevées jusqu'au double (art. 3).

Dans tous les cas l'article 463 du Code pénal est applicable (art. 6).

Si un délit d'escroquerie est connexe au délit d'usure, les peines sont celles édictées par l'article 405 du Code pénal, mais l'amende reste fixée conformément à l'article 2 de la loi de 1850, c'est-à-dire qu'elle peut atteindre la moitié du chiffre des capitaux prêtés à usure. — L'amende doit être prononcée cumulativement avec les autres peines, c'est une dérogation au principe de l'article 365 du Code d'instruction criminelle (Cass., 26 nov. 1841, *Ch. réun* ; P. 42-I-5 ; — Cass.,10 mai 1851 ; P. 52-II-77).

IV. **Prescription.** — En matière de délit d'habitude d'usure, la prescription ne commence à courir qu'à compter du dernier fait ; un seul fait usuraire commis dans les trois ans qui précèdent les poursuites suffit pour interrompre la prescription. Tous les faits antérieurs revivent alors, quel que soit l'époque à laquelle remonte le plus ancien. Mais il faut, à notre avis, que les faits antérieurs ne soient pas séparés les uns des autres par un intervalle de plus de trois ans. Si un espace de plus de trois ans existe à un moment donné entre un fait et celui qui le précède, celui-ci et tous ceux qui lui sont antérieurs doivent être regardés comme prescrits (Sic : Cass., 14 nov. 1862 ; D. 63-5-395 ; — Rennes 21 mai 1879 ; P. 80-323).

V. **Qualification.**

D'avoir, à......, depuis moins de trois ans, habituellement consenti des prêts, en matière civile, à un taux supérieur à celui fixé par la loi ;

Délit prévu et puni par les articles 1 de la loi du 3 septembre 1807, 2 et 5 de la loi du 19 décembre 1850.

VI. **Avis à donner par les greffiers.** — Les greffiers des tribunaux civils et de commerce sont tenus, sous peine d'une amende de 16 à 100 francs, de transmettre au procureur de la République, dans le délai d'un mois tout jugement civil ou commercial constatant un fait d'usure (art. 1 de la l. du 19 déc. 1850).

L'amende est prononcée par le tribunal *civil*, à la requête du ministère public (art. 7).

L'article 463 n'est pas applicable ; c'est ce qui résulte des travaux préparatoires (*Moniteur* du 20 déc. 1851, p. 3643.)

V

VACATIONS

Division.

I. **Nombre des audiences de vacations.** — Les audiences réglementaires pendant les vacances sont fixées ainsi qu'il suit par le décret du 12 juin 1880 :

Une audience est tenue chaque quinzaine dans les tribunaux de première instance n'ayant qu'une chambre la chambre des vacations des tribunaux de deux chambres, tient une audience par semaine. — Les jours d'audience sont fixés à intervalle soit de quinzaine soit de huitaine (art. 1).

La chambre des vacations des tribunaux ayant trois chambres ou un plus grand nombre, tient deux audiences hebdomadaires à des jours différents fixés de huitaine en huitaine (art. 2).

Dans chaque cour d'appel, la chambre des vacations doit siéger au moins une fois par semaine de huitaine en huitaine (art. 4).

Le président de la chambre des vacations peut, dans l'intérêt du service, fixer des audiences supplémentaires ; le procureur de la République peut également demander une réunion spéciale du tribunal, quand il y a à statuer sur des flagrants délits (art. 5). — Le procureur général peut requérir la convocation extraordinaire, en dehors des jours fixés à l'avance, des magistrats chargés du service de la chambre des mises en accusation (art. 5).

II. Chambre des vacations. — Il n'y a de chambre des vacations que dans les Cours d'appel et dans les tribunaux, composés de deux chambres au moins.

Cette chambre est renouvelée chaque année, de façon à ce que tous les membres de la compagnie y fassent le service, chacun à son tour, en commençant par les derniers nommés. — Nous avons indiqué (V° **Cour d'appel**, V) comment le roulement doit être effectué dans les Cours. Les mêmes règles doivent être suivies dans les tribunaux ; la commission de roulement se compose alors du président, des vice-présidents et du doyen de chaque chambre (art. 7 de l'ord. du 11 oct. 1820).

III. Obligations imposées aux membres des chambres de vacations. — Les membres désignés pour composer la chambre des vacations doivent siéger pendant toute la durée des vacances. — Dans les tribunaux composés de deux ou plusieurs chambres, il faut, pour qu'ils aient droit à un mois de congé, que les membres de la chambre des vacations aient fait le service pendant les vacances entières (§ 9 de l'art. 16 du décr. du 9 nov. 1853 ; — Circ. chanc., 7 août 1854 ; Gillet, n° 3693).

IV. Fixation des audiences. — Envoi de la délibération. — Les dates des audiences de vacations sont fixées par une délibération de chaque Cour et de chaque tribunal (art. 6 du 12 juin 1880). Cette délibération doit être prise dans la seconde quinzaine du mois de juillet (art. 1 du déc. du 15 juil. 1885).

Une double expédition est envoyée au procureur général qui doit en transmettre une à la chancellerie. Les envois des procureurs généraux sont collectifs et comprennent l'ensemble des délibérations prises par les diverses compagnies de chaque ressort ; aussi il est utile d'inviter les tribunaux à se réunir de préférence dans les premiers jours qui suivent le 15 juillet, de telle sorte que la chancellerie reçoive les délibérations dans les premiers jours d'août au plus tard et soit mise à même d'adresser en temps utile ses instructions (Circ. chanc., 23 juil. 1885 ; *Bull. off.*, n° 39, p. 137).

V. Ouverture des vacations. — Le premier président,

dans les Cours d'appel,et le président, dans les tribunaux de première instance, doit ouvrir la chambre des vacations, en présence du chef du Parquet (art. 40 et 77 du décr. du 30 mars 1808).

Il n'est pas nécessaire que l'ouverture des vacations ait lieu le 16 août ; elle a lieu seulement le premier jour fixé pour les audiences de vacations qui pourra être le 30 août.

VAGABONDAGE

Division.

I. **Vagabondage simple. — Éléments du délit.** — Aux termes de l'article 270 du Code pénal, les vagabonds ou gens sans aveu sont ceux qui n'ont ni domicile certain ni moyens de subsistance et qui n'exercent habituellement ni métier ni profession. — Trois conditions étaient donc nécessaires pour l'existence du délit ; mais la loi du 27 mai 1885 a décidé qu'on devait considérer comme gens sans aveu et punir des peines, édictées par l'article 271, « tous individus qui, soit qu'ils « aient ou non un domicile certain, ne tirent habituellement « leur subsistance que du fait de pratiquer ou faciliter sur la « voie publique d'exercice de jeux illicites ou la prostitution « d'autrui » (art. 4, *in fine*).

II. **Peines.** — Le vagabondage simple est puni d'un emprisonnement de trois à six mois ; l'interdiction du séjour doit être prononcée pour cinq ans au moins et dix ans au plus (art. 274, § 1, C. pén.).

III. **Vagabonds étrangers.** — L'article 272 porte que les individus déclarés vagabonds pourront, s'ils sont étrangers, être reconduits par les ordres du gouvernement hors du territoire français. Mais c'est au gouvernement seul qu'il appartient d'apprécier l'opportunité de cette mesure ; les tribunaux ne peuvent en aucun cas prescrire eux-mêmes l'expulsion, sans excéder les limites de leurs attributions (Cass., 9 sept. 1826 ; P. chr.; — Cass., 15 juin 1837 ; P. 38-1-362).

La chancellerie recommande de requérir, toujours, contre les vagabonds étrangers, la peine de la surveillance (aujourd'hui *interdiction de séjour*) et de se pourvoir par la voie de l'appel contre les décisions judiciaires qui ne feraient pas droit à leurs réquisitions (Circ. chanc., 18 mai 1858 ; Gillet, n° 3946).

IV. **Mineurs de seize ans.** — Les vagabonds âgés de moins de seize ans ne peuvent être condamnés à l'emprisonnement. Mais, sur les preuves du fait de vagabondage, ils doivent être l'objet d'une interdiction de séjour jusqu'à l'âge de vingt ans accomplis, à moins qu'avant cette époque ils n'aient contracté un engagement régulier dans les armées de terre ou de mer (art. 271 § 2 du C. pén.). Mais pour que cette disposition soit applicable, il faut que le tribunal reconnaisse qu'il y a eu discernement. Lorsque le mineur a agi sans discernement, l'article 66 du Code pénal est applicable, et le tribunal doit acquitter le prévenu et, suivant le cas, le remettre à ses parents ou le renvoyer dans une maison de correction (Cass., 28 févr. 1852 ; D. 52-1-288).

V. **Vagabonds réclamés par les communes.** — Les vagabonds nés en France, peuvent après un jugement même passé en force de chose jugée, être réclamés par délibération du conseil municipal de la commune où ils sont nés, ou cautionnés par un citoyen solvable. — Il n'appartient qu'au gouvernement de statuer sur la réclamation et d'agréer la caution. — En cas d'avis favorable, les individus ainsi réclamés ou cautionnés sont renvoyés ou reconduits dans la commune qui les a réclamés ou dans celle qui leur a été assignée pour résidence sur la demande de la caution (art. 273 du C. pén.).

VI. **Circonstances aggravantes.** — L'article 277 punit de deux à cinq ans d'emprisonnement les mendiants ou vagabonds :

1° S'ils ont été saisis, travestis d'une manière quelconque ;

2° Lorsqu'ils sont trouvés porteurs d'armes, bien qu'ils n'en aient ni usé, ni menacé ;

3° Lorsqu'ils sont trouvés munis de limes, crochets ou autres instruments propres soit à commettre des vols ou d'autres délits, soit à procurer les moyens de pénétrer dans les maisons. Il a été jugé que le vagabond, trouvé *détenteur* dans le lieu qui lui sert de refuge, d'instruments propres à

commettre le vol, est passible de l'aggravation de peine
édictée par l'article 277, encore bien qu'il n'ait pas été trouvé
porteur de ces instruments (Aix, 1ᵉʳ févr. 1871 ; — P. 71-496).

Sont punis d'un emprisonnement de six mois à deux ans,
les mendiants et vagabonds qui sont trouvés porteurs d'un
ou de plusieurs effets d'une valeur supérieure à 100 francs et
qui ne justifient pas de leur provenance. Cette aggravation
de peine est encourue par le vagabond trouvé porteur d'une
somme de 2,400 francs qu'il prétend avoir gagnée en faisant
la contrebande (Cass., 14 avr. 1842 ; — D. Rép. vᵒ : *Vagabondage*, nᵒ 126).

L'article 279 punit d'un emprisonnement de deux à cinq
ans, sans préjudice de peines plus fortes s'il y a lieu, à raison
du genre et des circonstances de la violence, tout mendiant
et vagabond qui a exercé ou tenté d'exercer quelque acte de
violence envers les personnes. Cet article est applicable à
l'individu en état de vagabondage, qui, venant de se livrer à
la mendicité exerce ou tente d'exercer des violences contre
les gendarmes. Il n'y a pas lieu dans ce cas d'appliquer les
peines de la rébellion (Cass., 18 mai 1843 ; D. Rép. *Vagabondage*, nᵒ 130 ; — Bourges, 17 févr. 1875 ; — P. 76-198). Si le
mendiant ou vagabond qui a exercé des violences se trouve
en outre dans l'une des circonstances énoncées dans l'article 277, il est puni de la réclusion (art. 279 § 2).

VII. Qualifications.

*D'avoir, à ......, le 188   , été trouvé sans domicile certain,
sans moyen de subsistance, et n'exerçant habituellement ni métier, ni
profession ;*

Délit prévu et puni par les articles 269, 270, 271 du Code pénal.

*D'avoir, à ......, le 188   , été trouvé pratiquant ou facili-
tant sur la voie publique, l'exercice de jeux illicites (ou la prostitution d'autrui) avec cette circonstance que le sus-nommé ne tirait habituellement sa subsistance que de ce métier.*

*Délit prévu et puni par l'article 4 de la loi du 27 mai 1884, et par
l'article 271 du Code pénal.*

*D'avoir, à ......, le 188   , été trouvé sans domicile certain
et n'exerçant habituellement ni métier, ni profession, avec cette circonstance qu'il était travesti (ou porteur d'armes, ou muni de limes,
etc...,).*

*Délit prévu et puni par les articles 269, 270, 271, et 277 du Cod
pénal.*

VIOL

Division.

I. Législation. — Définition. — Le *viol* est prévu par les articles 332 §§ 1 et 2 et 333 du Code pénal. — *Consulter :* Blanche, t. V, p. 94 et suiv. ; — Chauveau et Faustin-Hélie, t. IV ; — Faustin-Hélie, *Prat. crim.*, t. II, p. 357 et suiv. ; — Briand et Chaudé, t. I, p. 141 et suiv.; — Paulier et Hétet, *Médecine légale*, t. I, p. 569 et suiv.; — Tardieu, *Étude médico-légale sur les attentats aux mœurs*, Paris, 1878, in-8°.

Le viol est l'acte par lequel un homme abuse d'une femme avec violence, qu'elle soit vierge ou déflorée.

II. Circonstances constitutives du crime. — La définition que nous venons de donner, indique quelles sont les circonstances constitutives du crime. Il faut :

1° Qu'il y ait eu rapprochement intime de l'homme et de la femme. — Il y aura tentative de viol, si l'inculpé a cherché à introduire son membre viril dans les organes sexuels, mais sans y réussir; le fait constituera un attentat à la pudeur, s'il y a eu un simple contact des parties génitales, sans tenter l'introduction.

2° Qu'il y ait eu violence. — Mais la violence peut être simplement morale ; ainsi le crime existe l'orsqu'un individu abuse d'une fille pendant son sommeil (Cass., 31 déc. 1858; P. 59-811) ou profite de l'obscurité et du demi-sommeil d'une femme pour se faire passer pour son mari (Cass., 25 juin 1857 ; P. 57-774).

III. Femme de mœurs légères. — Le viol est punissable lorsqu'il est commis sur une femme de mœurs légères, notamment sur une fille qui a déjà eu des enfants (Cass., 14 juin 1810 ; Blanche, t. V, p. 105).

IV. Peine. — Circonstances aggravantes. — Le crime de viol est puni des travaux forcés à temps (art. 332, § 1, du C. pén.).

La peine est le maximum des travaux forcés à temps, si le crime a été commis sur la personne d'un enfant au-dessous de l'âge de 15 ans accomplis (art. 332, § 2). — C'est celle des travaux forcés **à perpétuité** qui est applicable, lorsque le crime a été commis par un ascendant, par une personne ayant autorité sur la victime, par son instituteur ou son serviteur à gages, par le serviteur à gages d'une des personnes ci-dessus désignées, par un fonctionnaire ou par un ministre du culte, ou si le coupable a été aidé dans son crime par une ou plusieurs personnes (art. 333, C. pén. (Voir : **Attentat à la pudeur** V, VI, VII, VIII).

V. Qualifications.

D'avoir, à......, le......, commis un viol sur la personne de....,
Crime prévu et puni par l'article 332 § 1 du Code pénal.

D'avoir, à......, le......, commis un viol sur la personne de.....,
alors âgée de moins de quinze ans accomplis.

Crime prévu et puni par l'article 332 §§ 1 et 2 du Code pénal.

D'avoir, à......, le......, commis un viol sur la personne de....,
sa fille légitime (ou dont il était l'instituteur ou etc...,).

Crime prévu et puni par les articles 332 § 1 et 333 du Code pénal.

VIOLATION DE DOMICILE

Division.

I. Inviolabilité du domicile.
II. Exceptions pendant la nuit.
III. Exceptions pendant le jour.
IV. Violation de domicile commise par un fonctionnaire.

V. Violation de domicile commise par un particulier.
VI. Qualification.

I. Inviolabilité du domicile. — Exceptions. — En principe, le domicile de tout citoyen est un asile inviolable (art. 76 de la constitution du 22 frim., an VIII). C'est là une règle absolue qui ne comporte d'autres exceptions que celles qui sont limitativement déterminées par la loi.

II. Exceptions pendant la nuit. — Pendant la nuit, on ne peut pénétrer dans une maison qu'au cas d'incendie, d'inondation, ou de réclamations venant de l'intérieur (art. 76, *précité*). Cependant les officiers de police judiciaire peuvent entrer à toute heure de jour et de nuit dans les maisons où l'on donne habituellement à jouer aux jeux de hasard et dans les lieux notoirement destinés à la prostitution (art. 10 du titre I de la loi des 19-22 juil. 1791). Ils peuvent également pénétrer la nuit dans les cafés, cabarets et boutiques pour réprimer les désordres et constater les contraventions, (art. 9 de la même loi), mais seulement quand ces établissements sont ouverts au public. C'est ainsi que la Cour de cassation a toujours interprété cet article, notamment dans son arrêt du 17 novembre 1860 : « Attendu que s'il est vrai de dire que la « demeure des aubergistes, cafetiers, cabaretiers, est pen- « dant la nuit, comme celle de tous les autres citoyens, placée « sous le principe de l'inviolabilité du domicile, ce principe « ne peut les protéger qu'autant qu'ils se conforment eux- « mêmes aux devoirs de leur profession et qu'ils respectent « les règlements de l'autorité ; — Attendu dès lors que lors- « qu'après les heures où leurs établissements doivent être « fermés, ils continuent à les tenir ouverts et à y admettre le « public, il serait impossible d'en interdire l'entrée aux seuls « agents de l'autorité ; que ceux-ci conservent donc le droit « d'y pénétrer... »

Le temps de nuit compte, du 1er octobre au 31 mars, de 6 heures du soir à 6 heures du matin, et du 1er avril au 30 septembre de 9 heures du soir à 4 heures du matin (art. 1037 du C. de proc. civ. ; art. 291 du décr. du 1er mars 1854).

III. **Exceptions pendant le jour**. — Pendant le jour, on peut pénétrer dans le domicile des citoyens, aux cas d'incendie, d'inondation, ou de réclamation venant de l'intérieur.

Les officiers de police judiciaire peuvent entrer dans les lieux ouverts au public pour y constater les contraventions, vérifier les poids et mesures, le titre des matières d'or et d'argent et la salubrité des comestibles et des médicaments (art. 9 tit. 1er de la loi des 19-22 juil. 1791).

Les officiers de police judiciaire y pénètrent pour procéder aux perquisitions nécessaires soit au cas de flagrant délit, soit sur l'ordre du juge d'instruction (Voir : **Visites domiciliaires**). Ils y pénètrent également ainsi que les agents de la force publique et les huissiers pour exécuter les jugements ou les mandats de justice dont ils sont porteurs (art. 36 et 37 du C. d'instr. crim., art. 359 de la loi du 5 fruc.

an III ; art. 131 de la loi du 28 germ. an VI ; art. 76 de la loi du 22 frim. an VIII ; article 185 de l'ord. du 29 oct. 1820).

Ajoutons que dans certains cas, et sous certaines conditions, les agents des contributions indirectes peuvent faire des recherches même chez les particuliers non sujets à l'exercice. Enfin les huissiers peuvent pénétrer dans le domicile des citoyens pour y opérer les saisies (art. 187 du C. de proc. civ.).

IV. **Violation de domicile commise par un fonctionnaire.** — Tout fonctionnaire de l'ordre administratif ou judiciaire, tout officier de justice ou de police, tout commandant ou agent de la force publique qui, agissant en cette qualité s'est introduit dans le domicile d'un citoyen contre le gré de celui-ci, hors les cas prévus par la loi et sans les formalités qu'elle a prescrites, est puni d'un emprisonnement de six jours à un an et d'une amende de 16 à 500 francs (art. 184 § 1 du C. pén.).

Le délit n'existe que lorsque l'introduction dans le domicile d'un citoyen a eu lieu contre son gré. Mais on ne saurait admettre qu'il y a eu autorisation de la part de celui qui n'a laissé entrer un officier de police judiciaire qu'en raison d'un faux prétexte que celui-ci avait allégué. C'est ce que vient de décider la Cour de Rennes dans un arrêt récent de 1886.

Si le fonctionnaire justifie qu'il a agi par ordre de ses supérieurs pour des objets du ressort de ceux-ci sur lesquels il leur était dû obéissance hiérarchique, il est exempt de la peine. Cette peine est alors appliquée aux supérieurs qui ont donné l'ordre (art. 184 § 1 et 114 § 2 du C. pén.).

V. **Violation de domicile commise par un particulier.** — La violation de domicile, commise par un simple particulier est punie d'un emprisonnement de six jours à trois mois et d'une amende de 16 à 200 francs (art. 184 § 2, C. pén).

Dans ce cas le délit n'existe qu'autant que l'introduction a eu lieu à l'aide de menaces et de violences ; l'article 184 § 2 ne serait pas applicable, si un individu s'introduit dans une maison et y reste contre la volonté du propriétaire, mais sans employer la violence. (Caen, 10 juil. 1878 ; P. 79-326).

Que faut-il entendre par *violences* ? L'article 184 ne vise-t-il que les violences contre les personnes ? Non ; la jurisprudence décide que ce terme est général et s'applique également aux violences sur les choses. C'est ainsi que le délit existe, lorsque pour s'introduire le prévenu a cassé un carreau de la fenêtre (Amiens, 11 janv. 1873 ; P. 74-1033 ;) — ou escaladé une fenêtre et brisé une treille (Chambéry, 4 nov. 1875 ; P. 76-210 ;) — ou simplement eu recours à l'escalade (Rennes, 15 mars 1871 ; P. 73-732).

VI. **Qualifications.**

De s'être, à......, le...... 188 , étant officier de police judiciaire, agissant en sa dite qualité, introduit dans le domicile du sieur , contre le gré de celui-ci, hors les cas prévus par la loi (ou sans les formalités prescrites par la loi).

Délit prévu et puni par l'article 184 § 2 du Code pénal;

De s'être, à......, le...... 188 , introduit à l'aide de menaces (ou de violences dans le domicile du sieur X...).

Délit prévu et puni par l'article 184 § 2 du Code pénal.

VIOLATION DE SÉPULTURES

Division

I. Cas où le délit existe.
II. Peines.

III. Qualifications.

I. **Cas où le délit existe.** — L'article 360 réprime :
1° La violation des tombeaux ;
2° La violation des sépultures.

Le délit ne peut résulter dans les deux cas que d'actes matériels.

Il y a violation de tombeaux, notamment :

1° Lorsqu'on frappe une tombe d'un bâton, avec une intention outrageante (Cass., 22 août 1839; P. 40-I-237);

2° Lorsqu'on arrache, avec une intention malveillante, des fleurs qui sont entretenues sur une tombe (Caen, 25 nov. 1868; P. 69-1018).

Voici quelques cas de violations de sépultures :

1° Le fait de frapper ou mutiler un cadavre enseveli (D Rep. V° *Culte*, n° 746);

2° Le fait de lancer volontairement des pierres contre un cercueil (Bordeaux, 9 déc. 1830 ; P. chr.).

3° Le fait de dépouiller de ses vêtements, avec une intention malveillante, le cadavre enseveli (Cass., 17 mai 1822 ; P. chr.) ;

4° Celui de profaner le corps d'une femme, étendu sur un lit et déjà enseveli dans les linges mortuaires (Paris, 8 juil. 1875 ; P. 75-1120).

Le maire a, en vertu de l'article 6 du décret du 23 prairial an 12, le droit d'établir tous les cinq ans de nouvelles fosses sur les terrains qui n'ont pas été l'objet d'une concession particulière, mais il commet le délit de violation de sépulture s'il fait retirer des fosses ainsi ouvertes les cercueils et autres objets qui y sont restés intacts, et à plus forte raison, s'il fait extraire des cercueils retirés les cadavres ensevelis pour les rejeter dépouillés dans la terre (Cass., 3 oct. 1862 ; P. 62-1070).

II. **Peines.** — Ce délit est puni d'un emprisonnement de trois mois à un an et d'une amende de 16 à 200 francs (art. 360 C. pén.)

III. **Qualifications.**

D'avoir, à......, le....., violé le tombeau (ou *la sépulture*) *de X...; Délit prévu et puni par l'article 360 du Code pénal.*

VIOLENCES

Division

I. Violences commises par des fonctionnaires.	III. Violences envers des particuliers.
II. Violences contre des magistrats.	

I. **Violences commises par des fonctionnaires.** — Lorsqu'un fonctionnaire ou un officier public, un administrateur, un agent ou un préposé du gouvernement ou de la police, un exécuteur des mandats de justice ou jugements un commandant en chef ou en sous ordre de la force publique, a sans motif légitime, usé ou fait user de violences envers les personnes, dans l'exercice ou à l'occasion de l'exercice de ses fonctions, il est puni selon la nature et la gravité des violences, conformément à l'article 198 du Code pénal (art. 186 du C. pén.) Pour déterminer la peine, encourue, il faut donc rechercher celle qui serait applicable à un simple particulier d'après la nature et les résultats des violences et l'augmenter suivant les règles tracées par l'article 198. Ainsi, si les violences n'ont amené aucune incapacité de travail, il faut combiner les articles 311 et 198 ; la peine sera un emprisonnement de deux ans et une amende de 200 francs ; ou l'une de ces deux peines seulement.

II. **Violences contre des magistrats, officiers ministériels,** etc. — Les articles 228 à 233 du Code pénal répriment les violences et voies de fait envers les magistrats, officiers ministériels, agents de la force publique et citoyens chargés d'un ministère de service public, dans l'exercice de leurs fonctions ou à l'occasion de leurs fonctions.

Elles sont punies :

1° S'il n'en est pas résulté des blessures.

> De deux à cinq ans d'emprisonnement lorsqu'elles ont été exercées contre un magistrat (art. 228 § 1).
>
> De cinq ans d'emprisonnement, lorsqu'elles ont été exercées contre *un magistrat*, à l'audience d'une Cour ou d'un tribunal (art. 228 § 2).
>
> D'un mois à trois ans d'emprisonnement et d'une amende de 16 à 500 francs, si elles ont été dirigées contre un officier ministériel, un agent de la force publique ou un citoyen chargé d'un ministère de service public (art. 230).

2° S'il y a eu préméditation ou guet-apens.

3° S'il y a eu effusion de sang, blessures ou maladie.

> De la réclusion (art. 232 ; art. 231).

4° Si la mort s'en est suivie dans les 40 jours.

> Des travaux forcés à perpétuité (art. 231).

5° S'il y a eu intention de donner la mort.

> De mort (art. 233).

• Nous avons indiqué (V° **Outrage**, VIII à X) quelles person_nes sont protégées par ces dispositions.

III. **Violences envers les particuliers.** — Les violences sont punies, quand par leur gravité elles équivalent à des coups, comme les coups eux-mêmes et d'après les mêmes distinctions (Voir **Coups et blessures**).

Les violences légères constituent une contravention ; elles sont prévues par les articles 605 et 606 du Code du 3 brumaire an IV qui les punissent d'une amende de la valeur d'une à trois journées de travail ou d'un à trois jours d'emprisonnement.

Le Conseil général doit déterminer le prix moyen de la journée de travail dans chaque commune, sans pouvoir la fixer au-dessous de 50 centimes ni au-dessus de 1 fr. 50 (art. 28 de la loi du 23 juil. 1820).

VISITES DOMICILIAIRES

Division

I. **Droit du juge d'instruction — Délégation.** — Le juge d'instruction a pour mission de constater toutes les preuves réelles qui peuvent conduire à la découverte de la vérité ; aussi il a le droit de visiter le domicile de l'accusé et de toutes les personnes où il croit pouvoir découvrir des pièces, des objets, des instruments, de nature à servir de pièces de conviction (art. 87 et 88 du C. d'instr. crim.).

Mangin (*Instr. écr.*, t. I. p. 145) et Faustin-Hélie (*Instr. crim.*, n° 1803 ; *Prat. crim.*, t. I. p. 89), soutiennent que le juge d'instruction ne peut déléguer ce droit et charger un juge de paix ou un commissaire de police de procéder à une visite domiciliaire. Ce système a été repoussé par la jurisprudence (Cass., 6 mars 1841) ; il a d'ailleurs contre lui une pratique générale et constante ; toutefois il ne faut évidemment user qu'avec mesure de cette faculté.

Mais il est certain qu'un agent de la force publique ne pourrait jamais être chargé de cette mission.

II. Règles à suivre. — Dans quels cas faut-il recourir à cette grave mesure? La loi ne précise pas; elle s'en remet à la prudence des magistrats qui ne perdront pas de vue qu'il ne faut avoir recours à ce moyen d'investigation que lorsqu'il est absolument nécessaire, surtout quand les perquisitions doivent être faites chez des tiers.

Le prévenu et les tiers chez lesquels la visite est faite doivent être mis en demeure d'y assister. — Nous avons déjà vu (V° **Pièces à conviction**), comment on doit procéder pour la recherche et la saisie des objets.

Si la maison ou les meubles sont fermés, des ouvriers sont requis pour les ouvrir; ils sont taxés à titres de frais urgents.

La circulaire du 23 germinal an IV (Gillet n° 132) rappelle que quelque urgent qu'il paraisse être de saisir un coupable, quelque danger que trouvent les magistrats à différer l'exécution d'un mandat d'arrêt ou d'une visite domiciliaire, on ne peut, sans se rendre coupable de violation de domicile, y procéder la nuit (Voir : **Violation de domicile** II). Il faut se borner à faire entourer la maison par la force armée et, dès la pointe du jour, on procède aux perquisitions nécessaires.

III. Visites domiciliaires au cas de flagrant délit. — Au cas de flagrant délit, des perquisitions peuvent être faites au domicile du prévenu par tout officier de police judiciaire (V° **Flagrant délit** VI).

IV. Etablissements de l'Université. — Hors le cas de flagrant délit, d'incendie ou de secours demandés à l'intérieur, aucun officier de justice ou de police ne peut s'introduire dans les établissements appartenant à l'Université, pour constater le corps du délit ou pour l'exécution d'un mandat d'amener ou d'arrêt dirigé contre les membres ou élèves, s'il n'en a l'autorisation spéciale par écrit du procureur général, de l'un de ses substituts ou du procureur de la République (art. 157 du décr. du 15 nov. 1811). Il est par suite indispensable que le juge d'instruction soit accompagné du procureur de la République, quand il y a lieu de faire une perquisition dans un lycée.

VOIRIE

Au commencement de chaque trimestre, le préfet envoie

au procureur général un état des contraventions en matière de voirie, constatées dans chaque arrondissement. Ce magistrat adresse ces états aux procureurs de la République qui les retournent après y avoir indiqué la suite donnée à chaque affaire et le résultat des poursuites. Le procureur général les fait ensuite parvenir au préfet (Circ. chanc., 31 oct. 1874 ; Gillet n° 4446).

VOL

Division

I. Éléments du délit.
II. Vol d'objets trouvés.
III. Vol de choses dont on est copropriétaire.
IV. Vol entre époux et entre ascendants et descendants.

V. Vol simple.
VI. Vols qualifiés.
VII. Vols prévus par l'article 388.
VIII. Qualifications.

I. **Éléments du délit**. — Aux termes de l'article 379 du Code pénal « quiconque a soustrait frauduleusement une chose qui ne lui appartient pas est coupable de vol ». Cette définition du vol suffit pour montrer qu'il se compose de trois éléments essentiels.

1° Il faut qu'il y ait *soustraction* ; c'est-à-dire qu'il y ait mainmise, appréhension, de la part du prévenu. Le vol n'existerait pas si l'objet lui avait été remis, même par erreur ; c'est ce qu'a jugé maintes fois la Cour de cassation. Ainsi il n'y a pas vol dans le fait d'un individu qui refuse de rendre une pièce de monnaie qu'on lui a laissé tenir pour l'examiner (Cass., 7 janv. 1864 ; P. 64-843), ni dans le fait d'un créancier qui, recevant un billet de banque de cent francs que son débiteur lui remet par erreur pensant qu'il n'est que de cinquante francs, ne rend que la différence entre la somme due et cinquante francs, et garde le surplus (Cass., 2 déc. 1871 ; P. 72-327) ;

2° En second lieu, la soustraction doit être frauduleuse ;

3° Enfin, il faut que la chose enlevée appartienne à autrui.

II. **Vols d'objets trouvés**. — Il y a vol de la part de celui qui s'approprie un objet trouvé : la jurisprudence est constante à cet égard (Cass., 30 janv. 1862 ; P. 63-627 ; — Bourges, 2 janv. 1872 ; P. 75-195 ; — Cass., 24 juin 1876 ; P. 77-

70). La Cour d'Aix a même jugé que le délit existe, si celui qui a trouvé un objet ne le restitue que plus tard à son pro-priétaire, moyennant une somme débattue avec lui (11 janv. 1872 ; P. 73-717).

Mais on ne saurait voir un vol dans le fait de retenir, pour se l'approprier, un objet *remis* par un tiers qui l'a trouvé ; il n'y a pas en effet appréhension frauduleuse (Cass., 5 avr. 1873 ; P. 73-843 ; — Cass., 27 fév. 1874 ; P. 74-1256).

III. **Vol de choses dont on est co-propriétaire.** — Nous venons de voir qu'une des conditions du vol est que la chose soustraite appartienne à autrui. Que décider alors si le prévenu se trouve co-propriétaire de la chose d'autrui ? En d'autres termes, le vol existe-t-il entre associés et entre co-héritiers ? La jurisprudence s'est prononcée pour l'affirma-tive (Cass., 14 mars 1818 et 27 fév. 1836 ; P. chr. ; — Cass., 23 juin 1837 ; P. 39-II-496 ; — Cass., 5 mai 1849 ; P. 51-I-248 ; — Montpellier 21 nov. 1853 ; P. 55-I-41 ; — Angers 6 mai 1870 ; P. 71-661). On ne peut en effet, en matière d'hérédité, invoquer ici les principes du droit civil sur la saisine, car, l'héritier qui s'est approprié, sans droit, un objet commun entre lui et ses co-héritiers, dépouille ceux-ci, auxquels il appartenait autant qu'à lui.

IV. **Vol entre époux, et entre ascendants et descen-dants.** — Lorsque l'auteur du vol est époux, ascendant ou descendant, ou allié au même degré, le vol ne peut donner lieu qu'à des réparations civiles (art. 380 du C. pén.). Mais cette immunité ne peut être étendue au-delà des limites détermi-nées par la loi. C'est ainsi que les soustractions frauduleuses entre frères et sœurs sont punissables (Cass., 1er juil. 1841; D. Rép. V° *Vol* n° 167). De même, l'oncle qui commet une soustraction frauduleuse au préjudice de son neveu est cou-pable de vol (Cass., 14 mars 1818 ; P. chr.).

Mais les autres individus qui ont recélé, ou appliqué à leur profit tout ou partie des objets ainsi volés ne profitent pas de cette immunité (art. 380 § 2). La jurisprudence a décidé que cette dernière disposition de l'article 380 est limitative, que, par suite le complice n'est punissable que lorsqu'il a recélé les objets volés ou les a appliqués à son profit. La complicité consistant dans la provocation à l'action par dons, promes-ses ou menaces, ou dans le fait d'avoir donné des instructions ou procuré des armes, ou d'avoir assisté l'auteur de l'action dans les faits qui l'ont préparée, facilitée ou consommée ne tombe pas sous l'application de la loi (Cass., 15 avr. 1825 ; P. chr. ; — Cass., 24 mars 1838 ; P. 38-I-649 ; Paris 29 mai 1839 ; P. 39-I-36 ; — Nancy 29 janv. 1840 ; P. 46-I-496 ; — Cass., 1er oct. 1840 ; D. Rép. V° *Vol* n° 174 ; — Toulouse 9 avr. 1851 ; P. 51-II-233 ; — Toulouse 27 avr. 1877 ; P. 77-1149).

V. **Vol simple.** — Le vol simple, c'est-à-dire, le vol qui réunit les trois éléments que nous avons indiqué, mais qui n'est accompagné d'aucune circonstance aggravante est puni d'un emprisonnement d'un an à cinq ans et peut l'être d'une amende de 16 à 500 francs Les coupables peuvent aussi être interdits des droits mentionnés en l'article 42 du Code pénal pendant cinq ans au moins et dix ans au plus, à compter du jour où ils auront subi leur peine. Ils peuvent aussi être frappés d'interdiction de séjour pendant le même nombre d'années (art. 401 du C. pén.).

VI. **Vol qualifié.** — On appel vol qualifié ceux qui sont commis avec une ou plusieurs circonstances aggravantes qui les font ranger par le législateur au nombre des crimes. Les peines varient entre la réclusion et les travaux forcés à perpétuité.

Les circonstances aggravantes ont trait :

1° Au temps pendant lequel le vol a été exécuté, c'est-à-dire la nuit (art. 381, 385, 386 et 388 du C. pén.). — La Cour de cassation considère comme nuit tout le temps qui s'écoule entre le coucher et le lever du soleil (Cass., 12 févr. 1813 ; 23 juil. 1813 ; 4 juil. 1823 et 15 avr. 1825 ; P. chr. ; — Cass., 29 nov. 1860 ; *Bull. crim.*, n° 263) ;

2° Au lieu où le vol a été commis, c'est-à-dire dans une maison habitée ou servant à l'habitation (art. 381, 385 et 386), dans un édifice consacré au culte (art. 385), dans un édifice, parc ou enclos, même non servant à l'habitation et non desservant une maison habitée (art. 384) et sur les chemins publics (art. 383) ;

3° Aux moyens employés pour accomplir le vol ; effraction extérieure, escalade, fausses clefs (art. 381, 384), effraction intérieure (art. 384), armes apparentes ou cachées (art. 381, 385 et 386). L'effraction consiste dans le [forcement, la rupture, la dégradation, la démolition, l'enlèvement des murs, toits, plan, chers, portes, fenêtres, serrures, cadenas ou autres ustensiles ou instruments servant à fermer ou à empêcher le passage, et de toute espèce de clôture, quelle qu'elle soit. Elle est extérieure ou intérieure (art. 393 et suiv. du C. pén.). — L'escalade est l'entrée dans les maisons, bâtiments, cours, basses-cours, édifices quelconques, jardins, parcs et enclos, exécutée par dessus les murs, portes, tentures ou toute autre clôture, ou par une ouverture souterraine autre que celle qui a été établie pour servir d'entrée (art. 397 du C. pén.).

4° A la qualité des coupables. Le vol est qualifié lorsqu'il a été commis par un domestique ou homme de service à gages dans la maison de son maître ou dans celle où il l'accompagnait ; par un ouvrier, compagnon ou apprenti, dans la maison, l'atelier ou le magasin de son maître ; par un individu travaillant habituellement dans la maison où il a volé, par un aubergiste, voiturier ou hôtelier ou par un de leurs préposés lorsqu'ils ont volé tout ou partie des objets qui leur étaient confiés (art. 386 du C. pén.).

5° Au nombre des auteurs du vol (art. 381, 385, 386 du C. pén.).

6° A la qualité prise par les auteurs du vol ; c'est une circonstance aggravante de prendre le titre ou l'uniforme d'un fonctionnaire public ou d'un officier civil ou militaire ou d'arguer un faux ordre de l'autorité civile ou militaire (art. 381).

VII. **Vols prévus par l'article 388 du Code pénal.** — L'article 388 du Code pénal prévoit certains vols spéciaux. Il punit d'un emprisonnement d'un an à cinq ans et d'une amende de 16 à 500 francs :

1° Les vols dans les champs des chevaux ou bêtes de charge, de voiture ou de monture, des gros et menus bestiaux et des instruments d'agriculture ;

2° Les vols de bois dans les ventes ;

3° Les vols de pierre dans les carrières ;

4° Le vol de poissons dans les étangs, viviers et réservoirs.

Le même article prévoit le vol de récoltes dans les champs. Il faut distinguer suivant que les récoltes sont ou non détachées du sol :

1° *Vol de récoltes détachées*. L'article 388, § 3 punit d'un emprisonnement de quinze jours à deux ans et d'une amende de 16 à 200 francs quiconque a volé ou tenté de voler dans les champs, des récoltes ou autres productions utiles de la terre, déjà détachées du sol, ou des meules de grains faisant partie de récoltes. — Si le vol a été commis soit la nuit, soit par plusieurs personnes, soit à l'aide de voitures ou d'animaux de charge, l'emprisonnement est d'un an à cinq ans et l'amende de 16 à 500 francs (art. 388, § 4).

2° *Vol de récoltes non-détachées :* Ceux qui cueillent ou mangent sur le lieu même des fruits appartenant à autrui sont punis d'une amende de 1 à 5 francs (art. 471, § 5 du C. pén.). — Ceux qui dérobent des récoltes ou autres productions utiles de la terre qui avant d'être soustraites n'étaient pas encore détachées du sol, sont punis d'une amende de 6 à 10 francs pourvu que le fait ne soit accompagné d'aucune des circonstances prévues par l'article 388 du Code pénal (art. 475, § 13 du C. pén.).

Lorsque le vol ou la tentative de vol de récoltes non encore détachées du sol a eu lieu, soit avec des paniers ou des sacs ou autres objets équivalents, soit la nuit, soit à l'aide de voitures ou d'animaux de charge, soit par plusieurs personnes, la peine est un emprisonnement de quinze jours à deux ans et une amende de 16 à 200 francs (art. 388 § 5).

Dans tous les cas prévus par l'article 388, l'interdiction des droits mentionnés en l'article 42 et l'interdiction de séjour peuvent être prononcées pendant cinq ans au moins et dix ans au plus (art. 388, § 6).

VIII. Qualifications.

D'avoir, à......, le......,   , frauduleusement soustrait divers objets mobiliers au préjudice du sieur X...

Délit prévu et puni par les articles 379 et 401 du Code pénal.

D'avoir, à......, le......, frauduleusement soustrait divers objets mobiliers au préjudice du sieur X..., avec ces circonstances que ladite soustraction frauduleuse a été commise, la nuit, dans une maison habitée, avec effraction extérieure et avec effraction intérieure dans un édifice ;

Crime prévu et puni par les articles 384, 388 § 4 et 386 § 8 du Code pénal.

D'avoir, à......, le......, frauduleusement soustrait une somme d'argent au préjudice du sieur X..., dont il était le domestique ou l'homme de service à gages;

Crime prévu et puni par l'article 386 § 3 du Code pénal.

D'avoir, à......, le......, frauduleusement soustrait dans un champ, des récoltes, détachées du sol, au préjudice du sieur X...

Délit prévu et puni par l'article 388 §§ 3 et 6 du Code pénal.

VOL DE RÉCOLTES

Voir : **Vol** VII.

VOYAGE ET SÉJOUR (Frais de)

Division.

I. Frais de voyage.	III. Indemnités pour séjour dans la
II. Indemnités de séjour forcé.	ville où se fait l'instruction.

I. Frais de voyage. — Il est accordé des indemnités de voyage aux médecins, chirurgiens, sages-femmes, experts, interprètes, témoins, jurés, huissiers, gardes champêtres et forestiers et gendarmes appelés en témoignage (art. 90 du décr. du 18 juin 1811 ; — art. 2 et 3 du décr. du 7 avr. 1813).

Cette indemnité est fixée pour chaque myriamètre parcouru en allant et en revenant, savoir :

1° Pour les médecins, chirurgiens, experts, interprètes et jurés, à deux francs cinquante centimes (art. 91 du décr. du 18 juin 1811) ;

2° Pour les autres parties prenantes, à un franc par myriamètre, s'ils ne sortent pas de l'arrondissement et à un franc cinquante centimes, s'ils sortent de l'arrondissement (art. 2 du décr. du 7 avr. 1813).

L'indemnité est réglée par myriamètre et demi-myriamètre. Les fractions de huit ou neuf kilomètres sont comptées pour un myriamètre, et celles de trois à sept kilomètres pour un demi-myriamètre (art. 92 du décr. du 18 juin 1811).

L'indemnité n'est allouée aux témoins, aux gardes champêtres et forestiers et aux gendarmes appelés en témoignage que lorsqu'ils se rendent à plus d'un myriamètre de leur domicile (Voir : **Témoins**). Pour les autres parties prenantes, l'indemnité peut être allouée dès qu'elles sont obligées de se transporter à plus de deux kilomètres de leur résidence (art. 90 du décr. de 1811).

Dans tous les cas, l'indemnité n'est allouée que lorsque le déplacement a eu lieu hors de la commune où réside la partie prenante.

II. **Indemnités de séjour forcé.** — Lorsque les personnes dont nous venons de donner l'énumération ci-dessus, sont arrêtées dans le cours d'un voyage par force majeure, elles reçoivent pour chaque jour de séjour forcé :

1° Celles de la première classe.................. 2 fr.

2° Celles de la deuxième classe .... 1 fr. 50

Elles sont tenues de faire constater par le juge de paix ou ses suppléants, ou par le maire, ou à son défaut par ses adjoints, la cause du séjour forcé en route, et d'en représenter le certificat à l'appui de leur demande en taxe (art. 95 du décr. de 1811).

Parmi les causes de séjour donnant droit à indemnité nous mentionnerons les relâches forcées des navires à bord desquels sont embarqués les témoins et autres personnes mandées par la justice qui ont un trajet de mer à faire (Déc. chanc., 10 janv. 1815 ; de Dalmas p. 278).

III. **Indemnités pour séjour dans la ville où se fait l'instruction.** — Lorsque les experts ou témoins sont obligés de prolonger leur séjour dans la ville où se fait l'instruction de la procédure et que cette ville n'est pas celle de leur résidence, il leur est alloué pour chaque jour de séjour une indemnité fixée ainsi qu'il suit :

1° Pour les médecins, chirurgiens, experts et interprètes :

A Paris .... 4 fr. »»

Dans les villes de 40.000 habitants et au-dessus .. 2 »» 50

Dans les autres villes et communes .... 2 »» »»

2° Pour les sages-femmes, gendarmes, gardes champêtres et forestiers, et témoins :

A Paris .... 3 fr. »»

Dans les villes de 40.000 habitants et au-dessus ... 2 »» »»

Dans les autres villes et communes .... 1 »» 50

(art. 96 du décr. du 18 juin 1811 ; art. 3 du décr. du 7 avr. 1813).

Toutes les fois que le témoin est entendu et qu'il peut recevoir le montant de sa taxe le jour même indiqué dans la citation, à quelque heure que ce soit, il n'a droit à aucune indemnité de séjour. L'éloignement du domicile du témoin ne change rien à ce principe car il reçoit des frais de voyage proportionnés au nombre de myriamètres qu'il a parcourus. Cependant si l'audition du témoin n'a été terminée que très tard et après la clôture du bureau de l'enregistrement, comme il est forcé d'attendre au lendemain pour recevoir le montant de sa taxe, il peut être accordé un jour de séjour, mais il est indispensable d'énoncer cette circonstance dans la taxe (Circ. chanc., 2 nov. 1816 ; Gillet, n° 1123 ; — Inst. gén. du 30 sept. 1826 LXXXIX ; *Rec. off.*, t. I, p. 283). Nous avons déjà dit (V° **Témoins,**) que le bureau d'enregistrement est ouvert une heure après le coucher du soleil et que, dans les chefs-lieux d'assises les taxes sont acquittées jusqu'à minuit.

Lorsque les témoins résident dans la ville, la taxe de comparution fixée par l'article 27 du décret de 1811 doit leur être allouée pour chaque jour pendant lequel ils ont été détournés de leurs affaires (de Dalmas, p. 280).

FIN DU TROISIÈME VOLUME

ERRATA ET ADDENDA

T. I, p. 315. — **Casier judiciaire.** — (XIX. — Recrutement),

La circulaire de la chancellerie du 17 avril 1885 a modifié l'envoi au recrutement des renseignements sur les condamnations subies par les militaires et les jeunes gens appelés sous les drapeaux.

Chaque année dès la clôture des opérations de la revision, les commandants des bureaux de recrutement dressent, par arrondissements du lieu de naissance, des états nominatifs, comprenant les jeunes gens inscrits sur la liste du contingent comme susceptibles d'être appelés sous les drapeaux. — Le procureur de la République de chaque arrondissement, à qui ces états sont directement envoyés avec les renseignements nécessaires pour faciliter les recherches, doit porter la mention « *Néant* » en regard du nom des jeunes gens qui n'ont subi aucune condamnation, de nature à entraîner leur incorporation dans les corps disciplinaires.

Les condamnations qui produisent cet effet, sont celles :

1º A une peine afflictive ou infamante :

2º à l'emprisonnement { pour crime, par application de l'article 463 du Code pénal ; pour attentats aux mœurs, prévus par les articles 330 et 334 du Code pénal.

3º à plus de trois mois d'emprisonnement pour vagabondage

4º à quinze jours d'emprisonnement au moins pour { vol escroquerie abus de confiance

5º à une peine correctionnelle de deux ans d'emprisonnement et plus, lorsque le jugement de condamnation prononce en même temps la peine de l'interdiction de séjour et l'interdiction totale ou partielle des droits civiques, civils et de famille.

Le procureur de la République fait établir des extraits du casier judiciaire de tous les jeunes gens qui ont subi une ou plusieurs des condamnations ci-dessus énumérées. Il les adresse au commandant de recrutement en même temps que les états nominatifs annotés.

Le greffier reçoit, à raison de ce travail, 15 centimes pour chaque bulletin et 5 centimes pour chacun des hommes n'ayant pas d'antécédents judiciaires de nature à modifier leur incorporation.

Il doit être envoyé, comme par le passé, des *duplicata* des bulletins n° 1, mais seulement pour les individus de vingt à quarante ans, lorsqu'une peine corporelle a été prononcée.

T. I, p. 316. — **Casier judiciaire.** — (XX. — *Ministère de la Marine*).

La circulaire de la chancellerie du 24 octobre 1885 porte que les procureurs de la République doivent faire délivrer des extraits du casier judiciaire des inscrits au fur et à mesure de leur levée et sur la demande qui leur est directement faite par les commissaires de l'inscription maritime. — Ces extraits donnent lieu, au profit des greffiers à une rémunération de 15 centimes, même lorsqu'ils sont négatifs.

Des *duplicata* des bulletins n° 1 doivent continuer à être transmis comme le prescrivent les circulaires du 14 août 1876 et du 30 décembre 1878.

T. I, p. 341. — **Cassation.** — (XX. — *Consignation de l'amende. Mise en état* (in fine).

Aux termes de l'article 421 du Code d'instruction criminelle, les condamnés à une peine emportant privation de la liberté, doivent préalablement se constituer prisonniers, à moins qu'ils n'aient été mis en liberté *sous* caution. Mais la loi du 28 juin 1877 a introduit dans l'article 421 une double modification :

1° La mise en état n'est exigée qu'autant que la durée de la peine est supérieure à six mois ;

2° La mise en liberté peut avoir lieu *sans caution*

T. I, p. 476. — **Communes.**

La responsabilité des communes était réglée par les lois du 23 février 1790 et du 10 vendémiaire an IV ; ces lois sont aujourd'hui abrogées et remplacées par celle du 5 avril 1884, sur l'organisation municipale.

Aux termes de l'article 106, les communes sont civilement responsables des dégâts et des dommages résultant des crimes ou délits, commis à force ouverte ou par violence sur leur territoire par des attroupements ou rassemblements armés ou non armés, soit envers les personnes soit contre les propriétés publiques ou privées.

Les dispositions de cet article ne sont pas applicables :

1º Lorsque la commune peut prouver que toutes les mesures qui étaient en son pouvoir ont été prises à l'effet de prévenir les attroupements ou rassemblements et d'en faire connaître les auteurs (art. 108 § 1). Mais quelle sera l'autorité compétente pour statuer sur cette question ? Ce sera le tribunal civil ; c'est ce qui résulte de la discussion de la loi, au Sénat (Séances des 13 fév. et 11 mars 1884 ; *J. off.* 14 fév., *déb.parl.*, p. 355 ; 12 mars, *déb. parl.*, p. 660) ;

2º Lorsque les dommages causés sont le résultat d'un fait de guerre (art. 108 § 3).

Enfin la commune n'est pas responsable, lorsque la municipalité n'a la disposition ni de la police ni de la force armée (art. 108 § 2). Cette exception s'applique actuellement aux villes de Paris et de Lyon et aux villes qui se trouveraient placées sous le régime de l'état de siège. M. Batbie a demandé au cours de la discussion si cette exception ne s'étend point à toutes les villes de plus de quarante mille habitants ; le rapporteur a répondu que « la situation de ces villes n'est particulière qu'au point de vue de l'organisa-« tion du personnel de la police ; mais le droit de police municipale des maires « est exactement le même que dans les autres communes ». Aucun doute ne peut donc subsister sur ce point.

La loi nouvelle n'a pas modifié l'arrêté du Directoire du 8 nivôse au XII : aussi les attributions du ministère public et le mode de procéder restent tels que nous les avons indiqués.

T. I, p. 483. — Concierges des Cours et Tribunaux.

Aux termes de l'avis du Conseil d'État du 19 octobre 1853, la nomination des concierges et gens de service des Cours et Tribunaux appartenait aux Compagnies judiciaires. Mais après entente avec le garde des sceaux, le ministre de l'intérieur a décidé qu'à l'avenir ils seraient nommés, révoqués ou remplacés par arrêté préfectoral. Toutefois cet arrêté ne peut être pris que sur la proposition conforme de la compagnie judiciaire intéressée (Circ. int., 10 août 1885).

La fixation et l'augmentation des traitements sont soumises à la même procédure et subordonnées à la quotité des allocations votées par les conseils généraux (*même circulaire*).

T. II, p. 623. — Liberté du travail

La loi du 21 mars 1884 a abrogé l'article 416 du Code pénal, mais les articles 414 et 415 restent en vigueur (Circ. chanc., 15 sept. 1884 ; *Bull. off.*, nº 35, p. 174).

T. II, p. 309. — **Grâce**. — III. *Effets*.

Ajouter à la fin du deuxième paragraphe :

Le doute ne peut plus exister depuis la loi du 23 janvier 1874 qui a ajouté à l'article 48 du Code pénal un paragraphe ainsi conçu : « La surveillance pourra être remise ou réduite par voie de grâce ». — La surveillance est aujourd'hui supprimée, mais cette disposition s'applique à *l'interdiction de séjour* qui l'a remplacée.

TABLE ANALYTIQUE

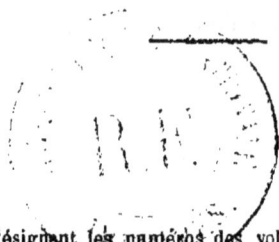

Les chiffres romains désignent les numéros des volumes; les numéros des pages sont en chiffres arabes. Les renvois aux articles de la table sont indiqués en *italiques*.

A

C

D

E

F

G

H

I

N

O

P

Q

R

S

T

46

U

V

Imp. ... ort-Carré, 19, chaussée d'Antin, Paris. (A. Duroy Dr.) 6781-5.

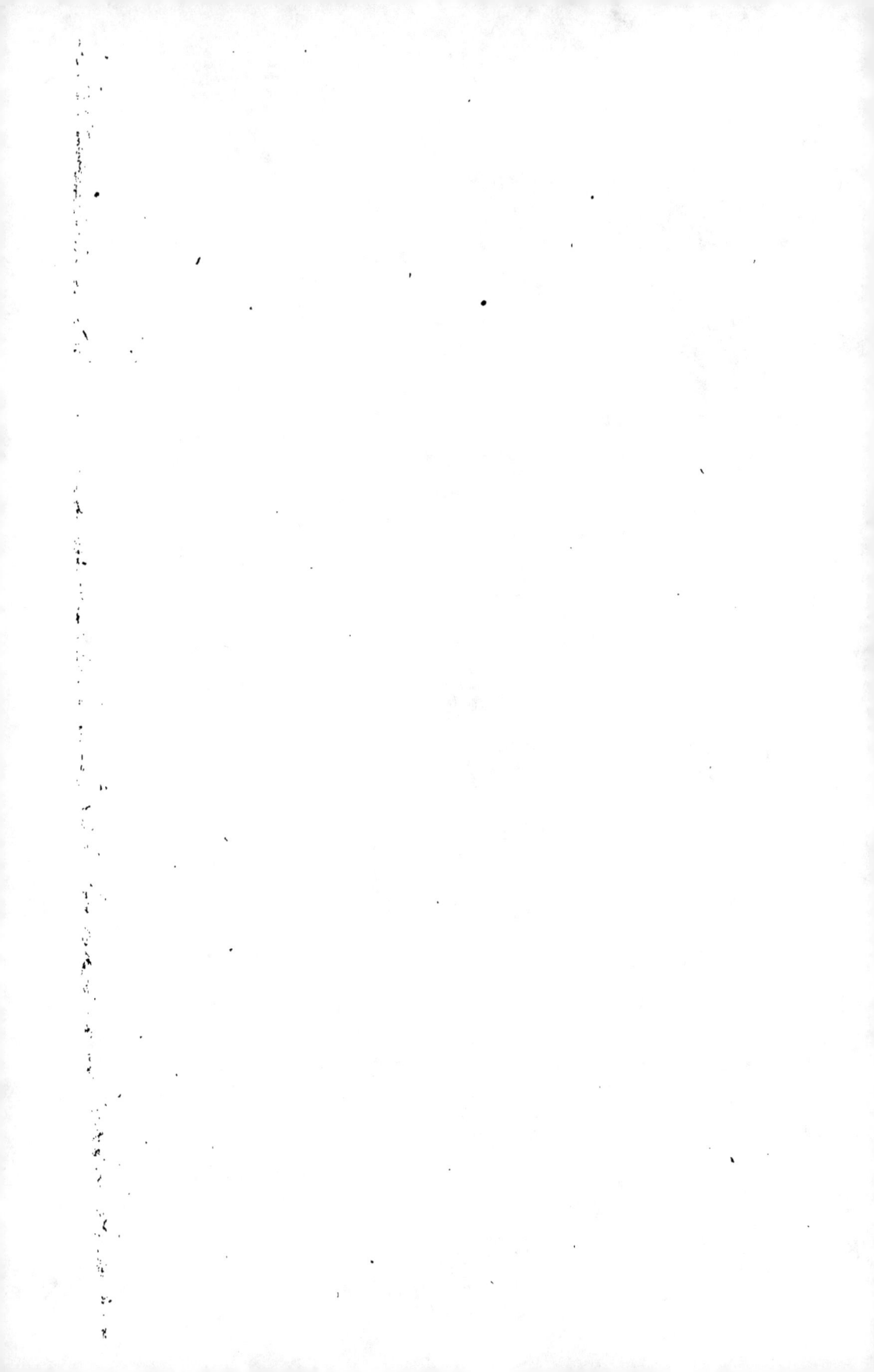